Wichard Woyke (Hrsg.)
Handwörterbuch Internationale Politik

TA-46

D1724511

Wichard Woyke (Hrsg.)

Handwörterbuch
Internationale Politik

Bundeszentrale für politische Bildung · Bonn

Redaktion: Martin Kahl, Münster

Ergänzter Nachdruck 1994
der 5. aktualisierten und überarbeiteten Auflage 1993

Lizenzausgabe für die
Bundeszentrale für politische Bildung · Bonn

ISBN: 3-89331-192-0

© 1994 by Leske + Budrich, Opladen.
Satz: Leske + Budrich, Opladen
Druck und Verarbeitung: Presse-Druck, Augsburg
Printed in Germany

Inhaltsübersicht

Vorwort

In den Jahren zwischen 1989 und 1991 vollzogen sich revolutionäre Veränderungen im internationalen System. Drei Daten zeigen symbolhaft diesen Wandel. Am 9. November 1989 wurde die Mauer in Berlin geöffnet; der Zusammenbruch des bis dahin so fest geschlossenen Ostblocks zeichnete sich ab. Am 3. Oktober 1990 trat die DDR der Bundesrepublik Deutschland bei. Deutschland erhielt seine zu jener Zeit von fast niemandem für so schnell möglich gehaltene Einheit. Am 25. Dezember 1991 wurde die Sowjetunion nach nur 69jährigem Bestehen aufgelöst. An ihre Stelle trat die Gemeinschaft unabhängiger Staaten (GUS), die sich aber weniger als Gemeinschaft denn als Club rivalisierender, ja zum Teil sogar untereinander im Krieg befindlicher Staaten erweist.

Die Auflösung des Ost-West-Konfliktes als strukturbestimmendes Element im internationalen System hat auch fundamentale Auswirkungen auf die übrige Welt. So hat sich der Stellenwert der „Dritten Welt" reduziert, hat doch die „Dritte Welt" ihre Bedeutung als Austragungsort des Systemwettkampfs verloren. Die Überwindung des Ost-West-Konflikts hat darüber hinaus auch zum Fortfall seiner Disziplinierungsfunktion geführt, so daß Konflikte und sogar Kriege zwischen Staaten wieder möglich sind, die während des Ost-West-Konflikts als undenkbar galten. Auch der Kuwait-Krieg ist nur vor dem Hintergrund der Überwindung des Ost-West-Konflikts zu verstehen.

Fundamentale Veränderungen vollzogen sich auch auf dem Gebiet der Rüstungskontrolle und Abrüstung. So kam es 1991 zu einem ersten Abkommen über die Begrenzung strategischer Atomwaffen (START I) um ca. 35 bzw. 25 % auf sowjetischer bzw. amerikanischer Seite. Der START II-Vertrag vom 3. Januar 1993 sieht schließlich die Reduzierung der bestehenden Interkontinentalpotentiale um zwei Drittel vor. Was in der ersten Hälfte der

80er Jahre als riesiger Fortschritt in den Ost-West-Beziehungen gefeiert worden wäre, wurde in den 90er Jahren ohne große Anteilnahme seitens der Öffentlichkeit registriert. Die vielen gleichzeitigen strukturellen Veränderungsprozesse in der internationalen Politik vollzogen sich so geballt, daß es dem Bürger schwerfiel, diese Entwicklungen sachgerecht nachzuvollziehen.

Diesen neuen Entwicklungen in der internationalen Politik trägt die 5. Auflage dieses Buches Rechnung. Viele Stichworte aus früheren Auflagen konnten nicht mehr berücksichtigt werden bzw. werden unter neuen Stichworten zusammenfassend präsentiert. Neue Stichworte wie Balkankonflikt, Deutsche Wiedervereinigung, EG als internationaler Akteur, globale Probleme und Weltöffentlichkeit, globale Umweltproblematik, internationale Kommissionen, Intervention, Islam und internationale Politik, Migration, prägende Konflikte nach dem Zweiten Weltkrieg sowie Regionalismus kamen hinzu. Die Titel dieser Stichwörter symbolisieren auch die Veränderung der internationalen Politik.

Besonderer Dank gilt Martin Kahl, der die redaktionelle Arbeit in hervorragender Weise geleistet wie auch die Chronik, das Abkürzungsverzeichnis und das Register erstellt hat.

Münster, den 6. 6. 1993   *Wichard Woyke*

Einleitung

Am Ende des 20. Jahrhunderts durchläuft das internationale System eine neue Phase, die in ihren Auswirkungen mit dem Umbruch des internationalen Systems nach dem Zweiten Weltkrieg vergleichbar zu sein scheint. Die das internationale System nach dem Zweiten Weltkrieg bestimmende Machtfigur des Ost-West-Konflikts existiert nicht länger, wodurch die Ausrichtung fast aller internationaler Politik auf diesen Konflikt aufgehoben wurde, seine zentripetale Kraft erloschen ist. Die Drohung eines Nuklearkriegs ist erkennbar geringer geworden. Der Zusammenbruch des „real existierenden Sozialismus" hat dazu geführt, daß der Kommunismus sowohl als Theorie als auch als Praxis zur Organisation von Großgesellschaften keine Alternative mehr zu Kapitalismus und Liberalismus darstellt. Der Warschauer Pakt hat ebenso zu bestehen aufgehört wie der Rat für Gegenseitige Wirtschaftshilfe. Die deutsche Wiedervereinigung ist ein in ihrem Ausmaß heute noch kaum abzuschätzendes Ereignis für die internationale Politik. Auch Entwicklungen wie im südlichen Afrika und Südostasien in den letzten Jahren lassen erkennen, daß die Welt dramatische Veränderungen erfährt. Der Kuwait-Krieg wie auch der Bürgerkrieg auf dem Balkan nach der Überwindung des Ost-West-Konflikts zeigen, daß Kriege wieder führbar sind, auch in Europa.

Somit stellt sich die Frage nach der heutigen Struktur des internationalen Systems sowie seiner Stabilität, oder anders gewendet, nach den Herausforderungen und Gefahren, die das in den 90er Jahren sich formierende internationale System bedrohen. Mit dem Ende des Ost-West-Konflikts sind Verhältnisse entstanden, die, wie nie zuvor, von Komplexität, Unsicherheit sowie rapidem Wandel geprägt werden. Das internationale System trägt in den 90er Jahren des ausgehenden Jahrhunderts den Charakter einer „Weltübergangsgesellschaft", die durch widersprüchliche Entwicklungstendenzen gekennzeichnet ist und in der sich klare Konturen erst herausbilden müssen. Dennoch ist es für einen Politikwissenschaftler erforderlich, auch diese Übergangssituation zu analysieren und auf Probleme, Herausforderungen, Gefahren und mögliche Lösungsmöglichkeiten aufmerksam zu machen. Versuchen wir nun das heutige internationale System abzubilden, so kommen wir zu folgenden Charakteristika.

a) Es gibt die Fortexistenz von National- oder Territorialstaaten; ja, Ende der 80er / Anfang der 90er Jahre erlebt der Nationalstaat eine Renaissance durch den Zerfall des Kommunismus. So haben sich in der ehemaligen Sowjetunion nicht nur die baltischen Staaten für unabhängig erklärt, sondern auch die anderen 12 Republiken sind inzwischen selbständig geworden. Und weitere Abspaltungen einzelner Gebiete stehen bevor, die Nationalstaaten werden wollen. In Jugoslawien haben sich Kroatien, Slowenien und Bosnien-Herzegowina für unabhängig und selbständig erklärt. So überziehen heute fast 200 Staaten — 1945 waren bei der Gründung der Vereinten Nationen 50 Staaten zugegen — den Globus; er zeigt eine Vielfalt von Ländern unterschiedlicher territorialer Größe, politischer Bedeutung, wirtschaftlicher Fähigkeit, militärischer Macht etc. Die Nation dient gerade in den neuen Staaten Ost- / Mitteleuropas als Identifikationsobjekt für Gesellschaften, die 40 oder 70 Jahre unter der Unterdrückung durch Diktaturen zu leiden hatten. Nationalismus wird hier zur einigenden Klammer. Und das in Mittel- und Osteuropa aufkommende Nationalgefühl strahlt auch nach Westeuropa aus, das sich allerdings auf der Ebene der politischen Eliten in einem Vertiefungsprozeß der Integration befindet, wodurch ein Dualismus zwischen politischer Führung und Gesellschaft erkennbar wird.

b) Eine immer größer werdende Anzahl internationaler Organisationen, sowohl gouvernementaler Art (IGO) als auch intergouvernementaler Art (INGO), tritt als Akteur in der internationalen Politik auf. Diese internationalen Organisationen übernehmen bestimmte Steuerungsfunktionen für Politikbereiche, die von den National- / Territorialstaaten nicht oder nicht länger übernommen werden können. Sichtbarster Ausdruck dieser überstaatlichen Regelungsinstanz wurden die 1945 gegründeten Vereinten Nationen sowie ihre Unterorganisationen.

c) In den beiden letzten Jahrzehnten ist eine immer größere Globalisierung der internationalen Politik sowie eine grenzübergreifende Problemvernetzung festzustellen. Scheinbar noch so bedeutungslose Entwicklungen in einem weit entfernten Land sind nicht mehr nur für dieses oder seine unmittelbare Umgebung von Bedeutung, sondern können das gesamte internationale System positiv wie auch negativ beeinflussen. Durch die erste Ölpreiskrise 1973 — innerhalb weniger Wochen vervierfachte sich der Ölpreis — wurde den meisten ölimportierenden Ländern deutlich, wie sehr sie von den bis dahin billigen Brennstoffen abhängig waren und daß sie kaum über Energiealternativen verfügten. In den Sektoren Wirtschaft — z.B. Handel, Währung sowie Umwelt und vor allem Information — ist ein Prozeß der zunehmenden Verdichtung der Beziehungen zu beobachten. Die neue Qualität der Interdependenz erschwert nicht nur nationalstaatliche Steuerungsversuche, sondern erfordert geradezu eine internationale Verregelung.

Gleichzeitig globalisieren sich aufgrund der weltweiten Vernetzung die Risiken: ökologische Herausforderungen, Migration, Wirkungen von Massenvernichtungswaffen oder Technologien weitreichender Trägersysteme.

d) In der Welt macht sich eine Tendenz zur Regionalisierung und Multipolarisierung bemerkbar. Nicht mehr die Konfliktfigur des Ost-West-Konflikts ist strukturbestimmend, sondern regionale Zusammenschlüsse wie die Europäische Gemeinschaft (EG), die Organisation Amerikanischer Staaten (OAS), die North American Free Trade Association (NAFTA), die islamische Weltbewegung (islamischer Fundamentalismus) werden zu neuen bedeutsamen Akteuren im internationalen System. Wenngleich hinsichtlich der politisch-ökonomischen Bedeutung die EG und die NAFTA die bedeutendsten Akteure darstellen, so sind Regionalisierungstendenzen im internatio-

nalen System deutlich erkennbar. Die Multipolarität zeigt sich
darüber hinaus im Aufstieg Westeuropas und Japans zu Welt-
wirtschaftsmächten.

e) Das internationale System wird weiter durch den Nord-Süd-
Konflikt geprägt. Er gründet sich auf die unterschiedlichen
politischen und wirtschaftlichen Entwicklungschancen von
Industrie- und Entwicklungsländern. Er ist ein außenwirtschaftlicher und verteilungspolitischer Interessenkonflikt
zwischen den Entwicklungsländern, nahezu alle auf der Südhalbkugel gelegen, und den Industriestaaten, wobei die
Macht- und Einflußpotentiale höchst ungleich verteilt sind. In
den letzten Jahren sind auch ökologische, demographische
und sicherheitspolitische Aspekte der Nord-Süd-Beziehungen
zunehmend ins Blickfeld gerückt.

f) In den letzten Jahren kann ein dramatischer Wechsel der Inhalte und Dimensionen der Macht festgestellt werden. In den
industrialisierten Ländern — nicht in der Dritten Welt — hat
das Militär einen Bedeutungswechsel erfahren. Es hat als
klassisches Zeichen der Macht und der Souveränität eines
Staates viel von seinem Stellenwert verloren. Neue Aspekte
wie technologisch-wissenschaftliche Grundlagen, industrielle und finanzielle Leistungskraft einer Volkswirtschaft,
Währung, Humankapital, Garantie der sozialen Sicherheit
und staatliche Daseinsvorsorge bestimmen nun den Stellenwert, den Rang, die Macht eines Staates.

Herausforderungen für das internationale System

Nachdem die militärischen Gefahren für das Internationale System, die primär durch den Ost-West-Konflikt bedingt waren, inzwischen beseitigt wurden, stellen sich andere Gefahren und
Herausforderungen für das internationale System, die unter die
Rubrik „globale Gefahren" eingeordnet werden müssen und alle
mehr oder weniger zum großen Bereich des Nord-Süd-Konflikts
gehören. Nach dem Ende des Ost-West-Konflikts sind nun Block-
logik, Interventionspolitik und Stellvertreterkriege in der Dritten

Welt nicht mehr erforderlich, d.h. die Süddimension der Ost-West-Konflikts besteht nicht länger. Gerade deshalb stellen sich die Herausforderungen in den anderen Bereichen um so stärker. Es handelt sich um

— Proliferation von nuklearen und chemischen Waffen;
— Umweltgefahren;
— Bevölkerungsentwicklung;
— Energieprobleme / Ressourcenprobleme;
— Ernährungsprobleme sowie
— übersteigerten Nationalismus / Ideologischen Fundamentalismus

Diesen Herausforderungen muß in den nächsten Jahren begegnet werden. Da das internationale System aber durch eine Machtordnung gekennzeichnet ist, in der keine Instanz wie bei einem nationalen politischen System über das Gewaltmonopol verfügt, müssen allgemeinverbindliche Verhaltensregelungen aufgestellt werden, die auf dem Prinzip der Freiwilligkeit beruhen. Der Nationalstaat allein ist zur Lösung der globalen Herausforderungen außerstande. Internationale Organisationen können diese Aufgaben übernehmen. Aber auch internationale Regime — institutionelle Arrangements auf freiwilliger Einsicht über den kollektiven Nutzen —, die unterhalb der internationalen Organisationen angesiedelt sind, dürften bei der zukünftigen Problemlösung an Bedeutung gewinnen. Nur wenn eine größere Verregelung internationaler Politik erfolgt, wird die Steuerungsfähigkeit des internationalen Systems aufrechterhalten werden können.

Die Behandlung der Themen erfolgte aus unterschiedlichem Theorieverständnis (vgl. den Beitrag Theorien der internationalen Beziehungen). Alle Autoren hatten jedoch die gleiche Aufgabenstellung, nämlich Vermittlung von Sachbewußtsein, Problembewußtsein und Kritik. Die ursprünglich einmal auf vier Druckseiten je Artikel gesetzte Begrenzung ließ sich nicht durchhalten, da schon in den bisherigen Auflagen umfangreiche Ergänzungen erforderlich waren. Dennoch handelt es sich bei den Beiträgen je-

weils um sehr konzentrierte Einführungen. Auf ein gesondertes
Literaturverzeichnis wurde verzichtet, da jeder Autor seinem
Beitrag weiterführende Literatur hinzugefügt hat.

Das Wörterbuch arbeitet mit einem Verweissystem. Pfeile verweisen auf die eigene Behandlung eines Themas unter dem jeweiligen Stichwort. Die Anordnung der Beiträge erfolgt in alphabeti-
scher Reihenfolge; der Leser kann sie jedoch auch unter folgenden Problembereichen studieren:

I. Theorie / Theoriebildung / Teilbereiche Theorie
Außenpolitik
Außenpolitischer Entscheidungsprozeß
Bevölkerungsentwicklung /-politik
Diplomatie
Ideologie und Außenpolitik
Integration
Intervention
Krieg und Frieden
Militärstrategie
Neutralität
Sicherheitspolitik
Souveränität
Theorien der internationalen Beziehungen
Völkerrecht

II. Internationale Organisationen / Zusammenarbeit
Blockfreienbewegung
Europäische Gemeinschaft
Europäische Gemeinschaft als internationaler Akteur
Internationale Kommissionen
Internationale Organisationen
KSZE
Militärbündnisse
NATO
Parteien und internationale Politik
Vereinte Nationen

Kuwait-Krieg
Ostpolitik
Ost-West-Konflikt
Prägende Konflikte nach dem Zweiten Weltkrieg

In der nun vorliegenden fünften, vollständig überarbeiteten Auflage des Handwörterbuchs Internationale Politik wurden die jüngsten Entwicklungen in der internationalen Politik weitgehend berücksichtigt, wenngleich aus Platzgründen nicht alle Prozesse und bedeutsamen Ereignisse sowie internationale Organisationen aufgenommen werden konnten. Hier verweise ich auf das ebenfalls bei Leske + Budrich / UTB von Uwe Andersen und mir herausgegebene Handwörterbuch Internationale Organisationen, dessen Neuauflage vorbereitet wird.

Juni 1993   *Wichard Woyke*

Verzeichnis der wichtigsten im Text verwendeten Abkürzungen

ABC-Waffen	Atomare, Biologische / Bakteriologische, Chemische Waffen
ABM	Anti Ballistic Missile = Anti-Raketen Rakete
AHB	Ausschuß Hoher Beamter (der KSZE)
AKP-Staaten	Afrikanische, Karibische und Pazifische Staaten
ALCM	Air-launched Cruise Missile = Luftgestützter Marschflugkörper
ANC	African National Congress = Afrikanischer Nationalkongreß
ANZUS-Pakt	Australia, New Zealand, United States = Pakt zwischen Australien, Neuseeland und den Vereinigten Staaten
ATTU	Atlantic to Ural (Verhandlungszone vom Atlantik bis zum Ural)
BDIMR	Büro für Demokratische Institutionen und Menschenrechte (der KSZE)
BENELUX-Staaten	Belgien, Niederlande, Luxemburg
BINGO	Business International Non-Governmental Organization = Ökonomische internationale nichtgouvernementale Organisation
BIP	Bruttoinlandsprodukt
BRJ	Bundesrepublik Jugoslawien (Serbien, Montenegro)
BSP	Bruttosozialprodukt
CIA	Central Intelligence Agency (US-Geheimdienst)
COCOM	Coordinating Committee for East-West Trade Policy = Komitee zur Koordination der Ost-West-Handelspolitik
DAC	Development Assistance Committee = Entwicklungshilfeausschuß (der OECD)
EAG	Europäische Atomgemeinschaft
ECOSOC	Economic and Social Council = Wirtschafts- und Sozialrat der UN

ECU	European Currency Unit = Europäische Währungseinheit
EEA	Einheitliche Europäische Akte
EFTA	European Free Trade Association = Europäische Freihandelszone
EG	Europäische Gemeinschaft
EGKS	Europäische Gemeinschaft für Kohle und Stahl
EL	Entwicklungsländer
EPG	Europäische Politische Gemeinschaft
EPLF	Eritrean Peoples Liberation Front = Eritreische Volksbefreiungsfront
EPZ	Europäische Politische Zusammenarbeit
ESA	European Space Agency=Europäische Weltraumbehörde
EuGH	Europäischer Gerichtshof
EURATOM	Europäische Atomgemeinschaft
EVG	Europäische Verteidigungsgemeinschaft
EWG	Europäische Wirtschaftsgemeinschaft
EWR	Europäischer Wirtschaftsraum
EWS	Europäisches Währungssystem
FAO	Food and Agriculture Organization = Organisation für Ernährung und Landwirtschaft (der UN)
FCKW	Fluorchlorkohlenwasserstoffe
FLN	Front de Libération Nationale = Nationale Befreiungsfront Algeriens
G-7	Group of Seven (Gruppe der sieben führenden IL)
GASP	Gemeinsame Außen- und Sicherheitspolitik
GATS	General Agreement on Trade and Services = Allgemeines Handels- und Dienstleistungsabkommen
GATT	General Agreement on Tariffs and Trade = Allgemeines Zoll- und Handelsabkommen
GG	Grundgesetz
GUS	Gemeinschaft Unabhängiger Staaten
IAEO	International Atomic Energy Organization = Internationale Atomenergie-Organisation
IBRD	International Bank for Reconstruction and Development = Internationale Bank für Wiederaufbau und Entwicklung
ICBM	Intercontinental Ballistic Missile (Landgestützte ballistische Rakete mit interkontinentaler Reichweite)
IDA	International Development Association = Internationale Entwicklungsorganisation (der Weltbank)

IEA	International Energy Agency = Internationale Energie-Agentur
IGH	Internationaler Gerichtshof
IGO	International Governmental Organization = Internationale Gouvernementale Organisation
IKRK	Internationales Komitee vom Roten Kreuz
IL	Industrieländer
ILO	International Labour Organization = Internationale Arbeitsorganisation
INF	Intermediate-Range Nuclear Forces = Nuklearwaffen mittlerer Reichweite
INGO	International Non-Governmental Organization = Internationale nicht-gouvernementale Organisation
ITO	International Trade organization = Internationale Handelsorganisation (GATT)
IWF	Internationaler Währungsfonds
JVA	Jugoslawische Volksarmee
KPdSU	Kommunistische Partei der Sowjetunion
KSE-Vertrag	Vertrag zur Reduzierung der konventionellen Streitkräfte in Europa
KSZE	Konferenz für Sicherheit und Zusammenarbeit in Europa
KVAE	Konferenz über Vertrauens- und Sicherheitsbildende Maßnahmen und Abrüstung in Europa
KVZ	Konfliktverhütungszentrum (der KSZE)
LDC	Least Developed Countries = am wenigsten entwickelte Länder (früher auch LLCD)
LRTNF	Long-range Tactical Nuclear Forces = Taktische Nuklearwaffen mit einer Reichweite zwischen 1 000 und 5 500 km
MAD	Mutual Assured Destruction = Gegenseitig gesicherte Zerstörung (in einem Nuklearkrieg)
MBFR	Mutual and Balanced Force Reductions (Verhandlungen über beiderseitige, ausgewogene Truppenreduzierungen in Mitteleuropa)
MIRV	Multiple Intependently-targetable Re-entry Vehicle = Wiedereintrittsflugkörer mit mehreren unabhängig voneinander steuerbaren Sprengköpfen
MTCR	Missile Technology Control Regime = Raketentechnik Kontroll-Regime

N+N-Staaten	Neutrale und nichtpaktgebundene Teilnehmerstaaten der KSZE
NACC	North Atlantic Cooperation Council = Nordatlantischer Kooperationsrat
NAFTA	North American Free Trade Association = Nordamerikanische Freihandelszone
NASA	National Aeronautics and Space Administration = Nationale Luft- und Raumfahrtbehörde (der USA)
NATO	North Atlantic Treaty Organization = Nordatlantische Verteidigungsorganisation
NIC	Newly Industrializing Countries (Schwellenländer)
NPG	Nukleare Planungsgruppe (der NATO)
NPT	Non-Proliferation Treaty = Atomwaffensperrvertrag, Nichtweiterverbreitungsvertrag
NWWO	Neue Weltwirtschaftsordnung
OAS	Organization of American States = Organisation Amerikanischer Staaten
OAU	Organization for African Unity = Organisation für afrikanische Einheit
OECD	Organization for Economic Co-operation and Development = Organisation für wirtschaftliche Zusammenarbeit und Entwicklung
OEEC	Organization for European Economic Cooperation = Organisation für wirtschaftliche Zusammenarbeit in Europa
OIK	Organisation der Islamischen Konferenz
OPEC	Organization of Petroleum Exporting Countries = Organisation erdölexportierender Länder
PLO	Palestine Liberation Organization = Palästinensische Befreiungsorganisation
POLISARIO	Frente Popular de Liberacion Sanguia-el-Hamra y Rio de Oro = Befreiungsfront für die Westsahara
RF	Russische Föderation
RGW	Rat für Gegenseitige Wirtschaftshilfe
SALT	Strategic Arms Limitation Talks = Verhandlungen über die Begrenzung strategischer Waffen
SDI	Strategic Defense Initiative = Initiative zur strategischen Verteidigung
SFRJ	Sozialistische Föderative Republik Jugoslawien

SIOP	Single Integrated Operational Plan = Zentraler Einsatzplan für strategische Kernwaffen der USA
SLBM	Submarine-launched Ballistic Missile = Unterseebootgestützter ballistischer Flugkörper
SNF	Short-range Nuclear Forces = Taktische Nuklearwaffen kurzer Reichweite (bis 500 km)
SR	Sicherheitsrat (der Vereinten Nationen)
SRINF	Shorter-Range INF = INF kürzerer Reichweite
START	Strategic Arms Reduction Talks = Verhandlungen über die Reduzierung strategischer Waffen
SZR	Sonderziehungsrecht
TNF	Tactical Nuclear Forces = Taktische Nuklearwaffen
UNCED	United Nations Conference on Environment and Development = Konferenz der UN für Umwelt und Entwicklung
UNCTAD	United Nations Conference on Trade and Development = Konferenz der UN für Handel und Entwicklung
UNDP	United Nations Development Programm = Entwicklungsprogramm der UN
UNESCO	United Nations Educational, Scientific and Cultural Organization = Erziehungs-, Wissenschafts- und Kulturorganisation der UN
UNFPA	United Nations Fund for Population Acitivities = Bevölkerungsfonds der UN
UNHCR	United Nations High Commissioner for Refugees = Hochkommissar der UN für Flüchtlinge
UNO	(auch UN) United Nations Organization = Vereinte Nationen
UNPROFOR	UN-Protection Force (Schutztruppe der UN im ehemaligen Jugoslawien)
UNTAC	United Nations Transitional Authoritiy in Cambodia (Übergangsverwaltung der UN in Kambodscha)
UNTAG	United Nations Transition Assistance Group (UN-Truppen für Angola)
VBM	Vertrauensbildende Maßnahmen
VBSM	Verhandlungen über Vertrauens und Sicherheitsbildende Maßnahmen in Europa
VKSE	Verhandlungen über konventionelle Streitkräfte in Europa
VR	Volksrepublik

Stichwörter

Abrüstungspolitik (ARP.)

1. Begriff — ARP. umfaßt die Gesamtheit der Maßnahmen, die geeignet sind, bestehende militärische Machtpotentiale zu kontrollieren, zu begrenzen und zu vermindern, sowohl hinsichtlich der offensiven und defensiven Waffensysteme als auch hinsichtlich der industriellen und technologischen Kapazitäten, die die Entwicklung und Produktion militärischer Mittel ermöglichen. Das Idealziel der ARP. ist eine waffenlose Gesellschaft, in der die Konfliktaustragung auf friedlichem Wege und nicht mit bewaffneter Gewalt geschieht. ARP. steht somit im Gegensatz zu einer Politik der Aufrüstung, deren Verfechter glauben, daß Sicherheitsgewinnung und Interessenwahrung am besten durch die Errichtung einer Position militärischer Stärke zu erreichen seien.

Innerhalb des Begriffs der ARP. sind Abstufungen möglich, die die verschiedenen Ebenen angeben, auf denen sich ARP. bewegen kann: *Rüstungskontrolle* ist der Bereich, in dem Eingriffe in bestehende Potentiale am wenigsten umfassend sind. Eine Rüstungskontrollpolitik verhilft lediglich dazu, die Rüstungsentwicklung rationaler zu gestalten, zu kanalisieren, von unnötigen Risiken zu befreien und Mechanismen zu schaffen, die verhindern, daß aufgrund eines Mißverständnisses, menschlichen Versagens oder technischen Defekts unbeabsichtigt ein Krieg ausbricht. Bei einer Politik der *Rüstungsbegrenzung* oder *Rüstungsbeschränkung* wird ein Rahmen für die Rüstungsentwicklung vereinbart, der weitere Aufrüstung nur noch in begrenztem Umfang erlaubt oder die Entwicklung „einfriert". Weder bei einer Rüstungskontrolle noch bei einer Rüstungsbegrenzung kommt es jedoch zu vermindernden Eingriffen in die bestehenden Rüstungspotentiale; allenfalls wird ihr Zuwachs begrenzt. Eine *Rüstungsminderung* oder *Abrüstung* tritt erst ein, wenn eine Reduzierung bestehender militärischer Potentiale vereinbart wird, wobei der Umfang der Maßnahmen von geringfügigen Eingriffen bis zu umfassender Abrüstung reichen kann. Der Zustand einer *waffenlosen Gesellschaft* wird erst nach Realisierung einer völligen Abrüstung erreicht.

2. Geschichte — Die bis zum 2. Weltkrieg unternommenen Abrüstungsbemühungen gingen — überwiegend aus humanitären oder moralischen Gründen — zumeist davon aus, daß der → Krieg eine verwerfliche Sache sei, die der Menschheit nur Opfer abverlange, aber keinen Nutzen bringe und daher abgeschafft werden müsse. Um dieses Ziel zu erreichen, hielt man es für zweckmäßig und notwendig, im Rahmen einer allgemeinen und umfassenden Abrüstung die Mittel zu beseitigen, mit denen ein Krieg geführt werden konnte und auf die sich eine Aggressionspolitik schon im Frieden stützte. Beispiele für solche Vorstöße waren die Friedensnote Papst *Benedikts XV.* an die kriegführenden Mächte von 1. 8. 1917, die 14-Punkte-Erklärung des amerikanischen Präsidenten Woodrow *Wilson* vom 8. 1. 1918 und der *Briand-*

Kellogg-Pakt vom 27. 8. 1928, die — wenn auch ohne Erfolg — die Gewalt als letztes Mittel der Politik zu ächten und das Maß der Rüstungen auf ein Minimum herabzudrücken suchten, das nur noch zur Erhaltung der inneren Sicherheit der Staaten ausreichen sollte. Vor diesen Vorstößen, die wesentlich als Reaktion auf den 1. Weltkrieg zu verstehen sind, hatten die Haager Friedenskonferenzen von 1899 und 1907 schon die Kodifizierung eines Kriegsrechts zur Humanisierung des Krieges („Haager Landkriegsordnung") und die Gründung des Haager Schiedsgerichtshofes zur Beilegung internationaler Streitigkeiten beschlossen, aber keine Übereinstimmung über konkrete Abrüstungsschritte erzielen können.

Eine solche Übereinstimmung war auch nach dem 1. Weltkrieg nur in der Form möglich, daß sich die Siegermächte darüber verständigten, welche Abrüstungsmaßnahmen auf seiten der Verlierer zu treffen waren: So wurde in den Pariser Vorortverträgen von Versailles und Saint-Germain-en-Laye 1919 Deutschland und Deutsch-Österreich die Verpflichtung auferlegt, die Rüstungen zu reduzieren und diese Abrüstung durch interalliierte Kommissionen überwachen zu lassen. Diese einseitigen und aufgezwungenen Maßnahmen trugen jedoch nicht zur Befriedung bei, sondern verschärften im Gegenteil durch ihren diskriminierenden Charakter langfristig das Problem der → internationalen Sicherheit und erleichterten z.B. in Deutschland den Nationalsozialisten die Agitation gegen die Weimarer Republik.

Nach dem 2. Weltkrieg verlieh die Existenz von Kernwaffen dem Krieg eine neue Dimension des Schreckens und machte ihn zumindest zwischen den Großmächten als Mittel der Politik zunehmend unbrauchbar. Da die Risiken moderner Kriegsführung nun kaum noch kalkulierbar waren, entstand ein Sachzwang zur Rüstungskontrolle, um Konflikte von vornherein einzudämmen und ihre Eskalation zu vermeiden. Daraus ergaben sich für die ARP. neue Möglichkeiten und Chancen, die in den folgenden Jahrzehnten im Rahmen der UN, im Bereich der europäischen Sicherheit und zwischen den Supermächten USA und Sowjetunion zu Verhandlungen und auch zu konkreten Vereinbarungen über Rüstungskontrolle und Abrüstung führten.

3. Die Vereinten Nationen — Art. 11 der UN-Charta vom 26. 6. 1945 besagt, daß die Generalversammlung der → Vereinten Nationen „sich mit den allgemeinen Grundsätzen der Zusammenarbeit zur Wahrung des Weltfriedens und der internationalen Sicherheit einschließlich der Grundsätze für die Abrüstung und Rüstungsregelung befassen" kann. In Art. 26 wurde der Sicherheitsrat der UNO ausdrücklich beauftragt, „Pläne auszuarbeiten, die den Mitgliedern der Vereinten Nationen zwecks Errichtung eines Systems der Rüstungsregelung vorzulegen sind". Darüber hinaus wurde den UN erlaubt, selbst als Vermittler bei Konflikten tätig zu werden und dabei zur Schlichtung bzw. zur Trennung streitender Parteien auch militärisches Potential einzusetzen, das ihr von den Mitgliedstaaten zur Verfügung gestellt werden sollte. Von dieser Möglichkeit wurde später verschiedentlich mit wechselndem Erfolg Gebrauch gemacht (z.B. im Korea-Krieg, beim Zypern-Konflikt und während des Golf-Krieges).

Die abrüstungspolitischen Bemühungen der UN hatten insgesamt jedoch nur eine geringe praktische Wirkung. So fiel die auf Beschluß der UN-Generalversammlung vom 24. 6. 1946 gegründete Atomenergiekommission, die sich der Erarbeitung von Vorschlägen für eine Kontrolle der Atomenergie und von Plänen für die Abschaffung nuklearer und anderer Massenvernichtungsmittel widmen sollte, dem Kalten Krieg zum Opfer, so daß die Verhandlungen bereits 1950 abgebrochen werden mußten. Die Kommission selbst wurde am 11. 2. 1952 aufgelöst. Nicht besser erging es der am 13. 2. 1947 errichteten UN-Kontrollkommission für herkömmliche Rüstung, die am 6. 2. 1952 ebenfalls wieder aufgelöst wurde.

Mit der Gründung der UN-Abrüstungskommission durch die 6. UN-Generalversammlung am 11. 1. 1952 hatte indessen zuvor bereits ein neuer Abschnitt der UN-Abrüstungsbemühungen begonnen, wobei die Beratungen seit dem Frühjahr 1954 hauptsächlich innerhalb eines Fünfmächte-Unterausschusses — bestehend aus Vertretern der USA, der Sowjetunion, Großbritanniens, Frankreichs und Kanadas — geführt wurden. In diesem Rahmen gelang am 29. 7. 1957 die Gründung der Internationalen Atomenergie-Organisation (IAEA — International Atomic Energy Agency) mit Sitz in Wien, der die Verantwortung für die Sicherheitskontrolle des nuklearen Spaltstoffhandels und Spaltstoffinventars übertragen wurde. Am 1. 12. 1959 wurde der Antarktis-Vertrag unterzeichnet, der Atomversuche und die Errichtung von Raketen- und Militärstützpunkten in der Antarktis untersagt. Die Beratungen der Kommission wurden nach dem Abschuß eines amerikanischen Aufklärungsflugzeuges über der Sowjetunion und dem Scheitern der Pariser Gipfelkonferenz (16. / 17. 5. 1960) am 27. 6. 1960 durch den Auszug der Ostblock-Delegierten für zwei Jahre unterbrochen und 1962 unter Beteiligung von acht neutralen, fünf westlichen und fünf östlichen Staaten fortgesetzt. Später wurde die Kommission mehrfach erweitert. 1975 traten ihr auch die Bundesrepublik Deutschland und die DDR bei. Frankreich, das 1960 seine erste Atombombe gezündet hatte, und China, das sich Anfang der 60er Jahre auf dem Wege zu einer Atommacht befand und 1964 seine erste Atombombe testete, blieben der Kommission fern. Bis August 1978 fanden 805 Sitzungen statt, ohne daß man dem Ziel der Abrüstung wesentlich nähergekommen war.

Ein neuer, auf 39 Mitgliedstaaten erweiterter Abrüstungsausschuß nahm am 24. 1. 1979 in Genf seine Arbeit auf. In diesem Forum war auch Frankreich vertreten, das nach 16jährigem Boykott seine „Politik des leeren Stuhls" aufgab. Für China, das noch nie an einer Abrüstungskonferenz teilgenommen hatte, aber zunehmendes Interesse zeigte und nun eine Beobachterdelegation nach Genf entsandte, wurde (entsprechend dem französischen Alphabet) ein

Platz zwischen Kanada und Kuba freigehalten. Von den USA und der Sowjetunion wurde der Abrüstungsausschuß der UNO allerdings lange Zeit nicht als wirkliche Plattform der ARP. begriffen, so daß die Genfer Verhandlungen zunächst kaum substantielle Ergebnisse brachten.

Erfolge des Ausschusses waren der Vertrag über das Verbot der Anbringung von Kernwaffen und anderer Massenvernichtungswaffen auf dem Meeresboden und im Meeresuntergrund (Unterzeichnung am 11. 2. 1971, Inkrafttreten am 18. 5. 1972) und die Konvention über das Verbot der Entwicklung, Herstellung und Lagerung bakteriologischer (biologischer) und toxikologischer Waffen (Unterzeichnung am 9. 4. 1974, Inkrafttreten am 26. 3. 1975). Zu den Erfolgen der UN-Abrüstungskommission zählt auch die Vorarbeit, die sie für den Vertrag über die friedliche Erforschung und Nutzung des Weltraums leistete, der am 27. 1. 1967 unterzeichnet wurde.

Der Genfer Abrüstungsausschuß wurde mit Beginn der Wintersession am 7. 2. 1984 in „Abrüstungskonferenz" umbenannt. Gegenstand der Verhandlungen waren danach vor allem ein weltweites, umfassendes Verbot der Entwicklung, Herstellung und Lagerung chemischer Waffen sowie die Vernichtung vorhandener C-Waffen-Bestände und die Suche nach gemeinsamen Positionen zur Verhinderung eines Wettrüstens im Weltraum. Die C-Waffen-Konvention wurde schließlich nach 32jähriger Verhandlungsdauer am 3. 9. 1992 in Genf fertiggestellt, am 30. 11. 1992 in einer von 145 Staaten eingebrachten Resolution von der Vollversammlung der Vereinten Nationen gebilligt und am 13. 1. 1993 durch Vertreter von 120 Ländern in Paris unterzeichnet. Anders als das Genfer Giftgasprotokoll aus dem Jahre 1925, das lediglich die Verwendung im Kriege ächtete, verbietet das jetzige Übereinkommen weltweit die Entwicklung, Herstellung, Lagerung, den Erwerb, die Weitergabe sowie jeglichen Einsatz chemischer Waffen und verpflichtet die Unterzeichner zur Zerstörung aller vorhandenen Bestände innerhalb von zehn Jahren unter Kontrolle einer internationalen Behörde mit Sitz in Den Haag. Das Vertragswerk tritt im Januar 1995 in Kraft, so daß die Welt im Jahre 2005 chemiewaffenfrei sein könnte, falls bis dahin alle Länder das Abkommen unterzeichnen.

4. *Europäische Sicherheit* — Auf der Berliner Außenministerkonferenz im Januar / Februar 1954 forderte die Sowjetunion die Schaffung eines gesamteuropäischen kollektiven Sicherheitssystems und bemühte sich zu diesem Zweck am 24. 7. 1954 erstmals um die Einberufung einer europäischen Sicherheitskonferenz (→ KSZE). Der britische Außenminister Anthony Eden schlug demgegenüber auf der Genfer Gipfelkonferenz vom 18. - 21. 7. 1955 vor, im Rahmen eines Stufenplans zur Wiederherstellung der deutschen Einheit eine auf Mitteleuropa begrenzte Inspektionszone zu schaffen, in der jede Seite die Möglichkeit erhalten sollte, die in diesem Raum stationierten Truppen zu kontrollieren und ihre Entwicklung zu überwachen. Die Sowjetunion

griff diesen Gedanken auf und machte am 27. 3. 1956 mit dem *Gromyko*-Plan eigene Vorschläge für eine Reduzierung der konventionellen Truppen und für die Errichtung einer Rüstungskontrollzone in Europa — allerdings ohne das Ziel einer Wiedervereinigung Deutschlands (→ Deutschlandfrage) — und erhob darüber hinaus die Forderung nach einer Beendigung der Atomtests. Die Schaffung einer Rüstungskontroll- und -begrenzungszone in Mitteleuropa, die nach Eden und Gromyko auch der britische Labour-Abgeordnete Hugh Gaitskell und der amerikanische Ost-Experte George F. Kennan anregten (nicht zuletzt mit dem Ziel, der Bundesrepublik den Zugang zu Kernwaffen zu verwehren), stieß bei den politisch Verantwortlichen in Washington und Bonn allerdings ebenso auf Widerstand wie der Plan des polnischen Außenministers Adam Rapacki, in Mitteleuropa eine atomwaffenfreie Zone zu errichten. Zwar wurde im ohnehin kernwaffenfreien Lateinamerika in den 60er Jahren im Vertrag von Tlateleoco (Unterzeichnung am 14. 2. 1967 in Mexiko City, Inkrafttreten nach Ratifizierung durch die Teilnehmerstaaten) die Idee einer atomwaffenfreie Zone verwirklicht. Doch in Europa waren solche Überlegungen — soweit sie überhaupt jemals eine Realisierungschance besessen hatten — politisch gegenstandslos, als die Sowjetunion nach dem ,,Sputnik-Schock" (4. 10. 1957) Ende der 50er Jahre zu einer neuen außenpolitischen Offensive ansetzte, die im Berlin-Ultimatum 1958 - 61 (→ Berlin-Problem) und in der Kuba-Krise vom Oktober 1962 zwei bedeutsame Höhepunkte hatte. Erst im Zuge der Herausbildung der Entspannungspolitik in den späten 60er Jahren gelang es, das Projekt einer europäischen Sicherheitskonferenz, das 1954 von der Sowjetunion zur Diskussion gestellt worden war, zu beleben und mit Verhandlungen über einen Truppenabbau in Mitteleuropa zu verbinden. Daraus gingen dann die Konferenz über Sicherheit und Zusammenarbeit in Europa (KSZE) und die Gespräche über einen beiderseitigen, ausgewogenen Truppenabbau (MBFR) hervor. Die erste Phase der KSZE wurde am 1. 8. 1975 mit der Unterzeichnung der Schlußakte von Helsinki beendet, die u.a. einen Prinzipienkatalog zur europäischen Sicherheit sowie ein Dokument über vertrauensbildende Maßnahmen enthielt, das die Ankündigung größerer militärischer Manöver und Truppenbewegungen vorsah und den Austausch von Manöverbeobachtern und militärischen Personals regelte, um Mißtrauen in den Ost-West-Beziehungen abzubauen. Auf mehreren KSZE-Folgetreffen (4. 10. 1977 - 9. 3. 1978 in Belgrad; 10. 11. 1980 - 9. 9. 1983 in Madrid; 4. 11. 1986 - 15. 1. 1989 in Wien) wurde anschließend der Fortgang des Entspannungsprozesses untersucht. Eine Konferenz über Vertrauens- und Sicherheitsbildende Maßnahmen und Abrüstung in Europa (KVAE), auf deren Einberufung man sich in Madrid verständigte, fand vom 17. 1. 1984 bis 19. 9. 1986 in Stockholm statt. Ihr Schlußdokument sah u.a. schärfere Bestimmungen zur Manöverankündigung, deren Anwendungsgebiet jetzt bis zum Ural reichte, sowie das Recht auf Inspektionen vor (→ KVAE / VSBM).

Seit dem 9. 3. 1989 führten schließlich die 16 NATO- und 6 WP-Staaten in
Wien Verhandlungen über konventionelle Streitkräfte in Europa (VKSE),
nachdem die MBFR-Gespräche im Febr. 1989 ohne nennenswerten Erfolg
beendet worden waren. Nach nur 20monatigen Verhandlungen wurde ein
Vertrag über konventionelle Abrüstung in Europa paraphiert, der am
19. 11. 1990 auf einem KSZE-Sondergipfel in Paris von den Staats- und Regierungschefs unterzeichnet wurde und Obergrenzen für Personal und Ausrüstung der Streitkräfte vom Atlantik bis zum Ural sowie ein komplexes
Informations- und Verifizierungssystem vorsieht. Die auf diesem KSZE-
Sondergipfel am 21. 11. 1990 ebenfalls unterzeichnete „Pariser Charta für ein
neues Europa" verlieh darüber hinaus der KSZE für die Zukunft eine Koor-
dinierungsfunktion bei der gemeinsamen Abwehr von Konfliktgefahren in
Europa. Zu diesem Zweck wurde 1991 in Prag eigenes ein Konfliktverhütungszentrum der KSZE errichtet.

5. ARP. zwischen den USA und der Sowjetunion — Für die Beziehungen zwischen den USA und der Sowjetunion wurde die Kuba-Krise, die im Oktober
1962 die Welt an den Rand eines Nuklearkrieges brachte, zu einem Schlüs-
selerlebnis. Wie der 1. Weltkrieg die Einsicht in die Notwendigkeit zur Abrüstung allgemein gefördert hatte, so ließ die Kuba-Krise durch die direkte
Konfrontation der beiden nuklearen Weltmächte die Erkenntnis wachsen,
daß ein selbstzerstörerischer Nuklearkrieg unter allen Umständen vermieden werden müsse und daß dafür durch eine realistische ARP. die Voraussetzungen zu schaffen seien. Nach Beilegung der Kuba-Krise wurden deshalb
die Abrüstungsbemühungen mit erheblich gesteigerter Intensität und größerer Aussicht auf Erfolg fortgesetzt. Die USA und die Sowjetunion begannen
mit Verhandlungen zur Rüstungskontrolle, in die zunächst auch Großbritannien noch einbezogen war und in denen in der Folgezeit nahezu alle wesentlichen Entscheidungen der ARP. fielen.
Bereits am 20. 6. 1963 — wenige Monate nach der Kuba-Krise — wurde die
Einrichtung eines „Heißen Drahtes", einer direkten Fernschreibverbindung
zwischen dem Weißen Haus und dem Kreml, vereinbart, um die technischen
Möglichkeiten der Kommunikation zwischen den beiden Weltmächten zu
verbessern und die Gefahr von Mißverständnissen zu verringern. Wenig später, am 5. 8. 1963, wurde das Abkommen über die teilweise Beendigung der
Kernwaffenversuche in der Atmosphäre, im Weltraum und unter Wasser unterzeichnet, das vor einer radioaktiven Verschmutzung der Umwelt schützen
und gleichzeitig die Nichtkernwaffenstaaten daran hindern sollte, durch spätere Kernwaffenversuche nachträglich noch zu Kernwaffenmächten aufzu-
steigen. Diese „Nichtverbreitungspolitik" wurde durch den am 1. 7. 1968 in
Washington, London und Moskau unterzeichneten und am 5. 3. 1970 in Kraft
getretenen Vertrag über die Nichtverbreitung von Kernwaffen (*non proliferation*) präzisiert und ausgebaut, worin die Kernwaffenmächte sich verpflichte-

ten, Kernwaffen nicht weiterzugeben und über eine Reduzierung der eigenen Nuklearwaffen zu verhandeln, und die Nichtkernwaffenmächte darauf verzichteten, Kernwaffen anzunehmen, zu erwerben, zu lagern oder herzustellen. Damit sollte sichergestellt werden, daß die Zahl der Kernwaffenmächte in überschaubaren Grenzen gehalten wurde, um die Rationalität und Kalkulierbarkeit des Abschreckungssystems zu wahren und einen verantwortungslosen Umgang mit der Bombe zu verhindern. Eine grundlegende Schwäche dieser Politik bestand allerdings darin, daß kein Staat zur Unterzeichnung des Nichtverbreitungsvertrages veranlaßt werden konnte, wenn er dies nicht für oppurtun hielt, so daß außer Frankreich und China, die die Nichtverbreitungspolitik von vornherein abgelehnt hatten, auch wichtige andere Staaten — darunter „Schwellenmächte", denen der Bau von Kernwaffen zugetraut werden konnte — dem Vertrag fernblieben.

Die von den USA und der Sowjetunion im Rahmen der Nichtverbreitungspolitik zugesagten Verhandlungen über eine Begrenzung strategischer Rüstungen (SALT), die 1969 mit Vorgesprächen begannen, führten am 26. 5. 1972 zur Unterzeichnung der Rüstungskontrollabkommen von Moskau, in denen eine Begrenzung ballistischer Raketenabwehrsysteme und strategischer Offensivwaffen vereinbart wurde, und am 18. 6. 1979 zur Unterzeichnung des SALT-II-Abkommens in Wien, das eine weitere Begrenzung strategischer Offensivwaffen vorsah und auch den qualitativen Rüstungswettlauf im strategischen Bereich zu mäßigen suchte. Darüber hinaus wurde am 22. 6. 1973 beim Besuch Leonid I. *Breshnews* in den USA ein Abkommen zur Verhinderung von Nuklearkriegen unterzeichnet, in dem die USA und die Sowjetunion übereinkamen, einander in Fällen nuklearer Kriegsgefahr unverzüglich zu konsultieren und alles zu tun, um die Kriegsgefahr abzuwenden und den Ausbruch eines Nuklearkrieges zu verhindern.

Die Unterbrechung der Entspannungspolitik nach dem NATO-Doppelbeschluß zur Stationierung amerikanischer Mittelstreckenraketen in Europa und der sowjetischen Intervention in Afghanistan im Dezember 1979 führte anschließend in der ersten Hälfte der 80er Jahre auch zu einer Pause in der ARP. zwischen den USA und der Sowjetunion. Der SALT-II-Vertrag wurde zwar von beiden Seiten im wesentlichen eingehalten, aber bereits nicht mehr ratifiziert. Vor dem Hintergrund des ungünstigen Gesamtklimas in den Ost-West-Beziehungen blieben die Verhandlungen über die nuklearen Mittelstreckenraketen in Europa (INF), die am 30. 11. 1981 trotz der wachsenden Spannungen in Genf begannen, und Gespräche über eine Reduzierung strategischer Waffen (START), die am 29. 6. 1982 — in Fortführung des SALT-Prozesses — aufgenommen wurden, zunächst ergebnislos. Nach Beginn der 1979 angekündigten Stationierung amerikanischer INF in Europa im November 1983 wurden sie von der Sowjetunion sogar vorübergehend unterbrochen und erst im Januar bzw. März 1985 fortgesetzt, als beide Supermächte zu der Einsicht gelangten, daß ein unkontrolliertes Wettrüsten ihren

Interessen schadete und den Weltfrieden gefährdete. Nach zwei Begegnungen zwischen Präsident Ronald *Reagan* und KPdSU-Generalsekretär Michail *Gorbatschow* in Genf (19. - 21. 11. 1985) und Reykjavik (11. - 12. 10. 1986) wurde schließlich bei einem dritten Gipfeltreffen am 8. 12. 1987 in Washington ein INF-Vertrag unterzeichnet, der eine weltweite Beseitigung aller Mittelstreckenraketen vorsah.

Die *START*-Verhandlungen gelangten indessen erst während der Präsidentschaft von Georg *Bush* mit einem am 31. 7. 1991 zwischen den USA und der Sowjetunion geschlossenen Vertrag über die Reduzierung strategischer Atomwaffen zu einem ersten Zwischenergebnis. In dem Vertrag wurde die Zahl der „anrechenbaren" Sprengköpfe auf maximal je 6 000 und die Zahl der Trägersysteme auf höchstens 1 600 je Seite begrenzt. Dies bedeutete eine Verminderung der sowjetischen und amerikanischen Potentiale um 35 bzw. 25 Prozent; die angestrebte Halbierung der Nuklearsysteme wurde bei *START-1* somit noch nicht erreicht. Nach dem Zerfall der Sowjetunion und der Gründung der Gemeinschaft Unabhängiger Staaten (GUS) am 25. 12. 1991 setzten die USA deshalb die *START*-Verhandlungen mit jenen vier Nachfolgestaaten der UdSSR fort, die nunmehr auf dem Territorium der ehemaligen Sowjetunion über Kernwaffen verfügten, d.h. mit Rußland, Weißrußland, Kasachstan und der Ukraine. Der *START-II*-Vertrag, der die Reduzierung der noch bestehenden Potentiale um zwei Drittel vorsieht, wurde am 3. 1. 1993 von US-Präsident *Bush* und dem russischen Präsidenten Boris *Jelzin* in Moskau unterzeichnet.

6. Probleme — Der Zusammenbruch der Sowjetunion und das Ende des Ost-West-Konflikts veränderten auch die Bedingungen für die ARP. grundlegend. Die relative Überschaubarkeit und strategische Rationalität der bipolaren Weltordnung wich einer komplexen Struktur, in der nicht nur eine Vielzahl neuer Staaten entstand, sondern in der auch die überlieferten internationalen Organisationen häufig nicht mehr in der Lage waren, zwischenstaatliches Verhalten zu beeinflussen und zu kontrollieren. So führte das Aufbrechen nationaler Gegensätze in Osteuropa zu neuen Konflikten und gewaltsamen Auseinandersetzungen (Jugoslawien, Moldawien). Die politische und wirtschaftliche Zukunft der GUS ist ungewiß. Und in der Dritten Welt verläuft die Rüstungsentwicklung weiterhin nahezu ungebremst. Die Überwindung des Kalten Krieges, die 1989 / 90 so euphorisch gefeiert wurde, könnte somit den Anfang einer Periode neuer Unsicherheiten bedeuten, wenn es nicht gelingt, den Prozeß der ARP. zu verstetigen und den Herausforderungen des militanten Nationalismus und wachsender ökonomischer und sozialer Gegensätze wirksam zu begegnen.

Literatur

Czempiel, Ernst-Otto: Weltpolitik im Umbruch. Das internationale System nach dem Ende des Ost-West-Konflikts, München 1991.

Frei, Daniel: Sicherheit. Grundfragen der Weltpolitik, Stuttgart u.a. 1977.

Görtemaker, Manfred und Gerhard Wettig: USA-UdSSR. Dokumente zur Sicherheitspolitik, Opladen 1987.

Hallgarten, George W.F.: Das Wettrüsten. Seine Geschichte bis zur Gegenwart, Frankfurt/M. 1967.

Risse-Kappen, Thomas: Null-Lösung. Entscheidungsprozesse zu den Mittelstreckenwaffen 1970-1987, Frankfurt/M. 1988.

Manfred Görtemaker

Übersicht über Rüstungskontroll- und Abrüstungsverhandlungen

Gremium	Thematik	Teilnehmer	
Vereinte Nationen	Gesamtspektrum internationaler Sicherheit Rüstungskontrolle und Abrüstung	Alle Mitgliedstaaten der UN	New York Ständige Konferenz
Abrüstungskonferenz (Conference on Disarmament/CD)	Alle Waffenarten (z.B. Chemische Waffen, nuklearer Teststop)	39 Staaten davon Ungebundene 21 China	*Genf* Ständige Konferenz
	Überprüfungskonferenz Biologische Waffen	78 von 118 Vertragsstaaten	*Genf*
Konferenz über Sicherheit u. Zusammenarbeit in Europa (KSZE) vereinbart	— Fragen der Sicherheit Europas (Korb 1) — Zusammenarbeit in den Bereichen Wirtschaft, Wissenschaft, Technik und Umwelt (Korb 2) — Zusammenarbeit in humanitären und anderen Bereichen (Korb 3)	52 Staaten Europas, USA, Kanada	*Helsinki* Folgetreffen am 11.7.92 erfolgreich abgeschlossen. Nächstes Folgetreffen für 1994 in *Budapest* vorgesehen

Forts.: Übersicht über Rüstungskontroll- und Abrüstungsverhandlungen

Gremium	Thematik	Teilnehmer	
Verhandlungen über konventionelle Streitkräfte in Europa (VKSE)	Stabiles und sicheres Gleichgewicht konventioneller Streitkräfte auf niedrigerem Niveau in Europa vom Atlantik bis zum Ural	NATO-Staaten, ehemalige WP-Staaten	*Wien*, Mandatsgespräche am 10.1.89 erfolgreich abgeschlossen. KSE-Vertrag vom 19.11.90 Abschluß eines Abkommens zur Begrenzung militärischen Personals für 1992 vorgesehen
Verhandlungen über Vertrauens- und Sicherheitsbildende Maßnahmen Abrüstung in Europa (VSBM)	Maßnahmen zur Verhinderung milit. Konfrontation; z.B. verbesserte Beobachtung militärischer Aktivitäten und Informationsaustausch	KSZE-Teilnehmerstaaten	Wiener Dokument seit 1.5.92 in Kraft Verhandlungen werden fortgesetzt.
Open Skies-Verhandlungen	Luftbeobachtung	NATO-Staaten ehem. WP-Staaten	Vertragsabschluß am 29.3.92
Amerikanisch-sowjetisch/GUS Rüstungskontrollverhandlungen	Nuklearwaffen: — Interkontinental strategische Nuklearwaffen (START) — Weltraumwaffen — Chemische Waffen — Nukleare Teststopp	USA Sowjetunion/ Gemeinschaft unabhängiger Staaten (GUS)	Vertrag 31.7.91 unterzeichnet C-Waffenvertrag USA UdSSR v. 1.6.90
Amerikanisch-russische Rüstungskontrollverhandlungen	Interkontinenta strategische Waffen	USA Rußland	START II-Vertrag unterzeichnet am 3.1.93

Außenpolitik (AP)

1. Begriff, Geschichte — Mit und in AP nimmt die im souveränen Nationalstaat organisierte Gesellschaft ihre allgemeinpolitischen, wirtschaftlichen, militärischen und soziokulturellen Interessen gegenüber ihrem internationalen Umfeld wahr. Dazu gehören sowohl die Reaktionen auf von außen kommende strukturelle Einflüsse und aktuelle Handlungen als auch die von machtpolitischen bzw. inhaltlichen Interessen bestimmte Einwirkung auf die Umwelt bzw. deren Strukturierung. Außenpolitik erschöpft sich nicht in einzelnen Handlungen, sondern konstituiert ein Beziehungsmuster, dem eine mehr oder weniger deutlich gemachte Gesamtstrategie unterliegt (→ Außenpolitischer Entscheidungsprozeß). So wie die einzelnen wirtschaftlichen, militärischen und politisch-diplomatischen Interessen auf den verschiedenen politischen Ebenen — subnational, national, regional und international — verknüpft werden müssen, sind auch die einzelnen Machtmittel von Außenpolitik auf die jeweilige Interessenlage abzustimmen.

Bei der Entstehung des bürgerlichen Nationalstaates hat AP eine spezifische Rolle gespielt, die bis heute noch ihre Organisation und analytische Trennung von „Innenpolitik" bestimmt. Durch die territoriale Definition der Nation wurde trotz der Forderungen der bürgerlichen Aufklärung nach Weltbürgertum (*Goethe*) und Weltgesellschaft (*Kant*) ein Staatensystem geschaffen, in dem politische Identität und Machtkompetenz gegeneinander und nicht miteinander bestimmt wurden. Die damit vollzogene Trennung von eigenen, d.h. nationalen, und fremden, d.h. ausländischen, Interessen erlaubte dann auch die Ausrichtung von Außenpolitik auf nationale Nutzenmaximierung unabhängig von den damit verbundenen Kosten für andere Staaten.

Angesichts zunehmender Interdependenz bzw. des Netzwerkcharakters von Weltpolitik sowie der Schwierigkeiten der gegenwärtigen internationalen Staatenordnung bei der Überwindung von Struktur-(Unterentwicklung, undemokratische Verhältnisse, Umweltschäden) und Regionalproblemen (Iran-Irak, Nahost) werden heute in immer stärkerem Maße globale Verantwortung (*Brandt-, Palme-, Brundtland-*Bericht), Welt-„Innen"-Politik und neuer Internationalismus gefordert.

Konkurrenz von Nationalstaaten wurde aber nicht nur zum bestimmenden Strukturmuster des internationalen Systems, sondern führte auch zur systematischen Androhung bzw. Anwendung von politischer, wirtschaftlicher und militärischer Gewalt, die in zwei Weltkriegen bzw. im modernen nuklearen Patt gipfelten. Die daraus sich ergebenden Zwänge zur Selbstbehauptung wurden unter Verwendung der These vom Primat der Außenpolitik sozialdarwinistisch als Bewährungschance gedeutet (*Hitler*) und immer wieder dazu benutzt, innergesellschaftliche Konflikte zu unterdrücken und Legitimationsverluste durch den Hinweis auf die zum Teil selbst provozierte Au-

ßenbedrohung aufzufangen. Die herrschaftsstrategischen Momente in Antikommunismus und Stalinismus spiegeln dies ebenso wider wie der Falk-
land / Malvinas-Konflikt, die arabisch-israelische Konfrontation und andere
kriegerische Auseinandersetzungen. Die Primatsthese wird heute aber nicht
nur aus ideologiekritischen, sondern auch aus empirisch-analytischen
Gründen abgelehnt. Innen-und Außenpolitik lassen sich weder in der Analyse noch in der politischen Praxis trennen. Eine Wahlkampfstrategie, die
nationale Überlegenheits- und Stärkebedürfnisse mobilisiert, kann außenpolitische Zusammenarbeit wesentlich erschweren. Eine Abwertung der eigenen Währung kann wirtschaftliches Binnenwachstum durch vermehrten
Export erzielen und Weltmarktanteile vergrößern. Die Einführung moderner Waffensysteme wird, selbst wenn sie in erster Linie dem Erhalt der eigenen Rüstungsindustrie dient, Bedrohungsvorstellungen bei den Nachbarn
bestärken und ggf. den Rüstungswettlauf vorantreiben.
AP ist bis heute Reservat der gouvernementalen Exekutive. Auch dies läßt
sich historisch erklären. Als nämlich das Bürgertum dem Monarchen
schrittweise dessen politische Kompetenzen entzog und diese den von seinen
Interessen beherrschten Parlamenten übertrug, blieben Außen- und → Militärpolitik relativ lange in der alleinigen Verantwortung der Monarchie. Ein
spezifischer Verhaltenskodex, Geheimhaltung und personelle Rekrutierung
von Offizieren, Beamten und Diplomaten sorgten z.B. in Deutschland relativ lange dafür, daß Parteien und Parlamente nur geringen Einfluß auf diesen
Politikbereich besaßen. Weder die Einführung demokratisch-republikani-
scher noch sozialistisch-volksdemokratischer Staatsordnungen haben hier
substantielle Veränderungen vorgenommen. AP wird im wesentlichen von
der Exekutive initiiert, geformt und bestimmt (s. *Haftendorn*). Sieht man
einmal von dem gewachsenen Einfluß des amerikanischen Senats auf die AP
seines Landes ab, besitzen weder Judikative von Legislative wesentliche
Kontroll- bzw. Initiativrechte, wie sie in anderen Politikbereichen selbstverständlich sind. Auch die Parteien reproduzieren in ihrer transnationalen
Kooperation und selbst in ihren supranationalen Zusammenschlüssen den
gouvernementalen und den nationalen Charakter von Außenpolitik. Dies
galt auch und insbesondere für kommunistische Parteien (→ Parteien und internationale Politik).
In westlichen Industriestaaten war Außenpolitik zunächst in der Hand des
Außenministeriums, das über ein diplomatisches Instrumentarium verfügt.
Mit der Entstehung multi-, supra- und internationaler Organisationen und
verbesserter Kommunikationsmittel verloren aber die Botschaften und klassische → Diplomatie zugunsten von Konferenzdiplomatie und direkter Kommunikation an Bedeutung. Gleichzeitig erforderten außenpolitisch relevante
Politikbereiche wie Wirtschafts- und Verteidigungspolitik ressortübergreifende Koordination, wie sie z.B. der Nationale Sicherheitsrat oder vergleichbare Einrichtungen bieten. Darüber hinaus ist mit zunehmender welt-

wirtschaftlicher Arbeitsteilung und Herausbildung transnationaler Konzerne bzw. Banken das staatliche Politikmonopol relativiert worden. Dies wurde sowohl in den Ölpreiskrisen als auch in der Verschuldungskrise der Dritten Welt deutlich (→ internat. Verschuldungskrise), die die Grenzen von Regierungsmacht verdeutlichten. AP im weiteren Sinne ist also nicht nur durch die Konflikte und Friktionen innerhalb der Exekutive, sondern ebenso durch die Schwierigkeiten geprägt, demokratisch organisierte Staatskontrolle auch auf den privatwirtschaftlichen Bereich auszudehnen bzw. mit diesem in Einklang zu bringen. Kommunistische Systeme hatten aufgrund des staatlichen Außenhandelsmonopols dieses Problem nicht — auch wenn im Rahmen einer Reihe von Wirtschaftsreformen jenes zunehmend gelockert wurde. Trotz der Betonung ideologisch-programmatischer Elemente ähnelten sich die Erscheinungsbilder der AP kommunistischer Staaten und westlicher Industriestaaten. Dies gilt ebenso für die Länder der Dritten Welt. Auch der systematischere Einsatz von Kulturpolitik, Propaganda und Parteibeziehungen hat daran nicht Wesentliches geändert. In der inhaltlichen Debatte über Grundmuster von Außenpolitik sind vor allem drei Fragen diskutiert worden: erstens ob die Außenpolitik kommunistischer Gesellschaften anders war bzw. sein mußte als die kapitalistischer, zweitens ob Außenpolitik demokratischer Staaten „friedlicher" als die nichtdemokratischer sei und drittens ob in der Außenpolitik des klassischen Nationalstaates die eigenen Interessen immer auf Kosten oder unter Beeinträchtigung der Interessen anderer durchgesetzt werden oder ob die Zivilgesellschaft nicht auch eine neue Form kooperativ-partnerschaftlicher Außenpolitik entwickeln kann.

2. *Erklärungsansatz von AP* — Die Analyse von AP muß zunächst den Unterschied zwischen AP und Internationaler Politik beachten (→ Theorien der internationalen Beziehungen). Mit Außenpolitik wird das Handeln oder Nichthandeln aus der Sicht des Akteurs — sei es wie in der Regel ein Nationalstaat, ein transnationaler Konzern oder eine → internationale Organisation — bezeichnet. Internationale Politik analysiert das internationale System bzw. seine Teilbereiche, das auch durch die Summe und das Grundmuster aller AP bestimmt wird. Umgekehrt erfordert eine außenpolitische Analyse auch die Berücksichtigung der Verhaltensmuster, der Struktur und der aktuellen Ausprägung des internationalen Systems, in das der jeweilige Akteur eingebunden ist. Außenpolitik ist daher sowohl Bedingung als auch Folge internationaler Politik.

Der theoretisch-methodologische Forschungsstand der Lehre von den internationalen Beziehungen, die sich mit der Analyse von AP befaßt, ist gerade im Vergleich zu den anderen Bereichen der Politikwissenschaft nach wie vor unbefriedigend. Mit der Debatte über den Friedensbegriff hat die Disziplin zwar den Werturteilsstreit aufgearbeitet und einen politischen Beurteilungsmaßstab geschaffen (→ Krieg und Frieden). Eine umfassende außenpolitische Theorie ist aber weder entwickelt noch in Sicht. So konkurrieren im wesentlichen vier Erklärungsansätze miteinander, die jeder für sich zu einer umfassenden systematischen Analyse nicht ausreichen, sondern der Verknüpfung miteinander bedürfen.

2.1 Der macht- oder realpolitische Ansatz (*Morgenthau*) ist nicht nur einer der traditionellen Erklärungsansätze, sondern bestimmt immer noch große Teile der Geschichtswissenschaft und vor allem die Gestaltungsbestimmungen praktischer Politik. Er wird in letzter Zeit verstärkt zur Erklärung der Entwicklungen in Osteuropa nach Ende des Ost-West-Konfliktes (→ Balkan-Konflikt, Konflikte innerhalb der GUS) verwandt. Danach geht Außenpolitik auf den Erhalt, den Ausbau und die Absicherung von Machtpositionen zurück. Macht bzw. außenpolitisch einsetzbare Machtmittel ergeben sich aus der wirtschaftlichen und militärischen Leistungsfähigkeit, der politisch-diplomatische Überzeugungskraft und der Fähigkeit, im internationalen System Zustimmung und Gefolgschaft für die eigene Politik zu finden. Die Betonung der Macht als Grundkategorie außenpolitischer Analyse hat den Vorzug, auf den Herrschaftscharakter von AP bzw. des regionalen und internationalen Systems hinzuweisen. Zusammenhänge von Macht und spezifischen nationalen oder auch innerstaatlichen Interessen sowie die diese Macht einschränkenden bzw. in Frage stellenden Rationalitäten des internationalen Systems werden aber in der Regel von Vertretern dieses Ansatzes unterschätzt.

2.2 Der Aktions-Reaktions- bzw. Interaktionsansatz (*Deutsch*), der in behavioristische Denkschulen eingeordnet werden muß und der vor allem in sicherheitspolitischen Analysen sowie bei Vertretern quanitativer Methoden anzutreffen ist, erklärt Außenpolitik vor allem als Reaktion auf Stimuli aus dem internationalen Umfeld. Sowohl bei der Perzeptionsanalyse als auch bei der Klassifizierung von Verhaltensmustern hat dieser Ansatz, dem auch eine Reihe von außenpolitischen Datensammlungen zu verdanken ist, Beiträge geliefert. Seine Vernachlässigung von politischen Inhalten, Herrschaftsmustern und strukturellen Ursachen hat ihn aber insbesondere im deutschsprachigen Raum der Kritik ausgesetzt.

2.3 Der Ziel-Mittel-Ansatz ist gegenüber den beiden erstgenannten systematischer und umfassender. Er erklärt Außenpolitik über die in ihr enthaltenden Zielhierarchien, -kongruenzen und -konkurrenzen und bringt diese mit den jeweils eingesetzten Mitteln bzw. Instrumenten in Zusammenhang. Er erlaubt sowohl die Berücksichtigung von innerstaatlichen als auch internationalen Zusammenhängen und ist prinzipiell für eine Erweiterung durch Einbezug von Machtkategorien offen. Schließlich erlaubt er auch eine immanente Bewertung von AP auf die Kosten-Nutzen-Rationalität ihrer jeweiligen

Strategien bzw. der Kompatibilität bestimmter AP auf Systemtrends und -strukturen. Ziel-Mittel-Analysen eigenen sich auch besonders für Längsschnittanalysen bzw. historische Vergleiche und ermöglichen — wenn auch begrenzt — prognostische Aussagen über Fortschreibung.

2.4. Die Analyse von Bedingungsstrukturen geht insoweit über den Ziel-Mittel-Ansatz hinaus, als AP auf die ihr zugrunde liegenden Bedingungsstrukturen untersucht wird, die langfristig Richtung, Inhalt und Handlungsspielraum bestimmen. Zu den diese Strukturen prägenden Faktoren gehören geographische Lage, Wirtschaftssystem und Industrialisierungsprofil, Gesellschaftsstruktur und Herrschaftsmuster usw. Die Grenzen der Bedingungsstrukturanalyse liegen in der begrenzten Logik der Strukturanalyse, die zwar die Grundlinien, nicht aber die jeweilige Ausprägung einer Politik erklären kann. Deshalb muß die Analyse von Bedingungsstrukturen mit der der Interessen, Ziele und Mittel der einzelnen Akteure auf den verschiedenen Analyseebenen, d.h. innerstaatlich, national und international, verbunden werden und in einer das Interaktionsmodell integrierenden Entscheidungsanalyse die jeweilige AP analysiert und auf die immanente Stimmigkeit unter Verwendung expliziter Kriterien bewertet werden.

3. Reform der AP? — Wissenschaft und politische Bewegungen haben AP allgemein und im einzelnen kritisiert und Reformen vorgeschlagen. Dabei ist zunächst die Einlösung des Friedensanspruchs in konkrete Politik vor allem zur Lösung des Ost-West-Konflikts, seiner Nachfolgekonflikte (z.B. Jugoslawien), außerhalb europäischer Regionalkonflikte (z.B. → Nahost-Konflikt, → Kuwaitkrieg) und des → Nord-Süd-Konfliktes gefordert worden, und man hat sich nicht nur darauf beschränkt, eine Abkehr von einer von Macht und Interesse geleiteten AP zu fordern, sondern auch eine generelle Umorientierung vorgeschlagen. AP solle sich anstelle der Maximierung von nationaler Sicherheit und Wohlstand nach dem Nullsummenspiel der Förderung des regionalen bzw. internationalen Gemeinnutzens zuwenden. Dies erfordere die Ablösung des kompetitiven durch das kooperative Prinzip, so z.B. durch Sicherheitspartnerschaft bzw. regionale Wachstumsgemeinschaften. Kooperation sei schließlich durch → Integration zu ergänzen, wodurch schrittweise — wie beim nationalen Gesellschaftsvertrag — ein in sich differenzierter, aber auf Mehrung des Gesamtnutzens ausgerichteter Weltstaat entstände. Parallel dazu seien auch kompetente internationale Gremien zu schaffen, mit deren Hilfe eine gerechtere wirtschaftliche und politische Weltordnung durchgesetzt würde, in der alle Gesellschaften gleiche Entwicklungs- und Entfaltungschancen besäßen. Schließlich sei AP auch in ihrem Entscheidungsprozeß zu öffnen und zu demokratisieren. Gerade dies erlaube den für die allgemeine Reform von AP notwendigen politischen Druck auf die entscheidenden Regierungsträger.

Eine solche idealistische Sicht muß sich der Kritik der Realisten stellen. Die Forderung, den Weltgesellschaftsvertrag aufgrund vernünftiger Einsicht in die gemeinsamen Interessen oder der Notwendigkeit des Schutzes des Schwächeren zu schaffen, hat aber angesichts irreversibler ökonomischer und militärischer Problemglobalisierung, des anachronistischen Charakters nationalstaatlicher → Souveränität und des Funktionsverlustes von Nationalismus objektive Berechtigung. Insofern entsprechen solche Reformvorschläge den Vorstellungen der Theoretiker des bürgerlichen Nationalstaates des 18. Jh.s (*Rousseau, Locke, Hobbes*) auf einer höheren Ebene.

Literatur

Besson, Waldemar: Die Außenpolitik der Bundesrepublik Deutschland, München 1970.

Czempiel, Ernst-Otto: Amerikanische Außenpolitik, Stuttgart 1979.

Czempiel, Ernst-Otto: Internationale Politik, Paderborn 1981.

Haftendorn, Helga: Verwaltete Außenpolitik, Köln 1978.

Jahresberichte der Bundesregierung, „Auswärtiges Amt", Bonn, jährlich, passim.

Knapp, Manfred / *Krell*, Gert: Einführung in die Internationale Politik, München 1991.

Krippendorf, Ekkehart (Hrsg.): Internationale Beziehungen, Köln 1973.

Maull, Hans: Zivilmacht Bundesrepublik Deutschland, in: Europa Archiv 10 / 1992, S. 269-278.

Mearsheimer, John: Back to the Future, in: International Security 1 / 1990, S. 5-56.

Morgenthau, Hans-Joachim: Macht und Frieden, Gütersloh 1964.

Pfetsch, Frank R.: Einführung in die Außenpolitik der Bundesrepublik Deutschland, Opladen. 1981.

Woyke, Wichard (Hrsg.): Netzwerk Weltpolitik, Opladen 1989.

Reimund Seidelmann

Außenpolitischer Entscheidungsprozeß

1. Begriff — a.E. bezeichnet das Zustandekommen außenpolitischer Entscheidungen bzw. den außenpolitischen Willensbildungsprozeß. Der Begriff unterstellt Prozeßcharakter, Generalisierbarkeit und Inhaltsneutralität. Entscheidungen werden als Abfolge untereinander verknüpfter Situationsanalysen, Bewertungen und Handlungsentscheide verstanden, die sich sowohl reaktiv als auch initiativ vollziehen. Der a.E. verläuft in der Regel nach bürokratisch geordneten Organisationsformen und bestimmten Verlaufsmustern, die die jeweiligen a.E. charakterisieren und unterscheidbar machen. Diese Abläufe sind insbesondere bei institutionalisierten a.E. inhaltsübergreifend; sie dienen — auch zur Entlastung des politischen Apparates — zur Bearbeitung verschiedener und z.T. konkurrierender bzw. konfligierender Inhalte (z.B. im sicherheitspolitischen Entscheidungsprozeß, wo es sowohl um Verteidigung bzw. Konfliktpolitik als auch um Entspannung bzw. Kooperationspolitik geht). In der Regel werden unter a.E. vier Schritte verstanden: erstens die Problemdefinition, zweitens die Bestimmung der eigenen Interessen und Ziele, drittens die Erarbeitung von Problemlösungsoptionen und -strategien und viertens die Entscheidung für bestimmte Maßnahmen. Obwohl Wirkungskalküle genuiner Bestandteil des a.E. sind, gehören Wirkungsanalysen nicht zur Untersuchung des a.E. Schließlich konzentriert sich die a.E.-Analyse in erster Linie auf Faktoren und Akteure, die unmittelbar auf den a.E. einwirken bzw. dabei empirisch nachweisbar sind.

2. Geschichte — Die Beschreibung und Analyse von Entscheidungssituationen, -bedingungen und -prozessen hat in Geschichtswissenschaft, Nationalökonomie und Sozialpsychologie eine lange Tradition; in der Politikwissenschaft und insbesondere in den Internationalen Beziehungen treten systematische Untersuchungen zum a.E., die über den dezisionistischen (Entscheidung als punktueller Willensakt) bzw. traditionalistisch-historiographischen Ansätze hinausgehen (Entscheidung als Folge von Idiosynkrasie des Mächtigen), erst in den 50er Jahren in den USA auf. In den 60er Jahren entstehen wiederum in den USA Makro- (a.E. als Resultat einer Großzahl von nationalen Faktoren wie Bruttosozialprodukt, innerer und äußerer Konfliktneigung usw.) und Mikromodelle (a.E. als Interaktion der Entscheidungsträger), die häufig formalisiert und quantifiziert wurden. Im deutschen Sprachraum werden abgesehen von der Auseinandersetzung mit amerikanischen Entscheidungstheorien und -modellen a.E.-Analysen seit den 70er Jahren angewandt; dies sowohl punktuell (auf bestimmte Entscheidungen bezogen) als auch systematisch (auf bestimmte a.E.-Institutionen bezogen). Bundesrepublikanische a.E.-Analysen versuchen im Gegensatz zu amerikanischen Inhalte und strukturelle Voraussetzungen stärker zu berücksichtigen; eine umfassende Entscheidungstheorie steht sowohl in den einzelnen

Segmenten (Rüstungswettlauf, Entwicklungspolitik usw.) als auch insgesamt (→ Außenpolitik, Internationale bzw. Regionale Politik) noch aus.

3. Ansätze

3.1. Geschichtswissenschaftliche Ansätze stellen Personen (bei Biographien bzw. über Memoirenquellen), Situationen (z.B. bei der Analyse des Kriegsausbruch 1914) sowie den Zusammenhang zwischen Einzelentscheidung und geschichtlichem Gesamtverlauf in den Mittelpunkt. Dabei ist die personenzentrierte („Männer machen Geschichte") durch eine die strukturellen Bedingungen stärker berücksichtigende (s. Sozial- und Wirtschaftsgeschichte) Betrachtung ersetzt worden; die Frage, ob und wie sehr Entscheidungskonstellationen bzw. -muster repetitiv und damit generalisierbar bzw. klassifizierbar sind, ist kontrovers. Für die politikwissenschaftliche Analyse des a.E. sind diese Ansätze doppelt hilfreich. Sie zeigen, wie groß die Bedeutung von Wahrnehmungs- und Kommunikationsproblemen in kritischen Einzelfällen (Kriegsausbruch 1914, Kuba-Krise 1962, usw.) ist, und sie weisen auf die Bedeutung von Kompetenz, Professionalität und Psychologie des einzelnen Entscheidungsträgers hin.

3.2. Nationalökonomische Ansätze verstehen Entscheidungsprozesse in erster Linie als Maximierung von Nutzen und Minimierung von Kosten und Risiken, wobei sie dazu neigen, nur das an Faktoren zu berücksichtigen, was quantifizierbar ist, und von eindeutig bestimmbaren Zielgrößen ausgeht. Sie gehen von der Rationalitätsprämisse aus und erlauben die kritische Überprüfung von Entscheidungen nach Kosten-Nutzen-Relation, Sachrationalität und Problemlösungskosten. Der davon ausgehende Entmythologisierungseffekt, d.h. die Konzentration auf Interessen bzw. Nutzen, ist bei der politikwissenschaftlichen Analyse von a.E. besonders hilfreich, wenn es sich um politisch oder ideologisch überhöhte Zielvorgaben handelt (Wiedervereinigung, Weltrevolution, Friedenspolitik). Angesichts zunehmender weltwirtschaftlicher Verflechtung und der Bedeutung ökonomischer Interessen auch bzw. gerade im a.E. helfen sie auch zum Verständnis des Zusammenhanges von Machtpolitik, Gruppeninteresse und Sachproblematik.

3.3. Behavioristische Ansätze definieren den a.E. als Stimulus-Response-Abfolge und konzentrieren sich dabei insbesondere auf die Frage, wie von außen bzw. auch von innen kommende Reize wahrgenommen, verarbeitet und in Reaktionen bzw. Nicht-Reaktionen umgesetzt werden. Karl W. *Deutsch* hat versucht, dies im Rahmen einer Theorie der politischen Kybernetik zu erfassen, wobei es aber nicht gelungen ist, diese Ansätze inhaltlich zu füllen. Trotzdem spielen die so herausgearbeiteten Zusammenhänge eine Rolle in der quantitativen Nachbildung von Entscheidungsprozessen (z.B. in

Simulationsmodellen). Sonderformen dieser Schule sind die Spieltheorie und die Ereignisanalyse. Die Spieltheorie reduziert Entscheidungssituationen auf ein Minimum an Personen, Vorgaben und Handlungsmöglichkeiten; sie arbeitet gewissermaßen mit Laborsituationen und will strategische und taktische Verhaltensmuster herausarbeiten. Kritiker werfen ihr dabei übermäßige Formalisierung, Simplifizierung und mangelnde analytische Fruchtbarkeit vor. Die Ereignistheorie vernetzt Entscheidungen zu Ereignissequenzen, spielt aber angesichts methodischer Probleme (unzureichende Definition des Ereignisbegriffes, phänomenologische Erfassung von Verläufen) keine wesentliche Rolle mehr.

3.4. Von dem Ausbau und der Verfeinerung des strukturanalytischen Ansatzes in den Internationalen Beziehungen sind für Entscheidungstheorie und -analyse wichtige Anregungen ausgegangen. Erstens werden a.e. als Ausdruck bestimmter Strukturen und als Organisationsform bestimmter grundlegender Interessen betrachtet; daraus ergeben sich unabhängig von der konkreten Entscheidungssituation bestimmte Handlungsspielräume und allgemeine Handlungsformen. Zweitens erlaubt dieser Ansatz sowohl den inhaltlichen Bezug (welche Strukturen und welche Interessen wirken wie auf den a.E. ein?) als auch die Frage nach Macht- und Herrschaftseinflüssen (wo und wie wird der a.E. für Erwerb bzw. Erhaltung von Macht eingesetzt?). Er wird aber erst dann für Analyse und Prognose fruchtbar, wenn neben strukturellen auch aktuelle Konstellationen, die institutionelle Organisation und die Rolle von personalen Faktoren berücksichtigt werden. So läßt sich z.B. der a.E., der zum INF-Doppel-Null-Abkommen führte, nicht allein durch strukturelle Zwänge (Kostenproblematik, Sicherheitsdilemma, Akzeptanzverlust) erklären — denn diese bestehen seit den 60er Jahren. Er muß ebenso die lern- und machtpolitischen Veränderungsprozesse innerhalb des amerikanischen und sowjetischen a.E., den Austausch von Schlüsselpersonen und schließlich den aktuellen politischen Willen der beiden Staatschefs berücksichtigen. Methodisch sind dabei von Bedeutung, wie im Einzelfall bzw. in einem Politikbereich sich Strukturen bzw. Interessen in Institutionen umsetzen, welches Eigengewicht die beteiligten Akteure und Personen besitzen und wie politischer Wille bestimmt und ggf. gemessen wird.

4. Kritische Bilanz — Trotz der Fülle der bislang vorliegenden empirischen Studien zu Entscheidungen, Entscheidungsabfolgen und -prozessen liegt bislang keine empirisch fundierte Theorie a.E. vor. Methodische Vielfalt und unterschiedliche Reichweite der jeweiligen Analysen (Personenkreis, Institution, Konstellation, strukturelle Bedingungsfaktoren) führen gelegentlich zur Beliebigkeit. Dabei ist die Analyse des a.E. sowohl bei einer empirischen Untersuchung als auch für eine Theorie der Außenpolitik unumgänglich (→ Theorien der internationalen Beziehungen). Eine Kritik der Sach-

und Machtlogik bestimmter Politiken muß neben dem Ergebnis auch das Zustandekommen, d.h. den E. bewerten; Politikberatung ohne genaue Kenntnis des E. ist ebenso zum Scheitern verurteilt wie politische Reform, die
über die Konzentration auf die Inhalte die Organisation des a.E. vernachlässigt.

Literatur

Allison, Graham T.: Essence of Decision. Explaining the Cuban Missile
    Crisis, Boston 1971.
Czempiel, Ernst-Otto: Amerikanische Außenpolitik, Stuttgart 1979.
Deutsch, Karl W.: Politische Kybernetik, Freiburg 1970.
Dormann, Manfred: Faktoren der außenpolitischen Entscheidung, in: Poli-
    tische Vierteljahresschrift, H. 1, 1971, S. 14-28.
Kröger, Herbert / *Lingner,* Klaus: Wege zu einer marxistisch-leninistischen
    Methodologie der Analyse internationaler Beziehungen, in: *Krippen-
    dorff,* Ekkehart (Hrsg.): Internationale Beziehungen, Köln 1973, S.
    103-119.
Nathan, James A. / *Oliver,* James K.: Foreign Policy Making in the Ameri-
    can Political System, Boston 1983.
Naschold, Frieder: Entscheidungstheorien, in: *Narr,* Wolf-Dieter / *Na-
    schold,* Frieder, Einführung in die moderne politische Theorie, Bd. 2:
    Systemsteuerung, Stuttgart 1969, S. 30-77.
Meyers, Reinhard: Entscheidungstheoretische Ansätze, in: Pipers Wörter-
    buch zur Politik, Bd. 5: Internationale Beziehungen, hrsg. von *Boeckh,*
    Andreas, München 1984, S. 120-124.
*Haftendorn,*Helga: Verwaltete Außenpolitik, Köln 1978.

Reimund Seidelmann

Balkankonflikt

1. Ursachen und Entstehung des Konflikts — 1991 und 1992 waren die ersten
Kriegsjahre auf dem europäischen Kontinent seit den (Bürger-)Kriegen
Ende der 40er Jahre (in Griechenland, Polen, der Westukraine, Litauen) und
der militärischen Intervention Ungarns durch die UdSSR im Jahre 1956. Der
Krieg in Jugoslawien 1991 ist allerdings bereits der sechste Krieg am Balkan
in diesem Jh., nach dem ersten und zweiten Balkankrieg (1912-1913), dem
Ersten und Zweiten Weltkrieg (1941-1945) und dem Bürgerkrieg in Griechen-

land. Der gegenwärtige Krieg in Jugoslawien folgt in vielerlei Hinsicht den vorherrschenden Mustern bewaffneter Konflikte seit 1945 (→ Krieg und Frieden). Es handelt sich um einen örtlich begrenzten Krieg, eine Mischung zwischen einem zwischenstaatlichen Krieg und einem Bürgerkrieg, ausgelöst durch ethnische Konflikte in einem multikulturellen Vielvölkerstaat. Mehrfach war der Versuch der Gründung eines einheitlichen Jugoslawien unternommen worden. Das „erste" Jugoslawien entstand im Dezember 1918 aus den Trümmern der Habsburger Monarchie als „Königreich der Serben, Kroaten und Slowenen", war aber in Wirklichkeit ein von Serbien dominierter Staat, der allerdings nicht totalitär, sondern „lediglich" autoritär geführt wurde und Marktwirtschaft und Privateigentum kannte. Diese serbische Dominanz war es aber, die die Kroaten veranlaßt hatte, das zentralistische „erste" Jugoslawien mehr zu hassen als die deutschen und italienischen Angreifer im April 1941. Dementsprechend verhielt sich auch in der Folge die profaschistische kroatische Ustascha, die im sog. „kroatischen Nationalstaat" unter der Schirmherrschaft der deutschen und italienischen Besatzer an die 600 000 Serben vernichtete, ein Genozid, der auch durch die „Aufrechnung" der Greueltaten der serbischen Tschetniks unter Draza *Mihajlovic* in keiner Weise gerechtfertigt werden konnte. Dieses gegnerische Feindbild prägte sich in der Folge unauslöschlich in das kollektive Gewissen beider Völker ein und wurde 1991 nach dem offenen Ausbruch der Feindseligkeiten undifferenziert auf die jeweiligen Milizverbände übertragen.

Das zwischen 1943 und 1945 als „Volksdemokratie" wiedererrichtete „zweite" Jugoslawien — die „*Sozialistische Föderative Republik Jugoslawien*" (SFRJ) — entstand mit dieser Hypothek eines verheerenden Bürgerkriegs, der in Summe mehr Opfer gefordert hatte, als in direkten Kampfhandlungen mit den ausländischen Besatzern zu beklagen waren. Obwohl in der Person *Titos* ein Kroate (mit einer slowenischen Mutter) der Schöpfer dieses „zweiten" Jugoslawien war, blieben die Kroaten wegen ihrer Haltung im Krieg stets eine „Nation auf Bewährung". Dementsprechend spielte auch nach der kommunistischen Machtübernahme die in Kroatien lebende serbische Minderheit (11,6 %) in der Teilrepublik Kroatien eine überproportional starke Rolle und war in der Partei und im Staatsapparat — vor allem aber in der Polizei (67 %) und in der Armee — in einem Umfang vertreten, der weit über ihre numerische Stärke hinausging.

Das „zweite" Jugoslawien war zwar eine *Föderation von sechs Republiken* und zwei zur Republik Serbien gehörenden *autonomen Provinzen* (*Kosovo* und *Vojvodina*) —mit einem ausdrücklich in Art. 1 der Verfassung vom 21. 2. 1974 eingeräumten Recht auf Sezession — wurde aber durch die Kommunistische Staatspartei und den auf Lebenszeit gewählten Präsidenten der SFRJ, Josip *Broz-Tito*, zentralistisch geführt. Weitere „Klammern" waren die Armee und die Geheimpolizei. Das in der Konfrontation mit *Stalin* zwischen 1948 und 1953 und in den Auseinandersetzungen mit dem Kreml in

den 50er und 60er Jahren ständig zunehmende Charisma *Titos* überdeckte
aber nicht nur den immanenten Widerspruch zwischen der föderativen
Staatskultur und dem Machtmonopol der zentralistischen Parteiführung,
sondern auch den zwischen der Dynamik des Selbstverwaltungssystems und
der retardierenden Kraft des Parteiapparats. Vor allem gelang es der Partei
und *Tito* immer wieder, gelegentlich aufflackernde ethnische Konflikte mehr
oder minder unblutig beizulegen, wie z.B. 1968 den in der Kosovo-Provinz
und 1971 - 1972 den im Gefolge des sog. „Kroatischen Frühlings".

Nach dem Tode *Titos* am 4. 5. 1980 kam es im März 1981 in der autonomen
Provinz Kosovo — in der die Albaner damals 75 % der Bevölkerung (heute an
die 85 %) stellten — zu machtvollen Demonstrationen zugunsten der Erhebung der Provinz in den Rang einer Teilrepublik. Die Staatsführung zeigte
sich über den „aggressiven Nationalismus und Irredentismus" der Albaner
im Kosovo überrascht, brandmarkte ihn als „konterrevolutionären Terror"
(AdG, 24543) und schlug die Erhebung blutig nieder. Man fürchtete vor allem die Präjudizwirkung dieser albanischen Forderung im Hinblick auf andere Volksgruppen (z.B. der Ungarn in der Vojvodina). Diese Erhebung im
Jahre 1981 im Kosovo sollte sich aus heutiger Sicht als die eigentliche Lunte
im Pulverfaß Jugoslawien erweisen.

Aus ideologischer Sicht war vor allem das im September 1986 von den Mitgliedern der *Serbischen Akademie der Wissenschaften* verfaßte „*Memorandum*" von Bedeutung, in dem die diskriminatorische Politik des politischen
Systems Jugoslawiens gegen Serbien, die größte (Teil-)Republik, beklagt
wurde. Serbien sei nach der Machtergreifung der Kommunistischen Partei
Jugoslawiens seine traditionelle staatstragende Rolle vorenthalten worden.
Daraus sei das legitime Recht Serbiens abzuleiten, daß alle Serben (inner-
und außerhalb Serbiens) selbständig über ihre „nationalen Interessen" entscheiden dürfen (Text in: Naše teme, Memorandum SANU, Zagreb 1989, S.
128 ff.)

Im Oktober 1988 erreichten die Auseinandersetzungen um den Status der
beiden autonomen Provinzen Kosovo und Vojvodina einen neuen Höhepunkt. Diesmal waren es aber Vertreter der serbischen Minderheiten im Kosovo (15 %) und der serbischen Mehrheit in der Vojvodina (55 %), die auf
eine Verfassungsrevision zugunsten der Serben im Sinn einer Zurücknahme
der Autonomierechte beider Provinzen drängten. Am 28. 3. 1989 trat schließlich die Novellierung der serbischen Verfassung in Kraft, die wesentliche
Einschränkungen der regionalen Selbstverwaltung Kosovos und der Vojvodina verfügte. Die Oktroyierung dieser Verfassungsnovelle durch Slobodan
Milosevic, der Mitte 1987 die Führung der Serbischen Kommunistischen
Partei übernommen hatte, trugen zu einer weiteren Demütigung und Ent-
fremdung der albanischen Bevölkerung im Kosovo bei. Die völlige Zurücknahme des autonomen Status und die Einverleibung Kosovos und der Vojvodina erfolgte schließlich durch die neue Verfassung Serbiens vom 28. 9. 1990.

Slowenien ergriff in der Folge Partei für den Kosovo und argumentierte, daß das Kosovo-Problem nicht durch politische Repressalien, sondern nur durch die Gewährung größerer Autonomie und eine entsprechende Demokratisierung zu lösen sei. Da dieser Forderung nicht entsprochen wurde, schieden die slowenischen Kommunisten am 4. 2. 1990 aus dem Bund der Kommunisten Jugoslawiens aus.

Die zügellose Belgrader Propaganda und das Aufputschen der nationalen Gefühle der in den anderen Teilrepubliken bzw. autonomen Provinzen als Minderheitsvolk „bedrohten Serben" — nicht nur im Kosovo, sondern auch in Kroatien und Bosnien-Herzegowina (jeder vierte Serbe (2 Mio) lebt außerhalb der eigentlichen serbischen Republik) — löste zum einen eine Destabilisierung, zum anderen aber auch mächtige Gegenbewegungen in Slowenien und Kroatien aus. Der von *Milosevic* vollzogene Bruch der „Politik des nationalen Konsenses" — auf der Basis des *Tito-Kardelj*-Kurses und der Verfassung von 1974, ausgedrückt durch die Prinzipien der kollektiven Verantwortlichkeit und der Ämterrotation — gab den entscheidenden Ausschlag für den Sieg der national gesinnten und überwiegend antikommunistischen politischen Gruppierungen bei den *ersten freien Wahlen* in den Teilrepubliken seit Ende des Zweiten Weltkrieges: in *Slowenien* (22. 4. 1990), *Kroatien* (6. 5. 1990) und *Mazedonien* (11. 11. 1990) siegten die Oppositionsparteien; lediglich in Serbien (9. 12. 1990) konnten die (ehemaligen) Kommunisten die Mehrheit behalten. In der Folge kam es zu heftigen Diskussionen über die Neuordnung des „zweiten" Jugoslawien, das als föderativer Staat mit permanent rotierenden Staatsorganen und mit einem ausgeklügelten „Nationalitätenschlüssel", der die Majorisierung der kleinen Teilrepubliken durch das dominante Serbien verhindern sollte, offensichtlich ausgedient hatte. Am 11. 9. 1990 legten Slowenien und Kroatien Pläne für die Schaffung einer losen Konföderation, eines Staatenbundes namens „*Vereinigte jugoslawische Staaten*" oder „*Vereinigte Staaten Südeuropas*" vor, der aber von Serbien zurückgewiesen wurde, das nach wie vor einer bundesstaatlichen Lösung den Vorrang gab. Der serbische Präsident *Milosevic* betonte in diesem Zusammenhang, daß er im Falle der Umwandlung der SFRJ in eine Föderation auf einer „neuen Grenzziehung bestehe", um alle Serben in die Republik einzubeziehen (AdG 35 180). Am 11. 10. 1990 konnte sich das Staatspräsidium nicht auf eine gemeinsame Haltung zur Umwandlung der SFRJ einigen, legte aber bereits am 17. 10. 1990 dem Bundesparlament („Skupstina") den Vorschlag zur Schaffung einer „*Bundesrepublik Jugoslawien*" vor, aus der die einzelnen Teilrepubliken aber wieder austreten konnten.

Um diesem verfassungsrechtlichen Schwebezustand ein Ende zu machen, wurden in Slowenien und Kroatien „Volksabstimmungen" anberaumt, die mit einer überwältigenden Mehrheit für die Unabhängigkeit dieser Teilrepubliken endeten. Slowenien sprach sich am 23. 12. 1990 und Kroatien am

21. 12. 1990 (neue Verfassung) bzw. am 19. 5. 1991 (Referendum über diese Verfassung) mit 88,5 % bzw. 91 % für die Lostrennung von der SFRJ aus. Unterdessen waren alle innerjugoslawischen Bemühungen, einen auch nur minimalen Verfassungskonsens zu erreichen und die Eskalation der Spannungen zu verhindern, gescheitert. Der vom Staatspräsidium am 9. 1. 1991 ultimativ angeordneten Entwaffnung aller illegalen Milizen wurde nicht entsprochen und am 31. 3. 1991 begann im Nationalpark von Plitvice die Serie bewaffneter Zusammenstöße zwischen serbischen Freischärlern und der kroatischen Polizei. Die Scharmützel eskalierten immer mehr und erreichten Ende April / Anfang Juni 1991 in der Knin und im östlichen Kroatien ihren ersten blutigen Höhepunkt. Bereits am 12. 3. 1991 hatte Staatspräsident *Jovic* die Funktionsunfähigkeit des Staatspräsidiums festgestellt und erklärt, „daß Jugoslawien unregierbar geworden sei" (AdG 35638). Nachdem am 15. 5. 1991 der Kroate Stipe *Mesic* rotationsgemäß nicht zum 13. Bundespräsidenten gewählt wurde, hatte Jugoslawien ab dem 16. 5. 1991 keine legale Staatsführung mehr und war verfassungsrechtlich handlungsunfähig. Mit dem Austritt Sloweniens und Kroatiens am 25. 6. 1991 aus der SFRJ zerbrach das „zweite" Jugoslawien *de facto*, wurde *de jure* allerdings erst am 27. 4. 1992 dadurch aufgelöst, daß das jugoslawische Rumpfparlament die Verfassung des „*dritten*" Jugoslawiens, nämlich der von Serbien und Montenegro gebildeten „*Bundesrepublik Jugoslawien*" proklamierte.

2. *Vom (Bürger-)Krieg in Slowenien und Kroatien zum Krieg in Bosnien-Herzegowina* — Trotz der Vermittlungsbemühungen von → EG und → KSZE wurden die am 26. 6. 1991 ausgebrochenen schweren Kämpfe zwischen der JVA und der slowenischen Territorialverteidigung fortgesetzt und am 4. 7. 1991 beschloß das jugoslawische Staatspräsidium, daß die internationalen Grenzen Sloweniens bis zum 7. 7. 1991 wieder unter die Aufsicht der Zentralregierung gestellt werden sollten. Knapp vor Auslaufen dieses Ultimatums begann auf der Insel Brioni ein weiterer *Vermittlungsversuch* der EG, der nach langen Verhandlungen mit folgender Abschlußresolution (AdG, 35 857) endete: 1. Nur die Völker Jugoslawiens können über ihre Zukunft entscheiden. 2. Verhandlungen müssen spätestens am 1. August 1991 beginnen. 3. Das Staatspräsidium muß volle Verfügungsgewalt über die Bundesarmee besitzen. 4. Alle Seiten verzichten auf alle einseitigen Akte, besonders auf Gewalttakte. 5. Eine EG-Delegation wird die Einhaltung garantieren. 6. Die Kontrolle der Grenzübergänge übernimmt die slowenische Polizei. Sie wird Bundesvorschriften anwenden. 7. Slowenische Zöllner werden die Abgaben erheben und an Belgrad weiterleiten. 8. Den Luftverkehr über Jugoslawien kontrolliert das zuständige Bundesorgan. 9. Die Grenzsicherung übernimmt die jugoslawische Armee. Verhandlungen über Abtreten der Grenzsicherung an Slowenien sollen innerhalb von 3 Monaten stattfinden. 10. Rückzug der Volksarmee in ihre Kasernen und Rückkehr der

slowenischen Territorialverteidigung auf ihre Ausgangspunkte. Beseitigung aller Straßensperren. Die Maßnahmen treten spätestens am 8. Juli um 24 Uhr in Kraft. 11. Alle Gefangenen müssen bis zu diesem Zeitpunkt freigelassen werden.

Am 10. 7. 1991 stimmt das slowenische Parlament dem Brioni-Plan mit großer Mehrheit zu, wodurch sich in der Folge die Lage merklich entspannte und es am 18. 7. 1991 zum Abzug der JVA aus Slowenien kam. Mit dem Abzug der JVA aus Slowenien verlagerten sich die Kämpfe nach Kroatien, insbesondere nach Slawonien. Seit dem 2. 8. 1991, dem Beginn der Friedensmission der EG-Troika, nahmen die Auseinandersetzungen an Heftigkeit immer mehr zu. Am 4. 8. 1991 scheiterten die Vermittlungen der EG-Troika definitiv am Veto der Serben. Die Aggression der JVA wurde immer stärker und die kroatische Regierung kündigte für den Fall Vergeltungsmaßnahmen an, daß bis zum 31. 8. 1991 keine friedliche Lösung erreicht werde. Anderenfalls werde die JVA als *Besatzungsmacht* betrachtet und der totale Krieg ausgerufen.

Am 7. 9. 1991 begann schließlich in Den Haag unter dem Vorsitz von Lord *Carrington* die Eröffnungssitzung der EG-Friedenskonferenz für Jugoslawien. Zentraler Punkt der im Anschluß daran beschlossenen *Haager-Friedenserklärung* war der Beschluß „niemals Veränderungen der Grenzen zu akzeptieren, die nicht auf friedlichem Weg und mit gegenseitiger Übereinstimmung erreicht worden sind" (AdG, 36024). Auf Initiative Österreichs, Ungarns und Kanadas verabschiedete der *Sicherheitsrat (SR)* der Vereinten Nationen am 25. 9. 1991 die Res. 713, gemäß derer auf der Basis von Kap. VII SVN ein vollständiges *Waffenembargo* über Jugoslawien verhängt wurde. Am 3. 10. 1991 verkündete das nur mehr mit 4 Mitgliedern (aus Serbien, der Vojvodina, dem Kosovo und Montenegro) besetzte „Rumpfpräsidium", daß man ab jetzt „unter Kriegsbedingungen" arbeiten werde. Dieser (verfassungswidrige) Notstandsbeschluß wurde als „Putsch der serbischen Führung" (EG-Ratsvorsitzender van den *Broeck*) bezeichnet (AdG, 36205). Am 6. 10. 1991 ordnete das Staatspräsidium die sofortige Teilmobilisierung für das gesamte Land an, die vom kroatischen Präsidenten *Tudjman* mit einer Generalmobilmachung für ganz Kroatien beantwortet wurde. Am 22. 10. beschloß das Jugoslawische Rumpfpräsidium die *Umbenennung* der JVA in „*Jugoslawische Streitkräfte*" sowie die allgemeine Mobilmachung. Am 1. 1. 1991 erklärte sich das Rumpfpräsidium damit einverstanden, daß die serbische Minderheit auch in den Republiken Kroatien und Bosnien-Herzegowina verbleiben könne, jedoch nur unter der Voraussetzung der Gewährung zusätzlicher internationaler Garantien (AdG, 36208). Am 15. 10. 1991 erklärte sich *Bosnien-Herzegowina* für *unabhängig* und versprach, den auf seinem Gebiet lebenden Serben einen entsprechenden Autonomiestatus zu gewähren.

Am 27. 11. 1991 erließ der SR der → UN seine Res. 721, in der er die Bedingungen für die Stationierung von *UN-Friedenstruppen* (10000 Mann) niederlegte. Am 15. 12. 1991 erließ der SR die Res. 724, die die Entsendung eines *Beobachterstabes* in die Krisengebiete vorsah. Durch die Res. 727 vom 8.1. 1992 entschied der SR in der Folge über die sofortige Entsendung von 50 Militärbeobachtern. Am 9. 1. 1992 erklärte der serbische Präsident *Milosevic* den Krieg in Kroatien für beendet, da die Kriegsziele der JVA erreicht worden seien und mit der Stationierung von UN-Beobachtern die serbische Minderheit vor kroatischen Angriffen geschützt sei.

3. Der Krieg in Bosnien-Herzegowina — Mit der Beendigung der Kampfhandlungen in Slowenien im Juli 1991 und in Kroatien im Januar 1992 verlagerte sich das Kriegsgeschehen nunmehr nach *Bosnien-Herzegowina* und nahm auch einen anderen Charakter an, der vor allem dadurch bedingt war, daß das serbische Kriegsziel hier ganz eindeutig die „ethnische Säuberung" und die Gewinnung zusammenhängender Gebiete und Korridore zwischen den verstreuten serbischen Siedlungsgebieten war. Aufgrund der „völkischen Gemengegelage" in Bosnien-Herzegowina (Muslime 44 %, Serben 32 %, Kroaten 24 %) bedingte dieses Kriegsziel die massenweise Vertreibung und Umsiedlung ganzer Bevölkerungsgruppen auf grausame Weise. Eingedenk der Kriegsgreuel beschloß der SR bereits am 21. 2. 1992 mittels Res. 743 die Entsendung einer Schutztruppe (UN-*Protection Force = UN-PROFOR*) nach Jugoslawien. Gedacht war dabei an eine Mannschaftsstärke von 14 400 Soldaten für einen Zeitraum von 12 Monaten. Die *UNPROFOR* nahm am 12. 3. 1992 ihre Arbeit formell auf. Es gelang ihr aber nicht, die serbischen Milizen in den überwiegend von Serben besiedelten Regionen außerhalb der Stationierungsgebiete zu entwaffnen, da diese nach dem Abzug der JVA ihrerseits einen „Völkermord" an der serbischen Minderheit in Kroatien und Bosnien-Herzegowina fürchteten.

Am 24. 2. 1992 sprachen sich in einem Referendum 99,4 % — bei einer Beteiligung von 63 % der stimmberechtigten Bevölkerung und einem Boykott der Serben — für die *Unabhängigkeit Bosnien-Herzegowinas* aus, während Anfang März 1992 Montenegro mit einer ähnlich überwältigenden Mehrheit (95 %) für den *Verbleib* in einem *gemeinsamen jugoslawischen Staat* abstimmte.

Nach dem Referendum in Bosnien-Herzegowina begannen zwischen den Volksgruppen blutige Auseinandersetzungen, denen man am 18. 3. 1992 mit dem Plan einer *Föderation* von drei souveränen Gebieten begegnen wollte: Bosnien-Herzegowina sollte zwischen den Muslimen, den Serben und den Kroaten aufgeteilt werden, wobei die Außengrenzen unverändert bestehen bleiben sollten. Obwohl dieser Plan kurz darauf verworfen wurde und am 6. 4. 1992 die Kämpfe wieder ausbrachen, *erkannten* die EG und die USA am 7. 4. 1992 *Bosnien-Herzegowina* als *souveränen Staat* an. Als Reaktion darauf verkündete das jugoslawische Rumpfparlament in Belgrad am 27. 4. 1992 die neue Verfassung der „*Bundesrepublik Jugoslawien*" (BRJ), die von Serbien und Montenegro gebildet wird.

Nachdem der bosnische Präsident *Izetbegovic* am 2. 5. 1992 von der JVA verschleppt und einen Tag in der Kaserne von Lukavica festgehalten wurde, kam es am 3. 5. 1992 zu einer Vereinbarung, die den freien Abzug der von bosnischen Einheiten in Sarajewo eingeschlossenen Einheiten der JVA ermöglichte. Am 5. 5. 1992 gab das Rumpfpräsidium den Oberbefehl über die JVA in Bosnien-Herzegowina zurück, der in der Folge von der Regierung der *„Serbischen Republik Bosnien-Herzegowina"* übernommen wurde. Am 20. 5. 1992 erklärte das Staatspräsidium Bosniens die JVA offiziell zur Besatzungstruppe, die entgegen aller bisherigen Zusagen, die Republik nicht verlassen habe. Am 22. 5. 1992 kam es schließlich zur *Aufnahme Bosnien-Herzegowinas* — zusammen mit *Slowenien* und *Kroatien* — in die *Vereinten Nationen*, was vor allem die USA zu einem dramatischen Haltungswandel veranlaßten, da sie nunmehr bereit waren, von ihrer bisherigen Unterstützung der Serben abzurücken. Am 27. 5. 1992 verhängten die EG ein *Handelsembargo* gegen Serbien und Montenegro (ohne Ölprodukte), das am 10. 6. in Kraft treten sollte. Am 30. 5. 1992 schloß sich der SR der UN mittels Res. 757 diesem Embargo an und verhängte seinerseits ein *Handels-, Öl-* und *Luftfahrtembargo* gegen die BRJ.

Am 15. 6. 1992 wurde der unabhängige Schriftsteller Dobrica *Cosic* zum ersten Präsidenten der BRJ gewählt. Eine seiner ersten Amtshandlungen war am 2. 7. 1992 die Ernennung des 1929 in Belgrad geborenen und 1956 in die USA emigrierten Industriellen Milan *Panic* zum Regierungschef der BRJ. In seiner Regierungserklärung vom 14. Juli erklärte *Panic* es zum obersten Ziel seiner Regierung, dem Blutvergießen in Jugoslawien ein Ende zu setzen.

Am 20.6.1992 rief das bosnische Staatspräsidium den Kriegszustand aus und ordnete eine Generalmobilmachung an. Die Situation wurde immer unübersichtlicher, da zu diesem Zeitpunkt in Bosnien-Herzegowina mindestens 17 bewaffnete Formationen gegeneinander kämpften. Die meisten von ihnen waren lokale Milizen, die wichtigsten und größten waren die *bosnische Territorialverteidigung* (OT), der *kroatische Verteidigungsrat* (HVO) und die Armee der *Serbischen Republik Bosnien-Herzegowina* (SRBH). Die Lage der Muslime in Bosnien-Herzegowina wurde immer ernster, vor allem weil sie vom Waffenembargo am stärksten betroffen wurden — die serbischen Milizen bedienten sich ganz ungeniert aus den Armeebeständen der JVA. Aus diesem Grund suchte der bosnische Präsident *Izetbegovic* auch die Unterstützung Kroatiens zu erlangen und schloß am 21. 7. 1992 mit Präsident *Tudjman* ein *Abkommen über die umfassende Zusammenarbeit Bosniens und Kroatiens* ab. Nach dem Abschluß dieser „Waffenbrüderschaft" verschlechterte sich die Lage in Bosnien-Herzegowina aber immer mehr und Ende Juli zählte man insgesamt 2,2 Mio. Flüchtlinge. Trotz massiver Unterstützung ihrer islamischen Glaubensgenossen, vor allem aus dem Iran, wurde die Lage der bosnischen Muslime immer aussichtsloser, sie kontrollierten im

Spätsommer 1992 nur mehr ein Fünftel ihres Landes. Am 13. 8. erkannte die
BRJ die Republik Slowenien als ersten Nachfolgestaat der SFRJ offiziell an,
was als erster Erfolg *Panics* gewürdigt wurde.

Nachdem am 14. 8. 1992 in Brüssel die 13. Plenarsitzung der EG-*Konferenz
über Jugoslawien* ergebnislos zu Ende gegangen war, kam man überein, die
Friedenskonferenz der EG zu erweitern und auf alle Staaten und Institutionen auszudehnen, die an einer friedlichen Regelung des Jugoslawien-
Konflikts interessiert waren. Dementsprechend wurde von Großbritannien
am 25. 7. 1992 eine *Londoner Konferenz über Jugoslawien* einberufen, die
unter dem Co-Vorsitz der Vereinten Nationen und der EG stand und an der
rund 400 Vertreter von 40 Staaten und Organisationen teilnahmen. Im Prinzipienkatalog der Londoner Konferenz wurde auch ein 22-köpfiger *Len-
kungsausschuß* gebildet, der unter dem Vorsitz von Cyrus *Vance* als Vertreter
der UNO und Lord David *Owen* als Vertreter der EG stand und am 3. 9. in
Genf seine Arbeit aufnehmen sollte. Am 3. 9. 1992 begann in Genf tatsächlich die *Jugoslawien-Konferenz der EG und der UNO*, an der außerdem noch
Großbritannien, Portugal und Dänemark für die EG, die CSFR, Schweden
und Deutschland für die KSZE, der Senegal für die islamischen Staaten und
Rumänien bzw. Italien für die Nachbarstaaten des ehemaligen Jugoslawien
teilnahmen. An der zweiten Runde der Jugoslawien-Konferenz — die am
18. 9. 1992 begann — sollten auch die Führer der bosnischen Konfliktparteien
teilnehmen, was aber politisch nicht möglich war, da sich die bosnische Führung nicht mit dem „Kriegsverbrecher" *Karadzic* an einen Tisch setzen wollte.
Am 31. 8. 1992 veröffentlichte der UN-Menschenrechtsbeauftragte Tadeusz
Mazowiecki einen Bericht, in dem er schwere Vorwürfe gegen die bosnischen Serben erhob und vorschlug, den UN-Blauhelmen das Recht zum direkten Eingreifen bei Menschenrechtsverstößen zu geben. Am 2. 9. 1992 beschloß die → NATO, der UNO rund 6 000 Soldaten zum Schutz der Hilfslie-
ferungen nach Bosnien-Herzegowina zur Verfügung zu stellen, lehnte aber
ein direktes militärisches Eingreifen ab. Am 6. 10. 1992 beschloß der SR mit
Res. 780 die Einsetzung einer Sachverständigen-Kommission zur Ermittlung
von Kriegsverbrechen im ehemaligen Jugoslawien und am 9. 10. verabschiedete er die Res. 781, mit der militärische Flüge über Bosnien-Herzegowina
verboten wurden.

Eine erste Normalisierung in den *serbisch-kroatischen* Beziehungen wurde
am 30. 9. 1992 mit der Unterzeichnung einer „*Gemeinsamen Erklärung über
die Konsolidierung und Normalisierung der Beziehungen*" beider Staaten
zwischen den Präsidenten *Cosic* und *Tudjman* erreicht.

Die Ankündigung des bosnischen Serbenführers *Karadzic*, daß die Serben
am 17. 12. 1992 einseitig den Krieg beenden würden, stellte sich nachträglich
als eine seiner vielen Finten heraus und diente nur als Wahlkampfhilfe für die
serbischen Parlaments- und Präsidentenwahlen am 20. 12. 1992, aus denen
Slobodan *Milosevic* gegen Milan *Panic* als Sieger hervorging.

Am 2. 1. 1993 kam es in Genf zum ersten Mal zu einem Treffen der Spitzen-
vertreter der bosnischen Bürgerkriegsparteien, nämlich des Präsidenten
Izetbegovic, des Serbenführers Radovan *Karadzic* und des Führers der bosnischen Kroaten, Mate *Boban*, wobei die beiden Präsidenten der Genfer
Jugoslawien-Konferenz, Cyrus *Vance* (UNO) und Lord *Owen* (EG), folgenden Kompromißvorschlag für eine Dezentralisierung Bosniens vorlegten: es
sollten zehn weitgehend autonome Provinzen gebildet werden, die über eigene Parlamente und eigene administrative (außer in außenpolitischen Be-
langen) Kompetenzen verfügen sollen. Sarajewo würde einen Sonderstatus
bekommen. Bosnien-Herzegowina sollte damit ein dezentralisierter Staat
werden, mit einem Präsidium, in dem Muslime, Kroaten und Serben paritä-
tisch vertreten sein sollten. Die bosnischen Serben stimmten diesem Plan
nicht zu und verlangten die Errichtung eines eigenen Staates. Im Gegensatz
dazu nahmen die bosnischen Kroaten den Vorschlag an. Am 12. 1. 1993 erklärte überraschend *Karadzic* seine Zustimmung zum UNO-EG-Friedens-
plan, die aber noch vom Parlament der im April 1992 einseitig ausgerufenen
Serbenrepublik in Bosnien gebilligt werden müsse. Am 20. 1. 1993 stimmte
schließlich das Parlament der bosnischen Serben dem Friedensplan mit großer Mehrheit (55 gegen 15 Stimmen, bei einer Enthaltung und zehn abwesen-
den Abgeordneten) zu.
Am 22. 1. 1993 startete die kroatische Armee eine Offensive gegen serbische
Stellungen in der Krajina, um die strategisch wichtige Brücke von Maslenica
im Hinterland von Zadar zurückzuerobern. In einer einstimmig gefaßten Resolution verurteilte der UN-Sicherheitsrat die kroatische Offensive und rief
die Kroaten zum Rückzug auf. Die Kroaten gingen aber weiter vor und eroberten das Kraftwerk Peruca in Südkroatien zurück. Am 30. 1. 1993 lehnten
Izetbegovic und *Karadzic* den Friedensplan für Bosnien-Herzegowina endgültig ab, womit die Genfer Friedenskonferenz nach fünfmonatiger Dauer
definitiv scheiterte. Der Friedensplan wurde in der Folge dem Sicherheitsrat
der UNO übergeben, in dessen Schoß er weiter verhandelt werden sollte.
Dies führte zu der grotesken Situation, daß *Karadzic*, der als Kriegsverbrecher auf der amerikanischen „watchlist" steht, die Einreise in die USA nicht
untersagt werden konnte, als er vor dem Sicherheitsrat zum Friedensplan
Stellung nahm. Der Vance-Owen-Plan wurde schließlich im Mai 1993 von
den bosnischen Serben in einem Referendum nahezu einstimmig abgelehnt.
In bezug auf *Mazedonien* geriet die griechische Ablehnungsfront ins Wan-
ken, als „Mazedonien-Skopje" Mitte Januar 1993 seine Aufnahme in die
UNO beantragte. Vor allem Italien drängte darauf, daß die EG Mazedonien-
Skopje nun bald anerkennen müsse.

4. Untergang des „zweiten" und Entstehung des „dritten" Jugoslawiens —
Fragen der Staatensukzession — Mit den Unabhängigkeitserklärungen Sloweniens und Kroatiens vom 25. 6. 1991 aber auch denen des „*Autonomen*

serbischen Gebietes Krajina" (28. 2. 1991), der *„Serbischen Republik in Bosnien-Herzegowina"* (9. 1. 1992) sowie der (kroatischen) *„Republik Herzeg-Bosna"* stellten sich eine Reihe von Fragen, die zu den komplexesten Problemen des → Völkerrechts gehören, nämlich zu denen des Selbstbestimmungsrechts und der Staatensukzession:

Staatensukzession wird als die Ersetzung eines Staates durch einen anderen in bezug auf die Verantwortung für die internationalen Beziehungen eines Gebiets definiert, wobei dieser Übergang der Verantwortung von der Staatengemeinschaft auch entsprechend zur Kenntnis genommen werden muß. Es kommt daher zum einen auf den subjektiven Willen zur Rechtsnachfolge und zum anderen auf das Akzept desselben vor allem durch die davon betroffenen Staaten an.

Slowenien und *Kroatien* wurden am 23. 12. 1991 durch Deutschland und — nachdem sie die im Grundsatzbeschluß der EG vom 16. 12. 1991 über die in den Richtlinien für die Anerkennung neuer Staaten in Osteuropa und in der Sowjetunion (EA 3 / 1992, S. 120 f.) enthaltenen Bedingungen (Wahrung der Menschenrechte, Minderheitenschutz, Achtung der Unverletzlichkeit der Grenzen und Unterstützung der UNO-Friedensbemühungen sowie die der Haager-Konferenz) anerkannt hatten — am 15. 1. 1992 durch alle weiteren EG-Staaten, ferner durch Österreich, die Schweiz, Kanada, Norwegen, Bulgarien und Ungarn anerkannt.

Entscheidend für die Anerkennung waren die Gutachten der am 27. 8. 1991 eingesetzten EG-Schiedsgerichtskommission (*„Badinter-Kommission"*) vom 11. 1. 1992, die auch der Teilrepublik Mazedonien die Qualifikation als souveräner Staat zusprachen. Die Anerkennung Mazedoniens unterblieb aber auf griechischen Druck hin und Mazedonien kam erst Anfang Dezember 1992 der Forderung Griechenlands auf Umbenennung nach und nennt sich nunmehr *„Mazedonien-Skopje"*. Am 7. 4. 1992 wurde auch *Bosnien-Herzegowina* von den EG-Mitgliedstaaten anerkannt, wobei sich diesmal auch die USA anschlossen und gleichzeitig auch die Anerkennung Sloweniens und Kroatien vornahmen.

Das am 27. 4. 1992 von Serbien und Montenegro ins Leben gerufene „dritte" Jugoslawien, das sich gleichzeitig als staatlicher, völkerrechtlicher und politischer *Rechtsnachfolger* der SFRJ bezeichnete, erhielt keine Anerkennung und wurde auch nicht als Rechtsnachfolger der SFRJ bestätigt. Das „Badinter-Kommissions"-Gutachten Nr. 1 vom 7. 12. 1991 stellt dazu fest, daß es sich beim Untergang der SFRJ *nicht* um einen Prozeß der *Sezession* bzw. „Abspaltung" von Teilrepubliken der SFRJ, sondern vielmehr um einen Prozeß des *Zerfalls*, der Zergliederung („dismembratio") der SFRJ handle, der einen Untergang des Altstaates bedingt hätte und die Lösung der Frage der Rechtsnachfolge nur in Abstimmung mit allen neu entstandenen Neustaaten zulasse.

Mit der Erklärung der Unabhängigkeit eines Gliedstaats vom Gesamtstaat wird nämlich ein Loslösungsprozeß eingeleitet, der sowohl die staatliche

Rechtsordnung, insbesondere das Verhältnis des Gesamtstaates zum Gliedstaat — als auch die Völkerrechtsordnung betrifft. Im Falle einer *Sezession*,
d.h. der Abtrennung eines Gebietes vom Staatsterritorium durch die Bewohner derselben, muß dabei das Kriterium einer *dauerhaften* und *effektiven*
Loslösung erfüllt sein, damit die Möglichkeit der Wiederherstellung der alten Herrschaftsgewalt ausgeschlossen werden kann. Entweder erklärt der
frühere Souverän, daß er an einer Wiederherstellung der Staatsgewalt kein
Interesse mehr hat, oder es ist ihm faktisch unmöglich geworden, den seze-
dierenden Gliedstaat zu unterwerfen. Legt man letzteres Kriterium an Jugoslawien an, dann stellt sich die Lage lediglich für *Slowenien* und *Kroatien*,
nicht aber für *Bosnien-Herzegowina* eindeutig dar: mit dem Abzug der JVA
aus *Slowenien* am 25. 10. 1991 (der Beschluß dafür fiel bereits am 18. 7. 1991),
war für den Bund die Wiederherstellung der Staatsgewalt mit Zwangsmitteln
nahezu unmöglich geworden, wenngleich politisch zu diesem Zeitpunkt der
Kampf um den Erhalt der SFRJ keineswegs aufgegeben war. Im Falle *Kroatiens* bewirkte der Abzug der JVA am 9. 1. 1992 denselben Effekt, während in
Bosnien-Herzegowina die Kampfhandlungen zum Zeitpunkt der Anerkennung im April 1992 noch andauerten. Letztere Anerkennung stellte daher
formal den Fall einer sog. „vorzeitigen" Anerkennung dar, und sollte in der
Folge auch alle negativen Folgen einer solchen zeitigen.

Während bei einer *Sezession* der Vorgängerstaat als Völkerrechtssubjekt bestehen bleibt und lediglich in seinem territorialen Bestand eine Änderung erfährt, kommt es bei einer *Dismembration* zum gänzlichen Untergang des
Vorgängerstaates und der Bildung mehrerer Neustaaten auf dessen Gebiet.
Diese Rechtsansicht setzte sich im Falle Jugoslawiens durch — am
29. 6. 1992 wurde von der „Badinter-Kommission" festgestellt, daß der Auf-
lösungsprozeß Jugoslawiens definitiv abgeschlossen sei und die „Bundesrepublik Jugoslawien" nicht als Nachfolger der SFRJ gelten könne — und löste
die Rechtsfolgen einer *Staatensukzession* aus, die in die Bereiche (1) Verträge, (2) Schulden und (3) Mitgliedschaften bei → Internationalen Organisationen ausdifferenziert werden muß.

(1) Nach allgemeinem Völkerrecht ist zwischen sog. *politischen* und *radi-
zierten* Verträgen zu unterschieden. Während radizierte Verträge (d.h. Verträge die auf das Territorium bezogen sind, wie Servituten, Transitrechte,
Grenzverkehr etc.) vom Neustaat zu übernehmen sind, wird eine Nachfolge
in politische Verträge — ohne Zustimmung der Partner — abgelehnt.

(2) Hinsichtlich der Überleitung von *Schulden* auf Nachfolgestaaten gehen
sowohl radizierte Schulden („local debts", „localized debts") als auch Ver-
waltungsschulden (z.B. Pensionen) auf den jeweiligen Neustaat über, während die „allgemeinen Staatsschulden" auf alle Nachfolgestaaten (aliquot)
aufgeteilt werden müssen. „Odious debts", das sind Verbindlichkeiten, die
den Interessen der Nachfolgestaaten zuwiderlaufen (z.B. Kriegsanleihen des
Altstaates) müssen hingegen nicht bedient werden — in diesem Zusammen-

hang erscheint es interessant, daß über zwei Drittel des Gesamtbudgets Jugoslawiens 1991 / 1992 für die JVA aufgewendet worden waren, die dann gezielt in die Kämpfe zugunsten Serbiens eingriff.

(3) Bezüglich der Nachfolge in die *Mitgliedschaft* in *Internationalen Organisationen* ist festzustellen, daß es im Ermessen derselben liegt, über die Fortgeltung des Mitgliedschaftsrechts zu befinden. Diesbezüglich erließ der Sicherheitsrat der UN am 19. 9. 1992 eine Empfehlung (Res. 777), die die Generalversammlung am 22. 9. 1992 mit der Res. A / 47 / 1 annahm und dabei verfügte, „that the Federal Republic of Yugoslavia (Serbia and Montenegro) cannot continue automatically the membership of the former Socialist Federal Republic of Yugoslavia in the United Nations; and therefore *decides* that the Federal Republic of Yugoslavia should apply for membership in the United Nations and that it shall not participate in the work of the General Assembly". Damit wurde die „Bundesrepublik Jugoslawien" *aber nicht* aus den UN *ausgeschlossen*, sondern lediglich ihr Anspruch zurückgewiesen, als Rechtsnachfolger der SFRJ deren Sitz in der Generalversammlung einnehmen zu können. Die „Bundesrepublik Jugoslawien" wurde daher konsequenterweise auf die Notwendigkeit der Einleitung eines eigenen Aufnahmeverfahrens verwiesen, das sie aber nicht wird erfolgreich absolvieren können: gem. Art. 4 SVN muß nämlich jeder Aufnahmewerber zum einen friedliebend und zum anderen fähig und willens sein, die Satzungsverpflichtungen der UN zu erfüllen.

5. Der bewaffnete Konflikt aus der Sicht des Kriegs- und Humanitätsrechts —
Im Gegensatz zum *formellen* Kriegsbegriff des klassischen Kriegsvölkerrechts herrscht seit den Genfer Konventionen zum Schutz der Kriegsopfer (1949) bzw. deren zwei Zusatzprotokollen (1977) ein differenziertes Kriegsbild vor, das auf einen *materiellen* Kriegsbegriff abstellt. Dementsprechend ist auch im Falle eines *Bürgerkrieges* gem. Art. 1 II. Zusatzprotokoll 1977 das humanitäre Kriegsrecht einzuhalten. Gem. Art. 3 II. Zusatzprotokoll darf dieses allerdings nicht zur Rechtfertigung einer wie immer gearteten Einmischung durch Dritte herangezogen werden, ebensowenig aber auch dazu, eine Regierung zur Verantwortung zu ziehen, die mit allen rechtmäßigen Mitteln versucht, die öffentliche Ordnung im Staat aufrechtzuerhalten oder die nationale Einheit und territoriale Unversehrtheit zu verteidigen. Die jugoslawische Bundesregierung durfte also alle „legalen" Mittel anwenden, um die Sezessionsbestrebungen der „abtrünnigen" Teilrepubliken zu unterbinden, wobei diese Legalität sowohl als eine *verfassungsmäßige* (so wie in der geltenden Verfassung vorgesehen) als auch eine *völkerrechtliche* (nicht unter Verletzung humanitärer Standards) zu verstehen ist. Ganz gleich ob es sich um einen Krieg im formellen Sinn oder um einen Bürgerkrieg bzw. die Niederschlagung eines bewaffneten Aufstandes oder Putsches im Inneren eines Staates handelt, ein Minimum an humanitären Verhaltensregeln ist stets

einzuhalten, deren Verletzung zum einen Staatenverantwortlichkeit, zum anderen aber auch individuelle Verantwortlichkeit Einzelner erzeugen kann.

5.1. Übergang vom Bürgerkrieg zum zwischenstaatlichen Krieg — Vor der Unabhängigkeit Sloweniens und Kroatiens handelte es sich bei den bewaffneten Auseinandersetzungen in deren Territorium zum einen — solange die Vorgangsweise der JVA verfassungskonform war — um eine zulässige „Bundesexekution" der SFRJ gegen die sezessionswilligen Teilrepubliken, zum anderen um einen Bürgerkrieg gem. Art. 1 des II. Zusatzprotokolls (1977) zu dem Genfer Abkommen zum Schutz der Kriegsopfer. Das besondere an diesem Bürgerkrieg war aber, daß er zumindestens vordergründig nicht von der JVA selbst, sondern von sog. Milizverbänden der Serben geführt wurde, die den in den Teilrepubliken Slowenien, Kroatien und Bosnien-Herzegowina lebenden Serben zu Hilfe kamen, nachdem diese sog. „Autonome Gebiete" ausgerufen und sich auf das Selbstbestimmungsrecht berufen hatten. Interessant erscheint in diesem Zusammenhang, daß sich die Serben dabei offiziell niemals als „Minderheit" deklariert hatten, da sie ihrer Ansicht nach als das mehrheitliche Staatsvolk innerhalb der SFRJ diesen Status auch in den Teilrepubliken, in denen sie in der Minderzahl waren, nicht haben konnten. Die versteckte bzw. zuletzt immer offenere Unterstützung der serbischen Milizen durch die JVA läßt allerdings das Verhalten der privaten Milizverbände der Serben zuerst der SFRJ und danach der BRJ zurechnen. Spätestens nach den Unabhängigkeitserklärungen Sloweniens und Kroatiens im Juni 1991 und den darauf bezogenen Anerkennungen wandelte sich der Bürgerkrieg zu einem zwischenstaatlichen Krieg um.

5.2. Schutz von Kulturgut — Bereits Art. 27 der Haager Landkriegsordnung (1907) verbot den Angriff auf Kultur- und Kultstätten, einer Bestimmung, die durch Art. 4 Abs. 2 der UNESCO-Konvention zum Schutz von Kulturgut (1954) und Art. 53 des I. Zusatzprotokolls (1977) zu dem Genfer Abkommen zum Schutz der Kriegsopfer (1949) noch weiter ausgestaltet wurde. Das gilt aber nicht nur in zwischenstaatlichen Kriegszuständen, sondern gem. Art. 16 des II. Zusatzprotokolls (1977) auch in Bürgerkriegen. Die Objekte, die als kulturelles Erbe von großer Bedeutung gelten, werden mit einem spitzen Schild in Ultramarinblau und Weiß versehen (Art. 16 UNESCO-Konvention (1954); Kulturstätten von sehr großer Bedeutung die im „Internationalen Register für Kulturgut unter Sonderschutz" beim Generaldirektor der UNESCO eingetragen sind, werden erhöht geschützt: sie sind gem. Art. 8 und 9 UNESCO-Konvention (1954) absolut unverletzlich und werden mit einer dreifachen Wiederholung des Schutzzeichens in Dreiecksanordnung gekennzeichnet. Die Altstadt von Dubrovnik — die erstmals am 1. 10. 1991 beschossen wurde — genoß z.B. einen solchen erhöhten Kulturgüterschutz. Da es aber mit eines der wichtigsten Kriegsziele Serbiens war, die kulturelle

Identität der Kroaten und Bosnier zu zerstören, kam es vor allem in Ostsla-
wonien zur systematischen Zerstörung von Kirchen und Klöstern. Die EG
gab am 27. 10. 1991 eine Erklärung zu Dubrovnik ab, in der der Beschuß dieser kroatischen Stadt durch die JVA verurteilt wurde und deren Führer auf
ihre (auch) individuelle Verantwortlichkeit aufmerksam gemacht wurden.

5.3. Übergriffe auf die Zivilbevölkerung und „ethnische" Säuberungen —
Der Krieg im ehemaligen Jugoslawien zeichnet sich auch durch die ständigen Übergriffe gegen die Zivilbevölkerung und gegen zivile Objekte aus.
Unter *Zivilbevölkerung* sind alle jene Personen zu verstehen, die keine „legitimen Kombattanten" sind, d.h., nicht an den Kriegshandlungen teilnehmen. Die Zivilbevölkerung ist umfassend gegen alle Angriffe zu Lande, aber
auch aus der Luft geschützt (Art. 50 und 51 des I. Zusatzprotokolls (1977)).
Nach der Unabhängigkeit Sloweniens, Kroatiens und Bosnien-Herzegowinas stellten die sich noch auf deren Gebiet befindlichen Truppen der JVA juristisch als *Besatzungsmacht* gem. Art. 42 ff. Haager Landkriegsordnung
(1907) bzw. Art. 64 ff. IV. Genfer Abkommen zum Schutz der Kriegsopfer
(1949) und Art. 14 ff. I. Zusatzprotokoll (1977) dar, die nur über bestimmte
Rechte in bezug auf die Zivilbevölkerung verfügt — so kann eine Besatzungsmacht z.B. Zivilpersonen über 18 Jahren zu Arbeiten zwingen, die für
die Bedürfnisse der Besatzungsarmee notwendig sind, diese aber nicht zur
Teilnahme an Kampfhandlungen rekrutieren. Der Besatzungsmacht ist es
gem. Art. 31 und 32 IV Genfer Protokoll (1949) strikt verboten, gegenüber
der Zivilbevölkerung körperlichen oder seelischen Zwang auszuüben oder
Grausamkeiten zu begehen. Sie darf wegen Taten einzelner auch keine Kol-
lektivstrafen verhängen. Gem. Art. 49 IV Genfer Abkommen (1949) dürfen
Zivilpersonen aus dem besetzten Gebiet weder verschleppt noch zwangsum-
gesiedelt werden. Nur wenn es die Sicherheit der Besatzungsmacht zwingend erfordert, können Zivilpersonen interniert oder ihnen ein Zwangsauf-
enthalt angewiesen werden (Art. 78 IV Genfer Abkommen (1949). In
Bosnien-Herzegowina lassen sich die „ethnischen Säuberungen" darüber
hinaus aber bereits unter die Tatbestandsmerkmale des Art. 2 der Völker-
mordkonvention (1948) als *Genozid* subsumieren.

5.4. Verantwortlichkeit für Verletzungen des Kriegs- und Humanitätsrechts
— Durch die Verletzung des Kriegs- und Humanitätsrechts entsteht grundsätzlich Staatenverantwortlichkeit. Zusätzlich dazu wurde aber gewohnheitsrechtlich auch eine individuelle (völker-)strafrechtliche Verantwortlichkeit für *Kriegsverbrechen* (*war crimes*) entwickelt, die in den vier Genfer Abkommen (1949) kodifiziert und durch das I. Zusatzprotokoll (1977)
weiter ausgeformt wurde. Um die Verurteilung der Hauptverantwortlichen
für den Krieg im ehemaligen Jugoslawien (*Milosevic* etc.) zu erreichen, wird
immer stärker die Errichtung eines internationalen Strafgerichtshofes gefor-

dert. Neben den „war crimes" wurden im Gefolge der Rechtsprechung der Internationalen Militärgerichtshöfe von Nürnberg und Tokio noch zwei weitere strafrechtliche Tatbestände für eine individuelle Verantwortung der obersten Staatsorgane herausgebildet, nämlich *„Verbrechen gegen den Frieden"* (*crimes against peace*) und *„Verbrechen gegen die Menschlichkeit"* (*crimes against humanity*), die bereits im Londoner Kriegsverbrecherübereinkommen (1945) enthalten waren.

Literatur

Arnold, Hans: Der Balkan-Krieg und die Vereinten Nationen, in: Europa-Archiv 2/93, S. 33 ff.

Bebler, Anton: The Military and Yugoslav Crisis, in: Südosteuropa, 1991, S. 127 ff.

Beckmann-Petey, Monika: Der jugoslawische Föderalismus, München 1990.

Dokumente zum Konflikt in Jugoslawien, in: Europa-Archiv 21/91 S.D 525 ff.

Dokumente zum Konflikt im ehemaligen Jugoslawien, in: Europa-Archiv 19/92 S.D 577 ff.

Furkes, Josip / *Schlarp*, Karl-H. (Hrsg.): Jugoslawien: Ein Staat zerfällt. Der Balkan — Europas Pulverfaß, Hamburg 1991.

Gaisbacher, Johann u.a. (Hrsg.): Krieg in Europa. Analysen aus dem ehemaligen Jugoslawien, Linz 1992.

Hummer, Waldemar / *Hilpold*, Peter: Die Jugoslawien-Krise als ethnischer Konflikt, in: Europa-Archiv 4/92, S. 87 ff.

Waldemar Hummer

Bevölkerungsentwicklung / -politik

1. B.sentwicklung ist der Erhalt bzw. die Veränderung eines B.sstandes in der Zeit. Sie verdankt sich den eigenen, inneren Erneuerungskräften, wie der Geburtenbewegung und mitunter den äußeren, wie der Zu- oder Einwanderung. Sie trachtet zu allen Zeiten die Abgänge infolge Tod oder Auswanderung zu kompensieren — mit voneinander abweichenden Methoden und Ergebnissen.

Die B.sentwicklung beruht auf drei *B.svorgängen:* Geburten, Sterbefällen und Wanderungen. Die Erneuerung einer B. aus eigenem Nachwuchs („Fruchtbarkeit") erfolgt mittel- und langfristig in Abstimmung mit der Zahl der zu ersetzenden Todesfälle, besonders mit der Kindersterblichkeit. Dieser biosoziale Zusammenhang von Geburten und Sterbefällen heißt natürliche *B.sbewegung.* Demgegenüber beruhen Wanderungen auf individuellen, sozialen und raumbedingten Motiven (→ Migration / Weltflüchtlingsproblematik).

Der *B.sprozeß* ist das raum-zeitliche Zusammenspiel der B.svorgänge, das sich nach den übergeordneten Gesellschaftszielen der materiellen und biosozialen Reproduktion mittel- und langfristig ausrichtet. Kulturelle Traditionen, die Offenheit gegenüber Neuerungen und die räumlichen Gegebenheiten bestimmen den Entwicklungsweg und den mit ihm verbundenen B.sprozeß. Zum Zwecke des Gesellschaftserhalts *(survival)* bei ausreichendem Nachwuchs *(successful reproduction)* müssen die B.svorgänge über Geburtenhäufigkeit (G), Sterblichkeit (St), Ein- (E) und Auswanderung (A) vorteilhaft kombiniert werden. Zu allen Zeiten bestand eine Diskrepanz zwischen individuellen und gemeinschaftlichen Vorteilsrechnungen. Die Kombination der B.svorgänge kann daher B.swachstum, B.sstagnation (Null-Wachstum) und B.s-schrumpfung ergeben.

Ein Geborenenüberschuß (G — St) kann durch Rückgang der Sterblichkeit und Einwanderung in seiner Wirkung vergrößert werden (BRD der 60er Jahre); er kann Anstieg der (Kinder-)Sterblichkeit und Abwanderung bewirken (z.B. im Schwarzafrika der 80er und 90er Jahre); Sterbeüberschuß läßt sich durch Zuwanderung ausgleichen (z.B. BRD der 80er Jahre). Das für alle Staaten der Welt jährlich errechnete B.swachstum findet seine Obergrenze bei 4 % (z.B. Sambia 3,8 %, Extremfall Gaza-Streifen 4,6 %). An der Schwelle der B.sstagnation befindet sich Europa mit 0,2 % (1992); schrumpfende B.en haben Deutschland (-0,1 %) und Ungarn (-0,2 %).

2. B.gliederung wird nach mehreren Merkmalsgruppen vorgenommen: a) *demographische Merkmale* sind die unabänderlichen Zugehörigkeiten zu Alter und Geschlecht der Individuen. Anschaulich ist die *Alterspyramide* (auch B.spyramide) als graphische Abbildung der demographischen Merkmale. Die Altersgruppen werden aufeinandergelegt, wobei die Neugeborenen (eines Jahres oder auch eines Jahrfünfts) den Fuß der Graphik, die Alten- und Absterbejahrgänge ihren Kopf bilden. Gesellschaftliche Entwicklungsstadien lassen sich am äußeren Bild der Alterspyramide grob erkennen:

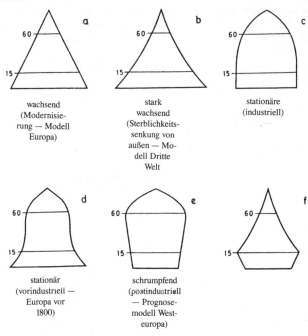

a wachsend (Modernisierung — Modell Europa)	**b** stark wachsend (Sterblichkeitssenkung von außen — Modell Dritte Welt	**c** stationäre (industriell)
d stationär (vorindustriell — Europa vor 1800)	**e** schrumpfend (postindustriell — Prognosemodell Westeuropa)	**f**

Quelle: Jürgen Bähr / Christoph Jentsch / Wolfgang Kuls, Bevölkerungsgeographie, Lehrbuch der Allgemeinen Geographie, Band 9. Berlin / New York 1992, S. 178.

Allgemein zeigen Alterspyramiden einen leichten Überhang an Knaben-Geburten, die in der jeweiligen *Geschlechterproportion* ausgedrückt wird. Die Übersterblichkeit des männlichen Geschlechts durch alle Altersstufen sorgt für einen langsamen Abbau des Männerüberschusses, der dann im fortgeschrittenen Erwachsenenalter einem sich zu den Absterbejahrgängen hin verstärkenden Frauenüberschuß Platz macht.

Zu den demographischen Merkmalen zählt noch das aus der Altersgliederung hervorgehende *Generationenverhältnis,* das Verhältnis der aktiven, unabhängigen Jahrgänge (15 bis 65, oder 20 bis 60, je nach Usus) zu den abhängigen Jugendjahrgängen und ebenso abhängigen Altenjahrgängen: Die aktiven Jahrgänge (Menschen im erwerbsfähigen Alter) zu den ersteren in Beziehung gesetzt ergeben den *Jugendlastquotient*, im anderen Fall den *Altenlastquotient*, zusammen ergeben sie den *Gesamtlastquotient*.

In modernen Gesellschaften kann eine Spannung entstehen zwischen steigenden Investitionen in die anteilsmäßig schrumpfende Jugend und den sozialen Kosten anschwellender Altenjahrgänge. In der Dritten Welt ist das überragende Problem die Jugendlast. Während in modernen Gesellschaften das Verhältnis Jung (bis 15 Jahre) zu Alt (ab 65 Jahren) derzeit 18:14 ausmacht, lautet es in Indien 36:4, in Ostafrika 47:3. Es ist vornehmlich Aufgabe einer politischen Kultur, Generationenverhältnis und *Generationenvertrag* harmonisch zu gestalten.

b) *sozialdemographische, b.ssoziologische, sozialstatistische* Merkmale sind die nächstwichtigen Gliederungskriterien, die Erfahrungswerte über demographisches Verhalten von Merkmalsträgern beinhalten.

aa) der Familienstatus der Personen sagt aus über Heiratsverhalten, die Familiengründung, Scheidung, Witwen(r)schaft und Ausmaß des Junggesellentums beider Geschlechter in den einzelnen Altersstufen. Für die Sozialstatistik sind die *Haushaltsformen* nach Anzahl der Personen und des Verwandtschaftsgrades ein etablierter Arbeitsbereich (Mikrozensus).

bb) *Berufspositionen* (sozioprofessionelle Merkmale) haben sich in modernen Gesellschaften, vor allem in „nivellierten Mittelstandsgesellschaften" in ihrem einst unterschiedlichen Verhalten bis auf Restdifferenzen angenähert.

cc) *soziale Schichtzugehörigkeit*. Die Stellung im Produktionssektor (Landwirtschaft, Industriearbeiterschaft, Beamten- und Bürgertum) führte einst zu deutlich unterschiedlichen Formen der Familienbildung, Kinderzahl und Lebenserwartung (*differentielle Fruchtbarkeit und Sterblichkeit*). Mit der Auflösung der klassischen Schichtkriterien (Einkommen, Bildung, Wohngegend, Status der Herkunftsfamilie) sind die Unterschiede in modernen Gesellschaften geschwunden zugunsten einer Vielfalt von „Lebenslagen", die für Berufs- wie Statuspositionen kein dominantes Muster mehr erkennen läßt.

c) *Räumliche Merkmale* sind ein Indikator für demographisches Verhalten. Der Stadt-Land-Gegensatz war in allen Gliederungsmerkmalen einer B. ausgeprägt. Moderne Kommunikation und Medien haben für starke Angleichungen zwischen den *Gemeindegrößenklassen* gesorgt, so im Falle des Geburtenkontrollwissens, der Empfängnisverhütung, des Gesundheitswesens und der individuellen Lebenswünsche, die mit überkommenen Familienwerten in Konflikt geraten.

3. *B.sgeschichte und -theorie.* B.geschichte bezieht sich auf die Konstellationen, die der B.prozeß im Laufe der Menschheitsgeschichte angenommen hat. Urgeschichte (Paläodemographie), Geschichte der Hochkulturen und

Theorie der kulturellen Evolution sind bestrebt, frühere B.svorgänge und ihre Rolle bei der Daseinsbewältigung in jeweiligen Epochen zu studieren. Neuere Methoden unterstellen eine *kulturökologische Balance* zwischen Geburten und Sterbefällen auf der einen Seite, dem örtlich gegebenen Nahrungsspielraum auf der anderen. Ortsveränderungen und Wanderungen waren seit jeher üblich und eine Überlebensstrategie von Menschengruppen. Die Schätzungen zur frühen Weltbevölkerung schwanken stark: Um 5000 v.Chr. müssen zwischen 5 und 20 Mio. gelebt haben, um Christi Geburt schon um 300 Mio. Ein signifikantes, d.h. in Jahresschritten erkennbares B.swachstum gibt es erst mit Beginn der Neuzeit. Die 500 Mio. um 1650 wachsen bis 1700 bei 0,1 % jährlich auf 600 Mio., von da ab mit 0,2 % auf 700 Mio. bis 1750; mit 0,4 % bis 1800 auf 900 Mio. Um 1830 erreicht sie zum ersten Mal die Milliardengrenze und resultiert mit 0,5 % Wachstum um 1900 bei 1,65 Mrd. Menschen. Das b.sgeschichtliche Material drängte nach Erklärungen. Seit dem 18. Jh. gibt es zusammenhängende Aussagen, die den Ausdruck *B.stheorie* rechtfertigen. Sie sind der geistige Widerhall von B.sproblemen einer Zeit. Da die hohe Sterblichkeit offenbar jahrtausendelang ein B.swachstum verhinderte, obwohl die menschliche Sexualität doch als allzeit gleichartig anzusehen ist, wurde das Konzept des begrenzten Nahrungsspielraums entwickelt, demzufolge dieser wie ein Buchhalter des Todes die darüber hinaus Geborenen bald ins Grab holt. Demnach wäre es vergeblich, das Menschenlos zu bessern, weil jede Besserung zu mehr Nachwuchs und zum alten Elend zurückführen würde. Diese als „früher Malthusianismus", nach dem engl. Ökonomen Th.R. *Malthus* benannte Theorie, war die Grundlage für das Für und Wider im B.sdenken des 19. und teilweise auch 20. Jhs. Neue B.sbewegungen wurden dem Malthusschen Schema einzuverleiben versucht, welches nun immer modifiziert wurde, sobald dies nicht gelang. B.stheorie kann als schleichender „Paradigmenwechsel" weg vom frühen oder rohen Malthusianismus angesehen werden, weil die unleugbaren Fortschritte in Europa ihn als Theorie der Hoffnungslosigkeit unglaubwürdig gemacht haben. Die erste Revision stammt noch von *Malthus* selbst, als er geburtenverhindernde Sitten und Gebräuche entdeckte (Spätheirat, Askese), welche bei vielen Völkern die von ihm prophezeiten Katastrophen verhindert hätten. Die nächste Revision kam nach 1900, als die Industrielle Revolution ihre sozialen Früchte zeitigte und die Lebensform fast aller Stände deutlich verbesserte. Ein — der Theorie nach unerwarteter! — Geburtenrückgang war daran nicht unbeteiligt: wohlüberlegte Elternschaft und Geburtenkontrolle breiteten sich aus und trennten Sexualität und Zeugungswillen. Die moderne bürgerliche Kleinfamilie mit knapp zwei Kindern (gegenüber mehr als fünf in der Hälfte aller Ehen noch um 1900) hatte sich nach dem Ersten Weltkrieg durchgesetzt und nach dem Zweiten Weltkrieg bestätigt. B.stheorien, die den B.sprozeß insgesamt betreffen, sind nur denkbar als begleitende Theorien der Industrialisierung und Modernisierung, die sich im Westen am gründlichsten und weitesten entwickelt haben. Demnach gehen Änderungen im B.sprozeß von *Kulturschüben* aus, in denen jeweils Ressourcen zur Lebensverbesserung und Lebensverlängerung abgezweigt werden können. Senkung der Sterblichkeit geht als anthropologisches Bedürfnis voran, während die Senkung der Geburtenzahlen (Kinderzahlen in den Familien) sich im Verlauf von zwei und drei Generationen anschließt. Letztere ist ein langwieriger Lernvorgang, in dessen Verlauf es zu bedeutenden Geborenenüberschüssen kommen kann (*demographischer Übergang*). Er ist eine historische Tendenz, wenn auch nicht strenge, voraussagefähige Theorie. Die europäische B. erlebte den demographischen Übergang vom 19. bis zur Mitte des 20. Jhs. und verdoppelte sich aufgrund von hohen Geburtenniveaus, die der gesunkenen Sterblichkeit noch nicht gefolgt waren (1850: 210 Mio., 1950: 393 Mio.).

Die Weltb. benötigte immer kürzere Zeitintervalle, in denen sie um eine Mrd. anwuchs. Bis zur ersten um 1830 muß es 500 000 Jahre gedauert haben; bis zur zweiten um 1930 waren es 100 Jahre; bis zur dritten Mrd. um 1960 noch 30 Jahre; 1975 war nach 15 Jahren die vierte erreicht, und 1987 begrüßte der UNO-Generalsekretär schon nach 12 Jahren symbolisch den fünfmilliardsten Erdenbürger. 1998 werden wohl schon sechs Mrd. Menschen auf der Erde leben. Diese Beobachtung hat einem *,,Neomalthusianismus"* Auftrieb gegeben, wonach sich der Mensch unkontrolliert und zum eigenen Schaden vermehrt. Wenn nicht die grausamen Kräfte der Natur ans Korrekturwerk gehen sollen, dann müsse er selbst auf humanerem Weg für neue Gleichgewichte sorgen. Dieser Grundlinie folgen die bekannten Studien ,,Grenzen des Wachstums", die weiteren Berichte an den *Club of Rome* und der Bericht ,,Global 2000".

4. *B.spolitik* sind staatlich-administrative Maßnahmen, um eine B. in ihrer Größe oder inneren Zusammensetzung zu verändern. B.spolitik gehört zu den ältesten, schon in den frühen Hochkulturen verbürgten Politikformen. B.spolitische Maßnahmen gliedern sich in solche mit (a) *indirekten* B.sbezug, also bloßer B.srelevanz und (b) *direktem* B.sbezug. *B.srelevante* Maßnahmen sind nicht B.spolitik im engeren Sinne, aber zu beachten, weil sie den B.sprozeß beeinflussen, wenn sie zielgerichtet und großzügig eingesetzt werden. Alle Formen der Gesundheitspolitik und der Familienpolitik zählen hierzu, ebenso Maßnahmen der Regional- und Siedlungspolitik. Sie haben Auswirkung auf Familiengründung, Kinderaufzucht und -erziehung, sowie die räumliche Verteilung der B. und ihre Siedlungsdichte. Indirekte Maßnahmen legen also ein bestimmtes demographisches Verhalten nahe. Familienlastenausgleich, Bevorzugung von Paaren mit Kindern bei Wohungszuteilung, die Einführung von Sexualunterricht und Familienerziehung, ebenso Heiratsdarlehen, die mit der jeweiligen Geburt eines Kindes sich verringern (,,Abkindern"), wirken indirekt auf Familienbildung und Lebenserwartung.

In b.srelevanten, indirekten Maßnahmen erschöpft sich gewöhnlich die B.spolitik liberaldemokratischer Gesellschaften. B.spolitik geht hier in Sozial- und Familienpolitik auf.

Direkte Maßnahmen zielen ohne Umschweife auf den B.sprozeß. Er soll so beeinflußt werden, daß sich die B.sgröße je nach Staatsziel vermehrt oder verringert. B.svermehrung ist (von Einwanderung abgesehen) über Anhebung des Geburtenniveaus (*pronatalistische Politik*) möglich. B.sverringerung, eigentlich Senkung der jährlichen Zuwachsrate bzw. der Geborenenüberschüsse, ist über Familienplanungsprogramme zu erreichen, die auf eine „antinatalistische Politik" hinauslaufen.

Eine Politik des Null-Wachstums (= Zwei-Kinder-Familie) fassen Staaten ins Auge, deren B. bereits schrumpft. Es sind dies fortgeschrittene Industriegesellschaften, die den Alternativtrend zu Ehe und Familie zu steuern versuchen und dabei nur in Ausnahmefällen erfolgreich sind. Direkte, pronatalistische Politik ist in modernen Gesellschaften umstritten (Persönlichkeitsrechte vs. staatliches Erfordernis). Indirekte Maßnahmen galten bislang als wirkungslos. Das Beispiel der ehemaligen DDR zeigt jedoch, daß mit „Vereinbarkeitspolitik" von Beruf und Mutterschaft das Geburtenniveau deutlich anzuheben ist und daß es wieder rapide sinkt, sobald diese Maßnahmen suspendiert werden.

Neben der Veränderung der B.sgröße zielt B.spolitik häufig auf die *innere Zusammensetzung*. Dahinter steckt eine B.sprognose, die gewisse Staatsziele bei anhaltenden B.strends gefährdet sieht. Infolge Geburtenrückgangs schwach besetzte Jugendjahrgänge können Arbeitskräfteknappheit und eine (Über-)Alterung bedeuten; stark schwellende Jugendjahrgänge dagegen hohe, kaum zu leistende Investitionen (Jugendlast) und damit ein Entwicklungshindernis.

Die alte Teilung in *quantitative* und *qualitative* B.spolitik wird heute seltener verwendet, weil beide in einem Mischungsverhältnis zueinander stehen. Eine größere Rolle spielen Maßnahmen zur ethnischen Zusammensetzung. B.spolitik ist in Gesellschaften mit ethnischer Vielfalt durchaus konfliktuell. Nationale Minderheiten reagieren auf b.spolitische Maßnahmen nicht immer im Sinne derselben. Außerdem fallen Mitnahmeeffekte auf (z.B. finanzielle Stützung von Kinderreichen der Stammb., die den Minderheiten mit ohnehin großer Kinderzahl dann automatisch zufallen). Ein Extremfall von ethnischem Selektionismus, der sich zur rassentheoretisch begründeten Vernichtung von Menschengruppen steigerte, war die B.spolitik des Nationalsozialismus. Sie hat in Deutschland den Begriff einer B.spolitik anhaltend diskriminiert. Die Frage der „rassischen Zusammensetzung" wurde in der Zwischenkriegszeit in allen modernen Nationen diskutiert, ohne jedoch Staatsziel wie im nationalsozialistischen Falle zu werden. Kriegs- und Bürgerkriegsparteien hegen durchwegs eigene Vorstellungen von B.szusammensetzung. Bürgerkriege in Staaten der Dritten Welt und in Europa (im zerfallenen Jugoslawien 1992) sind begleitet von „ethnischen Säuberungen" (→ Balkankonflikt).

B.spolitik in der Dritten Welt ist weitgehend quantitative, antinatalistische Politik der Familienplanung. Ihre B.n stecken in der Durststrecke des demographischen Übergangs, der mit „Bevölkerungsexplosion" laienhaft bezeichnet wird. Die einzelnen Staaten akzentuieren unterschiedlich: neben direkten b.spolitischen Zielen erscheinen als Grund *„Gesundheit für Mutter und Kind",* weil Familienplanungsprogramme im Gesundheitswesen installiert werden, und schließlich „Menschenrecht" (*Deklaration von Teheran 1967*). Nur wenige Länder wollen ihre B.szahl erhöhen, ja sogar verdoppeln z.B. Malaysia, Argentinien, einige arabische Monarchien. Weltweites Aufsehen erregen die Bemühungen *Indiens* seit der Staatsgründung, die Geburtenzahlen zu senken, und der *VR China,* mit einer drastischen Ein-Kind-Politik sein B.svolumen nicht über 1,4 Mrd. anwachsen zu lassen. Beim derzeitigen Wachstumstempo würde die B. Indiens die chinesische in den kommenden Jahrzehnten überholen. Antinatalistische Politik setzt sich in Indien wegen kultureller und ökonomischer Widerstände auf dem flachen Land ungleich schwerer durch als bei den disziplinierteren Han-Chinesen. Das demographische Schwergewicht der Weltb. wird in Zukunft in Asien liegen, gefolgt vom tropischen Lateinamerika (Mexiko, Brasilien), wo allerdings Großmachtinteressen eine eindeutige Entscheidung für eine direkte B.spolitik mit angebbaren Zielen verhindern. Auch in Afrika werden sich im arabischen Norden und in Westafrika (Nigeria) B.sgewichte herausbilden, zumal drosselnde B.spolitik dort an organisatorische und kulturell-religiöse Schranken stößt. Das von der Welt mit Beklemmung registrierte Desaster Schwarzafrikas dürfte sich schon allein dadurch vergrößern.

Die Schaltstelle für *internationale B.spolitik* sind die → UN mit ihrem UN-Bevölkerungsfonds (UNFPA). In ihren regelmäßig erstellten *B.sprognosen* erscheint eine „mittlere Variante", die als Richtwert für die künftige Entwicklung der Weltb. gilt. Er liegt für das Jahr 2025 bei 8,5 Mrd. und gegen Mitte des kommenden Jh. bei 10,5 Mrd. Hier werden allerdings Familienplanungserfolge schon einbezogen. Die seit 1974 alle 10 Jahre einberufenen *Weltbevölkerungskonferenzen* dienen der Verständigung der Völkergemeinschaft über die B.strends ihrer Länder und deren Zusammensetzung mit Weltproblemen. Auf den Konferenzen Bukarest (1974) und Mexiko City (1984) hat sich die Verbindung von B.s- und → Entwicklungspolitik durchgesetzt („Botschaft von Bukarest"). Die Ökologisierung dieses Komplexes im Sinne einer „nachhaltigen Entwicklung" für die Länder in Nord und Süd (→ Nord-Süd-Konflikt) setzt sich in Kairo (1994) durch.

Literatur

Hauser, Jürg A.: Bevölkerungs- und Umweltprobleme der Dritten Welt, Bern / Stuttgart, 2 Bände, 1990 / 92.

Schmid, Josef: Bevölkerung und soziale Entwicklung (Schriftenreihe des Bundesinstituts für Bevölkerungsforschung), Boppard / Rhein, 1984.

Lutz, Wolfgang (ed.): Future Demographic Trends in Europe and North America, London 1991.

Alonso, William (ed.): Population in an Interacting World, Cambridge-Massachusetts-London, 1987.

Chesnais, Jean-Claude: La Démographie. Paris ²1991.

Josef Schmid

Blockfreienbewegung

1. Entstehung / Entwicklung — Blockfreiheit ist historisch ein Produkt der weltpolitischen Entwicklung nach dem Ende des Zweiten Weltkrieges: des Zerfalls der europäischen Kolonialreiche (→ Entkolonialisierung) und der Herausbildung des bipolaren Blocksystems von Ost und West (Kalter Krieg) (→ Ost-West-Konflikt). In diesen Zusammenhängen entstand Blockfreiheit zum einen als Ausdruck des anti-kolonialen *Nationalismus* afro-asiatischer Staaten und zum anderen als Ausdruck der Weigerung dieser und anderer Staaten, sich in den (in europäischen Verhältnissen wurzelnden und von den Interessen der Supermächte bestimmten) *Ost-West-Konflikt* einbeziehen zu lassen. Das Hauptinteresse dieser Staaten war darauf gerichtet, ihre erst frisch erworbene Unabhängigkeit und Eigenständigkeit gegenüber neuerlicher Einmischung und Fremdbestimmung von außen abzusichern und auszuweiten. Gekennzeichnet durch viele gemeinsame Merkmale (Erfahrung von Kolonialismus und Rassismus, Unterentwicklung und Außenabhängigkeit ihrer Volkswirtschaften, militärische Schwäche, untergeordnete Rolle in Weltwirtschaft und Weltpolitik) erkannten sie bald auch gemeinsame Interessen (politische, wirtschaftliche und kulturelle Emanzipation in der Staatenwelt), die sie gemeinsam — auf der Basis von Solidarität und Zusammenarbeit — zu artikulieren und zu vertreten suchten (Konferenzen der Dritten Welt, Solidaritätsbestrebungen, zwischenstaatliche Gruppenbildung) (→Nord-Süd-Konflikt).

Die Grundanliegen der Blockfreiheit wurden zunächst im Kreis der jungen asiatischen Staaten formuliert und propagiert, namentlich in und von Indien, das 1947 unter *Nehru* seine Unabhängigkeit erlangt hatte, dann später in der *afro-asiatischen Solidaritätsbewegung* (*Bandung-Konferenz* 1955) auf ein breiteres Fundament gestellt und schließlich im Jahre 1961 (Erste Gipfelkonferenz der Blockfreien in Belgrad) in die Bewegung der Blockfreien eingebracht. Insbesondere der trilateralen Kooperation zwischen Indien (*Nehru*, Jugoslawien (*Tito*) und Ägypten (*Nasser*) verdankt diese Bewegung ihre politisch-organisatorische Formierung. Die Entwicklung der Bewegung vollzog sich in zwei Hauptphasen, die sich als eine mehr politische bzw. sicherheitspolitische Phase in den 60er Jahren und als eine mehr wirtschaftspolitische bzw. entwicklungspolitische Phase in den 70er Jahren bezeichnen lassen. Die erste Phase begann vor dem Hintergrund sich verschärfender Ost-West-Spannungen (Berlin- und Kongokrise, Scheitern der Pariser Gipfelkonferenz 1960) (→ prägende Konflikte nach dem Zweiten Weltkrieg) mit der ersten Gipfelkonferenz der Blockfreien in Belgrad (1961) und setzte sich dann mit den Gipfelkonferenzen von Kairo (1964) und Lusaka (1961) weiter fort, wobei letztere bereits die Tendenzwende hin zu einer stärkeren ökonomischen Sichtweise der Bewegung anzeigte. Die wirtschaftspolitische Orientierung der Blockfreien begann vor dem Hintergrund der Weltwirtschaftskrise (→ Weltwirtschaftssystem) der frühen 70er Jahre und kam auf den Gipfelkonferenzen von Algier (1973), Colombo (1976) und Havanna (1979) zum Ausdruck. In den 80er Jahren liefen, wie die 7. Gipfelkonferenz der Blockfreien in Neu-Delhi (1983) aufwies, die beiden zentralen Anliegen der Bewegung wieder zusammen (die allerdings auch vorher nicht jeweils exklusiv behandelt worden waren!). Konfrontiert mit einem „Neuen Kalten Krieg", einem verschärften Rüstungswettlauf zwischen Ost und West und einer neuen, verheerenden Weltwirtschaftskrise waren die Blockfreien nunmehr gezwungen, sich den beiden großen Problemen „Frieden" und „Entwicklung" gleichzeitig zu widmen.

2. Organisation / Struktur — Die Entwicklung der Blockfreien war begleitet von einer organisatorischen Verdichtung und strukturellen Differenzierung sowie von einer bemerkenswerten Rekrutierung neuer Mitglieder, deren Zahl von ursprünglich 25 (1961) auf 101 (1983) anstieg. Nachdem sich die Bewegung in den 60er Jahren organisatorisch mit ihren Gipfelkonferenzen begnügte, bildete sie in den 70er Jahren eine komplexere Organisationsstruktur aus und schuf sich eine Reihe von Entscheidungs- und Handlungsorganen außerhalb des Instituts der Gipfelkonferenz: die „koordinierende Präsidentschaft" der Bewegung (in der Person des Staats- oder Regierungschefs desjenigen Landes, welches die Gipfelkonferenz ausrichtet), die Außenministerkonferenz (zur Vorbereitung der Gipfeltreffen und zur Behandlung spezieller Fragen), das Koordinierungsbüro (als ständiges Exekutivorgan zwischen den großen Konferenzen) sowie besondere Arbeitsgruppen (für Aufgaben im Bereich der Vereinten Nationen) und ausgewählte Koordinierungsländer (im Rahmen des blockfreien Aktionsprogramms für wirtschaftliche Zusammenarbeit). Auffällig ist, daß sich die organisatorischen Formen, Zeitabläufe und Aktivitäten der Blockfreien stark an den → *Vereinten Nationen* und deren Arbeitsrhythmus ausrichten. Hierin kommt deutlich die große Bedeutung des UN-Systems als wichtigstes Bezugs- und Handlungsfeld der Bewegung zum Ausdruck. Bei der Mitgliedschaft in der Bewegung der Blockfreien ist — je nach abgestuften Rechten — zwischen „Vollmitgliedern", „Beobachtern" und „Gästen" zu unterscheiden. Das enorme Anwachsen der Mitgliedschaft in den 70er Jahren hat zweifelsohne den Grad an sozio-ökonomischer und ideologischer Heterogenität und das Maß an politischen Spannungen innerhalb der Bewegung erhöht sowie zur Gruppen- und Fraktionenbildung beigetragen. Diesem pluralistischen Charakter der Bewegung trägt im Meinungsbildungs- und Entscheidungsprozeß das Konsensprinzip Rechnung. Somit bewahrte sich die Bewegung trotz fortschreitender Institutionalisierung ihre Vorliebe für eher „weiche" (lockere) Organisationsstrukturen; bis heute gibt es kein ständiges Sekretariat, keine festgeschriebene Satzung, keinen Hauptsitz, keinen Verwaltungsapparat und keine zentrale, starke Exekutive. Dieses Organisationsmuster entspricht offenbar dem mehrheitlichen Wunsch der Mitgliedschaft, demokratisch-egalitäre Prinzipien der Mitarbeit zu wahren, keine Souveränitätseinbußen hinnehmen und sich nicht allzu strikt den Beschlüssen der Bewegung unterwerfen zu müssen.

3. Programmatik / Zielsetzung — Die zentralen Ziele der Blockfreien sind die Sicherung eines größtmöglichen Ausmaßes an politischer und wirtschaftlicher Unabhängigkeit sowie die Schaffung eines auf der Basis friedlicher Koexistenz beruhenden qualitativ neuen Systems internationaler Beziehungen, das Raum gibt auch für die Emanzipation kleiner, armer und schwacher Staaten. Im Rahmen dieser allgemeinen Ziele bemühten sich die Blockfreien kontinuierlich um die Sicherung des Weltfriedens und die Entschärfung des *Ost-West-Konflikts,* die nationale Befreiung aller unterdrückten Völker, die Sicherung der → *Souveränität* der nachkolonialen Staaten, um die wirtschaftliche Entwicklung der Dritten Welt und deren kulturelle Befreiung sowie um die Demokratisierung der internationalen Beziehungen. Ein — in ihrem Namen zum Ausdruck kommendes — Kernelement blockfreier Politik ist die prinzipielle Distanz zu den Machtblöcken in Ost und West. Durch die Blockpolitik sahen die Blockfreien ihre Unabhängigkeit und den Weltfrieden am stärksten gefährdet; daher entschlossen sie sich zur Nichtbeteiligung an den Militärallianzen (→ *Militärbündnisse*) der Supermächte und zur Nichtparteinahme im Ost-West-Konflikt.

So läßt sich die Bewegung der Blockfreien von ihrer Zielsetzung her als eine umfassende Emanzipationsbewegung von Ländern bezeichnen, die nicht nur Objekte, sondern auch Subjekte internationaler Beziehungen sein wollen. Diese Bewegung weist drei wesentliche Stoßrichtungen auf; sie ist eine

48Blockfreienbewegung

Solidaritäts- und Protestbewegung ehemals kolonisierter Völker gegen Kolonialismus, Imperialismus und Rassismus sowie gegen alle anderen Formen von Fremdherrschaft und Fremdbestimmung; sie ist ferner ein Schutzverband von militärisch schwachen und politisch in ihrer Existenz und Unabhängigkeit gefährdeten Ländern zur Verringerung der politisch-militärischen Spannungen im Kontext des Ost-West-Konflikts und schließlich eine Interessengruppe von sozio-ökonomisch unterentwickelten und abhängigen Ländern zur Reform des Weltwirtschaftssystems bzw. zur Erlangung wirtschaftlicher Vorteile im Rahmen des *Nord-Süd-Konflikts*.

4. Politische Gewichtung / Wirkung — Galt die Bewegung der Blockfreien den Blockmächten lange Zeit nur als lästiger Irritationsfaktor der internationalen Beziehungen, so ist sie mittlerweile als respektable Größe der Weltpolitik anerkannt worden. Doch gelang es ihr bislang nicht, bei der Verfolgung ihrer Ziele einen dauerhaften und substantiellen Durchbruch zu erzielen. Dies hängt wesentlich damit zusammen, daß der Bewegung in weitgehender Ermangelung materieller (militärischer und ökonomischer) Machtmittel fast ausschließlich diplomatisch-politische Einflußmöglichkeiten (z.B. Abstimmungen in den *Vereinten Nationen*) zur Verfügung stehen.

Eine kritische Würdigung der historischen Rolle und Wirkung der Blockfreienbewegung kann folgende positive Ergebnisse benennen:

— Im Rahmen des UN-Systems hat sich die Bewegung erfolgreich als Interessengruppe etabliert, ihren Mitgliedern eine aktive Teilnahme im internationalen System ermöglicht und dadurch zur Demokratisierung der internationalen Beziehungen und zur Universalität der Weltorganisation beigetragen.

— Im Bereich des Anti-Kolonialismus spielten die Aktivitäten der Blockfreien eine gewichtige und konstruktive Rolle bei der Auflösung der Kolonialreiche. Durch moralisch-politischen Druck auf die Kolonialmächte sowie durch materielle Hilfe an Befreiungsbewegungen leisteten die Blockfreien einen Beitrag zur Beschleunigung und relativen Friedfertigkeit des Dekolonialisierungsprozesses.

— Im Bereich des Ost-West-Konflikts trug die Blockfreienbewegung möglicherweise allein schon durch ihre Existenz zu einer strukturellen Flexibilität des internationalen Systems bei, zur Verhinderung der Ausbreitung der Blöcke sowie zur Förderung multipolarer Tendenzen in der Staatenwelt.

— Im Rahmen des Nord-Süd-Konflikts erzielte die Bewegung mit der Herbeiführung des *Nord-Süd-Dialogs* über eine Neue Weltwirtschaftsordnung einen spektakulären politischen Erfolg und machte die Nord-Süd-Problematik zu einem Dauer- und Prioritätenthema internationaler Verhandlungen.

— Auf der Ebene der *Süd-Süd-Beziehungen* ermöglichte die Bewegung erstmalig eine umfassende und ausschließliche Eigenorganisation von Ländern (vornehmlich) der Dritten Welt außerhalb der bestehenden Machtblöcke und internationalen Organisationen und schuf damit die Voraussetzung für ein gemeinsames, selbstbewußtes und selbstbestimmtes Auftreten dieser Länder in den internationalen Beziehungen. Ferner baute sie in den Süd-Süd-Beziehungen Strukturen der Kommunikation und Kooperation zwischen Ländern und Regionen auf, die infolge kolonialer Zentrum-Peripherie-Beziehungen kaum Kontakt miteinander hatten, und trug auf diese Weise zur Stärkung politischer und wirtschaftlicher Zusammenarbeit zwischen Entwicklungsländern bei.

An Defiziten und ungelösten Problemen lassen sich aufführen:

— Die Bewegung konnte im Zuge des Neuen Kalten Krieges eine wachsende Verstrickung von Teilen ihrer Mitgliedschaft in dem Ost-West-Konflikt ebensowenig verhindern, wie sie in der Lage war, effektive Abrüstungsmaßnahmen durchzusetzen oder erfolgreich „Zonen des Friedens" einzurichten. Durch diese Versäumnisse wurde innerhalb der Bewegung die prinzipielle Distanz der Blockfreien zu den Blöcken zum Teil in Frage gestellt und die Einheit sowie die Handlungsfähigkeit der Bewegung (z.B. in der *Afghanistan-Krise*) erschwert. Das Problem der Verhütung von Kriegen zwischen blockfreien Staaten (z.B. *Golf-Krieg* zwischen Irak / Iran) und der Aufrüstung / Abrüstung in der Dritten Welt ist bislang erst im Ansatz in Angriff genommen, jedoch noch keiner dauerhaften Lösung zugeführt worden.
— Weder in den Nord-Süd-Beziehungen (Reform der Weltwirtschaftsordnung) noch in den ja weitgehend ihrer eigenen Gestaltung und Verantwortung unterliegenden *Süd-Süd-Beziehungen* (wirtschaftliche Zusammenarbeit untereinander) vermochten die Blockfreien bisher über normativ-appellative und institutionell-organisatorische Ansätze hinaus substantielle Erfolge zu erzielen.
— Die Bewegung der Blockfreien hat in den letzten Jahren erheblich an moralischer Kraft und Glaubwürdigkeit verloren, da ein vermehrtes abweichendes Verhalten der Blockfreien von ihren eigenen proklamierten Normen zu beobachten war (u.a. friedliche Streitbeilegung / Kriege, Forderung nach Abrüstung / eigene Aufrüstung, Forderung nach sozialer Gerechtigkeit und Entwicklung im Weltmaßstab / Unterdrückung und Unterentwicklung im Inneren).

5. Perspektiven / Zukunft — Seite Ende der 70er und in den 80er Jahren wurde die Bewegung stark geschwächt durch vermehrte Konflikte und Kriege in ihren eigenen Reihen, durch internen Richtungsstreit (über eine Annäherung an die UdSSR), den Neuen Kalten Krieg zwischen Ost und West sowie durch die sich verschärfende Weltwirtschafts- und Verschuldungskrise. Auf ihrem 8. Gipfeltreffen in Harare (Zimbabwe) im Herbst 1986 setzte sich die Bewegung namentlich mit den Nord-Süd-Wirtschaftsproblemen (Verschuldung!) auseinander, gab der Süd-Süd-Kooperation neue Impulse (Gründung einer „Süd-Kommission" unter Vorsitz von *Nyerere*) und gründete zur Unterstützung der Frontlinienstaaten im südlichen Afrika einen Hilfsfonds (später AFRIKA-Fonds genannt). Auf ihrer Außenministerkonferenz in Nikosia (Zypern) im Herbst 1988 sah sich die Bewegung einer veränderten internationalen Konstellation gegenüber, einer neuerlichen Entspannung im Ost-West-Verhältnis, einer wachsenden Supermacht-Kooperation bei der Beilegung regionaler Konflikte, bei anhaltender wirtschaftlicher Misere zahlreicher blockfreier Länder und verschärften, weltweit bedrohlichen ökologischen Problemen (→ Globale Umweltprobleme). In dieser neuen Situation versuchte die Bewegung ihren Standort und ihre Wirkungsmöglichkeiten zu bestimmen. Sie begrüßte die Entspannung (→ Entspannungspolitik) in der internationalen Politik, forderte eine Verbesserung der wirtschaftlichen Lage ihrer Mitglieder, griff erstmals ökologische Fragen auf und sprach sich für einen Reorganisation bzw. „Modernisierung" ihrer eigenen Arbeits- und Wirkungsweise (mit dem Ziel einer Effektivierung) aus. Zugleich beschloß sie einstimmig, die 9. Gipfelkonferenz der Blockfreien im Herbst 1989 in Belgrad (Jugoslawien) abzuhalten, also dort, wo im Jahre 1961 die Gründungskonferenz der Bewegung stattfand. Auf diesem Hintergrund wurde die Belgrader Gipfelkonferenz eine Konferenz der Anpassung der Blockfreienbewegung an neue Realitäten. Sowohl in ihren politischen als auch in ihren wirtschaftspolitischen Beschlüssen vermied sie konfrontative Akzente gegenüber den Industrieländern und sprach sich für eine verbesserte Kooperation mit diesen aus. Unverkennbar war die Befürchtung, angesichts der Entwicklungen in Osteuropa und der Konzentrationsprozesse in der Weltwirtschaft ins politische und ökonomische Hintertreffen zu geraten. Zur Intensivierung der Süd-Süd-Kooperation wurde es *Nyerere* überlassen, die Gründung einer Gruppe für „Süd-Süd-Konsultationen und Zusammenarbeit" zu betreiben. Erstmals widmete sich die Konferenz ausführlich Fragen der → Menschenrechte, der Umweltgefahren und des internationalen Drogenhandels. Nicht angepackt wurde jedoch das Problem einer Reorganisation der Blockfreienbewegung.

Auf der 10. Gipfelkonferenz der Blockfreien im September 1992 in Jakarta (Indonesien) wurde die Debatte über eine Neuorientierung der Bewegung in einer *Neuen Weltordnung* jenseits der Bipolarität fortgesetzt. Der Vorsitz der Bewegung ging vom kriegsgeschüttelten Ex-Jugoslawien auf Indonesien (Präsident *Suharto*) über. Angesichts zahlreicher kriegerischer Konflikte in europäischen und außereuropäischen Regionen bekräftigten die Blockfreien ihre alten Prinzipien der friedlichen Streitbeilegung. In der Grundsatzdebatte über Rolle und Aufgabe der Blockfreien in einer veränderten Welt ohne Blöcke kam es weder, wie von mancher Seite erwünscht, zu einer Auflösung der Bewegung noch zu ihrer Verschmelzung mit der *Gruppe der 77* unter anderem Namen. Vielmehr wurde einer Stärkung der Bewegung das Wort geredet, vor allem durch ein größeres Mitspracherecht der Blockfreien in Gremien der Vereinten Nationen, namentlich im Sicherheitsrat, in der → *Weltbankgruppe* und im Internationalen Währungsfonds ("Demokratisierung der *Vereinten Nationen*") (→ *Internationale Währungspolitik*). Die Hauptrolle der Bewegung wurde gleichsam als die eines Anwalts des Südens in den Nord-Süd-Beziehungen und in der Weltwirtschaft gesehen. Kritische Einwände gegen die wachsende entwicklungspolitische Konditionierung von seiten der Industrieländer wurden ebenso vorgebracht wie alte Forderungen etwa nach einem Schuldenerlaß für die ärmsten Entwicklungsländer und nach Abbau des Industrieländer-Protektionismus bekräftigt. Dennoch sollte mit dem Norden keine Konfrontation gesucht, sondern ein neuer, konstruktiver Dialog aufgenommen werden. Die grundlegenden Probleme der weiter anwachsenden Heterogenität der Mitgliedschaft, der auch weiterhin mangelnden Effizienz der Bewegung und der immer noch defizitären Süd-Süd-Kooperation wurden auch auf der 10. Gipfelkonferenz der Blockfreien nicht ernsthaft angegangen.

Literatur:

Fritsche, Klaus: Blockfreiheit und Blockfreienbewegung — Eine Bibliographie, hrsg. v. Deutschen Übersee-Institut Hamburg in Zusammenarbeit mit der Dokumentationsstelle Bewegung Blockfreier Staaten e.V., Dortmund / Hamburg 1984.
Jankowitzsch, Odette / *Sauvant*, Karl P. (eds.): The Third World Without Superpowers: The Collected Documents of the Non-Aligned Countries, 4 vols., Dobbs Ferry / New York 1978.
Mates, Leo: Es begann in Belgrad. 20 Jahre Blockfreiheit, Percha 1982.
Matthies, Volker: Die Blockfreien. Ursprünge — Entwicklung — Konzeptionen, Opladen 1985.
Singham, Archibald W. / *Hune*, Shirley: Non-Alignment in an Age of Alignments, London / Westport / Harare 1986.

Volker Matthies

52

Deutsche Wiedervereinigung

1. Die deutsche Frage — Durch die Londoner Protokolle vom 12.9.1944 wurde Deutschland in Besatzungszonen eingeteilt sowie die Errichtung eines alliierten Kontrollmechanismus für Deutschland beschlossen. Frankreich trat dieser Vereinbarung unmittelbar nach der Potsdamer Konferenz 1945 bei. In der gemeinsamen Berliner Erklärung vom 5.6.1945 übernahmen die Siegermächte die oberste Regierungsgewalt in Deutschland. Auf der Potsdamer Konferenz vom Juli / August 1945 wurden die Grundsätze der Besatzungspolitik für Deutschland festgelegt, d.h. das bereits vorgesehene Besatzungssystem bestätigt — eine britische Besatzungszone im Norden, eine sowjetische im Osten, eine amerikanische im Süden (mit der Enklave Bremen und Bremerhaven wegen des Zugangs zur Nordsee) sowie eine französische im Südwesten. Die Gebiete des Deutschen Reiches östlich der Oder-Neiße-Linie wurden unter vorläufige polnische bzw. sowjetische Verwaltung gestellt. Der deutsche Staat hatte zu bestehen aufgehört. Das „Potsdamer Abkommen", ein völkerrechtlich nicht verbindliches Dokument, wurde zunächst durch die „Drei Mächte" unterzeichnet. Frankreich schloß sich zu diesem Zeitpunkt dem Abkommen noch nicht an. Das Potsdamer Abkommen sah die weitere Behandlung Deutschlands als Einheit durch die Besatzungsmächte vor. Zu diesem Zweck wurde ein „Rat der Außenminister" gebildet. Doch sollten die Konflikte über die Auslegung des Potsdamer Abkommens so gravierend werden, daß die weitere Behandlung Deutschlands als eine Einheit eine Fiktion blieb.

Im Verlauf des → Ost-West-Konflikts, der mit der Verkündung der Truman-Doktrin am 12.3.1947 für jedermann deutlich erkennbar wurde, entstanden im Jahr 1949 zwei deutsche Staaten: die BRD im Verlauf des Sommers 1949 (Inkrafttreten des Grundgesetzes am 23.5.1949, Wahlen zum 1. Deutschen Bundestag am 14.8.1949) und die DDR am 7.10.1949. Beide Staaten wurden in ihre jeweiligen Blöcke und Bündnisse eingebunden. Eine Wiedervereinigung wurde um so unwahrscheinlicher, je mehr sich die beiden Staaten in ihre jeweiligen Blöcke integrierten. Die BRD wurde 1951 Mitglied der EGKS, 1954 / 55 Mitglied der → NATO und der WEU (→ Militärbündnisse) sowie 1957 Gründungsmitglied der EWG und der EURATOM (→ Europäische Gemeinschaft). Sie war ein fester Bestandteil des Westens geworden. Die BRD erhielt 1955 in den Pariser Verträgen ihre → Souveränität. Doch auch wenn die BRD das Besatzungsregime 1955 ablegen konnte, machten die Westmächte Vorbehalte „in bezug auf Berlin und Deutschland als Ganzes einschließlich der Wiedervereinigung Deutschlands auf einer friedensvertraglichen Regelung" sowie auf die im Zusammenhang mit ihren in der BRD stationierten Truppen geltend. 1957 trat das Saarland der Bundesrepublik bei. Die erste, kleine Wiedervereinigung war vollzogen. Dennoch betrachtete sich die BRD nicht als endgültiger deutscher Staat, sondern als ein Transitorium auf dem Wege zu einer späteren Wiedervereinigung.

Die DDR trat 1950 dem Rat für Gegenseitige Wirtschaftshilfe (RGW) bei. Sie wurde 1955 Gründungsmitglied des Warschauer Pakts (→ Militärbündnisse) und erhielt von der Sowjetunion im gleichen Jahr ihre Souveränität. In diesem Vertrag wurde die DDR für frei in ihren außenpolitischen Entscheidungen, einschließlich ihrer Haltung zur BRD, erklärt. Dennoch verfügte die DDR nur über eine eingeschränkte Souveränität, denn auch die Sowjetunion behielt sich die endgültige Regelung der politischen Finalität Deutschlands vor, war weiterhin verantwortlich für Berlin und machte mit der Stationierung von 380 000 Soldaten in der DDR (Gruppe der sowjetischen Streitkräfte in Deutschland!) klar, daß sie über die Zukunft Deutschlands ein Mitentscheidungsrecht beanspruchte. Darüber hinausgehende Souveränitätsbeschränkungen bestanden in der DDR durch den „sozialistischen Internationalismus", der eine kollektive Souveränität der sozialistischen Staaten vorsah, d.h., daß die sozialistischen Staaten, gemeint waren die Warschauer Pakt-Staaten, nicht nur das Recht, sondern die Pflicht hatten, in einem anderen sozialistischen Staat zu intervenieren, notfalls auch militärisch, wann immer der Sozialismus gefährdet war (Breshnew-Doktrin).

2. Der „modus vivendi" der deutschen Frage — Mit der Verschärfung des Ost-West-Konflikts vertiefte sich auch die Spaltung Europas und damit Deutschlands. Der Bau der Berliner Mauer am 13.8.1961 verdeutlichte, daß sich zwei antagonistische Gesellschaftssysteme — im Westen das liberal-pluralistische Demokratiemodell, im Osten das sozialistische Modell Moskauer Prägung — gegenüberstanden, wobei die beiden deutschen Staaten jeweils die Exponenten dieser Systeme und geographisch aneinander gekoppelt waren. Ihre Beziehungen zueinander waren in der Regel eine Funktion der Ost-West-Beziehungen sowie insbesondere der beiden Blockführungsmächte USA und UdSSR. Nach dem Bau der Berliner Mauer ging es darum, einen „modus vivendi" zu finden. Die Wiedervereinigung stand nicht auf der Tagesordnung. Während sie in der BRD deklaratorisch verfolgt wurde — Wiedervereinigungsgebot in der Präambel des Grundgesetzes, Unterstützung der Westmächte für die Wiedervereinigung in Kommuniqués —, war in der DDR eine Wiedervereinigung zunächst lediglich in der Form des Sozialismus denkbar, ab Mitte der 70er Jahre auch nicht mehr unter sozialistischen Vorzeichen realisierbar. Die beiden deutschen Staaten nahmen unter der sozial-liberalen Koalition 1970 besondere Beziehungen auf. Die Bundesregierung unter *Brandt / Scheel* anerkannte die Staatlichkeit der DDR, aber nicht die Legitimität der politischen Ordnung, um „über ein geregeltes Nebeneinander zu einem Miteinander zu kommen". Eine diplomatische Anerkennung blieb jedoch aus. Ein weiteres Auseinanderleben beider Teile des deutschen Volkes sollte verhindert werden. So wurde am 21.12.1972 der Grundlagenvertrag zwischen der BRD und der DDR geschlossen, der die Beziehungen zwischen der BRD und der DDR auf der Grundlage der Gleich-

berechtigung regelte. Dieser Vertrag sollte den Ausgangspunkt für weitere
Zusammenarbeit zwischen den beiden deutschen Staaten bilden und sich in
den Bereichen Verkehr, Gesundheit, Post und Telekommunikation, Kultur,
wissenschaftlich-technische Zusammenarbeit, Strahlenschutz, Umweltschutz u.a.m niederschlagen. Dennoch handelte es sich bei allen Angelegenheiten immer um zwischenstaatliche Beziehungen, die das Verhältnis zwischen den Staaten verbessern sollten, jedoch nicht das Ziel der Wiedervereinigung anvisierten.

3. Das Ende des Ost-West-Konflikts und seine Auswirkungen auf Deutschland
— Seit 1984 / 85 deuteten sich Veränderungen in den Beziehungen zwischen
den Blockführungsmächten an und erhielten unter US-Präsident *Reagan* und
KPdSU-Generalsekretär *Gorbatschow* außerordentliche Bedeutung. Die
USA mußten von ihrer Konfrontationspolitik gegenüber der Sowjetunion aus
innenpolitischen Gründen — in der Gesellschaft und im Kongreß gab es seit
1984 keine weitere Unterstützung für die massive Aufrüstung —, ökonomischen Gründen — die gigantische Aufrüstung war nicht länger bezahlbar, da
zunehmend soziale Probleme drückten —, allianzpolitischen Gründen — die
meisten westeuropäischen Regierungen bestanden auf der Fortführung ihrer
→ Entspannungspolitik — sowie auf den Druck der Friedensbewegungen
hin abgehen. Außerdem hatte die Regierung *Reagan* die von ihr 1981 anvisierte Position der Stärke erreicht, aus der heraus man sich in einer günstige-
ren Verhandlungsposition glaubte. Die Sowjetunion war in eine tiefgreifende
ökonomische Krise geraten, die nur mit Hilfe der potenten westlichen Staaten lösbar zu sein schien. Zudem kam mit *Gorbatschow* ein Generalsekretär
in die politische Führung, der die internationalen Beziehungen entideologi-
sierte. Für *Gorbatschow* waren globale Herausforderungen wie die Umweltproblematik, die Proliferation von Nuklearwaffen und die Weltarmut mit
einsetzenden Migrationsströmen, Probleme, die nur noch im Miteinander
über Blockgrenzen hinweg gelöst werden konnten. So akzeptierte *Gorbatschow* weitreichende Abrüstungsschritte (→ nukleare Rüstung und Rüstungskontrolle), die zuerst im INF-Vertrag von 1987 ihren Niederschlag fanden. Auch beendete er den Krieg der UdSSR in Afghanistan (→ prägende
Konflikte nach dem Zweiten Weltkrieg). Schließlich hob er die Breshnew-
Doktrin 1989 auf, was den sozialistischen Staaten nun die Möglichkeit eines
eigenen Weges eröffnete. Gerade diese Maßnahme mußte gewaltige Auswirkungen auf die DDR haben, war nun der dortige Sozialismus nicht länger
durch die Verteidigung, notfalls auch mit Panzern, seitens der Sowjetunion
garantiert. Als schließlich *Gorbatschow* im Sommer 1989 anläßlich seines
Besuches in der BRD eine Gemeinsame Erklärung mit Bundeskanzler *Kohl*
unterzeichnete, in der allen Völkern das Recht zugestanden wurde, ihr eigenes Schicksal frei zu bestimmen und „die uneingeschränkte Achtung der Integrität und der Sicherheit jedes Staates" als ebenso selbstverständlich er-

klärt wurde wie das „Recht, das eigene politische und soziale System frei zu
wählen" und auch „die uneingeschränkte Achtung der Grundsätze und Normen des Völkerrechts, insbesondere Achtung des Selbstbestimmungsrechts
der Völker", rückte die theoretische Möglichkeit einer deutschen Wiedervereinigung nun auch wieder auf die internationale Agenda. Sie wurde im
Ausland viel eher als durchführbar perzipiert als in den beiden deutschen
Staaten selbst.

4. Die innere Entwicklung in Deutschland 1989/90 — Das DDR-System geriet im Verlauf des Jahres 1989 in immer größere Isolierung, da es die von
Gorbatschow praktizierte Reformpolitik nicht mittrug; die Opposition im eigenen Lande sich aber auf den Reformsozialismus in der UdSSR berufen
konnte, die bis dato als das große Vorbild für die DDR gegolten hatte. („Von
der Sowjetunion lernen heißt siegen lernen!"). Als schließlich ein Massen-
exodus aus der DDR im Herbst 1989 einsetzte, und die Feiern zum 40. Jah-
restag des Regimes am 7.10.1989 zeigten, daß die DDR-Führung nicht mehr
Herr der Lage war, wurde die alte Parteiführung unter *Honecker* abgelöst
(18.10.1989) und die Berliner Mauer und die den Eisernen Vorhang bildende
Grenze geöffnet (9.11.1989). Innerhalb Deutschlands setzte nun ein massen-
hafter Wanderungsprozeß von der DDR in die BRD ein, der nur mit Hilfe
von außergewöhnlichen Maßnahmen zu stoppen war. So verkündete Bundeskanzler *Kohl* am 28.11.1989 einen Zehn-Punkte-Plan, der an die neue DDR-
Führung unter Parteichef *Krenz* und Ministerpräsident *Modrow* das Angebot
einer „Vertragsgemeinschaft" beider deutscher Staaten als einen Weg zur
Überwindung der Teilung machte, der über „konföderative Strukturen" eines Tages zur deutschen Einheit führen könnte. Es bestand seitens der Bundesregierung zunächst keine Strategie für eine Wiedervereinigung. Doch im
Dezember 1989/Januar 1990 wurde immer klarer, daß es in der DDR eine
wachsende Einheitsdynamik gab und die Mehrzahl der DDR-Bürger eine
Vereinigung anstrebte. Im Februar 1990 bot die BRD der DDR eine
Wirtschafts- und Währungsunion an, die zum 1.7.1990 in Kraft trat. Das Ergebnis der ersten freien Volkskammerwahl vom 18.3.1990 ermöglichte eine
Regierung der großen Koalition, die einen Beitritt der DDR zur BRD anstrebte. Nach dem Ausscheiden der SPD aus der Koalition zielte die erste
freigewählte DDR-Regierung *de Maizière* auf einen schnellen Beitritt ge-
mäßt Art. 23 GG, der zum 3.10.1990 wirksam wurde.

5. Internationale Rahmenbedingungen der deutschen Wiedervereinigung —
Als sich Anfang 1990 die deutsche Wiedervereinigung abzeichnete, waren
die politischen Führungen weder in Deutschland noch in den meisten anderen europäischen Staaten darauf vorbereitet. Das deutsche Problem stellte
sich nun nicht mehr in Form der Teilung, sondern in Form eines vereinten
Deutschland, das seine europäischen Partner dominierte. Kurzzeitig ver-

suchten das Vereinigte Königreich und Frankreich wie auch die UdSSR, die
Wiedervereinigung zu verhindern, kamen doch bei ihren politischen Führungen Befürchtungen über die zukünftige politische, wirtschaftliche und
militärische Rolle eines neuen vereinten Deutschland in Europa sowie im internationalen System auf. Doch nach anfänglichen Irritationen wurde seitens
Frankreichs und Großbritanniens der Prozeß der deutschen Einigung ab
Frühjahr 1990 aktiv unterstützt. Die USA hatten seit dem Fall der Berliner
Mauer der deutschen Wiedervereinigung rückhaltlose Unterstützung gegeben. So war am Rande der „Open Skies"-Konferenz in Ottawa im Februar
1990 ein Übereinkommen erzielt worden, daß international zwischen den
beiden deutschen Staaten und den vier (Haupt-)Siegermächten des Zweiten
Weltkriegs verhandelt werden sollte (Zwei-plus-Vier-Gespräche). Durch
dieses Verfahren wurde das deutsche Recht auf Selbstbestimmung respek-
tiert und die zwischen den Staaten etablierte Partnerschaft gesichert. Die
deutsche Wiedervereinigung wurde darüber hinaus durch die Politik der
NATO und der EG ermöglicht.

Die UdSSR hatte im Laufe des Frühjahrs 1990 erkennen lassen, daß ein wiedervereinigtes neutrales Deutschland eine größere Gefahr darstellen würde
als ein in NATO und EG integriertes. So nahm die UdSSR Abstand von ihren
drei Vorschlägen eines neutralen Deutschlands, eines sowohl dem Warschauer Pakt als auch der NATO angehörenden Deutschlands wie auch von
dem Vorschlag, die innere Vereinigung vor der äußeren zu vollziehen. Anläßlich des Besuchs von Bundeskanzler *Kohl* und Außenminister *Genscher*
am 10. / 11.2.1990 stimmte *Gorbatschow* zu, daß sich die deutsche Wiedervereinigung gemäß den Prinzipien der KSZE-Schlußakte vollziehen sollte
(→ KSZE). Die Zustimmung der Sowjetunion wurde möglich, weil 1. die
NATO in der Londoner Erklärung vom Sommer 1990 ihre Bereitschaft zur
Veränderung ihrer Haltung gegenüber den ost- / mitteleuropäischen Ländern
erkennen ließ und der UdSSR und den anderen osteuropäischen Staaten eine
Kooperation anbot; 2. das vereinte Deutschland eine einseitige Reduzierung
seiner Truppen auf 370 000 Mann akzeptierte; 3. Deutschland weiterhin auf
den Erwerb, die Verfügung und Produktion von ABC-Waffen verzichtete; 4.
Deutschland akzeptierte, bis zum Abzug der sowjetischen Truppen 1994
vom Territorium der ehemaligen DDR keine integrierten NATO-Verbände
und danach keine Nuklearwaffen dort zu stationieren; 5. Deutschland die
Oder-Neiße-Linie endgültig anerkannte und 6. die Sowjetunion von einem
saturierten sowie einem fest in die westlichen Gemeinschaften integrierten
Deutschland größere Wirtschaftshilfe erwarten konnte. Für die drei Westmächte war die weitere Mitgliedschaft Deutschlands in NATO und EG, die
Anerkennung der Oder-Neiße-Linie als endgültige polnisch-deutsche
Grenze von besonderer Bedeutung wie auch der weitere Verzicht auf ABC-
Waffen. Unter diesen Auspizien erhielt der Prozeß der deutschen Wiederver-
einigung auch im Westen eine, wenn auch in den einzelnen Ländern unter-

schiedliche, Zustimmung. Auch die EG unterstützte den deutschen Wiedervereinigungsprozeß nachhaltig. So konnte am 12.9.1990 der einen Friedensvertrag ersetzende „Vertrag über die abschließende Regelung in bezug auf Deutschland" (Zwei-plus-Vier-Vertrag) unterzeichnet werden, der Deutschland zum ersten Mal in diesem Jahrhundert die Einheit mit der Zustimmung aller Nachbarn ermöglichte. Deutschland besteht seit dem Inkrafttreten dieses Vertrages (15.3.1991) aus der BRD, der DDR sowie aus Berlin. Die definitive Ostgrenze zu Polen bildet die Oder-Neiße-Linie. Mit dem Inkrafttreten des Zwei-plus-Vier-Vertrages waren auch die Sonderrechte der Vier Mächte aus der Übernahme der obersten Gewalt über das besiegte Deutschland erloschen.

6. Konsequenzen der deutschen Einheit — Die Außenpolitik des vereinten Deutschlands resultiert aus der Einwirkung der internationalen Politik und der eigenen Gesellschaft auf das nationale politische System (→ außenpolitischer Entscheidungsprozeß). Die Außenpolitik des vereinten Deutschlands wird bestimmt durch

a) die Einbindung in die westeuropäische Integration;
b) die Einbindung in das transatlantische Sicherheitssystem mit den USA als Führungsmacht;
c) die Notwendigkeit guter Ostverbindungen aufgrund der zentralen Mittellage in Europa. Kein Land hat mehr Nachbarn in Europa als Deutschland;
d) durch seine außenwirtschaftliche Verflechtung, die Integration in den Weltmarkt;
e) durch seine hohe Rohstoff- und Exportabhängigkeit und
f) schließlich durch seine Geschichte, insbesondere die nach wie vor bestehende Verantwortung für die Untaten des NS-Regimes.

Die Rolle Deutschlands nach der Vereinigung unterscheidet sich fundamental von der Rolle der alten Bundesrepublik Deutschland und hat die Akteursqualität Deutschlands außerordentlich vergrößert. Die Überwindung der Blockkonfrontation hat sowohl die Vereinigung als auch die Souveränität Deutschlands ermöglicht. Kein Staat in Europa hat aus der radikalen Veränderung des internationalen Systems in Europa in den Jahren 1989-1991 einen vergleichbar großen Gewinn gezogen wie Deutschland.

a) Deutschland hat durch den Zwei-plus-Vier-Vertrag die Souveränitätsvorbehalte der Alliierten (Deutschland als Ganzes, Berlin, alliierte Truppen) überwunden.
b) Deutschland hat in jeglicher Beziehung seine Akteursqualität gesteigert. Mit 80 Mio. Einwohnern ist es das bevölkerungsreichste Land Europas

westlich des Bug. Es hat eine zentrale geographische Lage in Europa und ist das Land, durch das die meisten großen Nord-Süd- und West-Ost-Verbindungen führen. Die durch die Vereinigung vergrößerten Wirtschafts-, Wissenschafts- und Technologiepotentiale stärken das Gewicht Deutschlands langfristig. Der Transfer von öffentlichen Leistungen im Wert von 150-180 Mrd. DM sowie weitere hohe Beiträge aus der Privatwirtschaft in den kommenden Jahren in die neuen Bundesländer bremsen zwar momentan den Zuwachs an Wirtschaftskraft, werden aber mittelfristig zu einer Vergrößerung des Wirtschaftsakteurs Deutschland im → Weltwirtschaftssystem beitragen.

c) Durch den Zusammenbruch der Sowjetunion und die Schaffung der Staaten der „Gemeinschaft unabhängiger Staaten" (GUS) steht dem vereinten Deutschland kein adäquater Akteur in Osteuropa gegenüber, der vom demographischen, ökonomischen und politischen Gewicht das deutsche Potential ausbalancieren könnte.

d) Durch die Überwindung des Ost-West-Konflikts liegt Deutschland nicht mehr an der weltpolitischen Trennungslinie der Machtblöcke, sondern in Zentraleuropa. Damit bieten sich gleichzeitig Chancen und Gefahren, z.B. Ostmärkte versus → Migration.

e) Das Ende des Ost-West-Konflikts hat ein stärker multipolares als bipolares Ordnungsmodell auf der Grundlage einer Ostverschiebung des Westens hervorgebracht. Dadurch haben die größeren europäischen Mächte — und namentlich das vereinte Deutschland — eine gestiegene politische Bedeutung z.B. beim Wiederaufbauprogramm in Ost-/Mitteleuropa erhalten.

f) Die Überwindung des Ost-West-Konflikts hat auch zu weiterer Relativierung militärischer Macht beigetragen. Die ökonomische Machtwährung nimmt zu und damit auch die Bedeutung des wirtschaftlich stärksten Staates in Europa, also Deutschlands, das neben den USA und Japan die drittstärkste ökonomische Macht, gemessen am Bruttosozialprodukt, ist. Militärische Sicherheitsgarantien — insbesondere die Nukleargarantie der USA für Westeuropa — verlieren immer mehr an praktischer Relevanz.

g) Die Veränderung der Position Deutschlands kommt darüber hinaus im gestiegenen Interesse des Auslands an der deutschen Sprache zum Ausdruck. Insbesondere in Ost-Mittel-Europa und Skandinavien, aber auch in Westeuropa — mit Ausnahme der Niederlande — ist überall eine verstärkte Nachfrage nach Unterricht in der deutschen Sprache zu bemerken.

Es besteht also kein Zweifel: Das gestiegene Gewicht des vereinten Deutschlands im internationalen System ist unübersehbar. Daraus folgt aber auch, daß von seiten des Auslands stärkere Wünsche und Forderungen an Deutschland gerichtet werden, seien sie ökonomischer Art — hier vor allem aus den mittel- und osteuropäischen Staaten — oder sei es ein stärkeres Engagement der Deutschen im Rahmen von „peace-keeping"-Aktionen der Vereinten Nationen. Darüber hinaus hat die deutsche Einheit die deutsche Position in der Europäischen Gemeinschaft gestärkt. Eine engere Einbindung im europäischen Integrationsprozeß, nicht zuletzt durch den Maastrichter Vertrag mit der Schaffung einer Wirtschafts- und Währungsunion sowie einer Politischen Union eingeleitet, soll Befürchtungen vor einer Dominanz Deutschlands in Europa beseitigen helfen.

Während die Beziehungen zur Europäischen Gemeinschaft, zu den USA sowie zur Dritten Welt durch Kontinuität gekennzeichnet sind, hat sich das Verhältnis des vereinten Deutschlands gegenüber den ost- / mitteleuropäischen Staaten, gemessen an der Zeit des Ost-West-Konflikts, radikal geändert. Mit der UdSSR wurde 1990 ein Freundschaftsvertrag unterzeichnet, ebenso mit Polen, Ungarn und der Tschechoslowakei. Rußland trat die Rechtsnachfolge der UdSSR in bezug auf die eingegangenen internationalen Verträge an. Deutschland hat am Ausgang des 20. Jh.s damit auch zu seinen östlichen Nachbarn ein freundschaftliches Verhältnis entwickelt.

Literatur:

Albrecht, Ulrich: Die Abwicklung der DDR. Die „2+4-Verhandlungen". Ein Insider-Bericht, Opladen 1992.

Bonder, Michael / *Röttger,* Bernd / *Ziebura,* Gilbert: Deutschland in einer neuen Weltära. Die unbewältigte Herausforderung, Opladen 1992.

Fritsch-Bournazel, Renata: Europa und die deutsche Einheit, Bonn [2]1991.

Kaiser, Karl: Deutschlands Vereinigung — Die internationalen Aspekte, Bergisch-Gladbach 1991.

Pond, Elizabeth: After the Wall. American Policy toward Germany, New York 1990.

Schwerdtfeger, Johannes / *Bahr,* Egon / *Krell,* Gert (Hrsg.): Friedensgutachten 1991, Münster / Hamburg 1991.

Teltschik, Horst: 329 Tage. Innenansichten der Einigung. Berlin 1991.

Wichard Woyke

Diplomatie

1. — Als „Diplomatie" wird im weiteren Sinne häufig die Gesamtheit der internationalen Beziehungen verstanden, gelegentlich auch die → Außenpolitik eines Staates als solche und schließlich auch die berufliche Laufbahn und die Berufswelt von Diplomaten. Im engeren (hiesigen) Wortsinne ist Diplomatie „die Handhabung internationaler Beziehungen durch Verhandlungen; die Methode, durch welche diese Beziehungen durch Botschafter und Gesandte gepflegt werden; das Handwerk oder die Kunst des Diplomaten" (Oxford English Dictionary).

2. — Der von dem griechischen Wort „diploma" abgeleitete Begriff „Diplomatie" entstand Ende des 18. Jh. Der mit ihm bezeichnete Tatbestand ist jedoch, „im Sinne eines geordneten Verhaltens einer Gruppe von Menschen gegenüber einer anderen, ihr fremden Gruppe von Menschen" (*Nicolson*), so alt wie die Menschheitsgeschichte. Die frühesten Zeugnisse geregelter diplomatischer Beziehungen stammen aus Ägypten und dem Vorderen Orient des 14. Jh. v. Chr. Die Diplomatie der Neuzeit hat ihre Ursprünge in den Beziehungen zwischen den italienischen Stadtstaaten seit dem 13. Jh., insbesondere in den von der Republik Venedig auch über die Grenzen der Apenninenhalbinsel hinaus entwickelten diplomatischen Verfahren. 1455 errichtete Herzog *Sforza* mit einer Vertretung Mailands in Genua die erste ständige Vertretung eines Staates in einem anderen Staate. 1487 wurde von Spanien ein ständiger Gesandter nach London entsandt, so daß „die spanische Botschaft in London als der älteste noch überlebende Posten der modernen Diplomatie angesehen werden darf" (*Gerbore*). 1626 wurde in Frankreich das erste moderne Außenministerium, 1782 das britische „Foreign Office" gegründet.

3. — Die heutige Diplomatie fand ihre Form mit der Entstehung der Nationalstaaten im Europa des 19. Jh. Der heute gültige internationale Konsens über die verbindlichen diplomatischen Verfahren und deren völkerrechtliche Fixierungen (→ Völkerrecht) geht auf den Wiener Kongreß von 1815 zurück. In einer Anlage zur Wiener Schlußakte vom 9. Juni 1815, die 1818 auf der Konferenz von Aachen ergänzt wurde, wurden die Ränge der diplomatischen Vertreter (Botschafter, Legat, Nuntius, Gesandter usw.), welche die Monarchen untereinander entsenden bzw. empfangen wollten, einvernehmlich und verbindlich festgelegt. Noch heute gilt jeder Botschafter — ungeachtet der Tatsache, daß inzwischen in vielen Staaten die Staatsoberhäupter keine politische Macht, sondern nur repräsentative Funktion haben — formalrechtlich als der Vertreter des Staatsoberhauptes seines eigenen Staates gegenüber dem Staatsoberhaupt des Staates, in den er entsandt worden ist.

4. — In den 20er Jahren unseres Jahrhunderts bemühte sich der Völkerbund um weitere völkerrechtliche Festlegungen der Rechtsstellung der Diplomaten, ohne daß es jedoch zu verbindlichen Beschlüssen kam. Die heute für die diplomatische Arbeit international maßgebliche Vereinbarung ist die „Wiener Konvention" („Vienna Convention on Diplomatic Relations") von 1961 (BGesBlatt 1964 II, Seite 958ff.), die 1963 durch die „Wiener Konsularkonvention" („Vienna Convention on Consular Relations") ergänzt wurde (BGesBlatt 1969 II, Seite 1587ff.). Im Vorfeld der Konferenz über die „Wiener Konvention" verbreitete sich ursprünglich die Absicht, das internationale Regelwerk der Diplomatie unter Verzicht auf überkommene Vorstellungen zu vereinfachen und zu modernisieren. Sie ließ sich jedoch nicht verwirklichen, da die vielen, im Zuge der → Entkolonialisierung entstandenen jungen Staaten Wert darauf legten, das traditionelle Regelwerk als Ausdruck der vollen → Souveränität der an ihm teilnehmenden Staaten zu erhalten.

5. — Der eine der beiden Kerngedanken der mit der „Wiener Konvention" vereinbarten Regeln ist, einheitliche Rahmenbedingungen für die diplomatische Arbeit festzulegen. Die wichtigsten Bedingungen sind: Ein Botschafter kann nur entsandt werden, wenn der Empfangsstaat bereit ist, ihn zu akzeptieren, d.h. wenn er ihm das „Agrément" erteilt. Er kann im Empfangsstaat nur arbeiten, wenn er durch seinen eigenen Staat dazu bevollmächtigt ist, d.h. wenn er ein „Beglaubigungsschreiben" des eigenen Staatsoberhauptes dem Staatsoberhaupt des Empfangsstaates überreicht hat. Für die konsularischen Beziehungen gelten einfachere Verfahren. Jeder Empfangsstaat kann von sich aus Arbeit und Aufenthalt jedes ihm unliebsam gewordenen Botschafters und jedes seiner Mitarbeiter beenden, indem er ihn zur „persona non grata" erklärt. Dieser erheblich unfreundliche Akt kommt heute allerdings fast nur noch in den Fällen vor, in denen ein als Diplomat angemeldeter Botschaftsangehöriger als Spion enttarnt worden ist.

6. — Der zweite Kerngedanke der „Wiener Konvention" ist, daß die diplomatische Arbeit gegen Beeinträchtigungen abgesichert werden soll. Dem dienen die sogenannten „Immunitäten", mit denen die Unverletzlichkeit von diplomatischem Personal, Gebäuden und Nachrichtenverbindungen garantiert wird. Die wichtigsten sind: Das Amtsgebäude der Botschaft und das Wohngebäude des Botschafters, seine sogenannte „Residenz", gelten als „exterritorial" und dürfen (v.a. auch von Sicherheitskräften des Gaststaates) allenfalls mit Zustimmung des Botschafters betreten werden. Mitglieder des diplomatischen Personals der Botschaften und deren unmittelbare Angehörige unterliegen nicht der Gerichtsbarkeit des Gaststaates und dürfen nicht festgenommen werden. Der Gaststaat ist für die persönliche Sicherheit der ausländischen Diplomaten verantwortlich (eine Verpflichtung, der heute angesichts des Phänomens des Terrorismus stellenweise große Bedeutung zukommt). Der Nachrichtenverkehr und insbesondere der Kurierverkehr zwischen den Botschaften und ihrem Heimatstaat (durch einen mit „Handdepesche" reisenden Kurier oder durch versandtes „Kuriergepäck") darf nicht behindert oder kontrolliert werden. Im konsularischen Bereich sind die Reglungen weniger strikt. Hier sind lediglich die Akten und Archive der konsularischen Vertretung „exterritorial". Schließlich bestehen in Fortführung alter Traditionen noch zahlreiche steuerrechtliche, zollrechtliche, arbeitsrechtliche und andere Privilegien und Ausnahmeregelungen für Diplomaten, die jeweils auf Gegenseitigkeit zwischen den einzelnen Staaten beruhen.

7. — Das Berufsbild von der Diplomatie und von den Diplomaten ist im allgemeinen öffentlichen Verständnis wie nur wenige andere Berufsbilder von Klischees geprägt. Diese haben ihren Ursprung nicht nur in den erwähnten Rechten und Privilegien von Diplomaten, sondern vor allem auch in einigen äußeren Erscheinungsformen von Staatsempfängen, gesellschaftlichen Veranstaltungen von Botschaften und ähnlichen Ereignissen und nicht zuletzt auch in der Tatsache, daß die Diplomatie lange Zeit ein Privileg des Adels war. Dies alles führt dazu, daß an eine höfische Lebenswelt erinnernde Äußerlichkeiten leicht für die Sache selbst gehalten werden. Solcher Täuschung können durchaus auch Diplomaten selbst erliegen. „Das diplomatische Leben — das Zeremonielle, die offiziellen Funktionen, die großen Wohnungen, das Personal und die Essensveranstaltungen — verursacht eine zunehmende Verformung der Persönlichkeit. Solche Menschen neigen, wenn sie älter werden, in Sprache, Bewegung und Auffassung zu einer Erhabenheit, die fast schon pompös ist." Heute wird diese Beobachtung von *Nicolson* allerdings mehr und mehr dadurch relativiert, daß sich inzwischen die meisten Botschaften in überseeischen Staaten mit erschwerten (sehr wenig „zeremoniellen") Arbeits- und Lebensbedingungen befinden.

8. — Heute sind die diplomatischen („auswärtigen") Dienste in allen Demokratien, insbesondere in den industriell entwickelten Demokratien, nichts anderes als ein Teil der allgemeinen, von Berufsbeamten getragenen öffentlichen Verwaltung. Von deren innerstaatlichen Teilen unterscheiden sie sich lediglich durch eine Reihe von Besonderheiten der Aufgabenstellung, sowie einige berufsspezifische Besonderheiten der Laufbahnvoraussetzungen (Sprachkenntnisse, Auslandserfahrung, Tropentauglichkeit, menschliche Charakteristika usw.) und der Laufbahngestaltung. Die Zeiten, in denen die Diplomaten eine Art Kaste waren, deren „Patriotismus die Anhänglichkeit an die Dynastie war" (*Gerbore*), sind längst vorbei. Das in den USA übliche Verfahren, parteipolitisches (vor allem finanzielles) Engagement nach der Wahl des Präsidenten mit der Berufung auf einen Botschafterposten zu belohnen, ist heute eher eine Ausnahme.

9. — Die Verfahren der Diplomatie haben sich in den letzten Jahrzehnten erheblich verändert. Schon 1919 war von dem amerikanischen Präsidenten W. *Wilson* eine „offene" Diplomatie an Stelle der bis dahin vorwiegend praktizierten „geheimen" Diplomatie der „Kabinette" und „Kanzleien" gefordert worden. Heute ist, ungeachtet der fortbestehenden Notwendigkeit von Vertraulichkeit und Diskretion in der diplomatischen Arbeit, eine öffentliche Transparenz von Außenpolitik und Diplomatie für viele Staaten das Übliche. Die Außenpolitik ist integraler Teil des öffentlichen Prozesses von Meinungsbildung und Entscheidungsfindung geworden (→ außenpolitischer Entscheidungsprozeß). Dies führt zu einer verstärkten Verzahnung von Außen- und Innenpolitik und dabei häufig auch zu einer Abhängigkeit der ersteren von der letzteren.

10. — In den letzten Jahrzehnten haben sich ferner die internationalen Beziehungen, gleichzeitig mit ihrer allgemeinen Intensivierung, in zahlreiche Einzelgebiete aufgefächert (wirtschaftliche, währungs-, sicherheits- und entwicklungspolitische Beziehungen usw.), die nach eigenständigen Gesetzmäßigkeiten ihr eigenes Gewicht entwickeln. Dadurch wird im Außenverhältnis der Spielraum der eigentlichen Außenpolitik und Diplomatie eingeschränkt. Im Innenverhältnis wird der Erhalt des Primats der Außenpolitik komplizierter. Für die Führung der Diplomatie ergibt sich daraus die Konsequenz, daß die diplomatische Arbeit und das diplomatische Personal spezialisierter sein müssen. Doch nach wie vor hat der Angehörige eines auswärtigen Dienstes, der „Diplomat", im Außenministerium die Aufgabe, außenpolitische Entscheidungen vorzubereiten und deren Umsetzung zu gewährleisten, und auf einem Auslandsposten die dreifache Aufgabe: zu berichten, zu verhandeln und zu repräsentieren. Die Aufgabenstellungen im Ausland haben sich in der jüngeren Vergangenheit nicht unwesentlich verändert.

11. — Durch die erheblich verbesserten Kommunikations- und Reisemöglichkeiten sind von den drei Aufgaben der Auslandsvertretungen — Berichten, Verhandeln, Repräsentieren — die beiden ersteren stark reduziert worden. Berichtet werden zur Lagebeurteilung kaum noch Fakten (die aus den Medien ohnehin bekannt sind), sondern vorwiegend Beurteilungen und Analysen. Für Verhandlungen kommt meistens der Spezialist aus der Hauptstadt. Verhandlungsführungen durch die ständigen diplomatischen Vertreter am Ort (Botschafter) sind die Ausnahme. Zugenommen hat die Aufgabe, zu repräsentieren, d.h. den eigenen Staat öffentlich zu vertreten, „Flagge zu zeigen". Daher haben die Förderung von Kultur- und Informationsaustausch und die persönliche informative Präsenz in Öffentlichkeit und Wirtschaftskreisen in der diplomatischen Auslandsarbeit zunehmende Bedeutung gewonnen. In offenen Gesellschaften, in denen die Außenpolitik nicht mehr eine Sache nur kleiner Eliten ist, gehört zu den diplomatischen Aufgaben die persönliche politische Kontaktpflege auf breiter Basis.

12. — Dank der verbesserten Reisemöglichkeiten hat in der jüngeren Vergangenheit auch die unmittelbare Diplomatie von Regierungsmitgliedern, die sogenannte „Reisediplomatie", erheblich zugenommen. Ihre Formalisierung und Verstetigung findet sie in den immer beliebteren Vereinbarungen von regelmäßigen Regierungskonsultationen, die inzwischen als eine Art Gütesiegel für die Qualität der jeweiligen bilateralen Beziehungen gelten. Doch sind solche Konsultationen und mehr noch die immer häufigeren Gipfelkonferenzen und Staatsbesuche, hält man Aufwand und Ergebnis gegeneinander, weniger Ereignisse der Welt realer Diplomatie als mit den Mitteln diplomatischen Zeremoniells veranstaltete Ereignisse der Medienwelt.

13. — Mit der zunehmenden Regionalisierung und Globalisierung der internationalen Probleme und Beziehungen zeichnet sich seit dem Zweiten Weltkrieg eine Zunahme der Gruppendiplomatie innerhalb von Staatengruppen, der sog. „multilateralen" Diplomatie, ab, angefangen von thematisch oder regional begrenzter Zusammenarbeit (→ Regionalismus) bis hin zu der universalen Diplomatie im Rahmen der Weltorganisation der → Vereinten Nationen. Zusätzlich zu der vom 17. Jh. bis zur „Wiener Konvention" von 1961 aus dem Verständnis bilateraler Beziehungen entstandenen Diplomatie entwickeln sich hier neue und immer wichtigere Formen internationaler Zusammenarbeit. Das bilateral entwickelte Regelwerk (Beglaubigungen, Immunitäten usw.) wird dabei entsprechend angewandt. Mit der Zunahme grenzüberschreitender Probleme wird der thematische und regionale, mit der Zunahme der globalen Probleme wird der universale Mulitlateralismus voraussichtlich mehr und mehr die Diplomatie der Zukunft prägen. Eine besonders stark verdichtete Form der multilateralen diplomatischen Zusammenarbeit zwischen souveränen Staaten haben die 12 in der → Europäischen Gemeinschaft zusammengeschlossenen Staaten seit 1970 mit der Europäischen Politischen Zusammenarbeit (EPZ) und mit der Absicht entwickelt, künftig eine Gemeinsame Außen- und Sicherheitspolitik (GASP) zu betreiben.

14. — In der Bundesrepublik Deutschland liegen die unmittelbaren Ursprünge der mit einem Auswärtigen Dienst verwirklichten Diplomatie in dem 1807 errichteten „Ministerium der Auswärtigen Angelegenheiten" Preußens, das 1871 zum „Auswärtigen Amt des Deutschen Reiches" wurde. In der Weimarer Republik wurden die bis dahin selbständigen diplomatischen und konsularischen Dienste zu einem einheitlichen Dienst zusammengefaßt. Etwa ab Mitte der 30er Jahre war die deutsche Diplomatie im Sinne des Nationalsozialismus „gleichgeschaltet". 1951 wurde das Auswärtige Amt wiedererrichtet. Die Möglichkeiten der deutschen Diplomatie waren bis 1955 durch das Besatzungsregime erheblich, bis zur Wiedererlangung der deutschen Einheit 1990 virtuell eingeschränkt (→ deutsche Wiedervereinigung). Der deutsche Auswärtige Dienst hat heute etwa 8 - 9 000 Angehörige, von denen etwa 1 600 dem höheren Dienst angehören. Sie arbeiten zu etwa einem Drittel im Auswärtigen Amt, zu etwa zwei Dritteln an den 237 diplomatischen und konsularischen Vertretungen im Ausland. Seit 1991 hat die deutsche Diplomatie mit dem „Gesetz für den Auswärtigen Dienst" eine eigene rechtliche Grundlage.

Literatur:

Gerbore, Pietro: Formen und Stile der Diplomatie, Hamburg 1964.
Henrikson, Alan (ed.): Negotiating World Order — The Artisanship and Architecture of Global Diplomacy, Wilmington 1986.
Iklé, Fred: How Nations Negotiate, New York 1964.
Kaufmann, Johan: Conference Diplomacy — An Introductory Analysis, Dordrecht 1988.
Krekeler, Heinz: Die Diplomatie, München 1964.
Lohmann, Albrecht: Die Botschafter — Eine Kulturgeschichte der Diplomatie, Düsseldorf / Wien 1976.
Satow, Ernest: Satow's Guide to Diplomatic Practice, London 1979.
Sen, B.: A Diplomat's Handbook of Internationale Law and Practice, Den Haag 1979.

Hans Arnold

Entkolonialisierung

1. Begriff — Eine „Kolonie" definiert der *Große Brockhaus* 1931 als „(lat. *colonia* ‚Pflanzstadt') auswärtige Besitzung eines Staates mit weltwirtschaftl. und weltpolit. Zweck, die mit dem Mutterland in einem polit.-rechtl. Verband steht und von ihm verwaltet wird". Die Charta der → Vereinten Nationen (UN) spricht 1945 in Art. 73 von „… Hoheitsgebieten, deren Völker noch nicht die volle Selbstregierung erreicht haben", und meint damit die von westeuropäischen Staaten seit dem 16. Jh. erworbenen Gebiete in Übersee. Im Sprachgebrauch galt bis 1990 das polit. System der Rep.-Südafrika als „interner Kolonialismus", weil der schwarzen Bevölkerungsmehrheit die Selbstregierung verwehrt war, obgleich keine räumliche Trennung zwischen Kolonialmacht („Metropole") und Kolonie bestand. Seit dem Zusammenbruch der Sowjetunion 1991 gelten im Rückblick deren nicht-russische Republiken und „autonomen Gebiete" als Kolonien, weil ihre Autonomie fiktiv war, obgleich bezüglich politischer Rechte kein Unterschied zur Metropole Rußland bestand.

Entkolonialisierung ist grundsätzlich auf drei Wegen möglich: (1.) durch Umwandlung der Kolonie in einen souveränen Staat; dieser Weg wurde in der Praxis nach 1945 zur Regel; (2.) durch gleichberechtigte Integration der Kolonie in die Metropole; dafür bietet die Aufnahme Hawaiis in die USA 1959 ein Modell, während die Einbeziehung Algeriens in das Mutterland Frankreich fiktiv blieb; (3.) durch Übergabe der Kolonie an einen anderen Staat, in dem die Bevölkerung dann politische Gleichberechtigung genießt; so soll 1997 Hongkong von Großbritannien der VR China übereignet werden.

2. *Historischer Überblick* — Die Kolonialreiche der 1. Hälfte des 20. Jh.s waren das Ergebnis der Ausdehnung europäischer Herrschaft über fast die ganze Erde seit ca. 1500 n. Chr. Die erste Welle dieser Expansion ging zunächst über See von Portugal und Spanien, später von Holland, England, Frankreich, auf dem eurasischen Festland von Rußland aus. Dabei wurden nicht nur „Neue Welten" erobert, sondern Nordamerika, Sibirien, teilweise Lateinamerika auch von Europäern besiedelt. Die Kolonisten in Amerika befreiten sich 1776-1829 von kolonialer Abhängigkeit — ein erster Prozeß der Entkolonialisierung.

Die zweite Welle europäischer Expansion im 19. Jh. kulminierte in der Epoche des *Imperialismus* zwischen 1880 und 1914: die seit 1757 errichtete britische Herrschaft über Indien wurde abgesichert u.a. durch Eroberung Ägyptens (Suezkanal) 1882; ein „Wettlauf" westeuropäischer Staaten zur Aufteilung Afrikas war die Folge. Rußland stieß in Afghanistan mit britischen, in der Mandschurei mit japanischen „Interessensphären" zusammen. China, das Osmanische Reich, Persien, Äthiopien behielten dank europäischer Rivalitäten formale Selbständigkeit; wirtschaftliche und technologische Abhängigkeit machte sie zu „Halbkolonien".

Die zweite Phase der Entkolonialisierung ging aus dem Widerstand hervor, den asiatische und afrikanische Völker gegen die Eroberung leisteten. Merkdaten sind u.a. 1857 der Aufstand gegen die Briten in Indien, 1871 gegen Frankreich in Algerien, 1885 die islamisch-fundamentalistische Revolution des *Mahdi* im Sudan, 1896 der Sieg des äthiopischen Kaisers *Menelik II.* über Italien, 1902 die Kapitulation der Burenrepubliken vor dem Britischen Empire, 1904 der Aufstand der Herero gegen die Deutschen in Namibia. Nach dem Ersten Weltkrieg fanden sich die Sieger damit ab, die deutschen Kolonien und Teile des Osmanischen Reiches nicht direkt als Beute, sondern als *Mandatsgebiete des Völkerbundes* mit dem Fernziel der Selbstregierung zu übernehmen; formal endete das britische Mandat über den Irak 1932, nachdem das Protektorat über Ägypten schon 1922 offiziell erloschen war. 1931 erhielten die *Dominions* (= weißen Siedlungskolonien) des Britischen Empire durch das Statut von Westminster de facto Unabhängigkeit. 1936 gewährte die Stalinsche Verfassung der UdSSR in Art. 17 jeder Unionsrepublik de iure das Recht zum Austritt aus der Union.

Nach dem Zweiten Weltkrieg lösten sich die westeuropäischen Kolonialreiche rasch auf. Die britische Herrschaft in Indien endete am 15.8.1947, die niederländische in Indonesien am 27.12.1949, die französische in Vietnam am 21.7.1954. Als erste „neue Staaten" Afrikas wurden der Sudan am 1.1.1956, Ghana am 6.3.1957 unabhängig. Frankreich mußte Algerien nach sieben Jahren Krieg am 1.7.1962 aufgeben. Die portugiesische Revolution vom April 1974 mündete in den Verzicht auf die „Überseeprovinzen". Am 21.3.1990 entließ Südafrika Namibia als letztes Kolonialgebiet auf dem afrikanischen Festland in die Unabhängigkeit.

Im Zuge des Zusammenbruchs der Sowjetunion erklärten sich 1991 alle Unionsrepubliken für unabhängig, u.a. Georgien am 9.4., die Ukraine am 24.8., Aserbaidschan am 30.8., Usbekistan am 31.8., Armenien am 23.9., Kasachstan am 26.10. Rußland erkannte die Unabhängigkeit von Estland, Lettland und Litauen am 6.9.1991 an.

3. Befreiungsbewegungen — Die stärkste, jedoch nicht einzige Triebkraft zur Auflösung der Kolonialreiche war der Widerstand der unterworfenen Völker. Kontinuierlicher vollzog sich eine Umwandlung der Abwehr kolonialer Eroberung zunächst zu Aufständen aus Protest gegen gesellschaftliche Umbrüche und wirtschaftliche Ausbeutung, dann zu politischer Organisation, die gewaltfrei Gleichberechtigung und Selbstregierung forderte. Einige Bewegungen griffen, wenn politische Erfolge ausblieben, wieder zum Mittel des *bewaffneten Kampfes* gegen die Kolonialmacht. Im Zuge dieser Entwicklung traten die Strukturmerkmale der vorkolonialen Gesellschaft und Politik (oft viele untereinander isolierte oder verfeindete Gruppen in den Grenzen einer Kolonie) zugunsten „moderner", d.h. aus Europa entlehnter Organisationsformen zurück. Es erwies sich als nötig, der einheitlichen Macht der Metropole eine möglichst einheitliche, in der ganzen Kolonie tätige, für die Metropole als Kontrahent erkennbare und annehmbare Kraft entgegenzustellen. Ihre Führer beanspruchten den Titel einer *nationalen Befreiungsbewegung* und verstanden sich selbst als „Regierung im Wartestand".

Das wichtigste Modell hierfür lieferte der konsequent gewaltfreie All-Indische Nationalkongreß (1885 gegründet, 1920-47 unter Führung von Mahatma *Gandhi* und J. *Nehru* Hauptgegner der britischen Herrschaft, seit der Unabhängigkeit Führungspartei). Nach seinem Vorbild organisierten sich u.a. der Afrikanische Nationalkongreß (ANC) Südafrikas seit 1912 (ab 1961 sah er sich zu bewaffnetem Kampf gezwungen) und die Afrikanisch-Demokratische Sammlung (RDA) in Französisch-Westafrika 1946-59. Um alle Schichten der Bevölkerung zu gewinnen, vermieden diese Bewegungen ideologische Festlegung. Dies gilt auch für die Nationale Befreiungsfront Algeriens (FLN), die den Krieg gegen Frankreich führte und danach bis 1991

Einheitspartei war. In Vietnam dagegen formierten Kommunisten 1941 den Viet Min, der 1947-54 gegen Frankreich und anschließend, als Staatsmacht in Nord- und Guerilla in Süd-Vietnam, bis 1975 gegen die USA Krieg führte. In einer quasi-kolonialen Situation sieht sich das arabische Volk Palästinas gegenüber dem Staat Israel; die PLO („Palästina-Befreiungsbewegung"), 1964 gegründet und nach 1967 als Bündnis bewaffneter Kampfgruppen unter Führung von al-Fatah („Sieg") reformiert, bedient sich wahlweise gewaltsamer und gewaltfrei-diplomatischer Strategien, um dem 1988 von ihr proklamierten Staat Palästina zu realer Existenz zu verhelfen (→ Nahostkonflikt).

Reformer oder Revolutionäre, die in „Halbkolonien" nationale Erneuerung anstrebten und die Abhängigkeit von Großmächten brechen wollten, gehören im weiteren Sinne zu den Befreiungsbewegungen: *Kemal Atatürk* 1920-38 in der Türkei; die chinesische, von *Sun Yat-sen* inspirierte Kuomintang („Nationale Volkspartei", 1912 gegründet, 1927-49 Staatspartei, seitdem auf Taiwan an der Macht); die Baath („Sozialistische Partei der Arabischen Auferstehung"); die Peronisten Argentiniens; die Sandinisten Nicaraguas.

Während in Asien die Befreiungsbewegung in jedem Kolonialgebiet überwiegend eigenständig verlief, versuchte in Afrika die Organisation der Afrikanischen Einheit (OAU), 1963 gegründet, Entkolonialisierung zu koordinieren. Sie erkannte bis 1984 nur solche Befreiungsbewegungen an, die gegen weiße Minderheitsherrschaft kämpften. Proteste oder Aufstände gegen die Regierung eines OAU-Mitgliedsstaats wurden dagegen als subversiv verurteilt. Die Aufnahme der von der POLISARIO-Front im Kampf gegen Marokko ausgerufenen Sahara-Republik in die OAU durchbrach 1984 diesen Grundsatz; 1992 fand sich die OAU mit der Loslösung Eritreas von Äthiopien unter Führung der EPLF („Eritreische Volksbefreiungsfront") ab.

Seit Mitte der 1960er Jahre verengte sich die internationale Wahrnehmung kolonialer Befreiung auf bewaffnete Kämpfe. Ohne Rücksicht auf die Bestrebungen des → Völkerrechts, den Krieg zu ächten, nahmen Befreiungsbewegungen für sich das klassische *ius ad bellum* der souveränen Staaten in Anspruch (→ Krieg und Frieden). Die UN-Generalversammlung bekräftigte „... das natürliche Recht kolonisierter Völker, mit allen notwendigen Mitteln, die zu ihrer Verfügung stehen, gegen Kolonialmächte zu kämpfen, die ihre Bestrebungen nach Freiheit und Unabhängigkeit unterdrücken..." (Res. 2621 (XXV) vom 12.10.1970); 1977 dehnte das Erste Zusatzprotokoll der Rotkreuz-Konventionen Schutzbestimmungen des Kriegsvölkerrechts auf bewaffnete Konflikte aus, „... in denen Völker in Ausübung ihres ... Selbstbestimmungsrechts gegen Kolonialherrschaft, Fremdbesetzung und rassistische Regime kämpfen..."

4. Rückzug der Kolonialmächte — Die Entkolonialisierung wurde nach 1945 erleichtert durch wachsende Rückzugsbereitschaft der wichtigsten Metropolen. Sie erwuchs aus der *Kolonialkritik*, die schon zur Zeit des Imperialismus die Expansion begleitete (z.B. *Hobson* 1902). Dabei ist linker und rechter Antikolonialismus zu unterscheiden.

Auf der Linken erklärte die Zweite Internationale der Sozialisten auf ihrem Stuttgarter Kongreß am 22.8.1907, „… daß die kapitalistische Kolonialpolitik ihrem innersten Wesen nach zur Knechtung, Zwangsarbeit oder Ausrottung der eingeborenen Bevölkerung der Kolonialgebiete führen muß… Erst die sozialistische Gesellschaft wird allen Völkern die Möglichkeit bieten, sich zur vollen Kultur zu entfalten…" Für die Gegenwart verpflichtete sie sozialistische Abgeordnete in den Parlamenten Europas, „… für Reformen einzutreten, um das Los der Eingeborenen zu verbessern … und … mit allen zu Gebote stehenden Mitteln an ihrer Erziehung zur Unabhängigkeit zu arbeiten."

Kolonialkritik von rechts sah dagegen in der Überseepolitik eine Verzettelung nationaler Kräfte, die besser daheim eingesetzt würden; der französische Publizist Raymond *Cartier* stellte 1956 die rhetorische Frage, „… ob der Asphalt der ‚Route Razel' (in Kamerun) auf einer französischen Landstraße nicht besser am Platz wäre…" Während der britische Premier W. *Churchill* noch 1945 in Jalta seinen Verbündeten *Roosevelt* und *Stalin* erklärte, er gedenke nicht, auch nur „… einen Fetzen britischen Erbes fortzuwerfen", läutete sein Nachfolger C. *Attlee* (Labour) schon 1946 den Rückzug aus Indien ein. Alle späteren britischen Regierungen, auch der Konservativen Partei, setzten die Entkolonialisierung fort. Das Empire verwandelte sich in ein *Commonwealth* unabhängiger Staaten, aus dem das Südafrika der *Apartheid* 1961 verdrängt wurde.

Frankreich betrieb in Afrika südlich der Sahara 1945-58 die Integration der Kolonien in die Republik (Bürgerrechte für Einheimische, parlamentarische Vertretung in Paris), schwenkte aber auch dort auf Unabhängigkeit um, als die Kriege in Vietnam (1947-54) und Algerien (1954-62) verloren waren. Ch. *de Gaulle* versuchte 1958 vergeblich, das restliche Kolonialreich in der *Communauté* (Gemeinschaft) zusammenzuhalten.

Belgien folgte 1960 mit einem überstürzten Abzug aus Kongo (jetzt Zaire). Nur Portugal führte 1961-74 Krieg zur Behauptung von Angola, Mozambique und Guinea-Bissao.

Gewiß hofften weite Kreise in Westeuropa, nach der Entkolonialisierung weiterhin die Wirtschaft der Ex-Kolonien zu kontrollieren. Das Verlangen der neuen Herrscher nach Entwicklungshilfe kam diesem Kalkül entgegen. Programme einer *Neuen Weltwirtschaftsordnung* (→ Weltwirtschaftssystem), die koloniale Abhängigkeit beseitigen sollte, schlugen sich in den 70er Jahren in UN-Resolutionen nieder, jedoch zogen nur (meist europäische) Theoretiker daraus die Konsequenz, die „Dritte Welt" solle sich vom Weltmarkt „abkoppeln" (→ Nord-Süd-Konflikt) (vgl. *Senghaas* 1977).

5. Die Rolle → *Internationaler Organisationen* — Das Mandatsystem des *Völkerbundes* enthält nur Ansätze zu einer Entkolonialisierung. Überlegungen in den USA während des Zweiten Weltkriegs, alle Kolonien in internationale *Treuhandschaft* zu überführen, scheiterten am britischen Widerstand. Das UN-Treuhandsystem (Kap. XII der Charta) erfaßte nur die bisherigen Mandatsgebiete (außer Namibia) sowie italienische und japanische Kolonien. Als jedoch zahlreiche Ex-Kolonien UN-Mitglieder wurden, fand sich in der Generalversammlung eine Mehrheit von 89 Stimmen ohne Gegenstimmen bei 9 Enthaltungen für die Res. 1514 (XV) vom 14.12.1960, die *Erklärung über die Gewährung der Unabhängigkeit an Kolonialländer und -völker*; der Text, der heute als unangefochtene Quelle des → Völkerrechts gilt, verkündet „… feierlich die Notwendigkeit, den Kolonialismus in allen Erscheinungsformen schnell und bedingungslos zu beenden", und fordert „… alsbaldige Schritte…, um alle Gewalt den Völkern (der Kolonien) … zu übertragen…", verzichtet allerdings auf eine feste Terminsetzung. 1961 setzte die Generalversammlung einen Sonderausschuß zur Erfüllung der Resolution ein, nach seiner Mitgliederzahl „24er Ausschuß" genannt. Besonders engagierten sich die → Vereinten Nationen für die Entkolonialisierung Namibias: am 27.10.1966 entzog die Generalversammlung Südafrika das Völkerbunds-Mandat, am 29.09.1978 beschloß der Sicherheitsrat (Res. 435) die Errichtung einer *UN Transition Assistance Group* (UNTAG), die dann 1989 als „Friedenssicherungs-Operation" den Übergang zur Unabhängigkeit mittels freier und fairer Wahlen überwachte.

Auch andere internationale Organisationen haben die Entkolonisierung zustimmend begleitet. Jedoch war der Einfluß der *Kommunistischen Weltbewegung* trotz intensiver Drittwelt-Politik seit *Stalins* Tod 1953 nicht so stark, wie es schon der II. *Komintern*-Kongreß 1920 mit Debatten und Beschlüssen zur Kolonialfrage in Angriff genommen hatte. Nur in Vietnam, Kambodscha und Laos sowie in Südafrika spielten Kommunistische Parteien bei der Entkolonisierung maßgebliche Rollen.

6. Drohende Rekolonialisierung? — Wirtschaftskrisen der faktisch in Unterentwicklung verharrenden „Entwicklungsländer", Abgleiten vieler „neuer Staaten" in Tyrannei, stellenweiser Zusammenbruch der Staatsgewalt (Kambodscha, Tschad, Somalia) lassen die Sorge aufkommen, der Welt könnte nach zwei historischen Wellen europäischer Expansion eine dritte bevorstehen. Die Politik des *Internationalen Währungsfonds* (IWF) und der *Weltbank* (→ internationale Währungspolitik), bankrotten Staaten Programme zur „Strukturanpassung" zu verordnen, erinnert bereits an das 19. Jh., in dem europäische Experten die Finanzkontrolle des Osmanischen Reiches und anderer „Halbkolonien" an sich zogen. Auch wer für die UN drängt, wie in Kambodscha 1992 (UNTAC = *UN Transitional Authority in Cambodia*) Regierungsgewalt zu übernehmen, könnte sich als Wegbereiter einer (kollektiven) Rekolonialisierung erweisen. Der von Industriestaaten bilateral betriebene „Politikdialog" mit Empfängern ihrer „Hilfe", der die → Menschenrechte, Marktwirtschaft und / oder Demokratisierung fördern soll, wird in Ex-Kolonien oft mit entsprechendem Argwohn betrachtet.

Literatur

Albertini, Rudolf von: Dekolonisation. Die Diskussion über Verwaltung und Zukunft der Kolonien 1919-1960, Köln / Opladen 1966.
Ansprenger, Franz: The Dissolution of the Colonial Empires, London / New York 1989.
Ansprenger, Franz: Politische Geschichte Afrikas im 20. Jhd., München 1992.
Bourgi, Robert: Le Général de Gaulle de l'Afrique Noire, 1940-1969, Paris 1980.
Elsenhans, Hartmut: Nord-Süd-Beziehungen, Stuttgart u.a. 1984.
Hobson, J.A.: Imperialism — a study, London 1902.
Krönert, Ole: Die Stellung nationaler Befreiungsbewegungen im Völkerrecht, Frankfurt a.M. u.a., 1984.
Mansergh, Nicholas: The Commonwealth Experience, 2 Bd., London 2. Aufl. 1982.
Porter, A.N. / Stockwell, A.J.: British Imperial Policy and Decolonization, 1938-64, Bd. 1 (1938-51) Basingstoke, 1987.
Reinhard, Wolfgang: Geschichte der europäischen Expansion, Bd. 4, Dritte Welt Afrika, Stuttgart u.a. 1990.
Senghaas, Dieter: Weltwirtschaftsordnung und Entwicklungspolitik. Plädoyer für Dissoziation, Frankfurt a.M. 1977.
Urquhart, Brian: Decolonisation and World Peace. Austin 1989.

Franz Ansprenger

Entspannungspolitik

1. *Begriff* — Entspannungspolitik (E.) war eine Methode politischer Zusammenarbeit zwischen antagonistischen politischen Systemen des Westens und des Ostens. Dabei gingen die die E. befürwortenden Politiker von der Unveränderlichkeit und damit Akzeptanz des territorialen Status quo aus, suchten aber nach nichtmilitärischen Konfliktregulierungen. Man strebte einen friedlichen Ausgleich gegensätzlicher Ziele und Interessen auf dem klein-

sten gemeinsamen Nenner an. In den 70er Jahren wie auch in der zweiten
Hälfte der 80er Jahren betrieben der Westen und der Osten E. auf der Basis
eines normativen Grunddissenses, doch die E. der 80er Jahre zielte auf die
Überwindung des → Ost-West-Konflikts und trug zu seiner Auflösung wesentlich bei.

2. *Entstehung der E.* — Nach der Konsolidierung der Blöcke Mitte der 50er
Jahre setzte der verstärkte beiderseitige Aufbau der Rüstungspotentiale —
und hier wiederum der Kernwaffen — ein, um die jeweiligen Sicherheitsbedürfnisse zu befriedigen. Doch waren es gerade der Rüstungswettlauf und
die Erfahrungen der Berlin-Krise (1958-1961) und der Kuba-Krise (1962)
(→ prägende Konflikte nach dem Zweiten Weltkrieg), die zu einem veränderten Verhalten der beiden Blockführungsmächte führte. Auch die starre bi-
polare Konfrontation wurde brüchig. Auf der militärischen Ebene blieb die
Bipolarität zwar bestehen, doch ökonomisch, politisch und ideologisch gab
es erste Anzeichen für eine Multipolarität. Zwischen 1963 und 1969 sollte
nicht mehr Konfrontation, sondern partielle Kooperation die bilateralen Beziehungen zwischen den USA und der Sowjetunion kennzeichnen. Auch
Staaten wie Frankreich entwickelten eigenständige Beziehungen zu östlichen
Ländern. Der antagonistische Konflikt zwischen West und Ost bestand zwar
fort, doch die Methode seiner Austragung änderte sich. Beide Blockführungsmächte hatten nun vor ihren jeweiligen Zielen ein gemeinsames Pri-
märziel: ein Atomkrieg, der nur Verlierer hinterlassen konnte, mußte mit allen Mitteln verhindert werden. Das partielle Atomteststopabkommen (1963)
und der Nichtverbreitungsvertrag über Kernwaffen (1968) waren erste
Schritte einer teilweisen amerikanisch-sowjetischen Zusammenarbeit, in
der sich beide Mächte zusammenfanden. Doch erst die Ende der 60er Jahre
durch die UdSSR erreichte strategische Bipolarität mit den USA und spezifische Krisenlagen der beiden Blockführungsmächte ermöglichten eine aktive
E. Die USA waren außenpolitisch durch den Vietnamkrieg (→ prägende Konflikte nach dem Zweiten Weltkrieg) absorbiert und hatten gegenüber den 50er
Jahren einen dramatischen Ansehensverlust erlitten. Auch die Aufkündigung
der Unterstützung der US-Außenpolitik durch große Teile der amerikanischen
Gesellschaft zwang die politische Führung, einen Neuanfang in der Außenpolitik zu suchen. Die Sowjetunion hatte durch ihren militärischen Einmarsch im
August 1968 in der ČSSR ein bündnisinternes Problem darüber hinaus nur militärisch lösen können. Die Auseinandersetzung mit der Volksrepublik China
kulminierte 1969 mit den Schüssen am Grenzfluß Ussuri. Von der UdSSR
wurde dies als eine erhebliche Bedrohung wahrgenommen. So ermöglichte
eine einzigartige Kombination von Faktoren eine E. zwischen Ost und West,
die zu einer Reduzierung der Spannungen beitrug und gemeinsame Interessen
der unterschiedlichen Entspannungspartner zum Vorschein kommen ließ. Für
die Entspannung sprachen folgende Faktoren:

1. In Ost und West hatte sich bei den meisten politischen Führungen die Einsicht verbreitet, daß eine Auflösung der Blöcke nicht möglich war, daß jedoch die sich eindeutig gegenüberstehenden Rechtsstandpunkte und Anerkennungsforderungen geregelt werden mußten.

2. Sowohl im Westen als auch im Osten trat ein allgemeiner Druck zur Durchführung innerer Strukturreformen zutage. Studentenunruhen in den meisten westlichen Industrieländern, die in Frankreich fast bis zur Auflösung der V. Republik im Mai 1968 führten, aber auch in östlichen Ländern wie z.B. Polen zeigten, daß Reformen angegangen werden mußten.

3. Im Osten wie im Westen wuchs die Erkenntnis, daß mehr Rüstung nicht automatisch mehr Sicherheit nach sich zog. Somit konnten die ursprünglich vorgesehenen Mehrausgaben für die Rüstung teilweise für andere Zwecke umgeleitet werden.

4. Die UdSSR hatte mit den USA in der strategischen Waffenentwicklung annähernd gleichgezogen und im Atomwaffensperrvertrag, der Gespräche über die Reduzierung der strategischen Waffen vorsah, die lang ersehnte Anerkennung einer den USA ebenbürtigen strategischen Macht erhalten.

5. In der UdSSR machte sich bei der politischen Führung die Einsicht breit, daß ohne westliche Hilfe im technischen und wirtschaftlichen Bereich die aktuellen und strukturellen ökonomischen Probleme nicht lösbar waren.

6. Der chinesisch-sowjetische Konflikt hatte mit den Grenzgefechten am Ussuri im Frühjahr 1969 die Kluft zwischen den beiden kommunistischen Großmächten einem Höhepunkt entgegengeführt und zu einer verstärkten Bedrohung für die Sowjetunion an ihrer Südflanke beigetragen.

7. In den USA trat mit Präsident *Nixon* ein neugewählter Präsident auf die diplomatische Bühne, der in der von ihm postulierten „Ära der Verhandlungen" den Vietnamkrieg und das amerikanische Überengagement in der Welt beenden wollte.

8. In Frankreich trat Staatspräsident *de Gaulle* nach einem gescheiterten Referendum zurück. Unter seinem Nachfolger *Pompidou* kehrte Frankreich zwar nicht in die militärische Organisation der → NATO zurück, doch die Kooperation mit dem westlichen Bündnis und damit auch die Möglichkeit einer gemeinsamen Haltung gegenüber dem Osten wurde verbessert.

9. Das Ergebnis der Wahl zum 6. Deutschen Bundestag ermöglichte 1969 eine Koalition aus SPD und FDP, die außenpolitisch eine Verständigung mit den osteuropäischen Nachbarn anstrebte und hierzu eine Politik der Entspannung als Mittel einsetzen wollte.

3. *Entwicklung der E.* — Gegen Ende der 60er Jahre setzte eine Änderung der Beziehungsstruktur zwischen Ost und West ein, als eine Regulierung des

Ost-West-Konflikts mit Hilfe politischer Verhandlungen auf unterschiedlichen Ebenen angestrebt wurde. Schematisch läßt sich die in der Zeit zwischen 1969 und 1979 verlaufende E. auf drei Ebenen darstellen. (vgl. S. 79 f.) Auf der Blockführungsebene war zwischen 1969 und 1974 der Bilateralismus für die E. zu großen Teilen prozeßbestimmend und führte zu konkreten Ergebnissen wie z.B. *SALT I* (→ Nukleare Rüstung und Rüstungskontrolle). Auf der regional-multilateralen Ebene setzte die E. ab 1973 mit der Aufnahme der Verhandlungen über die Truppenreduzierungen (MBFR) in Wien ein und erfuhr mit dem Abschluß der KSZE-Schlußakte in Helsinki 1975 einen Höhepunkt. Auf der regional bilateralen Ebene wurde die E. vor allem durch die Vertragspolitik der Bundesrepublik Deutschland dominiert, die sich in den Ostverträgen mit der UdSSR, Polen und der ČSSR sowie in den deutsch-deutschen Verträgen mit der DDR niederschlug. Die Interdependenz der E. zeigte sich beim Berlin-Problem, wo nur durch eine Vermengung der verschiedenen Ebenen und der Kooperation der unterschiedlichen Akteure der Abschluß des Berlin-Abkommens erreicht werden konnte. Es war sowohl ein erfolgreiches Ergebnis multilateraler E. als auch gleichzeitig Akzelerator für weitere Entspannungsfortschritte. In den 70er Jahren kennzeichneten drei Schwerpunkte den Entspannungsprozeß: a) ein breit angelegter Rüstungskontroll- und Abrüstungsdialog mit dem Ziel, die Rüstung zu stabilisieren bzw. zu senken und die militärische Vertrauensbildung zu stärken; b) das Ziel, durch multilaterale und bilaterale Verträge eine Verbesserung der Lage der Menschen in Osteuropa zu erreichen und c) die Suche nach neuen Formen der ökonomischen Zusammenarbeit, verbunden mit der Erschließung neuer Kooperationsfelder wie der Wissenschaft, der Technologie, dem Umweltschutz etc.

In der von Präsident *Nixon* als „Ära der Verhandlungen" apostrophierten Entspannungsphase wurde ein neuer und umfassender Versuch zur Regulierung des Ost-West-Konflikts erkennbar. Die Mittel zur Austragung des Ost-West-Konflikts änderten sich zwar, da nun eine größere Beziehungsdichte der in den Ost-West-Konflikt involvierten Akteure erkennbar wurde, eine Umstrukturierung des Ordnungsrahmens der internationalen Politik erfolgte jedoch nicht.

4. *Entspannungskonzeptionen* — Die in der E. engagierten Regierungen verfolgten unterschiedliche Ziele. Die *Nixon-Kissinger*-Administration setzte die Détente sowohl als eine Strategie zur Eindämmung als auch zur Kooperation mit der Sowjetunion ein, um damit letztendlich die durch den Vietnamkrieg angeschlagene Weltmachtposition sowie außenpolitische Handlungsfreiheit zurückzugewinnen. Die Sowjetunion sollte entsprechend dieser Konzeption durch ein Netzwerk von Verträgen und Abkommen mit den USA eingebunden werden und sich auf diese Weise zu einer Ordnungs- und Garantiemacht des internationalen Systems entwickeln. Durch linkage, An-

reize und Abmachungen sollte die UdSSR eingebunden werden, bei einem Verstoß gegen die „Spielregeln" wurde noch immer zur Konfrontation und Drohung gegriffen. E. wurde damit als ein sich entwickelnder Prozeß aus Macht und Mäßigung (*Kissinger*) verstanden. Die amerikanische E. zielte letztlich auf die Machterhaltung der USA, die die „Spielregeln" festlegen und befinden wollte, was unter Gleichgewicht zu verstehen war.

Die UdSSR dagegen begriff E. als Mittel zur internationalen Statusverbesserung und als Möglichkeit zur Anerkennung einer den USA ebenbürtigen Weltmacht. Die zwischen 1969 und 1974 von beiden Mächten erfolgreich geführten Verhandlungen mit insgesamt 51 Abkommen und Verträgen unterstrichen in sowjetischer Sicht die Exklusivität dieser Beziehungen. Die sowjetische E. zielte über die Anerkennung als gleichrangige Macht auf die Stabilisierung des eigenen Lagers, auf die ökonomische Unterstützung durch den Westen sowie auf eigenen Macht- und Einflußgewinn im internationalen System. Anders als im *Nixon-Kissinger*-Ansatz konnte es für die Sowjetunion keine ideologische Entspannung geben: für die UdSSR mußte der Ideologieexport nicht zuletzt auch aufgrund innenpolitischer Legitimationsbedürfnisse weiterhin eine conditio sine qua non bleiben. Damit war das Scheitern der E., zumindest auf bipolarer Ebene, vorprogrammiert. Einbindung sowjetischer Macht durch die USA und Positionsgewinne der UdSSR, insbesondere in der Dritten Welt, konnten auf Dauer nicht miteinander in Einklang gebracht werden.

So wurde sowohl in den USA — hier schon seit Mitte der 70er Jahre, als auch in der UdSSR, hier besonders seit Ende der 70er Jahre — Entspannung als wenig erfolgreich perzipiert. In den USA entwickelte sich nach dem politischen, militärischen, ökonomischem und psychologischen Abstieg in den 70er Jahren — stellvertretend sollen dazu genannt werden der Vietnamkrieg, Watergate, die Geiselaffäre im Iran und die Aufgabe der Goldkonvertibilität des US-Dollar im durch die USA bis dahin dominierenden Weltwährungssystem — eine politische Grundstimmung, die in der E. nur einseitige Vorteile für die Sowjetunion sah. In der Tat hatte die UdSSR — die Rüstungskontrollverträge jedoch einhaltend — eine gewaltige Aufrüstung, insbesondere bei den taktischen Atomwaffen, den Langstreckenraketen mit Mehrfachsprengköpfen sowie im maritimen Bereich betrieben. Darüber hinaus versuchte sie ihre Rolle als globale Macht zu unterstreichen, indem sie in Afrika und Asien direkt oder mit Hilfe von Stellvertretern wie z. B. Kuba agierte. Doch auch in der UdSSR wurde E. als wenig erfolgreich perzipiert, hatte sie doch von den ursprünglich anvisierten Zielrealisierungen nur die Anerkennung des territorialen Status quo und den konkreten Gewaltverzicht erhalten. Bei der Rüstungskontrolle, der Eindämmung Chinas und der ökonomischen Unterstützung durch den Westen verzeichnete die UdSSR im eigenen Verständnis eine Negativbilanz. Hinzu kam, daß die KSZE-Schlußakte mit ihrem Menschenrechtskatalog das sozialistische Lager destabilisierte; schließlich verstand die sowjetische Führung die von Präsident *Carter* initiierte → Menschenrechtspolitik als gezielte ideologische Herausforderung.

Zwar konnten sich die UdSSR und die USA 1979 noch einmal auf ein Rüstungskontrollabkommen (*SALT II*) einigen; jedoch wurde dieses Abkommen nicht ratifiziert. Der NATO-Doppelbeschluß (→ NATO) vom Dezember 1979 und der Einmarsch der Sowjetunion in Afghanistan an der Jahreswende 1979/80 (→ prägende Konflikte nach dem Zweiten Weltkrieg) beendeten endgültig die E. der Blockführungsmächte. Der Zusammenbruch der E. signalisierte die Rückkehr der USA und der UdSSR zur traditionellen Politik der Gegnerschaftsbeziehung und zur Ideologisierung der West-Ost-Politik. Mit der Wahl Ronald *Reagans* zum 40. US-Präsidenten wurde die Politik der Konfrontation zwischen den USA und der UdSSR fortgesetzt. Auf der verbalen Ebene wurde nun radikal die ideologische Unvereinbarkeit von Ost und West durch beide Mächte betont, in den USA eine gewaltige Aufrüstung eingeleitet. Dennoch wurden auf der Ebene der praktischen Politik Kommunikationskanäle und Teilbeziehungen zwischen den USA und der Sowjetunion aufrechterhalten, wie die schnell erfolgte Aufkündigung des von *Carter* verhängten Weizenembargos und die Einhaltung von *SALT II* durch die *Reagan*-Administration zeigten.

Die Reideologisierungs- und Remilitarisierungspolitik der USA unter Präsident *Reagan* von 1981 bis 1984 ließ zwar noch einmal kurzfristig den amerikanisch-sowjetischen Gegensatz deutlich werden, hat aber die Lernprozesse in Richtung auf Konfliktentspannung und -überwindung weitgehend beschleunigt.

5. Fortgang der E. auf multilateraler und bilateraler Ebene — Unterhalb der bipolaren Ebene wurde die E. auch zu Beginn der 80er Jahre fortgesetzt. Durch Weiterführung des technologisch-wirtschaftlichen Austausches mit osteuropäischen Ländern versuchten einige westeuropäische Regierungen ein dichtes Kooperationsnetz zu knüpfen, aus dem ein Ausscheiden nur mit hohen Kosten verbunden sein sollte. Besonders die beiden deutschen Staaten setzten die E. fort, zogen sie doch aus dieser Politik die größten Vorteile. Auch suchten zunächst *Schmidt* und *Honecker*, (später *Kohl* und *Honecker*) jeweils die Blockführungsmacht ihres Lagers zur Rückkehr zur E. zu bewegen, da eine weitere Verschärfung der Ost-West-Beziehungen immer zu Lasten gerade der beiden deutschen Staaten gehen mußte. So sprachen *Kohl* und *Honecker* von der deutsch-deutschen Verantwortungsgemeinschaft, die mit allen Kräften eine Verschlechterung der Ost-West-Beziehungen zu verhindern suchte. Doch die weitere Entwicklung wie z.B. die Realisierung des NATO-Doppelbeschlusses im November 1983 führte auch auf der bilateralen Ebene zum Stillstand in der E.

6. *Der Neubeginn des Ost-West-Dialogs* — Gründe für den 1984 einsetzenden Wandel in der Beziehungsstruktur zwischen den USA und der UdSSR waren, daß sich die USA durch ihre gewaltige Aufrüstung nun in einer Position der Stärke wähnten, Kongreß und Öffentlichkeit nicht mehr bereit waren, die hohen Rüstungsausgaben zu tragen, die Westeuropäer nach erfolgter Nachrüstung auf Verhandlungen mit der Sowjetunion drängten und sich die Kosten weiterer Aufrüstung in den USA immer spürbarer niederschlugen. Auch in der UdSSR hätten die Kosten gleichbleibender Rüstung den vom neuen KPdSU-Generalsekretär *Gorbatschow* geplanten wirtschaftlichen und gesellschaftlichen Reformen die Grundlage entzogen. Daneben hatte eine allgemeine Überalterung der sowjetischen Entscheidungselite zu Immobilismus und Lähmung der außenpolitischen Gestaltung geführt, die nur mit Hilfe der E. überwunden werden konnte. Die Strategische Verteidigungsinitiative (SDI) der USA sowie die Wiederwahl Präsident *Reagans* und vorsichtig formulierte Kritik im Warschauer Pakt an der sowjetischen Haltung mögen weitere Gründe für die sowjetische Führung gewesen sein, sich ebenfalls in neue Rüstungskontrollverhandlungen zu begeben.

Bereits auf dem Madrider KSZE-Folgetreffen wurde im September 1983 die Einsetzung einer gesonderten Konferenz über vertrauensbildende Maßnahmen in Europa beschlossen. Diese Konferenz begann am 21. 1. 1984 und endete im September 1986 mit konkreten Ergebnissen, die die E. auf multilateraler Ebene förderten. Jeder KVAE-Staat verpflichtete sich, auf seinem Territorium bis zu drei Inspektionen pro Kalenderjahr zuzulassen. In einer Jahresübersicht mußten jeweils bis Mitte November alle für das folgende Jahr geplanten militärischen Aktivitäten, die der Ankündigungspflicht unterlagen, bekanntgegeben werden. Zum ersten Mal wurde damit ein Recht auf Inspektion anerkannt. Das Anwendungsgebiet wurde bis zum Ural erweitert. Damit war in der E. ein Durchbruch erreicht.

Die schrittweise Auflösung des Ost-West-Konflikts setzte aber bereits Mitte der 80er Jahre ein und wurde sowohl durch internationale wie innerstaatliche Entwicklungen bedingt. Sowohl in den USA als auch besonders in der UdSSR machten sich die Kosten der neuerlichen Militarisierung extrem bemerkbar, so daß wenig bzw. gar keine Mittel für die innenpolitische und soziale Entwicklung der Gesellschaften zur Verfügung standen. Die KSZE-Schlußakte mit ihren Körben über die wirtschaftliche Zusammenarbeit sowie die Menschenrechte hinterließ besonders in den Staaten des Ostblocks ihre tiefen Spuren, wo nun viele Menschen die von den verantwortlichen Politikern unterzeichneten Grundsätze wie z.B. der Freizügigkeit, der freien Meinungsäußerung, der Informationsfreiheit, der Religionsausübung etc. einforderten. Innerhalb der Sowjetunion wurde mit *Gorbatschow* 1985 ein Politiker zum Generalsekretär der KPdSU gewählt, der eine vollständige Reform der Außen- und Innenpolitik vornahm und dessen Politik schließlich den Grundstein für die Aufgabe des Kommunismus zunächst in Osteuropa,

1991 dann auch in der Sowjetunion bildete. So hob *Gorbatschow* die „Breshnew-Doktrin" auf, die den sozialistischen Staaten nur eine „beschränkte Souveränität" sowie ein „eingeschränktes Selbstbestimmungsrecht" zugebilligt hatte. Er ließ die sowjetischen Truppen aus Afghanistan zurückkehren und verbesserte die Beziehungen mit den USA, was sich in der Unterzeichnung der Abrüstungsabkommen INF (1987) und START (1991) zeigte. Das wichtigste Ergebnis der neu aufgenommenen E. zwischen den Blockführungsmächten war der INF-Vertrag, der eine Beseitigung aller landgestützten nuklearen Mittelstreckensysteme mit einer Reichweite zwischen 500 und 5 500 km bis zum 1. Juni 1991 vorsah. Mit diesem Vertrag gelang erstmals ein Durchbruch zu echter Abrüstung. Schließlich ließ *Gorbatschow* die Auflösung des Ostblocks, d.h. des Warschauer Pakts und des Rats für gegenseitige Wirtschaftshilfe (RGW) zu und ermöglichte im Jahre 1990 die → deutsche Wiedervereinigung. Vor allem die ökonomische Krise und die Steuerungskrise des politischen Systems zwangen *Gorbatschow* zu der außenpolitischen Öffnung, in der Hoffnung auf diese Weise das kommunistische System der Sowjetunion zunächst stabilisieren und anschließend reformieren zu können. Die Sowjetunion akzeptierte den internationalen Einflußverlust und hoffte mit Hilfe der ehemaligen Konfliktpartner ihr System erhalten und stabilisieren zu können. Hierzu sollte auch die Unterzeichnung des START-Vertrags im Juli 1991 dienen. Dieser Vertrag sah die Reduzierung der strategischen Waffen mit einer Reichweite über 5 500 um etwa 30 % vor. Die strategischen Waffenträger jeder Seite durften nicht mehr als 6 000 Sprengköpfe besitzen. Trotz dieser außenpolitischen Erfolge sollte die Stabilisierung des politischen Systems der Sowjetunion nicht gelingen. Die UdSSR gab nach einem gescheiterten Putsch orthodoxer Kommunisten im August 1991 das kommunistische System auf und bewegt sich seit Herbst 1991 normativ in Richtung liberal-pluralistischer Systeme. Im Dezember 1991 löste sich die UdSSR auf. Die „Gemeinschaft Unabhängiger Staaten" ist der Rechtsnachfolger der UdSSR.

Bereits im November 1990 war der Ost-West-Konflikt dokumentarisch beendet worden, als 32 europäische Staaten sowie die USA und Kanada in Paris die KSZE-Charta unterzeichneten und damit das liberal-pluralistische Zeitalter einleiteten. In diesem Dokument verpflichten sich alle Signatarstaaten die liberal-pluralistische Demokratie als einzig verbindliches politisches Ordnungssystem einzuführen. Menschenrechte und Grundfreiheiten wurden von den Unterzeichnern zugesichert: „Demokratische Regierung gründet sich auf den Volkswillen, der seinen Ausdruck in regelmäßigen, freien und gerechten Wahlen findet. Demokratie beruht auf Achtung vor der menschlichen Person und Rechtstaatlichkeit. Demokratie ist der beste Schutz für freie Meinungsäußerung, Toleranz gegenüber allen gesellschaftlichen Gruppen und Chancengleichheit für alle," heißt es in der Pariser KSZE-Charta. Europa erlangte damit eine neue Ordnungsform, die sich durch eine kooperative Konfliktregelung auszeichnet. Nicht mehr im Gegeneinander unterschiedlicher ideologischer Blöcke wird nun Sicherheit in Europa gesucht, sondern in Form von Kooperation. Der Übergang zu diesen neuen Ordnungsstrukturen wurde nicht nur durch den Zusammenbruch des Sozialismus bedingt, sondern auch von der Einsicht in objektive sicherheits- und wirtschaftspolitische Interessen bestimmt. Es wird zwar auch in Zukunft Konflikte und Krisen zwischen den europäischen Staaten und vor allem innerhalb der europäischen Staaten geben — so z.B. im Sommer 1991 der Bürgerkrieg im Vielvölkerstaat Jugoslawien (→ Balkankonflikt) — aber die Konflikte resultieren dann nicht länger aus der ideologischen Problematik, sondern sind qualitativ anderer Natur als der Ost-West-Konflikt zwischen 1947 und 1990.

7. *Resumee* — Die E., unter *Kennedy* in den 60er Jahren vorsichtig initiiert, unter *Nixon* und *Brandt* in der ersten Hälfte der 70er Jahre forciert und zu wichtigen Ergebnissen führend (*SALT I*, Ostverträge, Berlin-Abkommen), wurde in der zweiten Hälfte der 70er Jahre auf der Ebene der Blockführungsmächte beendet, während sie auf der multilateralen Ebene fortgeführt wurde. Zu Beginn der 80er Jahre verhärteten sich die amerikanisch-sowjetischen Beziehungen unter *Reagan*, um dann ab Mitte der 80er Jahre in das große ,,Entspannungsfinale" einzumünden. Eine günstige internationale Konstellation — vor allem ein US-Kongreß wie auch eine US-Öffentlichkeit, die nicht mehr bereit war, die hohen Rüstungsausgaben zu tragen, politischer Druck von Osteuropäern und Westeuropäern auf ihre jeweiligen Blockführungsmächte, die Übernahme der Position des KPdSU-Generalsekretärs durch *Gorbatschow* — ermöglichte konkrete Ergebnisse in der E. Zunächst wurde 1986 die KVAE als wichtige vertrauensbildende Maßnahme unterzeichnet, 1987 folgte der INF-Vertrag und 1991 der *START*-Vertrag. Die Unterzeichnung der Pariser KSZE-Charta im November 1990 bildet ebenso einen Höhepunkt der E. wie die Vereinigung Deutschlands im gleichen Jahr. Letztendlich hat die E. entscheidend zur Auflösung der Sowjetunion und des Kommunismus als Theorie und Praxis zur Organisation von Großgesellschaften beigetragen.

Schema der Entspannungspolitik 1969-1979 Region Europa / USA / Sowjetunion

Ebene	Teilnehmer	Ergebnisse
Global-bilateral	USA, UdSSR	Abbau der bipolaren Konfrontation SALT I, SALT II, Moskauer Prinzipienerklärung Abkommen zur Verhinderung eines Atomkrieges zahlreiche bilaterale Verträge

Ebene	Teilnehmer	Ergebnisse
Regional-multilateral	Westen Osten Nichtblockgebundene Neutrale Staaten B, NL, D, GB, CDN, USA, L — DDR, CS, PL, SU Beobachter: DK, GR, I, N. TR — BG, R, H	Knüpfung eines Gesamteuropäischen Beziehungsnetzes Verbesserung der Lebensbedingungen in Osteuropa KSZE — Helsinki (1975) Schlußakte Belgrad (1977) MBFR — Wien (seit 1973) Wissenschaftsforum Hamburg, Mittelmeerforum in Malta
Regional-bilateral	Nationalstaaten in Ost und West, besonders D	Verringerung der Ost-West-Konfrontation in Europa 1970 Moskauer Vertrag 1970 Warschauer Vertrag 1972 Grundlagenvertrag Bonn-Ost-Berlin 1972 - 1979 Folgeverträge D/DDR (z.B. Gesundheit, Verkehr, Post, Familienzusammenführung) 1973 Vertrag D/CSSR/Osthandel
Interdependent	USA/GB/SU/F NATO/WP D/DDR	1971 Berlin-Abkommen (nur Ratifizierung des Moskauer Vertrages bei Fortschritten in der Berlin-Frage) Unterstützung der Bundesregierung durch NATO

Entspannungspolitik 1984 - 1991
Raum: Nordamerika, Europa, Sowjetunion

Ebene	Teilnehmer	Ergebnisse
Global-bilateral	USA/UdSSR	INF-Vertrag (1987) Doppelte Nullösung/Verschrottung aller landgestützten Mittelstreckenraketen von 1 000 bis 5 000 km und kurzer Reichweite (SRINF 500 - 1 000 km). 1991 realisiert *START* I — 1991 unterzeichnet — stufenweise Reduzierung der ICBM

Ebene	Teilnehmer	Ergebnisse
Global-bilateral	USA / UdSSR	— Ober- und Zwischengrenzen für Trägersysteme — Begrenzung des Gesamtwurfgewichts der ballistischen Raketen *START* II — 1993 — Reduzierung der ICBM auf 1/3 des ursprünglichen Bestands
Multilateral	Westeuropäische / osteuropäische Staaten USA, Kanada	*KVAE* 1984-1986 — Enthaltung von der Androhung oder Anwendung von Gewalt — Vorherige Beobachtung bestimmter militärischer Aktivitäten — Jahreskalender für militärische Vorhaben — Verifikationsbestimmungen — Festlegung der Anwendungszone für VSBM
	NATO- und WP-Staaten	*KSE-Vertrag* 1990 — kollektive Obergrenzen für Waffenkategorien — Abrüstung von Kampfpanzern, gepanzerten Kampffahrzeugen u. Artillerie bis zu 40 % — Informationsaustausch und Verifikation
	34 KSZE-Staaten	*Pariser KSZE-Charta* 1990 — Bekenntnis zu Menschenrechten und Grundfreiheiten — Bekenntnis zu liberal-pluralistischer Demokratie — Bekenntnis zu Rechtsstaatlichkeit — Verzicht auf Androhung oder Anwendung von Gewalt — Aufbau von KSZE-Institutionen
	29 Staaten	*KSE Ia-Abkommen* 1992 — Truppenbegrenzung legt Höchstzahlen für konventionelle Land- und Luftstreitkräfte fest

Ebene	Teilnehmer	Ergebnisse
Bilateral	Europäische Nationalstaaten	Deutsch-sowjetischer Freundschaftsvertrag 1990 Deutsch-polnischer Freundschaftsvertrag 1990
Interdependent	USA, UdSSR, F, GB, BRD,DDR	Zwei-Plus-Vier-Vertrag 1990 Deutsche Wiedervereinigung

Literatur

Bowker, Mike / *Williams*, Phil: Superpower Detente: A Reapprisal, London u.a., 1988.

Czempiel, Ernst-Otto: Weltpolitik im Umbruch. Das internationale System nach dem Ende des Ost-West-Konflikts, München 1991.

ders. Machtprobe. Die USA und die Sowjetunion in den achtziger Jahren, München 1989

Fritsch-Bournazel, Renata: Europa und die deutsche Einheit, Bonn[2] 1991.

Gaddis, John L.: Strategies of Containment, New York 1982.

Garthoff, Raymond L.: Detente and Confrontation, Washington 1985.

George, Alexander L. / *Farley*, Philip J. / *Dallin*, Alexander (eds.): US-Soviet Security Cooperation. Achievements, Failures, Lessons, New York / Oxford 1988.

Gasteyger, Curt: Europa zwischen Spaltung und Einigung 1945 - 1990, Bonn [2]1991.

Hacke, Christian: Weltmacht wider Willen. Die Außenpolitik der Bundesrepublik Deutschland, Stuttgart 1988.

Hoffmann, Stanley: Détente, in: *Nye*, Joseph S. (ed.): The Making of America's Soviet Policy, New Haven / London 1984.

Kaiser, Karl: Deutschlands Vereinigung — Die internationalen Aspekte, Bergisch-Gladbach 1991.

Lellouche, Pierre: Le nouveau monde. De l'ordre de Yalta au désordre des nations, Paris 1992.

Pond, Elizabeth: After the Wall. American Policy toward Germany, New York 1990.

Schwerdtfeger, Johannes / *Bahr*, Egon / *Krell*, Gert (Hrsg.): Friedensgutachten 1991, Münster / Hamburg 1991.

Wichard Woyke

Entwicklungspolitik / -hilfe

1. Begriffsklärung — Die Begriffe Entwicklung, Entwicklungsländer (EL), Entwicklungspolitik (EP) und Entwicklungshilfe (EH) werden häufig unterschiedlich ausgelegt und sind Teil stark normativ akzentuierter wissenschaftlicher und politischer Auseinandersetzungen. Vor allem spielt das Argument einer mit den Begriffen verbundenen Stigmatisierung eine Rolle, wie sie etwa in der begrifflichen Entwicklungslinie rückständige (backward) — unterentwickelte (underdeveloped) — nicht entwickelte (undeveloped) — Entwicklungsländer (developing countries) zum Ausdruck kommt. Eine ähnliche Tendenz zeigt sich bei einem Teil der Autoren in dem Versuch, den als diskriminierend oder Etikettenschwindel empfundenen Begriff EH zu vermeiden und durch Begriffe wie Entwicklungszusammenarbeit oder Ressourcentransfer zu ersetzen.

EP und EH werden teilweise synonym verwendet, überwiegend wird EP aber weiter gefaßt als die Gesamtheit aller Maßnahmen mit der eine normativ bestimmte Entwicklung eines EL oder der als Gruppe verstandenen Dritten Welt (→ Nord-Süd-Konflikt) angestrebt wird. Zur EP gehören z.B. auch Maßnahmen im Bereich des internationalen Handels- und Währungssystems, während EH meist enger als der Teil der EP gefaßt wird, der direkt mit einem Ressourcentransfer (finanzielle, technische oder personelle Hilfsmaßnahmen) verbunden ist.

2. Merkmale und Probleme der EL — Im Zusammenhang mit Kontroversen über Ziele und Mittel der EP sind auch die wesentlichen Merkmale von EL umstritten, so daß selbst die EL-Listen internationaler Organisationen differieren. Allgemein kann als Charakteristikum von EL gelten, daß sie nicht in der Lage sind, für die Masse ihrer Bevölkerung grundlegende Existenzbedürfnisse zu befriedigen. Auch wenn über die Gewichtung der einzelnen Merkmale kein Konsens besteht und in der wissenschaftlichen Diskussion zudem fachspezifische Blickverengungen unverkennbar eine Rolle spielen, sind die folgenden Merkmale in mehr oder minder ausgeprägter Form in den meisten EL anzutreffen:

Ökonomische Merkmale:
— geringes durchschnittliches Pro-Kopf-Einkommen verbunden mit extrem ungleicher Einkommensverteilung;
— hohe, teilweise verdeckte Arbeitslosigkeit;
— niedrige Spar- und Investitionsrate;
— unzureichende Schul- und Ausbildung (hohe Analphabetenquote);
— geringe Produktivität;
— unzulängliche Infrastruktur (Verkehrswege, Kommunikation);
— dominanter, teilweise auf Selbstversorgung orientierter traditioneller

Sektor und davon weitgehend getrennte moderne (Industrie-)Enklaven („dualistische Struktur");
— außenwirtschaftliche Abhängigkeit von wenigen, auf die Märkte der Industrieländer (IL) orientierten Exportprodukten (meist Rohstoffe) und starke Auslandsverschuldung;

soziodemographische Merkmale:
— im Vergleich zu IL deutlich geringere, obwohl im Zeitvergleich stark zugenommene Lebenserwartung vor dem Hintergrund von verbreiteten Gesundheitsmängeln und unzureichender medizinischer Versorgung;
— „Bevölkerungsexplosion" als Folge schneller zurückgegangener Sterbeziffern (v.a. Seuchenbekämpfung) und nur langsam absinkender Geburtenziffern (z.B. Faktor fehlende Altersversorgung) mit der Konsequenz extremer Dominanz der jungen Jahrgänge;
— starke Wanderungsbewegungen in großstädtische Ballungsräume (Landflucht) (→ Migration)

ökologische Merkmale:
— teilweise armutsbedingter ökologischer Raubbau und Zerstörung besonders anfälliger Ökosysteme (z.B. Desertifikation) mit partiell globalen Konsequenzen (z.B. Vernichtung der Tropenwälder als „grüne Lungen"); (→ globale Umweltprobleme)

soziokulturelle und politische Merkmale:
— starke Orientierung an Primärgruppen (z.B. Großfamilie, Stamm), meist verbunden mit gering ausgebildeter Loyalität gegenüber „abstrakteren" institutionellen Strukturen wie Staat;
— geringe soziale Rollendifferenzierung und Mobilität;
— autoritärer und zugleich „schwacher" Staat (G. *Myrdal*), d.h. einerseits meist politische Systeme mit keiner oder dürftiger politischer Legitimation der Repräsentanten durch die Bürger und fehlender Sicherung von Menschenrechten, andererseits mangelnde politische Umsetzungsfähigkeit politischer Programme verbunden mit strukturell verankerter, systematischer Korruption;
— zahlreiche gewaltsam ausgetragene Konflikte nach innen (z.B. sozialer und ethnischer Natur) wie außen (u.a. aufgrund willkürlicher kolonialer Grenzziehungen und gefördert durch hohe Rüstungsimporte v.a. aus IL), u.a. mit der Folge wachsender Flüchtlingsströme.

Viele dieser Merkmale beeinflussen sich so, daß sie sich gegenseitig verstärken. Dieser Tatbestand hat zur Konstruktion zahlreicher „Teufelskreise" (circuli vitiosi) geführt, die auf der gewählten konkreten Ebene plausibel sind, aber nichts über die tiefer liegenden Ursachen von Unterentwicklung aussagen.

Der unterschiedliche Entwicklungsstand innerhalb der Gruppe der EL hat zur Bildung verschiedener Untergruppen geführt. Als besonders benachteiligte Gruppe sind die „am wenigsten entwickelten Länder" (least developed countries — LCD) von den → Vereinten Nationen (UN) anerkannt. Nachdem bei der Einstufung ursprünglich drei Kriterien —jeweils fortgeschriebenes sehr niedriges durchschnittliches Pro-Kopf-Einkommen, Industrieanteil von höchstens 10 % am BIP sowie Alphabetisierungsrate von höchstens 20 % — verwandt wurden, sind seit 1991 die beiden letztgenannten Kriterien als Indizes für wirtschaftliche Diversifizierung und Lebensqualität ausdifferenziert worden. Der Index für Lebensqualität umfaßt Lebenserwartung, Kalorienversorgung pro Kopf, Einschulungsrate in Primar- und Sekundarschulen sowie Alphabetisierungsrate bei Erwachsenen. Darüberhinaus hat der UN-Ausschuß für Entwicklungsplanung vorgeschlagen, daß nur Länder bis zu 75 Mio.E. für die LDC-Einstufung in Betracht kommen. Z.Z. sind knapp 50 Länder als LDC anerkannt, wobei der Schwerpunkt in Afrika liegt und Lateinamerika nur mit Haiti vertreten ist.

Stellen die LDC eine Art benachteiligte Unterschicht der EL dar, so bilden die Schwellenländer (newly industrializing countries — NIC) eine Art Oberschicht. Ihre Bezeichnung deutet schon an, daß sie an der Schwelle zum IL gesehen werden und ihnen zugetraut wird, wichtige, insbesondere ökonomische Merkmale eines EL in absehbarer Zeit zu überwinden. Da die Zuverlässigkeit der statistischen Erfassung eng mit dem allgemeinen Entwicklungsstand eines Landes korreliert und die Ergebnisse zudem mit Interessen verknüpft sein können, (z.B. konkrete Vergünstigungen bei Einstufung als LDC), ist bei der Bewertung statistischer Kennziffern in EL in der Regel besondere Vorsicht geboten.

3. EP und Entwicklungstheorien im Wandel — In der entwicklungstheoretischen Diskussion lassen sich zwar über die Zeit Akzentverschiebungen und begrenzte Lerneffekte beobachten, aber durchgängig konkurrieren zwei Grundansätze, auf die sich die Vielzahl ausdifferenzierter Einzelansätze stark vereinfachend reduzieren läßt: Modernisierungs- und Dependenzansätze. Beiden gemeinsam ist eine Grundorientierung am Entwicklungsmodell westlicher oder östlicher IL und die Dominanz einer ökonomischen Perspektive im Entwicklungsprozeß. Die Modernisierungsansätze sehen die Ursachen der Unterentwicklung ungeachtet vorgegebener „natürlicher" Entwicklungspotentiale (z.B. Rohstoffreichtum, Klima) primär in internen Faktoren der EL, insbesondere Entwicklungsblockaden aufgrund der soziokulturellen Strukturen und mangelnder ökonomischer Dynamik. Demgegenüber tritt der Einfluß der Einbindung in internationale Strukturen, insbesondere den Weltmarkt, in den Hintergrund und wird tendenziell eher positiv als Chance interpretiert. Die überwiegend marxistisch beeinflußten Dependenzansätze orten die Ursachen der Unterentwicklung dagegen primär in externen Faktoren. IL und Unterentwicklung der EL seien nur zwei Seiten derselben Medaille. Die EL seien durch den Kolonialismus in ungerechte, allein auf die Interessen der IL ausgerichtete internationale Strukturen gezwungen, damit ihrer Entwicklungspotentiale beraubt und „unterentwickelt worden".

Die strukturell verankerte systematische Begünstigung der Metropolen (IL) und Benachteiligung der Peripherie (EL) halte auch nach der formalen staatlichen Unabhängigkeit der EL im Zuge des → *Entkolonialisierungs*prozesses an (Neokolonialismus). Als wichtiger Faktor der weiter bestehenden strukturellen Abhängigkeit wird dabei die Elite in den EL gesehen, die meist orientiert an Vorstellungswelt und Lebensstil der IL als „Brückenkopf" der Metropolen wirke.

Die divergiererende „Erklärung" der Unterentwicklung legt auch unterschiedliche Strategieempfehlungen nahe. Während Verfechter des Modernisierungsansatzes für eine nachholende Entwicklung durch eine am Modell der westlichen IL orientierte Veränderung der internen Strukturen eintreten und ökonomische Dynamik und Wachstumsgewinn nicht zuletzt durch Einbindung in den Weltmarkt erwarten (exportorientierte Entwicklung), plädieren Anhänger des Dependenzansatzes immanent konsistent für eine zeitweilige „Abkoppelung" vom Weltmarkt und autozentrierte, binnenwirtschaftlich ausgerichtete Entwicklung. Da für kleine EL eine autozentrierte Entwicklungsstrategie von vornherein auf enge Grenzen stößt, wird ergänzend eine kollektive Eigenständigkeit (collective self-reliance) der EL als Gruppe empfohlen.

Diese universitätszentrierte sehr allgemeine und abstrakte entwicklungstheoretische Auseinandersetzung hat teilweise aufgrund immanenter Defizite nur eng begrenzte Auswirkungen auf die praxisorientierte entwicklungspolitische Diskussion gehabt. Zwar bestimmte sie weitgehend den Denkhorizont, aber handlungsrelevant wurden eher pragmatisch geprägte Überlegungen in Institutionen mit politischem Einfluß und eigenem Handlungspotential wie der → Weltbank. Die Entwicklung der EP wurde zudem in hohem Maße durch den Rahmen der internationalen Beziehungen, insbesondere veränderte Machtkonstellationen, geprägt.

Anfänglich optimistische Erwartungen in den 50er Jahren, ähnlich wie bei der Marshall-Plan-Hilfe für Westeuropa könne eine Starthilfe in Form von Kapitalzufuhr in die EL eine schnelle Entwicklung auslösen und zu einem Stadium sich selbst tragenden Wachstums führen, erwiesen sich als Illusion. Trotz der auch in den 60er Jahren (erstes Entwicklungsjahrzehnt der UN) beachtlichen durchschnittlichen Wachstumsrate von 5 % (unter Einbeziehung der Bevölkerungsentwicklung pro Kopf allerdings 2,5 %), führten auch hohe Wachstumsraten keineswegs automatisch zu einer Verbesserung der Situation der besonders benachteiligten „absolut Armen" (fehlender Durchsickereffekt). Eine Folge war eine verstärkte Zieldiskussion, bei der sowohl die Orientierung am Leitbild IL in Frage gestellt als auch eine stärkere Orientierung auf Grundbedürfnisse der Menschen in den EL verlangt wurde. Die auch von internationalen Organisationen vorgenommene Akzentverlagerung in Richtung Grundbedürfnisstrategie stieß in vielen EL auf Vorbehalte, u.a. weil sie als Ablenkungsmanöver betrachtet wurde. Die EL hatten zunehmend mit der Macht ihrer großen Zahl ihre Entwicklungsinteressen zum zentralen Thema der UN gemacht. Für ihre unzureichenden Entwicklungsfortschritte machten sie primär die von den westlichen IL geprägten und dominierten Strukturen des → Weltwirtschaftssystems verantwortlich. Statt einer Abkoppelung von der Weltwirtschaft forderten sie strukturelle Veränderungen in Form einer Neuen Weltwirtschaftsordnung (NWWO), die sie unter dem Eindruck der Machtverschiebung zugunsten der ölexportierenden EL Mitte der 70er Jahre auch in wichtigen UN-Dokumenten verankern konnten. Bei den folgenden Verhandlungen über die praktische Umsetzung wichtiger Elemente der NWWO scheiterten die EL aber weitgehend, wobei u.a. der hinhaltende Widerstand der westlichen IL, der Machtverlust der OPEC sowie die zunehmende „Pluralisierung" der Dritten Welt und die damit verbundene mangelnde Interessenhomogenität eine wichtige Rolle spielten.

Als grober Indikator für den entwicklungspolitischen Diskussionsstand können → internationale Kommissionen gelten, die zu unterschiedlichen Zeitpunkten versucht haben, politische Impulse zur Überwindung kritischer Situationen zu geben. 1980 hat die „Unabhängige Kommission für internationale Entwicklungsfragen" unter Vorsitz von Willy *Brandt* ihren Bericht mit dem programmatischen Titel vorgelegt „Das Überleben sichern. Gemeinsame Interessen der Industrie- und Entwicklungsländer". Die integrationsfreundliche Grundphilosophie mit der Betonung gemeinsamer Interessen war verbunden mit der Forderung nach Veränderungen des internationalen Systems zugunsten der Dritten Welt im Sinne größerer Gleichberechtigung und Partnerschaft. Angesichts krisenhafter Tendenzen in der Weltwirtschaft — u.a. zweite Ölpreiskrise 1979 / 80 mit ihren die ölimportierenden EL viel stärker als die IL treffenden Folgen — und veränderten wirtschaftspolitischen Prioritäten in den IL verlagerte sich die Diskussion in den 80er Jahren von grundlegenden Strukturreformen auf kleine praktische Schritte der unmittelbaren Krisenbewältigung (insbesondere hinsichtlich der viele EL betreffenden → internationalen Verschuldungskrise). Die 80er Jahre sind im Hinblick auf die EL daher auch als „verlorenes Jahrzehnt" charakterisiert worden.

Die welthistorischen Umwälzungen in Osteuropa mit ihren ökonomischen und politischen Krisenmomenten beeinflußten direkt und indirekt auch die Entwicklungstheorie und EP. Damit wurde das sowjetische Entwicklungsmodell, dessen Attraktivität bereits seit langem nachgelassen hatte, beerdigt, und Marktorientierung gewann in der EP zusätzliches Ansehen. Auch die Erfolge einiger EL mit stark exportorientierten Strategien — z. B. die ostasiatischen vier „kleinen Tiger" — unterminierten die Überzeugungskraft des Dependenzansatzes und führten zu einer Neuakzentuierung der internen Entwicklungshemmnisse und damit auch der Eigenverantwortung der EL, wie sie u.a. in dem Bericht der ausschließlich von Vertretern der EL beschickten Südkommission 1990 zum Ausdruck kam. U.a. wurden die autoritären repressiven Strukturen in den EL als Entwicklungshemmnis neu diskutiert. Zugleich gewannen die schon im Brandt-Bericht thematisierten Entwicklungsbezüge zu (Ab)Rüstung und Umwelt — begriffliche Zielerweiterung „dauerhafte" (substainable) Entwicklung — in der Diskussion nationaler wie internationaler Entwicklungsstrategien an Bedeutung, wobei auch versucht worden ist, EH als Druckinstrument zugunsten von Veränderungen einzusetzen.

5. Entwicklungshilfe — Für einen Ressourcentransfer von den IL in die EL und damit eine bescheidene Einkommensumverteilung im Weltmaßstab mittels EH wird ein ganzes Bündel von Begründungen höchst unterschiedlicher Überzeugungskraft angeführt. Es umfaßt das Argument der „Wiedergutmachung" für kolonial bedingte Fehlentwicklungen, das Motiv der langfristigen Friedenssicherung — Entschärfung des Nord-Süd-Konfliktes und neuerdings verstärkt Eindämmung wachsender Flüchtlingsströme —, außenpolitische und strategische Elemente — insbesondere im Kontext des Ost-West-Konfliktes Gewinnung von Verbündeten, im Fall der BRD der Versuch, mit EH die völkerrechtliche Anerkennung der DDR zu verhindern —, ökonomische Motive — Stabilisierung der Rohstoffversorgung aus EL, Arbeitsplatzsicherung durch verstärkte Exporte in die EL, Gewinne aus größerer Arbeitsteilung — sowie das allgemeine Solidaritätsmotiv. Wird der Eigenwert jedes Menschen und sein Recht auf ein Existenzminimum anerkannt, erscheint letzteres besonders tragfähig, da prinzipiell nicht bestreitbar. Es genießt nach Meinungsumfragen auch den stärksten Rückhalt bei den für die langfristige Unterstützung letztlich entscheidenden Wählern in den westlichen IL, kann aber leicht zu Almosenmentalität degenerieren.

5.1 Abgrenzung, Größenordnung und Formen — Bei den Austauschbeziehungen mit EL sind insbesondere Leistungen zu Marktbedingungen und solchen mit Zuschußelement zu unterscheiden. So sind zum Beispiel Exportkredite und Privatinvestitionen in EL normalen Geschäftskalkülen unterworfen, und insbesondere für Privatinvestitionen ist der entwicklungspolitische Nutzen in einer stark ideologiegefärbten Debatte kontrovers beurteilt worden. Die Konkurrenz der EL um ausländische Privatinvestitionen hat sich in den letzten Jahren noch verstärkt, auch im Zusammenhang damit, daß nach der zeitweilig übermäßigen Inanspruchnahme des internationalen Kapitalmarktes und der folgenden internationalen Verschuldungskrise für die meisten EL die Quelle privater Bankkredite faktisch versiegt ist.

Seit der zweiten UNCTAD-Konferenz 1968 ist prinzipiell anerkannt, daß den EL jährlich mindestens 0,7 % des BSP als EH aus öffentlichen Mitteln zufließen soll (davon 0,15 % für die LDC), ohne daß aber die IL bisher über wohlwollende Absichtserklärungen hinaus eine bindende, auch zeitlich fixierte Zusage gegeben haben. Der Entwicklungshilfeausschuß (DAC) der OECD, der sich um einheitliche Kriterien und Transparenz der EH zumindest für die westlichen IL bemüht, erkennt als öffentliche EH nur Leistungen an, die mindestens ein Zuschußelement von 25 % enthalten. 1991 betrug die öffentliche EH (ODA) der DAC-Länder 58 Mrd. $ und erreichte mit 0,34 % des BSP nicht einmal die Hälfte der Zielgröße. Traditionell oberhalb der Mindestziele liegen nur die skandinavischen Länder und die Niederlande, während das absolut größte Geberland USA mit 0,2 % des BSP am Tabellenende rangiert. D lag 1991 mit 11,4 Mrd. DM bei dürftigen 0,41 % des BSP. Auf die DAC-Länder entfällt mit etwa 90 % die Masse der öffentlichen EH. Andere Geberländer sind insbesondere die früheren Ostblockländer und arabische Ölexportländer, allerdings mit rückläufiger Tendenz.

Unter dem Gesichtspunkt größerer Verteilungsgerechtigkeit ist auf der Aufbringungsseite bereits das allgemeine 0,7 %-Ziel für alle IL fragwürdig. Es läge nahe, die nationalen Besteuerungsgrundsätze auch auf die internationale Ebene zu übertragen und die prozentuale Belastung nach der Leistungsfähigkeit progressiv zu staffeln. Auch auf der Vergabeseite gibt es augenfällige Ungerechtigkeiten, insofern der relative Entwicklungsstand sich bei der Verteilung nur unzulänglich niederschlägt. So haben v.a. die Großmächte politisch, militärisch und ökonomisch „interessante" EL begünstigt, die früheren Kolonialmächte die Beziehungen zu den ehemaligen Kolonien besonders gepflegt, die früheren Ostblockstaaten sich auf „sozialistisch" orientierte EL und die arabischen Geberländer sich auf die islamischen EL konzentriert. Darüber hinaus hat das juristische Prinzip der Gleichheit aller Staaten sich zu Lasten bevölkerungsreicher Staaten ausgewirkt (niedrige Pro-Kopf-Hilfe z.B. für Indien und China). Ein zentrales Verteilungsproblem ist schließlich, wie gesichert werden kann, daß die EH auch innerhalb der EL nicht nur den ohnehin privilegierten Schichten, sondern möglichst vorrangig dem vor allem auf dem Lande konzentrierten ärmsten Teil der Bevölkerung zugute kommt.

Bei den Formen der EH werden verschieden Gliederungskriterien verwendet. Nach dem Kriterium des Trägers bietet sich die Aufteilung in öffentliche und private EH an. Bei den nicht gewinnorientierten Leistungen dominieren eindeutig die öffentlichen Mittel (in D etwa 90 %). Auf privater Seite ist v.a. die EH der Kirchen zu nennen. Teilweise kommt es aber auch zu Mischformen, indem z.B. in kirchliche EH-Projekte auch staatliche Zuschüsse fließen. Bei dem Einsatz staatlicher Mittel über private Träger spielt die Erwägung eine Rolle, daß staatliche Instanzen in stärkerem Maße dem Postulat der Nichteinmischung in die inneren Angelegenheiten anderer Staaten unter-

liegen und private Organisationen leichter gesellschaftliche Gruppen in den
EL erreichen, insbesondere solche, die in Opposition zu ihrer Regierung stehen. In D sind die Stiftungen der großen politischen Parteien wichtige Träger
von EH-Projekten in politisch sensiblen Bereichen, wobei die Finanzierung
fast ausschließlich aus Steuermitteln erfolgt.

Weiter kann die EH bilateral — die dominante Form — oder multilateral vergeben werden, wobei unter multilateral sowohl die Abstimmung zwischen
verschiedenen Geberländern, z.B. im Rahmen der → EG, als auch die Zwi-
schenschaltung einer internationalen Organisation wie der Weltbank verstanden wird. Als Vorteil internationaler Organisationen wird angesehen,
daß sie sich vorrangig am entwicklungspolitischen Effekt orientieren und
nicht etwa am „nationalen Interesse" eines Geberlandes, dadurch aber auch
eher in der Lage sind, entwicklungsfördernde Bedingungen und „innere Reformen" gegenüber den EL zu fördern.

Bei der sachlichen Form kann gebundene und ungebundene EH unterschieden werden. Eine Bindung an den Kauf von Waren des betreffenden Geberlandes bedeutet in der Regel überhöhte Preise und damit eine Kaufkraftmin-
derung für die EL. Von den seiten der Geberländer wurden für eine Bindung
der EH ursprünglich meist Zahlungsbilanzprobleme angeführt, aber seit der
Weltwirtschaftskrise 1974 dominiert das Argument der Arbeitsplatzsicherung.

Die Frage Projekt- oder Programmhilfe berührt v.a. den Spielraum der IL
beim Einsatz der Mittel. Die vorherrschende Form ist die Förderung konkreter Projekte, die von den Geberländern detailliert geprüft worden sind.

Schließlich ist eine wichtige Unterscheidung die zwischen Kapitalhilfe und
technischer Hilfe. Die Kapitalhilfe stellt innerhalb der EH trotz relativ ge-
sunkener Bedeutung nach wie vor den größten Anteil. Hinsichtlich der Konditionen der Kapitalhilfe haben sich die westlichen IL im Rahmen des DAC
auf Standardbedingungen geeinigt, die normal 2 % Zinsen bei einer Laufzeit
von 30 Jahren und zehn tilgungsfreien Jahren lauten und sich bei den besonders günstigen IDA-Konditionen (→ Weltbankgruppe) auf 0,85 %, 35 bis 40
Jahre Laufzeit und zehn tilgungsfreie Jahre ermäßigen. Die besonders benachteiligten LDC sollen öffentliche EH nur noch als reine Zuschüsse erhalten.

5.2 Bisherige Ergebnisse und Kritik — Gemessen an den ursprünglichen
Hoffnungen auf seiten der EL wie der IL haben die bisherigen Ergebnisse
der EH enttäuscht. Das in den EL erzielte Wachstum ist teilweise durch die
Bevölkerungsexplosion aufgezehrt worden, teilweise einer ohnehin privilegierten kleinen Gruppe zugute gekommen. Auch wenn die bisherigen Formen der EH teilweise berechtigter Kritik unterliegen, wird wachsende EH
insbesondere für die LDC überwiegend weiter für notwendig gehalten. Die
EH ist zwar gemessen z.B. an den gesamten Investitionen in den EL nur ge-

ring, kann aber wichtige Engpässe überwinden helfen und als Hilfe zur Selbsthilfe einen hohen Stellenwert besitzen. So verlangen die EL auch vermehrte und stetigere EH bei verbesserten Konditionen durch die gesamte internationale Gemeinschaft ohne politische Bedingungen. Vorschläge für die Erschließung neuer Finanzierungsquellen richten sich u.a. auf

— Erstattung von Einnahmen, die aus Zöllen und anderen Schutzmaßnahmen gegen Produkte der EL resultieren,
— Einsatz eines wesentlichen Teils der durch Abrüstung freiwerdenden Mittel für die Bedürfnisse der EL,
— Koppelung der Ausgabe von Sonderziehungsrechten (→ internationale Währungspolitik) und EH.

Bisher zeichnet sich allerdings nicht ab, daß auch nur eine wesentliche Annäherung an die internationalen Richtwerte in absehbarer Zeit gelingt, auch wenn die Angst vor Massenmigration in die IL eine wachsende Schubkraft zugunsten größerer EH-Anstrengungen bewirken könnte. Hinzu kommt, daß auch ein Teil des ehemaligen Ostblocks als EL einzustufen ist und die Konkurrenz um EH verstärkt. Angesichts knapperer Mittel wird die Frage der Effizienz des Mitteleinsatzes insbesondere auf der Geberseite verstärkt diskutiert. Dabei steht neben einem wirksameren Erfahrungsaustausch und einer besseren Koordination die Schaffung besserer entwicklungspolitischer Rahmenbedingungen in der Politik der EL im Vordergrund. In den ,,Politikdialog" sollen verstärkt auch Fragen der → Menschenrechte, Orientierung an Grundbedürfnissen und Schutz der Ökologie in den EL eingebracht werden. Angesichts asymmetrischer Dialogstrukturen ist allerdings die Gefahr groß, daß Interessen und Ideologien der Geberländer entwicklungspolitische Überlegungen einseitig dominieren.

6. Perspektiven — Der Wegfall des herkömmlichen → Ost-West-Konfliktes scheint ,,die" soziale Frage unserer Zeit, nämlich die wachsende Kluft zwischen den Lebenschancen in den IL und den EL, zur zentralen Konfliktlinie zu machen. Zugleich sind grundlegende ,,gemeinsame" Interessen (v.a. Überleben der Menschheit und Schutz des Ökosystems Erde) unbestreitbar. Bei der Konkretisierung der Ziele und Instrumente (einschließlich Veränderungen des Entwicklungsmodells IL) sowie v.a. der Um- und Durchsetzung und der damit verbundenen Lastenverteilung dominieren aber Bewertungs- und Interessenkonflikte. Die zunehmende Pluralisierung der Dritten Welt verschlechtert zudem die Chancen der EL für eine kollektive Interessenvertretung (→ Nord-Süd-Konflikt). Auch auf der Theorie- und Strategieebene ist ein ,,Königsweg" der EP nicht in Sicht. Die vielzitierte ,,Krise der Entwicklungstheorie" dürfte allerdings eher als Chance zu bewerten sein, wenn sie die Lagermentalität aufhebt und zum Verzicht auf allgemeine, mit Aus-

schließlichkeitsanspruch vertretene Theorieansätze führt, die sich mehr auf
ideologische Überzeugung als auf empirische Bewährung stützen. Die entwicklungspolitische Strategiediskussion dürfte zukünftig bescheidener und
konkreter werden und wird sich um maßgeschneiderte Lösungsansätze unter
Berücksichtigung der spezifischen Bedingungskonstellation eines EL unter
Einschluß interner wie externer Faktoren zu bemühen haben. Das bedeutet
auch, daß die Notwendigkeit konkreter Strukturreformen des internationalen Systems Teil der Diskussion bleiben wird.

Literatur

Bundesministerium für wirtschaftliche Zusammenarbeit (Hrsg.): Journa-
    listen-Handbuch Entwicklungspolitik, Bonn (jährlich).
Cassen, Robert: Entwicklungszusammenarbeit, Bern / Stuttgart 1990.
DAC (Development Assistance Committee): Grundorientierungen der Ent-
    wicklungspolitik und der Entwicklungszusammenarbeit in den 90er Jah-
    ren, Paris 1989.
Elsenhans, Hartmut: Nord-Süd-Beziehungen, Stuttgart² 1987.
Matthies, Volker (Hrsg.): Kreuzzug oder Dialog. Die Zukunft der Nord-
    Süd-Beziehungen, Bonn 1992.
Menzel, Ulrich: Das Ende der Dritten Welt und das Scheitern der großen
    Theorie, Frankfurt / M. 1992.
Nohlen, Dieter / *Nuscheler,* Franz (Hrsg.): Handbuch der Dritten Welt. Bd.
    1: Grundprobleme — Theorien — Strategien, Bonn, ³ 1992.
Nuscheler, Franz: Lern- und Arbeitsbuch Entwicklungspolitik, Bonn ³ 1991.
Riddell, Roger C.: Foreign Aid Reconsidered, London 1987.
Süd-Kommission: Die Herausforderung des Südens, Bonn 1991.
Unabhängige Kommission für Internationale Entwicklungsfragen: Das
    Überleben sichern. Gemeinsame Interessen der Industrie- und Entwick-
    lungsländer (Brandt-Bericht), Köln 1980.
Weltbank: Weltentwicklungsbericht, Washington D.C. (jährlich seit 1978).

Uwe Andersen

Europäische Gemeinschaft

1. Europäische Integration: Leitbilder, Ziele, Interessen — Europäische Integrationspolitik, also die auf eine dauerhafte und organisierte Kooperation oder gar auf einen engeren Zusammenschluß europäischer Staaten zielenden Bemühungen, erfolgte nicht voraussetzungslos. Die Träger einer solchen Politik ließen sich stets von bestimmten Interessen und Zielen leiten und sie entwickelten spezifische Vorstellungen von Struktur und Merkmalen eines solchen Kooperationsverbundes oder Zusammenschlusses. Bereits nach dem Ersten Weltkrieg hatte es Bemühungen um einen europäischen Zusammenschluß gegeben, der insbesondere Krieg und Gewalt zwischen den Staaten verhindern, zu größerer wirtschaftlicher Leistungsfähigkeit beitragen, eine Rolle Europas in der Weltpolitik gewährleisten, nicht zuletzt auch Minderheiten- und Grenzprobleme lösen helfen sollte. Die Katastrophe des Zweiten Weltkriegs und die Erfahrungen mit autoritären und totalitären Regimen gaben der Integrationspolitik neue Schubkraft. (→ Integration)

Die Politik des europäischen Zusammenschlusses zielte auf die Bildung einer Ordnung in Europa, in der gewaltsamer Konfliktaustrag ausgeschlossen sein und die als Rahmen für gemeinsame Problemlösung und Aufgabenbewältigung genutzt werden sollte. Die zu diesem Zusammenschluß gehörenden Staaten sollten der Gewährleistung von → Menschenrechten, Demokratie und Rechtstaatlichkeit verpflichtet sein. Die Leitbilder lauteten also Friedens- und Wertegemeinschaft sowie Problemlösungsrahmen.

Träger der Politik des Europäischen Zusammenschlusses waren Staaten und politische Akteure; sie stellten Integrationsbestrebungen in den Dienst spezifischer Anliegen und Belange. Das gilt etwa für das französische Sicherheitsstreben gegenüber Deutschland, oder für die Unterstützung des Demokratisierungsprozesses in Griechenland, Portugal und Spanien. Die Spaltung Europas im Zuge des Ost-West-Konflikts bewirkte, daß sich Integrationspolitik zunächst auf Westeuropa beschränkte und auch eine Funktion im Systemkonflikt erhielt.

Für Struktur und Organisation des europäischen Zusammenschlusses wurden zwei Ansätze angeboten: Schaffung eines eher lockern Rahmens für zwischenstaatliche Kooperation, auf intergouvernementaler Basis, ohne Einschränkung nationaler → Souveränität einerseits; Errichtung eines die Hoheitsgewalt der Mitgliedstaaten beschneidenden „supranationalen" Gebildes, welches als Rechtsgemeinschaft mit eigenen Organen und spezifischen Entscheidungsprozeduren konstituiert werden würde. Die Benelux-Staaten, Deutschland, Frankreich und Italien entscheiden sich für den zweiten Ansatz, der zur Errichtung von drei Europäischen Gemeinschaften und damit zur heutigen EG führte.

2. Etappen der EG-Entwicklung

2.1. Grundlegung — Die 1951 von den sechs Staaten errichtete Europäische
Gemeinschaft für Kohle und Stahl (EGKS), auch Montanunion genannt, war
die erste wirklich supranationale Organisation. Für den Montansektor
wurde eine gemeinsame Rechtsordnung mit Gemeinschaftsorganen, deren
Entscheidungen die beteiligten Staaten sowie Wirtschaftsunternehmen binden, geschaffen. Darauf folgten Bestrebungen der gleichen sechs Staaten,
nach dem gleichen Muster eine Verteidigungs- und eine Politische Gemeinschaft (EVG und EPG) zu errichten. Die EPG war als bundesstaatsähnliche
Konstruktion, die EGKS und EVG überwölben, zusätzlich für Außen- und
Wirtschaftspolitik zuständig und über parlamentarische Regierungsweise
mit Zwei-Kammer-System verfügen sollte, konzipiert und stellte insofern
eine sehr ehrgeizige Konstruktion dar, die die Souveränität der beteiligten
Staaten essentiell beschränkt hätte. Beide Projekte scheiterten, da die Voraussetzungen für einen solchen Schritt noch nicht vorhanden waren. Seit
1955 bemühten sich die sechs Staaten dann um die Errichtung einer Wirt-
schafts- und einer Atomgemeinschaft (EWG und EAG), die mit den Römischen Verträgen des Jahres 1957 begründet wurden. Die weitere Integrationspolitik wurde praktisch nur von der EWG bestimmt, deren vertraglich
begründete Ziele weiterreichende Aktivitäten erlaubten, ja sogar verlangten.
Die Finalität des Integrationsprozesses blieb dabei jedoch offen.
Kern des EWG-Vertrags war die Errichtung einer Zollunion und eines Gemeinsamen Marktes. Mit der Zollunion waren die Beseitigung von Zöllen
und Kontingenten für den innergemeinschaftlichen Warenverkehr sowie die
Schaffung eines gemeinsamen Außenzolls — und damit eine gemeinsame
Handelspolitik gegenüber Drittstaaten — verbunden. Zum Ziel des Gemeinsamen Marktes gehörten freier Warenverkehr, Niederlassungsfreiheit, freier
Kapital- und Dienstleistungsverkehr sowie die Freizügigkeit für Arbeitskräfte, ergänzt um eine gemeinschaftliche Wettbewerbsordnung (zum Beispiel mit Beihilfeverbot).
Der EWG-Vertrag sah weiter für ausgewählte Politikbereiche den Aufbau einer gemeinsamen Politik vor, wobei die Agrarpolitik das wichtigste und be-
kannteste Feld darstellt. Für andere Politikbereiche wurde lediglich die
Koordinierung nationaler Maßnahmen anvisiert. Die Sechsergemeinschaft
verstand sich als offen für den Beitritt anderer europäischer Staaten. Die Begründung von Assoziierungsverhältnissen (erstmals 1961 mit Griechenland)
kann als Vorstufe und Vorbereitungsphase verstanden werden. Assoziations-
verträge mit Staaten in Übersee, die früher in kolonialer Abhängigkeit zu
einzelnen EG-Mitgliedstaaten standen und auch nach Erlangung der Unabhängigkeit noch enge Beziehungen mit diesen Staaten hatten, begründeten
privilegierte Beziehungen und wurden zu einem speziellen Instrument europäischer Entwicklungspolitik weiterentwickelt.

Das Entscheidungsverfahren sah wie folgt aus: Die Kommission hat als internationale Behörde, deren Mitglieder von den Regierungen ernannt werden, das Initiativrecht für die gemeinschaftliche Rechtsetzung und ist für Ausführung sowie Überwachung der Einhaltung der Beschlüsse der Gemeinschaft zuständig. Das Europäische Parlament (EP), zunächst aus Abgeordneten der nationalen Parlamente bestehend und „Versammlung" genannt, wirkt beratend an der Rechtsetzung mit und hat Kontrollbefugnisse gegenüber der Kommission. Eigentliches Entscheidungsorgan war der Rat, dem Mitglieder der nationalen Regierungen angehören; für bestimmte Fälle sind Mehrheitsabstimmungen vorgesehen. Der Europäische Gerichtshof (EuGH) entscheidet in allen Fällen, in denen er bei einem Streit über die Anwendung und Auslegung des Gemeinschaftsrechts angerufen wird.

2.2. Entwicklung bis 1980 — Mit der Vollendung der Zollunion war Ende der 60er Jahre die sogenannte Übergangszeit abgeschlossen. Im folgenden Jahrzehnt machte die EG eine Entwicklung durch, in deren Gefolge sie zu einem Gebilde wurde, für das die mit dem Inkrafttreten der Römischen Verträge geprägte Bezeichnung „funktioneller Zweckverband" nicht länger angemessen war. Es kam zur Ausweitung des Aufgaben- und Tätigkeitsbereichs der EG, zur Ausdifferenzierung ihres Entscheidungssystems, zur Erweiterung um neue Mitglieder und zu Anläufen, sie zu einer übergreifenden politischen Gemeinschaft, mit der neuen Bezeichnung „Union", weiterzuentwickeln.

Die Ausweitung des Tätigkeitsbereichs der EG erfolgte auf der Grundlage von Vertragsbestimmungen, die ein Tätigwerden mit Blick auf das Funktionieren des Gemeinsamen Marktes erlauben oder gar nahelegen, oder die auf die Erfüllung genereller Zielvorstellungen (wie in Präambel und Art. 2 EWG-Vertrag formuliert) ausgerichtet waren. Instrumente hierfür waren entweder gemeinschaftliche Rechtsetzung — insbesondere die Angleichung innerstaatlicher Rechtsvorschriften —, aber auch Aktionsprogramme. Neue Aufgabengebiete waren in diesem Sinn die Umweltpolitik (weil unterschiedliche Umweltnormen die Wettbewerbsbedingungen beeinflussen), die Forschungs- und Technologiepolitik (wo auf die amerikanische und japanische Herausforderung geantwortet werden sollte), aber auch die → Entwicklungspolitik im Gefolge von Assoziationsbeziehungen.

Mit dem seit Mitte der 70er Jahre existierenden System eigener Einnahmen (sie bestehen aus Zöllen, Abschöpfungen und einem Teil des Mehrwertsteueraufkommens) hatte die Gemeinschaft eine von Mitgliedsbeiträgen unabhängige finanzielle Basis für ihre umfangreicher werdenden Aktivitäten. Zu ihnen gehörte bald auch die Regionalpolitik, für die seit 1975 der Regionalfonds als Teil des Gemeinschaftshaushalts zur Verfügung stand. Mit ihr begann, zunächst bescheiden, eine innergemeinschaftliche Umverteilung. Das 1978 geschaffene Europäische Währungssystem (EWS) zielte auf eine Zone mit stabilen Wechselkursen und enthielt die Verpflichtung der beteiligten Staaten, bei Wechselkursschwankungen Beistand zu leisten; allfällige Wechselkursänderungen durften nur noch einvernehmlich erfolgen. Das EWS unterstützte Maßnahmen zu stabilitätsorientierter Politik und hat zu mehr Konvergenz beigetragen.

Das Entscheidungssystem differenzierte sich stark aus. Der Rat erhielt eine Art Unterbau in Form des Ausschusses der Ständigen Vertreter, mit einer Vielzahl von Arbeitsgruppen und Unter-Ausschüssen, was die Komponente der nationalen Bürokratie stärkte. Die Gipfelkonferenz der Staats- und Regierungschefs wurde zum Europäischen Rat institutionalisiert; er sollte grundlegende Weichenstellungen für die Gemeinschaftsentwicklungen vornehmen, war in der Praxis aber häufig mit der Schlichtung kontrovers gebliebener Fragen befaßt. Das EP wurde 1979 erstmals direkt gewählt, was zu einer Stärkung seines politischen Gewichts beitrug. Mit dem Entstehen transnationaler, also EG-weiter Parteiföderationen sowie einer zunehmenden Zahl europäischer Dachverbände verschiedenster Interessen bildete sich eine transnationale politische Infrastruktur heraus.

1973 traten Dänemark, Großbritannien und Irland der EG als Mitglieder bei. Der mit der EG gewählte Ansatz von Integrationspolitik hatte sich damit dem Freihandelskonzept, welches Großbritannien mit der EFTA zunächst favorisiert hatte, als überlegen erwiesen. Auch wenn Bemühungen zur vertraglichen Begründung einer Europäischen Union zunächst ohne konkretes Ergebnis blieben, sind die Diskussionen darüber doch ein deutliches Indiz für das Interesse an einer Verfestigung des EG-Verbundes.

2.3. Vertiefung und Erweiterung bis 1989 — Zu Beginn der 80er Jahre gab es vielfältigen Reformdruck: Die bevorstehende Süderweiterung (um Griechenland, Portugal und Spanien); die als unbefriedigend empfundene Situation bei der Schaffung des Gemeinsamen Marktes (insbesondere wegen nichttarifärer Hindernisse); die wachsenden Anforderungen der Agrarüberschüsse an den Gemeinschaftshaushalt; nicht zuletzt externe Herausforderungen (technologische Lücke gegenüber Japan und den USA sowie die rasche Entwicklung der Schwellenländer). Ein Ergebnis der Reformbemühungen war die mit der Einheitlichen Europäischen Akte (EEA) 1986 erfolgte Änderung und Ergänzung der Verträge. Darin wird die Vollendung des Binnenmarktes bis Ende 1992 als Ziel verankert und die wirtschafts- und währungspolitische Kooperation auf das Ziel der Konvergenz ausgerichtet. Der Aufgabenbereich der EG wird erneut erweitert, nämlich um die Bereiche Forschung und Technologie, Umwelt und Soziales. Die Europäische Politische Zusammenarbeit (EPZ) wird auf eine vertragliche Grundlage gestellt. Weiter verpflichten sich die Staaten auf das Ziel der wirtschaftlichen und sozialen Kohäsion, was 1988 zu einer grundlegenden Reform der Strukturfonds (Verdoppelung der Ausstattung und Veränderung der Vergabebedingungen im Interesse strukturschwacher Staaten) führte.

Im Zusammenhang mit der EEA wurde 1988 ein Bündel von Maßnahmen beschlossen, die die EG-Kommission im sogenannten Delors-Paket I vorgeschlagen hatte. Neben der Reform der Strukturfonds ging es um eine Reform der Agrarpolitik mit dem Ziel, Überschüsse zu vermeiden und die Produktion — und damit die Ausgaben — zu senken. Das dritte Element war die Reform des Haushaltssystems: Die Einführung einer neuen Einnahmequelle, die sich am BSP, also an der tatsächlichen Leistungsfähigkeit der Staaten orientiert, sollte den finanziellen Bewegunggspielraum der Gemeinschaft wiederherstellen. Das 1985 proklamierte Ziel der Vollendung des Binnenmarktes bis Ende 1992 zielt auf die Schaffung eines einheitlichen Wirtschaftsraums und trägt ebenfalls zur Vertiefung der EG bei. Es handelt sich nicht um ein ausschließlich ökonomisches Projekt; der Verzicht auf Personenkontrollen an Grenzen beispielsweise verlangt ein Mehr an Kooperation und Gemeinsamkeit in Fragen wie Ausländer- und Asylpolitik, Drogen- und Verbrechensbekämpfung. Die 1989 (ohne Großbritannien) erfolgte Unterzeichnung der Charta sozialer Grundrechte soll das Binnenmarktprojekt ergänzen, nämlich Maßnahmen im Sozialbereich ermöglichen.

Die Süderweiterung wurde in zwei Etappen vorgenommen: 1981 wurde Griechenland Mitglied, 1986 traten Portugal und Spanien der EG bei. Insbesondere die beiden letztgenannten Mitgliedstaaten haben sich von Anfang an intensiv um die weitere Vertiefung der EG bemüht; sie erwarten in diesem Zusammenhang eine Förderung ihrer wirtschaftlichen Entwicklung.

2.4. Vertiefung und Erweiterung in den 90er Jahren

2.4.1. Das Vertragswerk von Maastricht — Der im Februar 1992 unterzeichnete Vertrag von Maastricht über die Europäische Union ist das bislang ehrgeizigste Vorhaben der Vertiefung der Gemeinschaft. Folgende Gründe erklären das Zustandekommen des Vertrags: Die Einsicht, daß zu einem einheitlichen Wirtschaftsraum (Binnenmarkt) eine Wirtschafts- und Währungsunion gehört und daß diese, da sie primär politische Qualität habe, durch eine Politische Union zu ergänzen sei. Weiter die Überzeugung, daß nur eine konsolidierte Gemeinschaft fähig sein würde, den Erwartungen insbesondere mittel- und osteuropäischer Staaten, die sich nach dem Zusammenbruch des Kommunismus auf Westeuropa hin orientieren, zu entsprechen. Schließlich das Bestreben, das vereinigte Deutschland dauerhaft und verläßlich in einen internationalen Verbund einzugliedern.

Die angestrebte Union soll sich von der EG dadurch unterscheiden, daß sie deutlich über diese hinausgeht. Zur Union gehören drei Hauptkomponenten, häufig „Pfeiler" genannt.

Den ersten Pfeiler stellen die drei europäischen Gemeinschaften dar, deren vertragliche Grundlagen erneut ergänzt und verändert werden. Der Aufgabenbereich der Gemeinschaft wird beträchtlich erweitert, wobei im Mittelpunkt die Errichtung einer Wirtschafts- und Währungsunion steht. Ziel der

Währungsunion sind feste Wechselkurse, eine einheitliche Währung, die Festlegung und Durchführung einer einheitlichen Geld- und Währungspolitik, die dem Ziel der Preisstabilität verpflichtet ist, schließlich eine europäische Zentralbank. Neu zum Aufgabenbereich der Gemeinschaft gehören nunmehr so unterschiedliche Bereiche wie allgemeine Bildung, Kultur, Gesundheitswesen, Verbraucherschutz, transeuropäische Netze, Industriepolitik und Entwicklungszusammenarbeit. Auf den genannten Gebieten wird nun keineswegs eine Gemeinschaftskompetenz zu Lasten der Mitgliedstaaten eingeführt, vielmehr werden diese Bereiche als Gemeinschaftsaufgaben verstanden, an deren Beteiligung die Gemeinschaft, neben den Mitgliedstaaten, beteiligt wird. Der Vertrag will also die Staaten auf möglichst vielen Bereichen ganz systematisch in den Gemeinschaftsrahmen einbinden, auch wenn ihre Entscheidungskompetenz weitestgehend erhalten bleibt.

Neu ist die Einführung eines sogenannten Kohäsionsfonds, mit dem ein zusätzlicher Finanzausgleich durch Transferzahlungen an die strukturell schwächsten Mitgliedstaaten erfolgen soll. Der Vertrag führt sodann eine Unionsbürgerschaft ein, die vor allem allen Unionsbürgern das kommunale und das Wahlrecht zum EP gewähren soll. Im Bereich Sozialpolitik mußte eine Sonderlösung gefunden werden, weil Großbritannien seine Zustimmung verweigerte: Die Vereinbarungen der elf übrigen Mitgliedstaaten sind dem Vertrag als Protokoll in Form eines gesonderten Abkommens beigefügt.

Der zweite Pfeiler sind Bestimmungen über die Gemeinsame Außen- und Sicherheitspolitik (GASP), wo der intergouvernementale Charakter erhalten bleibt. Letztlich behält also jeder Mitgliedstaat seinen Gestaltungsspielraum, denn Entscheidungen des Rates bedürfen der Einstimmigkeit. Längerfristig soll zur GASP auch eine gemeinsame Verteidigungspolitik, schließlich auch eine gemeinsame Verteidigung gehören. Mit Blick auf dieses Ziel wird die Westeuropäische Union (WEU) zum integralen Bestandteil der Unionsentwicklung erklärt; Entscheidungen und Aktionen der Union mit verteidigungspolitischen Bezügen sollen demnach von der WEU ausgearbeitet und durchgeführt werden. (→ EG als intern. Akteur)

Der dritte Pfeiler, ebenfalls mit intergouvernementalem Charakter, ist die Zusammenarbeit in den Bereichen Justiz und Inneres. Dazu gehören Asylpolitik, Kontrolle von Grenzüberschreitungen, Einwanderungspolitik, Bekämpfung der Drogenabhängigkeit und der internationalen Kriminalität, Zusammenarbeit der Justiz in Zivil und Strafsachen, Kooperation im Zollwesen und schließlich die polizeiliche Zusammenarbeit, die auch Bestrebungen zum Informationsaustausch im Rahmen eines europäischen Polizeiamts (Europol) einschließt.

Ergänzungen im Entscheidungssystem beziehen sich zunächst und vor allem auf die neue, unabhängige Europäische Zentralbank, die an die Stelle der nationalen Notenbanken treten soll. Sodann wird als neues Gremium ein Ausschuß der Regionen eingeführt, der territorialen Einheiten unterhalb der

Ebene des Nationalstaats, pauschal „Regionen" genannt, direkt zunächst beratende Mitwirkungsmöglichkeiten auf Gemeinschaftsebene geben soll. Die Mitwirkungsrechte des EP im Entscheidungsprozeß sind gestärkt worden, allerdings um den Preis einer erheblichen Komplizierung der Verfahren und der Verstärkung ihrer Intransparenz. Mit der Einfügung des Subsidiaritätsprinzips in den Vertrag wird der Versuch gemacht, in der „Verfassungs"- Ordnung der künftigen Union eine angemessene Balance zwischen Gemeinschaft und Mitgliedstaaten zu gewährleisten.

Das negative Referendum in Dänemark im Juni 1992, die dadurch verursachte Verschiebung der Ratifikation in Großbritannien, das erneute — diesmal positive — Referendum in Dänemark im Mai 1993 sowie die Entscheidung des Bundesverfassungsgerichts über die Verfassungskonformität des Maastrichter Vertrags im Oktober 1993 führte dazu, daß dieser Vertrag mit 10monatiger Verspätung am 1. November 1993 in Kraft trat. Seit dieser Zeit führt die Europäische Gemeinschaft die Bezeichnung Europäische Union (EU).

2.4.2. Erweiterung — Neben der Vertiefung steht die Gemeinschaft vor einer neuen Erweiterungsrunde. Aus dem Bestreben heraus, bei Bestehen des EG-Binnenmarkts keine Nachteile zu erleiden, haben die EFTA-Staaten mit der EG das EWR-Abkommen (Schaffung eines einheitlichen Wirtschaftsraums, also eines Binnenmarkts von 18 Staaten) abgeschlossen. Die meisten EFTA-Staaten verstehen den EWR mittlerweile als Vorstufe zu späterer Vollmitgliedschaft. Die Ablehnung des EWR-Abkommens durch die Schweiz in einem Referendum im Dezember 1992 hat sein Zustandekommen zunächst verzögert. Zu Beginn des Jahres 1993 wurden zudem die Beitrittsverhandlungen mit Österreich und den skandinavischen Staaten begonnen.

Weitere Beitrittsaspiranten stellen mittel- und osteuropäische Staaten dar, die sich nach dem Zusammenbruch des Kommunismus 1989 / 90 auf Westeuropa hin orientieren. 1988 / 89 zwischen einer Reihe dieser Staaten und der EG abgeschlossene Handels- und Kooperationsverträge wurden 1991 / 92 zu Assoziationsverträgen weiterentwickelt, in denen ebenfalls nur ein Zwischenstadium zu späterer Vollmitgliedschaft gesehen wird. Bedingung hierfür ist ein erfolgreicher Transformationsprozeß in ein marktwirtschaftliches System und eine demokratische politische Ordnung.

Die Beziehungen zu anderen Staaten, etwa im ehemaligen Jugoslawien oder der ehemaligen Sowjetunion, bedeuten für die sich zur Union entwickelnde EG eine große Herausforderung. Strittig ist dabei, ob die angestrebte Vertiefung mit einer Erweiterung vereinbar ist, sowie in welcher Form und mit welcher Intensität die neu entstandenen Staaten mit der EG / Union verbunden werden sollen. Das Bild konzentrischer Kreise mit der EG als Mittelpunkt oder der im EP geprägte Begriff der „kooperativen Aufgabenkonföderationen" gibt zunächst keine Präzise Antwort über künftige verläßliche Strukturen.

3. Charakter und Merkmale der EG — Es herrscht weitgehende Übereinstimmung, welche Bezeichnungen zur Charakterisierung des für die EG Typischen nicht angemessen sind: sie ist sehr viel mehr als die traditionelle internationale Organisation, mehr als ein funktionaler Zweckverband, auch mehr als ein internationales Regime. Andererseits ist die EG auch kein Staat; allerdings wird diskutiert, ob sie sich auf dem Weg zur Staatswerdung befindet, weil einige ihrer Merkmale mit Staatlichkeit assoziiert werden. Mit der Anwendung des Konzepts des politischen Systems wurde versucht, das für die EG Typische auszudrücken. Das EG-System wird danach mehr definiert durch das Ausmaß seines Aufgaben- und Tätigkeitsbereichs sowie durch sein Entscheidungssystem. In beiden Dimensionen erfolgte, wie gezeigt wurde, eine sehr dynamische Entwicklung. Auch dort, wo es nicht zu förmlichen Gemeinschaftskompetenzen kam, wo also keine EG-Rechtsetzung möglich ist, sind die EG-Mitgliedstaaten enger aneinander gerückt und haben ihre Kooperationsbeziehungen verstärkt und verdichtet.

Zur weiteren Charakterisierung des EG-Systems werden zwei Begriffe verwendet: Verflechtung und Konkordanz. Mit der Bezeichnung als Verflechtungssystem wird die EG als ein Verbund benannt, der immer enger, dichter und tiefer wird. Integration zielt damit auf eine Verfestigung des Verbundcharakters. Zum Verflechtungssystem gehört eine stetig wachsende Zahl von Akteuren (gouvernementale und nichtgouvernementale) sowie die Intensivierung von vielfältigsten Kommunikationsbeziehungen zwischen ihnen. Aushandlungsprozesse sind ein wesentliches Merkmal eines solchen Verflechtungssystems, wobei die Akteure das Konkordanzangebot beachten, also sich um Kompromißlösungen und Konsens bemühen und die für die EG so typischen Paketlösungen produzieren.

Literatur

Beutler, Bengt u.a.: Die Europäische Gemeinschaft. Rechtsordnung und Politik, Baden-Baden ³1987.

Hrbek, Rudolf (Hg.): Der Vertrag von Maastricht in der wissenschaftlichen Kontroverse, Baden-Baden 1993.

Keohane, Robert O. / *Hoffmann,* Stanley (Hg.): The New European Community. Decisionmaking and Institutional Change. Boulder / San Francisco / Oxford 1991.

Kreile, Michael (Hg.): Die Integration Europas, PVS-Sonderheft 23 / 1992.

Oppermann, Thomas / *Moersch,* Erich-Wolfgang (Hg.): Europa-Leitfaden. Ein Wegweiser zum Europäischen Binnenmarkt 1992, Regensburg ²1991.

Sbragia, Alberta M. (Hg.): Europolitics. Institutions and Policymaking in the „New" European Community, Washington D.C. 1992.

Schneider, Heinrich: Leitbilder der Europapolitik 1: Der Weg zur Integration, Bonn 1977.

Thiel, Elke: Die Europäische Gemeinschaft. Vom Gemeinsamen Markt zur Europäischen Union, München [4]1992.

Weidenfeld, Werner / *Wessels,* Wolfgang (Hg.): Jahrbuch der Europäischen Integration, Bonn 1981 ff.

Weidenfeld, Werner / *Wessels,* Wolfgang: Europa von A-Z. Taschenbuch der Europäischen Integration, Bonn [2]1992.

Rudolf Hrbek

EG als internationaler Akteur

1. Wunschdenken oder Wirklichkeit — Fragt man gegenwärtig — und insbesondere im Hinblick auf das Drama in Jugoslawien (→ Balkankonflikt) — nach der politischen Bereitschaft und Leistungskraft einer europäischen Außen- und Sicherheitspolitik, so sind die Antworten überwiegend negativ. Insbesondere in der öffentlichen Meinung und veröffentlichten Presse wird auf die Passivität der Westeuropäer und nationale Eigenbröteleien abgehoben, wenn es etwa um die Frage der Anerkennung Mazedoniens oder der Flüchtlingsproblematik geht. In diplomatischen Zirkeln und in EG-Kreisen werden demgegenüber zwar Defizite eingeräumt. Zugleich verweist man — nicht zu unrecht — auf die Vielfalt unterschiedlichster politisch-diplomatischer und finanziell-wirtschaftlicher Handlungsinstrumente, die der → Europäischen Gemeinschaft und ihren Mitgliedstaaten zur Verfügung stehen und seit Jahren auch eingesetzt werden, um die internationale Politik aktiv mitzugestalten. Tatsächlich hat die EG seit ihrer Gründung auch Entscheidungen gefällt, die zielgerichtet oder auch indirekt Wirkungen auf das internationale Umfeld zeigten, wobei es in den 50er und 60er Jahren primär um handelspolitische und außenwirtschaftlich orientierte Aspekte ging, während seit den 70er Jahren zunehmend politische Gestaltungsaufgaben, etwa die Durchsetzung der Grundsätze des internationalen Rechts und der → Menschenrechte, im Vordergrund stehen.

2. Kompetenzwirrwarr und Akteursvielfalt — Der Umstand, daß sich der Beobachter üblicherweise schwertut, das internationale Profil der EG und ihrer Mitgliedstaaten einzuschätzen, ist insbesondere dadurch bedingt, daß es die EG-Gründerväter unterließen, nationale Kompetenzen im Bereich der Außen- und Sicherheitspolitik auf die EG zu übertragen. Der Ansatz, eine sektorielle, insbesondere auf wirtschaftsrelevante Bereiche ausgerichtete In-

tegration anzustreben, war nach den leidvollen Erfahrungen mit weiterrei-
chenden Einigungsbemühungen in Form der Europäischen Politischen
Union und der Europäischen Verteidigungsgemeinschaft zu Beginn der 50er
Jahre verständlich. Doch selbst der relativ selektive Kompetenztransfer im
Bereich der EG-Außenbeziehungen — etwa die Festlegung eines Gemeinsamen Zolltarifs, mengenmäßige Einfuhrbeschränkungen oder die Schaffung
von Freihandelszonen — erwies sich in der EG-Praxis nicht selten als Kon-
fliktstoff zwischen den Mitgliedstaaten und der EG-Kommission. Bereits
dort entstanden Konfliktsituationen immer dann, wenn der Vertragstext die
Zuständigkeit nicht eindeutig abgrenzte, aber auch deshalb, weil sich die Beziehung zu einem Drittstaat häufig als eine facettenreiche umfassende Angelegenheit darstellte, die sowohl Gemeinschafts- wie nationale Zuständigkeiten einschloß. Anstatt langwierige Prozesse vor dem Europäischen Gerichtshof zu führen ging man in der EG-Praxis zunehmend dazu über, Verfahren
zu entwickeln, die es im Bedarfsfall ermöglichten, umfassende Beziehungen
zur Außenwelt zu etablieren und dabei alle relevanten Akteure einzubeziehen. Typisches Beispiel solcher „gemischter" Ansätze einer europäischen
Außenpolitik sind die Assoziierungsabkommen, wie sie etwa mit den
Maghreb-Staaten, der Türkei, den Staaten Afrikas, der Karibik und des Pazifik im Rahmen der Lomé-Verträge oder der Europaabkommen mit den mit-
telosteuropäischen Staaten bestehen.

Die so erzeugte Akteursvielfalt wurde im Laufe der Jahre noch dadurch gesteigert, daß das Europäische Parlament insbesondere seit seiner Direktwahl
1979 eine eigene gestalterische Rolle für das internationale Profil der EG in
Anspruch nahm und auch umsetzte. Neben seiner Rolle als Diskussionsforum und Ansprechpartner für Dritte, etwa in Fragen der Menschenrechte,
gelang es dem Europäischen Parlament zunehmend, Einfluß auf die Abkom-
menspolitik der EG mit Drittstaaten zu gewinnen, die heute eine Veto-
Position bei allen maßgeblichen Verträgen — wie etwa den Assoziierungsabkommen und den Beitrittsverträgen — einschließt (seit der Einheitlichen Europäischen Akte 1986 und erweitert in Art. 228 des Vertrages über die Europäische Union 1992).

*3. Zwang und Wunsch zur außenpolitischen Identitätsfindung: die Europäi-
sche Politische Zusammenarbeit (EPZ)* — Der ursprüngliche Verzicht auf
eine Vergemeinschaftung oder zumindest Koordinierung von Fragen der sogenannten „hohen Politik" erwies sich zu Beginn der 70er Jahre als immer
unrealistischer. Zum einen entfaltete der Wirtschaftsriese EG eine auch unter allgemeinen politischen Gesichtspunkten bedeutsame Tätigkeit bzw.
wurde so von der Außenwelt wahrgenommen. Die größere Erwartungshal-
tung aus dem internationalen Umfeld paarte sich zugleich mit der Erkenntnis, daß die EG und ihre Mitgliedstaaten auch politisch verwundbar waren
und — wie die Ölkrise im vierten Nahostkrieg (→ Nahost-Konflikt) zu Be-

ginn der 70er Jahre zeigte — unter Druck gesetzt werden konnten. Zugleich wuchs in den europäischen Hauptstädten angesichts solcher äußerer Bedrohungen die Einsicht, daß abgestimmte Positionen und ein geschlossenes Auftreten bei wichtigen internationalen Ereignissen Vorteile bot gegenüber dem traditionellen unilateralen Handeln. Dies war die Geburtsstunde der Europäischen Politischen Zusammenarbeit (EPZ), die zunächst auf den internen Informationsaustausch, eine mögliche Harmonisierung nationaler Standpunkte und — falls möglich und erforderlich — die Planung gemeinsamer Aktionen ausgerichtet war. Sicherheitspolitische Belange blieben zunächst — mit Rücksicht auf die → NATO — von den Beratungen ausgeschlossen, die hinter verschlossenen Türen und abgekoppelt vom Gemeinschaftsleben stattfanden. Die Sensibilität der Materie und unklare Erfolgsprognosen sprachen gegen ein rechtlich verbindliches Regelwerk. Die Kooperation zwischen den Außenministern der Mitgliedstaaten und ihren diplomatischen Stäben war als ein flexibles Instrument konzipiert, das lediglich auf politischen Absprachen, den sogenannten Berichten der Außenminister von 1970, 1973 und 1981 beruhte. Der intergouvernementale Ansatz wurde insbesondere in den 80er Jahren zugunsten eines pragmatischen Miteinanders mit den EG-Gremien derart geöffnet, daß die EG-Kommission ab Beginn der 80er Jahre auf allen EPZ-Ebenen beteiligt war und das Europäische Parlament über ein Fragerecht und eine Berichtspflicht durch die Präsidentschaft verfügte. Der so gewählte Rahmen ermöglichte es, nationale Domänen zu erhalten und gleichzeitig als Teil eines Verbundsystems international zu agieren. Wenngleich jede teilnehmende Regierung theoretisch über eine Veto-Position verfügte, so wurde sie in der EPZ-Praxis doch sparsam eingesetzt. Jeder Teilnehmer erkannte den grundsätzlichen Nutzen des Gesamtsystems und war deshalb bereit, aus diesen übergeordneten Gesichtspunkten im Einzelfall eine gemeinsame Entscheidung nicht zu blockieren. Ein Ausscheren aus der EPZ erwies sich aber auch deshalb als umso schwieriger, weil im Laufe der Jahre ein bemerkenswerter Grundbestand an gemeinsamen Auffassungen und zum Teil auch gemeinsamen Aktionen entstanden war, der sogenannte *acquis politique,* der etwa im Falle von nationalen Regierungswechseln und dem Austausch von Personen disziplinierend wirken konnte.

Nach 15jähriger Bewährungsprobe erhielt die EPZ mit der Einheitlichen Europäischen Akte von 1986 (Art. 30) erstmals eine rechtliche Absicherung. Sie war Ausdruck der übereinstimmenden Überzeugung aller zwölf Mitgliedstaaten, daß die EPZ zu einem „zentralen" Element ihrer nationalen Außenpolitik geworden war, zugleich aber auch als wesentliche Säule des europäischen Integrationsprozesses formell installiert wurde. Allerdings brachten die Vertragsbestimmungen keine qualitativen Veränderungen der EPZ-Prinzipien mit sich, bestätigten vielmehr die Flexibilität des Instruments, dessen Einsatz jedoch weiterhin ausschließlich von der Disponibilität der beteiligten Regierungen abhing.

4. Der Vertrag über die Europäische Union: eine neue Etappe mit begrenzter Reichweite — Erst der durch das Binnenmarkt-Programm („1992"), die Dynamik in der Debatte um die Wirtschafts- und Währungsunion und die deutsche Einheit (→ deutsche Wiedervereinigung), erzeugte Schub zu weiteren Integrationsschritten führte zu einer Grundsatzdebatte über Verfaßtheit und Struktur der EPZ. Die irakische Invasion in Kuwait 1990/1991 (→ Kuwaitkrieg) und der Krieg in Jugoslawien haben ebenfalls dazu beigetragen, daß Kritik und Unverständnis über die Passivität der EG-Europäer lauter wurden und Reformvorschläge entwickelt wurden, die über bloße pragmatische Anpassungen hinausgingen und an den Symptomen des schwachen europäischen Profils ansetzten. Sie waren Teil der Regierungskonferenz zur Politischen Union, die 1990/91 neben jener zur Wirtschafts- und Währungsunion tagte und eine umfassende Reform der bestehenden EG-Verträge in Form des Maastrichter Pakets verabschiedete. Titel V, Artikel J des 1992 unterzeichneten Vertrags über die Europäische Union enthält die neuen Bestimmungen über die Gemeinsame Außen- und Sicherheitspolitik (GASP).

Mit dieser Namensänderung wollten die Unterzeichner wohl zum Ausdruck bringen, daß ihr „Bemühen" um eine europäische Außenpolitik einen stärkeren Verpflichtungscharakter erhalten soll und damit das äußere Erscheinungsbild der Zwölf verbessert werden kann. Die gegenwärtige EPZ-Praxis deutet darauf hin, daß die zunächst unerwarteten Verzögerungen im Ratifikationsprozeß (ausgelöst durch das Nein im ersten dänischen Referendum im Juni 1992) die erhoffte Dynamik vermissen lassen und ein „business as usual" betrieben wird. Vor diesem Hintergrund erscheinen auch die Grundsätze der GASP-Bestimmungen, etwa jene, daß die Mitgliedstaaten die Außen- und Sicherheitspolitik der Union „aktiv und vorbehaltlos im Geist der Loyalität und gegenseitiger Solidarität" unterstützen, nur bedingt perspektivisch, zumal keine weitere Richtlinie entwickelt wurde, wie der Rat dafür Sorge trägt, daß diese Prinzipien eingehalten werden. Die GASP bleibt jedenfalls auch nach einem Inkrafttreten des Maastrichter Vertrages von der Rechtsprechung des Europäischen Gerichtshofes ausgenommen.

Mehr Kohärenz und außenpolitische Handlungsfähigkeit versprechen sich EG-Regierungen und Experten insbesondere von folgenden Bestimmungen des Artikel J:

— die allumfassende Zuständigkeit der GASP auch für Fragen der Sicherheits- und Verteidigungspolitik bis hin zu einer gemeinsamen Verteidigung „zu gegebener Zeit" (Artikel J 4) — Mit dieser, nach harten, insbesondere britischen Widerstand überwindenden Verhandlungen, erzielten Formulierung einer Allzuständigkeit der Europäischen Union wurde die in den 80er Jahren zunehmend als künstlich empfundene Trennung von politischen, wirtschaftlichen und militärischen Aspekten der europäischen Sicherheit beendet. Gegner einer allzu eigenständigen und auch auf amerikanische Vorbehalte stoßenden europäischen Identität in Fragen der Sicherheit und Verteidigung konnten allerdings erreichen, daß der Maastrichter Vertrag auch einen Passus enthält, der eine inhaltliche Übereinstimmung der GASP und der Politik der Atlantischen Allianz festlegt. Desweiteren mußte der irischen Neutralität Tribut gezollt werden. Er findet sich im Vertragstext als Vorbehalt dergestalt wieder, daß die sicherheits- und verteidigungspolitische Identität der künftigen Europäischen Union nicht den „besonderen Charakter" jener Politik bestimmter EG-Staaten „berührt". Ein möglicherweise noch größeres Handicap für das Profil der Zwölf/Union könnte sich jedoch daraus ergeben, daß es auch in den nächsten Jahren, zumindest bis zum Auslaufen des WEU-Vertrages 1998, bei der institutionellen Vielfalt sicherheits- und verteidigungspolitisch relevanter europäischer Institutionen bleibt. Befürworter einer Fusion von WEU und EG-Gremien konnten sich ebensowenig durchsetzen wie jene im Kreis der Zwölf, die den Akteuren der Europäischen Union, hier insbesondere dem Europäischen Rat der Staats- und Regierungschefs, die maßgebliche Funktion für die Definition der außen-, sicherheits- und verteidigungspolitischen Rolle der Europäer übertragen wollten. Stattdessen beließ man es bei der bestehenden Trennung von EPZ- und WEU-Gremien, wobei erstere die WEU lediglich „ersucht", entsprechende Entscheidungen und Aktionen auszuarbeiten und umzusetzen. Mit einer Reihe von praktischen Maßnahmen — wie etwa der Verlegung des Ständigen WEU-Rats und des Sekretariats nach Brüssel — sollen engere Verbindungen zwischen beiden Ebenen hergestellt werden; doch hat es gegenwärtig den Anschein, daß die EPZ durch die Ratifizierungsdebatte über den Maastrichter Vertrag weitgehend lahmgelegt ist, während die WEU-Gremien seit 1992 mit beträchtlicher Geschwindigkeit Entscheidungen treffen, um die WEU handlungsfähig zu machen. Dies gilt sowohl hinsichtlich ihrer eigenen Infrastruktur bis hin zu einer möglichen Übernahme von Funktionen traditioneller → NATO-Gremien, wie etwa der Unabhängigen Europäischen Programmgruppe, oder der Installation einer eigenen militärischen Planungszelle, der Definition des Einsatzes von Streitkräften für humanitäre Maßnahmen, „peace keeping" und „peace enforcement"-Aktivitäten außerhalb des geographischen NATO-Einzugsbereichs sowie einem neuen Rollenverständnis gegenüber den zentral- und südosteuropäischen Staaten und jenen des Baltikum in Form eines regelmäßigen Meinungsaustausches auf politischer und administrativer Ebene.

— Die Einführung von Mehrheitsabstimmungen (Art. J 3) — Mit diesem, nach traditionellem diplomatischen Verständnis, beträchtlichen Novum wollen die Zwölf sowohl ein verbessertes internes Management ihrer Politik wie auch ein überzeugenderes Bild nach außen erreichen. Nach mehr als zwanzigjähriger Praxis wird damit zumindest im Prinzip Abschied genommen von dem Konsenserfordernis und die Möglichkeit eröffnet, analog zum Abstimmungsmodus im Rat zu qualifizierten Mehrheitsentscheidungen (54 Stimmen bei acht Mitgliedstaaten) zu kommen. Es überrascht nicht, daß auch dieser Vertragsartikel erst nach zähem Ringen zustandekam und in seiner Interpretation durchaus Spielräume und damit Konflikte eröffnet. Konsensfähig war keineswegs eine eindeutige Priorität für den Grundsatz der Mehrheitsabstimmung für alle Sektoren der GASP oder für alle Entscheidungsmodalitäten — von der Positionsbestimmung über die Beschlußfassung bis hin zur Implementation. Vielmehr handelt es sich in Artikel J 3 um einen Einstieg, der Mehrheitsabstimmungen lediglich für gemeinsame Aktionen und hier wiederum nur für die Frage der Implementation vorsieht, wobei es dem Rat in allen Phasen der Entscheidung möglich ist, über die jeweilige Art des Entscheidungsmechanismus — Konsens- oder Mehrheitsentscheidung — zu befinden. Damit wird deutlich, daß der überwiegende Teil der Entscheidungen zunächst weiterhin auf der Zustimmung aller Teilnehmer beruhen wird und jeder einzelne im Vorfeld einer möglichen Mehrheitsentscheidung entsprechende Sicherungen einbauen wird, um später nicht in die Gefahr gegen seinen Willen gerichteter Beschlüsse zu geraten.

Das hier gewählte Modell orientiert sich an den früheren Bestimmungen über die EG-Umweltpolitik, die sich in der Praxis bisher als nicht notwendigerweise entscheidungsbeschleunigend ausgewirkt haben. Erst die noch ausstehende GASP-Praxis wird weiteren Aufschluß über die Ernsthaftigkeit der Vertragsbestimmungen in Artikel J 3 geben. Möglicherweise erzeugen der externe Erwartungsdruck und die zu erwartenden internationalen Krisen der nächsten Jahre sogar eine beschleunigte Anwendung des Mehrheitsprinzips, etwa in Richtung jener anläßlich des Europäischen Rats von Maastricht 1991 ebenfalls verabschiedeten, jedoch nicht rechtsverbindlichen Absichtserklärung, wonach sich jeder Mitgliedstaat bereiterklärt, in all jenen Fällen der GASP, bei denen es bereits eine qualifizierte Mehrheit gibt, auf eine Blockade der Entscheidung zu verzichten. Allerdings lehrt bereits die EG-Praxis, daß eine Art Automatismus und eine uneingeschränkte Anwendung der Mehrheitsbestimmung nicht zu erwarten ist, insbesondere dann nicht, wenn vitale nationale Interessen einzelner Mitglieder berührt werden. Auch und gerade wenn Mehrheitsabstimmungen zum Leitgedanken der künftigen Außen- und Sicherheitspolitik erhoben werden sollten, ist für bestimmte Vorkehrungen zu sorgen, die es einem Mitgliedstaat ermöglichen, aus klar zu definierenden und der Kontrolle des Rats zu unterwerfenden Gründen aus der gemeinsamen Linie auszuscheren.

— Die institutionelle Verschmelzung von EPZ und Ratsgremien auf politischer Ebene (Art. J 8) — Mit Inkrafttreten des Maastrichter Vertrages wird es — zumindest in Ansätzen — eine Verschmelzung der bisherigen EPZ-Infrastruktur mit jener der Gemeinschaft geben. Sie entspringt aus der langjährigen Praxis, wonach die Außenminister bei EPZ-relevanten Fragen gesondert von den Sitzungen des Allgemeinen Rates, bei denen es u.a. um die EG-Außenbeziehungen geht, zusammentrafen. Allein auf höchster politischer Ebene, im Rahmen des Europäischen Rats, gab es regelmäßig eine Debatte über EG-relevante und außenpolitische Themen. Noch gravierender war die Distanz auf der Beamten-Ebene und damit das Problem eines ungenügenden Informationsflusses und der Gefahr eines unkoordinierten Vorgehens von EPZ-Akteuren und Gemeinschaftsvertretern. Diese, unter dem Kohärenz-Gebot von EG-Außenbeziehungen und EPZ besonders mißliche und für das internationale Profil der EG / Zwölf abträgliche Situation soll dahingehend geändert werden, daß auf der Ebene der Außenminister, der zentralen Entscheidungsinstanz für die GASP-Materie wie für die EG-Außenbeziehungen, ein einheitlicher Rahmen geschaffen wird, in dem die Gegenstände der internationalen Politik umfassend beleuchtet werden können. Bemerkenswert und für die Anhänger der Gemeinschaftsorthodoxie wohltuend ist die Tatsache, daß dabei dem Rat, also einem EG-Organ, der Vorzug gegenüber dem intergouvernementalen Ansatz gegeben wurde. Er dürfte dabei sogar über die Ministerebene hinaus in jene der höchsten Beamten hineinreichen, wo nun erstmals auch dem Ausschuß der Ständigen Vertreter, der traditionell die Tagungen des Rats vorbereitet und für die Implementation der Beschlüsse zuständig ist, eine ausdrückliche Rolle als Zuarbeiter und Koordinator für die GASP zukommt. Allerdings ist dieser Fusionstrend nicht gleichbedeutend mit einer Auflösung der bisherigen EPZ-Gremien auf Beamten-Ebene. Ihnen wird weiterhin eine wichtige Rolle bei der Definition und Implementation der GASP bescheinigt. Damit stellt sich sofort die Frage, in welchem Hierarchie-Verhältnis sich etwa das Politische Komitee, das traditionelle Herzstück der EPZ, besetzt mit hohen Beamten und als solche Vertraute der Außenminister, zum Ausschuß der Ständigen Vertreter, dem wichtigsten Beamtengremium für den Rat, befindet. Auch hier kann erst die Anwendung der Bestimmungen in der Praxis näheren Aufschluß über mögliche Konkurrenz-, Blockade- oder Stimulanzeffekte geben.

Schließlich ist bemerkenswert, daß sich der Fusionstrend auch auf der Ebene des EPZ-Sekretariats fortsetzen soll, das — personell aufgestockt — in das Generalsekretariat des Rates einzugliedern ist. Eine weitere Aufwertung von Gemeinschaftsinstitutionen ist schließlich darin zu sehen, daß die Kommission, lange Jahre als potentielles 13. Mitglied in der EPZ gefürchtet und deshalb zunächst nur als Beobachter zugelassen, ein Initiativrecht erhält. Dieses entspricht nicht dem umfassenden Initiativrecht der Kommission im Gemeinschaftsbereich, ist jedoch dem der Mitgliedstaaten in der EPZ gleichgestellt.

Die Frage einer demokratisch legitimierten und kontrollierten europäischen Außen- und Sicherheitspolitik wurde bei der Vertragsrevision 1991 / 92 nicht neu gestellt. Vielmehr bestätigt Artikel J 7 die bestehenden Beteiligungsrechte des Europäischen Parlaments. Diese beinhalten ein extensiv genutztes Fragerecht und eine regelmäßige Berichterstattungspflicht der EPZ-Präsidentschaft. Sie ermöglichen es den europäischen Abgeordneten darüber hinaus, die Zwölf auf wesentliche Stellungnahmen des EP aufmerksam zu machen. Eine von den Parlamentariern verständlicherweise gewünschte weitergehende Einbeziehung in die EPZ / GASP, etwa eine Vorab-Konsultation bei Grundsatzfragen, wurde während der Regierungskonferenz als zu weitgehend abgelehnt.

5. Ausblick: Erhöhte Leistungskraft und neue Krisenszenarien — Wie auch andere internationale Akteure — etwa → Vereinte Nationen und → KSZE — scheinen die Westeuropäer gegenwärtig von immer neuen Krisenentwicklungen in ihrer allernächsten Umgebung überrollt zu werden, ohne daß das Bemühen um eine größere außenpolitische Handlungsfähigkeit bereits Früchte trägt. Die ihrem Selbstverständnis nach „zivile" Macht der EG / Zwölf tut sich offensichtlich besonders schwer in Fällen, in denen die Anwendung militärischer Gewalt unausweichlich scheint. Möglicherweise überlagert die Debatte über eine militärische Präsenz Westeuropas in den aktuellen Krisenherden jedoch die Bedeutung politisch-diplomatischer und finanziell-wirtschaftlicher Instrumente, die die EG und ihre Mitgliedstaaten seit mehreren Jahrzehnten als Mittel der Konfliktreduzierung und Friedenssicherung eingesetzt haben. Sie werden gerade auch bei dem weiteren Zusammenwachsen Europas und im Zeitalter veränderter sicherheitspolitischer Erfordernisse im klassischen Sinn ihre besondere Berechtigung finden, wobei dort wie auch in den Beziehungen zu Staaten anderer geographischer Regionen immer ein vielschichtiger Interessenausgleich stattfinden muß, der einerseits den Erwartungen und dem eigenen Anspruch Westeuropas als Stabilitätsanker entspricht, andererseits aber auch Rücksicht nimmt auf gemeinschaftsinterne und nationale Rahmenbedingungen.

Die Rolle der EG / Zwölf als internationaler Akteur wird in den nächsten Jahren auch davon bestimmt werden, ob es gelingt, die Ziele des Maastrichter Vertrages über die Europäische Union und den politischen Willen, international handlungsfähiger zu sein, mit den zahlreichen EG-Beitrittsaspiranten in Einklang zu bringen. Erstes Testfeld hierfür bieten die im Februar 1993 begonnenen Beitrittsverhandlungen mit den EFTA-Staaten Österreich, Schweden und Finnland sowie mit Norwegen. Grundsätzlich kann davon ausgegangen werden, daß diese politisch stabilen, wirtschaftlich wohlhabenden Staaten Westeuropas das internationale Gewicht der Europäischen Union stärken; gleichzeitig bleibt aber zu bedenken, daß einige dieser Länder — wie etwa Finnland und Österreich — angesichts der Turbulenzen und Unsicherheiten in ihrer geographischen Umgebung ein erhöhtes Sicherheitsbedürfnis entwickeln und die Aktionsfähigkeit der erweiterten Union vor neue Belastungsproben stellen könnten. Darüber hinaus könnte der in den ehemals neutralen EFTA-Staaten gegenwärtig von den politischen Eliten vollzogene Kurswechsel ebenfalls auf die Leistungskraft Westeuropas negativ zurückwirken, insbesondere dann, wenn Wähler und Öffentlichkeit in den Beitrittsländern aus Angst vor einem Verlust ihrer nationalen Identität solche Kursänderungen (noch) nicht vorbehaltlos mitmachen wollen. Das dänische Exempel von 1992 mahnt zur Vorsicht.

Literatur

Holland, Martin (ed.): The Future of European Political Cooperation. Essays on Theory and Practice, Houndmills 1991.

Nuttall, Simon: European Political Cooperation, London 1992.

Pijpers, Alfred / *Regelsberger*, Elfriede / *Wessels*, Wolfgang (Hrsg.): Die Europäische Politische Zusammenarbeit in den achtziger Jahren. Eine gemeinsame Außenpolitik für Westeuropa? Bonn 1989.

Regelsberger, Elfriede: Außenbeziehungen, in: *Weidenfeld*, Werner und *Wessels*, Wolfgang (Hrsg.): Europa von A bis Z. Taschenbuch der Europäischen Integration, Bonn ²1992, S. 75 - 78.

dies.: Europäische Politische Zusammenarbeit / Gemeinsame Außen- und Sicherheitspolitik, in: ebda., S. 166 - 172.

Rummel, Reinhardt (ed.): Towards Political Union: Planning a Common Foreign and Security Policy in the European Community, Baden-Baden 1992

Weidenfeld, Werner / *Wessels*, Wolfgang (Hrsg.): Jahrbuch der Europäischen Integration 1980 ff., Bonn 1981 ff. (jeweils Artikel zur EPZ / GASP)

Elfriede Regelsberger

Frühere Sowjetunion und Internationale Politik

Die Außen- und Sicherheitspolitiken west- und osteuropäischer Staaten sehen sich nach den Umbrüchen, die in Europa seit 1985 stattgefunden haben, ähnlichen Orientierungsproblemen ausgesetzt. Doch ist die konzeptionelle und praktische Ratlosigkeit in den osteuropäischen Staaten, in denen eine Kontinuität der Räume, Institutionen, Akteure, Arbeitsformen und Diskurse kaum gegeben ist, noch größer als im Westen. Insbesondere in den Nachfolgestaaten der UdSSR gibt es immer weniger Gewißheiten — für die Handelnden dort wie für Beobachter im Westen.

Während die die Außenbeziehungen bestimmenden Interessen und Akteure derzeit nur mit Mühe zu identifizieren sind, können zumindest die

Rahmenbedingungen der inneren und äußeren Transformation dargelegt werden.

1. Rahmenbedingungen — Das Ende der UdSSR als System, als Entwicklungsvariante und als zweite Weltmacht vollzieht sich unter Bedingungen, die sowohl eine relativ geordnete wie auch eine stark konflikthafte Transformation oder „Abwicklung" der früheren Sowjetunion (FSU) möglich machen. Diese Rahmenbedingungen sind: (1) das Ende des → Ost-West-Konflikts und der Bipolarität des internationalen Systems der Nachkriegszeit; (2) Umgruppierungen der Kräfte zwischen der sich weiter relativ rasch im Einflußbereich der OECD modernisierenden nördlichen Hemisphäre und einer südlichen Welt, die teils mit Anpassung, teils mit „fundamentalistischer" Abwehr reagiert; (3) neue Nationalismen und Separatismen, die es unmöglich machen, von gesicherten politisch-territorialen Räumen auszugehen; (4) eine tiefe konzeptionelle Verunsicherung über Grundlagen, Ziele, Akteure und Formen internationaler Beziehungen und über die Definition „nationaler" Interessen; (5) eine immer schwieriger zu kontrollierende Weiterverbreitung von Massenvernichtungswaffen und potentiell gefährlichen zivilen Technologien; (6) ein die Grenzen der Belastbarkeit erreichendes Ökosystem.

Alle diese Problemfelder betreffen auch die FSU. Und der Zerfall der UdSSR wirkt auf alle sechs zurück. Die Bipolarität zwischen den USA und der UdSSR ist durch die Implosion eines der beiden Pole, aber auch durch die Schwächung des anderen unhaltbar geworden. Damit sowie durch die zunehmende Internationalisierung von Kapital und durch das Auftreten neuer internationaler Akteure geriet das gesamte internationale System in eine Umbruchphase. Rußland und die Ukraine können vorerst, wahrscheinlich aber auf Dauer nur eine merkliche europäische, Rußland darüberhinaus eine mittelasiatische Rolle spielen. Diesen Platz werden sie einzunehmen suchen — falls beide Staaten als Akteure und Territorialstaaten erhalten bleiben. Weltweites Engagement dagegen ist auf absehbare Zeit nicht möglich.

2. Sowjetische Außenpolitik — Es ist noch zu früh, Geschichte und Gehalt der sowjetischen Außenpolitik zwischen 1917 (Oktoberrevolution) und 1989 (Beginn der Auflösung des sowjetischen Einflußbereichs und dann der UdSSR selbst) umfassend und gültig neu zu interpretieren und zu schreiben. Doch sind einige Aussagen über grundlegende Momente sowjetischen Außenverhaltens erforderlich, um Voraussetzungen und Umgebung nachsowjetischer internationaler Beziehungen verstehen zu können.

Die UdSSR verpflichtete sich rhetorisch nach innen und außen auf eine system- und machtpolitisch eigenständige Entwicklung. Nach außen schien sie Zentrum eines sich allmählich entwickelnden „sozialistischen Weltsystems" zu sein oder jedenfalls zu werden, das aus mehreren konzentrischen

Kreisen bestand: aus nach dem Zweiten Weltkrieg erworbenen und dem Staatsverband eingegliederten Gebieten (vor allem den baltischen Staaten); aus den ostmitteleuropäischen „verbündeten" Staaten; und aus Klienten in der „Dritten Welt".

Die Sowjetunion war jedoch nie eine klassische Weltmacht. Ihr Machtprofil war einseitig: weltweit beeindrucken konnte sie vor allem durch ihr militärisches Potential, nicht aber durch ökonomische Stärke, kulturelle Ausstrahlung und oft auch nicht durch politische Geschicklichkeit. Dem verbalen Messianismus entsprach trotz einiger völkerrechtswidriger militärischer Interventionen i.d.R. nicht die tatsächliche Risikobereitschaft.

Letzten Endes und erst recht im Nachhinein erwies sich die UdSSR eher als eine berechenbare Größe internationaler Politik, mit der sich Verabredungen schließen, Konflikte dämmen und Strukturen schaffen und halten ließen. Rüstungskonkurrenz und das Wettstreben um Einflüsse in der südlichen Hemisphäre waren in einer bipolaren Globalstruktur trotz aller Belastungen ökonomisch auszuhalten und innenpolitisch zu nutzen, und der endogene Charakter der meisten Regionalkonflikte wurde von Ost wie West verdrängt. Die Weltprobleme erschienen als Nullsummenspiel, das unangenehm und nicht ungefährlich war, bei dem aber die Regeln festlagen, und das letztlich beherrschbar schien.

3. Nachsowjetische Außenpolitik — Nach der allmählichen Implosion des zeitweilig von der UdSSR beanspruchten, ihr aber auch zugeschriebenen „sozialistischen Weltsystems" und der Erosion der Sowjetunion im Innern haben sich die Voraussetzungen für das Außenverhalten der Eliten, Institutionen und gesellschaftlicher Gruppen in den Nachfolgeeinheiten der UdSSR wesentlich gewandelt. Vor allem vier Momente müssen hervorgehoben werden:

a) Nach dem Zerfall der UdSSR ist auch die Zukunft der bisherigen Nachfolgestaaten — vor allem der Russischen Föderation, Moldovas und Tadžikistans, aber auch Uzbekistans, Kazachstans und anderer Nachfolgestaaten ungewiß geworden. Eine allgemeine politische Untersteuerung und ein virulenter Regionalismus gefährden vor allem und potentiell am folgenreichsten den Zusammenhalt des größten und noch stärksten postsowjetischen Akteurs. Neue und alte Eliten suchen Positionen zu besetzen und zu sichern. Für sie ist „Moskau" zum Teil schon Partner für „Außenbeziehungen".

b) Die Verfielfältigung der Räume führte dazu, daß frühere Innen-, Regional- und Nationalitätenpolitik zur internationalen Politik wurde. 15 Nachfolgestaaten der UdSSR sind Mitglieder der → Vereinten Nationen, der → KSZE, des NATO-Kooperationsrates und weiterer Regime. Zugleich ist nicht auszuschließen, daß Rußland und andere ehemalige Unionsrepubliken als geschlossene Räume und handlungsfähige Subjekte ebenso abhanden kommen könnten wie zuvor die UdSSR.

Seit 1991, mit der politischen Autonomisierung der früheren Unionsrepubliken, haben sich inzwischen nicht nur diese, sondern erheblich mehr neue Räume und, teilweise, „nationale" Interessen etabliert. Abgesehen von den ehemaligen Unionsrepubliken handelt es sich um administrativ-territoriale Einheiten, die sich zum Teil, aber nicht notwendig als ethnisch geprägte Territorien definieren: ehemalige Autonomien (von Tatarstan bis Nord- und Süd-Ossetien, Čečnja, Ingušetien, Kabardino-Balkarien, Baškortostan, Sacha, Abchasien u.a.), politisch oder ethnisch bestimmte Gebiete (Gagausische und Transdnestr-Republiken in Moldova, einige Kosakentümer) im Stadium von *nation building*, eine Anzahl von sich zumindest wirtschaftlich verselbständigenden Wehrkreisen und etliche Regional- und Wirtschaftsräume (wie Ural, Sibirien und Fernost) sowie zahlreiche Gebiete im Bestand der RF (von insgesamt fast 90) und gar Kommunen, die sich zunehmend von Moskau separieren.

Die sich politisch etablierenden Einheiten sind zwar noch über eine Anzahl alter Verbindungen miteinander vermittelt: Währung, Lieferbeziehungen, Steuer- und Transferregelungen, internationale Verpflichtungen, Rüstungsindustrie, Infrastruktur (Transport, Kommunikation) und Militär. Auch Verbindungen der alten Nomenklatura „arbeiten" teils noch. Die alten nationalen Eliten wollen aus Eigeninteresse — sie könnte sich nie so überzeugend nationalistisch gebärden wie „Volksfronten" und ähnliche Gruppen — die Kontakte zu Moskau nicht reißen lassen. Die Bindungen reduzieren sich jedoch ständig, wenn auch mit unterschiedlicher Geschwindigkeit.

In allen der bezeichneten Einheiten bilden sich national oder regional definierte Interessen heraus, die in der Regel von Eliten vorgegeben und gefördert und von größeren gesellschaftlichen Teilgruppen akzeptiert werden. Die anhaltende und sich verschärfende sozialökonomische Krise wird diese Trends weiter verstärken. Diese Interessen sind nicht nur „lokalegoistisch", sondern sie sind in der Regel immer weniger untereinander und erst recht mit den reformistischen Moskauer Steuerungsversuchen vereinbar. Ein Zwangsregime zur zentralen Regulierung disparater sozialer und regionaler Interessen mit gesicherten Transferleistungen ist nicht mehr herstellbar, jedenfalls nicht mehr für den gesamten Raum der FSU — und wohl auch nicht mehr für ganz Rußland.

c) Die Determinierung des Außenverhaltens der Macht- und Funktionseliten durch innere Interessen und Konstellationen ist stärker als zu sowjetischen Zeiten und rechtfertigt die Frage, ob eine mehr oder weniger selbständige, unabhängige russische, kasachische usw. Außenpolitik überhaupt existiert. Nationale Interessen nach außen werden kaum schlüssig definiert. Die an außen- und sicherheitspoltischen Debatten und Entscheidungen beteiligten Eliten sind wesentlich durch innenpolitische Konstellationen geprägt. Dabei geht es vor allem um Interessen, die auf die Zentralisierung oder Dezentralisierung von Eigentum und Staatlichkeit gerichtet sind. Außenpolitisch rele-

vante gesellschaftlichen Teilinteressen werden, im wesentlichen hieraus abgeleitet, nur mittelbar vertreten. Vor allem richten sie sich auf Weltbezüge
(Integration oder Dissoziation).

Welche wesentlichen außenpolitischen Vorgaben und Interessen werden von
den Eliten (unter Umständen auch von weiteren gesellschaftlichen Gruppen)
gesehen und formuliert? Und welcher Sicherheitsbegriff wird künftig nach
außen und innen zugrunde gelegt? Das überragende „nationale Interesse" ist
in wohl allen Nachfolgeeinheiten die Abschirmung des inneren Wandels vor
äußeren Belastungen — oder der Opposition gegen ihn. Über alle weiteren
außenpolitischen Hauptaufgaben gibt es eher wachsenden Dissens in der
FSU.

Am Beispiel der russischen Außenpolitik läßt sich das zeigen. Die westlich,
„atlantisch" und integrativ orientierten politischen Kräfte (die zugleich an
einem eher raschen Übergang zur Marktregulierung interessiert sind und die
nicht um jeden Preis auf dem Erhalt des derzeitigen russischen Staatsverban-
des bestehen), formulieren folgende Hauptziele äußerer Politik:

(1.) die Gewährleistung günstiger äußerer Bedingungen für die begonnenen
inneren, politischen und wirtschaftlichen Reformen; (2.) die Überwindung
des Erbes der globalen Konfrontation, Abbau der verbliebenen konfrontativen Strukturen und die Herstellung von stabilen Beziehungen und Partnerschaft mit den demokratischen Staaten der Welt; (3.) der Eintritt in die internationale Gemeinschaft und somit die Einbeziehung der Russischen Föderation
in die „Gemeinschaft zivilisierter Staaten", in die Familie „demokratischer,
entwickelter dynamischer Staaten mit einer Marktwirtschaft"; und schließlich (4.) die Herstellung prinzipiell neuer, gleichberechtigter Beziehungen
zwischen den Partnern der GUS, die zu einer stabilen und attraktiven Gemeinschaft ausgebaut werden soll und damit einen „Gürtel der guten Nachbarschaft" entlang des gesamten Umfangs der russischen Grenzen schaffen
soll. Auch (5.) die Vermeidung von Krisen gehört zu den „demokratischen"
Staatszielen.

Dieses Verständnis von Vorzugspartnern und Staatszielen ist eine Evolution
der Sicht der „demokratischen" Intelligenz in der Spätzeit der *perestrojka*,
und seine wesentlichen Träger im Innern waren und sind die Kräfte, die für
eine Liberalisierung der Ökonomie eintreten und den eigenen Staat achten,
aber seine „Größe" nicht zum politischen Hauptwert machen wollen. Die
genannten außenpolitischen Richtlinien folgen konsequent aus Hauptzielen
der großen Transformation im Innern, wie sie von *El'cin* (Jelzin) und der
Gajdar-Regierung Anfang 1992 gesehen wurden: den Aufbau einer dynamischen Ökonomie, demokratischer Strukturen, die Beachtung von → Menschenrechten und die Integration in die Weltwirtschaft. Die Durchsetzung
einer effektiven Regulierung der eigenen Ökonomie und deren Einbeziehung
in die Weltwirtschaftsstrukturen mit allen Kosten und Vorteilen, die diese
Zielsetzung mit sich bringt, ist gleichsam der archimedische Punkt, an dem

sich innere Transformation und Außenbeziehungen begegnen. Hier wird die alte Frage an Rußland, ob es dem Westen folgen oder einen eigenen Weg gehen wolle, offen beantwortet. Und darum richten sich die Angriffe der Gegner von Dezentralisierung des Eigentums und Relativierung der Staatlichkeit im Innern genau gegen die integrative und westbezogene Logik der derzeitigen russischen Außenpolitik.

Diese „patriotischen", eurasischen und eher isolationistischen Kräfte formulieren konsequent außenpolitische Gegeninteressen (1.) das Finden und Formulieren einer „Idee Rußlands", ein Thema, das sich bei allen Patrioten findet, die aus Überzeugung oder Taktik, aus Angst vor Unbekanntem oder aus Sorge um eigene Positionen einen „westlichen Weg" derzeit oder überhaupt ablehnen. Gerade diejenigen, die weder eine Rückkehr zu den früheren, sowjetischen Verhältnissen noch ein rasches Nachjagen oder Einholen des Westens für möglich halten (beides wohl zu Recht), suchen nach mindestens geistigen „Auswegen". Das wesentliche Symbol für diesen Sonderweg ist ein „starker Staat", eine „große Macht", die aus eigenen Traditionen und aus eigenem Vermögen schöpft. Rußland müsse Selbstversorger werden, das heißt alle wesentlichen Mittel und Ressourcen aus eigenen Kräften oder aus voneinander unabängigen Quellen beziehen, (2.) die Sorge um und der Schutz von den russischen (wenn nicht russischsprechenden) Minderheiten im „nächsten Ausland" (bližnee zarubež'e, das sind die FSU-Räume außerhalb der RF). Die Verweigerung staatsbürgerlicher Rechte der russischsprachigen Minderheiten im Baltikum und in anderen FSU-Regionen (Moldova) wird als Anlaß für „entschiedene Reaktionen" interpretiert; (3.) müsse Rußland im Rahmen der GUS / FSU sowohl juristisch wie faktisch eine „besondere Rolle" spielen; der gesamte geopolitische Raum der früheren UdSSR sei Sphäre lebenswichtiger rußländischer Interessen. Dies sei international keineswegs ungewöhnlich, wie unter Verweis auf die amerikanische Monroe-Doktrin und die deutsche Jugoslawien-Politik seit 1991 behauptet wird. Daß der Ukraine und der Krim dabei eine besondere Aufmerksamkeit gilt, überrascht nicht. (4.) Als ein wesentliches und offensichtliches Interesse Rußlands wird auch die Eindämmung eines sich abzeichnenden Panturkismus gesehen, der sich auf die Türkei stütze, in der FSU Brückenköpfe aufbaue und vom Westen, vor allem den USA, gefördert werde. Rußland müsse eher den Iran und Armenien unterstützen. Schließlich (5.), sei die Verhinderung des Zerfalls Rußlands eine vorrangige Aufgabe patriotischer Staatsführung.

Die wesentlichen Unterschiede zwischen der vom russischen Außenminister *Kosyrev* verfolgten Linie und der patriotischen Kritik bestehen somit darin, daß sie aus je verschiedenen Strategien des Binnenwandels abgeleitet sind. In dem Maße, in dem sich innenpolitische Kräfteverhältnisse ändern — wie seit dem Frühjahr 1992 und stärker noch seit März 1993 — ändert sich notwendig auch die außenpolitische Orientierung.

d) In den meisten der postsowjetischen Räume wird Außenpolitik nicht als solche konzipiert, gestaltet und geführt, sondern als Funktion der inneren Politik. Sie dient als Objekt und als Instrument gegensätzlicher innerer Interessen. Scheinbar außen- und sicherheitspolitische Debatten sind oft tatsächlich innenpolitische Auseinandersetzungen im außenpolitischen Gewand. Die Instrumentalisierung äußerer, internationaler Themen verleitet leicht zu der Annahme, diese würden in den Parlamenten, Medien und Kanzleien ernsthaft erwogen, geprüft und entschieden. Tatsächlich stellt sich häufig die Frage, ob ein gegebener Staat — oder Raum — überhaupt „außenpolitikfähig" in dem Sinne ist, daß reale Interessen formuliert und verfolgt und nicht nur als Spielmaterial innenpolitischer Gegensätze konstruiert werden.

4. Integration oder eigene Wege — Unabhängig von den aktuellen Rahmenbedingungen internationaler Beziehungen in Europa und den Spezifika nachsowjetischer Außenbeziehungen ist eine alte Frage unverändert aktuell, vielleicht die wichtigste überhaupt: die Frage nach dem Verhältnis Rußlands zum „Westen". Soll diesem in zentralen Entwicklungsmustern nachgefolgt, soll er „eingeholt" werden, oder ist ein „eigener Weg" vorzuziehen mit einer „eigenen" Entwicklungslogik? Diese Frage stellt sich für russische Eliten schon seit dem 18. Jh. Im 20. Jh. aber ist sie das Motiv, das die vorrevolutionäre Zeit des letzten Zaren und des repressiven Reformers *Stolypin* ebenso bestimmte wie die Sowjetzeit. Nach 1917 fiel nur vordergründig eine Entscheidung zugunsten einer autozentrierten, abgekoppelten Variante. Tatsächlich aber blieb die Realentwicklung in vielem den von außen, von den entwickelten kapitalistischen Industriestaaten gesetzten und vorgegebenen Maßstäben verhaftet.

Nach der offensichtlichen und endgültigen Erschöpfung dieses Modells stellt sich das alte Problem wieder neu: soll und können die eurasischen Nachfolgeräume der UdSSR in Schlüsselfragen — Regulierung der Ökonomie, Verfassung der Sozialverhältnisse, politische Regulation und Interessenrepräsentanz, Verhältnis zur internationalen Regimen — eine nachholende, im wesentlichen „den Westen" kopierende Strategie verfolgen, oder müssen, „sollen" sie aus den „eigenen" Traditionen schöpfen und eigene („russische", „slawische", „islamische") Ideen formulieren?

Das Votum zugunsten eines „eigenen Weges" erklärt in Rußland die ansonsten schwer verständliche aktuelle politische Allianz alt- und neokommunistischer Kräfte mit radikalen Patrioten, Nationalisten und „Volkstümlern". Ihnen ist jedenfalls gemein, daß sie die Übernahme von Marktregulierung, gesellschaftlicher Differenzierung, politischer Pluralisierung und Gewaltenteilung sowie eine Integration in politische und ökonomische Weltstrukturen prinzipiell ablehnen oder jedenfalls dann, wenn diese Angleichung rasch und vorbehaltlos erfolgen soll.

In Verlängerung innerer Positionen stehen sich in Rußland derzeit vor allem
zwei größere Tendenzen gegenüber: die „Atlantisten" und die „Eurasier".
Auch diese Gruppen lassen sich am ehesten über ökonomische, soziale und
kulturelle Interessen und Prägungen definieren. Für andere Nachfolgeeinheiten ist diese generelle Konstellation ähnlich, so im Falle der mittelasiatischen Staaten, in denen jedenfalls oberflächlich Bezüge entweder auf die sä-
kulare und eher westliche Türkei und, wie bisher in Kasachstan, auf Korea
oder auf die sich eher gegen westliche Entwicklungslogik sperrenden Regime im Iran und möglicherweise in Afghanistan miteinander konkurrieren.

5. Bezugsräume und Spezifika — Welche Regionen und Partner werden in der
internationalen Politik vorrangig angesprochen? Wie wird das Verhältnis zu
den unmittelbaren Nachbarn gesehen? Welche Rolle soll „Europa" spielen?
Auf welche Räume und Akteure ist nachsowjetische Außenpolitik — aus welchen Motiven auch immer — gerichtet? Teilweise unabhängig von einem prinzipiellen Votum für Integration oder Dissoziation in internationale Strukturen
und Interdependenzen ergeben sich „natürliche" kulturelle, ökonomische und
geopolitische Bezugsräume für die einzelnen Nachfolgeregionen, die nicht
mehr mit den Grenzen der FSU zur Deckung zu bringen sind.
Dabei machen sich die Gegensätze zwischen „Nord" und „Süd" auch innerhalb der FSU bemerkbar. Die früheren Unionsrepubliken und weitere
politisch-territoriale Einheiten (nicht nur solche mit eigener kultureller
Identität) orientieren sich bei ihren politischen und wirtschaftlichen Trans-
formationsstrategien nicht mehr an einem einheitlichen Modell wie bisher
(formal sowjetisch, dennoch in vielem „westlich"), sondern an mehreren.
Die Ukraine und die baltischen Staaten verfolgen eine Annäherung an West-,
Nord- und Mitteleuropa. Die östlichen Teile Rußlands schlagen Brücken
nach Ostasien. Die mittelasiatischen Republiken und Azerbajdžan bauen
Verbindungen zur muslimischen Welt und ihren unterschiedlichen Kräfte-
zentren (Ankara, Teheran, Islamabad) auf. „Moskau" kann all dies nicht
mehr zusammenhalten, verfolgt rhetorisch aber zunehmend eine Politik der
eigenen, im weiteren Sinn rußländischen Interessen auch unter Berücksichtigung der russischen Minderheiten in anderen Staaten der FSU.

6. Gemeinsame Probleme — Trotz der Tendenzen, die eher ein Auseinander-
driften der administrativ-territorialen Einheiten der FSU anzeigen, gibt es
eine Reihe von gemeinsamen Problemen. Dies betrifft zum einen den Bereich der Ökonomie, vor allem Währungs- und Außenwirtschaftspolitik und
die jahrzehntelang gewachsenen wechselseitigen wirtschaftlichen Abhängigkeiten. Zum anderen gibt es eine Reihe von Sicherheitsproblemen im Innern, die Außenbezüge haben.
Mit dem Zerfall wirksamer zentraler Kontrollen über viele Lebensbereiche
der FSU wird die Frage nach der Sicherheit der ABC-Waffen, aber auch der

Atomkraftwerke und weiterer Technologien sowie der Beherrschbarkeit der zerfallenden Infrastrukturen (Transportwege) virulent. Die Eliten in den früheren Unionsrepubliken, in denen strategische Nuklearwaffen stationiert sind, haben inzwischen deren Wert als politisches Pfand entdeckt (dies gilt für Ukraine und Kazachstan, weniger für Belarus'). Selbst eine rationale Politik dieser Eliten vorausgesetzt, stellt sich vor allem für Rußland die Frage, ob die eigenen Streitkräfte aus dem Moskauer Zentrum noch genügend effektiv geführt und kontrolliert werden. Eine negative Antwort liegt nahe (→ internat. Nuklearpolitik / Proliferation).

Bei der ökologischen Sicherheit steht eine umfassende Bestandsaufnahme des Zustands von Luft, Gewässern, Böden usw. noch aus. Doch lassen die jetzt schon bekannten Einzelbefunde für größere Regionen und einzelne Belastungsarten bereits erkennen, daß erhebliche Teile der FSU nach westlichen Maßstäben ökologische Katastrophengebiete sind. Eine Eindämmung der Ursachen und Folgen dieses Ökozids kann den Nachfolgestaaten allein nicht gelingen. die Wirkungen betreffen zudem bei weitem nicht nur die FSU.

Einstweilen sind die Aussichten für neue Vernetzungen und Kooperationsformen im Rahmen der FSU nicht groß. Der Verband der „Gemeinschaft Unabhängiger Staaten" hat als vorwärtsweisendes kooperatives oder gar völkerrechtsrelevantes Sujet keine Zukunft. Als Summe zahlreicher Abstimmungsprozesse und Gremien scheint sie jedoch zur Abfederung und Organisation der oft schmerzhaften Scheidungsprozesse sinnvoll zu sein. Doch dürfte sich der Schwerpunkt politischer Initiative mehr und mehr auf die Nachfolgestaaten und -regionen selbst verlagern. Die inneren Transformationsprozesse werden nur langfristig erfolgreich sein können. Vorerst ist mit langanhaltender politischer, sozialer und ökonomischer Instabilität zu rechnen. Auf diesem Boden gedeihen separatistische Bestrebungen besser als Integrationsversuche.

Literatur

v. Beyme, Klaus: Die Sowjetunion in der Weltpolitik, München 1983.

Bialer, Seweryn (ed.): The domestic context of Soviet foreign policy, Boulder / London 1981.

Fleron, Frederic J. / *Hoffmann,* Erik, P. / *Laird,* Robbin F. (eds.): Classic issues in Soviet foreign policy, New York 1991.

Hamann, Rudolf / *Matthies,* Volker (Hg.): Sowjetische Außenpolitik im Wandel, Baden-Baden 1991.

Istorija meždunarodnych otnošenij i vnešej politiki SSR. 3 Bände, Moskva 1986 - 87.

Jacobsen, Carl, G. (ed.): Strategic Power USA / UdSSR, Houndmills / London 1990.

Jervis, Robert / *Bialer,* Seweryn (eds.): Soviet-American Relations after the
   Cold War, Durham / London 1991.
Laird, Robbin F. (ed.): Soviet Foreign Policy, New York 1987.
Schmiederer, Ursula: Die Außenpolitik der Sowjetunion, Stuttgart u.a.
   1980.
SSSR v mirovom soobščestve: ot starogo myšlenija k novomu, Moskva 1990.

Klaus Segbers

GATT (Allgemeines Zoll- und Handelsabkommen)

1. Das Allgemeine Zoll- und Handelsabkommen (GATT) legt als einziges international anerkanntes Vertragswerk Regeln im Welthandel fest und ist
gleichzeitig Koordinationsforum für Probleme des internationalen Handels.
Es wurde am 30.10.1947 im Rahmen der → Vereinten Nationen in Genf von
23 Staaten unterzeichnet und trat im Januar 1948 in Kraft. Vorläufer des
GATT (General Agreement on Tariffs and Trade) war die Atlantikcharta von
1941, mit der US-Präsident *Roosevelt* und der britische Premierminister
Churchill allen Nationen bessere Handelsbedingungen und leichteren Zugang zu Rohstoffen eröffnen wollten. Ursprünglich sollte das GATT lediglich die handelspolitischen Grundsätze für eine Internationale Handelsorganisation (ITO) festlegen. Die ITO war als UN-Sonderorganisation parallel
zum Internationalen Währungsfonds (→ Internationale Währungspolitik)
und der Weltbank (→ Weltbankgruppe) geplant und sollte den Wiederaufbau
und die Integration der Weltwirtschaft auf handelspolitischem Gebiet fördern. Weitere Regelungsbereiche der ITO sollten Kartelle, Rohstoffabkommen, Beschäftigung, wirtschaftliche Entwicklung und Auslandsinvestitionen sein. Die Gründung der ITO stieß jedoch 1946 / 47 auf Schwierigkeiten.
Die Satzung der ITO, die Havanna-Charta, wurde in Amerika nicht ratifiziert; die Kritik richtete sich gegen vorgesehene Ausnahmen bei den Handelsbestimmungen, wie sie vor allem von den Entwicklungsländern gefordert wurden. Parallel zu den Verhandlungen über die ITO wurden allerdings
Fortschritte bei der Liberalisierung des Welthandels erzielt. So wurden in
Länderlisten zusammengefaßte Zollzugeständnisse vereinbart, die allen
Teilnehmerstaaten multilateral zugute kamen. „Um den Wert dieser Zollzugeständnisse zu sichern, wurde dann am 30.10.1947 das Allgemeine Zoll-
und Handelsabkommen unterzeichnet, in das auch die wichtigsten Bestimmungen der Havanna-Charta eingingen. Eine förmliche Ratifizierung des
GATT, wie sie gemäß Artikel XXVI, Absatz 3, durch Hinterlegung einer
Annahmeerklärung („acceptance") beim Generalsekretär der Vereinten

Nationen erfolgen muß, steht bis heute noch aus" (*Jägeler* 1974). Seit Beginn der 8. Welthandelsrunde („Uruguay-Runde") 1986 ist die Zahl der Vollmitglieder von 85 Ländern auf 103 Mitte 1992 angewachsen; 28 weitere Länder wenden die GATT-Regeln de facto an. Die damit am GATT beteiligten 131 Länder wickeln rund 90 % des Welthandels ab; mehr als drei Viertel sind Entwicklungsländer. 24 weitere Länder, darunter Rußland und weitere ehemals sowjetische Republiken, nehmen als Beobachter teil. Sieben weitere Länder befinden sich in unterschiedlichen Stadien der Beitrittsverhandlungen.

2. *Ziele des GATT* — Durch den wesentlichen Abbau von Zöllen und anderer Handelshemmnisse will das GATT folgende Ziele erreichen: „Erhöhung des Lebensstandards, die Verwirklichung der Vollbeschäftigung, ein hohes und ständig steigendes Niveau des Realeinkommens und der wirksamen Nachfrage sowie die volle Erschließung der Hilfsquellen der Welt und die Steigerung der Produktion und des Austausches der Waren". Diese Ziele sollen mit Hilfe folgender Prinzipien verwirklicht werden:

a) Meistbegünstigung: Alle GATT-Mitglieder gewähren einander bedingungslos die jeweils günstigsten handelspolitischen Zugeständnisse, die einem Dritten gemacht werden. Die Handelserleichterungen sollen gegenseitig sein (Reziprozitätsprinzip). Nach erfolgter Einfuhr sind die aus GATT-Ländern stammenden Waren wie inländische zu behandeln („Inländerbehandlung"). So dürfen etwa keine Sonderzölle gegenüber bestimmten Ländern aus politischen oder anderen Gründen eingeführt werden (Grundsatz der Nichtdiskriminierung). Die Meistbegünstigungsklausel gilt jedoch nicht für die Sonderkonditionen von Zollunionen und Freihandelszonen — weswegen etliche GATT-Mitglieder z.B. der Europäischen Wirtschaftsgemeinschaft (EWG) (→ EG) und der Europäischen Freihandelszone (EFTA) skeptisch gegenüberstanden.

b) Liberalisierung: Generell sollen alle Handelsschranken abgebaut werden. Die einheimische Produktion darf nicht durch begrenzte (Kontingente) und verbotene oder erschwerte (Normen, Verfahren) Ein- und Ausfuhr geschützt werden, sondern nur durch Zölle oder ähnliche Abgaben. Auch weitere nichttarifäre Handelshemmnisse wie Exporthilfen, Subventionen und Dumping sollen verhindert werden. Es gibt jedoch eine Reihe allgemein formulierter Ausnahmeklauseln, vor allem bei durch Handelsliberalisierung entstandenen Schwierigkeiten, z.B. zur Beseitigung von Zahlungsbilanzstörungen, bei der Durchführung staatlicher Maßnahmen zugunsten der Landwirtschaft oder Fischerei, bei kritischer Versorgung mit Lebensmitteln oder anderen wichtigen Waren oder für Schutzmaßnahmen von Entwicklungsländern zum Aufbau ihrer Wirtschaft.

c) Konsultationen: Maßnahmen zur Importbeschränkung infolge einer Ausnahmesituation in einzelnen Staaten sollen erst nach Beratungen im GATT getroffen werden.

3. Organisation und Aufbau — Formalrechtlich ist das GATT nur ein multilaterales Handelsabkommen, dennoch ist es de facto anderen internationalen Organisationen gleichzusetzen. Oberstes Entscheidungsorgan ist die jährlich einmal tagende Vollversammlung der Vertreter der Unterzeichnerstaaten (*Contracting Parties*). Von *Contracting Parties* spricht das GATT, wenn alle Mitgliedsstaaten gemeint sind. Die laufenden Geschäfte zwischen den Vollversammlungen erledigt seit 1960 der GATT-Rat, an dem die Regierungsvertreter aller Mitgliedsländer teilnehmen können. Unterstützt wird der Rat von einer Vielzahl von Ausschüssen und Arbeitsgruppen. Auf Tagungen der zuständigen Minister der Mitgliedsländer werden darüber hinaus wichtige Entscheidungen vorbereitet und behandelt, zum Beispiel erarbeitete die Ministertagung im September 1986 in Punta del Este (Uruguay) die Grundlagen für die 8. GATT-Runde. Solche Treffen sind künftig alle zwei Jahre geplant, um das GATT politisch zu stärken. Im 1947 in Genf gegründeten GATT-Sekretariat arbeiten mehrere hundert Mitarbeiter zur Unterstützung des Rates und beispielsweise an Untersuchungen über die Zollstrukturen der wichtigsten Mitgliedsländer. Außerdem tritt das Sekretariat als Berater und nicht selten als Vermittler zwischen den Mitgliedsländern auf. Herausragender GATT-Vertreter ist der Leiter des Sekretariats, der von den Mitgliedsstaaten bestellte Generaldirektor.

Das 1964 gegründete und dem Sekretariat angegliederte Internationale Handelszentrum (ITC) wird seit 1968 gemeinsam mit der UN-Welthandelsorganisation UNCTAD betrieben und unterstützt Entwicklungsländer bei ihren Exportbemühungen. Finanziert wird das GATT durch Beiträge der Mitgliedsstaaten gemäß deren Handelsanteil.

4. Verfahren — Neue Mitglieder müssen von der Vollversammlung mit mindestens Zwei-Drittel-Mehrheit aufgenommen werden. Der Beitritt erfolgt meist in langen Etappen — zuerst Beobachter, dann provisorisches Mitglied — bis alle gegenseitigen Zugeständnisse ausgehandelt sind. 28 Entwicklungsländer, die noch unter Kolonialherrschaft unter die GATT-Regeln fielen, wenden die GATT-Regeln zwar de facto an, halten sich aber den Beitritt noch offen.

Jedes Mitgliedsland verfügt bei allen Sitzungen über eine Stimme. Änderungen des I. Teils des GATT-Vertragswerkes (Meistbegünstigung und Zoll-Listen) müssen einstimmig erfolgen, andere Änderungen treten bei einer zustimmenden Zwei-Drittel-Mehrheit für die annehmenden Länder in Kraft. Andere GATT-Entscheidungen beschließt theoretisch die Mehrheit der anwesenden Vertreter. Kampfabstimmungen sind in der GATT-Praxis jedoch die Ausnahme, da nahezu ausschließlich bis zum Konsens verhandelt wird; selten werden bei fehlenden (Zwei-Drittel-)Mehrheiten auch Sonderabkommen geschlossen.

Im Rahmen des GATT sind seit 1948 über 150 formelle zwischenstaatliche Streitbeilegungsverfahren entschieden worden — soviel wie von keiner anderen internationalen Wirtschaftsorganisation (einschließlich EWG). Führen in der Regel erfolgreiche bilaterale Konsultationen zu keinem Ergebnis, so kann ein aus drei oder fünf GATT-Experten bestehendes „Panel" den Streitfall prüfen und Empfehlungen aussprechen. Normalerweise nimmt der GATT-Rat die Empfehlungen an und kann den Streit im Wege des Konsenses beilegen. Das einzige Druckmittel gegenüber nicht GATT-konformen Mitgliedern ist die Androhung von Retorsionen, d.h. handelsschädigenden Vergeltungsmaßnahmen.

5. *Entwicklung* — Die wichtigsten GATT-Aktivitäten sind die Zollsenkungsrunden, benannt nach ihrem Initiator oder dem Tagungsort. Diese multilateralen Zollverhandlungen haben die Zölle bis 1992 von durchschnittlich 40 % auf 4,5 % des Einfuhrwerts verringert. 1947 einigten sich die damals noch 23 Vertragspartner in Genf auf eine Zollsenkung von durchschnittlich 19 %. In den darauf folgenden Zollsenkungsrunden (Annecy 1949 = 2 %, Torquay 1950/51 = 3 %, Genf 1955/56 = 2 %, „Dillon-Runde" Genf 1961/62 = 7 %) waren die Ergebnisse bescheiden, weil die einzelnen Tarifpositionen umständlich untereinander ausgehandelt wurden. In der „Kennedy-Runde" 1964 67 wurde diese „selektive" Methode durch eine „lineare" Zollsenkung ersetzt, bei der möglichst alle Zölle um das gleiche Maß reduziert werden sollten. Zollsenkungen um 35 % bedeuteten neben einem Anti-Dumping-Kodex zwar einen beachtlichen Erfolg, doch im Agrarbereich fielen sie aufgrund des EG-Widerstands viel schwächer aus.

Der Agrarhandel war daher neben den wachsenden nichttarifären Handelshemmnissen und einer verbesserten Position der Entwicklungsländer Schwerpunkt der „Tokio-Runde" (1973-79), an der sich auch Nichtmitglieder beteiligen konnten. Streitpunkt war vor allem die Frage einer Rückkehr zu festen Wechselkurs-Paritäten sowie eine „besondere Behandlung" für die am wenigsten entwickelten Länder. Aufgrund der Verhandlungsergebnisse reduzierte die EG in den folgenden acht Jahren ihre Zölle um durchschnittlich 22 %, die USA um 33 %, Japan um 25 %. Die EG belastete Industriewaren in dieser Zeit mit Zöllen von durchschnittlich 7,5 %. Ferner wurden u.a. Kodices über Subventions- und Ausgleichszahlungen sowie der Abbau technischer Handelshemmnisse (Normen) vereinbart. Entwicklungsländer können seit 1979 auf vereinfachtem Wege eine günstigere Behandlung aufgrund der „Enabling Clause" bekommen.

Nach mehreren Versuchen begann im September 1986 im uruguayischen Badeort Punta del Este die „Uruguay-Runde", die im Dezember 1990 abgeschlossen wurde. Eine ganze Reihe heikler Themen, die ihre Brisanz vor allem durch verzwickte Interessenlagen erhielten, verhinderte jedoch ein rasches Übereinkommen. Die wichtigsten Ergebnisse der Uruguay-Runde:

— Abbau bestehender Handelsverzerrungen — Zollabbau, Marktöffnung. Global sollen die Zölle nochmals um mehr als ein Drittel gesenkt werden. Schwerpunkt: Öffnung des EG-Agrarmarkts plus Kürzung von Export-, Einkommens- und Preissubventionen. Die USA forderten anfangs einen 75-90 %igen Abbau aller Agrarsubventionen binnen eines Jahrzehnts (später um 30 %), was von der EG, vor allem von Frankreich, strikt abgelehnt wurde.

— Liberalisierung der Dienstleistungen (GATS = General Agreement on Trade in Services): Die Ausnahmen von der Meistbegünstigungsklausel (aufgrund nationaler Sonderbestimmungen) für Luft- und Seetransporte, Telekommunikation sowie Finanzleistungen sollen innerhalb von fünf Jahren überprüft werden. Agrarexporteure wie die USA verlangen im Gegenzug zur Öffnung ihrer Dienstleistungsmärkte (Banken, Versicherungen) von Europa einen verbesserten Zugang zu den Agrarmärkten.

— Patentschutz (TRIPs = Trade-Related Intellectual Property Rights) soll Patentdiebstahl vor allem in Entwicklungsländern stoppen, aber auch unbefugten Gebrauch (z.B. US-Verteidigungsindustrie). Auch erlauben rund 50 Länder keine Pharma-Patente, um Kosten im Gesundheitswesen zu sparen. Die Entwicklungsländer bieten Patentschutz im Gegenzug zur Öffnung der Textil- und Agrarmärkte an.

— Ende des Welttextilabkommens (WTA): Der Schutz der Textilproduktion in Industrieländern vor der Billigkonkurrenz aus Schwellen- und Entwicklungsländern soll innerhalb von zehn Jahren auslaufen. Die Schwellenländer bieten dafür besseren Zugang zu ihren Märkten an.

— Eine Welthandelsorganisation MTO (Multilateral Trade Organisation) soll anstelle des schwerfälligen GATT treten. Unter ihr Dach sollen GATT (Warenhandel), GATS (Dienstleistungshandel) und TRIPs (Schutz geistiger Eigentumsrechte) kommen.

Weitere Themen waren handelshemmende Investitionsmaßnahmen (TRIMs = Trade-Related Investment Measures) sowie effizientere Streitbeilegungsverfahren. GATT-Generaldirektor *Dunkel* versuchte im Dezember 1991 vergeblich, die festgefahrenen Verhandlungen durch ein Kompromiß-Papier voranzubringen. Die größte Hürde bildete der scharfe Agrarstreit zwischen den USA und der EG, der auch die global veränderten Machtverhältnisse widerspiegelt. Streitpunkte waren u.a. die subventionierten EG-Getreideexporte (US-Forderung: Reduzierung um 24 %) sowie die GATT-widrigen EG-Subventionen für Öl-Saaten (Sojabohnen, Sonnenblumen, Raps), mit denen die

EG US-Futtermittelimporte erschwert. Die USA hatten deshalb gedroht, EG-Importe von 1 Mrd. US-$ mit 100 % Retorsionszöllen zu belegen. Auch protestierten mehrere lateinamerikanische Bananen-Ausfuhrländer gegen Importbeschränkungen der EG.

6. Probleme — Die Schwierigkeiten der Uruguay-Runde resultierten aus einer Reihe von Ursachen: Erstens waren erst in den beiden letzten Zollsenkungsrunden die schweren Protektions-Bastionen wie Agrarprodukte sowie neue Bereiche wie Dienstleistungen in Angriff genommen worden. Zweitens haben sich die handelspolitischen Machtverhältnisse geändert; die USA — früher antreibender Vorreiter für Freihandel — tendieren aufgrund ihrer wirtschaftlichen Lage mittlerweile selbst zu protektionistischen Maßnahmen. Drittens prallen in den GATT-Verhandlungen unterschiedliche Interessen aufeinander. Das macht auch das im Rahmen des GATT ausgehandelte Welttextilabkommen deutlich, welches zugunsten der Industrieländer massive Handelsverzerrungen festschreibt.

Ein weiteres GATT-immanentes Problem ist die großzügige Behandlung von Entwicklungs- und Schwellenländern, denen damit protektionistisches Verhalten quasi nahegelegt wird. So ist der Handel zwischen Industrie- und Entwicklungsländern im Rahmen der GATT-Runden weniger liberalisiert worden, als der Handel zwischen Industrieländern (*Molsberger / Koitos* 1990). Auch können Entwicklungsländer ihre Forderungen nur schwer gegen die mächtigen Industrienationen durchsetzen. Eine Neuordnung des Weltwirtschaftssystems wird eher in der UN-Welthandelskonferenz diskutiert.

Untergraben werden die GATT-Bestimmungen auch durch die zunehmende Verbreitung regionaler Handelsblöcke — wie neuerdings die nordamerikanische Freihandelszone NAFTA. Durch eine Zollunion (Abschaffung innerregionaler Zölle, gemeinsamer Außenzoll) wird der Handel oft auf Integrations-Mitglieder umgelenkt, wodurch außenstehende Wettbewerber diskriminiert werden.

Bei der Beseitigung mengenmäßiger Handelshemmnisse kann das GATT nur mäßige Erfolge aufweisen. In den letzten Jahren haben solche Maßnahmen sogar wieder zugenommen. Rund die Hälfte des Welthandelsvolumens war Ende 1984 von Verstößen gegen die Meistbegünstigungsklausel betroffen. Generell ist ein Trend zum „Neo-Protektionismus" zu verzeichnen, der die Lücken des GATT-Vertragswerks ausnutzt. Hervorzuheben sind die bilateralen Übereinkommen, die oft im Widerspruch zum Geist der GATT-Regeln stehen. Vor allem durch sogenannte freiwillige Export-Selbstbeschränkungsabkommen (VER) zwingen Abnehmerländer Ausfuhrländer zur Drosselung derer Exporte. Diese Praxis wird begünstigt durch eine Asymmetrie in den Streitbeilegungsverfahren: Meist können die betroffenen Exportnationen — oft Entwicklungsländer mit Monokulturen — nur mit einem irrelevanten Vergeltungspotential drohen. Generell erschweren schwammige

„auslegungsfähige" Formulierungen und Eigenarten des GATT-Vertragswerks strikte Liberalisierungsversuche. So gelten die Kodices zum Abbau
von Handelsschranken auf nichttarifärem Gebiet nur für die Unterzeichnerstaaten. Die Zahlungsbilanzklausel war nur für die Auswirkungen des Bret-
ton-Woods-Systems mit festen Wechselkursen gedacht. Nach wie vor können
die Staaten aufgrund ernsthafter binnenwirtschaftspolitischer Interessen den
freien Handel in GATT-konformer Weise einschränken.

Literatur:

Benedek, Wolfgang: Die Rechtsordnung des GATT aus völkerrechtlicher
    Sicht, Berlin u.a. 1990.
GATT: What it is, what it does, Genf 1982.
Jägeler, Franz Jürgen: Kooperation oder Konfrontation — GATT 1973, Ham-
    burg 1974.
Hilf, Meinhard / *Petersmann*, Ernst-Ulrich: GATT und Europäische Ge-
    meinschaft, Baden-Baden 1986.
Hilf, Meinhard / *Petersmann*, Ernst-Ulrich: The New GATT round of multi-
    lateral trade negotiations: legal and economic problems, Deventer
    ²1991.
Molsberger, Josef / *Koitos*, Angelos: Ordnungspolitische Defizite des GATT,
    in: ORDO 41 / 1990, S. 93-115.
Senti, Richard: GATT. Allgemeines Zoll- und Handelsabkommen als Sy-
    stem der Welthandelsordnung, Zürich 1986.

Dieter Grosser / Thomas Neuschwander

Globale Probleme und Weltöffentlichkeit

1. Neue Globale Probleme — Im 20. Jh. hat die industrielle Entwicklung einen Stand erreicht, auf dem die Menschheit sich in vielfacher Hinsicht gefährden und sogar vernichten kann — durch Nuklearwaffen, Reaktor-,
Chemie- oder Biotechnik-Katastrophen, einschneidende Veränderungen des
Klimas und der Atmosphäre, die Vergiftung und Verschmutzung der Umwelt
und die Folgen des Bevölkerungswachstums (→ Bevölkerungsentwicklung).

Im Gegensatz zu früher sind viele dieser Gefahren nicht mehr regional begrenzt, zudem sind sie, wenn sie einmal eingetreten sind, nicht mehr revidierbar. Schon heute gilt dies für die Verseuchung der Gebiete um Tschernobyl, Semipalatinsk und das Bikini-Atoll. Es trifft wahrscheinlich auch für die Ozonschicht und für lange Zeit auch den Treibhauseffekt zu. Während es sich dabei um dauernde ökologische Katastrophen handelt, sind die Atomwaffen aus politischen Gründen nicht mehr völlig zu beseitigen, da die Produktionsverfahren weitgehend bekannt sind. Auch die biologischen und chemischen Waffen können leicht wieder entwickelt werden, sogar wenn es gelingt, sie weltweit zu ächten und abzuschaffen. Dies gilt vor allem für solche Waffen, die eng mit zivilen Produktionsverfahren zusammenhängen. Eine weitere Kategorie von Weltproblemen ist weniger eindeutig determiniert. Die Folgen der modernen Zivilisation wie Energieverbrauch, Abfall und Verkehr hängen von einer Vielzahl von Einzelentscheidungen ab, die von vielfältigen Interessen sowohl der Eliten wie auch breiter Bevölkerungsschichten beeinflußt werden.

Die moderne Industrieentwicklung hat aber nicht nur Gefahren geschaffen. Mit den heutigen Ressourcen und Mitteln ist es prinzipiell möglich, Armut, Hunger, Elend und Unterdrückung weltweit zu beseitigen. Falls bei der Entwicklung der armen Welt allerdings einfach die Standards der reichen Welt übernommen werden, entstehen neue Umweltprobleme.

Die internationale Diskussion um die weltweiten Gefahren und Möglichkeiten hat heute die ganze Welt erreicht. Internationale Kommissionen haben die verschiedenen Herausforderungen systematisch zusammengefaßt (*Club of Rome* über die „*Grenzen des Wachstums*", „*Global 2000*" für den amerikanischen Präsidenten *Carter, Brundtland-Bericht, Palme-Kommission, Pearson-, McNamara-, Brandt-Bericht* über Entwicklungspolitik). 1992 hat in Rio de Janeiro zum ersten Mal ein Weltgipfel stattgefunden, auf dem → globale Umweltprobleme zur Debatte standen. Nachdem Warnungen vor diesen Problemen zuerst belächelt, für wirklichkeitsfremd, imperialistisch oder industriefeindlich gehalten oder ideologisch ausgegrenzt wurden, werden sie inzwischen weithin akzeptiert, allerdings mit unterschiedlichen Gewichtungen entsprechend den jeweiligen Interessenlagen und Gefährdungspotentialen. Die Dritte Welt interessiert sich eher für Verteilungsfragen und Entwicklungshilfe, die reichen Länder dagegen mehr für Umweltstandards, besonders wenn sie wiederum die Dritte Welt betreffen. Dies gilt insbesondere für das Regenwaldproblem. Überhaupt wird die Diskussion um globale Probleme stark von den OECD-Ländern bestimmt, die sowohl die Hauptverursacher sind als auch die Weltmedien und die Wissenschaft dominieren.

Partiell entschärft werden konnten bisher nur die Kriegsgefahren durch ABC-Waffen im Kontext des Zusammenbruchs des Ostblocks. Lösungen anderer Weltprobleme, die konzeptionell inzwischen in breitem Maße entwickelt worden sind, stellen sich mächtige Interessenkomplexe und Gewohnheiten entgegen. Auch die durchschnittliche Lebensführung der Bevölkerung in den reichen OECD-Ländern, wichtige Industrien wie die Fahrzeugbranche und die Art des Wirtschaftens in großtechnischen Systemen sind berührt.

Da es vor allem bei Klima-Problemen um *kollektive Güter* geht, die durch das Verhalten einzelner oder auch einzelner Staaten nur begrenzt beeinflußbar sind, entsteht das Problem von individuellen, regionalen oder nationalen Kosten, denen keine entsprechenden Gewinne gegenüberstehen, während andererseits *free rider* begünstigt werden. Einzelne wichtige Staaten können Fortschritte behindern, was wiederum anderen Staaten Argumente liefert, um untätig zu bleiben. Bei anderen Problemen wie der Aufnahme von Flüchtlingen kann sich sogar ein negativer Wettbewerb zwischen den Ländern entwickeln. Nur mit Hilfe internationaler Standards, die auf vertraglicher Grundlage beruhen und in ihrer Regelungsdichte bis hin zu *internationalen Regimen* oder *Nebenverfassungen* gehen, lassen sich diese Probleme schrittweise weltweit oder wenigstens für Weltregionen regeln (→ Abrüstungspolitik, → Migration, → Entwicklungshilfe). Die wichtigsten internationalen Vereinbarungen in Hinsicht auf Weltprobleme sind

— die Charta der → UN (Art. 1),
— die allgemeine Erklärung der Menschenrechte von 1948 durch die UN,
— die internationalen Pakte über bürgerliche, politische, wirtschaftliche, soziale und kulturelle Rechte, die inzwischen von der Mehrzahl der Staaten ratifiziert worden sind,
— die Genfer Flüchtlingskonvention von 1951 und das ergänzende Protokoll von 1967,
— der Vertrag zur Beseitigung der Rassendiskriminierung von 1966,
— die Konvention gegen die Diskriminierung der Frau von 1980 und
— die Konvention gegen die Folter von 1984.

Hinzu kommen regionale Menschenrechtskonventionen für Westeuropa im Rahmen des Europarats, für Gesamteuropa und Nordamerika im Rahmen der KSZE-Schlußakte, für Amerika und für Afrika im Rahmen der entsprechenden kontinentalen Organisationen.

Damit besteht ein immer dichter werdendes Netz von Vereinbarungen, auf das in vieler Hinsicht Bezug genommen werden kann. → Menschenrechte sind als globaler Standard definiert worden. Für andere globale Probleme liegen keine internationalen Vertragsdokumente vor, doch gibt es in diesen Bereichen Erklärungen der UN, ihrer Spezialorganisationen und anderer wichtiger internationaler Foren, so zur Unterstützung der Dritten Welt (Entwicklungsdekaden der UN) und zu ökologischen Problemen. Für Spezialbereiche wie den Walfang oder die Antarktis existieren besondere Gremien und Abkommen der beteiligten Länder. Die Politik in den Nationalstaaten nimmt auf diese Pakte und Vereinbarungen Bezug, in Deutschland und einigen anderen Ländern ist das Völkerrecht auch verfassungsmäßig verankert.

2. *Neue globale Akteure* — Ausgehend von Westeuropa und Nordamerika haben sich in den letzten Jahrzehnten *international pressure groups* gebildet, die an der Lösung globaler Probleme orientiert sind. Sie stehen in der humanitären Tradition älterer Gruppen, wie etwa der 1823 in England gegründeten Gesellschaft gegen die Sklaverei, die im 19. Jh. eine international erfolgreiche Kampagne betrieben hat. Ihrer Zielsetzung nach befassen sie sich mit Problemen der Ökologie (Greenpeace, World Wildlife Fund, Robin Wood, Friends of the Earth), der Menschenrechte (Amnesty International, Gesellschaft für bedrohte Völker, Internationale Gesellschaft für Menschenrechte und schon seit 1864 das Internationale Komitee vom Roten Kreuz), materiell-humanitärer Hilfe (Liga der Rotkreuz-Verbände, Medicins sans frontières, Caritas internationalis, Weltrat der Kirchen und andere konfessionelle und karitative Organisationen, in Deutschland Miserior und Brot für die Welt) und der Abrüstung (Ärzte für den Frieden).

Betrachtet man die Organisationsprinzipien, so lassen sich zwei ältere und ein neuerer Typ unterscheiden:

— ein international-föderaler Typ, nach dem die meisten nichtstaatlichen Organisationen (INGOs) aufgebaut sind. Dabei bleibt der internationale Dachverband an den Konsens der Mitgliedsorganisationen gebunden.

— ein nichtgewählter, aus Honoratioren bestehender *„Rat der Götter"*, der sich durch Kooptation ergänzt, beispielsweise der World Wildlife Fund. Beim Roten Kreuz sind beide Prinzipien ineinander verschränkt: einer Dachorganisation, der die nationalen Rotkreuz-Verbände angehören (Typ 1) steht das IKRK gegenüber, das sich durch Selbstrekrutierung und Kooptation aus der internationalen Politik heraushält, nur aus Bürgern der neutralen Schweiz besteht und deshalb in Kriegs- und Spannungsfällen als neutrale Instanz wirken kann.

— die zentralisierte Organisation nach dem Beispiel der transnationalen Unternehmen, die von einer gut ausgebauten Zentrale mit einheitlichen Programmzielen und einer weltweiten *corporate identity* gesteuert werden. Modellfall dieses Typs ist *Greenpeace*, aber auch *amnesty international* zeigt entsprechende Elemente.

Die Besonderheit dieser beiden Organisationen ist die Ausrichtung auf die öffentliche Meinung. Während die traditionellen Organisationen direkte Hilfsprogramme organisieren, mit Entscheidungsträgern verhandeln oder auch zwischen Konfliktparteien vermitteln, richtet sich die Aktivität von Greenpeace und Amnesty hauptsächlich an die internationale Öffentlichkeit. Greenpeace schafft Ereignisse symbolischer Art, damit die Medien darüber berichten und das Thema interessant wird. Das Konzept der Einheit von exemplarischer Aktion, globalem Ziel, körperlichem Einsatz und optimaler Medienwirkung wird seit dem erfolgreichen Vorgehen gegen amerikanische Atomversuche 1970 praktiziert. Die positive Statur in der öffentlichen Meinung wirkt zudem auf die Spendenbereitschaft zurück, die mit modernen Absatzmethoden (*direct mailing*) forciert wird. Amnesty praktiziert dagegen einen seriöseren Stil, bei dem es vor allem auf die Genauigkeit der Aufklärung und den raschen Protest ankommt. Es geht ebenfalls um die Gewinnung der öffentlichen Meinung.

Beide Organisationen ebenso wie die meisten älteren Single-Issue-Organisationen versuchen, sich aus Parteienkonflikten herauszuhalten. Sie gewinnen dadurch größere Glaubwürdigkeit, das Medienecho ist überwältigend positiv (Thränhardt 1992). In der Zeit des Kalten Krieges (→ Ost-West-Konflikt) hat Amnesty in gleicher Absicht versucht, Menschenrechtsverletzungen „ausgewogen" in östlichen, westlichen und neutralen Ländern anzuprangern.

Wie die Methoden von Greenpeace und Amnesty auf den westlichen Medienmarkt zugeschnitten sind, so sind beide Organisationen auch im Westen entstanden. Erst gegen Ende des Kalten Krieges fanden sie auch in Osteuropa erste Unterstützung. In Japan hat zwar Amnesty eine gewisse Verankerung gefunden, die ideell an die pazifistische Grundhaltung wichtiger Gruppen anknüpfen kann und organisatorisch mit der lokalistischen Art japanischer Partizipation übereinstimmt. Greenpeace dagegen hat wegen seines konfrontativen Stils in Japan wenig Anklang gefunden.

Schwerpunktmäßig sind die beiden Organisationen daher immer noch in Westeuropa und Nordamerika verankert. So sind etwa die stimmberechtigten Sektionen von Greenpeace ausschließlich in diesem Raum beheimatet. Deutschland spielt sowohl beim Spendenaufkommen als auch bei der Mitgliedschaft eine führende Rolle. Für die Themenwahl und die Sichtweise ist das Übergewicht der „reichen Welt" nicht ohne Bedeutung. Dieser Vorrang zeigt sich — wenngleich durch die Bemühung um die Einbeziehung von Nicht-OECD-Vertretern weniger deutlich sichtbar — auch in den anderen großen internationalen nichtstaatlichen Organisationen.

3. Weltöffentlichkeit und internationaler Pluralismus — Die Politikwissenschaft hat die neuen Akteure und Prozesse, die Beziehungen zwischen globalen Prinzipien, → internationalen Organisationen und Staaten bisher eher am Rande behandelt. Weithin gelten immer noch die Staaten als einzige Akteure. Die Lehre von den internationalen Regimen ist wenig ausgebildet.

Die Entwicklung scheint aber in die Richtung einer immer stärkeren Wirksamkeit eines Weltpluralismus und einer Weltöffentlichkeit zu gehen — vor allem seit dem Ende der erstarrten Strukturen des Kalten Krieges. Festzustellen ist dabei allerdings ein Vorrang englischsprachiger Medien, die zunehmend weltweiten Charakter bekommen (CNN, BBC, etc.). Auch Regierungen werden dadurch zu Aktionen und Reaktionen gezwungen. Dabei kommt es einerseits zu einer gewissen Moralisierung der Politik, andererseits sind die Reaktionen der öffentlichen Meinung oft durch Kurzatmigkeit, Halbinformiertheit und schnell vergängliche Aufgeregtheit gekennzeichnet. Die Arbeitsweise von Greenpeace kann als Reaktion auf diese Bedingungen verstanden werden. Öffentlichkeit wird hier inszeniert, moralisches Kapital wird akkumuliert und eingesetzt. Ebenso wie sich die Wirtschaft und die Medien internationalisieren, wird Internationalität auch zur Bedingung des Erfolges politischer und humanitärer Organisationen.

Literatur

Agarwal, Anil / *Narain*, Sunita: Globale Erwärmung in einer ungleichen Welt. Ein Fall von Öko-Kolonialismus, Herrsching 1992.

Amnesty International: Jahresbericht, Frankfurt (jährlich).

Benedick, Richard E.: Ozone Diplomacy. New Directions in Safeguarding the Planet, Cambridge, Mass. / London 1991.

Brandt, Willy u.a.: Der Brandt-Report. Das Überleben sichern. Bericht der Nord-Süd-Kommission, Frankfurt a.M. 1981.

Hauff, Volker (Hg.): Unsere gemeinsame Zukunft. Der Brundtland-Bericht der Weltkommission für Umwelt und Entwicklung, Greven 1987.

Jogschies, Rainer: Betrifft: Ärzte gegen den Atomkrieg. Ein Portrait des Friedensnobelpreisträgers, München 1986.

Müller, Leo A.: Betrifft: Amnesty International, München 1989.

Nadelmann, Ethan A.: Global Prohibition Regimes: the Evolution of Norms in International Society, in: International Organization 44, 4, 1990, S. 479-526.

Reiss, Jochen: Greenpeace. Der Umweltmulti. Sein Apparat, seine Aktionen, Rheda-Wiedenbrück 1988.

Sachs, Wolfgang (Hg.): Global Ecology. Conflicts and Contradictions, London 1993.

Thränhardt, Dietrich: Globale Probleme, globale Normen, neue globale Akteure, in: PVS, H. 2 / 1992, S. 219-234.

Tomuschat, Christian / *Schmidt,* Reiner: Der Verfassungsstaat im Geflecht der internationalen Beziehungen, in: Veröffentlichungen der Vereinigung der deutschen Staatsrechtslehrer 36, Berlin 1978.

Dietrich Thränhardt

Globale Umweltprobleme

1. Einführung — Globale Umweltprobleme sind ein relativ neues Thema der Umweltpolitik und dementsprechend wenig transparent. Das gilt zunächst für die Ursachen und die Auswirkungen der Probleme, es gilt aber auch für deren Behandlung, insbesondere für das Anerkennen bestimmter Prinzipien, die Formulierung von Zielen, den Einsatz von Instrumenten und die Einrichtung von Institutionen einer globalen Umweltpolitik. Es mag daher sinnvoll sein, mit der Frage zu beginnen, was globale Umweltprobleme von lokalen und nationalen Umweltproblemen unterscheidet. Zur Beantwortung dieser Frage kann die Definition nützlich sein, die der im Sommer 1992 von der Bundesregierung berufene Sachverständigenrat „Globale Umweltveränderungen" seiner Arbeit zugrunde gelegt hat: „Globale Umweltprobleme sind Veränderungen in der Atmosphäre, in den Ozeanen und an Land, die dadurch gekennzeichnet sind, daß ihre Ursachen direkt oder indirekt menschlichen Aktivitäten zuzuschreiben sind, daß hierdurch Auswirkungen auf die natürlichen Stoffkreisläufe die aquatischen und terrestrischen Lebensgemeinschaften und auf Wirtschaft und Gesellschaft entstehen, die zu ihrer Bewältigung der internationalen Vereinbarungen (Kooperation) bedürfen."
Angesichts der erreichten und weiter zunehmenden räumlichen Mobilität der Menschen, der physischen Vielfalt von Schadstoffen und des Niveaus der Produktion (Skaleneffekt) wie auch angesichts der vielseitigen Interaktion der verschiedenen Umweltmedien (Luft, Wasser, Boden) kann eine lokale Ursache bzw. eine Vielzahl lokaler Ursachen globale Effekte auslösen. (Das Schadstoffe emittierende, massenhaft verbreitete Auto kann hier als Beispiel dienen.) Die Zahl der Umweltprobleme, die wir als „global" bezeichnen, kann sich auch mit zunehmender und verbesserter Analytik weiter erhöhen. (FCKW-haltige Spraydosen und Kühlaggregate waren hierfür in den achtziger Jahren ein Beispiel.)
Internationale Kooperation bei globalen Umweltproblemen wiederum ist in vielfältiger Form möglich. Grundsätzlich denkbar sind Vereinbarungen über *Negativlisten, technische Vorschriften, Nutzungsrechte, Preispolitik, Steuern und Abgaben, Zertifikate, Reduzierungsraten, Produktionsstop* (*Simonis* 1992). Offen aber bleibt die Frage, ob bei der Bewältigung globaler Umweltprobleme *Präventivstrategien* oder *Anpassungsstrategien* überwiegen werden, das heißt, ob wir (die gegenwärtige Generation) zur Vorsorge bereit und fähig sind oder uns (und die zukünftigen Generationen) zur Nachsorge verurteilen. Die anschließend beschriebenen globalen Umweltprobleme lassen beides im Grunde zu, machen letzteres aber eher wahrscheinlich.

2. Klimaveränderung — Das bisher meistdiskutierte globale Umweltproblem ist die stattfindende Klimaveränderung. Die steigende Konzentration bestimmter Spurengase in der Atmosphäre wird in den nächsten Jahrzehnten zu einer signifikanten Erhöhung der durchschnittlichen Erdtemperatur führen, woraus weitreichende ökologische, ökonomische, soziale und politische Konsequenzen entstehen werden. Die Wirkung der Gase im Klimasystem wird jedoch wegen langsam ablaufender Akkumulationsprozesse nicht sofort sichtbar. Wenn die künstliche Aufwärmung aber große Ausmaße angenommen hat, ist es für Reduzierungsmaßnahmen zu spät. Hier zeigt sich das Dilemma globaler Umweltprobleme besonders deutlich: teure aber späte Nachsorge (*Anpassung*), mögliche aber verzögerte Vorsorge (*Prävention*).

Die klimawirksamen Spurengase — wie insbesondere Kohlendioxid, Methan, Fluorchlorkohlenwasserstoffe, Methylbromid und Stickoxide —, die sich in der Atmosphäre anreichern, stören den Wärmehaushalt der Erde, indem sie die Wärmeabstrahlung in den Weltraum zum Teil blockieren (daher: *Treibhauseffekt*). Den größten Anteil (ca. 50 %) an diesem Aufwärmungsprozeß hat das Kohlendioxid (CO_2). Durch (ineffiziente) Verbrennung fossiler Brennstoffe, durch Brandrodung tropischer Wälder usw. werden derzeit pro Sekunde rund 1000 t zusätzlichen Kohlendioxids in die Atmosphäre eingeleitet. Stickoxide, die vor allem bei ungeregelter Verbrennung in Motoren und Kraftwerken frei werden, bewirken eine Anreicherung von Ozon in den unteren Atmosphäreschichten. Fluorchlorkohlenwasserstoffe, die in Sprays und Kühlaggregaten eingesetzt oder bei der Aufschäumung von Kunststoffen und beim Einsatz als Reinigungsmittel frei werden, tragen mit ca. 14 % zur Aufwärmung der Atmosphäre bei. Beim Verdauungsprozeß in den Mägen der Rinderherden und in den Reisfeldern der Welt entstehen große Mengen an Methan, das mit ca. 18 % zur künstlichen Erwärmung der Atmosphäre beiträgt. Damit sind die wesentlichen Verursachungsfaktoren des Treibhauseffektes benannt. Was also macht ihre Eindämmung so schwierig oder gar unwahrscheinlich?
Idealiter müßten alle Treibhausgase von einer internationalen Reduzierungsvereinbarung erfaßt werden. Das aber ist eher unwahrscheinlich. Zu unterschiedlich sind die technischen, ökonomischen, sozialen und politischen Aspekte der Emissionsreduzierung bei den einzelnen Gasen. Während bei einigen die Quellen *und* die Senken gut bekannt sind, ist bei anderen nur das eine oder das andere der Fall. Während beim Kohlendioxid die Industrieländer mit ca. 80 % Hauptverursacher sind, sind es beim Methan die Entwicklungsländer (Reisfelder, Rinderherden). Während bei einigen Gasen die Emission gut kontrolliert werden kann, ist es bei anderen nur die Produktion. Während bei einigen ein schneller und kompletter Ausstieg (FCKW) notwenig erscheint, ist bei anderen nur eine stufenweise Reduzierung möglich.
Entsprechend wurde eine Rahmenkonvention zum Treibhauseffekt vorbereitet, mit der die Probleme beschrieben, die Handlungsnotwendigkeiten anerkannt, die erforderlichen Forschungs- und Monitoringprogramme auf den

Weg gebracht werden sollen. Diese Klimakonvention wurde auf der UN-Konferenz über Umwelt und Entwicklung (UNCED) in Rio de Janeiro im Juni 1992 verabschiedet; sie muß nun durch mehrere Protokolle aufgefüllt werden, die konkrete Zielvorgaben und Maßnahmen zur Reduzierung der Emissionen *(Quellen)* bzw. zur Erhöhung der Absorptionskapazität der Natur *(Senken)* enthalten.

Von seiten der Wissenschaft sind vielfältige Vorschläge entwickelt worden, vor allem zum Kohlendioxid, die von der Einführung einer nationalen und globalen *Ressourcensteuer* (bzw. *Emissionsabgabe*) über internationale *Quotensysteme* bis zu transnational handelbaren *Emissionszertifikaten* reichen. Das „Princeton-Protokoll" beispielsweise, ein Musterprotokoll, enthält progressive Zielvorgaben, die über einen Zeitraum von 80 Jahren zu weltweit gleichen (!) Pro-Kopf-Emissionen an CO_2 führen. Dieser Vorschlag hat (wie andere Vorschläge auch) drastische Änderungen im Wachstumspfad der Industrie- und auch der Entwicklungsländer zur Voraussetzung und zur Folge *(ökologischer Strukturwandel der Wirtschaft bzw. Energieeffizienz-Revolution).*

Zur praktischen Umsetzung solch drastischer, dynamisch angelegter Emissionsminderungen kommt — neben der im Gespräch befindlichen Energiesteuer und CO_2-Abgabe — eine Reihe von technischen Maßnahmen in Betracht, vor allem:

— Reduzierung des Verbrauchs fossiler Brennstoffe durch Erhöhung der Effizienz der Energienutzung, insbesondere bei Transportenergie, Elektrizität, Heizenergie;
— Substitution der emissionsreichen durch emissionsarme Brennstoffe;
— Installation neuer Energiegewinnungstechnik, wie Blockheizkraftwerke, Fernwärme, Fernkühlung, Gasturbinen;
— Substitution fossiler Brennstoffe durch erneuerbare Energien, wie insbesondere Biomasse, Windenergie, Photovoltaik, Wasserstoff;
— technische Nachrüstung bzw. Umrüstung der Kraftwerke auf fossiler Basis (Entschwefelung, Entstickung) und der Motoren (Katalysatoren);
— Vergrößerung der CO_2-Senken, insbesondere durch Stop der Regenwaldvernichtung und ein Welt-Aufforstungsprogramm.

Die Durchführung der genannten Maßnahmen würde eine erhebliche Abschwächung des in Gang befindlichen Treibhauseffektes bewirken; sie müßten jedoch so rasch wie möglich ergriffen werden. Nach neueren Studien müßten innerhalb der nächsten zehn Jahre die CO_2-Emissionen weltweit um 37 % gesenkt werden, wenn die künstliche Aufwärmung der Erdatmosphäre im Jahre 2100 (!) nicht über 1 bis 2 Grad Celsius im globalen Mittel steigen soll *(Bach / Jain* 1991).

Während die Ursachen der künstlichen Aufwärmung der Atmosphäre relativ gut bekannt sind, besteht über deren Auswirkungen noch erhebliche Unsicherheit. Der erwartete Temperaturanstieg von 3 Grad Celsius im globalen Mittel brächte wahrscheinlich gravierende Folgen mit sich. Die Winter in den gemäßigten Zonen würden kürzer und wärmer, die Sommer länger und heißer. Die Verdunstungsraten würden zunehmen und im Gefolge davon die Regenfälle. Die Tropen und die gemäßigten Zonen könnten feuchter, die Subtropen trockener werden. In Tundragebieten könnte der gefrorene Boden auftauen, was zu organischer Verrottung und einer weiteren Vermehrung von Treibhausgasen führen würde.

Die Klimaänderung wird somit schon bestehende, regional gravierende Probleme wie Trockenheit, Wüstenausdehnung oder Bodenerosion verschärfen und die nachhaltige ökonomische Entwicklung in vielen Ländern der Welt gefährden.

Eine weitere schwerwiegende Konsequenz globaler Aufwärmung wären das Schmelzen des Eises (Gletscher) und die thermische Ausdehnung des Ozeanwassers, mit der Folge einer Erhöhung des Wasserspiegels. Nach den derzeit vorliegenden Berechnungen könnte ein Temperaturanstieg von 3 Grad Celsius den Wasserspiegel der Ozeane um bis zu 60 cm anheben — im Falle des Abrutschens großer Stücke polaren Eises ins Meer auch noch höher. Da etwa ein Drittel der Weltbevölkerung in nur 60 Kilometer Entfernung von der Küstenlinie lebt, wären deren Wohn- und Arbeitsverhältnisse betroffen, für einzelne Länder — wie etwa die Seychellen und Teile von Bangladesh — würde sich die Existenzfrage stellen.

Angesichts erheblicher weltweiter Forschungsanstrengungen dürfte sich die noch vorhandenen Unsicherheit über die Auswirkungen der anstehenden Klimaänderung rasch verringern. In Abhängigkeit vom Erfolg oder Mißerfolg der möglichen *Präventivmaßnahmen*, die weiter oben genannt wurden, werden mehr oder weniger umfangreiche *Anpassungsmaßnahmen* erforderlich. Diese Maßnahmen, die ökonomischer, sozialer, technischer und politischer Art sind, haben aller Vorraussicht nach eine regional erheblich differenzierte Ausprägung.

3. Schädigung der Ozonschicht — Die stratosphärische Ozonschicht fungiert als Filter für die von der Sonne ausgehende ultraviolette Strahlung. Sie trägt auch zur Regulierung der Temperatur in der Atmosphäre bei. Dieser „Ozonschutzschild" wird von langsam aufsteigenden ozonschädigenden Gasen angegriffen, insbesondere von Fluorchlorkohlenwasserstoffen (FCKW) und Methylbromid, die von der chemischen Industrie für verschiedenartige Zwecke produziert worden sind und weiter produziert werden.

Von der Schädigung der stratosphärischen Ozonschicht sind vielfältige Auswirkungen zu erwarten, die weltweit auftreten können: Zunahme von Sonnenbrand, Schädigung des Sehvermögens, vorzeitige Alterung der Haut, Schwächung des Immunsystems bei Mensch und Tier, steigende Häufigkeit und Ernsthaftigkeit von Hautkrebs usw. Auf die Pflanzen- und Tierwelt hat ultraviolette Strahlung eine Fülle von Auswirkungen.

Im Rahmen von nunmehr zehn Jahre währenden Verhandlungen wurden zwei internationale Verträge, die „Wiener Konvention zum Schutz der Ozonschicht" (1985) und das „Montrealer Protokoll zum Schutz der Ozonschicht" (1987), abgeschlossen sowie eine weitreichende Revision des Protokolls vorgenommen („Helsinki-Erklärung" (1989), „Londoner Konferenz" (1990), „Kopenhagen-Konferenz " (1992). Im Jahre 1981 hatte eine Gruppe kleinerer Industrieländer Vorschläge zu einer Konvention vorgelegt, die den Gedanken eines dynamischen internationalen Regimes beinhalteten. Es entstand das Konzept einer Zweiteilung des rechtlichen Instrumentariums in einen stabilen, institutionellen Teil (*Rahmenkonvention*) und einen flexiblen, technischen Teil (*Protokoll*). Das im September 1987 angenommene „Montrealer Protokoll" forderte die Unterzeichnerstaaten auf, den Verbrauch von FCKW bis zum Jahre 1999 um 50 % gegenüber 1986 zu reduzieren, ließ jedoch zugleich die Übertragung von Produktionen auf andere Staaten zu. Die Konferenz der Protokollstaaten in Helsinki leitete 1989 die geplante Revision ein und verabschiedete die „Helsinki-Erklärung", die für FCKW einen vollständigen Ausstieg sowie eine schrittweise Regelung für die Reduzierung weiterer ozonschädigender Stoffe vorsah; auf der Nachfolgekonferenz in Kopenhagen 1992 wurde eine weitere Verkürzung der Ausstiegszeit beschlossen.

Neben der Verschärfung der Reduzierungsmaßnahmen war jedoch eine Verbreiterung der Vereinbarungen geboten, weil sich bisher vorwiegend nur Industrieländer den Regeln unterworfen hatten, nicht aber die Entwicklungsländer, darunter Brasilien, China und Indien, die über einen potentiell großen Binnenmarkt (für Autos, Kühlschränke, Klimaanlagen) verfügen, für die nach herkömmlicher Technik FCKW verwendet werden. Um diesen Ländern den Beitritt zu erleichtern, beschlossen die Vertragsstaaten, einen Mechanismus zur Finanzierung und zum Zugang zu moderner Technologie zu entwickeln. Auf der Konferenz von London im Jahre 1990, an der bereits 60 Vertragsstaaten ein umfangreiches Paket zur Änderung des „Montrealer Protokolls" annahmen, wurde ein multilateraler Fonds eingerichtet, der durch Beiträge der Industrieländer sowie einiger Entwicklungsländer entsprechend dem UN-Beitragsschlüssel finanziert wird. Der Fonds hat die Aufgabe, die erhöhten Kosten zu decken, die Entwicklungsländern bei der Umstellung ihrer Produktion auf ozonverträgliche Stoffe und Verfahren entstehen; nach der Konferenz von Kopenhagen, an der 81 Staaten teilnahmen, soll der Fonds diese Aufgabe beschleunigt wahrnehmen.

Die Schädigung des stratosphärischen Ozonschicht bleibt dennoch ein globales Umweltthema – nicht nur, weil von den Ersatzstoffen ebenfalls Schäden ausgehen, sondern auch wegen der zu erwartenden Implementationsdefizite internationaler Vereinbarungen. Möglicherweise stellt sich also der traditionelle Konflikt zwischen Vereinbarung und Einhaltung gemeinsamer Umweltstandards, wie wir ihn aus der Diskussion um den Abgaskatalysator für Pkw, die Sicherheit von Atomkraftwerken, die Reinhaltung der Ozeane usw. kennen, in anderer Form erneut.

4. Wälder und biogenetische Vielfalt

Die tropischen Wälder umfassen eine Fläche von rund 1,9 Mrd. ha, wovon etwa 1,2 Mrd. ha als geschlossene und 700 Mio. ha als offene Wälder gelten. Weltweit betrachtet gehen nach neuesten Studien jährlich 20,4 Mio ha tropische Wälder verloren, ein großer Teil davon in Amazonien (vgl. World Resources 1990-91, S. 101-120); das sind 79 % mehr als die jahrelang zitierte Studie der FAO von 1980 (11,4 Mio. ha) besagte. Das Verhältnis von Abholzung bzw. Brandrodung zu Wiederaufforstung von Wäldern liegt weltweit gesehen bei etwa 10:1.

Die Verluste an tropischen Wäldern entstehen aus einer Vielzahl von Gründen: Neben der Abholzung zu Exportzwecken, die auf unzureichenden Konzessionsverträgen oder auf staatlichen Subventionen für Landnutzung beruhen, sind es vor allem die Brandrodung zur Anlage von Plantagen, für Weideland und Ackerbau, aber auch die Errichtung von Industrie- und Energiegewinnungsanlagen (Stauseen) und von Siedlungen — und vielfach auch die Markierung privater Besitzansprüche bzw. die Bodenspekulation sowohl innerhalb als auch außerhalb der Regenwaldgebiete. Hinter diesen Nutzungsansprüchen stehen ein allgemein großer Bevölkerungsdruck (→ Bevölkerungsentwicklung / -politik) und ein im Gefolge von Verschuldungskrisen auftretender diffuser Exportdruck: Die Notwendigkeit, Deviseneinnahmen zu erzielen, treibt Entwicklungsländer zu einer Übernutzung ihrer Ressourcenbestände (→ Nord-Süd-Konflikt, → Weltwirtschaftssystem). Wenn Maßnahmen zur Regeneration dieser Ressourcen aus ökonomischen Gründen nicht ergriffen werden oder aus ökologischen Gründen nicht ergriffen werden können, führt dies zum Verlust der Nachhaltigkeit der Ressourcennutzung bzw. zu bleibenden Verlusten am „natürlichen Kapitalstock".

Der Raubbau an den tropischen Wäldern hat oft auch die Vertreibung oder Vernichtung waldbezogener Lebensgemeinschaften zur Folge — wie insbesondere durch die tragische Geschichte der Indianer Amazoniens belegt ist (→ Migration / Weltflüchtlingsproblematik).

Da in den tropischen Regenwäldern 40 % oder mehr aller Arten der Welt (Tiere und Pflanzen) beheimatet sind, verursacht dieser Raubbau auch ungeahnte, bisher nicht verläßlich schätzbare Verluste an genetischer Vielfalt.

Aufgrund der in den Entwicklungsländern weiterhin rasch anwachsenden Bevölkerung wird die zusätzliche Nachfrage nach landwirtschaftlich genutztem Boden bis zum Jahre 2000 auf 80 Mio. ha geschätzt; diese wird, so ist zu befürchten, zum größten Teil in der Rodung („Konversion") jetziger Waldflächen bestehen. Da die tropischen Böden wegen der in der Regel nur dün-

nen Humusschicht für kontinuierlichen Anbau oder intensive Viehbewirt-
schaftung nicht oder nur unter bestimmten Bedingungen geeignet sind, wird
Waldkonversion zu großen ökologischen Schäden oder Produktivitätsrück-
gängen führen — es sei denn, es werden tragfähige Alternativen zu den derzeit vorherrschenden Anbautechniken entwickelt.

Diese und andere Probleme der Waldnutzung und Waldzerstörung sind in
dem Sinne globaler Natur, als ihre Ursachen in einer globalen ökonomisch-
ökologischen Interdependenz liegen oder aber ihre Wirkungen global sind
und nur durch internationale Kooperation eingedämmt werden können. Die
in Rio de Janeiro verabschiedete sogenannte Wald-Erklärung ist hierzu ein
erster Schritt.

5. Boden und Wasser — Nach vorliegenden Schätzungen dehnen sich die
Wüstengebiete der Welt jährlich um ca. 6 Mio. ha aus. Bis zu zwei Fünftel
der Nicht-Wüstengebiete Afrikas, zwei Drittel in Asien und ein Fünftel in
Lateinamerika können sich nach Ansicht von Experten in Zukunft in Wüsten
verwandeln. Die Zunahme der Bevölkerung, aber auch der Viehbestände hat
die Vegetation beeinträchtigt und damit wiederum die Bodenerosion beschleunigt. Mitte der achtziger Jahre lebten etwa 850 Mio. Menschen in
Trockengebieten, 230 Mio. davon waren von der Wüstenausdehnung direkt
oder indirekt betroffen.

Die damit einhergehende Störung der ökologischen Systeme beeinträchtigt
die ohnehin schwache Wasseraufnahme der Böden zusätzlich, beschleunigt
den Wasserabfluß, senkt den Grundwasserspiegel und reduziert die Qualität
und den Nährstoffgehalt der Böden. Unter solchen Bedingungen verstärken
sich die Effekte längerer Trockenheit, Nahrungsmangel kann sich in Hungersnot verwandeln.

Die Erforschung dieser Prozesse hat gezeigt, daß hierbei politische, ökonomische und soziale Faktoren weit bedeutsamer sind als früher angenommen.
Neben Bevölkerungsdichte und Viehbestand ist es vor allem die marktorien-
tierte Landwirtschaft, die die konventionelle Bodennutzung verdrängt, die
Tragfähigkeit marginaler Böden überfordert und damit den Verwüstungspro-
zeß beschleunigt. Daher sind nicht nur technische Lösungen wie Auffor-
stung, veränderte Siedlungsmuster oder künstliche Beregnung erforderlich,
sondern auch institutionelle Lösungen wie vor allem geeignete Landnut-
zungsrechte, wenn die Wüstenausdehnung, von der gerade die ärmsten Gebiete der Welt betroffen sind, gestoppt werden soll. Diesen Fragen wird sich
eine Konvention zur Wüstenausdehnung widmen, die auf Drängen afrikani-
scher Länder bereits 1994 unterzeichnet werden soll.

Neben der quantitativen Abnahme gibt es die qualitative Verschlechterung
ehemals ertragreicher Böden. In Afrika nördlich des Äquators gelten rund
11 % des gesamten Landes als von Wassererosion und 22 % von Winderosion
substantiell geschädigt; im Nahen Osten liegen die entsprechenden Werte so-

gar bei 17 bzw. 35 %. Dieses Problem ist durch ungeeignete Bodennutzung verstärkt worden, insbesondere durch die Substitution von Mischkulturen durch Monokulturen sowie durch Vernachlässigung eines geeigneten Wassermanagements.

Fast alle Länder der Welt haben inzwischen ernste, wenn auch sehr verschiedenartige Wasserprobleme. In vielen Fällen wird das quantitative Wasserangebot zunehmend kritisch, verursacht durch Dürre, Übernutzung von Wasservorräten und Entwaldung, während die Wassernachfrage aufgrund von künstlicher Bewässerung, Urbanisierung und Industrialisierung sowie rasch anwachsenden individuellen Wasserverbrauchs weiter ansteigt. Weltweit gesehen werden derzeit etwa 1300 Mrd. m^3 Wasser pro Jahr für künstliche Bewässerung verwendet; wegen der damit einhergehenden Verdunstungs- und Transportverluste wird den vorhandenen Wasservorräten jedoch mehr als das Doppelte (nämlich rund 3000 Mrd. m^3) entzogen.

Die Wasserqualität verschlechtert sich weltweit und teils in dramatischer Form. Oberflächenwasser und Grundwasser sind in vielen Ländern mit Nitrat und Pestiziden aus der Landwirtschaft, durch Leckagen aus städtischen und industriellen Wasser- und Abwassersystemen, aus Kläranlagen und Mülldeponien belastet. Die von der Weltgesundheitsorganisation (WHO) empfohlenen Grenzwerte werden immer häufiger überschritten, die von der EG-Kommission gesetzten Grenzwerte werden von Tausenden von Wasserbrunnen in Europa nicht eingehalten — die folglich geschlossen werden müßten.

Auch und gerade bei der Wasserproblematik zeigt sich, daß Vorsorge besser ist als Nachsorge, zumal die Reinigung einmal verschmutzter Grundwasservorräte selbst in den reichsten Ländern der Welt kaum finanzierbar sein dürfte. Wassermanagement hat auch insofern eine besondere internationale Dimension, als es mehr als 200 grenzüberschreitende Flußeinzugsgebiete und eine große Zahl von Seen und Gewässern mit regionalem Einzugsbereich gibt und weil die Ozeane, in die sich alle Schmutzfrachten ergießen, als „globale Gemeinschaftsgüter" gelten.

Die künstliche Bewässerung hat die landwirtschaftliche Produktivität in Gebieten mit unsicheren oder unzureichenden Regenfällen erheblich erhöht und den Anbau hochertragreicher Sorten möglich gemacht; sie wird in Ländern und Gebieten mit niedrigen Einkommen und Nahrungsmitteldefiziten auch weiter ausgedehnt werden müssen. Auf das Konto unsachgemäßer Bewässerung gehen aber auch Wasserverschwendung, Grundwasserverseuchung und Produktivitätsverluste großen Umfangs. In ähnlicher Weise hat die unkontrollierte Entnahme von Grundwasser viele Wasservorräte in Asien und Afrika reduziert, während in den Industrieländern der zunehmende spezifische Wasserverbrauch teils nur noch durch erhebliche Verlängerung der Wassertransportwege zu befriedigen ist.

Neben den Anforderungen an geeignete technische Maßnahmen zur quantitativen und qualitativen Sicherung der Wasservorräte für eine weiter zunehmende Weltbevölkerung — wie Erschließung neuer Quellen, Schaffung integrierter Wasserkreisläufe bei der industriellen Produktion, Verhinderung der Wasserverschmutzung durch Schadstoffe vielfältiger Art — wird es in Zukunft deshalb auch um eine systematische Reduzierung des spezifischen Wasserverbrauchs in Landwirtschaft, Industrie und Haushalten gehen müssen. Hierzu sind unter anderem institutionelle Innovationen erforderlich — insbesondere eine aktive Wasserpreispolitik —, die in weiten Teilen der Welt entweder unbekannt sind (Wasser als „öffentliches Gut") oder auf großen Widerstand stoßen werden. Die Alternative zu solchen Innovationen aber heißt Wasserrationierung und Wasserverseuchung — mit allen daraus wiederum entstehenden Konsequenzen.

6. *Gefährliche Abfälle* — Viele Industrieprodukte und chemische Abfallstoffe sind nicht oder nur schwer abbaubar oder nicht dauerhaft lagerungsfähig. Nicht alle Einrichtungen zur Behandlung solcher Stoffe sind technisch sicher und risikofrei. Aus alten Lagerstätten entweichen toxische Substanzen aufgrund von Leckagen und belasten Böden, Grund- und Oberflächenwasser. Das Mischen von toxischem Müll und Hausmüll hat zu zahllosen Unfällen und zu Krankheiten geführt, wird aber dennoch in den meisten Ländern weiterhin praktiziert; eine getrennte Sammlung und Behandlung der verschiedenen Abfallarten ist erst in einigen wenigen Ländern üblich geworden. Zahlreiche gefährliche Stoffe, deren Verwendung in Industrieländern verboten wurde, werden weiterhin in die Entwicklungsländer exportiert. Die zunehmend zum Einsatz kommende Verbrennungstechnik (Müllverbrennungsanlagen) kann das Abfallvolumen zwar quantitativ reduzieren, erzeugt ihrerseits aber konzentrierte toxische Abfälle und bei unsachgemäßer Handhabung gefährliche Luftschadstoffe.

Die Entwicklungsländer produzieren, importieren und deponieren toxische Abfälle in immer größerem Umfang. In den meisten dieser Länder fehlt es jedoch nicht nur an Bewußtsein und Information über die Toxizität solcher Stoffe, sondern auch und vor allem an Wissen über deren sichere Handhabung.

Nach Jahrzehnten der mehr oder weniger unkontrollierten (wilden) Deponierung gefährlicher Abfälle haben die meisten Industrieländer, aber erst einige Entwicklungsländer, die Kosten solcher Ignoranz erkannt. Eine Reduzierung der gefährlichen Abfälle an der Quelle ihrer Entstehung, das heißt Abfallvermeidung, ist der einzig verläßliche Weg zur Verbesserung der Situation. Trotz einiger Beispiele der erfolgreichen Einführung relativ sauberer Technologien und innovativer Maßnahmen von Unternehmen in Industrie und Handel ist Abfallvermeidung aber weder in den Industrie- noch in den Entwicklungsländern zu einem gesellschaftlichen Projekt avanciert — im Gegenteil: Müllexport wurde zu einem Multimillionen-Geschäft. Das in vielen Entwicklungsländern übliche Abfallrecycling ist angesichts des — mit der eigenen Industrieproduktion und den zunehmenden Importen — sich rasch ändernden Stoffgehalts der Abfälle zu einer insbesondere für ärmere Bevölkerungsgruppen (sogenannte „Müllmenschen") risikoreichen und gelegentlich gar lebensgefährlichen Tätigkeit geworden.

Der grenzüberschreitende Transport gefährlicher Abfälle hat im letzten Jahrzehnt erheblich zugenommen. Mit der Ausweitung des Warenhandels geht offensichtlich eine „Liberalisierung des Schadstofftransports" einher: gefährliche Abfälle gegen harte Devisen. Eine wirksame Kontrolle des Transports gefährlicher Abfälle gilt generell als schwierig; nach erfolgtem Grenzüberschritt unterliegen sie oft ganz unterschiedlichen und gelegentlich sich widersprechenden Regulierungen. Die bestehende Exportmöglichkeit reduziert zugleich die (zu schwachen) ökonomischen Anreize zur Abfallvermeidung; sie transferiert das Risiko, ohne auch das Wissen und die Technik zur Behandlung des Risikos zu transferieren.

Angesichts dieser Problematik und der weltweit expandierenden Chemieproduktion ist die Verabschiedung der „Baseler Konvention über die Kontrolle des grenzüberschreitenden Verkehrs mit Sonderabfällen und ihrer Beseitigung" von 1989 ein Fortschritt; die Schwierigkeit liegt aber in der Durchsetzung des Abkommens auf lokaler und nationaler Ebene. Hierzu müßten effektivere technische und institutionelle Vorkehrungen ergriffen werden, nicht nur, aber vor allem in den Entwicklungsländern, um die latent vorhandene Bereitschaft zur Umgehung von Transportkontrollen bzw. eine für Mensch und Umwelt möglichst risikofreie Behandlung weiterhin anfallender Abfälle zu gewährleisten. Der grenzüberschreitende Transport gefährlicher Abfälle und deren Beseitigung bleibt, so scheint es, auch für die nähere Zukunft ein ungelöstes und insofern ein globales Umweltproblem.

7. Lösungsstrategien — Implizit war in den obigen Abschnitten bereits von Lösungsstrategien die Rede, von partiellen oder integralen, von technischen und gesellschaftlichen Lösungen. Dies steht jeweils für sich. An dieser Stelle soll daher nur noch eine theoretische Verknüpfung der verschiedenen Vorschläge versucht werden, bei der eine ökonomische Perspektive gewählt wird.

Der Diskussionsstand über die Lösung globaler Umweltprobleme reflektiert in bestimmter Weise den jeweiligen Wissensstand über die Zusammenhänge von Ursachen und Wirkungen, die Möglichkeiten zur Substitution oder zum Verzicht auf Produkte und Techniken, die zu Umweltschädigungen führen, sowie die Einschätzung und Bewertung der Folgen dieser Schädigungen. Entsprechend groß ist die Bandbreite der Vorstellungen über die notwendigen Maßnahmen und Strategien. Dennoch ist eine theoretische Eingrenzung möglich und sinnvoll.

Auch für eine globale Umweltpolitik sind, was die denkbaren Anreiz- und Sanktionsmechanismen angeht, grundsätzlich Preis- oder Mengenlösungen die beiden „idealen" Ausprägungen (*Bonus* 1991). Am Beginn jeder Umweltpolitik steht ein Markteingriff: Entweder werden die Preise bestimmter Umweltnutzungen fixiert, und es wird dem Markt überlassen, wieviele Emissionen sich bei solchen Festpreisen noch rechnen (= *Preislösung*). Oder es werden die insgesamt zulässigen Emissionsmengen kontingentiert, und es wird dem Markt überlassen, welche Preise von Umweltnutzungen sich unter diesen Umständen herausbilden (= *Mengenlösung*).

Beide Lösungen sind symmetrisch, jedoch nicht äquivalent. Ein Parameter, Preis oder Menge, wird jeweils fixiert, der andere dem Markt überlassen. Die Frage ist, welcher dieser beiden Parameter bei welchem Umweltproblem in welchem Land (welcher Region) zweckmäßigerweise zu fixieren ist. Die Kernfrage bei einer Preislösung (= *Umweltabgaben*) ist die richtige Höhe des zu fixierenden Preises (= *Schattenpreis*). Die Kernfrage bei einer Mengenlösung ist, daß mit der Festlegung von Höchstmengen (= *Kontingentierung*) konzediert wird, daß Emissionen in bestimmter Höhe erlaubt sind; diese können aber höher liegen als die Absorptionskapazität des ökologischen Systems (beispielsweise des Klimasystems). Sowohl Preis- als auch Mengenlösungen können ihr eigentliches Ziel (Erhalt, Stabilisierung oder Wiederherstellung der Funktionsweise des betreffenden ökologischen Systems) also verfehlen.

Weil das so sein kann, werden im Laufe der anstehenden (langjährigen) Verhandlungen über die oben beschriebenen globalen Umweltprobleme vermutlich sowohl Preis- als auch Mengenlösungen eingebracht werden. Was die Klimaveränderung angeht, stehen bisher Mengenlösungen (*Emissionsreduzierung*) im Vordergrund, während die Diskussion um konkrete Preislösungen (wie *globale Ressourcensteuer, nationale CO_2-Abgaben* usw.) erst begonnen hat. Zudem ist festzustellen, daß bei den Mengenlösungen ordnungspolitische Vorstellungen (d.h. *Reduzierungspflichten*) überwiegen; marktwirtschaftliche Vorstellungen (= *Zertifikate*) sind aber zunehmend ins Gespräch gekommen, wonach ökologische Rahmendaten (z.B. bestimmter Temperaturanstieg) in regional oder national differenzierte Emissionskontingente umgesetzt würden. Diese Kontingente könnten sodann in Zertifikate gestückelt werden, die den Inhaber (hier: ein Land, eine Ländergruppe) jeweils zur (jährlichen) Emission einer bestimmten Menge eines bestimmten Schadstoffs (z.B. CO_2) berechtigten. Diese Zertifikate könnten regional oder global übertragbar gemacht werden (=*Börse*); sie würden dann ausgetauscht und erreichten am Markt entsprechende Knappheitspreise (d.h. Einnahmen, die für die Substitution von emissionsreichen gegen emissionsarme Produkte und Techniken verwendet werden könnten). Die zertifizierten Mengen addierten sich gerade zu den ökologischen Rahmendaten (= *globales Emissionslimit*), so daß diese eingehalten werden könnten. Die gehandelten Zertifikate entsprächen im konkreten Fall also einer Kompensation für (partiellen oder vollständigen) Produktions- bzw. Nutzungsverzicht.

Hier galt es darauf hinzuweisen, daß bei den genannten globalen Umweltproblemen neben den vornehmlich vorgeschlagenen Reduzierungspflichten
sehr wohl auch andere Lösungen, Mengen- wie Preislösungen, sinnvoll sein
können. Es bleibt aber eine offene Frage, welche der grundsätzlich möglichen Lösungen bei welchem Problem in welcher Form und von welchen
Partnern in Zukunft tatsächlich vereinbart werden.

Literatur

Bach, W. / *Jain*, A.K.: Von der Klimakrise zum Klimaschutz. Institut für
  Geographie, Münster 1991.
Baseler Konvention über die Kontrolle des grenzüberschreitenden Verkehrs
  mit Sonderabfällen und ihrer Beseitigung, in: Stiftung Entwicklung und
  Frieden: Die Umwelt bewahren, Bonn 1989, S. 143-172.
Benedick, R.E.: Ozone Diplomacy. New Directions in Safeguarding the Pla-
  net. Cambridge, Mass. / London 1991.
Bonus, H.: Umweltpolitik in der Sozialen Marktwirtschaft, in: Aus Politik
  und Zeitgeschichte, B 10 / 91, S. 37-46.
Carrol, J. (Hg.): International Environmental Diplomacy, Cambridge, Mass.
  1988.
Enquête-Kommission „Vorsorge zum Schutz der Erdatmosphäre" des Deut-
  schen Bundestages (Hg.): Schutz der Tropenwälder. Eine internationale
  Schwerpunktaufgabe, Bonn-Karlsruhe 1990.
Dietz, F.J. / *Simonis*, U.E. / *van der Straaten*, J. (ed.): Sustainability and Envi-
  ronmental Policy. Restraints and Advances, Berlin 1992.
Grubb, M.: The Greenhouse Effect. Negotiating Targets, London 1989.
Haas, P.M.: Saving the Mediterranean. The Politics of International Environ-
  mental Cooperation, New York 1990.
IPCC (Intergovernmental Panel on Climate Change): Climate Change. The
  IPCC Scientific Assessment, Cambridge 1991.
Pearman, G.I. (ed.): Limting Greenhouse Effects. Controlling Carbon Dio-
  xide Emissions, Chichester 1992.
Princeton Protocol on Factors that Contribute to Global Warming, Princeton
  University, December 15, 1988 (Manuskript).
Sand, P.H.: Lessons Learned in Global Environmental Governance, Washing-
  ton, D.C. 1990.
Simonis, U.E.: Globale Umweltprobleme. Eine Einführung, Wissenschafts-
  zentrum Berlin 1992 (Manuskript).
World Resources Institute: World Resources, New York / London 1986ff.
Young, O.R.: International Cooperation. Building Regimes for Natural Re-
  sources and the Environment, Ithaca, N.Y. / London 1989.

Udo E. Simonis

Ideologie und Außenpolitik

1. Ideologiebegriff — Wie alle Begriffe, die in die politische Alltagssprache eingegangen sind, muß das Wort Ideologie jeweils neu definiert werden, wenn es als wissenschaftliche Kategorie brauchbar sein soll. Zweckmäßig ist eine Definition, die sich möglichst eng an den üblichen Sprachgebrauch hält, soweit er sich widerspruchsfrei darstellen und präzise fassen läßt.

Ideologie soll demnach verstanden werden als ein System von Denkweisen und Wertvorstellungen, die einer bestimmten gesellschaftlichen, wirtschaftlichen oder politischen Interessenlage zugeordnet sind. Ideologisch nennt man eine Argumentation insbesondere dann, wenn sie die wirklichen Interessen einer Gruppe oder einer Organisation zu verbergen oder zu verschleiern sucht, indem sie deren Handlungen mit einer scheinbar objektiven oder moralisch-ethischen Notwendigkeit begründet und rechtfertigt. Spezifische Interessen werden dabei entweder geleugnet oder als übergeordnete Allgemeininteressen ausgegeben.

Der apologetische Charakter jeder Ideologie wird in ihrem Anspruch erkennbar, nicht allein partielles theoretisches Wissen in einer umfassenden Synthese zu vereinigen, sondern daraus abgeleitetes praktisches Handeln programmatisch auszurichten und gegen kritische Einwände abzuschirmen. Ideologien erheben deshalb einen universellen, uneingeschränkten Geltungsanspruch. Sie vermitteln ein „Weltbild" oder eine „Weltanschauung", d.h. ein von konkreten zeitlichen und gesellschaftlichen Bedingungen scheinbar unabhängiges Vor-Verständnis von realen Zusammenhängen, einen Zugang zur Erkenntnis verborgener Hintergründe, eine konsistente Gesamtperspektive angesichts inkonsistenter und verwirrender Erscheinungen. Im ideologischen Denken „stimmt" alles. Seine Attraktivität beruht auf der radikalen Vereinfachung komplexer Sachverhalte mit Hilfe einer geschlossenen Doktrin, deren pseudowissenschaftliche Konsequenz sich aus wenigen, verabsolutierten Prämissen herleitet.

2. Ideologiekritik — Der Ideologiebegriff enthält bereits eine kritische Wertung. Er setzt voraus, daß die ideologische Perspektive nur eine verfälschte oder verzerrte Wirklichkeit wahrnimmt. Eine ideologisch begründete Aussage ist also normalerweise keine gewollte Lüge, sondern Ausdruck eines „falschen Bewußtseins", das der eigenen Befangenheit nicht gewahr wird.

Aufgabe der Ideologiekritik ist es, in der Analyse ideologieverdächtiger Aussagen oder Handlungen die Diskrepanz zwischen scheinbarer und wirklicher Wahrheit aufzuspüren, den Zusammenhang zwischen vorgeblichen und tatsächlichen Interessen nachzuweisen, den Widerspruch zwischen Worten und Taten bloßzulegen und damit bereits die Ideologie in ihrer Funktion als Herrschaftsinstrument unschädlich zu machen. Herrschaftsinteressen sind nämlich jene politischen Interessen, die einer Rechtfertigung, Verhüllung und Verbrämung besonders dringend bedürfen und sich deshalb zu allen Zeiten ideologischer Argumente bedient haben. Jeder Herrschaftsanspruch steht deshalb unter Ideologieverdacht, und jede Ideologie muß sich befragen lassen, welchen Herrschaftsinteressen sie dient.

3. *Die Ideologie des Nationalstaates* — Der souveräne Territorialstaat ist die alle gesellschaftlichen Entwicklungen der Neuzeit dominierende und determinierende Organisationsform politischer Herrschaft. Heute versteht sich jeder souveräne Staat als Nationalstaat (→ Souveränität). Seine Ideologie, der Nationalismus, ist weltweit verbreitet, universal anerkannt und so fest etabliert wie kein anderer politischer Gedanke. So mächtig ist sein Einfluß, so unwiderstehlich sein Appell, daß die Gliederung der Welt in Nationalstaaten heute den meisten Menschen als selbstverständlich, als legitim, als quasi „natürlich" und notwendig erscheint. Was als „national" bezeichnet wird, trägt in der politischen Wertordnung des 19. und 20. Jhs. das Symbol des Rechtmäßigen, Unantastbaren und Unverzichtbaren. Sogar jene Ansätze, die den Nationalismus zu überwinden versprachen, blieben im ideologischen Zauber des Nationalstaats befangen und haben damit seinen Geltungsanspruch bestätigt. Das System der → Vereinten Nationen und das → Völkerrecht sind heute die wichtigsten Instrumente zur allseitigen Anerkennung und Legitimation der nationalstaatlichen Herrschaftsform.

Das Janusgesicht des Nationalismus tritt deutlich in Erscheinung, wenn gegen Gewaltherrschaft aufbegehrende Völker nach einer eigenständigen Form der politischen Ordnung suchen. Die Zeit der „Befreiungskriege" im Europa des 19. Jhs., die Emanzipation der „Dritten Welt" vom europäischen Kolonialismus in der Mitte des 20. Jhs. und das neue Erwachen der mittel- und osteuropäischen Völker nach dem Zusammenbruch des Sowjetimperiums am Ende des 20. Jhs. sind typische Perioden eines hochgemuten, freiheitlich gestimmten Nationalismus. In allen diesen Fällen galt und gilt jedoch, daß die emanzipatorische Funktion des Nationalismus in ihr Gegenteil umzuschlagen droht, wenn der Nationalstaat zum Selbstzweck verklärt und auch gegen innere Widerstände instrumentalisiert wird.

Als ideologisch erweist sich der nationalistische Gedankenkomplex, insofern er ein konkretes Herrschaftsinteresse mit einer idealistischen Zielsetzung vermengt und begründet. In der Perspektive des Nationalismus erscheinen die Territorialstaaten als instrumentale Machtgebilde, durch deren Handlungen sich die Selbstbestimmung souveräner Völker („Nationen") verwirklicht. Was im Namen der Nation geschieht, ist dann nichts anderes als der Vollzug eines gemeinschaftlichen Willens zur Wahrung kollektiver Interessen („Gemeinwohl") im Innern und nach außen.

Die Lebenslüge des Nationalstaates ist die Identifizierung der herrschenden Ordnung („Staat") mit dem beherrschten Volk („Nation") und — eng damit zusammenhängend — die krasse Unterscheidung zwischen „innen" und

„außen", zwischen „uns" und den „anderen". Innen- und Außenpolitik werden damit zur abhängigen Funktion von staatlich organisierten Herrschaftsinteressen, die sich selbst als „nationale Interessen" ausgeben. Die rigorose Abgrenzung nach außen („nationale Unabhängigkeit") wird legitimiert mit einer angeblichen Homogenität politischer Interessen im Innern; die Forderung nach innenpolitischem Konsens („nationale Einheit") wird begründet mit einem angeblichen Antagonismus auswärtiger Interessen. Innen- und außenpolitische Machtansprüche des Staates fügen sich so zu einem zirkularen, sich selbst bestätigenden Rechtfertigungsargument zusammen.

Die kompromißlose Unterscheidung zwischen „uns" und den „anderen" erweist sich als nützliche, beinahe beliebig manipulierbare Technik der Loyalitätsbeschaffung. Mit ihrer Hilfe wird die Fiktion einer allgemeinen Harmonie im Innern der Gesellschaft nicht nur als (zumindest vordergründige) Realität glaubhaft nachgewiesen, sondern bereits als staatliches Machtinstrument dienstbar gemacht. Dem Solidaritätsappell nach innen entspricht die Kraftgebärde nach außen. Die nationalstaatliche Machtentfaltung provoziert Gegenreaktionen anderer Staaten, die ihrerseits als Bedrohung empfunden werden und damit das nationalistische Vorurteil der Freund-Feind-Konfrontation bestätigen. Daraus folgt wiederum der Ruf nach dem „starken Staat", dem Hüter der „nationalen Interessen". So schließt sich der ideologische Kreis. Nicht als isolierte Doktrin eines einzelnen Staates, sondern erst in der Wechselwirkung mit anderen Staaten gewinnt der Nationalismus seine fast ausweglose Konsequenz als geschlossenes Denksystem zur Rechtfertigung staatlicher Macht.

Alle nationalstaatlichen Herrschaftssysteme bedienen sich der ideologischen Legitimation des Nationalismus. Auch untadelig demokratische Regierungen erliegen oft der Versuchung, ihre eigenen Herrschaftsinteressen zu bemänteln oder zu rationalisieren, indem sie für ihre Innenpolitik einen außenpolitischen und für ihre → Außenpolitik einen innenpolitischen „Sachzwang" reklamieren. Ebenso bedienen sich partikulare wirtschaftliche Interessengruppen der nationalistischen Rhetorik: so etwa, wenn Exportsubventionen oder Importrestriktionen, Wechselkursmanipulationen oder Grenzausgleichsabgaben, Kartellabsprachen oder Konzernfusionen als notwendig für die „nationale" Wettbewerbsfähigkeit gegenüber anderen Volkswirtschaften ausgegeben werden. In der Verknüpfung, Vertauschung und Vermischung von gruppenspezifischen und gesamtgesellschaftlichen, innen- und außenpolitischen Interessenlagen erweist die nationalistische Ideologie ihre unerschöpfliche Anpassungsfähigkeit und Überzeugungskraft als universales Erklärungs- und Argumentationsmuster (→ Außenpolitischer Entscheidungsprozeß).

Daneben aber treten immer wieder zwei deutlich unterscheidbare Argumentationsweisen in Erscheinung: eine, die den innenpolitischen Bezug der Außenpolitik und damit auch das ideologische Element überhaupt leugnet, und eine andere, die sich geradewegs zu ihm bekennt. Es ist zu zeigen, daß beide

Argumentationsweisen der nationalistischen Grundtendenz nicht widerspre-
chen, sondern im Gegenteil untrennbar mit ihr verbunden sind.

4. Außenpolitik als Ideologie — Der Begriff des „nationalen Interesses" hat
einen demokratischen Kern: Die Interessen des Volkes sollen maßgebend
sein. Oft wird vom nationalen Interesse aber in einem anderen Sinn gesprochen, der auf eine vordemokratische Tradition zurückgeht. *Machiavelli,
Richelieu* und *Metternich* sind die Urväter dieser Tradition, die über *Bis-
marck* und *Kissinger* bis in die Gegenwart reicht. Ihr gemeinsamer Grund-
gedanke ist die Überzeugung, daß die internationale Politik, verstanden als
ein unaufhörlicher und allseitiger Machtkampf zwischen souveränen Staaten, sich nach strengen, ehernen Gesetzmäßigkeiten vollzieht, die zu erkennen und zu beherrschen hohe Könnerschaft, Intuition und langjährige Erfahrung erfordere. Außenpolitische Entscheidungen können und dürfen nach
dieser Auffassung nicht auf dem Marktplatz der öffentlichen Meinung diskutiert und ausgehandelt werden; sie müssen vielmehr dem allein sachkun-
digen, allein verantwortlichen Lenker der Außenpolitik, dem „Staatsmann"
vorbehalten bleiben.
Außenpolitik ist demnach eine autonome, besondere Sphäre, die losgelöst
von ihren innenpolitischen Bezügen gesehen werden kann, ja nur so gesehen werden darf. Mit dieser Lehre vom „Primat der Außenpolitik", die im
19. Jh. ihren größten Einfluß entfaltete, wird für die Gestaltung der auswärtigen Beziehungen nicht nur eine hermetische Abschirmung gegenüber gesellschaftlichen Bedürfnissen und Wertvorstellungen beansprucht. Die Innenpolitik hat sich nach den Erfordernissen der Außenpolitik zu richten.
Was diese Erfordernisse im einzelnen sind, das bestimmt ein objektiver
Maßstab: die „Staatsräson" (oder, in der modernen Terminologie des Nationalismus, das „nationale Interesse"). Nach dem Gebot der Staatsräson
handelt, wer erfolgreich ihr oberstes Ziel verfolgt: die Vermehrung der
Macht des Staates.
Es fällt nicht schwer, den ideologischen Charakter dieses Gedankengangs
nachzuweisen. Verräterisch ist schon die elitäre Attitüde, die den Außen-
politiker mit der Aura des selbstlosen „Staatsmannes" und die → Diplomatie mit dem Fluidum einer esoterischen Geheimwissenschaft umhüllt. So
schützt sich Kabinettspolitik vor dem Licht einer kritischen Öffentlichkeit.
Es ist die Pose des Obrigkeitsstaates, der zu wissen vorgibt, was dem Volke
frommt, und damit die Interessen der Herrschenden meint.
Trügerisch ist auch die rationalistische Prämisse, wonach es in der Außenpolitik eine objektiv richtige Entscheidung gibt, die von Fall zu Fall nur
erkannt werden muß. Mit dieser im Grunde unpolitischen Vorstellung verbindet sich für den Politiker, der sich allein vom Gedanken der Staatsräson
leiten läßt, die Gewißheit des „richtigen" Bewußtseins, von dem aus alle
anderen Entscheidungsalternativen als „idealistisch", „wirklichkeitsfremd"

(in diesem Sinn hat erstmals *Napoleon* den Begriff „Ideologie" verwendet) oder einfach als falsch disqualifiziert werden können. „Realpolitik" nennt sich mit Vorliebe eine Außenpolitik, die sich im Besitz der ausschließlichen Wirklichkeitserkenntnis für legitimiert hält, zur Wahrung der machtstaatlichen „Interessensphäre" auch moralische Skrupel, ethische Gebote und rechtliche Schranken souverän zu ignorieren.

Genau betrachtet ist eine sich auf die Idee der Staatsräson berufende Außenpolitik keineswegs so rational, wie sie sein will. Denn die Machtposition eines Staates in der internationalen Politik ist ja nicht in erster Linie ein Verdienst geschickter Diplomatie, sondern Ausdruck eines gesellschaftlichen Leistungspotentials. Zudem ist die Macht des Staates als Selbstzweck weder sinnvoll noch überhaupt realisierbar. Soll sie den Inhabern der Staatsgewalt dienen, wie es dem dynastischen Absolutismus entsprach, so ist „Staatsräson" nur eine euphemistische Leerformel für „autokratisches Herrschaftsinteresse". Soll sie dem Staatsvolk dienen, wie es dem demokratischen Verfassungsdenken entspricht, so unterliegt die Staatsräson dem (nicht vorgegebenen, sondern politisch erst zu bestimmenden) „nationalen Interesse" und das „Primat der Außenpolitik" dem Einfluß der gesellschaftlichen Kräfte. Die Verschleierung dieses Zusammenhangs zwischen innen- und außenpolitischen Interessenlagen mit Hilfe einer machtpolitischen Pseudotheorie ist bereits wieder ein Bestandteil der nationalistischen Ideologie.

5. Ideologie als Außenpolitik — Alle politischen Handlungen sind am effektivsten, wenn sie als legitim anerkannt werden. Legitim ist, was allgemeinen Wertvorstellungen entspricht. Jede Außenpolitik, die effektiv sein will, beruft sich deshalb zu ihrer Legitimation auf Wertvorstellungen, die höheren und allgemeineren Rang haben als bloße Interessen: religiöse Motive, ethische Normen, humanitäre Ideale, philosophische Postulate, wissenschaftliche Erkenntnisse, natürliche Gesetze.

Die Auswahl solcher legitimierenden Ziele für die Außenpolitik erfolgt nicht nach Belieben, sondern nach Maßgabe der innenpolitischen Kräfteverhältnisse und Wertordnungen. Es handelt sich gleichsam um die Umkehrung des „Primats der Außenpolitik": Die Gestaltung der auswärtigen Beziehungen soll sich nach der innenpolitischen Interessenlage richten.

Schon oft ist nachgewiesen worden, daß sich hinter dem hohen Anspruch einer ideologisch begründeten Außenpolitik regelmäßig die nüchterne Realität nationalstaatlicher Machtpolitik verbirgt. Imperialistische Aggressionen geben sich besonders scheinheilig. *Napoleon* eroberte Europa im Namen der „Freiheit, Gleichheit, Brüderlichkeit". England behauptete mehr als ein Jahrhundert lang die Seeherrschaft im Namen des Freihandels. Die europäischen Mächte unterwarfen ihre überseeischen Kolonien, angeblich um den christlichen Glauben, das Licht der Aufklärung und die Segnungen der modernen Zivilisation zu verbreiten, und fielen im Ersten Weltkrieg übereinander her, um ihre „heilige Ehre" zu verteidigen. Den USA geriet jeder Krieg zu einem Kreuzzug für Freiheit und Demokratie, der Sowjetunion jeder Einsatz der Roten Armee zu einer Befreiungstat des proletarischen Internationalismus. Selbst der Amoklauf des nationalsozialistischen Deutschland konnte sich noch auf die biologische Fiktion des „Lebensraumes" und auf die sozialdarwinistische Rassenlehre berufen.

Es fällt auf, daß in allen diesen Fällen die anspruchsvolle ideologische Rechtfertigung unmöglich von jenen Völkern, die selbst Opfer der Aggression waren, ernstgenommen werden konnte. Tatsächlich richtet sich die Argumentation jeder Außenpolitik hauptsächlich und mit Erfolg nur an einen einzigen Adressaten: das Volk, in dessen Namen sie geschieht. Denn allein auf seiner Loyalität ruht die staatliche Macht.

Sie ruht fest und gut, wenn im Volk die Überzeugung verbreitet ist, daß die nationale Außenpolitik nicht nur den nationalen Interessen entspricht, sondern ihrerseits diese Interessen im Sinne einer allgemeingültigen Wertordnung legitimiert und transzendiert. Dabei kommt es gar nicht darauf an, ob ein konkretes außenpolitisches Handeln wirklich der proklamierten Zielsetzung dient; es genügt, wenn die gute Absicht glaubhaft gemacht wird. Indem sich die Nation als Träger einer höheren Berufung zum Wohl der Menschheit erkennt, erfährt auch der Nationalstaat eine besondere Weihe. So erweist sich die ideologische Begründung der Außenpolitik aus dem Geist der Innenpolitik letztlich wieder als Rechtfertigung der nationalstaatlichen Herrschaftsform.

6. Ideologie und internationale Politik — Eine irrtümliche, aber weitverbreitete Meinung sieht in der internationalen Politik lediglich den Machtkampf der staatlichen (oder staatlich vermittelten) Interessen. Eine andere, ebenfalls irrtümliche und weitverbreitete Meinung sieht in ihr lediglich den Machtkampf der widerstreitenden Ideologien. In Wirklichkeit ist die internationale Politik beides und insofern schon viel mehr als das: Interaktion von Staaten, die sich der Ideologien bedienen, und von Ideologien, denen die Staaten dienen; Gemenge von gleichen Interessenlagen, die mit unterschiedlichen Ideologien verknüpft sind, und von unterschiedlichen Interessenlagen, die sich mit den gleichen Ideologien verbinden; Wechselwirkung von Innen- und Außenpolitik; Mischung von „richtigem" und „falschem" Bewußtsein; Spiegelung und Widerspiegelung, Produktion und Reproduktion aller dieser verschiedenen Komponenten.

Es scheint, als wären allgemeine Verwirrung, Instabilität und Desorganisation die notwendige Folge eines so komplexen Kräftespiels. Das Gegenteil ist der Fall. Die meisten Menschen haben eine nur allzu einfache, eindeutige und beständige Vorstellung von ihrer internationalen Umwelt; die nationalstaatliche Organisationsform politischer Herrschaft erfreut sich einer nur allzu robusten Lebenskraft; die langfristig allzu festgefügte Machtstruktur der Weltpolitik verändert sich nur im Zeitmaß von Generationen.

Gewiß, eine der wichtigsten Ursachen dieser umfassenden Beharrungstendenz ist die Allgegenwart des ideologischen Denkens in der internationalen Politik. Der Widerstreit der Ideologien durchbricht nicht die ideologische Befangenheit, er bestätigt und verstärkt sie vielmehr. Abwehr und Verdrängung von Gegenargumenten ist ja gerade der Zweck aller Ideologien. Die Bedrohung durch den Gegner „paßt" ins ideologische Weltbild, sie gehört dazu. Wenn kein plausibler Gegner in Sicht ist, wird er notfalls fingiert, und wenn er gefährlich scheint, am besten gleich verteufelt.

Die Geschichte des Kalten Krieges (→ Ost-West-Konflikt) ist das eindrucksvollste Beispiel der ideologischen Konfrontation zweier Staaten, der USA und der UdSSR, die einander bis an den Rand der gemeinsamen Weltzerstörung drängten, um zu beweisen, daß die eigene Gesellschafts-, Herrschafts- und Hegemonialordnung nicht nur unendlich besser sei als die des Gegners, nicht nur deren absolutes Gegenteil, nicht nur tödlich bedroht von ihm, sondern allein geeignet zu seiner Abwehr und deshalb lebensnotwendig für die Zukunft des Menschengeschlechts.

Das Beispiel ist lehrreich. Es zeigt, wie das politische Handeln und das politische Denken sich gegenseitig in blinder Borniertheit gefangen halten können, sobald eine anti-ideologische Absicht sich selbst zur Ideologie verhärtet und damit ihren kritisch-emanzipatorischen Zweck verfehlt. Es zeigt auch, daß Ideologien nicht nur das effektivste Herrschaftsinstrument der Staaten, sondern die Staaten zugleich die einflußreichsten Urheber und Wortführer von Ideologien sind. Es zeigt schließlich, daß in der internationalen Politik das ideologische Denken seine größte Wirkung entfaltet, ja seine eigentliche Bestimmung erreicht. Denn erst im Weltmaßstab kann es sich im wörtlichen Sinn als „Weltanschauung" beweisen.

Ideologiekritik als wissenschaftliche Aufgabe ist deshalb in der internationalen Politik am notwendigsten und zugleich am schwierigsten, denn sie muß mit den nationalstaatlich formierten Herrschaftsinteressen auch die mächtigsten Bastionen ideologischen Denkens, die wirksamsten Ordnungsfaktoren sozialer Beziehungen und damit die scheinbar unverzichtbaren und universal gültigen Grundlagen menschlichen Zusammenlebens in Frage stellen. Die Rolle der Wissenschaft ist dabei durchaus ambivalent zu sehen. Einerseits tarnt sich in der modernen Politik jede Ideologie als wissenschaftliche Wahrheit, und Wissenschaftler haben sich häufig genug als Ideologen bewährt. Insofern steht auch die Wissenschaft stets unter Ideologieverdacht. Andererseits kann eine selbstkritische Wissenschaft von der internationalen Politik wesentlich zur Überwindung des ideologischen Denkens in der Welt beitragen.

Literatur:

Bracher, Karl-Dietrich: Zeit der Ideologien. Eine Geschichte politischen Denkens im 20. Jhd., Stuttgart ²1985.

Czempiel, Ernst-Otto: Der Primat der auswärtigen Politik. Kritische Würdigung einer Staatsmaxime, in: Politische Vierteljahresschrift, 4 / 1963, S. 266 - 287.

Frankel, Joseph: Nationales Interesse, München 1971.

Geiger, Theodor: Ideologie und Wahrheit. Eine soziologische Kritik des Denkens, Neuwied ²1968.

Lenk, Kurt (Hrsg.): Ideologie. Ideologiekritik und Wissenssoziologie, Neuwied ⁹1976.

Meinecke, Friedrich: Die Idee einer Staatsräson in der neueren Geschichte, München / Berlin 1924.

Salumun, Kurt (Hrsg.): Ideologien und Ideologiekritik, Darmstadt 1992.

Erwin Häckel

Integration (I.)

1. Die Frage nach der Möglichkeit von I. zwischen den Staaten und Gesellschaften unterschiedlicher Nationalität (I. hier verstanden als ein Prozeß, dessen Ergebnis aus zwei oder mehreren Akteuren ein neuer Akteur gebildet wird, als ein Prozeß des Loyalitätentransfers auf den neuen Akteur) hängt eng zusammen mit der Frage nach dem notwendigen Maß von Herrschaft und Macht: Während die sogenannten föderalistischen I.-Theoretiker meinen, I. erfolge nur aufgrund einer bewußten, politischen Entscheidung der Politiker und Völker durch eine Übertragung von bisher nationaler Macht und Herrschaft auf den neuen (supranationalen) Akteur (so *Friedrich*), sind die sogenannten Funktionalisten (*Mitrany, Haas*) — wenn man einmal diese Positionen derart begriffslogisch-vereinfachend konfrontieren darf — empirisch und normativ davon überzeugt, daß I. am besten durch den liberalen Freilauf der wirtschaftlichen und sozialen Kräfte über die nationalen Grenzen hinaus zustande käme. — Im Sinne der Föderalisten wirkten vorbildhaft die frühen Verfassungsväter der USA und der Schweiz, die auf der Basis eines wertbezogenen Gemeinschaftsbewußtseins und z.T. einer Massenbewegung eine die vormalig getrennten Einheiten umfassende, neue Verfassung schufen. Sie war notwendigerweise deshalb föderalistisch organisiert, weil das neue Gebilde nur dann stabil war, wenn die alten Einheiten in ihm mit relativer Autonomie als Bundesstaaten erhalten blieben. Die dabei unausbleib-

lichen Konflikte zwischen diesen Bundesstaaten, aber auch sonstigen Gruppen, hofften die Föderalisten, nachdem einmal die „Machtfrage" im Sinne
des neuen Akteurs geklärt wurde, im Rahmen der herrschaftlich gesetzten,
allgemein akzeptierten, schwer veränderlichen und daher krisenfesten Konstitution (mit letztinstanzlicher Gerichtsbarkeit, horizontaler und vertikaler
Gewalteinteilung) ohne größere Schäden für die I. regulieren zu können.
Wenn man nur erst mit einem großen Schwung, quasi aus dem Stand heraus,
gemeinsame, verfaßte Institutionen schaffe, dann würden sich auf dieser
Grundlage schon die funktionalen Lösungen für die infolge einer I. notwendigerweise auftretenden ökonomischen und sozialen Probleme ergeben.
Kurzformel: function follows form. I. als Resultat von transnational wirken-
den Sachzwängen bei der Lösung solcher ökonomischen und sozialen I.-
Probleme zu sehen (wie bei den Funktionalisten), verkennt in der Sicht der
Föderalisten den machtpolitischen Charakter auch von I.-Prozessen, der
sich vor allem im nationalstaatlichen Souveränitätsanspruch (→ Souveränität) manifestiert.

Demgegenüber vertrauen die Funktionalisten auf das quasi automatische
Wirken von sozialen und wirtschaftlichen Interessen, Bedürfnissen, Funktionen und Aufgaben, die in hochkomplexen, miteinander verflochtenen,
territorial nicht mehr (wie bei den Föderalisten suggeriert) abgrenzbaren Industriegesellschaften z.T. nur noch von den Staaten gemeinschaftlich bewältigt werden können, die sich daher die ihnen adäquaten, inter- oder supranationalen Organisationsstrukturen schaffen und die langfristig sogar die
nationalstaatlich-machtpolitischen Begrenzungen als ineffektiv und atavi-
stisch zu überwinden vermögen (Kurzformel: form follows function). Die
derart entstandenen und entstehenden internationalen Spezial- und Fachor-
ganisationen wie ILO, FAO, Rotes Kreuz usw. (→ Internationale Organisationen) hätten sich — so Mitrany — trotz zahlreicher Kriege und Krisen als
überlebensfähig erwiesen. Denn ihre Aufgabenerfüllung gehe versachlicht-
technokratisch-unpolitisch durch Experten (nicht Politiker) im Sinne eines
internationalen Interessenverbandes vonstatten, indem diese die für die Verwirklichung der natürlichen, evidenten und daher übernational und konflikt-
los realisierbaren Interessen aller Menschen (Gesundheit, Nahrungssiche-
rung u.a.) notwendigen Maßnahmen in Form separierter, partikularisierter,
leicht überschaubarer und daher entideologisierter Einzelentscheidungen
pragmatisch, Schritt für Schritt (inkremental) und effizient in die Wege leiten. Dabei folgen sie dem Prinzip des trial-and-error-Verfahrens allerdings
(bzw. gerade deshalb) unter Vernachlässigung einer klaren Definition der
langfristigen Zielperspektive einer eventuellen politischen Organisationsform der I.-Gebilde. Denn nach den liberal-rationalistischen Vorstellungen
eines Mitrany soll gerade supranationale, d.h. auch staatliche I. vermieden
werden, da so nur wieder das machtpolitisch-unfunktionale Moment dominant werden könnte.

2. Darin ist der I.-Ansatz von *Mitrany* der Freihandelsschule der Wirtschaftswissenschaft und -politik verwandt, nach der I. — gemäß der schon von *Ricardo* entwickelten Theorie des komparativen Kostenvorteils — durch die Allokation von Produktionsfaktoren an dem für sie kostenoptimalen Standort erfolgt, unabhängig von nationalstaatlichen Grenzen, die zur Realisierung dieses Zieles durch Zoll- und Kontingentabbau beseitigt werden müßten. Unter dieser Voraussetzung könne ein einheitlicher, stark arbeitsteiliger Weltmarkt geschaffen werden (→ Weltwirtschaftssystem). Bisher erwies sich I. nach diesem Prinzip — sieht man von den weltweiten → GATT-Zollsenkungen ab — aber nur im regionalen Rahmen (z.B. EWG) als realisierbar. Das kann allerdings wiederum den nicht intendierten Nachteil haben, daß sich eine solche I.-region nach ihrer Außenwelt hin ökonomisch abschließt und damit das Prinzip kostenoptimaler Allokation sabotiert.

Zwischen den hier idealtypisch herausgearbeiteten Polen der I.-theoretischen Debatte gibt es zahlreiche vermittelnde Zwischenpositionen: Schon weiter ausgearbeitete, föderalistische Ansätze berücksichtigen zunehmend ökonomische und soziale Prozesse. Und die Funktionalismus-Revision von *Haas* betont die Bedeutung von politischen Instanzen und Prozessen. *Haas* hatte aufgrund einer Analyse des Montan-Unions-I.-Prozesses (→ Europäische Gemeinschaft) festgestellt, daß nicht schon allein ökonomische Nutzen- und Interessenkalküle sachnotwendigerweise à la *Mitrany* zur I. führen, sondern daß darüber hinaus Lernprozesse bei den beteiligten Akteuren vonnöten seien, deren I.-Bejahung erst sukzessive mit dem zunehmenden Erfolg des I.-Prozesses wachse. Dieser Lernprozeß wirkt nun nach *Haas* als *spillover* aus sich selbst heraus expansiv: Zum einen hoffen die Akteure, die positiven I.-Erfahrungen von einem sozioökonomischen Bereich in weitere übertragen zu können. Zum anderen sind sie, hat die I. erst einmal begonnen, dem Zwang unterworfen, weitere Bereiche zu integrieren, soll die I. insgesamt Bestand haben, letztendlich mit dem Ziel einer allumfassenden politischen Union. Der *spill-over* setzt dabei in einem eher unpolitisch-technischen, meist ökonomischen Bereich ein, weil hier die Widerstände der nationalen Akteure noch am geringsten sind, um von hier aus nach einem Modell fortschreitender Politisierung zunehmend (macht-)politisch sensiblere Bereiche einzubeziehen. I.-Rückschläge (*spill-backs*) sollten durch die zentrale politische Initiativfunktion von supranationalen Instanzen vermieden werden, die zudem die vielfältigen sozialen Interessen bündeln und für die I. nutzbar machen sollen. Aktive Interessengruppen sowie die pluralistische Struktur von Gesellschaft überhaupt sind für *Haas* wesentliche Hintergrundvariablen für das Gelingen einer I., ebenso die Variablen: Komplementarität der nationalen Eliten; Mindestmaß an Transaktionen; gemeinsame Art der Entscheidungsfindung; Reaktionsfähigkeit der Regierungen; Größe der I.-Einheiten.

Aber auch dieses sogenannte neo-funktionalistische I.-Konzept der 50er Jahre hielt dem Realitätstest nicht lange stand: Mit dem Auftreten von

„heroisch-dramatischen" Akteuren wie *de Gaulle* und einer Renationalisierung im EWG-I.-Prozeß macht sich das originär (National-)Politische wieder geltend, so daß *Haas* die „obsolecence" seiner Theorie erklären mußte.
I.-Mißerfolge wurden nun theoretisch zurückgeführt auf externe Akteure,
die spalterisch wirken können, sowie auf weltweite Überkomplexität und
Turbulenz, die den Verlust von Legitimität und Steuerungsfähigkeit der supranationalen Organe und den sichernden Rekurs auf das Nationalstaatliche
nach sich ziehen würden. Als I.-praktische Therapie dagegen empfiehlt
Haas eine kombinierte Strategie aus föderalen, funktionalen, inkrementa-
len, konföderalen Sachverhalten zu sogenannten Paketen, die von allen I.-
Akteuren nur insgesamt angenommen werden können (unter Inkaufnahme
von auch für die nationalen Interessen negativen Aspekten, aber bei Erhalt
der positiven) und damit bei Annahme die I. voranzubringen in der Lage
sind. *Schmitter* fügt folgende mögliche I.-Strategien hinzu: *spill around* =
Wachsen des I.-Umfangs, während die gegebene Ebene der supranationalen
Autorität erhalten bleibt; *build up* = Wachsen der Entscheidungsautonomie
der supranationalen Institution, aber nicht deren Anwendung auf weitere
Gegenstandsbereiche; *retrench* = Ausbau der Ebene gemeinsamer Bürokra-
tien, aber Reduktion von deren Fähigkeit zur autoritativen Allokation von
Werten; *spill-back* = Reduktion von I.-Umfang und -ebene auf einen Status
quo ante; *encapsulate* = Antwort auf Krisen durch marginale Änderungen
in unwichtigen Bereichen.
Der neo-funktionalistischen Theorie nahestehend ist der transaktionistische
I.-Ansatz von *Deutsch.* Für ihn sind nationale und internationale Gesell-
schaftsbildungen konstituiert durch typische gemeinsame Kommunikations-
muster (Transaktionen) und durch komplementäre Verhaltensgewohnheiten,
die eine störungsfreie Kommunikation auch über nationale Grenzen hinweg
ermöglichen. Demnach definiert er I. (im Sinne der von ihm so genannten
Sicherheitsgemeinschaften) durch „a ,sense of community' ... strong enough
and widespread enough to assure for a long time dependable expectations
of peaceful change among its population". I. ist auch gegeben, wenn die
Wahrscheinlichkeit einer positiven Kovarianz des Verhaltens und der Be-
lohnung zwischen sozialen Systemen besteht. Quantitativ soll die Dichte
einer I. gemessen werden anhand von Transaktionen (Waren-, Post-, touri-
stischer Verkehr u.a.), die allerdings — das sei kritisch vermerkt — nichts
über die Qualität einer Beziehung aussagen. So nahmen vor dem 1. Weltkrieg die internationalen Transaktionen zu, ohne den Krieg zu verhindern.
Weiter in der Vermittlung des in den I.-Theorien oft dichotomisch konzep-
tualisierten Verhältnisses von Politik und Gesellschaft / Wirtschaft gehen
Etzioni und *Nye*, auf systemtheoretischer Grundlage davon aus, daß erfolgreiche I. nur bei gleichzeitigem Ablaufen von I.-Prozessen sowohl im poli-
tisch-autoritativen als auch im ökonomisch-utilitären als auch im normativ-
identitären Bereich stattfinden. I. ist demgemäß dann nicht langfristig über-

lebensfähig, wenn sie z.B. nur politisch-zwanghaft erfolgt, ohne daß für sie der normative Konsens der Bürger durch die Eliten mobilisiert wird. Ähnlich nimmt *Nye* sechs Prozeßmechanismen an: Neben den schon genannten (spill-over; Transaktionen, Paket-Bildung) sind das die transnationale Elitensozialisation und transnationale Gruppenbildungen sowie die ideologische Identifikation mit der I. Als Randbedingungen werden u.a. angegeben: die Symmetrie oder wirtschaftliche Ebenbürtigkeit der Einheiten des I.-Prozesses; die perzipierte Gleichheit der durch die I. erfolgenden Gewinnverteilung; die Wahrnehmung äußerer Zwänge, die eine I. nahelegen; niedrige oder auf andere abwälzbare, sichtbare, d.h. perzipierte Kosten der I. Das Ziel des I.-Prozesses bleibt aber auch bei *Nye* die politische I. von Nationalstaaten. Angesichts des Scheiterns des frühen militärisch-föderalistischen I.-Versuches in Form der Europäischen Verteidigungsgemeinschaft (1954) und angesichts des Scheiterns auch der ökonomisch-funktionalistischen EWG (mißt man sie an ihrem letztendlich politischen Ziel) sowie ähnlicher wirtschaftlicher I. in Lateinamerika und Ostafrika ist aber gerade das Entstehen politischer Unionen auf absehbare Zeit unwahrscheinlich, da sich der Nationalstaat als nicht vorhergesehen überlebensfähig erwiesen hat. Darauf haben übrigens schon marxistische I.-Theoretiker wie *Deppe* hingewiesen; sie versuchten aber die Kalamität eines Widerspruches zur marxschen Prognose einer zunehmenden Internationalisierung des Kapitals dadurch zu verdecken, daß sie die Annahme einer Dialektik von Integration und Desintegration einführten, was das Problem allerdings nur begriffslogisch löst. Aus diesen Gründen ist es ratsam, den theoretischen und praktischen Anspruch bei der Konzeptualisierung des Umfangs von I. zu senken. Ansatzpunkte hierzu bieten die „realistische" und Interdependenztheorie (→ Theorien der internationalen Beziehungen) sowie das Zentrum-Peripherie-Modell (→ Entwicklungspolitik). Gerade das letztgenannte Modell thematisiert I. in Form von asymmetrischen Abhängigkeiten zwischen Eliten von Nationalstaaten, die aber weiter als formell souverän bestehen bleiben, und betont damit die Ungleichheit von internationalen Beziehungen, die bisherige I.-Konzepte stark vernachlässigt haben und die z.T. deren geringe Prognosekraft erklären. Die realistische Theorie (*Morgenthau; Kindermann*) geht von den dominant handlungsleitenden Nationalinteressen aus, die nur aufgrund gemeinsamer Ziele (vor allem militärischer in Form von Verteidigungsbündnissen) zu gemeinsamen, oft befristeten Handlungen und Institutionen finden. In diesem Zusammenhang gewinnen die Theorien über Entstehen und Verfall von (militärischen) Allianzen (→ Militärbündnisse) an Bedeutung (*Liska*). Die Interdependenztheorie (*Cooper*) hebt in ihrer Analyse explizit auf die wechselseitigen weltpolitischen Abhängigkeiten zwischen den Nationalstaaten ab, die sie bei Wahrung der Nationalstaatlichkeit, aber bei Verlust der nationalstaatlichen Steuerungsfähigkeit zu gemeinsamem regionalen und globalen Handeln vielfältigster Art und zu internationalen Regimen zwingen, zumal Nationalstaaten zunehmend durch nicht-staatliche, gesellschaftliche, ,,transnationale" Akteure (z.B. transnationale Konzerne) penetriert werden. Auch auf dem Gebiet der waffentechnologischen Entwicklung prognostizieren *Willms* und *Nolte* aufgrund der Möglichkeit einer wechselseitigen, atomaren Vernichtung der beiden Systeme in Ost und West das Entstehen eines die Partikularinteressen transzendierenden und daher transzendentalen Interesses aller Nationalstaaten an der Erhaltung des Friedens.

Dieser Begrifflichkeit entspricht auch die Entwicklung auf der weltpolitischen und regionalen Ebene: In der EG z.B. werden die Probleme der Weltwirtschaftskrise zu bewältigen versucht durch ein national-intergouvernementales / supranationales Management von Interdependenz und durch eine Koordination nationaler Interessen in Form von ,,Regierungsgipfeln" (Europäische Politische Zusammenarbeit), die ergänzt werden durch nationalstaatliche Abstimmung im Rahmen der gesamten westlichen Welt (Weltwirtschaftsgipfel) und überlagert werden durch einen russisch-amerikanischen Bilateralismus gemeinsamer Rüstungssteuerung und Abrüstung (→ Nukleare Rüstung und Rüstungskontrolle).

Mit folgenden Aufgaben wird die Integrationsforschung in Zukunft konfrontiert sein:

— Der Begriff ,,Integration" wird zu klären sein: Ist er als ein Prozeß zu begreifen, oder bezeichnet er den Endzustand des Einigungsprozesses?
— Ist Integration immer in jeder Hinsicht normativ zu befürworten, oder kann es auch ein Zuviel an Integration geben?
— Sind überhaupt Unterschiede zwischen → internationalen Organisationen traditioneller Art und der EG zu konstatieren?
— Vor allem müssen die Vertreter der verschiedenen Integrationstheorien pragmatisch in der empirischen Forschung zusammenarbeiten.
— Von voreiligen Prognosen ist Abstand zu nehmen. Insbesondere ist der Bezug zur Praxis der EG zu suchen.
— Kurz gesagt: Es gilt die Integrationsforschung selbst zu integrieren.

Literatur

Cooper, Richard: The Economics of Interdependence: Economic Policy in the Atlantic Community, New York 1968.
Dahrendorf, Ralf: Plädoyer für die Europäische Integration, München 1973.
Deutsch, Karl W.: Nationalbildung — Nationalstaat — Integration, hrsg. v. Abraham *Ashkenasi* und Peter *Schulze,* Düsseldorf 1972.
Etzioni, Amitai: Political Unification, New York 1965.
Friedrich, Carl J.: Europa. Nation im Werden, Bonn 1972.

Haas, Ernst B.: The Uniting of Europe — Political, social und economical Forces, 1950-1957, London 1958.

Harrison, Richard: Europe in Question. Theories of Regional International Integration, London 1974.

Mitrany, David: A Working Peace System, Chicago 1966.

Morgenthau, Hans J.: Macht und Frieden, Gütersloh 1963.

Nye, Joseph S.: Peace in Parts. Integration and Conflict in Regional Organizations, Boston 1971.

Schmitter, Philip C.: A Revised Theory of Regional Integration, in: International Organization, 4 / 1970, S. 705-737.

Jürgen Bellers

Internationale Energiepolitik

1. Gegenstand und Bedeutung — Die technische Zivilisation des 20. Jhs. beruht auf dem kontinuierlichen Umsatz großer Energiemengen. In modernen Industriegesellschaften werden physische Arbeitsleistungen fast ausschließlich mit Hilfe von kommerziell bereitgestellten Energieträgern (Erdöl, Kohle, Erdgas, Wasser- und Kernkraft) erbracht. Der statistisch erfaßte Weltenergieverbrauch im Jahr 1992 betrug ca. 12 Mrd. Tonnen Steinkohleeinheiten, wovon etwa die Hälfte auf die westlichen Industrieländer entfiel.

Energiepolitik ist das Bestreben, ein Energiesystem nach Maßgabe gesellschaftlicher Interessen zu gestalten und zu lenken. Als Energiesystem bezeichnet man den Komplex von technischen Einrichtungen und wirtschaftlichen Tätigkeiten, die auf die Produktion, Verteilung, Umwandlung, Verwendung und Entsorgung von Energieträgern ausgerichtet sind. Wegen ihrer volkswirtschaftlichen und gesamtgesellschaftlichen Bedeutung unterliegen alle Energiesysteme der Gegenwart einer intensiven politischen Einflußnahme und staatlichen Regulierung. Für die Energiepolitik der meisten Staaten ist das Bedürfnis nach einer zuverlässigen, kostengünstigen und umweltverträglichen Energieversorgung vorrangig; die Gewichtung der konkurrierenden Zielgrößen kann jedoch von Fall zu Fall ganz unterschiedlich sein.

Eine einheitliche energiepolitische Konzeption, die den Gesamtzusammenhang des Energiesystems berücksichtigt, ist unter diesen Umständen nur schwer zu verwirklichen. In den meisten Ländern der Welt stellt sich Energiepolitik als Addition widersprüchlicher Einzelmaßnahmen in inkohärenten Teilbereichen dar. Nationale Energiepolitik orientiert sich jedoch stets an bestimmten ordnungspolitischen Leitvorstellungen (Rolle des Staates in der

Wirtschaft, Autonomie marktwirtschaftlicher Regulative, Akezptanz außenwirtschaftlicher Verflechtung u.ä.), von denen auch die Interessenbestim-
mung in der internationalen Energiepolitik geprägt wird.
Internationale Energiepolitik hat die Beziehungen zwischen nationalen
Energiesystemen zum Gegenstand. Kein nationales Energiesystem ist heute
noch vollständig in sich abgeschlossen. Je mehr die Energiesysteme einzelner Länder ineinandergreifen, desto mehr vermischt sich nationale Energiepolitik mit internationaler Politik. Das fortschreitend sich herausbildende
Weltenergiesystem berührt die Interessen aller Staaten nicht nur im engeren
energiewirtschaftlichen Kontext, sondern auch in zahlreichen Bereichen der
Außen- und Sicherheitspolitik, Handels- und Währungspolitik, Umweltpolitik, Forschungs- und Technologiepolitik. Akteure der internationalen
Energiepolitik sind neben den Völkerrechtssubjekten (Staaten, Regierungs-
behörden, → internationalen Organisationen) hauptsächlich die transnationalen Unternehmen der Energiewirtschaft, indirekt aber auch sämtliche an
der Gestaltung des Energiesystems interessierten Kräfte der innerstaatlichen
Willensbildung (Parteien, Verbände, Medien, wissenschaftliche Einrichtungen, Wirtschaftsunternehmen und selbst individuelle Verbraucher). Der
Vielfalt der Akteure entsprechend ist die internationale Energiepolitik oft
durch diffuse nationale Interessenlagen ohne eindeutige Präferenzstruktur
gekennzeichnet.

2. Energiewirtschaft und internationale Beziehungen — Internationale Wirtschaftsbeziehungen resultieren aus der ungleichen Verteilung von Produktionsfaktoren in der Welt. Der Produktionsfaktor Energie ist weltweit sehr
ungleichmäßig verteilt. Manche Länder und Regionen haben einen sehr hohen Energiebedarf, aber nur geringe einheimische Energiequellen. Andere
besitzen umfangreiche Energiequellen, denen nur ein geringer Eigenbedarf
gegenübersteht.
Entwickelte Industriegesellschaften weisen in der Regel einen besonders hohen, Entwicklungsländer einen besonders niedrigen spezifischen Energieverbrauch auf. Die meisten Industriestaaten müssen mehr als die Hälfte ihres Energieverbrauchs durch Einfuhr von Energieträgern decken. Manche
Entwicklungsländer hingegen, vor allem die ölreichen Staaten am Persischen Golf, exportieren mehr als neun Zehntel ihrer Energieproduktion und
verfügen über Energieressourcen, die auch in Jahrhunderten nicht zu er-
schöpfen sind. Für die meisten Entwicklungsländer gilt allerdings, daß auch
sie auf Energieeinfuhren angewiesen sind.
Aus dem Ungleichgewicht von Angebot und Nachfrage entstehen internationale Handelsströme zum Ausgleich der energiewirtschaftlichen Disparitäten. Hauptsächlich Rohöl, neuerdings auch Erdgas und in zunehmendem
Maße Kohle und Elektrizität werden aus energetischen Überschußländern in
energetische Defizitländer geleitet. Der internationale Energiehandel, vor

wenigen Jahrzehnten noch regional begrenzt und fragmentiert, ist längst in interkontinentale Dimensionen gewachsen. Mehr als 1 Mrd. Tonnen flüssiger, etwa 400 Mio. Tonnen fester und mehr als 200 Mrd. Kubikmeter gasförmiger Brennstoffe werden derzeit jährlich über internationale Grenzen, oft über Tausende von Kilometern hinweg, transportiert. Über die Hälfte des Welthandelsvolumens mit Rohstoffen entfällt auf den Handel mit Energierohstoffen.

Für das internationale Währungs- und Finanzsystem (→ internationale Währungspolitik) spielt die Energiewirtschaft eine herausragende Rolle. Große Energieprojekte (Erschließung von Erdöl- und Erdgasfeldern, Niederbringung von Kohlegruben, Bau von Kraftwerken und Staudämmen, Tankerflotten und Pipelinenetzen) erfordern Investitionen in vielfacher Milliardenhöhe, die oft die Leistungsfähigkeit nationaler Kapitalmärkte übersteigen und nur durch internationale Konsortien aufzubringen sind. Im internationalen Energiehandel werden massive Devisenströme (in der Regel US-Dollars) verrechnet, durch die nationale Zahlungsbilanzen nachhaltig aus dem Gleichgewicht gebracht werden können. Die Preissprünge beim Rohöl, dem wichtigsten Energieträger, haben in den 70er Jahren die internationalen Finanzmärkte aufs äußerste beansprucht. Das ,,Recycling" inflationärer Petrodollars führte zunächst zur Aufblähung der international zirkulierenden Geldmenge, dann in die weltweit tiefste Rezession der Nachkriegszeit; die damals aufgehäufte Überschuldung vieler Entwicklungsländer ist bis heute nicht bewältigt. (→ internationale Verschuldungskrise)

Turbulente Bewegungen der internationalen Energiepreise haben indessen auch ihre Kehrseite. Durch den Preissturz des Rohöls in den 80er Jahren wurde die konjunkturelle Erholung der westlichen Industriegesellschaften wesentlich gefördert. Für einige vom Energieexport abhängige Länder hingegen bedeutete er einen katastrophalen Einkommensverlust. Die Deviseneinnahmen der in der Organisation petroleumexportierender Länder (OPEC) zusammengeschlossenen Staatengruppe gingen seit 1980 von der Rekordhöhe von 280 Mrd. US-Dollar um mehr als zwei Drittel zurück — faktisch (unter Berücksichtigung von Kaufkraftverlusten und Währungsanpassungen) auf das Niveau der frühen 70er Jahre. Auch die Sowjetunion, der bedeutendste Energieexporteur der Welt, erlitt in den 80er Jahren schwere volkswirtschaftlichen Schaden durch die Entwertung ihrer wichtigsten Devisenquelle. In dem vielseitig verwobenen Beziehungsgeflecht der internationalen Energiewirtschaft halten sich Angebot und Nachfrage in einem instabilen Gleichgewicht. Dabei spielt das Erdöl eine prekäre Schlüsselrolle. Schon eine geringfügige Verknappung oder Überproduktion dieses in den meisten Ländern dominierenden Energieträgers kann im globalen Preisgefüge gewaltige Verwerfungen auslösen und die Rentabilität aller konkurrierenden Energieträger beeinflussen. Der Weltenergiemarkt ist immer noch in erster Linie ein Ölmarkt, internationale Energiepolitik immer noch in erster Linie Ölpolitik.

158 Internationale Energiepolitik

3. Energiepolitik und internationale Politik — In der Energiepolitik sind die Interessen der Energiewirtschaft und der Staaten oft gleichgerichtet oder komplementär, unter Umständen aber auch divergent und konträr. Die Energiewirtschaft ist transnational orientiert, die Politik aber ist noch immer nationalstaatlich organisiert. Für importabhängige Länder ist ebenso wie für exportabhängige Länder die energiewirtschaftliche Abhängigkeit eine Herausforderung nationalstaatlicher → Souveränität. Die politische Kontrolle über das Energiesystem berührt die Interessen anderer Staaten und muß mit diesen irgendwie zum Ausgleich gebracht werden.

Importabhängige Länder sind stets bestrebt, entweder die Abhängigkeit von ausländischen Energiequellen zu verringern oder wenigstens die Nachteile der Abhängigkeit in Grenzen zu halten. Abhängigkeit ist ein Faktor der Unsicherheit, die kann Verwundbarkeit durch Lieferstörungen bedeuten, auf jeden Fall schränkt sie die nationale Handlungsfreiheit ein und ist mit politischen und volkswirtschaftlichen Kosten verbunden. Nationale Energiepolitik wird deshalb ebenso oft mit außenpolitischen Zwängen begründet wie umgekehrt → Außenpolitik sich häufig auf energiepolitische Notwendigkeiten beruft.

Ein Weg, die energiewirtschaftliche Abhängigkeit vom Ausland zu verringern, ist die forcierte Entwicklung einheimischer Energiequellen. Frankreich ist seit den 70er Jahren mit dem massiven Ausbau der Kernenergie auf diesem Weg besonders weit gegangen. Eine andere Möglichkeit, sich aus energiepolitischer Abhängigkeit zu lösen, ist die gezielte, durch staatliche Lenkungsmaßnahmen begünstigte oder erzwungene Reduzierung des einheimischen Energieverbrauchs. Beide Strategien sind jedoch nur begrenzt praktikabel und können, wenn sie über das ökonomisch Verträgliche hinausgehen, sogar ausgesprochen schädlich sein.

Kann oder will ein Land die energiewirtschaftliche Importabhängigkeit nicht wesentlich reduzieren, so stehen ihm mehrere Wege offen, ihre möglichen Nachteile und Risiken in Grenzen zu halten. Zur Vorbeugung gegen ausländische Lieferstörungen können nationale Vorratslager angelegt, inländische Verbrauchsstrukturen flexibilisiert, ausländische Bezugsquellen diversifiziert oder für den Krisenfall bestimmte Ausgleichslieferungen mit anderen Ländern vereinbart werden. Nach den Erfahrungen mit den beiden Energiekrisen von 1973 / 74 und 1979 / 80, die sie fast unvorbereitet trafen, haben sich die meisten westlichen Industriestaaten darauf verständigt, einzelne oder mehrere dieser Maßnahmen zu ergreifen.

Eine weitere Möglichkeit der Risikominderung für importabhängige Länder besteht darin, den Zugang zu ausländischen Energiequellen möglichst zuverlässig zu gestalten. Neben diplomatischen Vereinbarungen mit „sicheren" Lieferländern hat in den vergangenen Jahrzehnten der militärische Zugriff auf ausländische Energiequellen, namentlich auf die Ölvorräte des Nahen und Mittleren Ostens, immer wieder eine besondere Rolle gespielt. In

jüngster Zeit haben vor allem die USA, gestützt auf die „Carter-Doktrin"
von 1979, die ungestörte Energieversorgung des Westens aus dieser Region
als unverzichtbare Rechtsposition geltend gemacht und durch eine massive
Militärpräsenz im Persischen Golf abgesichert. Die Annexion des Ölscheich-
tums Kuwait durch den Irak wurde 1990/91 von einer internationalen Streit-
macht unter amerikanischer Führung zurückgeschlagen. (→ Kuwait-Krieg)
Die latente Gewaltsamkeit internationaler Energiepolitik verweist darauf,
daß die Lage der importabhängigen Länder keineswegs immer die gefährli-
chere, die Position der energieexportierenden Länder keineswegs immer die
stärkere sein muß. Für die meisten OPEC-Länder sind die Einkünfte aus
dem Erdölverkauf die einzige nennenswerte Einkommens- und Devisenquelle. Die Abhängigkeit vom Energieexport bedeutet für diese Staaten auch
eine besonders hohe außenwirtschaftliche Verwundbarkeit. Der nationali-
sierten Energiewirtschaft ist in den ölexportierenden Entwicklungsländern
die zentrale Schlüsselfunktion für den gesamten Modernisierungsprozeß zugewiesen. Zu ihren Aufgaben zählt auch die Selbstbehauptung der jungen
Nationen im internationalen Kräftespiel.
Es ist diese politische, nicht zuletzt außen- und machtpolitische Funktion,
die den energiewirtschaftlichen Aktivitäten der OPEC vor allem in den 70er
Jahren ihre besondere Brisanz verliehen hat. Erstmals wurden hier für die
internationale Energieversorgung wichtige Entscheidungen zwischen den
Regierungen einer privilegierten Staatengruppe ausgehandelt. Das Ergebnis, ein ruckweises Anziehen der Richtpreise für Rohöl, mochte noch, so
schmerzlich die Verbraucherländer davon betroffen waren, als legitimes
marktwirtschaftliches Druckmittel gelten. Aber die OPEC-Länder konnten
der Versuchung nicht widerstehen, ihre vorteilhafte Marktposition im Ener-
giesektor zur Verfolgung weiterreichender Ziele auszunutzen. Die unver-
hüllte Drohung mit der „Ölwaffe" weckte in westlichen Ländern zeitweise
ernstliche Furcht vor energiepolitischen Erpressungen, ja vor einem Um-
schlagen der globalen Machtbalance zugunsten der „Vierten Welt", und der
(faktisch kaum wirksame) Lieferboykott der arabischen Ölländer im Gefolge
des Yom-Kippur-Krieges von 1973 stärkte vor allem in den USA die Ent-
schlossenheit, einer möglichen „Strangulation" des Westens rechtzeitig mit
militärischen Machtdemonstrationen entgegenzutreten. Seitdem sich in den
80er Jahren die Situation auf dem Weltenergiemarkt entspannt hat, ist auch
die Konfrontation zwischen Produzenten- und Verbraucherländern einem
verbindlicheren Umgang gewichen. Als Lehre der turbulenten „Energiede-
kade" der 70er Jahre bleibt indessen die Erkenntnis festzuhalten, daß energiewirtschaftliche Positionsgewinne sich als Machtinstrument der internationalen Politik nur begrenzt eignen; wohl aber ist die Politisierung der
Energiewirtschaft geeignet, latente Konfliktpotentiale zu verschärfen und
damit auch den Ausgleich energiepolitischer Interessen zu gefährden.

4. Konfliktpotentiale der internationalen Energiepolitik — Energiepolitische
Konfliktpotentiale können sich dort aufstauen, wo gemeinsame oder komplementäre Interessen der Energiewirtschaft von kontroversen oder unver-
einbaren Interessen der Staaten überlagert werden. Das gilt vor allem, aber
nicht ausschließlich, für sicherheitspolitisch relevante Bereiche der internationalen Beziehungen.

Zwei regionale Schwerpunkte sind es vor allem, in denen sich diese Problematik konkretisiert: Rußland und der Mittlere Osten. Rußland verfügt in seinem asiatischen Teil (Sibirien) über riesige Erdgasvorkommen, der Mittlere
Osten insbesondere in der Golfregion über schier unerschöpfliche Ölvorräte. Beide Überschußregionen sind heute und für die absehbare Zukunft auf
den Energieexport angewiesen, um notwendige Devisen für ihre langfristigen Entwicklungspläne zu erwirtschaften. Auf der anderen Seite ist Westeuropa, die Region mit dem weitaus größten Importbedarf, aus energiewirt-
schaftlicher Sicht der natürliche Partner dieser Überschußregionen.

Der scheinbar unabweisbaren Konvergenz der Interessen standen in der Vergangenheit gravierende sicherheitspolitische Bedenken im Wege. Gegenüber
der Sowjetunion war Westeuropa jahrzehntelang in den globalen → Ost-West-
Konflikt eingebunden, der vor allem ein sicherheitspolitischer Interessenkonflikt war. Solange dieser Konflikt bestand, war es für die westeuropäischen Länder widersinnig, sich im Rahmen der → NATO gegen eine sowjetische Bedrohung militärisch zu wappnen und gleichzeitig sich in eine so
weitgehende Abhängigkeit von sowjetischen Energielieferungen zu begeben, daß deren Unterbrechung allein schon ausreichen würde, um die westliche Verteidigungsbereitschaft zu lähmen. Vor allem die USA als Führungs-
und Garantiemacht des westlichen Bündnisses haben deshalb bis in die 80er
Jahre einer umfassenden energiewirtschaftlichen Anbindung Westeuropas
an die Sowjetunion massiven Widerstand entgegengesetzt.

Mit dem Ende des Ost-West-Konflikts sind solche Vorbehalte zunächst gegenstandslos geworden, aber nicht gänzlich irrelevant. Gegenüber dem
nachkommunistischen Rußland gibt es von seiten des Westens sowenig eine
sicherheitspolitische Konfrontation wie gegenüber dem Mittleren Osten.
Das energiepolitische Risiko liegt bei beiden Regionen jetzt vielmehr in der
endemischen Instabilität der politischen Strukturen. Die Nachfolgestaaten
der Sowjetunion und die Anliegerstaaten des Persischen Golfs, die zusammen über fast drei Viertel der nachgewiesenen Erdöl- und Erdgasreserven
der Welt verfügen, sind innenpolitisch so wenig gefestigt, wirtschaftlich so
labil, in ihren wechselseitigen Beziehungen so unbeständig und in ihrer
künftigen Entwicklung so unberechenbar, daß sie als zuverlässige Stützen
der westeuropäischen Energieversorgung kaum glaubwürdig erscheinen. Sie
sind in dieser Funktion dennoch unersetzbar. Ihre dauerhafte Stabilisierung
ist deshalb ein zentrales Erfordernis der energiepolitischen Sicherheit Westeuropas.

Betrachtet man die einzelnen Energieträger, so zeigt sich, daß beim Erdöl und Erdgas die internationalen Konfliktpotentiale im wesentlichen aus traditionellen Problemen der Versorgungssicherheit entstehen; militärische Überlegungen verbinden sich damit erst in zweiter Linie. Anders bei der neuesten großen Energiequelle, der Kernenergie. Ein Land, das über die Technologie der nuklearen Stromerzeugung verfügt und im Besitz von nuklearem Spaltmaterial ist, kann prinzipiell auch Atomwaffen herstellen. Die internationale Verbreitung der Kerntechnik und ihrer wirtschaftlichen Nutzung schließt deshalb die Gefahr einer ungehemmten Nuklearisierung internationaler Gewaltpotentiale ein. (→ internationale Nuklearpolitik)

Inzwischen betreiben bereits 29 Länder Kernkraftwerke zur Energiegewinnung, mehrere werden noch in den nächsten Jahren dazukommen, und die meisten Staaten der Welt haben sich einen Rechtsanspruch auf die friedliche Kernenergienutzung ausdrücklich vorbehalten. In einer Welt, in der für die Friedfertigkeit der Staaten keine Gewähr gegeben ist, bleibt dies ein beunruhigender Aspekt des Energieproblems.

Mit der Kernenergie verbindet sich noch ein weiteres internationales Konfliktpotential, das freilich in spezifischer Form auch für andere Energiearten typisch ist: das Problem der Umweltgefährdung. Der Reaktorunfall im sowjetischen Tschernobyl hat 1986 die internationale Dimension dieses Problems aller Welt zu Bewußtsein gebracht. Viele Energiesysteme verursachen Umweltschäden, die über Staatsgrenzen hinausgreifen: Luftverschmutzung und Gewässerbelastung durch Kohlekraftwerke, Meeresverschmutzung durch Öltanker und Bohrinseln, sterbende Wälder und saure Niederschläge durch Verbrennung fossiler Energieträger. Die meisten Umweltschäden der Gegenwart entstehen bei der Erzeugung, Umsetzung und Verwendung von Energie. Am komplexesten erscheint dieser Zusammenhang beim globalen „Treibhauseffekt", der hauptsächlich auf die Freisetzung von Kohlendioxyd aus fossilen Brennstoffen (Kohle, Öl, Gas, Holz) zurückgeführt wird und alle Länder der Erde mit unabsehbaren Klimaveränderungen bedroht. (→ globale Umweltprobleme)

Als Quelle internationaler Konflikte sind diese Umweltgefährdungen bedeutsam, weil sich teilweise sehr gewichtige Interessen einzelner oder vieler Staaten gegenüberstehen, während die politischen Verantwortlichkeiten undeutlich und umstritten bleiben. Die Probleme sind transnational, vielfach sogar global, aber die Zuständigkeit für ihre Regelung ist weiterhin den souveränen Staaten vorbehalten.

5. Kooperationsbereiche der internationalen Energiepolitik — So konfliktträchtig die Energiepolitik sich darstellt, so offenkundig ist gleichzeitig das Bedürfnis nach Kooperation, Abstimmung und wechselseitigem Interessenausgleich. Der weltweite Energieverbund könnte nicht funktionieren ohne ein hohes Maß an Gemeinsamkeit und Komplementarität unter den wichtigsten Akteuren.

Tatsächlich ist das internationale Energiesystem, entgegen manchem Augenschein, viel stärker durch Kooperation als durch Konflikte geprägt. Auf der zwischenstaatlichen Ebene ist ein mehr und mehr sich verdichtendes Geflecht von energiepolitischen Kooperationsbeziehungen, gemeinschaftlichen Institutionen und konsensbildenden Mechanismen zu beobachten. Es erscheint bezeichnend für den hohen Grad von Interessenkonvergenz, daß in der internationalen Energiepolitik nicht der Bilateralismus, sondern der Multilateralismus die Beziehungen zwischen den Staaten dominiert. Daran läßt sich ein weitverbreitetes Bedürfnis nach umfassenden, möglichst dauerhaften und einheitlichen Verfahrens- und Verhaltensregeln erkennen.

Konfliktquellen der Energiepolitik sind zugleich Ausgangspunkte für internationale Kooperationsbemühungen. Sie konkretisieren sich, historisch gesehen, an den Energieträgern, die einer politischen Regulierung besonders zu bedürfen scheinen. In der Nachkriegszeit galt das zunächst für den damals weitaus wichtigsten Energieträger, die Steinkohle. Sie wurde in Westeuropa bereits 1951 in einen gemeinsamen Regionalmarkt überführt und der supranationalen Kontrolle der Europäischen Gemeinschaft für Kohle und Stahl (Montanunion) unterstellt, um den beteiligten Staaten - wenige Jahre zuvor noch Kriegsgegner — die Fähigkeit zur nationalen Kriegführung ein für allemal zu entziehen. Durch den energiewirtschaftlichen Niedergang der Steinkohle wurde diese Zielsetzung allerdings bald hinfällig.

Für die politisch sensibelste Energie, die Kernenergie, sollte bereits 1946 im Rahmen der Vereinten Nationen eine internationale Entwicklungs- und Kontrollbehörde geschaffen werden. Der Plan scheiterte damals am Widerstand der Sowjetunion, wurde aber in den 50er Jahren in bescheidenerem Umfang mit der Gründung der Internationalen Atomenergie-Organisation (IAEO) wiederbelebt. Die IAEO hat sich vor allem mit ihrer Sicherungskontrolle in Kernkraftwerken, durch die gemäß dem Atomwaffensperrvertrag eine Abzweigung von Spaltmaterial zu militärischen Zwecken verhindert werden soll, einen Namen als unparteiische Institution der internationalen Vertrauensbildung erworben. Auch als internationale Koordinationsstelle für kerntechnische Sicherheitsstandards und für Hilfeleistungen bei kerntechnischen Störfällen hat die Organisation zunehmende Bedeutung erlangt.

Auf regionaler Ebene konnte die 1957 gegründete Europäische Atomgemeinschaft (EURATOM) zwar nicht die ursprünglich hochgespannten Erwartungen erfüllen. Sie hat sich aber bei der Versorgung der Mitgliedsländer mit Kernbrennstoffen bewährt und den Europäern eine internationale Spitzenstellung in der gemeinsamen Forschung zur großtechnischen Nutzung der Kernfusion verschafft.

Im Bereich der Kernenergie ist die → internationale Handelspolitik noch immer von universal anerkannten Regeln weit entfernt. Die wichtigsten Industriestaaten, darunter auch die Sowjetunion, schlossen sich in den 70er Jahren zur „Gruppe der Nuklearlieferländer" (auch bekannt als „Londoner

Club") zusammen, um den internationalen Wettbewerb beim Handel mit kerntechnischen Gütern zu regulieren. Faktisch wurde damit ein Exportembargo für militärisch nutzbare Nukleargüter verhängt — eine Maßnahme, hinter der viele Länder der Dritten Welt ein unzulässiges Technologiekartell der Industrieländer argwöhnten.

Die Problematik des Nuklearhandels zeigt beispielhaft, daß die energiepolitische Kooperation sich oft in Staatengruppen konstituiert, die gegenüber anderen Staatengruppen kontroverse Entscheidungen durchzusetzen suchen. Beim Erdöl hat sich diese internationale Gruppendynamik zeitweise zur offenen Konfrontation von Produzenten- und Abnehmerländern gesteigert. Dem Erzeugerkartell der OPEC, das dem internationalen Ölmarkt vorübergehend seinen Willen aufzwingen konnte, setzten die westlichen Industriestaaten seit 1974 ein Verbraucherkartell in Gestalt der Internationalen Energie-Agentur (IEA) entgegen. Aufgabe der IEA war und ist es zunächst, im Fall einer Lieferunterbrechung die gemeinsamen Ölreserven solidarisch unter den Mitgliedsländern zu verteilen. Es soll aber auch durch Koordination und gemeinschaftliche Abstimmung der jeweils nationalen Energiepolitik die Abhängigkeit der IEA-Staaten vom OPEC-Öl reduziert werden — ein Vorhaben, das offensichtlich nicht gelungen ist.

Auch andere internationale Gremien, namentlich die Europäische Gemeinschaft und der seit 1974 jährlich tagende „Weltwirtschaftsgipfel" der sieben bedeutendsten westlichen Industrieländer (G-7, blieben erfolglos, wenn es darum ging, eine umfassende und verbindliche energiepolitische Programmatik zu formulieren und politisch durchzusetzen. Zu groß sind anscheinend die Meinungsverschiedenheiten nicht nur zwischen den Staaten, sondern auch unter den beteiligten Interessenten. So konnte auch der „Umweltgipfel" der → Vereinten Nationen (UNCED) in Rio de Janeiro 1992 nur einen unverbindlichen und widersprüchlichen Zielhorizont für ein umweltverträgliches Weltenergiesystem des 21. Jahrhunderts skizzieren.

Dennoch sind die vielfältigen Ansätze einer multilateralen Energiediplomatie nicht überflüssig. Sie können selbst dort, wo sie keine konkreten Problemlösungen erbringen, das Bewußtsein für gemeinsame Problemlagen fördern. Letztlich ist hierin auch der bleibende Nutzen der „Energiekrise" der 70er Jahre zu sehen. Sie hat erwiesen, daß in einem globalen Energiesystem die nationalen Interessen nicht mehr durch internationale Konfrontation und Übervorteilung bewahrt werden können, sondern nur durch einen gemeinsamen Interessenausgleich in universaler Verantwortung.

Literatur

BP Statistical Review of World Energy, London 1992.
Fischer, Wolfgang / *Häckel,* Erwin: Internationale Energieversorgung und

politische Zukunftssicherung. Das europäische Energiesystem nach der Jahrtausendwende: Außenpolitik, Wirtschaft, Ökologie, München 1987.
Grubb, Michael: Energy Policies and the Greenhouse Effect, Aldershot 1990.
Häfele, Wolf u.a.: Energiesysteme im Übergang, Landsberg/Lech 1990.
Kohl, Wilfrid L.: International Institutions of Energy Management, Aldershot 1983.
Maull, Hanns W.: Raw Materials, Energy and Western Security, London 1984.
Schmitt, Dieter/*Heck,* Heinz (Hrsg.): Handbuch Energie, Pfullingen 1990.

Zeitschriften

Energiewirtschaftliche Tagesfragen, Düsseldorf
Energy in Europe, Brüssel
Energy Policy, London

Erwin Häckel

Internationale Handelspolitik

1. Ziele internationaler Handelspolitik — Globales Ziel internationaler Handelspolitik ist eine höhere Wohlfahrt der Bevölkerung durch die Optimierung des Tauschs von Waren und Dienstleistungen über Ländergrenzen hinweg. Dahinter steht die Überlegung, daß eine weltweite, spezialisierte Arbeitsteilung Effizienzgewinne mit sich bringt. Darüber hinaus gibt es betont nationale Ziele:

— Einkommenssteigerungen durch Ausweitung der Absatzmärkte,
— Versorgung mit Gütern (vor allem Rohstoffen), die nur in einigen Teilen der Erde erhältlich sind oder dort wesentlich billiger herzustellen sind,
— Schutzmaßnahmen für wettbewerbsschwache Industrien (Protektionismus).

Internationale Handelspolitik kann auch dazu benutzt werden, andere Länder in ökonomischer und politischer Abhängigkeit zu halten. In der Praxis stehen internationale Handelspolitik, → Währungs- und Wirtschaftspolitik sowie → Außenpolitik und Innenpolitik in einer Wechselbeziehung.

2. Handelspolitische Konzeptionen — Der mittelalterliche Handel diente neben dem Warenaustausch vor allem zur Finanzierung der Gemeinwesen durch Wegegebühren (Transitzölle) und Marktgebühren. Solche fiskalischen Motive hatten unter dem Merkantilismus (16. / 17. Jh.) ihren Höhepunkt, als die ökonomische Unabhängigkeit vom Ausland (Autarkie) durch Überschüsse im Außenhandel ein wichtiges Staatsziel war. Die im Ausland verursachten Leistungsbilanzdefizite führen heutzutage jedoch zu harten Gegenmaßnahmen der Handelspartner. Erste Ansätze zur Theorie des internationalen Handels wurden von Adam *Smith* (1767) und David *Ricardo* (1817) entwickelt. Nach *Ricardos* Freihandelsmodell spezialisiert sich jedes Land auf die Produkte, bei denen es einen komparativen Kostenvorteil besitzt. Beispiel: Das Ausland kann entweder 50 Lkws oder 100 Autos fertigen, das Inland mit dem gleichen Aufwand von beidem mehr: 120 Lkws oder 120 Autos (absolute Preisvorteile). Bei einer inländischen Produktion von 100 Lkws könnten somit weitere 20 Autos produziert werden. Produziert das Inland statt dessen 20 weitere Lkws, würde der Tausch gegen Autos aus dem Ausland theoretisch 40 Autos einbringen (komparativer Kostenvorteil des Auslands). Das Ausland wird aufgrund der Nachfrage zwar schlechtere „Tauschkurse" anbieten, trotzdem lohnt der Tausch für beide Seiten.

Die traditionelle Annahme, daß Freihandel zu starkem Wettbewerb und generell zu Wohlfahrtsgewinnen führt, wird seit den 80er Jahren von der „neuen Außenhandelstheorie" bezweifelt. Das von P. *Krugman* mitentwickelte Modell der „strategischen Handelspolitik" geht von oligopolistischen Marktstrukturen — also einer begrenzten Anzahl von Konkurrenten — aus. In einer solchen Situation kann ein Staat einheimischen Unternehmen durch Hilfen Wettbewerbsvorteile verschaffen — in der Hoffnung auf externe Effekte: höhere Marktanteile und damit Arbeitsplatzsicherung und Wachstum; technischen Fortschritt, der auch auf andere Branchen wirkt (*spill overs*). Die z.B. durch Importerschwernisse, Exportsubventionen oder F&E-Zuschüsse (Forschung & Entwicklung) verbilligten Produkte verdrängen teurere Produkte der ausländischen Konkurrenz (Rentenumlenkung), werden häufiger gekauft und können daher zu immer billigeren Herstellungskosten in Masse gefertigt werden (steigende Skalenerträge).

3. Motive für internationale Handelspolitik — Für staatliche Eingriffe in den Freihandel gibt es eine Vielzahl von Motiven:

— Ausweitung globaler Marktanteile: Da hohe Exporte Wirtschaftswachstum sichern, werden sie vom Staat häufig durch eine strategische Handelspolitik unterstützt. Die Hoffnung auf mehr Marktmacht führt oft zu ruinösen Wettbewerben zwischen Unternehmen, an deren Ende die Sieger ihre zeitweisen Verluste durch höhere Gewinne zu kompensieren versuchen. Dies gilt besonders im Kampf um zukunftsweisende Normen nach Durchsetzung des eigenen Standards (z.B. bei Computerbetriebssystemen, Videocassetten-Typen) sowie bei gestiegener Marktmacht nach dem Konkurs von Konkurrenten. Im Extremfall werden Newcomer durch sehr hohe Investitionskosten vom Markt ferngehalten (z.b. „Chipmonopole").

Die Subventionierung von Exportgütern kommt zuerst dem Ausland über billigere Waren zugute. Zwar profitieren die inländischen Unternehmen vom Exportboom, aber die Allgemeinheit der Steuerzahler muß die Staatshilfen finanzieren. Solche handelspolitischen Maßnahmen müssen daher immer daraufhin abgewogen werden, ob sich die Staatsausgaben im Vergleich zu den Einnahmen durch gestiegene Exporte lohnen. So bringt eine Produktionsausweitung über eine bestimmte Stückzahl hinaus kaum noch nennenswerte Preissenkungen. Ebenfalls ist fraglich, ob sich große Verluste im Hinblick auf eine spätere Vormachtstellung rentieren — oft verhindern dann schnelle Nachahmer die notwendigen, satten Gewinnspannen. Auch kann das Ausnutzen einer monopolähnlichen Stellung staatliche Gegenmaßnahmen hervorrufen, z.B. den Aufbau einer Konkurrenzindustrie (z.B. Airbus). Generell besteht bei einer „beggar my neighbour"-Politik — Vorteile auf Kosten des Auslands — die Gefahr von Retorsionen, also Vergeltungsmaßnahmen.

— Unfairer Wettbewerb wird meist Billiglohnländern oder Staaten mit aggressiver strategischer Handelspolitik unterstellt. Die betroffenen Staaten reagieren mit protektionistischen Maßnahmen oder unterstützen ihrerseits die Exportindustrie (Subventionsspirale).

— Mit der Sicherung der Grundversorgung in Krisenzeiten rechtfertigt z.B. die → EG ihre massiven Hilfen zur Aufrechterhaltung der Landwirtschaft.

— Konjunkturelle und währungspolitische Probleme z.B. aufgrund von Handelsliberalisierungen oder industriellem Rückstand (infant industries) führen oft zu Einfuhrbeschränkungen, um damit die einheimische Wirtschaft zu stärken.

— Politischer Druck (Wahlstimmenentzug u.ä.) von den von Freihandel bedrohten, wettbewerbsschwachen Branchen ist oft der eigentliche Grund für Protektionismus.

4. Instrumente der Handelspolitik — Klassische Instrumente der Handelspolitik sind wettbewerbsverzerrende Zölle und Einfuhrbeschränkungen sowie Subventionen zur Verbesserung der Wettbewerbsfähigkeit.

— Zölle sind Abgaben auf importierte oder, selten, exportierte Güter. Ihre Wirkung entspricht der einer Verbrauchssteuer. Wertzölle werden in Prozentsätzen vom Warenwert, spezifische Zölle nach Gewicht oder nach Stückzahl berechnet. Mischzölle sichern einen bestimmten Mindestpreis, z.B. 20 % vom Warenwert, mindestens jedoch 1 DM pro Kilo. Wertzölle gelten als die besten Industriezölle; sie haben den Nachteil, daß sie konjunkturelle Bewegungen verstärkt aufs Inland übertragen. Spezifische Zölle und Mischzölle werden vor allem bei Agrarprodukten angewandt. Gleitzölle schleusen die Preise der importierten Waren auf das Inlandsniveau hinauf (z.B. Agrar-„Abschöpfungen" der EG) und verhindern so jeglichen Preiswettbewerb. Man unterscheidet zwischen Schutzzöllen (tarifäre Protektion) und einnahmeorientierten Finanzzöllen.

— Nichttarifäre Handelshemmnisse gewinnen aufgrund ihrer schweren Nachweisbarkeit an Bedeutung. Kontingente schränken den Handel radikal ein, teilweise wird nach Ländern unterschieden (Länderkontingente). Die Einfuhr wird dabei von einer staatlichen Lizenz abhängig gemacht oder es werden Devisen zugeteilt. Meist aus sicherheits- oder außenpolitischen Gründen werden auch Exporte (Embargo) oder Importe (Boykott) verboten. Administrativer Protektionismus wird weithin angewendet, um Einfuhren zu erschweren. Dazu gehören Normen, Verpackungs- und Kennzeichnungsvorschriften, Ursprungszeugnisse, Verbraucherschutzvorschriften und Kontrollen. Frankreich verzögerte z.B. den Import von Videorecordern, indem dafür nur eine unterbesetzte, entlegene Zollstation zuständig erklärt wurde. Wettbewerbsstrategisches Dumping (billige Exporte, meist finanziert durch hohe Inlandspreise) muß der Staat durch Verhindern von Re-Importen unterstützen. Auch Apelle wie „buy american!" können Wirkung haben. Seit 1974 nehmen die „Selbstbeschränkungsabkommen" (VER) zu. Aufgrund von angedrohten Vergeltungsmaßnahmen akzeptiert dabei das exportierende Land eine Höchstmenge für seine Exporte. Beispiele sind die von der EG erzwungenen Selbstbeschränkungen Japans beim Export von Autos und Unterhaltungselektronik.

— Staatliche Hilfen werden als handelspolitisches Instrumentarium oft unterschätzt. Dazu zählen letztlich alle Subventionen, auch billige Energie oder Exportbürgschaften (z.B. Hermesversicherung) und Erstattungen, z.B. im EG-Agrarbereich, mit denen hohe Erzeugerpreise für den Export auf das Weltmarktniveau hinabgeschleust werden. Ein großes Gewicht haben währungspolitische Maßnahmen (→ Internationale Währungspolitik). Dazu zählen die bewußte Unterbewertung oder gezielte Abwertung der eigenen Währung — wodurch sich Exporte verbilligen und Importe verteuern — sowie gespaltene Wechselkurse für unterschiedlich wichtig bewertete Importe. Weiterhin gibt es zahlreiche Steuerungsmöglichkeiten im Finanz- und Devisenbereich.

Konkrete handelspolitische Probleme werden meist im Rahmen des → GATT verhandelt, die UN-Welthandelskonferenz (UNCTAD) ist dagegen wegen der Überzahl von Entwicklungsländern vor allem ein Diskussionsforum für Weltwirtschaftsprobleme. Die von Unternehmen getragene Internationale Handelskammer (ICC) in Paris regelt Handelsprobleme auf Unternehmensebene und dient als internationale Lobby der Industrie.

5. Handelsverträge und -abkommen — Handelsverträge sind langfristige Vereinbarungen über Zölle, Kontingente, Niederlassungen, Marken- und Musterschutz u.ä. Handelsabkommen sind kurzfristiger und enthalten detaillierte Zolltarife. Durch die Meistbegünstigungsklausel wird festgelegt, daß Zugeständnisse, die einem Dritten gemacht werden, automatisch auf den Vertragspartner ausgedehnt werden. Handelsverträge sind meist bilateral. Der wichtigste multilaterale Vertrag ist das GATT. Man unterscheidet zwischen Koordination (Abstimmung eigenständiger Politiken), Kooperation (Zusammenarbeit bei Einzelvorhaben) und Integrationsstufen:

— Freihandelszone: Die Mitglieder verzichten untereinander auf Handelshemmnisse, betreiben jedoch gegenüber Drittländern eine autonome Außenhandelspolitik. Beispiel: Europäische Freihandelszone (EFTA).
— Zollunion: im Inneren Freihandel, gemeinsamer Außenzoll. Beispiel: Deutscher Zollverein 1834.
— Gemeinsamer Markt: Neben grenzenlosem Handel sind auch Produktionsfaktoren (Arbeit, Boden, Kapital) frei beweglich. Beispiel: EG-Binnenmarkt ab 1993.
— Wirtschaftsunion: Eine gemeinsam verfolgte Wirtschaftspolitik soll die Ziele der Wirtschaftsgemeinschaft effizienter durchsetzen. Als Ergänzung wird dazu meist eine Währungsunion gesehen, damit nicht nationale Währungspolitiken den gemeinsamen Wirtschaftskurs stören können.

Im Präferenzabkommen räumen meist Industrieländer Entwicklungsländern besondere Handelserleichterungen ein.

6. Gegenwärtige Probleme der Handelspolitik — Die Zunahme von Wirtschaftsräumen wie der EG und der 1992 gegründeten nordamerikanischen Freihandelszone (NAFTA) verändern die Grundbedingungen für Freihandel. Zwar wird durch die Erleichterungen untereinander zusätzlicher Handel geschaffen, dies jedoch oftmals zu Lasten bisheriger „außenstehender" Handelspartner (Handelsumlenkung). Eine mögliche protektionistische Handelspolitik wird von Unternehmen zunehmend unterlaufen, indem diese in den jeweiligen Ländern Direktinvestitionen tätigen und Tochterfirmen gründen. Diese transnationalen Konzerne können nur schwer daran gehindert werden, ihre Gewinne ins Stammland zu transferieren. Um zu verhindern, daß in den Tochterfirmen nur noch im Ausland vorgefertigte Bauteile montiert werden („Schraubenzieherfabriken"), verlangen die meisten Staaten, daß ein hoher Anteil der Produktion im Land selbst erfolgen muß.

Ein Hauptproblem der internationalen Handelspolitik bildet seit langem das Wohlstandsgefälle zwischen Industrie- und Entwicklungsländern im → Weltwirtschaftssystem. Entwicklungsländer haben einen hohen Importbedarf an Industriegütern, dafür sind hohe Devisenbestände nötig. Die Nachfrage nach devisenbringenden Exportgütern, meist Primärgüter wie Nahrungsmittel und Rohstoffe, wächst jedoch nur langsam und wird zusätzlich gehemmt durch hochsubventionierte Agrarprodukte der Industrieländer. So droht ständig eine negative Handelsbilanz und damit Auslandsverschuldung. Auf die Mitte der 70er Jahre geforderte „Neue Internationale Währungsordnung" sowie ein „Integriertes Rohstoffprogramm" konnten sich die Entwicklungsländer weder mit den Industrieländern noch untereinander einigen. → Entwicklungshilfe ist darüber hinaus fast immer handfeste Handelspolitik und zielt auch auf Schaffung oder Ausweitung von Exportmärkten sowie Sicherung von Rohstofflieferungen.

Die Erfolge der GATT-Zollsenkungsrunden — der Rückgang der Zölle von durchschnittlich 40 % auf 4,5 % des Einfuhrwerts seit 1947 — haben zu einer Explosion nichttarifärer Handelshemmnisse geführt. Auch werden die Liberalisierungsverhandlungen immer zäher, da es inzwischen um heftig verteidigte Bastionen geschützter Branchen geht. Die Ergebnisse der „neuen Außenhandelstheorie", besonders der strategischen Handelstheorie, ermuntern zudem zu massiven Subventionen vor allem in hochtechnologischen Industriebereichen. Während interindustrieller Handel (Tausch unterschiedlicher Waren) meist von beiden Seiten gefördert wird, liegt der Schwerpunkt handelspolitischer Konflikte beim intraindustriellen Handel, dem Austausch ähnlicher Waren (z.B. japanische und deutsche Autos). So beklagen die USA den hochsubventionierten Export von Agrarerzeugnissen, Stahl und Flugzeugen aus der EG, die EG verweist darauf, daß die USA ihren Export in vergleichbarem Ausmaß subventionieren. Die USA haben 1992 mit 100 %igen Strafzöllen für EG-Agrar-Einfuhren gedroht, falls die EG ihren Agrarmarkt nicht liberalisiert. Da mit der steigenden Verflechtung der Weltwirtschaft immer größere Summen auf dem Spiel stehen, wächst die Gefahr scharfer Konflikte und von „Handelskriegen".

Literatur

Bhagwati, Jagdish: Protectionism, Cambridge, Mass. 1988.

Bletschacher, Georg / *Klodt*, Henning: Strategische Handels- und Industriepolitik, Tübingen 1992.

Caves, Richard E. / *Frankel*, Jeffrey A. / *Jones*, Ronald W.: World Trade and Payments, Glenview / III. [5]1990.

Glismann, Hans Hinrich u.a.: Weltwirtschaftslehre, 2 Bde., Bd 1: Außenhandels- und Währungspolitik, Bd 2: Entwicklungs- und Beschäftigungspolitik, Göttingen [4]1992 und [3]1987.

Jarchow, Hans-Joachim / *Rühmann*, Peter: Monetäre Außenwirtschaft, 2
   Bde., Bd 1: Monetäre Außenwirtschaftstheorie, Bd 2: Internationale
   Währungspolitik, Göttingen ²1988.
Krugmann, Paul R. (ed.): Strategic Trade Policy and the New International
   Economics, Cambridge, Mass. u.a. 1986.
Seitz, Konrad: Die japanisch-amerikanische Herausforderung, München
   ²1991.
Siebert, Horst: Außenwirtschaft, Stuttgart ⁵1991.

Thomas Neuschwander

Internationale Kommissionen

1. Forschungsstand und Perspektiven — Gemessen an der Fülle von Studien
zu Modellen und Prozessen der Politikberatung (PB), v.a. in den westlichen
Ländern, hat PB auf internationaler Ebene bisher wenig (politik-)wissen-
schaftliche Aufmerksamkeit gefunden. Dies gilt auch für unabhängige Internationale Kommissionen (IK), die eine Form der nicht-institutionalisierten,
wenig formalisierten und überwiegend nicht-wissenschaftlichen ad-hoc-
Beratung darstellen. Wie die Öffentlichkeit, so hat sich auch die Wissenschaft bisher allzu einseitig auf den Output, d.h. die Berichte und Empfehlungen von IK konzentriert. Dagegen ist es an der Zeit, ihre Rolle in der internationalen Politik systematischer zu untersuchen (vgl. dazu: *Langmann*
1993).
Unabhängige IK haben nicht nur hohe Aktualität, sondern auch eine Tradition als Akteure der internationalen Politik. Ein frühes Beispiel aus der
Nachkriegszeit ist das „Komitee für europäische wirtschaftliche Zusammenarbeit" (*Franks-Kommission*), das 1947/48 wesentlich zur Koordinierung der Marshallplan-Hilfe und zur Gründung der OEEC beigetragen hat.
Hieran knüpften zwanzig Jahre später die Initiatoren der *Pearson-K.* an, die
1969 im Auftrag der Weltbank eine erste kritische Bestandsaufnahme zur
internationalen Entwicklungspolitik vorgelegt hat. Die Hochphase von IK
begann allerdings erst ab Mitte der 70er Jahre. Im Dezember 1977 nahm die
vielbeachtete *Brandt-K.* ihre Beratungen zum Stand der Nord-Süd-Beziehungen auf und veröffentlichte Anfang 1980 mit „Das Überleben sichern"
ihren ebenso umfassenden wie aufrüttelnden Bericht. Ihr folgten die *Palme-
K.* (1980-82) zu Fragen der Abrüstung und Sicherheit, die *Brundtland-K.*
(1984-87) zum Thema Umwelt und Entwicklung und die *Süd-K.* (1987-
90) unter Leitung von *Julius Nyerere* zu den Herausforderungen und eigen-
verantwortlichen Entwicklungsperspektiven des Südens. Im Herbst 1992

ist die *Commission on Global Cooperation and Governance* gegründet worden, und z.Z. berät die UN-Vollversammlung über die Modalitäten für eine weitere IK im Rahmen der beim Rio-Gipfel 1992 (UNCED) gebilligten „Agenda 21". Auch die wachsende Zahl der IK und die Brisanz ihrer Themen legen weitere Forschung nahe. Methodisch angemessen ist dafür ein integrierter struktur-, prozeß- und outputorientierter, vergleichend angelegter Forschungsansatz, der folgende zentrale Einflußfaktoren berücksichtigt: Entstehungskontext, Mitgliederselektion / Zusammensetzung, Organisationsstruktur / Arbeitsweise / interne Willensbildung, Strategieorientierung (inhaltlich, Umsetzung / Vermittlung) und Wirkungen. Dabei kann auch an Konzepte und Ergebnisse der — durch die „Technology Assessment"-Debatte forcierten — Beratungs- und Organisationsforschung angeknüpft werden.

2. Strukturelle Entstehungszusammenänge und -hintergründe — IK sind zumeist ein Ergebnis von Krisen (Problemdruck in Sachbereichen, Spannungen in Akteursbeziehungen). Ihre steigende Zahl gibt jedoch Anlaß, über den jeweiligen Problemkontext hinaus nach strukturellen Ursachen zu suchen. Für die nationale Ebene ist der steigende Bedarf an PB u.a. auf eine Steuerungslücke zurückgeführt worden. Danach haben zunehmende Verflechtungen zwischen Akteuren, aber auch Sachthemen, und die steigende Komplexität und Kompliziertheit von sozialen Systemen die Steuerungsanforderungen an die Politik erhöht. Demgegenüber sind die Steuerungsleistungen defizitär. Spätestens seit den 70er Jahren verweisen vielfältige Krisen (u.a. Zerfall der Bretton-Woods-Ordnung (→ Internationale Währungspolitik); Energiekrise; → Nord-Süd-Konflikt; → Internationale Verschuldungskrise) auf einen vergleichbaren Zusammenhang in der internationalen Politik. Dabei wird hier das Problem zusätzlich verschärft durch die Widersprüche zwischen einem als Staatenwelt organisierten und perzipierten internationalen System und der entstehenden Weltgesellschaft. Da eine Weltregierung als zentrale Regelungsinstanz unwahrscheinlich bleibt, muß die Steuerungskapazität unterhalb dieser Ebene ausgebaut werden. Eine Voraussetzung dafür ist die Intensivierung der internationalen Kooperation und Koordination sowie die Ausarbeitung längerfristiger, konsensfähiger Konzepte und Strategien für komplexe Themenfelder. Im Zusammenwirken mit vielen weiteren Initiativen zielt die Arbeit von IK primär auf letzteren Punkt. Dabei tragen sie der Tatsache Rechnung, daß in der „einen Welt" die Grenzen zwischen lokalen, nationalen und internationalen Problemen zunehmend schwinden.

3. Mitgliederselektion und Zusammensetzung — Charakter und Rollenverständnis einer IK werden v.a. durch die mehrheitliche Qualifikation ihrer Mitglieder geprägt. Idealtypisch lassen sich drei Grundmodelle unterschei-

den: Beratung durch Politiker (z.B. *Brandt-K.*), Experten aus der Praxis
(z.B. *Pearson-K.*) oder Wissenschaftler (z.B. das 1974-76 von *Jan Tinbergen*
geleitete *RIO-Projekt* des Club of Rome). Das konkrete Beratungsmodell reflektiert jeweils den spezifischen Entstehungs- und Problemkontext. Es ist
ein Grundprinzip von IK, daß die weisungsungebundenen, ad personam tätigen Mitglieder eigenverantwortlich durch die Kommissionsvorsitzenden —
überwiegend Spitzenpolitiker mit internationaler Reputation, in Einzelfällen
auch namhafte Akademiker — berufen werden. Die Mitgliederzahl ergibt
sich v.a. aus dem jeweiligen Anspruch auf Repräsentativität, bezogen auf Interessenpositionen und Herkunft (Region, Ländergruppe). Darin liegt, ganz
besonders beim politischen Beratungsmodell, eine Vorbedingung für breite
Akzeptanz. Gleichzeitig sind die Arbeits- und Konsensfähigkeit zu sichern.
Die Größe von IK hat sich im Zeitverlauf deutlich verändert. War die
Pearson-K. mit nur sieben Mitgliedern besetzt, so waren es bei der
Brundtland-K. schon 20, bei der *Süd-K.* sogar 27 (ohne Vorsitzende). Dieser
Trend spiegelt den „Vormarsch" des politischen Modells, die Ausdifferenzierung kollektiver Interessenlagen im internationalen System sowie das
Vordringen gesellschaftlicher Akteure, die vermehrt einbezogen werden
(u.a. „Basis-Aktivisten"). Neben Qualifikation und Zahl der Mitglieder interessiert auch die politisch-ideologische Balance. Bisher waren mehrheit-
lich (gemäßigt) progressive, internationalistisch gesonnene Kräfte an IK beteiligt. Auffällig ist das starke Engagement führender Mitglieder der Sozialistischen Internationale als Vorsitzende (*Brandt, Palme, Brundtland* und z.Z.
Carlsson). Exponierte Konservative sind dagegen unterrepräsentiert. Ursache dürfte das unterschiedliche Gewicht des Internationalismus in der politischen Tradition beider Lager sein. Dieser Aspekt ist bei der Außenwirkung
(Akzeptanz) zu beachten.
Der Gründung einer IK gehen umfassende und intensive Konsultationen voraus. Dabei werden personelle, organisatorische und konzeptionelle Fragen
ausführlich erörtert. Bereits im Vorfeld sollen so bestehende Interessenlagen
ausgelotet und eine breitestmögliche Akzeptanz gesichert werden. Als politisch heikel können sich die Sondierungen besonders dann erweisen, wenn
die Kommission im Zentrum der politischen Aufmerksamkeit und unter hohem Erwartungsdruck vieler Seiten steht. Ein praktisches Lehrstück ist die
Brandt-K.. Ihre Gründung stand mehrfach auf dem Spiel und kam letztlich
nur durch den hohen persönlichen Einsatz des Vorsitzenden zustande. Dabei
mußten die Ausgangsüberlegungen bzgl. der Mitgliederzahl (17 statt 12) und
— als Zugeständnis an die Entwicklungsländer (EL) — bzgl. der internen
Nord-Süd-Gewichtung (10:7 für EL statt 6:6) sowie der Sekretariatsbeset-
zung revidiert werden. Das Beispiel zeigt, daß die Handlungsfreiheit eines
Kommissionsvorsitzenden durch vielfältige Zwänge und Interventionen begrenzt wird.

4. *Organisationsstrukturen, Arbeitsweise und Willensbildung* — Die organisatorische Grundstruktur von IK ist weitgehend identisch. An der Spitze steht der Vorsitzende — manchmal gemeinsam mit einem gleichberechtigten Co-Chairman —, unterstützt von wenigen persönlichen Mitarbeitern / Beratern. Daneben gibt es die unregelmäßig tagende Kommission und ein permanentes Sekretariat (Stab). Als Bindeglied dient häufig die ex-officio Mitgliedschaft der Stabsleiter in der Kommission. Die Stabskonstruktionen unterscheiden sich erheblich. Technischer Sachverstand kann modellintern über einen professionellen Stab oder über externe Beratung mobilisiert werden, wobei dann der Stab auf administrativ-koordinatorische Funktionen beschränkt bleibt. Fachstäbe sind grundsätzlich ein Machtfaktor. Dabei gibt es, wie z.B. *Pearson-* und *Brandt-K.* zeigen, modelltypische Abweichungen im jeweiligen Zusammenspiel mit der Kommission. In der *Pearson-K.* mit eher technokratischem Selbstverständnis wurden weder das personelle Übergewicht des Stabes (15:7) noch sein maßgeblicher Einfluß auf den Bericht zum Problem. Dagegen führte der explizit politische Anspruch der *Brandt-K.* auch zu deutlichen Bestrebungen, den Einfluß des Stabes zu begrenzen. Die Rollenkonflikte wurden verstärkt, weil die Stabsrekrutierung in einer politisch prekären Ausgangslage nicht nach ausschließlich technischen Kriterien erfolgt und der Stab mithin nicht völlig neutral war. Die unmittelbar anschließende *Palme-K.* verzichtete auf ein eigenes Fachsekretariat und wich in diesem Punkt von ihrem Vorbild ab. Der Unabhängigkeit von IK entspricht meist eine Finanzierung durch ungebundene Beiträge verschiedener öffentlicher und privater Geber. Nur die *Pearson-K.* wurde allein von der Weltbank finanziert.

Der Beratungsprozeß gründet sich auf ein meist selbstformuliertes Arbeitsmandat, das sich, wie bei der *Brundtland-K.*, auch an Vorgaben orientieren kann. Unterschiedlich ist v.a. das Spektrum der Beratungsthemen. Das Mandat der *Brandt-K.* bietet ein Beispiel für eine überladene, unzureichend präzisierte Tagesordnung, die im Verlauf der Beratungen Anlaß zu kontroversen Interpretationen bot. Bei ihrer Arbeit haben alle Kommissionen weltweit vielfältige Kommunikations- und Informationskanäle intensiv genutzt. Unterschiedlich in Form, Ausmaß und Akzentsetzung wurden so die Positionen eines breiten Spektrums von Akteuren einbezogen. Geschlossenheit nach außen gilt als eine Erfolgsbedingung von Beratungsgremien. Entsprechend wird auch in IK ein Höchstmaß an Konsens angestrebt. Minderheitsvoten sind selten. Die interne Willensbildung ist u.a. vom Beratungsmodell abhängig. Repräsentativ besetzte Gremien sind oft größer und heterogener als Expertengremien, was die Konsensfindung erschwert. Sitzungsfrequenz und Zeitbedarf können sich erhöhen, und die Beratungen gleichen einem manchmal konfliktreichen Verhandlungsprozeß.

5. *Strategieansätze und Vermittlungsstrategien* — Die inhaltliche Strategieanalyse muß sich an dieser Stelle auf eine übergreifende Kurzcharakteristik

beschränken (ausführlicher *Langmann* 1991, 1993). Übereinstimmend
orientieren sich alle Strategieansätze am Leitbild einer interdependenten
Welt. Ethisch-moralische, politische, wirtschaftliche und ökologische Implikationen der zunehmenden Globalisierung werden ebenso aufgezeigt und
analysiert wie strukturelle Zusammenhänge zwischen Problembereichen
und die (v.a. längerfristigen) Eigen- und gemeinsamen Interessen von Akteuren. Daraus abgeleitete, teils in Aktionsprogrammen gebündelte Empfehlungen variieren u.a. modellbedingt bzgl. Umfang und Konkretisierung.
Grundsätzlich verbinden alle Strategien handlungsorientierte und meinungs-
bildende sowie kurz- bis langfristige Elemente. Ihre Gewichtung ist stets
auch das Ergebnis interner Kompromisse — v.a. Rollenverständnis und Einflußchancen werden meist kontrovers beurteilt —, manchmal dazu des
Drucks aktueller Interessen. Im Kern steht hinter diesem Mix eine Doppel-
strategie, die auf Entscheidungsträger und die Öffentlichkeit zielt. Die Öf-
fentlichkeitsfunktion wird durch die übliche Einbeziehung profilierter Journalisten als redaktionelle Berater unterstrichen.
Die Vielfalt der Vermittlungsstrategien spiegelt einen Lernprozeß. Es ist offensichtlich, daß weder ein punktuelles Medienecho, oft beschränkt auf die
Kommissionsgründung und Berichterstattung, noch individuelle Bemühungen einzelner Kommissionsmitglieder ausreichen, die Einflußmöglichkeiten
von IK auszuschöpfen. Daraus wurden unterschiedliche Konsequenzen gezogen. Die *Brandt-K.* hatte ihre Vermittlungsstrategie wesentlich auf die Ini-
tialzündung durch ein von ihr angeregtes Gipfeltreffen abgestellt. Trotz Umsetzung des Vorschlags schlug dieser Versuch fehl, und die Kommission sah
sich 1983 zur Vorlage eines zweiten Memorandums gezwungen. Die *Palme-
K.* hat, wie später auch die *Süd-K.*, bereits während der Beratungen Stellungnahmen zu aktuellen Problemen abgegeben. Die *Brundtland-K.* hat besonders auf öffentliche Anhörungen in allen Erdteilen gesetzt und themen-
zentrierte Zwischenberichte veröffentlicht. Die *Süd-K.* gibt seit April 1989
eine eigene Zeitschrift („South Letter") heraus und hat nach Abschluß der
Beratungen das *South Centre* in Genf als permanentes Sekretariat eingerichtet. Bemerkenswert ist die seit einiger Zeit zu beobachtende, teils durch
Mehrfachmitgliedschaften erfolgende Vernetzung von IK, die mit der
„Stockholmer Initiative" von 1991 (*Stiftung Entwicklung und Frieden* 1991)
bereits Früchte getragen hat. Hier wird versucht, Beschränkungen durch den
ad-hoc-Charakter und die begrenzten Ressourcen von IK zu überwinden.
Die deutliche Zunahme solcher Aktivitäten bietet sicher keine Gewähr für
eine höhere Umsetzungseffizienz. Sie eröffnet jedoch Chancen einer nach-
haltigeren Einflußnahme.

6. Wirkungen und Einfluß — Die Frage nach Wirkung und Einfluß von IK
wirft erhebliche methodische Probleme auf. Oft sind die Strategien bzgl.
Adressaten, Zeitperspektive und sachlicher Präzision zu diffus für eine

exakte Evaluation. Eine methodisch gesicherte, kausale Rückführung von Umsetzungs- / Lerneffekten auf einen einzelnen Auslöser ist zudem unmöglich. Gerade politische Entscheidungsträger und Öffentlichkeit reagieren auf vielfältige Impulse. Ein weiteres Problem ist die weltweite Erfassung von Wirkungen und Reaktionen. Hier kann nur selektiv verfahren werden. Dabei ist auch ein angemessener Zeitraum zu wählen. Allgemein können kurz- und langfristige sowie direkte und indirekte Wirkungen unterschieden werden, die bei verschiedenen Akteuren zu erfassen sind.

Als Maßstab für Beratungserfolg gilt allgemein die Umsetzungseffektivität. Die Umsetzung von Empfehlungen in Entscheidungen kann jedoch von Gremien ohne exekutive Befugnisse nur wenig beeinflußt werden. Der zentrale Stellenwert von Vermittlungsstrategien und follow-up wurde dabei bereits betont. Weitere Wirkfaktoren sind v.a. der Bericht und das Kommissionsmodell. Die öffentliche Resonanz auf den technisch-nüchternen, an ein Fachpublikum gerichteten *Pearson-Bericht* (B.) war mäßig. Indirekte Wirkung entfaltete er aber über die anschließende Debatte in Fachkreisen, die den Wandel von Entwicklungsstrategien in den 70er Jahren maßgeblich beeinflußt hat. Dagegen fand der *Brandt-B.* als eine Art politisches Manifest weltweit ein beträchtliches Echo, wenn auch länderspezifisch. Der *Brundtland-B.* war ebenfalls ein Öffentlichkeitserfolg. Besonders beim politischen Modell wirken IK — neben Qualifikation, Ansehen und Durchsetzungsfähigkeit der Mitglieder — auch über ihre Repräsentativität. Diesen vielfach unterschätzten Zusammenhang macht die *Brandt-K.* besonders deutlich. Ihre Besetzung folgte einem sorgfältig ausbalancierten Schattenverhandlungsmodell, das wichtige Interessen und Akteure aus dem vorausgegangenen Nord-Süd-Dialog (→ Nord-Süd-Konflikt) einbezog und der „neuen Macht" der Entwicklungsländer (EL) durch eine Mehrheit in der Kommission Rechnung trug. Das Modell hatte jedoch Schwächen. Die harte Ablehnungsfront einiger Industrieländer (IL) gegen die Forderungen der EL war kaum vertreten. Im Ergebnis richtete eine EL-Mehrheit ihre Hauptforderungen an die IL. Diese „Ungereimtheiten" führten z.B. in den USA zu einem ausgesprochenen Negativ-Image, beschränkten aber auch in anderen IL die Wirkung. Das Beispiel der *Brandt-K.* zeigt auch eine zeitliche Inkongruenz des Beratungsmodells mit aktuellen Konstellationen und Meinungstrends zum Zeitpunkt der Berichterstattung (u.a. Niedergang der OPEC, Amtsantritt von US-Präsident *Reagan*). Der Wandel von Umfeldfaktoren während des Beratungsprozesses, v.a. bei längerer Dauer, birgt grundsätzlich manche Risiken für IK.

Trotz teils beträchtlicher Resonanz und positiver Reaktionen war der Umsetzungserfolg der bisherigen IK enttäuschend. Keines der vorgeschlagenen Programme wurde ernsthaft umgesetzt. Dieser Befund gilt jedoch für viele Beratungsgremien, spricht also nicht gegen IK im besonderen. Aus mehreren Gründen greift der Maßstab der Umsetzungseffektivität allein jedoch zu

kurz. Zum einen unterstellt er IK einen unrealistischen Einfluß auf Entscheidungen. Politische Akteure sind jedoch durch unabhängige, jenseits ihrer
Kontrolle arbeitende Gremien nur sehr bedingt beeinflußbar. Dies gilt im
Falle von IK um so mehr, als sich Politik vorrangig im nationalen Kontext legitimiert, wobei globale Themen eine nachrangige Rolle spielen. Die Nutzung von Beratungsergebnissen erfolgt zudem meist selektiv nach individuellen Präferenzen der Akteure. Zum anderen wird die Bedeutung ange-
strebter Lern- und Meinungsbildungseffekte übersehen. Bei der längerfristigen Veränderung der Problemperzeptionen von Entscheidungsträgern und
Öffentlichkeit scheinen IK erfolgreicher gewesen zu sein. Langfristige
Überlebensinteressen; gemeinsame Sicherheit; dauerhafte, an Mensch und
Umwelt orientierte Entwicklung — all diese von IK propagierten Konzepte
sind mittlerweile Bestandteil eines aufgeklärten Bewußtseins. Wirkung haben IK somit primär als Katalysatoren eines globalen Bewußtseinswandels
entfaltet. Dabei sind sie Ausdruck und Verstärker neuer Themen und Prioritäten in der „einen Welt".

Literatur

Czempiel, Ernst-Otto: Weltpolitik im Umbruch. Das internationale System
nach dem Ende des Ost-West-Konflikts, München [2]1992.

Langmann, Andreas: Policy Advice on Rearranging the North-South Relationship: the Fortunes of the Pearson, Tinbergen (RIO-Project) and
Brandt Commissions (1968-80). In: *Peters,* B. Guy / *Barker,* Anthony
(eds.): Advising West European Governments: Inquiries, Expertise and
Public Policy, Edinburgh 1993, S. 98-114.

Ders.: Der Beitrag internationaler Kommissionen zur entwicklungspolitischen Strategiedebatte: Von der Pearson- zur Süd-Kommission, in: Politische Bildung, H. 1, 1991, S. 19-30.

Lompe, Klaus u.a.: Enquéte-Kommissionen und Royal Commissions. Beispiele wissenschaftlicher Politikberatung in der Bundesrepublik
Deutschland und in Großbritannien, Hannover 1981.

Lompe, Klaus: Wissenschaft und politische Steuerung. Ein einführender
Überblick über die Entwicklung und die heutigen Probleme der Politikberatung, in: Ders. u.a., 1981, S. 9-69.

Mayntz, Renate: Struktur und Leistung von Beratungsgremien: Ein Beitrag
zur Kontigenztheorie der Organisation, in: Soziale Welt, H. 1/2 1977, S.
1-15.

Stiftung Entwicklung und Frieden (Hrsg.): Gemeinsame Verantwortung in
den 90er Jahren. Die Stockholmer Initiative zu globaler Sicherheit und
Weltordnung, Bonn 1991.

v. Thienen, Volker: Technikfolgen-Abschätzung beim Parlament. Überlegungen und Befunde zur Wirkung technikbezogener Bewertungsprozesse in der Politik. In: Politische Bildung, H. 2, 1989, S. 30-48.

Andreas Langmann

Internationale Nuklearpolitik / Proliferation

1. Problematik — Die Kernenergie ist seit fast einem halben Jahrhundert ein kontroverser Gegenstand der internationalen Politik. Für die gesamte Menschheit wurde mit der Atomkraft nicht nur eine bedeutende Energiequelle, sondern auch ein permanenter Gefahrenherd geschaffen. Mit der zunehmenden Verbreitung der nuklearen Technologie auf der Welt ist auch ihr internationales Konfliktpotential gewachsen. Dafür sind im wesentlichen drei Faktoren verantwortlich: 1. die intensive nationalstaatliche Politisierung der Atomenergie, 2. die umfassende transnationale Verflechtung der Atomwirtschaft, 3. die untrennbare Verbindung zwischen ziviler und militärischer Anwendung der Atomtechnik.

1.1 Die nationalstaatliche Politisierung der Kernenergie entstand aus dem Bestreben aller wichtigen Industriestaaten, sich Zugang zur nuklearen Technologie zu verschaffen und ihre Anwendung unter strikter staatlicher Kontrolle zu halten. In allen Ländern, in denen heute Atomreaktoren stehen, wurde die Einführung und Entwicklung der nuklearen Energiegewinnung mit kostspieligen und langfristigen staatlichen Förderungsmaßnahmen unterstützt und forciert. Die Atomindustrie und die mit ihr eng verbundene Elektrizitätswirtschaft sind durchweg entweder in öffentlichem Besitz oder einer strengen staatlichen Aufsicht und Bewilligungspraxis unterworfen. Energiepolitik, Industriepolitik, Forschungs- und Technologiepolitik richteten sich seit dem Zweiten Weltkrieg in vielen Ländern vorrangig auf die Entwicklung der Kernenergie. Der nationalen Leistungsfähigkeit und Selbständigkeit auf dem Gebiet der nuklearen Spitzentechnologie wurde im internationalen Wettbewerb nicht nur eine erhebliche ökonomische Bedeutung, sondern auch ein hoher politischer Prestige- und Symbolwert beigemessen. Die Teilhabe eines Landes an der Entwicklung der Kernenergie galt als internationaler Statusnachweis wie auch als Garant wirtschaftlicher Sicherheit und nationaler Unabhängigkeit.

1.2 In paradoxem Gegensatz zur nationalstaatlichen Fixierung der Kernenergiepolitik steht die transnationale Verflechtung der Kernenergiewirtschaft. Der nukleare Brennstoffkreislauf, der von der Uranerzgewinnung über die

Isotopenanreicherung, Herstellung von Brennelementen und deren Bestrah-
lung in Leistungsreaktoren über die Stromerzeugung und -verteilung bis hin
zur Wiederaufarbeitung des verbrauchten Spaltmaterials und zur Endlage-
rung radioaktiver Abfälle reicht, umfaßt eine so lange Reihe von komplizierten und langwierigen Fabrikationsschritten, daß kaum ein Land ihn allein
mit den eigenen Ressourcen bewältigen kann. Lediglich Rußland verfügt
derzeit über einen völlig autarken Brennstoffkreislauf. Führende Kernenergieländer wie die USA und Frankreich müssen einen Teil ihres Uranbedarfs
importieren. Wichtige Kernenergieländer wie die Bundesrepublik Deutschland und Japan sind bei der Uranversorgung, Anreicherung und Aufarbei-
tung fast ganz auf ausländische Kapazitäten angewiesen. Kleinere Industrieländer beziehen in der Regel ihre gesamten nuklearen Anlagen, Rohstoffe
und Dienstleistungen — und gelegentlich auch einen erheblichen Teil ihrer
nuklearen Elektrizität — aus dem Ausland. Wieder andere Länder, so etwa
Australien, verfügen als Uranexportländer über einen wichtigen Teil des
Brennstoffkreislaufs, aber nicht über eine eigene Kernenergiewirtschaft.
Aus den technischen und ökonomischen Zwängen der nuklearen Arbeitsteilung erwächst für die beteiligten Staaten die Notwendigkeit zu enger und
vielfältiger internationaler Kooperation und Abstimmung, jedoch auch eine
besondere Empfindlichkeit gegenüber Störungen, Unterbrechungen und politischen Manipulationen der transnationalen Versorgungsstränge.

1.3 Die untrennbare Verbindung zwischen ziviler und militärischer Anwendung der Atomtechnik belastet die friedliche Nutzung der Kernenergie mit
außergewöhnlichen Risiken. Wichtige Teilbereiche des nuklearen Brennstoffkreislaufs — Anreicherung und Wiederaufarbeitung — sind technisch
identisch mit der Herstellung von atomaren Sprengstoffen: den Isotopen
Uran-235 und Plutonium-239. Die Gefahr der mißbräuchlichen Verwendung
von Kernbrennstoffen als Kernsprengstoffe droht überall dort auf der Welt,
wo nukleare Spaltmaterialien dem Zugriff nationalstaatlicher Regierungen
oder subnationaler Terrorgruppen ausgesetzt sind. Zwar ist der Besitz einer
hochentwickelten Nukleartechnologie (z.B. Bundesrepublik Deutschland,
Schweden, Japan) nicht gleichbedeutend mit dem Besitz von Atomwaffen,
aber er erleichtert unzweifelhaft den Übergang von der zivilen zur militärischen Anwendung der Kernspaltung. Die internationale Verbreitung der
Kernenergie verschafft einer wachsenden Zahl von Staaten und Personen
Zugang zu militärisch verwendbaren atomaren Technologien, Anlagen und
Materialien. Sie ist deshalb prinzipiell verbunden mit der Möglichkeit eines
Atomkrieges.

2. *Historische Entwicklung der Kernenergie* — Seit der Entdeckung der
Urankernspaltung durch den deutschen Physiker Otto *Hahn* im Jahre 1938
stand die Erschließung der neuen Energiequelle immer im Spannungsfeld

zwischen friedlicher und zerstörerischer Zweckbestimmung, zwischen nationalen Ambitionen und internationaler Verantwortung. Bereits 1939 definierte eine Sonderkommission des US-Präsidenten die alternativen Anwendungsmöglichkeiten der atomaren Kettenreaktion: als kontrollierte Wärmestrahlung in Leistungsreaktoren und als vernichtende Explosivkraft in Sprengkörpern. Die internationale Konfliktsituation der 40er Jahre (2. Weltkrieg, → Ost-West-Konflikt) gab zunächst der militärischen Option eindeutig Vorrang. Dem Abwurf zweier amerikanischer Atombomben über Japan (1945) folgte alsbald die Detonation einer sowjetischen Atombombe (1949). Das danach einsetzende atomare Wettrüsten der rivalisierenden Mächte dauerte bis in die 90er Jahre an. Heute sind auf der Welt mehr als 50 000 Kernwaffen gelagert.

Die friedliche Nutzung der Kernenergie hat sich nur langsam aus der militärischen Dominanz gelöst. Bis in die Mitte der 50er Jahre blieb die gesamte Nuklearforschung unter dem Mantel der militärischen Geheimhaltung verborgen. Die technische Entwicklung wurde dadurch in politisch determinierte Bahnen gelenkt, die zivile Nutzung ergab sich gleichsam als Nebenprodukt der militärischen. In den Kernwaffenstaaten USA und UdSSR konzentrierte man sich auf die Entwicklung des Leichtwasserreaktors, der wegen seiner kompakten Bauweise gleichzeitig als Antriebsaggregat für Unterseeboote favorisiert wurde; als Brennstoff diente angereichertes Uran, das in militärischen Isotopentrennanlagen in genügender Menge anfiel. Andere Staaten, denen keine Anreicherungskapazität zur Verfügung stand, experimentierten mit verschiedenen Reaktorkonzepten auf Natururanbasis. Namentlich Frankreich und Großbritannien, die nach eigenen Kernwaffen strebten, setzten auf den mit natürlichem Uran betriebenen Gas-Graphit-Reaktor, bei dem eine besonders hohe Ausbeute an waffentauglichem Plutonium erzielt werden konnte.

Mit dem Programm „Atoms for Peace" gingen 1953 die USA dazu über, nicht nur die kommerzielle Verwertung der nuklearen Technologie im eigenen Land zu fördern, sondern die weltweite Verbreitung der Kernenergie in Anlehnung an die amerikanische Konzeption zu ermutigen. Sie übernahmen die Verpflichtung, allen in- und ausländischen Interessenten schwach angereichertes — also nicht waffentaugliches — Uran zur friedlichen Nutzung in Leichtwasserreaktoren preiswert zur Verfügung zu stellen.

Das Programm hatte einen epochalen Erfolg. Es verschaffte den USA zwei Jahrzehnte lang ein Weltmonopol für die kommerzielle Urananreicherung und half der amerikanischen Reaktorlinie zum Durchbruch auf dem Weltmarkt. 1956 hatte ein britischer Graphitreaktor erstmals Atomstrom geliefert. Anfang 1993 waren in 30 Ländern 423 Kernkraftwerke in Betrieb, davon mehr als drei Viertel Leichtwasserreaktoren nach amerikanischem Muster.

Seit den 70er Jahren ist jedoch die Nuklearwirtschaft weltweit in eine Krise geraten. Nur noch in wenigen Ländern (Frankreich, Japan, Sowjetunion)

USA und den meisten anderen Industrieländern ist er aufgrund von innenpolitischen Widerständen, steigenden Kosten und stagnierendem Energieverbrauch fast zum Stillstand gekommen. Schwere Unglücksfälle in Kernkraftwerken (Harrisburg / USA, 1979; Tschernobyl / UdSSR, 1986) haben die öffentliche Aufmerksamkeit zunehmend auf sicherheitstechnische und umweltpolitische Fragen der Kernenergie gelenkt. In der internationalen Politik stehen indessen weiterhin die militärpolitischen und rüstungskontrollpolitischen Probleme im Vordergrund.

3. Nichtverbreitung von Kernwaffen — Die Furcht vor dem Atomkrieg vereint Kernwaffenstaaten und Nichtkernwaffenstaaten in dem Wunsch, die weitere Ausbreitung der nuklearen Rüstung in der Welt nach Möglichkeit zu verhindern. Tatsächlich ist in der Vergangenheit die absolute Vermehrung von Kernwaffen („vertikale Proliferation") erheblich schneller vorangekommen als der Bau von Kernkraftwerken. Andererseits hat die internationale Verbreitung von Kernwaffen („horizontale Proliferation") mit der weltweiten Entwicklung der friedlichen Kernenergieerzeugung nicht Schritt gehalten. Neben den USA und der Sowjetunion etablierten sich noch drei Staaten als Atommächte: Großbritannien (1952), Frankreich (1960) und China (1964). Israel besitzt wahrscheinlich seit den 70er Jahren ein kleines atomares Arsenal. Ein weiterer Staat, Indien, hat 1974 seine Fähigkeit zur Herstellung eines Kernsprengkörpers demonstriert. Potentiell verfügt eine ganze Reihe von hochindustrialisierten und teilindustrialisierten Staaten („nukleare Schwellenmächte") über diese Fähigkeit, darunter Argentinien, Brasilien, Pakistan, Taiwan sowie Nord- und Südkorea. Südafrika gab 1993 bekannt, seit 1974 ein halbes Dutzend Kernwaffen heimlich gebaut, aber später wieder demontiert zu haben.

Die friedliche Nutzung der Kernenergie führt nicht zwangsläufig zur Verbreitung von Atomwaffen; häufig war bisher die umgekehrte Reihenfolge zu beobachten. Aber die Gefahr des Mißbrauchs ist gegeben. Bestrebungen zur Eindämmung der nuklearen Rüstung zielen deshalb darauf ab, den Zusammenhang zwischen friedlicher und militärischer Nukleartechnologie nicht zu ver-
wischen, sondern ihn möglichst eindeutig erkennbar und kontrollierbar zu halten. Die internationale Verbreitung der Kernenergie soll mit der Rüstungskontrolle Hand in Hand gehen. Diesem Zweck dienen vielfältige politische Initiativen auf unilateraler, bilateraler, kollektiver und multilateraler Ebene (→ Abrüstungspolitik).

3.1 In unilateralen Erklärungen hatten bis 1960 bereits mehrere Staaten — darunter die Bundesrepublik Deutschland und die DDR, die skandinavischen Staaten, Kanada und Japan — verbindlich ihren Willen bekundet, dauerhaft auf die Herstellung und den Besitz von Kernwaffen zu verzichten. Diese Staaten haben zugleich ihren Anspruch bekräftigt, die friedliche Nutzung der Kernenergie — unter internationaler Kontrolle — ohne Einschränkung zu betreiben. Als unilaterale Rüstungskontrollmaßnahme ist auch der 1976 proklamierte Verzicht der USA auf die Wiederaufarbeitung von Kernbrennstoffen zu verstehen, der darauf abzielt, die kommerzielle Verbreitung von Plutonium in den USA — und womöglich auch in anderen Ländern — zu unterbinden. In einseitigen Erklärungen haben 1976 und 1977 auch Frankreich und die Bundesrepublik Deutschland den Export von Wiederaufarbeitungsanlagen „bis auf weiteres" suspendiert.

3.2 Mit Maßnahmen auf bilateraler Ebene haben insbesondere die Kernwaffenstaaten sowie die wichtigsten Nuklearexportländer den Versuch unternommen, andere Staaten — meist militärpolitische Klienten oder abhängige Handelspartner — zum Verzicht auf Kernwaffen oder sensitive Bereiche des nuklearen Brennstoffkreislaufs zu bewegen. Dabei wurde in den meisten Fällen die Lieferung nuklearer Güter und Dienstleistungen vom rüstungskontrollpolitischen Wohlverhalten des Empfängerlandes abhängig gemacht. Der Versuch ist nicht immer erfolgreich gewesen, er erzeugte in einigen Fällen beim Adressaten (z.B. Frankreich, China, Argentinien, Pakistan) erst recht das Bestreben, sich aus der nuklearen Abhängigkeit zu befreien.
Wichtigstes Beispiel einer Initiative zur bilateralen Rüstungskontrolle ist das amerikanische Nichtverbreitungsgesetz (U.S. Nuclear Non-Proliferation Act) von 1978, das eine nukleare Zusammenarbeit der USA nur mit solchen Ländern erlaubt, welche dem Präsidenten der USA praktisch ein Veto über die Verwendung aller von den USA gelieferten nuklearen Brennstoffe, Anlagen und Technologien einräumen. Massivem Druck der US-Regierung ist es auch zu verdanken, daß sich 1992 die beim Zerfall der Sowjetunion entstandenen Staaten Weißrußland, Ukraine und Kasachstan bereit erklärten, die auf ihrem Territorium stationierten sowjetischen Kernwaffen zu vernichten oder an Rußland zu übergeben.
Zur Verhinderung einer nuklearen Aufrüstung können bilaterale vertrauensbildende Maßnahmen zwischen rivalisierenden Nachbarstaaten einen Beitrag leisten. So haben 1990 Argentinien und Brasilien, 1992 auch Nord- und Südkorea, gegenseitige Inspektionen für ihre Nuklearanlagen vereinbart. (Im Fall Korea wurde die Vereinbarung jedoch nicht eingehalten.) Es ist bisher nicht gelungen, Entspannungssignale auch zwischen Indien und Pakistan oder zwischen Israel und seinen arabischen Nachbarstaaten zu vereinbaren.

3.3 Den Versuch einer kollektiven Rüstungskontrollmaßnahme unternahm 1975 — unter dem Eindruck der indischen Atomexplosion — die Gruppe der nuklearen Lieferländer („Londoner Nuklearclub"). Diese Vereinigung der wichtigsten Industrieländer aus Ost und West kam überein, nukleare Spaltmaterialien und sensitive Anlagen des Brennstoffkreislaufs nur jenen Staaten zugänglich zu machen, die bereit sind, sich einer strikten internationalen

Überwachung zu unterwerfen. Zahlreiche Regierungen der Dritten Welt nahmen die Aktivität der Gruppe mit Erbitterung zur Kenntnis. Sie argwöhnten,
die (bis 1978 geheimgehaltenen) „Londoner Richtlinien" seien nur ein Vor-
wand zur Verschleierung eines Kartells, das in Wirklichkeit dazu dienen sollte,
den ärmeren Ländern die modernste Technologie der arrivierten Nuklearstaa-
ten vorzuenthalten. Ähnliche Vorbehalte richten sich auch gegen die 1987 von
den führenden westlichen Industriestaaten vereinbarte Exportbeschränkung
für weitreichende Raketensysteme, die als Kernwaffenträger mißbraucht werden könnten (Missile Technology Control Regime — MTCR).

3.4 Eine multilaterale Übereinkunft zur friedlichen Nutzung der Kernenergie
und zur Nichtverbreitung von Kernwaffen wurde im Rahmen der Vereinten
Nationen seit 1945 immer wieder angestrebt, aber nur unvollkommen verwirklicht. Der Vertrag über die Gründung der Internationalen Atomenergie-
Organisation (IAEO) von 1956 blieb unverbindlich. Regionale Vereinbarungen über das Verbot der Herstellung und Stationierung von Kernwaffen sind
für die Antarktis (1960), Lateinamerika (Vertrag von Tlatelolco, 1968) und den
südpazifischen Raum (Vertrag von Rarotonga, 1986) in Kraft getreten.
Mit dem Vertrag über die Nichtverbreitung von Kernwaffen (NV-Vertrag
oder Atomwaffensperrvertrag, Treaty on the Non-Proliferation of Nuclear
Weapons — NPT), der 1968 auf Initiative der USA und der Sowjetunion zustande kam und zwei Jahre später in Kraft trat, wurde ein wesentlicher Fortschritt in der multilateralen Rüstungskontrolle erzielt. Der Vertrag untersagt
den Kernwaffenstaaten die Weitergabe von Kernwaffen an dritte Staaten und
verpflichtet sie zu nuklearen Abrüstungsmaßnahmen; er verbietet den Nichtkernwaffenstaaten die Annahme oder Herstellung und den Besitz von Kernwaffen und garantiert ihnen ungehinderten Zugang zu nuklearen Materialien, Anlagen und Technologien zum Zweck der friedlichen Nutzung der
Kernenergie unter internationaler Kontrolle (→ Abrüstungspolitik).
Aus heutiger Sicht erscheint die Bilanz des Sperrvertrags zwiespältig. 156
Staaten sind dem Vertrag bis Anfang 1993 beigetreten, zuletzt auch — lange
nach den Erstunterzeichnern USA, UdSSR und Großbritannien — die Kernwaffenstaaten China (1991) und Frankreich (1992). Etwa 30 Staaten sind ihm
ferngeblieben, darunter Israel und die wichtigsten „Schwellenländer" der
Dritten Welt (Indien, Pakistan, Argentinien, Brasilien), denen der diskrimi-
nierende Charakter des Vertrags nicht akzeptabel erscheint. Ob der Vertrag
wirklich geeignet ist, alle seine Mitglieder vom Schritt zur Atomrüstung abzuhalten, bleibt umstritten, zumal die vereinbarten Kontrollmaßnahmen
(„safeguards") den militärischen Mißbrauch ziviler Nukleartechnologie allenfalls nachträglich anzeigen, jedoch nicht verhindern können. Sanktionen
gegen Vertragsverletzungen sind nicht vorgesehen. Die Aufdeckung eines
geheimen Kernwaffenprogramms im Irak — einem langjährigen Mitgliedstaat des NV-Vertrags — nach dem Ende des → Kuwait-Kriegs 1991 hat ge-

zeigt, daß der Vertrag unterlaufen werden kann, wenn eine illoyale Regierung es darauf anlegt, die Weltöffentlichkeit vorsätzlich irrezuführen.

Auf den seit 1975 im Fünfjahresrhythmus stattfindenden Überprüfungskonferenzen wurde die Wirksamkeit und Billigkeit des NV-Vertrags von seinen Mitgliedern stets sehr unterschiedlich beurteilt. Dabei verliefen die Kontroversen quer zu den üblichen Frontstellungen des Ost-West-Gegensatzes. Auf der einen Seite standen die Kernwaffenstaaten, die auf der Legitimität ihrer Atomrüstung beharrten; auf der anderen Seite die Nichtkernwaffenstaaten, die auf einer Einlösung des nuklearen Abrüstungsversprechens bestanden. Die Gruppe der Nichtkernwaffenstaaten ihrerseits zeigte sich oft uneins zwischen den Verbündeten der Atommächte und den neutralen und blockfreien Staaten; zwischen Ländern, die auf die Nutzung der Kernenergie zu friedlichen Zwecken großen Wert legten, und anderen, die daran nicht interessiert waren; sowie zwischen Industriestaaten, die den internationalen Transfer waffentauglicher Technologie zu beschränken suchten, und Entwicklungsländern, die freien Zugang zum technischen Standard der fortgeschrittensten Gesellschaften verlangten. Einig waren sich alle diese Länder nur in dem Wunsch, anderen Ländern den Zugriff auf Kernwaffen möglichst zu verwehren.

4. Neue Probleme der Nuklearpolitik — Seit Beginn der 90er Jahre ist die internationale Nuklearpolitik, die seit langem im Status quo fixiert war, in Bewegung geraten. Mehrere Faktoren haben dazu beigetragen.

Der Atomwaffensperrvertrag muß nach 25jähriger Laufzeit im Jahr 1995 erneuert werden, und es ist noch keineswegs sicher, ob die erforderliche Mehrheit der Mitgliedstaaten dazu bereit sein wird. Nach dem Irak-Fall hat das Vertrauen in die Zuverlässigkeit des internationalen Nichtverbreitungsregimes schweren Schaden genommen. In der Sowjetunion öffnete der Zusammenbruch des kommunistischen Systems den Weg zu weitreichenden Abrüstungsschritten, schuf aber zugleich neue Risiken und Probleme. Eine atomare Supermacht fiel auseinander, die Einheit von Staatsgewalt und Nuklearstatus löste sich auf. Für die Kernwaffen der Sowjetarmee, das größte Nukleararsenal der Welt, übernahmen brüchige Nachfolgerepubliken die Verantwortung. Es drohen auf unabsehbare Zeit die Gefahr des Einsatzes oder der Veruntreuung von Kernwaffen und Spaltmaterial in Bürgerkriegssituationen, der unkontrollierte Abfluß von Nukleartechnologie und Fachpersonal in Drittstaaten oder in die Hände terroristischer Gruppen sowie eine fortschreitende ökologische Verwahrlosung des nuklearindustriellen Komplexes auf dem Gebiet der ehemaligen Sowjetunion. Kernkraftwerke sowjetischer Bauart, seit dem Unfall von Tschernobyl ein Symbol störungsanfälliger Großtechnik, sind in sieben Staaten Mittel- und Osteuropas in Betrieb; sie gefährden nicht nur die Sicherheit der umliegenden Länder, sondern auch die politische Akzeptanz der Kernenergienutzung überall auf der Welt.

Alle diese Faktoren stellen langjährige Prämissen der internationalen Nuklearpolitik in Frage. Die noch vor kurzer Zeit gültige Annahme, daß die souveränen Staaten allein dafür verantwortlich seien, die zuverlässige Nutzung der Kernenergie und die Nichtverbreitung von Kernwaffen auf ihrem Territorium zu garantieren, ist nicht mehr haltbar. In dieser Situation kommt der organisierten internationalen Zusammenarbeit wachsende Bedeutung zu.

5. Die Rolle der internationalen Organisationen — Seit dem Beginn des „Atomzeitalters" gilt unbestritten die Einsicht, daß eine dauerhafte und allgemein verträgliche Regelung der mit der friedlichen und militärischen Kernenergienutzung zusammenhängenden Probleme letztlich nur im Rahmen einer → internationalen Organisation möglich ist. Die entsprechenden Erwartungen haben sich bisher jedoch nur teilweise erfüllt. Bereits im Januar 1946 hatten die USA in den → Vereinten Nationen die Einrichtung einer Weltatombehörde vorgeschlagen, die als supranationales Organ in allen Ländern für die Entwicklung der Kernenergienutzung zu friedlichen Zwecken und für die Aufbewahrung, Kontrolle und Zerstörung sämtlicher Kernwaffen zuständig sein sollte („Baruch-Plan"). Der Plan wurde 1948 von der UN-Generalversammlung gebilligt, seine Verwirklichung scheiterte aber am Widerstand der Sowjetunion.

In der Nuklearpolitik blieben die Vereinten Nationen mehr als vier Jahrzehnte lang praktisch handlungsunfähig. Der Sicherheitsrat, das satzungsgemäß für die internationale Friedenswahrung zuständige Organ, war während der Ära des Ost-West-Konflikts blockiert durch die Uneinigkeit seiner mit Vetorecht ausgestatteten permanenten Mitglieder, die — fast ein historischer Zufall — inzwischen identisch sind mit den fünf anerkannten Atommächten. Daneben hat die politisch ambitionierte Generalversammlung stets zu den umstrittensten Fragen der Nuklearpolitik (Legitimität und Abrüstung von Kernwaffen, sicherheitspolitische Verantwortung der Nuklearmächte, kernwaffenfreie Zonen, Zugang zur Nukleartechnologie u.a.) Stellung bezogen und dabei — entsprechend den wechselnden Stimmverhältnissen — einmal den Interessen der etablierten Großmächte und dann wieder den Ansprüchen der unterprivilegierten Staatenmehrheit den Vorrang gegeben. Alle diese Initiativen trugen rein deklamatorischen Charakter und blieben ohne nennenswerte praktische Auswirkungen.

Als ausgesprochen „unpolitische" Organisation mit technisch begrenztem Mandat und rechtlich beschränkten Kompetenzen konnte sich indessen die IAEO internationales Ansehen und Vertrauen erwerben. Sie ist die erste und einzige weltweite Organisation, der die Nationalstaaten Einblick in einen potentiellen Kernbereich ihrer Sicherheitspolitik gewähren. Ihr obliegt die regelmäßige Kontrolle von derzeit mehr als 900 nuklearen Anlagen in 57 Ländern mit dem Ziel, die mißbräuchliche Abzweigung von Spaltmaterial aus dem zivilen Brennstoffkreislauf rechtzeitig zu entdecken und der Weltöffentlichkeit anzuzeigen. Die Kontrolle ist für alle Unterzeichnerstaaten des Atomwaffensperrvertrags — ausgenommen die Kernwaffenstaaten — obligatorisch und umfassend, für andere Staaten freiwillig und selektiv. Kontrolliert werden grundsätzlich nur die der IAEO offiziell gemeldeten (,,deklarierten") Anlagen.

Wegen der zuletzt genannten Einschränkungen blieben die im Irak in den 80er Jahren insgeheim installierten Nuklearanlagen unentdeckt. Sie wurden erst 1991 / 92 von Sonderinspektoren der IAEO identifiziert und zerstört. Als Ergebnis dieser Erfahrung nimmt die IAEO seitdem das Recht für sich in Anspruch, in den Mitgliedstaaten des Atomwaffensperrvertrags bei begründetem Verdacht auch geheimgehaltene Anlagen aufzuspüren und zu kontrollieren.

Rückendeckung für diese tief in die → Souveränität der Staaten eingreifende Maßnahme erhielt die IAEO durch den UN-Sicherheitsrat, der nach dem Ende des Ost-West-Konflikts zu einer zuvor nicht gekannten Einmütigkeit und Handlungsbereitschaft zurückfand. In seiner Resolution 687 (1991) legte der Sicherheitsrat dem im Kuwait-Krieg besiegten Irak die Pflicht auf, sich den IAEO-Inspektionen rückhaltlos zu öffnen und die Beendigung seiner sämtlichen nuklearen Aktivitäten zu akzeptieren. Auf diese Weise wurde die Kontrollfunktion der IAEO erstmals mit der vollen Sanktionsdrohung der Staatengemeinschaft bewehrt. Es bleibt abzuwarten, ob der Sicherheitsrat auch künftig bereit und fähig ist, so entschieden wie im Präzedenzfall Irak gegen Möchtegern-Atommächte aufzutreten. Immerhin hat er sich im Januar 1992 einstimmig verpflichtet, die weitere Verbreitung atomarer Massenvernichtungswaffen als ernsthafte Gefährdung des Weltfriedens zu ahnden. Noch nicht absehbar sind in diesem Zusammenhang die Konsequenzen des Falls Nordkorea. Das kommunistische Regime in Pjöngjang erklärte im März 1993 seinen Austritt aus dem Atomwaffensperrvertrag, nachdem die IAEO für ihre Inspektoren den Zugang zu geheimgehaltenen Nuklearanlagen Nordkoreas verlangt hatte. Eine Sanktionsdrohung des UN-Sicherheitsrates wurde ignoriert. Lenkt Nordkorea gegenüber den eindringlichen Vorhaltungen der Staatengemeinschaft noch ein, dann hat der Atomwaffensperrvertrag eine wichtige Bewährungsprobe bestanden. Beharrt es auf seiner Position und setzt sich gegen die IAEO und die Vereinten Nationen ungestraft durch, kann die Glaubwürdigkeit der internationalen Institutionen irreparablen Schaden nehmen.

An dieser Stelle wird ersichtlich, daß eine verbindliche internationale Nuklearordnung nichts Geringeres voraussetzt als den Konsens der Großmächte über das zulässige Maß von Gewaltsamkeit im Staatensystem. Ein solcher Konsens wird auch erforderlich sein, um die am Beginn der 90er Jahre in Gang gekommene nukleare Abrüstung einvernehmlich zu regeln und zu organisieren. Zehntausende von Kernsprengköpfen können nur dann ordnungsgemäß demontiert, kontrolliert und entsorgt werden, wenn die bilaterale Übereinkunft der Supermächte einmündet und eingebunden wird in eine vertrauensbildende Verifikation unter Beteiligung der übrigen Staaten. Ähnliches gilt auch für die Sanierung der maroden Kernkraftwerke im ehemaligen Ostblock, die nur in internationaler Kooperation gelingen kann.

Letztlich ist die universale Ebene (UNO, IAEO) das angemessene Ziel einer nuklearen Ordnungspolitik. Als Zwischenschritt auf dem Weg dorthin können aber regionale Nuklearorganisationen mit relativ homogener Interessenstruktur einen wichtigen Beitrag leisten. Das gilt insbesondere für Europa, wo die Notwendigkeit, die nukleare Hinterlassenschaft des Kommunismus aufzuräumen, als gemeinsame Aufgabe aller Staaten des Kontinents begriffen wird.

Die 1957 gegründete Europäische Atomgemeinschaft (EURATOM) ist zwar hinter ihren ursprünglich hochgesteckten Zielen weit zurückgeblieben. An den widersprüchlichen Prioritäten ihrer Mitgliedstaaten scheiterten alle Versuche, die politische Grundsatzentscheidung für eine ,,europäische Identität" im Bereich der Kernenergie durch gemeinschaftliches Handeln (etwa in den wesentlichen Fragen der nuklearen Forschungs-, Technologie-, Industrie- und Energiepolitik) einzulösen. Vor allem der Sonderstatus der Kernwaffenstaaten Frankreich und Großbritannien erwies sich als schwer vereinbar mit den supranationalen Intentionen des EURATOM-Vertrags. Nur in zwei Funktionen hat sich EURATOM als handlungsfähige und eigenständige Institution behauptet: einmal bei den internationalen Kontrollmaßnahmen gegen den Mißbrauch von Spaltmaterial, die im Einvernehmen mit der IAEO von der Kommission der Europäischen Gemeinschaften selbst — unter Aussparung der militärischen Programme der Kernwaffenstaaten — durchgeführt werden, und zum anderen bei der Versorgung der Gemeinschaftsländer mit Kernbrennstoffen, für die allein die EURATOM-Versorgungsagentur zuständig ist.

Gleichwohl hat sich EURATOM als Modell einer vertrauensvollen Zusammenarbeit im Nuklearsektor bewährt. In Europa stehen mehr Kernkraftwerke auf dichterem Raum als in jeder anderen Weltregion; die Verantwortung für ihren störungsfreien Betrieb ist nicht mehr nationalstaatlich teilbar. Die → Europäische Gemeinschaft übt eine mächtige Anziehungskraft auf die neuen Demokratien im Osten aus. Sollten diese in absehbarer Zukunft der EG beitreten, würden sie auch EURATOM-Mitglieder werden. Als Regionalgemeinschaft mit dem Ziel einer gemeinsamen Außen- und Sicherheitspolitik kann sich die EG nicht der Notwendigkeit entziehen, allmählich auch die Rolle der Kernwaffen für West- und Gesamteuropa einvernehmlich zu regeln.

6. Die Rolle der Bundesrepublik Deutschland — In der internationalen Nuklearpolitik kommt der deutschen Position eine besondere Bedeutung zu. Deutschland ist (neben Japan) der wichtigste Nuklearstaat ohne Kernwaffen.

Die Bundesrepublik ist in höherem Maße als die meisten Staaten abhängig von der nuklearen Zusammenarbeit mit anderen Staaten, von der ungehinderten Entwicklung der friedlichen Nukleartechnologie im eigenen Land und auf ausländischen Märkten, vom Übergang der nuklearen Abschreckung zur nuklearen Kooperation, von der Nichtverbreitung von Kernwaffen, letztlich also von der Stabilität einer weltweiten Nuklearordnung. Sie hat auf all dies jedoch auch einen größeren Einfluß als die meisten anderen Staaten, ist also auch in besonderem Maße dafür verantwortlich.

Die Bundesrepublik hat mit ihrer Nuklearpolitik von Zeit zu Zeit zur Verunsicherung und Beunruhigung anderer Staaten beigetragen, so etwa mit der Forderung nach nuklearer Mitbestimmung oder Teilhabe am Kernwaffenarsenal der → NATO, mit ihren Einwänden gegen den Atomwaffensperrvertrag, mit der Vereinbarung zur Lieferung eines kompletten Brennstoffkreislaufs an Brasilien, mit ihrem Widerstand gegen die amerikanische Nichtverbreitungspolitik in der zweiten Hälfte der 70er Jahre, mit ihrer laxen Exportkontrollpraxis und ihrer umstrittenen Nuklearkooperation mit Schwellenländern der Dritten Welt.

Die Bundesrepublik hat andererseits auch nachhaltig zur Beruhigung der internationalen Nuklearpolitik beigetragen, u.a. mit ihrem Verzicht auf nationale Atomwaffen, mit ihrer Unterwerfung unter internationale Kontrollen und der Eingliederung in die EURATOM-Gemeinschaft, mit der Ratifizierung des Atomwaffensperrvertrags, mit der faktischen Einbindung Argentiniens und Brasiliens in das internationale Nichtverbreitungsregime, mit dem Verzicht auf den Export „sensitiver" Nukleartechnologien und auf nationale Anreicherungs- und Wiederaufbereitungsanlagen, zuletzt auch mit einer international vorbildlichen Verschärfung der Exportkontrolle für Nukleargüter.

Eine Reform des internationalen Nuklearsystems mit dem Ziel, das konfliktträchtige Mißtrauen zwischen den Staaten in ein Verständnis gemeinsamer Interessen zu wenden, wird unerläßlich sein, wenn die existentielle Bedrohung der Welt durch Kernwaffen zurückgedrängt werden und die politische Rationalität und Legitimität der Kernenergie erhalten bleiben soll. Eine solche Reform kann nur gelingen, wenn die zivilen Nuklearmächte — an ihrer Spitze die Bundesrepublik Deutschland — sich nachdrücklicher an dieser Aufgabe beteiligen.

Literatur

Cowen Karp, Regina (ed.): Security Without Nuclear Weapons?, Oxford 1992.

Dunn, Lewis A.: Containing Nuclear Proliferation, London 1991.

Eisenbart, Constanze / v. *Ehrenstein,* Dieter (Hrsg.): Nichtverbreitung von Nuklearwaffen — Krise eines Konzepts, Heidelberg 1990.

Fischer, David u.a.: Nichtverbreitung von Kernwaffen. Neue Probleme und Perspektiven, Bonn 1991.

Goldschmidt, Bertrand: Le Complexe atomique. Histoire politique de l'énergie nucléaire, Paris 1980.

Häckel, Erwin: Die Bundesrepublik Deutschland und der Atomwaffensperrvertrag, Bonn 1989.

Kaiser, Karl / *Klein,* Franz Josef (Hrsg.): Kernenergie ohne Atomwaffen, Bonn 1982.

Kubbig, Bernd / *Müller,* Harald: Nuklearexport und Aufrüstung. Neue Bedrohungen und Friedensperspektiven, Frankfurt / M. 1992.

Scheinmann, Lawrence: The International Atomic Energy Agency and World Nuclear Order, Washington D.C. 1987.

Erwin Häckel

Internationale Organisationen

1. Zum Begriff — Neben den Nationalstaat und Territorialstaat traten im 19. Jh. zunehmend internationale Organisationen (i.O.) mit dem Ziel, Rechts- und Arbeitsgrundlagen für die Zusammenarbeit der Staaten bzw. nationaler Akteure bei grenzüberschreitenden Transaktionen zu gewährleisten. Bei den i.O. wird zwischen International Governmental Organisations (IGOs) und International Non-Governmental Organisations (INGOs) unterschieden. Inzwischen wird auch die Kategorie Business International Non-Governmental Organisation (BINGO) geführt, worunter die auf Erzielung ökonomischer Gewinne gerichteten Organisationen (transnationale Konzerne) zu verstehen sind. IGOs und INGOs sind Ausdruck einer immer stärkeren Verflechtung und Vernetzung des internationalen Systems. Unter einer IGO wird eine durch multilateralen völkerrechtlichen Vertrag geschaffene Staatenverbindung mit eigenen Organen und Kompetenzen verstanden, die sich als Ziel die Zusammenarbeit von mindestens zwei Staaten auf politischem und / oder ökonomischem, militärischem, kulturellem Gebiet gesetzt hat. Eine INGO ist ein Zusammenschluß von mindestens drei gesellschaftlichen Akteuren aus mindestens drei Staaten (Parteien, Verbänden etc.), der zur Ausübung seiner grenzüberschreitenden Zusammenarbeit Regelungsmechanismen aufstellt. I.O. bilden eine besondere Form zur Steuerung des internationalen Systems, die durch die zunehmende Verflechtung der Staaten in ökonomischer, politischer und gesellschaftlicher Hinsicht erforderlich wurde. IGOs sind Völkerrechtssubjekte wie die Staaten, d.h. sie haben die Organisationsgewalt nach innen und außen. Sie agieren im internationalen System aufgrund eines originären Vertragsschließungsrechts gegenüber den Nationalstaaten oder anderen IGOs. Sie sind von den Mitgliedstaaten ermächtigt, in ihrem Namen in einem bestimmten Politikbereich aufzutreten. So ist z.B. die → NATO die für die Sicherheitspolitik ihrer 16 Mitglieder zuständige IGO.

2. Zur Geschichte internationaler Organisationen — Nach dem Wiener Kongreß bildeten sich die Vorläufer der ersten i.O. heraus. So wird das Europäische Konzert, die Pentarchie der fünf Großmächte England, Preußen, Rußland, Österreich und Frankreich, als Vorläufer einer das gesamte Europa steuernden i.O. angesehen. Das Konzert verstand sich als System von Kongressen und Konferenzen, dessen Rahmen die fünf Mächte nutzten, um mittels Beratung und Zusammenarbeit für die Beilegung oder Bekämpfung von internationalen Krisen und Konflikten zu sorgen. Das europäische Konzert wird nicht selten als Vorläufer des 1919 nach dem 1. Weltkrieg gegründeten Völkerbunds gesehen. Allerdings wies der Völkerbund zwei qualitative Unterschiede zum Europäischen Konzert auf. Einmal handelte es sich beim Völkerbund um eine auf einer international anerkannten Satzung beruhenden Organisation. Zum anderen war im System des Völkerbunds das Prinzip der kollektiven Sicherheit angelegt. Das bedeutete, daß alle Mitglieder des Völkerbunds bereit sein mußten, 1. den territorialen Status quo zu akzeptieren und 2. diesen gegen eine Aggression, wer immer auch der Aggressor war, zu verteidigen. Im Europäischen Konzert dagegen dominierte der Gleichgewichtsgedanke, der es einer Großmacht ermöglichte, auch während eines Krieges das Bündnis zu wechseln, um das Gleichgewicht wieder auszubalancieren. Der Völkerbund scheiterte jedoch schon in seinen Anfängen, da das Prinzip der kollektiven Sicherheit keine Anwendung fand. Doch bereits der Ansatz war verfehlt, da Deutschland als „Revisionsmacht" und die Sowjetunion als eine „bolschewistische" Macht — beide Mächte stellten den territorialen Status quo in Frage —, nicht in den Völkerbund aufgenommen wurden. Das größte Manko des Völkerbunds bestand aber in seiner politisch-militärischen Machtlosigkeit, d.h., daß er über keine vom Vertragstext ableitbare Sanktionsmacht verfügte.

Neben politisch-militärischen Organisationen bildeten sich in Europa mit fortschreitender Ausdehnung der Wirtschafts-, Verkehrs-, Kultur- und Sozialinteressen der Staaten die grenzüberschreitenden Interaktionen derartig aus, daß gemeinschaftliche Verwaltungen im Sinne von „low politics" eingerichtet werden mußten. Diese internationalen Verwaltungsgemeinschaften — z.B. Gesundheitskommissionen, Postunion, Flußkommissionen, Verkehrs- und Nachrichtenunionen — entstanden zwischen 1840 und 1900. Zu Beginn dieses Jh.s erforderte die zunehmende Industrialisierung gemeinsame Verwaltung in den Bereichen der Chemie, der Elektrizität und der Motorisierung. Der grenzüberschreitende Strom von Gütern, Dienstleistungen, Nachrichten und Reisenden schwoll derartig an, daß sich zu Beginn dieses Jh.s ein quasi globales, wenngleich immer noch eurozentriertes → Weltwirtschaftssystem herausbildete. Darauf ist auch das fast quantensprungartige Ansteigen der Zahl i.O. zurückzuführen. I.O. wie der Weltpostverein oder die Weltorganisation für Meterologie wurden wegen ihres weitgehend unpolitischen Charakters als „unpolitische Organisationen" klassifiziert, sind aber heute eindeutig dem Bereich der „low politics" zuzuschreiben.

3. *Unterscheidungs- und Abgrenzungskriterien* — IGOs unterscheiden sich voneinander zunächst auf der zeitlichen Ebene, insofern sie für einen bestimmten oder unbestimmten Zeitraum Geltung haben können. Räumlich unterscheidet man IGOs mit globalem Charakter von solchen, deren Geltungsbereich auf eine bestimmte Region begrenzt ist. Da regionale Organisationen nur eine begrenzte Zahl von Staaten umfassen, weisen sie i.d.R. eine tendenziell zentralisierte Organisationsstruktur auf. In räumlicher Hinsicht wird auch unterschieden zwischen IGOs, die für einen Beitritt weiterer Staaten offen sind, und geschlossenen IGOs.
In bezug auf die inhaltlichen Funktionen von IGOs hat sich die leicht mißverständliche Unterscheidung zwischen „politischen" und „unpolitischen" Organisationen eingebürgert. Unter politischen IGOs versteht man dabei solche Organisationen, die in einem umfassenden Sinn (*high politics*) an der Erhaltung oder Ausdehnung der Macht ihrer Mitglieder orientiert sind (z.B. die → Militärbündnisse NATO und ehemaliger Warschauer Pakt), während funktional spezifische, zur technisch-administrativen Bewältigung von Sachproblemen geschaffene IGOs (z.B. die Internationale Atomenergie-Kommission IAEA oder die Weltgesundheitsorganisation WHO) als unpolitisch bezeichnet werden (*low politics*). In vielen Fällen ist freilich die Grenzziehung zwischen funktionaler Spezifität und umfassender, Machtfragen berührender Politik problematisch. So etwa im Bereich der wirtschaftspolitischen Organe der → Vereinten Nationen (UN), wie IWF und Weltbank (→ internationale Währungspolitik), die man zwar den „unpolitischen" IGOs zurechnet, die aber mit zunehmender Bedeutung nicht nur technisch-administrative Funktionen haben, sondern in ihrer Organisationsstruktur und Arbeitsweise sowohl machtpolitisch geprägt sind als auch in diesem Sinn wirken.
Im Rahmen der Differenzierung zwischen politischen und unpolitischen IGOs gibt es Organisationen, die militärische, wirtschaftliche, kulturelle oder technische Funktionen ausüben. Dabei gibt es IGOs, die v.a. als Verhandlungsorgane arbeiten (z.B. das → GATT), während andere hauptsächlich konkrete Dienstleistungen für ihre Mitgliedsländer erbringen (z.B.

WHO oder auch die Ernährungs- und Landwirtschaftsorganisation der UN, FAO).

Die IGOs klassischen Stils verfügen über Organe, die i.d.R. die → Souveränität der Mitgliedstaaten nicht einschränken, und sie haben deshalb potentiell nur eine geringe Durchsetzungskompetenz gegenüber den Einzelinteressen ihrer Mitglieder. Dies ist bei supranationalen IGOs tendenziell anders, deren Organen die Mitgliedstaaten Kompetenzen auch zur Durchsetzung übernationaler Interessen abgetreten haben (z.B. in begrenztem Umfang im Rahmen der → Europäischen Gemeinschaft). Dabei stellt sich im einzelnen die Frage sowohl nach den formalen Kompetenzen und Sanktionsmöglichkeiten der IGOs gegenüber ihren Mitgliedern als auch nach den realen Machtmitteln bzw. Durchsetzungsmöglichkeiten.

Ein letztes Unterscheidungsmerkmal bildet die Binnen- oder Organisationsstruktur. Zwar gilt im → Völkerrecht das Prinzip der Gleichheit der Staaten in der internationalen Politik; jedoch kann es innerhalb der IGOs sowohl bei der Zusammensetzung von Führungs- und Entscheidungsorganen als auch in bezug auf das Stimmrecht durchaus Abweichungen von diesem Gleichheitsprinzip geben. So sind z.B. die Großmächte ständig im Sicherheitsrat der UN vertreten, während andere Staaten nur zeitweiliges Mitglied sind, und die Stimmenverteilung in IWF und Weltbank folgt den ungleichen Beiträgen der Mitgliedsländer zur Finanzierung dieser IGOs. Ungleiche Finanzierungsbeiträge münden jedoch nicht notgedrungen in eine Ungleichheit der Einfluß- oder Vertretungsposition der verschiedenen Länder. In den meisten Organisationen der UN gilt das Prinzip der Stimmengleichheit unabhängig von den enorm unterschiedlichen Finanzierungsbeiträgen der Mitgliedsländer.

4. Ausgewählte IGOs und INGOs — Die IGOs mit der zweifellos größten mitgliederbezogenen Reichweite bilden die Vereinten Nationen, die am 1.1.1993 einen Mitgliedsbestand von 179 Staaten aufwiesen. Nachdem die UN über vier Jahrzehnte in ihrer Politik faktisch von der Systemfigur des → Ost-West-Konflikts determiniert wurden, scheint die Weltorganisation zu Beginn der 90er Jahre eine Renaissance zu erleben. So hat eine Koalition von 29 Staaten unter Führung der USA mit Billigung des Sicherheitsrats der UN den → Kuwait-Krieg beendet. Die Vereinten Nationen befinden sich in einer Phase, in der die „peace-keeping"-Aktionen in „peace-enforcement"-Aktionen übergehen.

Eine IGO unter dem Kriterium der sachlichen Reichweite bildet z.B. die Organisation Erdölexportierender Staaten (OPEC). In der OPEC führt das gemeinsame Interesse am Ölexport zugleich zur Aufgaben- und Mitgliederbegrenzung. Unter dem Aufgabenaspekt reicht die Spannweite von monofunktionalen i.O. mit eng begrenzten Aufgaben bis hin zu multifunktionalen i.O. mit einem allumfassenden Aufgabenspektrum, was u.a. Konsequenzen für

die innerorganisatorische Komplexität und Ausdifferenzierung hat. Ein Beispiel für eine regionale internationale Organisation bildet die Europäische
Gemeinschaft, die sich noch darüber hinaus durch das Kriterium der Supra-
nationalität auszeichnet.

Das Spektrum der INGOs weist eine große Bandbreite auf, was angesichts
von mehr als 5000 INGOs auch nicht erstaunlich ist. So fallen unter INGOs
dezidiert politische Organisationen wie z.B. die Sozialistische Internationale, Greenpeace, International Confederation of Free Trade Unions usw.
Aus dem Bereich des Sports sind z.B. das Internationale Olympische Komitee, der Weltfußballverband (FIFA), die Europäische Fußballunion (UEFA)
als die bekanntesten zu nennen. Im Bereich der Kultur ist der internationale
Schriftstellerverband (PEN) am geläufigsten. Darüber hinaus gibt es im Ver-
waltungsbereich weniger politisch bedeutsame internationale Organisationen wie z.B. die Internationale Astronautische Föderation, die Internationale Astronomische Union oder die Internationale Gesellschaft für ange-
wandte Psychologie. Die Anzahl der INGOs wird in Zukunft weiterhin
stärker ansteigen als die der IGOs, da die INGOs eine größere Anpassungsfähigkeit im Hinblick auf neue bzw. expandierende Felder der internationalen
Zusammenarbeit wie z.B. Wissenschaft und Technologie, Verkehr und Handel sowie Kommunikation erreichen dürften.

*5. Internationale Organisationen, Nationalstaaten und internationales Sy-
stem* — Mit den klassischen Mitteln einer auf den Nationalstaat orientierten
Politik konnten die grenzüberschreitenden Interaktionen nicht mehr gesteuert und beeinflußt werden. Es bedurfte daher der IGOs und der INGOs, um
Steuerungs- und Managementaufgaben für das internationale System wahr-
zunehmen. Dabei kann die Zusammenarbeit in den IGOs als Fortsetzung der
nationalen Problemlösungskapazitäten und -bewältigungsmechanismen verstanden werden. Allerdings berührt die Zusammenarbeit der IGOs die Souveränität des Nationalstaats, die nicht nur durch die IGOs als neue internationale Akteure in ihrer absoluten Bedeutung infrage gestellt wurde, sondern auch durch die Zunahme der internationalen Verflechtung. Staaten sind
seit der Mitte dieses Jh.s nicht mehr in dem Sinne souverän, daß sie autonom
über ihre politischen Ziele und Aktionen allein entscheiden können. Einige
Staaten sind vielleicht in der Lage, relativ autonom in einem Bereich, z.B.
der Wirtschaftspolitik eigene Präferenzen weitgehend durchzusetzen, während sie im Bereich der Sicherheits- und Verteidigungspolitik eine große Abhängigkeit aufweisen. Das internationale System stellt sich gemäß John *Burton* heute eher als ein Spinnwebmodell dar, „in dem die Welt durch eine
Fülle je unterschiedlich funktional bestimmbarer, letztendlich Kommunikationsbeziehungen widerspiegelnder, einander überlagernder und gegenseitig
durchwirkender Beziehungsgeflechte überdeckt ist, die wie eine Menge gi-
gantischer Spinngewebe den einzelnen Akteur einfangen und ihn auf den

verschiedensten Ebenen seines Tuns mit einer Fülle anderer Akteure verknüpfen" (*Meyers* 1991: 301).

Als spezifische Wirkungen von IGOs und INGOs sind heute auszumachen:

a) Gegenelite und Parallelelite zur → Diplomatie des Nationalstaats: Das Ansteigen der Zahl der IGOs und INGOs wurde für die Diplomatie der Nationalstaaten eine Herausforderung, mußten doch dadurch neue Verhaltensweisen z.B. in Form der Konferenzdiplomatie entwickelt werden. Gegeneliten bilden sich in den INGOs, die bei der Lösung spezieller, oft fachlicher Probleme eine größere Kompetenz als die Diplomaten aufgrund ihrer Fachausbildung aufweisen.

b) Multilaterale und multinationale Interessenbündelung: I.O. wirken als spezifische Konfliktverhütungs und -regelungsagenturen. In ihnen vollzieht sich eine laufende Multilateralisierung, wenn auch im Völkerrecht weiterhin von der Idee ausgegangen wird, daß das Individuum in all seinen Beziehungen von seinem Heimatstaat vertreten wird.

c) Vermittlungsfunktionen: Aufgrund ihrer multinationalen Zusammensetzung bilden i.O. einen guten Rahmen, um zwischen streitenden Parteien zu vermitteln und auszugleichen. Eine i.O. kann als ein neutraler Ort dienen, an dem die Streitparteien ohne Prestigeverlust zusammentreffen können. Auch können i.O. sich als Vermittler in Konfliktfällen einschalten wie z.B. die Vereinten Nationen in vielen Missionen, aber auch die Europäische Gemeinschaft im Jugoslawienkrieg, wenngleich ohne großen Erfolg (→ Balkankonflikt).

d) Kollektive Organisierung schwacher und kleiner Nationalstaaten: Das internationale System besteht zu mehr als der Hälfte aus kleinen und schwachen Staaten, die zwar durch das Völkerrecht in den internationalen Beziehungen rechtlich gleichgestellt sind, die aber faktisch nur durch Zusammenschluß ihre Interessen wahrnehmen können. So bilden i.O. für diese Staaten einen Rahmen, mit dessen Hilfe sie sich für ihre Probleme zunächst einmal Gehör schaffen können (z.B. Gruppe der 77), um in einem zweiten Schritt vielleicht sogar ihre Interessen durchsetzen zu können.

e) Internationale Öffentlichkeit durch i.O.: I.O. tagen oft öffentlich und geben darüber hinaus in internationalen Pressekonferenzen die Möglichkeit, sich mit den anstehenden Themen vertraut zu machen. Geheimdiplomatie ist danach heute nicht mehr möglich, da eine i.O. selbst ein Interesse an der Veröffentlichung ihrer zu behandelnden Fragen hat.

6. Ausblick — Sind die IGOs Völkerrechtssubjekte, so sind die INGOs Institutionen des internationalen Privatrechts. Aufgrund der weiter zunehmenden internationalen Verflechtung wird auch die Zahl der i.O. ansteigen, insbesondere die INGOs. Für die internationale Politik von besonderer Bedeu-

tung sind jene INGOs, die spezifische Ziele verfolgen wie z.b. die internationalen oder kontinentalen Parteienzusammenschlüsse, internationale oder regionale Gewerkschaftsbewegungen sowie transnationale Konzerne. Weder
IGOs noch INGOs sind institutionalisierte Konferenzen wie der Weltwirtschaftsgipfel der wichtigsten Industrieländer (G-7) oder bis zu ihrer Institutionalisierung die → Konferenz über Sicherheit und Zusammenarbeit in Europa (KSZE). Durch ihre periodischen Treffen einschließlich der von ihnen
verabschiedeten Maßnahmen erhalten diese Konferenzen Akteursqualität
für das internationale System.

Literatur

Andersen, Uwe / *Woyke*, Wichard (Hrsg.): Handwörterbuch Internationale
    Organisationen, Opladen 1988.
Baratta, Mario von / *Clauss*, Jan Ulrich: Internationale Organisationen. Ein
    Handbuch, Frankfurt / M. 1991.
Burton, John W.: World Society, Cambridge 1972.
Deutsche Bundesbank: Internationale Organisationen und Gremien im Be-
    reich von Währung und Wirtschaft (Sonderdruck Nr. 3) 1992.
Keohane, Robert. O / *Nye*, Joseph S. (eds.): Power and Interdependence:
    World Politics in Transition, Boston 1977.
Holsti, Kalevi J.: Change in the International System — Essays on the The-
    ory and Practice of International Relations, Cheltenham 1991.
Meyers, Reinhard: Grundbegriffe, Strukturen und theoretische Perspektiven
    der Internationalen Beziehungen, in: Bundeszentrale für Politische Bil-
    dung (Hrsg.) Grundwissen Politik, Bonn 1991, S. 220-316.
Papp, Daniel S.: Contemporary International Relations. Frameworks for
    Understanding, New York / Toronto 1991.
Union of International Associations (eds): Yearbook of International Organi-
    zations, Brüssel, jährlich.

Wichard Woyke

Internationale Sicherheit

1. Der Begriff internationale Sicherheit umschließt alle zwischenstaatlichen
Ansätze zur Gewährleistung der äußeren Sicherheit der Mitglieder des internationalen Systems, also Bündnispolitik und Militärallianzen wie auch → Internationale Organisationen. Internationale Sicherheit kann durch Macht-

gleichgewicht, Machtkontrolle oder Machtausübung erreicht werden. Die Geschichte der internationalen Sicherheit war immer eine Funktion der Geschichte der internationalen Beziehungen, die durch das Wechselspiel von → Krieg und Frieden gekennzeichnet ist. Dabei verschwanden einzelne Reiche, ohne daß die internationale Ordnung grundsätzlich in Frage gestellt wurde. Bis zum Eintritt der USA in den Ersten Weltkrieg war internationale Sicherheit identisch mit europäischer Sicherheit. Bis zu diesem Zeitpunkt wurde versucht, durch Gleichgewichtskonzeptionen Ordnungsstrukturen in die Anarchie der Staatengewalt einzuführen. So wurde das „Klassische Gleichgewichtssystem" (1648 - 1789) vom „Europäischen Konzert" (1815 - - 1914) abgelöst. Diese auf die Aufrechterhaltung des Status quo fixierten statischen Ordnungsvorstellungen gingen von der Idee aus, daß die internationale Gesellschaft als eine Pluralität unabhängiger und zugleich gleichberechtigter Staaten auftritt. Das Gleichgewicht sollte mit dem Wiener Kongreß von 1815 als konzertierte Aktion der fünf Großmächte Preußen, Österreich, Rußland, Frankreich und England zustande kommen. Da dieses Konzert aber immer nur das tat, was der zurückhaltendste Staat zu tun bereit war, konnte es kaum Mittel finden, um Interessenkonflikte und Krisen grundsätzlich beizulegen.

2. Nach dem Zusammenbruch des „Europäischen Konzerts" im Ersten Weltkrieg wurde mit dem Prinzip der „Kollektiven Sicherheit" ein neues konstitutives Prinzip — die Machtkontrolle — in die internationale Ordnung eingeführt. Dieses in der Völkerbundsatzung niedergeschriebene idealistische Prinzip hängt von folgenden drei Voraussetzungen ab: 1. sämtliche dem System der „Kollektiven Sicherheit" angehörenden Staaten müssen den einmal festgelegten Status quo akzeptieren; 2. alle Mitgliedstaaten müssen den einmal festgelegten Status quo verteidigen, wer immer der Angreifer und wer immer der Angegriffene sein mag; und 3. die Begriffe „Aggressor" und „Aggression" müssen eindeutig definiert und von allen Teilnehmerstaaten verbindlich anerkannt werden. Im Unterschied zu einem Militärbündnis, das nur gegenüber Nichtmitgliedern in Funktion tritt, kann ein kollektives Sicherheitssystem auch gegenüber Mitgliedern zur Anwendung kommen. Jedoch wurden mit Nichtratifizierung des Versailler Vertrags von 1919 seitens der USA und dem Ausschluß der „Revisionsmacht" Deutschland sowie des bolschewistischen Rußlands der „kollektiven Sicherheit" ihre unabdingbaren Voraussetzungen genommen. Die internationale Sicherheit wurde nach wie vor von einem nicht näher faßbaren dynamischen Gleichgewicht der Mächte bis zum Ausbruch des Zweiten Weltkrieges für zwanzig Jahre mehr schlecht als recht gewährleistet. Während des Zweiten Weltkrieges kam, erneut vor allem in den USA, der Gedanke einer universalen Weltfriedensgemeinschaft auf, die in der Lage sein sollte, die internationale Sicherheit zu garantieren. Dieser Ordnungsvorstellung stand das Einflußsphären-

denken der Sowjetunion (→ Ost-West-Konflikt) gegenüber. Dennoch kam es zur Bildung der → Vereinten Nationen.

Der Zweite Weltkrieg verdeutlichte aber auch den definitiven Zusammenbruch des europäischen Staatensystems. In das europäische Vakuum stießen die USA und die UdSSR, die beide zu Welthegemonialmächten aufstiegen. Sie allein besaßen von nun an die politischen, militärischen und ökonomischen Mittel, um die internationale Sicherheit zu garantieren. Den Amerikanern, die bis 1949 das Kernwaffenmonopol besaßen und sich damit eine glaubhafte Abschreckungswaffe geschaffen hatten (→ Militärstrategie), stand eine Sowjetunion gegenüber, die zum ersten Mal in der russischen Geschichte bis nach Mitteleuropa vorgerückt war und die die amerikanische Nuklearüberlegenheit mit einer gewaltigen konventionellen Rüstung beantwortete. Die Amerikaner, die aus Furcht vor einer Sowjetisierung Europas und damit der Gefährdung ihrer eigenen Sicherheit die Verteidigung Westeuropas sich als nationale Aufgabe gesetzt hatten, glaubten in dem Aufbau eines Systems regionaler Bündnisse (→ Militärbündnisse) der sowjetischen Bedrohung wirksam entgegentreten zu können. Die Eindämmung des Kommunismus (Containment) wurde zum wichtigsten außenpolitischen Ziel der USA. Mit Hilfe dieser Politik entwickelte sich zunächst die „Pax Americana", die auf dem amerikanischen Nuklearmonopol, der übermächtigen Wirtschaft und dem Gesellschaftssystem beruhte. Jedoch holte die Sowjetunion im Militärbereich sehr schnell den Vorsprung der USA in wichtigen Sektoren ein, so daß die „Pax Americana" Ende der 50er Jahre verloren ging.

3. Die internationale Sicherheit nach dem Zweiten Weltkrieg wurde hauptsächlich durch die zunächst feindliche Bipolarität der beiden Supermächte und der ihnen in → NATO und Warschauer Pakt angeschlossenen Staaten gewährleistet, wobei Sicherheit zuallererst in militärischen Kategorien zu verstehen war. So entwickelte sich das „Gleichgewicht des Schreckens", das auf dem Kernwaffenbesitz beider Supermächte beruhte und das bedeutete, daß die Sicherheit von der Abschreckung mit einem Rüstungspotential abhing, das dem potentiellen Angreifer mit absoluter Gewißheit einen untragbaren Verlust beibrachte.

Jedoch zeigte sich in den direkten und indirekten Konfrontationen beider Supermächte, besonders während der Berlin-Krise von 1961 und der Kuba-Krise von 1962 (→ Prägende Konflikte nach dem Zweiten Weltkrieg), die gemeinsame Furcht vor einem atomaren Zusammenstoß. Seit diesem Zeitpunkt entwickelte sich zwischen beiden Supermächten eine partielle Kooperation (→ Entspannungspolitik), die durch die Respektierung der jeweiligen Interessensphären gekennzeichnet war. Seit der gemeinsamen Krisensteuerung durch die Supermächte verloren nicht nur die NATO und der Warschauer Pakt militärisch an Wert, sondern seit dieser Zeit ist auch die internationale Sicherheit im militärischen Sinn nicht mehr ernsthaft in Frage gestellt worden. In Gebieten, in denen die Interessengegensätze der Supermächte nur mittelbar zusammentrafen, war die Möglichkeit für Kriege nach wie vor gegeben. Die Nahostkriege von 1967 und 1973 bedrohten die internationale Sicherheit solange nicht, wie die Supermächte in der Lage waren, die zu ihrer Interessensphäre gehörenden Staaten zu beeinflussen und damit die Krise zu steuern. (→ Nahostkonflikt) Erst in dem Augenblick, in dem in solchen Konflikten eine Steuerung durch die Blockführungsmächte nicht mehr erfolgen konnte, war auch die internationale Sicherheit durch ihr mögliches direktes Aufeinandertreffen gefährdet.

Hierbei bestand vor allem die Gefahr der horizontalen Eskalation. Das bedeutete, daß das Aufeinandertreffen der beiden Supermächte in einer Krisenregion der Dritten Welt, z.B. im Nahen Osten, zur Übertragung der Krise nach Europa führen und hier eine Fortsetzung eventuell in außereuropäischen Krisenregionen begonnener Kampfhandlungen erfolgen konnte.

Das Duopol der beiden Supermächte besaß jedoch auch eine prinzipielle Schwäche. Es mußte ein annäherndes Gleichgewicht zwischen den beiden Supermächten unbedingt aufrechterhalten und darüber hinaus alle anderen Akteure des internationalen Systems dazu angehalten werden, dieses Gleichgewichtssystem zu akzeptieren und nicht zu stören. In diesem Zusammenhang ist auf den amerikanisch-sowjetischen Bilateralismus hinzuweisen, der nach der Kuba-Krise von 1962 mit dem Abschluß des Atomteststoppvertrages 1963 (→ Abrüstungspolitik) einsetzte. Dieser Vertrag begrenzte zwar die Möglichkeit von Kernwaffenversuchen in der Atmosphäre, sollte aber gleichzeitig das Duopol stabilisieren, da er sich vor allem gegen die aufstrebenden Kernwaffenmächte Frankreich und Volksrepublik China richtete. Die Stabilisierung des strategischen Gleichgewichts wurde darüber hinaus auch durch waffentechnologische Entwicklungen beeinflußt, die einen Rüstungswettlauf bedingten und damit wiederum destabilisierend wirkten.

Mit Hilfe der Gespräche über die Rüstungsbegrenzung auf verschiedenen Ebenen — der interkontinentalen, des Weltraums sowie auch der Kurzstreckensysteme — versuchten die USA und die UdSSR, ihre Steuerungsfunktion im internationalen System aufrechtzuerhalten. 1987 gelang dies mit dem Abschluß des INF-Vertrags (→ Nukleare Rüstung und Rüstungskontrolle) auf der Mittelstreckenebene zwischen 500 und 5 500 km.

Jedoch konnte ungeachtet des positiv zu wertenden INF-Vertrags nicht verhindert werden, daß trotz teilweiser quantitativer Begrenzung der Rüstung in verschiedenen Bereichen eine qualitative Aufrüstung erfolgte. Das bedeutete, daß das Gleichgewicht immer dynamisch war und von einem der Duopolisten als instabil perzipiert wurde. Diese Sichtweise führte aber wiederum beim anderen Duopolisten zu der Auffassung, daß er sich gegenüber seinem Kontrahenten in einer unterlegenen Position befand und somit in seiner Rüstung „nachziehen" mußte. Daraus folgte, daß im strategischen Gleichgewicht der beiden Supermächte systemimmanent ein Risikofaktor enthalten war.

Doch bewegte sich dieser Prozeß seit 1987 in entgegengesetzte Richtung. Auf den INF-Vertrag folgte 1991 mit dem START I-Abkommen zwischen den USA und der UdSSR ein zweiter wichtiger Abrüstungsvertrag, der die Reduzierung der ICBM um etwa ein Drittel vorsah. Der Niedergang des Kommunismus sowie der Sowjetunion Ende 1991 führte ebenfalls zum Zusammenbruch des „Gleichgewichts des Schreckens". Zwar besteht nach wie vor das frühere sowjetische Nuklearwaffenarsenal fort, doch ist es z.Zt. noch auf die vier Republiken Rußland, Weißrußland, Ukraine und Kasachstan aufgeteilt. Das bedeutet eine prinzipiell größere Instabilität des Gleichgewichts und könnte im Falle einer Zuspitzung von Konflikten dazu führen, daß die internationale Sicherheit nicht länger so „relativ einfach" wie bisher durch zwei Duopolisten zu praktizieren ist.

4. Gefährdung der internationalen Sicherheit durch Terrorismus, Umweltzerstörung und Technologie — Nach dem Zusammenbruch der Zweiten Welt perzipiert die Erste Welt nicht länger eine militärische Bedrohung durch den Osten. Das Ende des Ost-West-Konflikts hat allerdings auch seine Disziplinierungsfunktion fortfallen lassen, so daß heute Kriege gerade zwischen gesellschaftlichen und ethnischen Gruppen möglich sind, die sich nun in Form von Nationalstaaten organisieren. Durch Ausstrahlungseffekte solcher Kriege, Konflikte und Krisen wie z.B. dem → Balkankonflikt wird potentiell auch die internationale Sicherheit gefährdet. Die Einsätze der Vereinten Nationen reichen offensichtlich nicht dafür aus, die regionale Sicherheit in jenen Gebieten wieder herzustellen. Daher besteht potentiell in den Ethnienauseinandersetzungen auch eine Gefährdung der internationalen Sicherheit durch die Ausstrahlungseffekte jener Krisen, Konflikte und Kriege.
Das internationale System war auch unterhalb des strategischen Duopols der Blockführungsmächte auf der ökonomischen, politischen, ideologischen und ökologischen Ebene polyzentristisch und bot und bietet Möglichkeiten zu seiner Zerstörung.
So eröffnet heute der internationale Terrorismus Staaten die Möglichkeit, durch die Instrumentalisierung von Terroristen — durch Flugzeugentführungen, Terroranschläge, Geiselnahmen u.a. — andere Staaten zu schädigen und in ihrer Existenz zu treffen. Die globale Verdichtung der Kommunikation sowie der Ausbau der Luftfahrt wurde zur Grundlage für den Terrorismus, der darüber hinaus durch die politisch-gesellschaftliche Instabilität in vielen Staaten, durch gewalttätige Protestaktionen in westlichen Ländern als Folge des Wiederauflebens von Minderheitenkonflikten ebenso gefördert wurde wie durch systematischen Terror palästinensischer Terroristengruppen. Als „Ersatzkrieg" bietet der internationale Terrorismus Staaten und anderen Akteuren des internationalen Systems die Möglichkeit, Terroristen einzusetzen, um andere Staaten zu beeinflussen oder zu schädigen, ohne in einen offenen Krieg eintreten zu müssen. So sind Flugzeugentführungen mit

anschließenden tagelangen Irrflügen und Geiselnahmen terroristische Aktionen, die meistens mehrere Staaten berühren. Zwar haben die Gegenaktionen einzelner Staaten wie der USA 1986 gegenüber Libyen und Israels gegenüber arabischen Staaten kurzfristig eine Eindämmung des internationalen Terrorismus erreichen können, doch ist dem internationalen Terrorismus nur durch gemeinsame Aktionen der Staaten zu begegnen, da im Prinzip jeder Staat Opfer des Terrorismus werden kann.

Internationale Sicherheit ist nicht mehr allein durch militärische Maßnahmen wie Abschreckung aufrechtzuerhalten — seit dem Ende des Zweiten Weltkriegs hat es mehr als 170 Kriege gegeben —, sondern wird immer mehr durch andere Momente beeinflußt. So ist die Diversifizierung der Macht und die damit verbundene Anzahl der Akteure eine wichtige, die internationale Sicherheit beeinflussende Entwicklung. Die vermeintlich Kleinen wie der frühere maltesische Regierungschef *Don Mintoff* oder der ehemalige rumänische Staatspräsident *Ceauçescu* haben mit Hilfe ihrer diplomatischen Manöver die Supermächte ebenso erfolgreich herausfordern können wie ideologisch geschlossene Widerstandsbewegungen, z.B. der Vietcong im Vietnamkrieg.

Der frühere US-Außenminister *Kissinger* sprach — in Anlehnung an das „Europäische Konzert" des 19. Jh. — von einer pentagonalen Welt, in der die Kraftfelder USA, UdSSR, China, Westeuropa und Japan die entscheidenden Akteure darstellten. In den 70er Jahren war diese Auffassung allerdings unrealistisch, machte doch der Yom-Kippur-Krieg von 1973 die Abhängigkeit Westeuropas und Japans vom Nahostöl deutlich, als sie aufgrund des Embargos der OPEC eine araberfreundliche Haltung einnahmen. Dagegen waren die USA mit ihren Aktionen im Nahost-Entflechtungsabkommen zwischen Ägypten / Israel und Syrien / Israel der eigentliche Garant internationaler Sicherheit, der zudem noch den Einfluß der UdSSR in diesem Gebiet entscheidend zurückdrängte (→ Nahostkonflikt).

Das Ölembargo der OPEC zeigte mit aller Deutlichkeit, daß der → Nord-Süd-Konflikt in den 70er Jahren den Ost-West-Konflikt überlagert hatte und daß die Aufrechterhaltung der internationalen Sicherheit im wesentlichen vom Verhältnis der Industriestaaten zu den Entwicklungsländern abhängig sein wird. Eine totale Ölliefersperre würde nicht nur die europäische Industrie und damit auch die Einsatzfähigkeit des Militärs lahmlegen, sondern vor allem die OPEC-Staaten selbst treffen, die mit den westlichen Industrieländern durch zahlreiche Wirtschaftskreisläufe eng verbunden sind. Somit erweist sich die Ölwaffe nur als kurzfristige Waffe, die allerdings eine Umverteilung des internationalen Reichtums eingeleitet und in den Industriestaaten ein — wenn auch noch nicht ausreichendes — Verständnis für die Probleme der Dritten Welt geweckt hat. Ob allerdings damit auch eine machtpolitische Revolution stattgefunden hat, muß gerade angesichts der Spaltung der OPEC und ihres Niedergangs seit Mitte der 80er Jahre bezweifelt werden.

Den dritten großen Gefahrenbereich stellt die zunehmende Umweltzerstörung dar. Der technische Fortschritt hat nicht nur zu Wohlstand und bequemeren Lebensbedingungen, vor allem in den westlichen Industrieländern, geführt, sondern auch zur Störung des ökologischen Gleichgewichts, so daß die Basis für menschliches Leben auf der Erde eingeengt wird. (→ Globale Umweltprobleme). Zunehmend führen Umweltschäden wie die Vergiftung von Flüssen und Seen durch Industrieabwässer, die Vernichtung ganzer Fischbestände, die Vergiftungen von Lebensmitteln durch Konservierungsstoffe und Rückständen aus Pflanzenschutzmitteln zur Gefährdung nicht nur der Gesundheit, sondern auch der Ernährungsbasis ganzer Nationen. Durch intensive Landwirtschaft und Viehzucht fördert der Mensch die Ausbreitung von Wüsten und leistet der Entwaldung Vorschub. Durch Abholzung wird der Verfall des Bodens beschleunigt, der wiederum katastrophale Auswirkungen auf das Klima sowie die Tierwelt und das menschliche Leben hat. Ein Ergebnis der Umweltzerstörungen sind u.a. die Umweltflüchtlinge, die in andere Staaten streben. Die gewaltige Zunahme dieser Flüchtlinge könnte zu einer Destabilisierung sowie zu vermehrten Konflikten zwischen den betroffenen Staaten führen (→ Migration).

Den vierten großen Gefahrenbereich für die internationale Sicherheit stellt in zunehmendem Maße die technologische Entwicklung dar. Ende der 80er Jahre sind fast alle Länder der Welt an der friedlichen Kernenergienutzung interessiert, wenngleich nur die wenigsten über die technische und finanzielle Kapazität zum Bau und Betrieb von Kernkraftwerken verfügen. Das für die internationale Sicherheit gravierende Problem besteht darin, daß Kernenergie sowohl für friedliche Zwecke als auch für die Zündung von Atom- und Wasserstoffbomben genutzt werden kann. „Mit der Verfügung über die Nukleartechnologie gewinnt ein Staat (oder wer immer es sei: ein politischer Machthaber, eine rebellische Minderheit, eine internationale Terrorgruppe) Zugriff auf ein Gewaltpotential von unschätzbarer Bedeutung" (*Häckel*). Gerade da der internationale Brennstoffkreislauf, d.h. der Prozeß von der Gewinnung des Urans bis zur Wiederaufarbeitung, transnational ist, also nicht von einem einzigen Staat gewährleistet wird, liegt hier eine Schwachstelle, die sich negativ für die internationale Sicherheit auswirken könnte. Mitte 1985 schlossen die USA und die UdSSR daher ein Abkommen gegen „Atomterrorismus", in dem sie sich gegenseitiger Unterstützung versicherten (→ Internationale Nuklearpolitik).

Literatur

Bundy, McGeorge: Danger and Survival, New York 1988.
Friedensgutachten 1990, 1991, 1992 (hrsg. von Egon *Bahr,* Gert *Krell,* Reinhart *Mutz,* Johannes *Schwertfeger,* Heinz *Wismann*), Münster/Hamburg 1990ff.

Garten, Jeffrey E.: A cold peace — America, Japan, Germany and the Struggle for Supremacy, New York / Toronto 1992

King, Alexander / *Schneider*, Bertrand: Die Globale Revolution — Ein Bericht des Rates des Club of Rome, Hamburg 1991 (Spiegel-Spezial 2 / 1991)

Newhouse, John: War and Peace in the Nuclear Age, New York 1989

Opitz, Peter J. (Hrsg.): Grundprobleme der Entwicklungsländer, München 1991

Senghaas, Dieter: Friedensprojekt Europa, Frankfurt / M. 1992

Wichard Woyke

Internationale Verschuldungskrise

Grenzüberschreitende Kreditaufnahme ist normaler Ausdruck eines zunehmend international ausgerichteten Wirtschafts- und Finanzsystems. Aus der Sicht eines Landes ermöglicht eine Kreditaufnahme im Ausland die Ergänzung der eigenen Finanzmittel durch Rückgriff auf fremde Ressourcen und damit prinzipiell eine beschleunigte Entwicklung. Im Hinblick auf die Richtung der internationalen Finanzströme wäre es „normal", daß aus den Industrieländern (IL) als relativ reichen, auch durch eine höhere Sparrate charakterisierten Staaten ein Teil dieses relativen Kapitalreichtums in die u.a. durch Kapitalmangel gekennzeichneten Entwicklungsländer (EL) fließen würde. Kreditaufnahme bildet für die EL prinzipiell solange kein Problem, wie die produktive Verwendung der Kredite sicherstellt, daß die dadurch direkt bzw. indirekt bewirkte Mehrproduktion groß genug ist, mindestens den Schuldendienst zu ermöglichen. Anders als bei der inländischen Kreditaufnahme ist bei Auslandskrediten allerdings zusätzlich der Devisenfaktor zu berücksichtigen, d.h. die produktive Verwendung von Auslandskrediten muß sich auch in erhöhten Deviseneinnahmen (Exportsteigerung oder Importsubstitution) für den Schuldendienst niederschlagen.

1. Die Entwicklung und das Ausmaß der Verschuldungskrise — Die Verschuldung vieler EL hat in den 70er Jahren so rasant zugenommen, daß unter veränderten weltwirtschaftlichen Rahmenbedingungen Anfang der 80er Jahre eine Reihe von EL nicht mehr in der Lage war, ihren Zahlungsverpflichtungen nachzukommen. Zeitlich wird der offene Ausbruch der Schuldenkrise meist auf 1982 — Zahlungsunfähigkeit Mexikos — datiert. Die Krise hat sich in den Folgejahren vertieft und ist auch zunehmend ernster eingeschätzt worden — nicht nur als Liquiditäts-, sondern auch als Solvenzkrise, nicht nur als Gefährdung vieler EL als Schuldner, sondern auch der Gläubiger, insbesondere des internationalen Bankensystems mit Schwerpunkt bei US-amerikanischen Banken als Hauptgläubiger der Großschuldner in Lateinamerika. Sie hat den entwicklungspolitischen Diskurs so dominiert, daß die 80er Jahre als „Jahrzehnt der Schuldenkrise" charakterisiert worden sind. Festzuhalten bleibt allerdings auch, daß nicht alle EL in eine Schuldenkrise geraten sind, zumal die länderspezifische Situation bei den für einen Überblick notwendigen Generalisierungen leicht aus dem Blickfeld gerät.

Die Auslandsverschuldung der EL insgesamt — einschließlich einiger osteuropäischer Reformländer — erreichte 1990 1 341 Mrd. US-Dollar, wovon etwa 1/6 auf die statistisch schwerer erfaßbaren kurzfristigen Kredite entfiel. Genauere Daten bietet die → Weltbank im Rahmen ihres Debtor Reporting System, das 107 EL (und mehr als 90 % der Gesamtverschuldung) abdeckt. Die besonders aussagefähige langfristige Verschuldung dieser 107 EL hat sich von 62 Mrd. US-Dollar 1970 auf 421 Mrd. US-Dollar 1980 nahezu versiebenfacht und hat bis 1990 mit 1 050 Mrd. US-Dollar noch einmal fast das zweieinhalbfache zugenommen. Regional liegt der Schwerpunkt der Verschuldung 1990 mit einem Drittel (1970 45 %) in Lateinamerika, zu dem auch die drei absoluten Spitzenreiter (Gesamtverschuldung 1990 Brasilien 116 Mrd., Mexiko 97 Mrd., Argentinien 61 Mrd. US-Dollar).

Die absolute Höhe der Auslandsverschuldung ist allerdings wenig aussagefähig, weshalb unterschiedliche Relationen herangezogen werden, um die Last der Schulden präziser zu bestimmen. Internationaler Währungsfonds (IWF → Internationale Währungspolitik) und Weltbank klassifizieren Länder als „gravierend verschuldet" (severely indebted), wenn drei der vier folgenden Schuldenlastindikatoren über den angegebenen Schwellenwerten liegen:

— gesamte Auslandsverschuldung in Prozent des BSP über 50 % (gewichteter Durchschnitt aller „gravierend verschuldeter" Länder 1980 34 %, 1990 46 %);

— gesamte Auslandsverschuldung in Prozent des Exports über 100 % (gewichteter Durchschnitt 1980 181 %, 1990 274 %);

— Schuldendienst (Zinsen und Tilgung) in Prozent des Exportes über 30 % (gewichteter Durchschnitt 1980 35 %, 1990 25 %);

— Zinszahlungen in Prozent des Exportes über 20 % (gewichteter Durchschnitt 1980 18 %, 1990 12 %).

Die beiden → internationalen Organisationen unterscheiden weiter nach dem durchschnittlichen Pro-Kopf-Einkommen EL mit niedrigem und mit mittlerem Einkommen. Von den 20 1990 als SIMIC (severely indebted middle-income country) eingestuften EL entfielen allein 12 auf Lateinamerika, während 1990 bei den 26 als SILIC (severely indebted low-income country) klassifizierten EL fast ausschließlich Afrika südlich der Sahara vertreten war

(24 EL). Die Schuldenlastindikatoren zeigen, daß ungeachtet der Dominanz Lateinamerikas bei der absoluten Verschuldung die südlich der Sahara konzentrierten afrikanischen SILIC inzwischen bei allen vier Indikatoren weit stärker belastet sind. Für sie hat sich die Situation in den 80er Jahren gravierend verschlimmert, während bei den SIMIC (wie auch weniger ausgeprägt bei allen EL) zumindest die letzten zwei Indikatoren eine begrenzte Entlastung anzeigen. Eine Folge des offenen Ausbruchs der Schuldenkrise mit dem Mexiko-Schock 1982 und dem Brasilien-Schock 1983 war eine starke Zurückhaltung der Banken bei der Vergabe neuer Kredite an EL. Wie schwierig die Situation für EL wurde, zeigt die Tatsache, daß nach den Daten der Weltbank der Nettoressourcentransfer (Kredite — Tilgung — Zinsen, + Direktinvestitionen — Gewinntransfer, + Zuschüsse) der erfaßten 107 EL von 1984-89 negativ ausfiel, d.h. per Saldo Zahlungen an das Ausland geleistet wurden. Dabei ist es unter dem Aspekt der Kontrahenten sowohl auf der Seite der Kreditnehmer wie der -geber zu einer zunehmenden „Verstaatlichung" gekommen, insofern der Anteil privater Kreditnehmer in EL deutlich zurückgegangen ist (1990 Anteil öffentlicher Kreditnehmer an der langfristigen Verschuldung 94 %) und auf der Gläubigerseite nur noch knapp die Hälfte der langfristigen Gesamtverschuldung auf die privaten Banken entfiel. Hier zeigt sich allerdings auch ein sehr unterschiedliches regionales Profil mit Konsequenzen für die Lösungsansätze. Während im weiterentwickelten Lateinamerika immer noch 2/3 der Auslandsverschuldung gegenüber privaten Banken bestand, betrug der Anteil in Afrika südlich der Sahara nur 1/4.

2. Ursachen der internationalen Verschuldungskrise — Bei der Kausalanalyse besteht große Übereinstimmung darüber, daß es sich um ein Bündel von Faktoren handelt sowie über dessen Elemente. Kontrovers ist deren Gewichtung, wobei einmal die entwicklungstheoretische und -politische Auseinandersetzung über die Dominanz externer oder interner Faktoren deutlich durchschlägt, zum anderen die Konsequenzen der Diagnose für die Therapie eine Rolle spielen.

Ein Einflußfaktor waren die beiden Ölpreisexplosionen 1973 und 1980. Das vorherrschende Reaktionsmuster nach 1973 war Ausweitung der Finanzierung. Auf der Kapitalangebotsseite übernahmen die internationalen Banken eine Transferfunktion und schleusten die bei den arabischen Ölexporteuren angefallenen gewaltigen Überschüsse über die internationalen Kapitalmärkte in die kapitalhungrigen ölimportierenden EL. Die EL konnten in den 70er Jahren, die durch eine starke Ausweitung des internationalen Bankgeschäftes bei starker Konkurrenz charakterisiert waren, relativ leicht und zu relativ günstigen Konditionen — zeitweilig negativer realer Kapitalzins — auf auflagenfreie Bankkredite zurückgreifen. Bei der zweiten Ölpreiskrise war das vorherrschende Reaktionsmuster dagegen Anpassung an die veränderten

weltwirtschaftlichen Bedingungen. Die EL wurden neben der direkten Belastung durch die Preiserhöhung für Ölimporte indirekt durch die ölbedingte
Verteuerung industrieller Importgüter sowie generell eine Verschlechterung
ihrer *terms of trade* getroffen. Bei den Kosten der Auslandsverschuldung
führte der weltweite Trend zur Inflationsbekämpfung und das gewaltige amerikanische Leistungsbilanzdefizit zu einem extremen Zinsanstieg. Der mit
dem Aufbrechen der Krise sich lawinenartig fortpflanzende Vertrauensverlust in die Kreditwürdigkeit vieler EL führte auch da, wo der Zugang zum internationalen Kapitalmarkt erhalten blieb, zu kostentreibenden Risikozu-
schlägen. Nun schlug auch die veränderte Kreditstruktur — in den 70er Jahren verstärkte Abhängigkeit von privaten nicht-konzessionären, teilweise
kurzfristigen sowie häufig mit variablen Zinsen versehenen Bankkrediten —
negativ zu Buche. Als externer Faktor ist zudem zu berücksichtigen, daß die
weltwirtschaftliche Rezession Anfang der 80er Jahre nicht nur die Nachfrage nach Rohstoffen drückte und damit zur Verschlechterung der *terms of
trade* der besonders von Rohstoffexporten abhängigen EL beitrug, sondern
auch Tendenzen zur Marktabschottung in den IL förderte, womit es den EL
weiter erschwert wurde, ihre Exporte als Voraussetzung für den Schuldendienst auszubauen.

Bei den internen Ursachen spielte die unproduktive Verwendung der Auslandskredite in vielen EL eine wichtige Rolle. Die Palette der Vergeudungs-
intensität reicht von Prestigeprojekten mit zweifelhaftem Entwicklungser-
trag bis zu „Kleptokratie", d.h. Auslandskredite landeten partiell oder ganz
wieder auf Auslandskonten einer korrupten Herrschaftselite. Hinzu kamen
häufig politische Instabilität und wirtschaftspolitische Fehlsteuerung (insbesondere hohe Haushaltsdefizite, starke Inflation, überbewertete Wechselkurse), die u.a. eine Kapitalflucht in das Ausland förderten.

3. Lösungsversuche — Die mit der Ursachenanalyse verknüpfte „Schuld-
frage" hat unmittelbare Auswirkungen auf die zentrale Streitfrage bei der
Diskussion der Lösungsansätze, wie die Lastenverteilung bei den notwendig
schmerzlichen Anpassungen aussehen soll. Dabei ist nicht nur die direkte
Lastzuweisung an die Hauptakteure, sondern sind auch die indirekten Folgen zu berücksichtigen. Bei dem Versuch, die Schuldenkrise zu bekämpfen,
lassen sich grob drei Phasen unterscheiden.

In einer ersten Phase nach dem offenen Ausbruch der Krise herrschte der
Eindruck vor, daß es sich um eine begrenzte Liquiditätskrise aufgrund des
Zusammentreffens verschiedener ungünstiger Faktoren handele, und die Be-
mühungen konzentrierten sich auf kurzfristige Maßnahmen der Umschul-
dung in Form der Schuldenstreckung. Für die Gläubiger verhandelten als
Vertreter der privaten Banken jeweils Lenkungsausschüsse, während die
westlichen Industrieländer sich bereits früher mit dem „Pariser Club" ein
Verhandlungsinstrument geschaffen hatten. Die westlichen IL bestanden auf

Fall-zu-Fall-Verhandlungen mit einzelnen EL, was den Aufbau einer gemeinsamen Schuldnerfront erschwerte. Versuche zur Bildung einer Schuldnerorganisation — z.B. 1984 Cartagena-Gruppe aus 12 lateinamerikanischen Ländern — blieben wegen unterschiedlicher Interessenkalküle halbherzig und Ausbruchsversuche einzelner Länder — z.B. Perus einseitige Zahlungsverweigerung über einen bestimmten Prozentsatz seiner Exporteinnahmen hinaus — erwiesen sich wegen des Gegendrucks — Abschottung von internationalen Finanzquellen — als nicht durchsetzbar. In dem kurzfristigen Krisenmanagement spielten → internationale Organisationen, insbesondere der IWF, eine zentrale Rolle. Dem IWF kam die Aufgabe zu, über seine konditionalen Währungskredite die notwendige Anpassung der Wirtschaftspolitik in dem jeweiligen EL zu erzwingen. Zwar war die Höhe der IWF-Kredite meist eher bescheiden, aber sie wirkten als Gütesiegel und Multiplikator, da der Pariser Club und meist auch die privaten Banken Umschuldungen von einem IWF-Kredit und den damit gesetzten Bedingungen abhängig machten. Die Kreditbedingungen des IWF waren höchst umstritten. Während einerseits Kritiker dem IWF vorwarfen, eher zu leichtfertig vorzugehen und die verfahrene Situation zu verschleiern, kritisierten andere zu harsche, rein währungspolitisch orientierte Auflagen mit fatalen Folgen für die mittelfristigen Entwicklungschancen und die soziale Situation der schwächsten Bevölkerungsteile bis hin zur Gefährdung von Demokratisierungsansätzen durch „Hungerrevolten". Unbestreitbar ist, daß der IWF in vielen EL zur bestgehaßten Institution avancierte und häufig von Regierungen der EL als Sündenbock für harte Anpassungsmaßnahmen mißbraucht wurde. Unabhängig von der Berechtigung der Kritik an den IWF-Auflagen im einzelnen besteht sein Grunddilemma darin, daß viele EL den Rückgriff auf private Bankkredite um nahezu jeden Preis u.a. deshalb wählten, um die Prüfung und Auflagen des IWF zu vermeiden. Sie griffen in der Regel erst in verzweifelter Lage auf den IWF zurück, wenn harte Anpassungsmaßnahmen unvermeidlich waren.

In einer zweiten Phase ist mit dem nach dem amerikanischen Finanzminister benannten *Baker-Plan 1985* partiell auf die Kritik reagiert worden, indem der Aspekt des notwendigen Wirtschaftswachstums in den Schuldnerländern und die Zuführung neuer Finanzmittel („fresh money") durch Banken und öffentliche Akteure stärker betont wurden. 15 wichtigen Schuldnerländern — überwiegend in Lateinamerika — sollten unter der Bedingung struktureller Anpassungsprogramme unter der Aufsicht von IWF und Weltbank neue private und öffentliche Finanzmittel zur Bewältigung ihrer Schuldenkrise angeboten werden. Der Plan wurde nur partiell realisiert, insbesondere weil die Banken zur Vergabe neuer Kredite nicht im vorgesehenen Umfang bereit waren. Er erwies sich darüber hinaus aber als Lösungsansatz auch in mehrfacher Hinsicht als zu begrenzt.

In einer dritten Phase etwa ab 1988/89 ist schließlich über Schuldenstreckung und Zuführung neuer Mittel hinaus verstärkt mit einer Schuldenreduzierung durch partiellen Verzicht der Gläubiger experimentiert und damit das Kernproblem angegangen worden. Zudem sind beide Hauptproblemgruppen — die SILIC und SIMIC — einbezogen worden. Beim Wirtschaftsgipfel der sieben wichtigsten westlichen IL 1988 in Toronto wurde der „Menü-Ansatz" für die am wenigsten entwickelten Länder (LDC) beschlossen, d.h. ein partieller Forderungsverzicht der staatlichen Gläubiger, wobei den Schuldnern unterschiedliche Optionen — Zins- oder Schuldenreduzierung — offeriert werden. Eine Reihe wichtiger Gläubigerländer, darunter die Bundesrepublik Deutschland, hat gegenüber den LDC inzwischen ganz auf eine Rückzahlung bilateraler Kredite verzichtet. Der 1989 vom amerikanischen Finanzminister unter Rückgriff auf französische und japanische Vorschläge vorgelegte *Brady-Plan* zielt dagegen auf die SIMIC und fordert von den privaten Banken einen freiwilligen partiellen Forderungsverzicht bei gleichzeitiger verstärkter Sicherung der verbleibenden Schulden und Flankierung durch zusätzliche öffentliche Mittel von internationalen Organisationen sowie verbesserte bankenrechtliche Regelungen für die Abschreibung der Forderungsverzichte in den wichtigsten IL. Inzwischen sind eine Reihe von Abkommen nach diesem Muster abgeschlossen worden. Beim partiellen Forderungsverzicht wird eine ganze Palette von Methoden verwendet (u.a. Rückkauf von auf dem Sekundärmarkt der Banken bereits mit individuellen Risikoabschlägen gehandelten Schulden, Tausch von Krediten gegen Beteiligungen, Tausch von Fremdwährungskrediten gegen Anleihen in Landeswährung). Der *Brady-Plan* zielt auch darauf, Anreize für eine Rückkehr zumindest eines Teils der Fluchtgelder zu schaffen.

4. Perspektiven — Die Bewertung des bisherigen Krisenmanagements fällt ambivalent aus, abhängig von den verwendeten Kriterien. Ein Zusammenbruch des internationalen Bankensystems wurde vermieden und die Zahlungsfähigkeit der meisten Schuldnerländer aufrechterhalten, allerdings um den Preis schmerzhafter Opfer bei der Strukturanpassung und ohne daß die internationale Schuldenkrise als gelöst gelten kann. Charakteristisch sind viele kleine Experimentierschritte und Lerneffekte bei allen Akteuren. Sie haben zu zunehmend breiter und perspektivenreicher angelegten Lösungsansätzen geführt, die inzwischen auch direkte Forderungsverzichte einbeziehen. Die „große" Lösung, z.B. in Form einer generellen Schuldenstreichung ist nicht in Sicht. Aufrufe zu einem kollektiven Schuldnerstreik scheitern an den heterogenen Interessen der Schuldner und der Machtverteilung im internationalen Finanzsystem (drohende finanzpolitische Isolierung). Dennoch gilt, daß wirtschaftlich bedeutende Großschuldner wie Brasilien sich zwar in einer asymmetrischen Machtposition befinden, dennoch über eigenes Druckpotential verfügen. Strittig ist insbesondere, ob die bisherige Lastenverteilung bei der Krisenbekämpfung angemessen, ob nicht eine weitergehende Schuldenstreichung sowohl im Hinblick auf die Krisenursachen als auch die Entwicklungschancen der EL erforderlich ist. Befürworter eines Forderungsverzichtes verweisen häufig auf die deutsche Schuldenregelung im Londoner Schuldenabkommen von 1952 und die Rolle des Bankiers *Abs* als Vermittler. Weitergehende Vorschläge zielen auf eine Art internationales Finanzgericht und die Einführung eines Konkursrechtes auch für Staaten. Ein Problem ist die heterogene Interessenlage auch auf der Gläubigerseite, z.B. die Kontroverse, inwieweit die Banken für ihre fehlerhafte Kreditpolitik voll einzustehen haben oder eine weitgehende Verlagerung auf den Steuerzahler (spezielle Abschreibungen) ermöglicht werden soll. Diskutiert wird auch eine verstärkte Verknüpfung von Schuldenerleichterungen mit Entwicklungsanreizen, z.B. in Form von Gegenwertfonds, bei denen Schuldendienstleistungen eines EL partiell für Entwicklungsprojekte, z.B. Schutz der Ökologie, eingesetzt werden. Unter dem Aspekt der Lastenverteilung ist auch zu berücksichtigen, daß viele EL sich trotz schwieriger Rahmenbedingungen nicht übermäßig verschuldet haben und eine einseitige Orientierung der → Entwicklungshilfe auf hochverschuldete EL zu ihren Lasten ginge.

Literatur

Altvater, Elmar u.a. (Hrsg.): Die Armut der Nationen. Handbuch zur Schuldenkrise von Argentinien bis Zaire, Berlin 1987.

Bohnet, Michael: Umschuldungen öffentlicher und privater Forderungen an Entwicklungsländer, Hamburg 1990.

Holthus, Manfred: Die Auslandsverschuldung der Entwicklungsländer: Fakten, Probleme, Lösungen (BMZ-Materialien 76), Bonn 1987.

Holtz, Uwe (Hrsg.): Verschuldungskrise der Entwicklungsländer. Anhörung im Deutschen Bundestag, Baden-Baden 1988.

Husain, Ishrat / *Diwan*, I. (eds.): Dealing with the Debt Crisis. World Bank, Washington D.C. 1989.

Körner, Peter u.a.: Im Teufelskreis der Verschuldung, Hamburg 1984.

Nowzad, Bahram: Lehren des Schuldenjahrzehnts. Werden wir lernen? in: Finanzierung & Entwicklung 1 / 1990.

Sangmeister, Hartmut: Das Verschuldungsproblem, in: *Nohlen*, Dieter / *Nuscheler*, Franz (Hrsg.): Handbuch der Dritten Welt, Bd. 1: Grundprobleme — Theorien — Strategien, Bonn ³1992.

SEF (Stiftung Entwicklung und Frieden) (Hrsg.): A New Global Financial Order, Bonn 1990.

World Bank: Adjustment Lending: an Evaluation of Ten Years of Experience (Policy and Research Series, 1), Washington D.C. 1988.

World Bank: World Debt Tables, Washington D.C. (jährlich).

Uwe Andersen

Internationale Währungspolitik

1. Aufgaben und Hauptprobleme — Unter internationaler Währungspolitik werden alle Aktivitäten gefaßt, die auf die Gestaltung und Ausfüllung des internationalen Währungssystems gerichtet sind. Das internationale Währungssystem hat eine dienende Funktion gegenüber dem internationalen Handel und dem Kapitalverkehr. Es soll die störungsfreie Abwicklung eines intensiven internationalen Handelns und eines „gewünschten" Kapitalverkehrs und damit eine internationale Arbeitsteilung ermöglichen (→ Internationale Handelspolitik).

Der wirtschaftliche Austausch eines Landes mit dem Ausland schlägt sich in seiner Zahlungsbilanz nieder. Da kein Land auf Dauer in der Lage ist, auf Kosten des Auslandes zu leben, oder umgekehrt bereit ist, das Ausland zu unterhalten, ergibt sich die Frage, wie verhindert werden kann, daß sich Forderungen und Zahlungsverpflichtungen gegenüber dem Ausland stark auseinanderentwickeln oder wie bereits entstandene Zahlungsbilanzungleichgewichte beseitigt werden können. Dieses Problem wird als Anpassungsproblem bezeichnet. Eine Lösungsmöglichkeit besteht in staatlichen Kontrollen des Handels in Form von Import- und / oder Exportgenehmigungen. Eine andere Methode sind staatliche Devisenbeschränkungen. Hier setzt die Kontrolle erst auf der Zahlungsebene an, indem z.B. die für die Bezahlung von Importen benötigten ausländischen Zahlungsmittel — Devisen — nicht auf dem freien Markt erworben werden können, sondern staatlich zugeteilt werden. Ein drohendes Zahlungsbilanzdefizit könnte in einem solchen staatlichen Kontrollsystem z.B. dadurch bekämpft werden, daß entsprechend weniger Importlizenzen erteilt oder weniger Anträge auf Devisenzuteilung genehmigt werden. Handels- und Devisenbeschränkungen gelten aber als ein den internationalen Handelsaustausch hemmendes und deshalb unerwünschtes Ausgleichsinstrument.

Ein weiteres Anpassungsinstrument stellen freie Wechselkurse dar. Der Wechselkurs — der Preis einer Währung, z.B. der DM, ausgedrückt in einer anderen Währung, z.B. dem US-Dollar — bildet sich dabei als Schnittpunkt von Angebot und Nachfrage wie bei anderen Waren frei von staatlichen Eingriffen auf dem Devisenmarkt. Zahlungsbilanzungleichgewichte werden bei einem System freier Wechselkurse dadurch verhindert, daß Differenzen zwischen Angebot und Nachfrage nach einer Währung durch Änderungen des Preises dieser Währung — Wechselkurs — aufgefangen werden.

Geht man davon aus, daß es zumindest kurzfristig zu Zahlungsbilanzungleichgewichten kommt, die nicht — wie im Modell völlig freier Wechselkurse — sofort durch Veränderungen der Wechselkurse aufgefangen werden, so ergibt sich die Frage, wie die Ungleichgewichte finanziert werden sollen. Damit taucht das Problem der *internationalen Liquidität*, von international verwendbaren Zahlungsmitteln, auf. Es hat eine qualitative und eine quantitative Seite. Qualitativ handelt es sich um die Art der internationalen Zahlungsmittel, der Liquiditätsmittel. Die Finanzierung von Zahlungsbilanzungleichgewichten soll den Anpassungsprozeß erleichtern, nicht aber verhindern. Die internationale Liquiditätsmenge soll möglichst nicht zu klein sein, damit z.B. Länder mit Defiziten nicht zu extremen, umgehend wirksamen Anpassungsmaßnahmen, wie Handels- und Devisenbeschränkungen, gezwungen werden. Andererseits soll sie auch nicht zu groß sein, damit solche Länder nicht zu einer laxen Währungsmoral verleitet werden und notwendige Anpassungsmaßnahmen unterlassen. Eine zu kleine oder zu große Menge an internationaler Liquidität birgt die Gefahr einer internationalen Deflation oder Inflation, ohne daß die „richtige" Liquiditätsmenge etwa nach einer schlichten Formel errechnet werden könnte.

Das Ausmaß von Ungleichgewichten und die benötigte Art und Menge internationaler Liquidität hängen weiterhin vom *Vertrauen* in das internationale Währungssystem ab, da dieser Faktor das Verhalten der privaten und öffentlichen Akteure erheblich beeinflußt. Jedes funktionsfähige internationale Währungssystem muß die interdependenten Probleme *Anpassung, Liquidität* und *Vertrauen* lösen.

2. Historische Entwicklung und das System von Bretton Woods — Das erste internationale Währungssystem, das diesen Namen verdient, war der Internationale Goldstandard. Er bildete sich in einem langen Zeitraum auf der Basis nationaler Entscheidungen ohne internationale Vereinbarung heraus und hatte seine Blütezeit in den 40 Jahren vor dem 1. Weltkrieg.

Bedingung für das modellgerechte Funktionieren des internationalen Goldstandards ist die Beschränkung der nationalen Handlungsfreiheit durch die Einhaltung der Spielregeln, die das Problem der Konkurrenz verschiedener wirtschaftspolitischer Ziele, z.B. Preisstabilität. Vollbeschäftigung, außenwirtschaftliches Gleichgewicht, lösen, indem sie dem außenwirtschaftlichen Gleichgewicht eindeutig Priorität einräumen.

Aber bereits vor dem 1. Weltkrieg entsprach die Realität nicht voll dem Modell. In der Zwischenkriegszeit mündete der Versuch, zum Goldstandard zurückzukehren, aus verschiedenen Gründen in eine Krisenperiode. Wichtige Faktoren waren durch Inflation und politische Krisen bedingte Kapitalströme — „heiße Gelder" — ganz neuen Ausmaßes, der Bedeutungsverlust Londons als faktischem Systemzentrum und die fehlende Bereitschaft zur Einhaltung der Spielregeln. Letzterer war wiederum mitbedingt durch innenpolitische Machtverschiebungen, insbesondere eine stärkere Stellung der Arbeiterschaft, die dazu führte, daß das Ziel außenwirtschaftlicher Stabilität seinen Vorrang, z.B. gegenüber dem Vollbeschäftigungsziel, verlor. Der Versuch, ungeachtet wichtiger Veränderungen nach dem 1. Weltkrieg zum Goldstandard zurückzukehren, scheiterte. In der Währungspolitik dominierten nationale Gesichtspunkte völlig, und das Schwinden internatio-

naler Solidarität war ein wichtiger Faktor für die Weltwirtschaftskrise. In der
sogenannten beggar-my-neighbour-policy wurden Wechselkursmanipulationen zur währungspolitischen Waffe, um die eigenen Exportchancen und damit die heimische Beschäftigungslage auf Kosten anderer Staaten zu verbessern. Eine solche von mehreren Staaten verfolgte Strategie führte nur zu einer für alle Beteiligten schädlichen Spirale schrumpfenden Welthandels und
nahezu anarchischen Währungsbeziehungen in den 30er Jahren.

Vor dem Hintergrund dieser negativen Erfahrungen kam es während des
Zweiten Weltkrieges zu intensiven Verhandlungen insbesondere zwischen
Großbritannien *(Keynes-Plan)* und den USA *(White-Plan)* über ein neues internationales Währungssystem, die mit der Konferenz von Bretton Woods
(USA) 1944 erfolgreich abgeschlossen wurden. Als institutionelles Zentrum
des neuen Systems wurde der Internationale Währungsfonds (IWF) gegründet, auf den einige bisher exklusiv nationale Entscheidungsrechte übertragen wurden. Um eine aggressive Wechselkurspolitik wie in den 30er Jahren
für die Zukunft auszuschließen, wurden im Rahmen grundsätzlich fester
Wechselkurse Wechselkursänderungen über eine gewisse Marge hinaus von
der Genehmigung des IWF abhängig gemacht. Die beschränkten Kontroll-
rechte des IWF, die sich im wesentlichen auf die Wechselkurse und Devisenbeschränkungen ausnahmen, wurden ergänzt durch ein wichtiges Anreizmit-
tel. Der IWF hat die Möglichkeit, zur Erleichterung des Anpassungsprozesses
bei Zahlungsbilanzproblemen kurz- bis mittelfristige Währungskredite zu
gewähren. Dabei wurde gegen anfänglichen Widerstand von den USA durchgesetzt, daß es sich um konditionale Kredite handelt, die dem IWF über die
Bedingungen indirekt Einfluß auf die Binnenwirtschaftspolitik des Kredit-
nehmers ermöglichen.

Die Struktur des IWF wird wesentlich durch die Quoten der Mitgliedsländer
bestimmt. Die Höhe des ursprünglich teils ins Gold, teils in nationaler Währung zu leistenden Beitrages, die Kreditmöglichkeiten — technisch als Ziehungen bezeichnet — und das Stimmrecht innerhalb des IWF sind an die
Quote eines Landes gebunden. Mit der Quote wird versucht, das währungspolitische Gewicht eines Landes zu messen. Da es ,,objektive``, sachlich
zwingende Gewichtungskriterien angesichts der unterschiedlichen Funktionen der Quote nicht gibt, versuchte jedes Land, in Bretton-Woods Kriterien
durchzusetzen, die das eigene Gewicht verstärkten. Die Quoten wurden
schließlich anhand einer in den offiziellen Konferenzdokumenten nicht genannten, höchst komplizierten Formel festgelegt, in die das Volkseinkom-
men, Reserven an Gold und konvertiblen Devisen, Größe und Schwankun-
gen des Außenhandels sowie die Exportabhängigkeit eingingen. Die technische Einkleidung der berühmten Bretton-Woods-Formel kann allerdings
nicht darüber hinwegtäuschen, daß diese dazu diente, einer vorher ausge-
handelten, politisch akzeptablen Rangfolge den Schein wissenschaftlicher
Objektivität zu verleihen. Das in Bretton Woods kreierte gewichtete Stimm-

recht war für die vom Souveränitätsdenken der one-state-one-vote-Doktrin bestimmte internationale Szenerie eine weitreichende Neuerung. Damit wurde es möglich, die juristische Fiktion von der Gleichheit aller Staaten zu überwinden und das unterschiedliche Gewicht von Staaten in internationalen Institutionen auch formal zu berücksichtigen. In Bretton Woods wurde dem Prinzip der Staatengleichheit noch ein gewisser Tribut gezollt, indem jedem Mitglied ein gleicher Sockelbetrag von 250 Stimmen zugeteilt wurde. Mit den späteren Quotenerhöhungen ist aber der Anteil der Sockelstimmen an der Gesamtstimmenanzahl ständig zurückgegangen (1992 knapp 3 %).

Die in Bretton Woods geschaffene Organisationsstruktur des IWF, wie auch des Bretton-Woods-Zwillings → Weltbank, wird von drei Gremien geprägt. Zuständig für grundsätzliche Entscheidungen ist die Gouverneursversammlung, in die jedes Mitgliedsland einen Gouverneur, meist den Finanzminister oder Notenbankpräsidenten, entsendet (später ergänzt durch ein bisher nur beratendes Gouverneurskomitee, das „Interimskomitee"). Die Gouverneure tagen meist einmal jährlich in Form der gemeinsamen Jahresversammlungen von IWF und Weltbank, die zu einem Treffpunkt der staatlichen Finanzelite der Welt geworden sind. Die konkreten Direktiven für die Geschäftstätigkeit des IWF kommen vom Exekutivdirektorium, dessen Mitgliederzahl von ursprünglich 12 auf 24 (1992) angewachsen ist. Die fünf quotenstärksten Mitglieder (nach der Ende 1992 in Kraft getretenen neunten Anpassung in Prozent der Quotensumme USA 18,2 — 1944 31,3 —, Japan und Deutschland jeweils 5,6 sowie Großbritannien und Frankreich jeweils 5,1 — 1944 148,8 bzw. 5,1) haben das Recht, einen Exekutivdirektor zu entsenden. Die restlichen Länder werden primär unter Berücksichtigung regionaler Zugehörigkeit in Gruppen aufgeteilt, die jeweils einen Exekutivdirektor wählen (1992 bestanden drei „Gruppen" jeweils nur aus einem Land: Saudi-Arabien, Rußland, China). Die eigentliche internationale Komponente verkörpert der Stab des IWF, an dessen Spitze der geschäftsführende Direktor steht (bisher immer ein Europäer, Stellvertreter dagegen ein US-Amerikaner). Trotz Beteiligung an den Verhandlungen blieben die Sowjetunion und ihre osteuropäischen Verbündeten dem IWF bis in die 80er Jahre fern, was den westlichen Einfluß verstärkte und dazu führte, daß der → Ost-West-Konflikt im IWF weitgehend ausgeprägt blieb.

Die in Bretton Woods als Normalzustand angestrebte freie Austauschbarkeit der Währungen trat aber erst nach einer langen Übergangsperiode Ende der 50er Jahre ein, als zumindest die wichtigsten europäischen Handelsmächte zur Konvertibilität übergingen und damit auf Devisenbeschränkungen verzichteten. Verbunden damit war aber auch eine größere Handlungsfreiheit für private Akteure, die an die Steuerfähigkeit des Systems höhere Ansprüche stellte, zumal auch zunehmend auf die im Bretton-Woods-Abkommen ausdrücklich gebilligte Kontrolle des Kapitalverkehrs verzichtet wurde.

Auch der IWF wurde erst Mitte der 50er Jahre mit dem Einsatz seiner Kreditmöglichkeiten — 1956 massive Stützung des britischen Pfund nach der Suez-Krise — zu einem beachteten Akteur.

Ende der 50er Jahre zeichnete sich die Liquiditätsfrage als Krisenherd ab. Das traditionelle Reservemedium Gold, dessen supranationaler Charakter von Goldanhängern betont wurde, reichte bei einem Preis von 35 US-Dollar pro Unze für die Liquiditätsversorgung nicht aus. Die internationale Liquiditätsmenge war in der Nachkriegszeit primär mit Hilfe der Reservewährungen — US-Dollar und britisches Pfund Sterling — ausgeweitet worden, wobei auf den Dollar der Hauptanteil entfiel. Reservewährungen sind dadurch gekennzeichnet, daß sie neben ihrer nationalen Funktion auch als internationales Liquiditätsmedium genutzt werden, indem andere Länder sie als Währungsreserve verwenden. Wichtige Faktoren für die Sonderrolle des Dollars, die sich in der Charakterisierung des Währungssystems als Gold-Dollar-Standard niederschlug, waren: der Gebrauch des Dollars als internationale Handels- und Interventionswährung; der entwickelte Kapitalmarkt und das Produktionspotential der USA; die Verzinsung der Dollarbestände und die riesigen amerikanischen Goldreserven in Verbindung mit dem Versprechen, Dollarguthaben ausländischer offizieller Stellen auf Wunsch jederzeit in Gold zu tauschen. Die Entwicklung des US-Dollars zur wichtigsten Reservewährung vollzog sich in dieser Phase ohne amerikanischen Druck allein aufgrund autonomer Entscheidungen der einzelnen Notenbanken über die Zusammensetzung ihrer Währungsreserven. Das Privileg des Reservewährungslandes ermöglichte den USA aber, ihre Zahlungsbilanzdefizite mit der eigenen Währung zu finanzieren, allerdings nicht unbegrenzt. Wenn Dollarguthaben letztlich als Goldansprüche verstanden werden, besteht die Gefahr, daß spätestens dann, wenn die ausländischen Dollarguthaben wertmäßig die amerikanischen Goldreserven übersteigen und das Einlösungsversprechen damit irreal wird, die Notenbanken ihre Dollarreserven schleunigst zum Goldumtausch präsentieren und damit eine Existenzkrise des Gold-Dollar-Standards auslösen.

Die Gefahr einer Vertrauenskrise in den Dollar war bei den staatlichen Akteuren bereits Ende der 50er Jahre gegeben, und mangelndes privates Vertrauen in Pfund und Dollar offenbarten die Spekulationskrisen Anfang der 60er Jahre. Die USA versuchten daraufhin, die Lasten von Rüstung und Entwicklungshilfen teilweise auf die erstarkten Verbündeten zu verlagern und die Reservepolitik anderer Länder zu beeinflussen, um einen Umtausch von Dollars in Gold und damit weitere amerikanische Goldverluste zu verhindern. Die Bereitschaft zur währungspolitischen Hilfestellung für die USA war eindeutig abhängig von der politischen Bindung an die USA, wobei die Bundesrepublik und Frankreich die beiden Pole markierten. Die währungspolitische Gewichtsverlagerung zugunsten vor allem der Kontinentaleuropäer zeigte sich 1962, als der IWF eine Allgemeine Kreditvereinbarung

(AKV) mit 10 seiner Mitglieder — neben den fünf quotenstärksten Kanada, Italien, die Niederlande, Belgien, Schweden sowie später die Schweiz — abschloß, die sich im Fall einer Gefährdung des internationalen Währungssystems bereit erklärten, dem IWF bis zu 6 Mrd. US-Dollar (inzwischen 17 Mrd. Sonderziehungsrechte — SZR —) verfügbar zu machen. Dabei erhielten die EWG-Mitglieder über die gesonderte Stimmrechtsregelung ein Vetorecht. Der Zehnerclub entwickelte sich schnell zu einem währungspolitischen Koordinierungsgremium der wichtigsten westlichen Industrieländer (IL) und stieß daher auf Mißtrauen insbesondere der Entwicklungsländer (EL).

3. Reformverhandlungen — 1963 begann die erste Verhandlungsrunde über eine Fundamentalreform des internationalen Währungssystems. Bei der Diagnose der Hauptschwächen und entsprechend auch bei der Therapie gab es, mitbedingt durch die differenzierenden Interessenpositionen, erhebliche Unterschiede. Während die Reservewährungs- und die Entwicklungsländer — überwiegend Länder mit Zahlungsbilanzdefiziten — das Hauptproblem in der Liquiditätsfrage sahen, legten die Kontinentaleuropäer — überwiegend Überschußländer — größten Wert auf eine Verbesserung des Anpassungsprozesses. Ein positives Ergebnis gab es am Ende der Verhandlungen 1968 aber nur im Liquiditätsbereich, wo mit den Sonderziehungsrechten (SZR) auf Sonderkonten im IWF de facto ein neues stoffwertloses Weltgeld geschaffen und die Methode nationaler Liquiditätsschöpfung damit ansatzweise auf das internationale System übertragen wurde.

Das Vertrauen in das neue „Geld aus der Retorte" wurde dadurch gesichert, daß jeder Teilnehmer an der SZR-Vereinbarung sich verpflichtete, bis zum Zweifachen des ihm zugeteilten Betrages SZR zu akzeptieren und dafür eigene Währung verfügbar zu machen. Der Wert der SZR richtet sich inzwischen nach einem Währungskorb, in dem die international wichtigsten Währungen — der „Fünfergruppe" USA, Japan, Bundesrepublik Deutschland, Großbritannien, Frankreich —, gewichtet nach Bedeutung, vertreten sind. Entscheidungen über die Schaffung von SZR erfordern eine Stimmenmehrheit von 85 % der Teilnehmer, so daß die EWG-Staaten das von ihnen geforderte Vetorecht erhielten. Die Verteilung erfolgt anhand der Quoten.

Eine Reihe schwerer Währungskrisen während und nach den Reformverhandlungen machte aber deutlich, daß das internationale Währungssystem keineswegs stabilisiert war. Nachdem die britische Reservewährung 1967 zur Abwertung gezwungen worden war, folgte 1971 der Sturz des Dollars (Aufhebung des Goldeinlösungsversprechens). 1973 brach das Bretton-Woods-System mit seinen festen Wechselkursen endgültig zusammen. Nachdem vorher bereits einzelne Länder, darunter die Bundesrepublik, mit flexiblen Wechselkursen experimentiert hatten, wurde nunmehr erstmals ein Blockfloating der → EG versucht, d.h. nach außen, insbesondere dem

Dollar gegenüber, wurden die Wechselkurse freigegeben, zwischen den Beteiligten blieb es dagegen bei festen Wechselkursen. Die seit 1972 laufenden neuen Verhandlungen über eine Fundamentalreform des internationalen Währungssystems wurden unter dem Krisendruck beschleunigt. Als roter Faden durchzog die Verhandlungen die Forderung nach mehr Symmetrie im Sinne einer gleichmäßigeren Lastenverteilung vor allem zwischen Reservewährungsländern und übrigen Ländern sowie zwischen Defizit- und Überschußländern. Anfang 1974 wurde der Versuch einer Fundamentalreform aufgegeben, nach offizieller Interpretation zugunsten einer evolutionären Stückwerksreform. Dieser bedeutsame Methodenwechsel wurde mit der weltwirtschaftlichen Krisensituation, insbesondere der Ölpreisexplosion, und der weltweiten Inflation begründet, ist aber primär auf die fehlende Bereitschaft zum währungspolitischen Kompromiß, insbesondere zu mehr Verzicht auf nationale Handlungsfreiheit zurückzuführen.

Anfang 1976 wurde auf Jamaika eine bescheidene Teilreform des internationalen Währungssystems verabschiedet, im wesentlichen eine Anpassung an und die Legalisierung von bereits eingetretenen Veränderungen. Da diese Teilreform aber nicht in der Lage war, das System längerfristig zu stabilisieren, tauchte Anfang der 80er Jahre verstärkt die Forderung nach einer neuen Bretton-Woods-Konferenz auf. In diesem Zusammenhang eingeleitete Analysen der Funktionsfähigkeit des internationalen Währungssystems innerhalb des Zehnerklubs und der Gruppe der 24 als Interessenvertretung der Entwicklungsländer wurden 1985 abgeschlossen. Die beiden Berichte machen deutlich, daß der erforderliche Konsens für gewichtige Veränderungen fehlt und die auch von den Industrieländern ausdrücklich anerkannten Systemschwächen daher weiter auf dem Wege der Stückwerksreform mit Hilfe erweiterter Kooperation und einer Stärkung des IWF bekämpft werden sollen.

4. Diskussionsstand und Perspektiven — Für die Hauptprobleme ergeben sich die folgenden Erfahrungen und Perspektiven: Zur Verbesserung des Anpassungsprozesses war 1976 auf Jamaika unter dem Druck der Umstände auf das Instrument flexibler Wechselkurse gesetzt worden. Die Erfahrungen der Nachkriegszeit hatten gezeigt, daß der bei festen Wechselkursen vorausgesetzte hohe Integrationsgrad — bei freiem Handel ist der Anpassungsprozeß auf die Harmonisierung der Wirtschaftspolitiken angewiesen — zumindest auf der globalen Ebene vorerst nicht zu erreichen war. Der in der IWF-Verfassungsreform festgeschriebene Wechselkurskompromiß sieht daher eine weitgehende Handlungsfreiheit für die einzelnen Länder vor, wobei aber die IWF-Aufsicht verhindern soll, daß die Wechselkurspolitik von Mitgliedern als Kampfinstrument zu Lasten anderer Mitglieder mißbraucht wird. Die Erfahrungen mit flexiblen Wechselkursen über ein Jahrzehnt haben euphorische Erwartungen gedämpft. So ist es einerseits zu heftigen

Kursausschlägen gekommen, und andererseits ist der Handlungsspielraum nationaler Wirtschaftspolitik angesichts weltweiter ökonomischer Interdependenz und insbesondere extrem gewachsener Integration der Finanzmärkte beschränkt geblieben. Dennoch besteht global zu flexiblen Wechselkursen keine realistische Alternative, und auch der Kompromißvorschlag von Zielzonen für die Wechselkurse der wichtigsten Währungen hat sich bisher nicht durchgesetzt. Experimentiert wird dagegen mit einer verbesserten Abstimmung der Wirtschaftspolitiken der Schlüsselländer (insbesondere im Rahmen der Weltwirtschaftsgipfel) und ergänzend mit konzertierten Devisenmarktoperationen, um die Kursentwicklung zwischen den wichtigsten Währungen zu stabilisieren.

Auch das Liquiditätsproblem ist qualitativ und quantitativ ungelöst. Die Liquiditätsexplosion in den 70er Jahren hat wesentlich zur laxen Währungsmoral und der daraus resultierenden weltweiten Inflation beigetragen. Bei völlig freien, dem Markt überlassenen Wechselkursen bestünde kein Bedarf an Währungsreserven der Zentralbanken. Der Übergang zu flexiblen Wechselkursen hat aber nicht zu einer grundlegend veränderten Reservepolitik der Zentralbanken geführt. Hinsichtlich der Liquiditätsmedien wurde auf Jamaika der offizielle Goldpreis formell aufgehoben und beschlossen, die Rolle des Goldes im Währungssystem zu reduzieren. Zugleich wurde festgelegt, die SZR zukünftig zum zentralen Liquiditätsmedium zu entwickeln. In der Folgezeit ist der Liquiditätsbedarf aber in wachsendem Maße über die privaten internationalen Finanzmärkte gedeckt worden, womit die Bedeutung der Kreditwürdigkeit eines Landes noch gewachsen ist.

Bei den Devisenreserven hat der US-Dollar seine Rolle als führende Reservewährung behauptet, allerdings sind andere Währungen, insbesondere D-Mark — „Reservewährungen wider Willen" — und japanischer Yen, zunehmend als Reservewährung genutzt worden. Im Vergleich zu den Devisenreserven sind die SZR — bisherige Ausgabe 1970 - 72 9,3 Mrd., 1979 - 81 12,1 Mrd. — quantitativ unbedeutend (1992 nur 2 % der Weltwährungsreserven). Eine bewußte Liquiditätskontrolle, als deren zentrales Instrument die SZR vorgesehen waren, ist nicht in Sicht. Die Fragen des Liquiditätsbedarfes, des Stellenwertes der SZR auch im Verhältnis zum Medium konditionaler IWF-Kredite (Ende 1992 Erhöhung der Quotensumme auf 145 Mrd. SZR = 201 Mrd. US-Dollar) und damit verbunden der Zuteilungspolitik für SZR einschließlich der Koppelung mit → Entwicklungshilfe sind weiterhin umstritten.

Die Bedeutung des Vertrauensproblems hat angesichts des wachsenden privaten wirtschaftlichen Integrationsvorsprungs eher noch zugenommen. Einzelstaatliche Versuche, Vertrauen zumindest partiell durch Kontrolle zu ersetzen, z.B. im Bereich des Kapitalverkehrs, haben sich vor dem Hintergrund expandierender supranationaler Finanzmärkte als wenig wirksam erwiesen. Der Euromarkt etwa ist wegen der enormen Größe und Reagibilität der dort angelegten Mittel und des daraus resultierenden Störpotentials als „monetäre Nebenregierung" bezeichnet worden. Anders als die nationalen Finanzmärkte unterliegt der Euromarkt auch keiner Kontrolle und Stützung durch eine Zentralbank, obwohl die wichtigsten Zentralbanken inzwischen ansatzweise versuchen, gemeinsam eine solche Funktion zu übernehmen. Die privaten Finanzmärkte haben sich als leistungsfähige Finanzierungsquelle auch für staatliche Liquiditätsbedürfnisse erwiesen.

Allerdings hat die → Internationale Verschuldungskrise auch die damit verbundenen Risiken verdeutlicht. Auch auf der Ebene der staatlichen Reservepolitik gibt es bisher keine wirksamen Verhaltenskodex, so daß es zu Wechseln zwischen den verschiedenen Reservewährungen und Anlagen der Reserven an den supranationalen Finanzmärkten entsprechend der Interpretation nationaler Interessen gekommen ist.

Das zentrale Problem ist die weiterbestehende krisenträchtige Diskrepanz zwischen dem Steuerungsbedarf und der Steuerungsfähigkeit des Internationalen Währungssystems. Damit verbunden ist die Frage, inwieweit der IWF seine anvisierte Rolle als Steuerzentrum wahrnehmen kann. Mit der Aufnahme der früheren Kriegsgegner Bundesrepublik Deutschland und Japan, dann der früheren Kolonien im Rahmen der → Entkolonialisierung und schließlich der früheren Ostblockstaaten hat der IWF seine Mitgliedschaft ständig erweitert und ist 1992 mit 173 Mitgliedern erstmals zu einer weltumspannenden Organisation geworden. Mit dem Zusammenbruch des Rates für gegenseitige Wirtschaftshilfe ist auch der Versuch eines eigenständigen Währungssystems des Ostblocks mit einem allerdings sehr niedrigen Integrationsgrad untergegangen. IWF-intern ermöglichen die regelmäßigen Quotenüberprüfungen die Anpassung an währungspolitische Gewichtsverschiebungen zwischen den Mitgliedern, wobei sich gezeigt hat, daß „Aufstiege" — Beispiel Saudi Arabien — leichter durchsetzbar sind als „Abstiege" — Beispiel Großbritannien. Ungeachtet der Forderung v.a. der EL nach „Demokratisierung" des IWF ist die Dominanz der führenden westlichen IL erhalten geblieben. Ohne eine solche Widerspiegelung der realen währungspolitischen Machtverteilung im IWF wäre die Versuchung, wichtige Entscheidungen in Clubs der Schlüsselländer zu verlagern, allerdings wohl noch stärker gewesen.

Der IWF hat auf seine heterogenen Mitgliederinteressen mit einer flexiblen Ausdifferenzierung seiner Funktionen reagiert (Beratung, Expertenhilfe, eine Reihe spezieller Kreditfazilitäten für EL, 1993 neue Fazilität zur Erleichterung der Systemtransformation insbesondere für die neuen Mitglieder des früheren Ostblocks). Dennoch ist ein zentraler Streitpunkt, ob der IWF eine zu rigide Anpassungspolitik betrieben, insbesondere mit seinen Kreditauflagen für die binnenwirtschaftliche Strukturanpassung den EL unzumutbare, Entwicklungsfortschritte verhindernde Maßnahmen aufgezwungen hat. Insbesondere in der Internationalen Verschuldungskrise hat der IWF als umstrittener Krisenmanager agiert, wobei seine konditionalen Kredite als Gütesiegel und Multiplikator für Kredite anderer öffentlicher und privater Akteure wirkten. Viele Forderungen der EL zielen darauf, den IWF stärker als Instrument der → Entwicklungspolitik einzusetzen, und vor diesem Hintergrund ist auch vorgeschlagen worden, IWF und Weltbank zu vereinigen. Gerade die westlichen IL betonen demgegenüber die spezifischen Währungsfunktionen des IWF und haben bei Anerkennung des Ziels einer intensivierten Kooperation von IWF und Weltbank in Überschneidungsbereichen — beide zusammen unterhalten z.b. ein Entwicklungskomitee auf Ministerebene — die funktionale und organisatorische Trennung verteidigt.

Nicht zu übersehen ist die Asymmetrie in den Einflußchancen des IWF. Zwar sind die Konsultationen des IWF mit seinen Mitgliedern nach dem Übergang zu flexiblen Wechselkursen noch intensiviert worden, aber seine Einflußmöglichkeiten sind auf „moral persuasion" beschränkt, sofern Mitglieder nicht auf konditionale IWF-Kredite zurückgreifen.

Eine mögliche Entlastung des IWF als Steuerzentrum könne von regional begrenzten Währungsorganisationen ausgehen. Der bei weitem ambitionierteste Versuch ist das EG-Projekt einer Weiterentwicklung des Europäischen Währungssystems (EWS) zu einer stufenweise Wirtschafts- und Währungsunion (WWU) mit einer einheitlichen Währung und einer — intern föderal strukturierten — Europäischen Zentralbank frühestens ab 1997. Unabhängig von den Realisierungschancen des umstrittenen Projekts — welche Staaten werden die festgelegten wirtschafts- und finanzpolitischen Zulassungskriterien erfüllen? — untermauert es, wie auch die Erfahrungen mit der deutschen Vereinigung, die enge funktionale und zeitliche Verknüpfung von währungspolitischen, wirtschaftspolitischen und allgemeinpolitischen Integrationsfortschritten. Global gesehen könnte ein stärker föderalistisch ausgerichtetes Währungssystem mit regionalen Organisationen als Mittelinstanzen einen insgesamt höheren Integrationsgrad erlauben, da es eine bessere Nutzung der unterschiedlichen Integrationsbereitschaft auf der globalen und regionalen Ebene ermöglichen würde. Zu berücksichtigen wären allerdings die Risiken zentrifugaler Tendenzen, insbesondere bei einem schwachen Zentrum verstärkte interregionale Währungskonflikte, z.B. zwischen den Währungspolen USA, EG und Japan.

Literatur

Andersen, Uwe: Das internationale Währungssystem zwischen nationaler Souveränität und supranationaler Integration, Berlin 1977.

Cohen, Benjamin J.: Organizing the World's Money: The Political Economy of International Monetary Relations. New York 1977.

Deputies of the Group of Ten: The Functioning of the International Monetary System, in: IMF Survey, July 1985.

Deputies of the Intergouvernmental Group of 24 on International Monetary
    Affairs: The Functioning and Improvement of the International Mone-
    tary System, in: IMF Survey, September 1985.
Gardner, Richard N.: Sterling-Dollar Diplomacy in Current Perspective.
    The Origins and the Prospects of Our International Economic Order,
    new, expanded ed., New York ²1980.
Horsefield, J. Keith (ed.): The International Monetary Fund 1945 - 1965, 3
    Vols., Washington D.C. 1969.
International Monetary Fund: Summary Proceedings, Washington D.C.
Internationaler Währungsfonds: Jahresberichte, Washington D.C.
Ishiyama, Yashihide: International Monetary Reform in the 1990s: Issues
    and Prospects, Hamburg 1990.
Machlup, Fritz / *Malkiel*, Burton G. (eds.): International Monetary Arrange-
    ments: The Problem of Choice. Report on the Deliberations of an Inter-
    national Study Group of 32 Economists, Princeton 1964.
Tetzlaff, Rainer: Weltbank und Währungsfonds als umstrittene „Krisenma-
    nager" in den Nord-Süd-Beziehungen, in: Aus Politik und Zeitge-
    schichte, B 33 - 34 / 1988.
De Vries, Margret G.: The International Monetary Fund 1966 - 1971: The Sy-
    stem under Stress, 2 Vols., Washington D.C. 1977.
De Vries, Margret G.: The International Monetary Fund, 1972 - 78, Coopera-
    tion on Trial, 3 Vols., Washington D.C. 1985.

Uwe Andersen

Intervention

1. Begriff — Intervention (I.) bedeutet die Einmischung von Staaten bzw. →
internationalen Organisationen in Angelegenheiten, die der alleinigen Kompetenz eines Nationalstaates unterliegen. Der Begriff datiert aus der Zeit der
Ausformung des Nationalstaatensystems im 19. Jahrhundert und ist in engem
Zusammenhang mit der → Souveränität zu sehen. I. im völkerrechtlichen
Sinn ist zu unterscheiden von I. als politischer Erscheinungsform, die in der
internationalen Politik, wenn auch nicht die Regel darstellt, so doch mehrfach praktiziert wird. So hat es nach dem Zweiten Weltkrieg des öfteren Verletzungen der Gebietshoheit gegeben, z.B. in Grenzstreitigkeiten zwischen
der Volksrepublik China und Indien, Kambodscha und Thailand, UdSSR
und VR China. Auch sind Personen aus fremdem Staatsgebiet entführt worden wie z.B. der hohe nationalsozialistische Funktionär Adolf *Eichmann*
1960 durch den israelischen Geheimdienst aus Argentinien oder der französi-

sche Oberst *Argoud* durch den französischen Geheimdienst aus der Bundesrepublik Deutschland 1963. Der Begriff der I. ist im → Völkerrecht umstritten, da aufgrund der nichtexistierenden einheitlichen Auslegung des Völkerrechts keine zufriedenstellende, allgemeingültige Definition anerkannt wird.

2. Zwischenstaatliches Interventionsverbot — Art. 2.4 der UN-Charta lautet: „Alle Mitglieder enthalten sich in ihren internationalen Beziehungen der Drohung mit Gewalt oder der Gewaltanwendung, die gegen die territoriale Unversehrtheit oder die politische Unabhängigkeit irgendeines Staates gerichtet ist". Abstrakt gesehen handelt es sich bei einer I. um die Einmischung von Staaten in innere Angelegenheiten eines oder mehrerer anderer Staaten unter Anwendung oder Androhung von Gewalt. Ein Staat, der Opfer einer völkerrechtswidrigen I. geworden ist, hat das Recht, mit allen ihm zur Verfügung stehenden Mitteln gegen den oder die Intervenienten vorzugehen und ihn bzw. sie für alle Folgen der I. verantwortlich zu machen. Zwischen offenen bewaffneten I. mit dem Einsatz von Streitkräften und verdeckten I., die durch Finanzierung oder Förderung von politischen Gruppen erfolgen können, ist zu unterscheiden. Auch die I. internationaler Organisationen ist grundsätzlich völkerrechtswidrig, denn in Art. 2,7 der Charta der UN wird dieses Interventionsverbot niedergelegt. Diese Bestimmung der Charta wurde in der Generalversammlung der UN fortentwickelt und in der „Declaration of Principles of International Law concerning Friendly Relations and Cooperation among States in accordance with the Charter of the United Nations" als Annex zur Resolution 2 625 (XXV) am 24. 10. 1970 angenommen. Bezüglich der Nichteinmischung heißt es dort: „Kein Staat und keine Staatengruppe hat das Recht, sich aus irgendeinem Grund unmittelbar oder mittelbar in die inneren und äußeren Angelegenheiten eines anderen Staates einzumischen. Folglich sind bewaffnete Interventionen und alle anderen Formen von Einmischung oder Drohversuchen gegen die Rechtspersönlichkeit eines Staates oder gegen seine politischen, wirtschaftlichen und kulturellen Bestandteile völkerrechtswidrig.
Kein anderer Staat darf wirtschaftliche, politische oder irgendwelche anderen Maßnahmen anwenden oder zu deren Anwendung ermutigen, um gegen einen anderen Staat Zwang in der Absicht anzuwenden, von ihm einen Verzicht auf die Ausübung souveräner Rechte zu erreichen oder von ihm Vorteile irgendwelcher Art zu erlangen, desgleichen darf kein Staat subversive, terroristische oder bewaffnete Aktivitäten organisieren, unterstützen, schüren, finanzieren, anreizen oder dulden, die auf den gewaltsamen Sturz des Regimes eines anderen Staates gerichtet sind, oder in bürgerkriegsartige Kämpfe in einem anderen Staat eingreifen. Die Gewaltanwendung mit dem Ziel, Völker ihrer nationalen Identität zu berauben, ist ein Verstoß gegen ihre unveräußerlichen Rechte und den Grundsatz der Nichteinmischung.

Jeder Staat hat ein unveräußerliches Recht, sein politisches, wirtschaftliches, soziales und kulturelles System ohne irgendeine Form der Einmischung von Seiten eines anderen Staates zu wählen. Die vorstehenden Absätze dürfen nicht so ausgelegt werden, als beeinträchtigen sie die einschlägigen Bestimmungen der Charta, die sich auf die Wahrung des Weltfriedens und der → internationalen Sicherheit beziehen".

3. Zulässige Interventionen — Kap. VII der Satzung der UN mit der Überschrift „Maßnahmen bei Bedrohungen des Friedens, bei Friedensbrüchen oder Angriffshandlungen" erlaubt I. unter besonderen Bedingungen. Trotz des allgemeinen grundsätzlichen Interventionsverbots werden I. mit der Verteidigung des Friedens, der Wahrung der Herrschaft des Rechts sowie der Erhaltung der Unabhängigkeit anderer Staaten begründet. Stellt der Sicherheitsrat der UN eine Bedrohung des Friedens, einen Friedensbruch oder eine Angriffshandlung fest, kann er Maßnahmen zur Aufrechterhaltung oder Wiederherstellung des Weltfriedens und der → internationalen Sicherheit beschließen. Die die Souveränität eines Staates am weitestgehend beeinträchtigenden Maßnahmen sind militärische Aktionen bis hin zu einem regelrechten → Krieg gegen den Friedensbrecher bzw. den Friedensbedroher. Die I. wird dann mit dem Anspruch auf allgemeine schutzwürdige Interessen — nämlich Sicherheit und Frieden — als Kollektivintervention mehrerer von der UN beauftragter Mitgliedstaaten begründet und durchgeführt. Allgemeine schutzwürdige Interessen müssen vom Sicherheitsrat festgestellt werden. Strittig ist, ob auch eine Feststellung seitens der Generalversammlung der UN für eine I. ausreichend ist.

Seit der Auflösung des → Ost-West-Konflikts im Jahr 1990 sind die → Vereinten Nationen deutlich handlungsfähiger geworden, wenngleich sich dieser Prozeß bereits seit Mitte der 80er Jahre andeutete. Während des → Kuwait-Krieges haben die UN mit der Resolution 678 vom 20. 11. 1990 den „Einsatz aller notwendigen Mittel" gegen den Aggressor Irak ermöglicht. Damit wurde die militärische Intervention der Koalition unter der Führung der USA ermöglicht. Allerdings hat der Sicherheitsrat mit dieser Resolution einer Koalition aus mehr als 25 Staaten faktisch freie Hand für den Einsatz der militärischen Mittel gegen den Aggressor Irak gegeben. Der Sicherheitsrat hatte damit den Oberbefehl, also die strategisch-taktische Durchführung der Maßnahmen, faktisch den USA anvertraut, da sie über das entscheidende militärische Potential zur Zurückdrängung des Iraks verfügten. Allerdings hatte damit der Sicherheitsrat auch faktisch die politische Kontrolle dieses Prozesses aus seiner Hand gegeben. Sollen Interventionen in Zukunft auch einen legitimatorischen Charakter haben, müssen sie unter strikter UN-Kontrolle vor sich gehen, d.h. militärische Interventionen sind den Vereinten Nationen zu unterstellen.

4. Interventionen aus humanitären Interessen — Ebenfalls zulässig kann eine
I. aus humanitären Interessen sein, wenn es sich dabei um den Schutz eigener Staatsbürger handelt, die in einem fremden Staat völkerrechtswidrig in
Gefahr für Leib und Leben geraten sind. Hierbei kann es sich um eine Flug-
zeugentführung oder Botschaftsbesetzung handeln. Werden diese Maßnahmen von der Regierung des betreffenden Landes gebilligt, so steht das Mittel
der I. im fremden Hoheitsgebiet als Zwangsmaßnahme völkerrechtlich zur
Verfügung. Ein Interventionsverbot besteht dagegen für Staaten zum Schutz
fremder Staatsbürger, d.h. daß z.B. ein europäischer Staat nicht in einem lateinamerikanischen Staat zugunsten der Einhaltung der → Menschenrechte
intervenieren könnte. In einem solchen Fall geht die Kompetenz auf den Sicherheitsrat der Vereinten Nationen über. Ein Anwendungsbeispiel ist der
Einsatz von Truppen im Auftrag der Vereinten Nationen in Somalia. Da der
somalische Staat durch die Kriegsführung zweier Clans faktisch nicht mehr
existierte, das Volk Somalias jedoch dadurch fast dem Genozid geweiht war,
beschloß der Sicherheitsrat der UN die militärische Intervention in Somalia,
mit der zunächst die USA betraut wurden. Seit Anfang 1993 ist damit faktisch die politische Hoheitsgewalt auf die in Somalia im Auftrag der UN ope-
rierenden amerikanischen Truppen übergegangen. Nachdem eine weitgehende Pazifizierung erreicht worden war, übergaben die USA im Mai 1993
den Oberbefehl an die Vereinten Nationen und verließen Somalia.

Das Problem humanitärer Interventionen stellt sich immer dann, wenn kollektive Güter, also z.B. konkrete Menschenrechtsverletzungen durch einen
Staat vorgenommen werden und eine Abwägung mit dem Souveränitätsgebot
getroffen werden muß. So haben seit ihrem Bestehen die Vereinten Nationen
eine Fülle von Resolutionen, z.B. wegen der bedenklichen Menschenrechtssituation unter *Pinochet* in Chile seit 1976 oder gegen Südafrika wegen der
Apartheidspolitik gefaßt, doch wurde mit der Resolution 688 vom 5.4.1991
des Sicherheitsrats in bezug auf humanitäre Interventionen Neuland betreten. In dieser Resolution wurde der Irak u.a. aufgefordert, die Unterdrückung der ,,irakischen Zivilbevölkerung‘‘, gemeint waren die Kurden,
sofort zu beenden. ,,Mit dem Hinweis auf die in dieser Unterdrückung lie-
gende Friedensbedrohung hat der Sicherheitsrat erstmals die Verantwortung
für die internen Zustände des Irak an sich gezogen, sich also in die ,inneren
Angelegenheiten‘ eines Landes, die nach Art. 2,7 der UN-Charta eigentlich
geschützt sind, eingemischt‘‘ (*Czempiel* 1991: 80). Es wird in Zukunft zu fragen sein, ob es außer den Menschenrechten andere kollektive Weltgüter gibt,
die der Souveränität eines Landes nicht nur entzogen werden können, sondern sogar müssen, sei es um den Weltfrieden zu erhalten, sei es um Schutz
für vom Genozid betroffene Bevölkerungsteile zu gewährleisten. Es könnte
sich in solchen Fällen z.B. um den Aufbau von Nuklearanlagen und chemischen und bakteriologischen Waffenfabriken ebenso handeln wie die Abholzung von Regenwald, die nicht nur den Verursacherstaat betrifft, sondern

durch ihre globalen Auswirkungen, z.B. im Klimabereich, auch die gesamte Menschheit betreffen können. Nicht gerechtfertigt ist jedoch eine militärische I., wie sie die USA 1990 vornahmen, um in Panama den Diktator *Noriega* zu fangen, der als internationaler Rauschgifthändler galt und in die USA verbracht wurde, wo ihm der Prozeß gemacht wurde. Wenn es Interventionen gegen die Rauschgiftmafia geben soll, d.h. daß der Rauschgifthandel als Verstoß gegen die internationale Sicherheit perzipiert wird, kann dies nur durch die Vereinten Nationen erfolgen.

5. Indirekte I. — Bei der indirekten I. ist die Unterstützung und Finanzierung von Gruppen, die die eigene Regierung stürzen wollen, zu unterscheiden von Maßnahmen, mit Hilfe derer Staaten mißliebige politische Systeme zu Fall bringen wollen. Geheimdienste haben gerade während des Ost-West-Konflikts immer wieder versucht, mißliebige Regierungen zu stürzen, sei es durch die CIA in Guatemala 1954 oder in Südvietnam in den 60er Jahren. Auch die Unterstützung paramilitärischer Gruppen wie der Contras in Nicaragua durch die USA in den 80er Jahren widerspruch dem Interventionsverbot. Der Einsatz grenzüberschreitender propagandistischer Mittel, z.B. mit Hilfe von Rundfunk- und Fernsehsendungen, wird kaum als indirekte I. begriffen werden können. Erst wenn es dadurch zu einer Untergrabung der staatlichen Ordnung kommt, wird man von einer I. sprechen müssen. Besonders problematisch sind angesichts einer zunehmenden Interdependenz wirtschaftliche Interventionen auszumachen. Eine indirekte I. kann z.B. durch die Untergrabung der Wirtschaft eines Landes vorgenommen werden. Formen wirtschaftlicher I. können Dumpingpreise, Währungs- und Handelsdiskriminierung sowie auch eine rigorose Verschuldungspolitik sein. Wirtschaftliche Boykotte wie auch Embargos wären ebenfalls in diese Kategorie einzureihen. Es wird jedoch gerade bei diesen schwierigen Aspekten immer anhand des Einzelfalls überprüft werden müssen, ob eine I. vorliegt.

6. Erbetene I. — Der Interventionsbegriff stammt aus der Zeit der Ausformung des Nationalstaatssystems und hat bei zunehmender Verflechtung sowohl auf der gouvernementalen als auch der nichtgouvernementalen Ebene seine eigentliche Bedeutung verloren. Eindeutig ist er nur noch in bezug auf die Ausübung militärischer Gewalt eines oder mehrerer Staaten gegen einen anderen Staat. Angesichts der zahlreichen Bürgerkriege und der damit verbundenen Teilung der politischen Macht in unterschiedliche Gruppen verliert der Begriff der I. seine rechtliche Klarheit. So ist zwar unbestritten, daß keine völkerrechtswidrige I. vorliegt, wenn der von ihr betroffene Staat die I. ausdrücklich erbeten hat. Doch ist gerade vor dem Hintergrund rivalisierender Bürgerkriegsparteien meistens sehr schwierig festzustellen, welche politische Gruppe denn über die Souveränität verfügt.

Erbetene I. haben sich angeblich sowohl im früheren sozialistischen Lager 1968 in der CSSR als auch in Afghanistan an der Jahreswende 1979/80 (→ Prägende Konflikte nach dem Zweiten Weltkrieg) vollzogen. Dabei kam im sozialistischen Lager noch eine Besonderheit hinzu. Entsprechend dem sozialistischen Völkerrecht, das sich als ein fortentwickeltes Völkerrecht verstand, gab es eine „kollektive Souveränität der sozialistischen Staaten". Das bedeutete — falls ein sozialistischer Staat von dem Sozialismus abwich — daß die übrigen Staaten nicht nur berechtigt, sondern geradezu verpflichtet waren, den abirrenden Staat auf den Weg zum Sozialismus zurückzuführen, notfalls auch mit Hilfe einer militärischen I. Gemäß den Prinzipien des „sozialistischen Internationalismus" wurde eine solche Aktion, wie sie 1968 von fünf Warschauer Pakt-Staaten gegen die CSSR, die unter *Dubcek* einen Reformkommunismus anstrebte, vorgenommen wurde, als brüderliche Hilfe bezeichnet. Doch sah sowohl der Warschauer Pakt als auch der bilaterale Beistandsvertrag zwischen der UdSSR und der CSSR die Achtung der Souveränität sowie der Nichteinmischung in die inneren Angelegenheiten vor. Auch das sozialistische Völkerrecht kannte das Verbot der Gewaltanwendung, so daß die Invasion auch den Regeln des sozialistischen Völkerrechtskreises widersprach.

Literatur

Beyerlin, Ulrich: Die humanitäre Aktion zur Gewährleistung des Mindeststandards in nichtinternationalen Konflikten, Berlin 1975.
Czempiel, Ernst-Otto: Weltpolitik im Umbruch — Das internationale System nach dem Ende des Ost-West-Konflikts, München 1991.
Schumann, W.: Völkerrechtliches Gewaltverbot und Friedenssicherung, Baden-Baden 1971.
Wolfrum, Rüdiger (Hrsg.): Handbuch der Vereinten Nationen, München 1991.

Wichard Woyke

Islam und Internationale Politik

Mit der Aktivierung des Islam als ein politisches Phänomen seit Beginn der 70er Jahre, das in der Islamischen Republik Iran zum ersten Mal politisch institutionalisiert wurde, sind religiös-politische Prinzipien und Einstellungen in verstärktem Maße auch Bestandteile der internationalen Politik geworden; am spektakulärsten dort, wo es sich um gewalttätige Akte handelt (z.B. bei der Besetzung der amerikanischen Botschaft in Teheran, 4.11.1979, und der Geiselnahme amerikanischer Diplomaten über 444 Tage; Geiselnahme westlicher Bürger durch die libanesische Hizbollah in den 80er Jahren). Hinter diesen spektakulären Akzenten sollte freilich nicht übersehen werden, daß der Islam seit seinem Entstehen untrennbar auch Teil des weltpolitischen Systems war und mit der Ausbildung einer internationalen Ordnung (wobei der Islam die „Nation" als politisch konstituierende Größe nicht kennt) auch mehr und mehr zu einem Faktor der internationalen Politik wurde.

1. Geschichtliche Dimension — Mit der Verkündung der islamischen Religion ging die Entstehung der islamischen Gemeinde (umma) als einer politischen Größe einher. Zwar waren Trennungen unter den Menschen nach Rasse oder Sprache durch die Geschichte hindurch eine Realität, doch waren diese nicht primäre Identifikationselemente und rechtfertigten nicht die Gründung einer eigenständigen politischen Einheit außerhalb oder neben der islamischen Gemeinde.

Der „Welt des Islam" (dar al-islam) stand nach der klassischen Auffassung die „Welt des Krieges" (dar al-harb) gegenüber, d.h. die Welt der Nicht-Muslime, die es früher oder später in das „Gebiet des Islam" einzugliedern galt.

Die darauf gerichtete „Bemühung" (Dschihad) war eine kollektive Verpflichtung der islamischen Gemeinde. Der „Heilige Krieg", mit dessen religiös-rechtlicher Begründung Generationen islamischer Juristen beschäftigt waren, war eine Erscheinung, die untrennbar mit der Gründung der islamischen Gemeinde verbunden war. Von daher läßt sich erklären, warum der Dschihad — trotz eines vielfältigen Bedeutungswandels — bis in die Gegenwart nicht zuletzt dann immer wieder beschworen wird, wenn es um gewaltsame Auseinandersetzungen zwischen Muslimen und Nicht-Muslimen bzw. um Konflikte zwischen Muslimen geht (wobei die eine Seite dann den „rechten" Islam für sich reklamiert).

Die politische Manifestation der islamischen Gemeinde war die Ordnung des Kalifats. Aufgaben des Kalifen, des Statthalters Gottes auf Erden, waren die Ausbreitung und der Schutz der Gemeinde nach außen, die Wahrung ihrer inneren Stabilität sowie die Sorge darum, daß das islamische Gesetz (schari'a) zur Anwendung kommt. Trotz der zahlreichen Peripetien der islamischen Geschichte hatte die Einrichtung des Kalifats bis zum Ende des Osmanischen Reiches Bestand (auch der osmanische Sultan beanspruchte in seiner Eigenschaft als Kalif, neben der politischen und militärischen Führung des Reiches die Einheit der umma zu manifestieren). Zwar hatte sich das Osmanische Reich spätestens seit dem 16. Jh. — nicht zuletzt durch Verträge mit christlichen Staaten — als eine berechenbare Größe der internationalen Politik auf der Grundlage gemeinsam anerkannter völkerrechtlicher Prinzipien erwiesen. Dennoch bedeutete die Abschaffung des Kalifats als einer religiös-politischen Größe sui generis durch *Mustafa Kemal Atatürk* (3.3.1924) eine tiefe Zäsur in der internationalen Politik der islamischen

Welt. Westlichen Prinzipien der inneren staatlichen Organisation und der internationalen Politik unterworfen, lassen sich gleichwohl in der internationalen Politik des islamischen Raums seither islamische Ordnungsprinzipien, Verhaltensweisen und mobilisierende Kräfte erkennen. Mit der „Re-Islamisierung" machen integristische Theoretiker und religiös-politische Bewegungen schließlich wieder den Versuch, Elemente einer „islamischen Ordnung" auch als Gegenstück zu einer westlich bestimmten internationalen Politik zum Tragen zu bringen. Dabei handelt es sich im wesentlichen darum, den Nationalstaat durch eine supranationale Ordnung, die sich am umma-Prinzip inspiriert, abzulösen.

2. *Eine islamische Internationale* — Unter dem Schock der Abschaffung des Kalifats setzte vornehmlich unter islamischen Intellektuellen eine Diskussion über Formen überstaatlicher islamischer Zusammenschlüsse ein. Damit sollte die umma gleichsam unter den Bedingungen der entstehenden territorialen Nationalstaaten in Erscheinung treten. Zwischen 1926 und 1949 kam es zu einer Reihe von Konferenzen, die freilich angesichts des geringen Interesses der politischen Führungseliten in den zum Teil neu entstehenden islamischen Staaten nur geringes Echo fanden. (Die 1945 erfolgte Gründung der „Liga der Arabischen Staaten" stand unter einem anderen Vorzeichen.) Der bereits 1926 gegründete „Islamische Weltkongreß" war praktisch bedeutungslos, bis die Organisation auf zwei Konferenzen 1949 und 1951 in Karachi wiederbelebt wurde. Im Gegensatz zu anderen, später gegründeten Organisationen verfügt der „Weltkongreß" nicht über eine klare theologische oder ideologische Ausrichtung

Als Reaktion auf die Bedrohung durch den Kommunismus und den „gottlosen" ägyptischen Staatschef *Nasser* (den „ägyptischen *Stalin*", wie er von der saudi-arabischen Propaganda genannt wurde) wurde 1962 in Mekka die „Liga der Islamischen Welt" gegründet. Dahinter stand die Idee, auf dem Wege der Konzentration der politischen Repräsentanten des Islam eine neue, anti-nasseristische und anti-baathistische Koalition prowestlicher islamischer Staaten zu gründen. Inzwischen hat sich die „Liga" aus einem anti-nasseristischen Propagandainstrument zu einer Organisation entwickelt, zu deren Aufgaben Aktivitäten gehören, die auf die Verbreitung und Stärkung des Islam weltweit und die Koordinierung kultureller und geistlicher Aktivitäten innerhalb der islamischen Welt gerichtet sind. Unübersehbar folgt die „Liga" der religiösen und politischen Linie Saudi-Arabiens.

Der politisch bedeutendste unter den islamischen Zusammenschlüssen ist die „Organisation der Islamischen Konferenz" (OIK). Zwischen 1972 und 1984 wurde die OIK rasch zu einer vielgliedrigen internationalen Konferenz ausgebaut, der einige Institutionen angeschlossen sind, die über einen von der OIK fast unabhängigen Status verfügen (Islamische Nachrichtenagentur, Islamische Entwicklungsbank, Islamische Rundfunkorganisation, Islamische Rechtsakademie). In einer Reihe von Konflikten zwischen islamischen Staaten hat die OIK, deren Mitgliederzahl von 22 (1972) auf ca. 50 (nach dem Zusammenbruch der Sowjetunion) angewachsen ist, zu vermitteln versucht. Wenn ihr auch größere Erfolge versagt blieben, so konnte sie doch schrittweise ihrem Ziel, die islamische Welt als dritte Kraft zwischen den Blöcken auszugestalten und die Süd-Süd-Kooperation voranzutreiben, ein wenig näher kommen. Auch die Ansätze zur Koordinierung der Haltung der islamischen Staaten im Konflikt in Bosnien weisen in diese Richtung. (→ Balkankonflikt)

3. Der → Nahostkonflikt — Brennpunkt „islamischer Politik" — Zwar handelt es sich bei dem arabisch-israelischen Konflikt um einen zuvorderst nationalen Konflikt: das Zusammenstoßen zweier nationaler Ansprüche auf ein und dasselbe Land. Doch ist er bereits von einem frühen Stadium an ein Anliegen „der Muslime" gewesen. Mit der „Re-Islamisierung", definitiv jedoch seit der islamischen Revolution in Iran, sind Bemühungen intensiviert worden, den Konflikt in ein religiöses Koordinatensystem zu stellen.

Das Dilemma für die Reaktion der Muslime lag darin, daß nach der Abschaffung des Kalifats keine Institution mehr bestand, die mit einiger Autorität im Namen „der Muslime" hätte sprechen können. Die „islamische" Reaktion mußte sich auf die Stellungnahme unterschiedlicher islamischer Organisationen und einzelner religiös-politischer Gruppen und Persönlichkeiten beschränken. Ein nachhaltiger politischer Effekt oder eine wie immer geartete konkrete politische Aktion waren somit von Anfang an nicht zu erwarten.

Bei dem 1931 in Jerusalem abgehaltenen „Allgemeinen Islamischen Kongreß", der von dem geistlichen Führer der Stadt, *Amin al-Husaini*, einberufen wurde, stand das Palästinaproblem bereits im Mittelpunkt der Beratungen. Wie sehr dies in den folgenden Jahren bereits die islamischen Gemüter bewegte, spiegelt sich eindrucksvoll in den Stellungnahmen wider, die der führende Denker (und Dichter) der indischen (und später pakistanischen) Muslime, *Muhammad Iqbal*, als Reaktion auf den Bericht der sogenannten Peel-Kommission über die Situation und Zukunft Palästinas (1937), in dem zum ersten Mal die Teilung des Landes empfohlen worden war, abgegeben hat. So zum Beispiel aus einer Ansprache, die am 27.7.1937 gehalten wurde: „Diese Entscheidung bietet den Muslimen der Welt die Möglichkeit, nachdrücklich zu erklären, daß die Sache, die die britischen Staatsmänner da vorhaben, nicht ein Problem von Palästina allein ist, sondern die gesamte islamische Welt ernsthaft angeht... Der gegenwärtige Moment ist auch ein Moment für die islamischen Staatsmänner der freien nicht-arabischen islamischen Welt, denn seit der Abschaffung des Kalifats ist dies das erste ernsthafte internationale Problem von religiöser und politischer Natur, dem zu begegnen sie historische Kräfte zwingen." (Aus: „Speeches and Statements of Iqbal", Lahore 1973).

Gründung und Fortbestehen Israels stellen nach dem Gefühl der überwiegenden Mehrzahl der Muslime einen Tiefpunkt der neueren Geschichte der islamischen Welt dar. Nicht nur ist der Verlust eines Teils islamischen Bodens an einen nicht-islamischen Nationalstaat schwer akzeptabel. Vielmehr wird Israel auch als ein Brückenkopf jener Mächte aufgefaßt, unter deren Ägide es entstanden ist. Das Palästinaproblem ist das einzige politische Problemfeld, das in der Charta der OIK unmittelbar angesprochen wird. In Artikel II,5 werden die Koordinierung der Anstrengungen zur Bewahrung der heiligen Sätten und die Unterstützung des Kampfes des palästinensischen Volkes als Ziel der Konferenz genannt. Und es gibt keine der zahlreichen Konferenzen der OIK auf der Ebene der Außenminister sowie Staats- und Regierungschefs, auf der die Palästinafrage nicht einen herausragenden Platz eingenommen hätte.

4. Islamisch-westliche Konfrontation — Ohne Zweifel hat die „Re-Islamisierung" der letzten Jahre dazu geführt, daß der Konflikt in Teilen der islamischen Welt wieder stärker in der islamischen Dimension gesehen wird. Damit sind — zumindest verbaler — Radikalismus, Unversöhnlichkeit und Militanz in dem Konflikt verschärft worden. Die Dimension der Unlösbarkeit schwingt darin ebenso mit wie die Aufforderung zu Gewalt und „Endlösung". Neben militanten islamischen Organisationen, für die die militanten Ableger der „Muslimbrüder" stellvertretend genannt seien, hat das islamische Regime in Teheran die „Lösung" des arabisch-israelischen Konflikts zu einem Mittelpunkt seiner Außenpolitik gemacht. Mit der Auflösung der Vertretung Israels in Teheran und ihrer Umwandlung in eine „Botschaft" der PLO (Palästinensische Befreiungsorganisation) unmittelbar nach seiner Machtübernahme Anfang 1979 hat das islamische Regime seine islamische Identität unter Beweis gestellt und zugleich das politische Entree in die islamische Welt gesucht.

Mit der Zeit hat sich Teherans Position weiter entwickelt: Die Lösung des arabisch-israelischen Konflikts wird als das Endstadium eines langen Prozesses der Befreiung der islamischen Welt und der Wiederherstellung einer umfassenden islamischen Ordnung im Inneren wie auf internationaler Ebene gesehen. Ayatollah *Khomeinis* Motto während des Ersten Golfkriegs (1980-88), daß der Kampf der Islamischen Republik Iran „über Kerbela nach Jerusalem" führe, faßt dies prägnant zusammen. Die „Befreiung Kerbelas" (einer der heiligsten Stätten des schiitischen Islam, im Irak gelegen) von der atheistischen Baath-Partei und ihrem „satanischen" Führer *Saddam Husain* steht stellvertretend für die Befreiung der islamischen Welt von allen inneren Feinden, d.h. jenen, die vom Islam zu jeder Art von westlichen oder östlichen Ideologien abgefallen sind und sich der Kollaboration mit auswärtigen Mächten verschrieben haben. Ist die Befreiung von den inneren Feinden erreicht, wird die Befreiung von den äußeren Feinden angestrebt und möglich, d.h. den Zionisten, den USA und dem Westen als Ganzem. Jerusalem wird befreit, Palästina wieder ein Teil der islamischen Welt.

Für diejenigen, die den Konflikt mit Israel in islamistischer Dimension sehen, sind alle Verräter, die einen Kompromiß mit dem jüdischen Staat in Betracht ziehen bzw. diesbezüglich mit diesem verhandeln. Deshalb war der ägyptische Präsident *Sadat* eine „Un-Person", die es zu beseitigen galt. Seine Ermordung im Oktober 1981 war denn auch das Werk einer militanten Abspaltung der ägyptischen Muslimbruderschaft. Für die islamistischen Gruppierungen und das geistsverwandte Regime in Teheran war die „Liquidierung" eines „Verräters" eine gerechte Tat.

Trotz der offenkundigen Erfolglosigkeit des islamistischen Regimes in Teheran gewinnt der Islamismus als Ausdruck einer andauernden geistigen, kulturellen, politischen, wirtschaftlichen und gesellschaftlichen Krise weiter an Zulauf. Dies wirkt sich auch im Bereich des arabisch-israelischen Konflikts aus. So haben trotz der im Oktober 1991 in Madrid begonnenen Verhandlungen in Jordanien und in den Besetzten Gebieten diejenigen Kräfte an Zulauf bekommen, die jede Verhandlung und jeden Kompromiß ablehnen und nur die Auflösung des Staates Israel als Lösung sehen. Anfang 1993 ist die islamistische Widerstandsorganisation „Hamas" (Akronym von arab. „Bewegung des Islamischen Widerstandes") zu einer starken Herausforderung der PLO geworden, die sich mit der Anerkennung Israels im Herbst 1988 dazu bekannt hat, die Lösung des Konflikts mit Israel innerhalb eines Kompromisses zwischen den nationalen Aspirationen der Palästinenser und der Israelis zu suchen. Demgegenber betrachtet „Hamas" in ihrem programmatischen Manifest Palästina als eine „Stiftung Gottes" (waqf), über die zu verhandeln niemand befugt ist.

In seiner extremen Variante betreibt der Islamismus den Ausstieg aus der internationalen Politik und die Rückkehr zum Konzept der umma. Im Vordergrund steht die Überwindung der nationalstaatlichen Zergliederung der islamischen Welt, die als eine Verschwörung gegen die Stärke der islamischen Gemeinde gesehen wird. Ein Netzwerk politischer Kräfte und wirtschaftlicher Unterstützung soll geknüpft werden, das es schließlich ermöglichen soll, die bestehenden Regime als Repräsentanten nationalistischer Machenschaften zu stürzen und so die Vereinigung der islamischen Massen vorzubereiten. Extreme Symptome dieses Ausstiegs sind das Todesurteil gegen den britischen Autor Salman *Rushdie* („Satanische Verse") als Angehörigen der umma (wobei seine britische Nationalität unwesentlich ist) ebenso wie der Wunsch von in Großbritannien lebenden Muslimen im Januar 1992, ein eigenes Parlament zu gründen mit dem Argument, sie seien durch das national-britische Parlament nicht mehr vertreten.

Der Abkoppelung dieser extremistischen islamischen Kräfte aus der internationalen Politik entspricht die Verwerfung der Universalität westlicher politischer Wertvorstellungen. Dies gilt für Demokratie und Säkularismus ebenso wie für → Menschenrechte. Diese Werte seien im Westen entstanden und mit der Überlegenheit des Westens durchgesetzt worden. Der Islam setze eigene Wertvorstellungen, die untrennbar mit der Religion und dem islamischen Gesetz (schari'a) verbunden seien. Folgerichtig wird demnach auch z.b. die Ersetzung der Allgemeinen Menschenrechtserklärung der → UN durch einen eigenen Kanon der Menschenrechte gefordert.

5. *Geringe politische Tragweite* — Die Konzepte muslimischer Extremisten tragen freilich in der politischen Praxis nicht weit. Die Masse der muslimischen Regime haben sich in der bestehenden internationalen Ordnung eingerichtet. Das gilt auch für die Regime, die den Islam zur inneren Legitimation der eigenen Herrschaft benutzen und nach außen islamische, ja islamistische Bewegungen unterstützen. Allen voran ist hier Saudi-Arabien zu nennen, dessen Führung trotz zeitweiliger Unterstützung islamistischer Organisationen nicht zögerte, eine internationale Allianz zur Befreiung Kuwaits ins Land zu holen, als dieses vom Irak völkerrechtswidrig besetzt und annektiert wurde. (→ Kuwait-Krieg) Auch sind die Divergenzen unter den gegen das internationale System auftretenden Kräfte zu groß, um eine Bewegung zustande zu bringen, die das bestehende System der internationalen Politik tatsächlich unter Druck setzen könnte. So ist es verständlich, daß die Diskussion um das Kalifat weitestgehend verstummt ist. Denn spätestens bei der Frage nach den Qualifikationen des Inhabers des Kalifats würden unüberwindliche Gegensätze aufbrechen. Es sind freilich nicht nur die Faktoren der inneren Krise der islamischen Welt, die islamistischen Kräfte, welche das internationale System herausfordern, Zulauf bringen. Auch eine internationale Politik, die sich durchsichtig als westliche Interessenpolitik entlarven läßt oder als solche erscheint, (→ Nord-Süd-Konflikt) läßt jene aus der Demütigung der islamischen Welt propagandistischen Nutzen ziehen. Krisen wie die in Bosnien (1992 / 3) sind deshalb geeignet, die „internationale Politik" und die sie tragenden Institutionen und Akteure bei einer sich ausweitenden islamischen Öffentlichkeit in Mißkredit zu bringen.

Literatur

Bouteiller, G. de: Après Taef 1981: La Nation Islamique?, in: Défense Nationale, April 1981, S. 97-105.

al-Faruqi, Ismail R.: Das Nahostproblem und der islamische Standpunkt, in: Bayerische Landeszentrale für politische Bildungsarbeit (Hrsg., Redaktion *Hilf*, Rudolf): Weltmacht Islam, München 1988, S. 477-487.

Hartmann, Richard: Zum Gedanken des „Kongresses" in den Reformbestrebungen des islamischen Orients, in: Die Welt des Islams 23 (1941), S. 122-132.

Hunter, Shireen (ed.): The Politics of Islamic Revivalism, Bloomington 1988.

Kramer, Martin S.: Islam Assembled. The Advent of the Muslim Congresses, New York 1986.

Nagel, Tilmann: König Faisal und die „islamische Solidarität", in: Orient 17 (1976) 1, S. 52-71.

Reissner, Johannes: Internationale islamische Organisationen, in: *Ende*, Werner / *Steinbach*, Udo (Hrsg.): Der Islam in der Gegenwart, München ³1991, S. 539-547.

Schulze, Reinhard: Islamischer Internationalismus im 20. Jahrhundert. Leiden / New York / Kopenhagen / Köln 1990.

Schulze, Reinhard: Regionale Gruppierungen und Organisationen, in: *Steinbach*, Udo / *Robert*, Rüdiger (Hrsg.): Der Nahe und Mittlere Osten, Bd. 2: Länderanalysen, Opladen 1988, S. 469-476.

Steinbach, Udo: Der Nahostkonflikt im islamischen Horizont, in: Bayerische Landeszentrale für politische Bildungsarbeit (Hrsg., Redaktion *Hilf*, Rudolf): Weltmacht Islam, München 1988, S. 489-504.

Tibi, Bassam: Die fundamentalistische Herausforderung. Der Islam und die Weltpolitik, München 1992.

Udo Steinbach

Konventionelle Rüstungskontrolle in Europa

1. Die Geschichte der konventionellen Rüstungskontrolle in Europa läßt sich ebenso wie diejenige der Nuklearwaffen und der → KSZE in zwei zeitliche Hauptabschnitte einteilen. Abhängig vom Stand der Ost-West-Beziehungen allgemein und dem politischen Interesse, das ihr gewidmet wurde, dienten die bescheidenen Ansätze zur konventionellen Rüstungskontrolle im Kalten Krieg in erster Linie der politischen Vertrauensbildung. Im Unterschied zum nuklearstrategischen konnten im konventionellen Bereich in dieser Zeit keine Abkommen vergleichbarer militärischer Relevanz erreicht werden (→ nukleare Rüstung und Rüstungskontrolle).

Im Zuge der Auflösung des → Ost-West-Konflikts beschleunigte sich der traditionelle konventionelle Rüstungskontrollprozeß. Zugleich jedoch verminderten zwei Entwicklungen seine politische Bedeutung: zum einen das Ende des Kalten Krieges selbst, das seine rüstungskontrollpolitische Einhegung überflüssig machte; zum anderen das z.T. gewaltsame Ausbrechen von Konflikten, auf die die herkömmlichen Ansätze nicht zugeschnitten waren.

Konventionelle Rüstungskontrolle steht deshalb nach dem Umbruch in Europa vor den beiden zentralen Herausforderungen, die Altlasten des ehemaligen Rüstungswettlaufs abzubauen und ein den neuen politischen Verhältnissen angepaßtes Regime aufzubauen. Die dazu erforderlichen Maßnahmen lassen sich wie in der Vergangenheit prinzipiell drei Kategorien zuordnen: *Strukturelle* Rüstungskontrolle erfaßt den Umfang und die Zusammensetzung von Streitkräften, *operative* Rüstungskontrolle erfaßt die Art und Weise ihrer Verwendung im Frieden und *informative* Rüstungskontrolle dient der Unterrichtung anderer über die eigenen Streitkräfte.

2. Während der Ost-West-Konfrontation gab es vom 30.10.1973 bis zum 2.2.1989 einen vergeblichen Versuch der strukturellen Rüstungskontrolle in Form der MBFR-Verhandlungen (Mutual Balanced Force Reduction / Beiderseitige und ausgewogene Truppenreduzierungen). Direkte Teilnehmer waren jene Staaten, die von einer Vereinbarung unmittelbar betroffen und zu ihrer Ausführung verpflichtet gewesen wären (auf westlicher Seite die Bundesrepublik Deutschland, Belgien, Niederlande, Luxemburg, auf östlicher Seite die DDR, CSSR, Polen) sowie jene Staaten, die dort Streitkräfte stationiert hatten (für die → NATO USA, Kanada, Großbritannien, für den Warschauer Pakt (WP) die UdSSR). Indirekte Teilnehmer mit Miterörterungs-, aber ohne Mitentscheidungsrechte waren die NATO-Mitglieder Norwegen, Dänemark, Italien, Griechenland und Türkei sowie die WP-Staaten Ungarn, Rumänien und Bulgarien. Das Territorium der direkten Teilnehmer bildete die Reduzierungszone, d.h. das Gebiet, in dem ausgehandelte Streitkräfteverminderungen durchgeführt werden sollten (Frankreich lehnte eine Beteiligung ab). In den Verhandlungen konnten einige Übereinstimmungen bzw. Annäherungen erreicht werden:

— Parität: Beide Seiten strebten einen numerischen Gleichstand der Truppenstärken von NATO und WP im Reduzierungsraum an, der aus einer gleichen Obergrenze von je 900 000 Mann Land- und Luftstreitkräfte, davon höchstens 700 000 Mann Landstreitkräfte, bestehen sollte.
— Kollektivität: Truppenreduzierungen sollten bis zu einer Gesamthöchststärke der Bündnisse vorgenommen werden, d.h. der Personalumfang der einzelnen nationalen Streitkräfte wurde mit Ausnahme der amerikanischen und sowjetischen Kontingente nicht direkt festgelegt.
— Begleitende Maßnahmen: Auf Betreiben der NATO-Staaten gehörten zum MBFR-Verhandlungsmandat auch Vorkehrungen, die die Verifikation, d.h. die Überprüfbarkeit der getroffenen Vereinbarungen sowie die Transparenz des Militärpotentials der Gegenseite und die Berechenbarkeit ihres Verhaltens sichern und erleichtern sollten. Grundsätzliches Einvernehmen konnte in diesem Bereich über die Notwendigkeit eines Datenaustausches auch nach einem Abkommen, die Ankündigung größerer militärischer Bewegungen und die Nichtbehinderung nationaler technischer Verifikationsmittel erzielt werden.

Strittig blieben vor allem zwei Bereiche:

— Daten: Nach Übernahme des Paritätsziels legte der WP 1976 erstmals eigene Zahlen über seine Truppenstärke vor, die einen ungefähren Gleichstand mit den NATO-Truppen belegen sollten (ca. 980 000 Mann Land-
  und Luftstreitkräfte für jede Seite). Demgegenüber ging die NATO von
  einem Übergewicht des WP bei Land- und Luftstreitkräften von ca. 1,2
  Mio. Mann Ost zu ca. 1 Mio. Mann West aus (sog. Daten-Disparität),
  das zu einer Differenz zwischen östlichen Angaben und westlicher Einschätzung über die Streitkräftestärken des WP von ca. 170 000 Mann
  Land- und ca. 50 000 Mann Luftstreitkräfte führte. Diese sog. Daten-
  Diskrepanz konnte nicht ausgeräumt werden.
— Verifikation: Der Osten sperrte sich gegen das vom Westen geforderte
  umfassende Überprüfungsregime (u.a. Inspektionsrecht, detaillierter
  Datenaustausch).
  Letztlich scheiterte MBFR, woran es immer gekrankt hatte: Zu keinem
  Zeitpunkt waren beide Seiten gleichzeitig an einer Vereinbarung ausreichend interessiert. Übereinstimmung bestand am Ende darin, daß man
  sich bei MBFR nicht einigen konnte und die Bemühungen um konventionelle Abrüstung und Rüstungskontrolle in Europa in einem anderen Rahmen fortgesetzt werden sollten.

Diese „Verhandlungen über konventionelle Streitkräfte in Europa" (VKSE)
begannen am 9.3.1989 und endeten am 20.11.1990 mit der Unterzeichnung
des KSE-Vertrages auf dem Pariser KSZE-Gipfel. Die kurze Verhandlungsdauer und der Inhalt des Vertrages reflektieren die Überwindung des Ost-
West-Gegensatzes und das Interesse der Verhandlungspartner an einem raschen und substantiellen Ergebnis.
VKSE-Teilnehmer waren die Mitgliedsstaaten von NATO und Warschauer
Pakt, den es de facto bei Abschluß der Gespräche nicht mehr gab. Der Vertrag markiert aus mehreren Gründen einen rüstungskontrollpolitischen
Wendepunkt: er verpflichtet zu drastischen Reduzierungen auf der Grundlage des Prinzips „Wer mehr hat, muß mehr abrüsten"; er erfaßt für Offen-
siveinsätze ausschlaggebende Waffensysteme und schafft ein intensives Veri-
fikationssystem. Seine wesentlichen Bestimmungen sind:

— Obergrenzen: Für die 6 östlichen und 16 westlichen Vertragsstaaten werden jeweils kollektive Obergrenzen von 20 000 Kampfpanzern, 30 000
  gepanzerten Kampffahrzeugen, 20 000 Artilleriewaffeneinheiten, 6 800
  Kampfflugzeugen und 2 000 Angriffshubschraubern geschaffen.
— Anwendungsgebiet: Dies betrifft Waffensysteme in Europa vom Atlantik
  bis zum Ural (ATTU-Zone).
— Nationale Höchststärken: Ein einzelner Staat darf in jeder Waffenkategorie nicht mehr als ca. 1 / 3 aller Waffen besitzen.

— *Regionale Differenzierung*: Zur Verhinderung der regionalen Konzentration von bestimmtem vertragsbegrenzten Gerät teilt der Vertrag das Anwendungsgebiet in drei von Gesamteuropa ausgehend sich nach innen verkleinernde Teilregionen sowie gesondert behandelte Flankenregionen auf.

— *Zerstörung*: Die Reduzierung erfolgt im wesentlichen durch Zerstörung der Waffensysteme, ansonsten durch Konversion oder ihre Weitergabe an andere Vertragsstaaten.

— *Information und Verifikation*: Das Verifikationsregime basiert auf einem umfassenden Informationsaustausch und dem Recht, Vor-Ort-Inspektionen durchzuführen. Die Vertragsstaaten sind verpflichtet, jährlich ihre Kommandostrukturen sowie ihre Bestände an vertragserfaßtem Gerät nach Stationierungsort, Anzahl und Typ des Geräts zu notifizieren. Der Informationsaustausch bildet die Grundlage für ein detailliert geregeltes Inspektionssystem, das aus folgenden Hauptelementen besteht:

— Durchführung stichprobenartiger Vor-Ort-Inspektion in sog. „gemeldeten Inspektionsstätten";

— Durchführung von Verdachtsinspektionen auch außerhalb gemeldeter Inspektionsstätten;

— Beobachtung bzw. Überprüfung der Reduzierung (d.h. insbesondere der Zerstörung von Gerät).

Angeheizt durch das sowjetische Vorgehen im Baltikum entbrannte bereits kurz nach Unterzeichnung des Vertrages ein Streit zwischen der UdSSR und dem Westen. Die Sowjetunion hatte vor Vertragsabschluß große Gerätemengen östlich des Urals verlegt, wo sie vom Vertrag nicht erfaßt wurden, und versuchte, das Gerät von vier Marineinfanterieregimentern und drei „Küstenschutzdivisionen" als nicht anrechenbar einzustufen. Hinter diesem Vorgehen wurden konservative Kräfte vermutet, denen *Gorbatschows* Kompromißbereitschaft zu weit ging. Nachdem die USA den Abschluß der START-Verhandlungen und ein bilaterales Gipfeltreffen in Frage gestellt hatten, einigte man sich am 14.6.1991. Die UdSSR verpflichtete sich zur Zerstörung bestimmter Mengen des östlich des Urals verbrachten Geräts außerhalb des Vertrages, und das übrige Gerät wurde de facto den Begrenzungen des Vertrages unterworfen. Der Zerfall der UdSSR zum Jahresende 1991 warf das Problem auf, ob und wie ihre Nachfolgestaaten die Vertragsverpflichtungen übernehmen würden (→ Frühere Sowjetunion und internationale Politik). Nach zähem Ringen insb. zwischen Rußland und der Ukraine erzielten die betroffenen GUS-Staaten am 15.5.1992 eine Übereinkunft über die Aufteilung jener Waffenbestände, die der ehemaligen UdSSR nach dem KSE-Vertrag zugebilligt worden waren. Auf dem KSZE-Gipfel in Helsinki im Juli 1992 kam man überein, den Vertrag vorläufig in Kraft zu setzen, da nur Weißrußland und Armenien ihn noch nicht ratifiziert hatten.

Bewertung: Der KSE-Vertrag erhöht maßgeblich die militärische Stabilität in
Europa. Die Gründe dafür sind vor allem die einschneidenden Reduzierungen konventionellen Großgeräts, das für Offensivzwecke eingesetzt werden
kann (unter Einschluß der hinter den Ural verlegten Waffen werden ca. 60 %
der Bestände der ehemaligen UdSSR aus Europa entfernt); die regionale
Differenzierung verhindert eine Kräftekonzentration für Angriffe mit geringer Vorwarnzeit (aus westlicher Sicht wird diese Gefahr allerdings bereits
zum größten Teil durch den Abzug der sowjetischen Truppen aus Osteuropa
ausgeschaltet); die Verifikations- und Informationsvorschriften sorgen für
ein bisher präzedenzloses Maß an Transparenz und Berechenbarkeit.
Die politische Bedeutung des Vertrages geht jedoch weiter. Er markiert das
Ende des Kalten Krieges und signalisiert, was an Abrüstung und Rüstungskontrolle bei kooperativer Einstellung der Beteiligten möglich ist. Im Zusammenhang mit dem gesamten Pariser KSZE-Paket vom November 1990
und den 2+4-Verhandlungen hat er zudem dazu beigetragen, einen stabilisierenden Rahmen für die → deutsche Wiedervereinigung zu schaffen. Für den
Fortgang der konventionellen Rüstungskontrolle in Europa hat er bedeutsame Maßstäbe in quantitativer und qualitativer Hinsicht gesetzt.
Vor diesem Hintergrund dürfen die Defizite des Vertrages nicht überbewertet
werden. Dazu gehören die immer noch hohen erlaubten Waffenbestände; die
Ausklammerung von Seestreitkräften, Personal und der russischen Streitkräfte östlich des Urals; die in erster Linie auf NATO-Seite verbleibenden
Aufrüstungsoptionen, die allerdings schon aus finanziellen Gründen nicht
wahrgenommen werden dürften; das Fehlen von Produktions- und Moderni-
sierungsbeschränkungen; die eine Wiederaufrüstung erleichternde Möglichkeit, Divisionen nur ausdünnen zu können, aber nicht vollständig auflösen zu müssen.
Eines dieser Defizite konnte schon bald in Folgeverhandlungen (VKSE I a)
ausgeräumt werden. Auf dem KSZE-Gipfel in Helsinki wurde am 17.7.1992
eine „Abschließende Akte" angenommen, in der 29 Staaten (NATO und
ehemaliger Warschauer Pakt, einschließlich sieben GUS-Staaten mit euro-
päischem Territorium) ihr landgestütztes Militärpersonal in der ATTU-Zone
auf festgelegte Höchststärken begrenzen. Besonders Deutschland hatte sich
dafür eingesetzt, um die Singularisierung aufzuheben, die durch die Fest-
schreibung einer Höchststärke der Bundeswehr im 2+4-Abkommen entstanden war.

3. Auch die operative und informative Rüstungskontrolle profitierte vom ab-
nehmenden Ost-West-Gegensatz. Diese sogenannten vertrauens- und sicher-
heitsbildenden Maßnahmen (VSBM) stellen nicht direkte Einschnitte in die
konventionellen Streitkräfte dar, sondern beschränken militärische Aktivitäten, erleichtern die gegenseitige Kommunikation und fördern die Transparenz von Potentialen und Intentionen. Sie sorgen so für eine größere Be-

rechenbarkeit der anderen Seite und liefern Warnindikatoren für einen nicht friedensgerechten Gebrauch militärischer Mittel.

Ein erster unverbindlicher, bescheidener Satz von VSBM wurde in der KSZE-Schlußakte vom Juli 1975 vereinbart. In Stockholm begannen am 17.1.1984 Verhandlungen der KSZE-Staaten, die am 19.9.1986 mit einem Schlußdokument erfolgreich abgeschlossen wurden. Die Vereinbarung stellt gegenüber den VSBM der Helsinki-Schlußakte in drei Punkten einen wesentlichen Fortschritt dar: Zum ersten Mal wurde in einem Ost-West-Abkommen ein Recht auf Inspektionen anerkannt, die Bestimmungen zu Manöverankündigungen und -beobachtungen wurden verschärft und sind verbindlich, und das Anwendungsgebiet von VSBM geht bis zum Ural.

Seit März 1989 wurden in Wien VSBM-Verhandlungen geführt, die am 17.11.1990 mit dem „Wiener Dokument 1990" endeten. Es enthält gegenüber dem Stockholmer Dokument z.T. erheblich weitergehende VSBM: Verpflichtung zu einem umfassenden jährlichen Informationsaustausch über Organisation, Personalstärke, Ausrüstung und Dislozierung von Streitkräften; Mechanismus für Konsultationen und Zusammenarbeit in bezug auf ungewöhnliche militärische Aktivitäten; Intensivierung militärischer Kontakte; längerfristige Ankündigung größerer Übungen; Aktivitäten von mehr als 40 000 Soldaten (vorher 75 000) müssen zwei Jahre im voraus angekündigt werden; Einrichtung eines Kommunikationsnetzes zwischen den KSZE-Hauptstädten. Dieser Vereinbarung folgte schon am 4.3.1992 ein „Wiener Dokument 1992", in dem zusätzliche Maßnahmen beschlossen wurden: Absenkung der Ankündigungs- und Beobachtungsschwellen bestimmter militärischer Aktivitäten; Beschränkung des Umfangs und der Anzahl militärischer Übungen; Informationsaustausch über technische Leistungsdaten von Waffensystemen; Anmeldung des Aufwuchses gekaderter Einheiten.

Flankiert wurden die KSZE-VSBM durch den *Vertrag über den Offenen Himmel*, den die Außenminister der NATO-Staaten sowie von Belarus, Bulgarien, CSFR, Georgien, Polen, Rumänien, Rußland, Ukraine und Ungarn in Helsinki am 24.3.1992 unterzeichneten. Sein Kern besteht in dem Recht bzw. der Pflicht, eine bestimmte Anzahl von Beobachtungsflügen über dem Territorium anderer Staaten durchführen zu können bzw. solche Flüge akzeptieren zu müssen. Er ist der erste VSBM-Vertrag, der über die ATTU-Zone hinaus das gesamte Territorium Rußlands und der USA und Kanadas erfaßt, der offen ist für Nicht-KSZE-Staaten und ein Modell für vergleichbare Abkommen in Spannungsgebieten wie dem Nahen Osten oder Indien-Pakistan sein könnte.

4. *Perspektiven*: Strukturelle und operative bzw. informative Rüstungskontrolle sollen künftig nicht mehr getrennt, sondern im Rahmen eines „Forum für Sicherheitskooperation" verhandelt werden, das auf dem KSZE-Gipfel

in Helsinki im Juli 1992 eingesetzt wurde. Im Bereich der strukturellen Rüstungskontrolle sollten neben einem weiteren Abbau der Altlastbestände des Kalten Krieges qualitative Maßnahmen mit dem Ziel im Vordergrund stehen, die Rüstungsmodernisierung zu bremsen und die defensive Orientierung von Streitkräften zu stärken. Ersteres könnte sich an Vereinbarungen und Vorschläge aus dem strategischen Rüstungskontrollprozeß anlehnen und durch die Beschränkung weiteren Geräts (Brückenlege- und Minenräumgerät, mobile Luftverteidigungsanlagen) sowie der Gefechtsbereitschaft und Dislozierung die erkennbar defensive Ausrichtung von Streitkräften fördern. Im Bereich der VSBM steht die Weiterentwicklung von Maßnahmen an, die militärische Potentiale und Aktivitäten, einschließlich Budgets und Strategien, beschränken und offenlegen.

Ein KSZE-Regime der Abrüstung und Rüstungskontrolle muß allerdings in mindestens zweifacher Hinsicht flexibel sein. Nach der Auflösung der Ost-West-Konfrontation haben sich in Europa mehrere Konfliktzonen unterschiedlicher Intensität herausgebildet, die von Frieden im Sinne eingeübter gewaltfreier Konfliktregelung bis zu Kriegen innerhalb und zwischen Staaten reichen. Ging es im traditionellen Ost-West-Kontext um Kriegsverhinderung im Schatten von Nuklearwaffen, und geht es heute um die Beseitigung der militärischen Altlasten dieser Periode, so sind die Aufgaben hinzugekommen, Kriege auch ohne disziplinierende nukleare Drohungen zu verhüten und sie nach ihrem Ausbruch möglichst rasch zu beenden.

Angesichts dieser heterogenen Anforderungen bleibt ein für alle verbindliches KSZE-Regime notwendig, da es Konflikte dämpfen und durch eine Kombination von Druck und Anreizen zu ihrer gewaltfreien Regelung anhalten kann. Zugleich jedoch muß Raum bleiben für subregionale, den jeweiligen Konfliktverhältnissen angepaßte Regime, die nicht für alle KSZE-Teilnehmer gelten können. Flexibilität sollte auch darin zum Ausdruck kommen, daß neben verhandelter Rüstungskontrolle auch unilaterale und informell abgestimmte Maßnahmen der Reduzierung und Begrenzung militärischer Potentiale ergriffen werden. Entscheidend ist nicht das Verfahren, das zu solchen Beschränkungen führt, sondern ihre vertrauensfördernde Absicht und eine entsprechende Wahrnehmung durch andere.

Auf längere Sicht stellt sich die Frage, ob im Rahmen der KSZE Sicherheit nicht nur kooperativ, sondern kollektiv organisiert werden kann. Die dazu erforderliche Bereitschaft der Staaten, für die eigene Sicherheit nicht mehr selbst oder durch ein Verteidigungsbündnis zu sorgen, sondern sie einem Europäischen Sicherheitsrat anzuvertrauen, muß auch nach dem Ende des Ost-West-Gegensatzes als bestenfalls ungewiß bezeichnet werden. Ohne den Fortgang von Abrüstung und Rüstungskontrolle wird sie jedoch sicherlich nicht erzeugt werden können.

Literatur

Daalder, Ivo: The Future of Arms Control, in: Survival, Spring 1992.

Dean, Jonathan / *Forsberg*, Randall W.: CFE and Beyond, in: International Security, Summer 1992.

Lübkemeier, Eckhard: Konzeptionelle Überlegungen zur militärischen und politischen Stabilität in Europa, in: *Forndran*, Erhard / *Pohlman*, Hartmut (Hrsg.): Europäische Sicherheit nach dem Ende des Warschauer Pakts, Baden-Baden 1993.

Mutz, Reinhard / *Krell*, Gert / *Wismann*, Heinz: Friedensgutachten 1992, Münster 1992 (jährlich).

Peters, Ingo: Sicherheitspolitische Vertrauensbildung im neuen Europa, in: *Forndran*, Erhard / *Pohlman*, Hartmut (Hrsg.): Europäische Sicherheit nach dem Ende des Warschauer Pakts, Baden-Baden 1993.

Presse- und Informationsamt der Bundesregierung (Hrsg.), Bericht zur Rüstungskontrolle und Abrüstung 1990 / 91, Bonn 1992.

Presse- und Informationsamt der Bundesregierung (Hrsg.), Der Vertrag über konventionelle Streitkräfte in Europa, Bonn. (o.J.)

Stockholm International Peace Research Institute: SIPRI Yearbook 1992, Oxford 1992 (jährlich).

Eckhard Lübkemeier

Krieg und Frieden

1. Grundtendenz: Zivilisierung des Konflikts — Angesichts der Erinnerung an die furchtbare Gewalt und Zerstörung zweier Weltkriege, angesichts des Faktums, daß in den mehr als 160 größeren zwischenstaatlichen Kriegen und Bürgerkriegen, Revolutionen, Staatsstreichen, Guerilla- und Konterguerillaaktionen seit 1945 unterschiedlichen Schätzungen zufolge zwischen 15 und 32 Mio. Menschen ihr Leben ließen und an die 30 Mio. ihre Heimat durch kriegsbedingte Flucht und Vertreibung verloren (*Pfetsch* 1991, Bd. I: 8ff) — angesichts all dieser Schreckenszahlen mag die Behauptung als ausgesprochen paradox erscheinen, daß die Entwicklung der internationalen Beziehungen langfristig von einer spezifischen Tendenz gekennzeichnet wird: Nämlich der der Einhegung und Verrechtlichung des Krieges, der Zivilisierung militärischer Gewaltanwendung und der Wandlung des Friedens von einem labilen Zustand ruhender Gewalttätigkeit zu einem historischen Prozeß „... in dem sich ... Formen der internationalen Konfliktbearbeitung durchsetzen, die sich zunehmend von der Anwendung organisierter militärischer

Gewalt befreien..." (*Czempiel* 1990: 7). Jedoch läßt sich diese These zumindest vordergründig belegen. Im frühneuzeitlichen Europa war nicht der Friede, sondern der Krieg der tatsächliche Regelfall internationaler Beziehungen. Vom späten 15. Jh. bis zum Ende des 18. Jh.s gab es in Europa rund 250 Kriege, an denen weit über 500 Parteien beteiligt waren (*Repgen* 1988: 87f). Demgegenüber fanden in der Zeit von 1815 bis zum Falkland-Krieg 1982 nur noch 61 zwischenstaatliche Kriege statt. Die Anzahl der Kriegsparteien sank auf 217, von denen sich 47 an einem zum Zeitpunkt ihres Kriegsbeitritts ohnehin schon bestehenden Konflikt beteiligten (*Domke* 1988: 61ff). Freilich läßt diese empirische Beobachtung unterschiedliche Deutungen zu: Im Sinne eines Rekurses auf die von *Hobbes* behauptete sicherheitsstiftende Funktion des Staates ließe sich argumentieren, daß die Monopolisierung der Gewaltanwendung durch den Staat — weil sie nämlich abschreckend wirkt — die Häufigkeit organisierter militärischer Gewaltanwendung reduziert habe. Verbinden ließe sich dieses Argument mit dem Hinweis darauf, daß gerade die jüngste Geschichte der letzten zwanzig Jahre (Vietnam, Afghanistan) die Erosion der klassischen Funktion militärischer Gewaltanwendung demonstriere — nämlich die, anderen Akteuren den eigenen Willen erfolgreich aufzuzwingen (*Luard* 1988). Andererseits kann aus einer historisch-materialistischen Perspektive heraus das Hobbes'sche Argument durchaus auch umgekehrt werden: die Geschichte zeige, daß der Staat nicht Sicherheit produziere, sondern nur zur Potenzierung der Unsicherheit führe, daß die Monopolisierung der Gewalt diese nicht vermindere, sondern zu ihrer Kumulation beitrage (*Krippendorff* 1985). Der Widerspruch ist nur ein scheinbarer: wenn die These stimmt, daß der Fortschritt der Produktivkräfte einen Zwilling hat — nämlich den Fortschritt der Destruktivkräfte — ließe sich argumentieren, daß zwar die Inzidenz zwischenstaatlicher Konflikte sinkt, die durch sie bewirkte Intensität der Auslöschung menschlichen Lebens wie der Vernichtung ökonomischer Werte und Ressourcen aber steigt. Die angedeutete Kontroverse ist durch die Forschung (noch?) nicht entschieden.

2. *Eckpunkte der Diskussion* — Daß Krieg und Frieden begrifflich als zwei klar voneinander unterscheidbare, sich gegenseitig ausschließende politische Zustände gelten, ist Ergebnis einer spezifisch frühneuzeitlichen Argumentation: Angesichts der Situation des konfessionellen Bürgerkrieges in Europa konstituiert vor allem Thomas *Hobbes* den Staat als einen öffentliche Ruhe und innere (Rechts-)Sicherheit garantierenden unbedingten Friedensverband, der auf gesellschaftsvertraglicher Grundlage den Naturzustand des *bellum omnium contra omnes* durch Setzung eines rechtlich geordnete Machtverhältnisse im Staatsinnern schützenden Gewaltmonopols aufhebt (Näheres *Meyers* 1992: 90f). Gedanklich wird damit der Weg frei, den Krieg auf das Binnenverhältnis der Souveräne, den internationalen Naturzustand, zu beschränken und ihn als rechtlich geregelte Form bewaffneter Konflikt-

austragung zwischen Staaten zu begreifen. Zugleich ermöglicht diese Operation die Definition des Friedens als Nicht-Krieg — und liefert damit eine politisch-juristische Konstruktion, mittels derer die Vielfalt sozialer und politischer Konfliktlagen begrifflich dichotomisiert wurde (*Münkler* 1992: 15).

Die eindeutige Unterscheidung zwischen Krieg und Frieden kann jedoch nur als idealtypisches Konstrukt verstanden werden: Der Hinweis auf den Kalten Krieg (→ Ost-West-Konflikt), den Bürgerkrieg, die Guerilla („low-intensity warfare") — oder: auf den Libanon, Afghanistan, Jugoslawien — zeigt, daß zwischen Krieg und Frieden eine Grauzone von Phänomenen existiert, die — trotz Beteiligung Dritter — im klassischen Sinn (definiert durch Kriegserklärung und Friedensvertrag) noch keinen Krieg darstellen, die zugleich abeı auch nicht mehr als „Frieden" (im Sinne der Abwesenheit militärischer Gewaltanwendung) bezeichnet werden können. Gleicherweise wird — trotz mehrerer Jahrzehnte systematischer Friedensforschung — darüber Klage geführt, daß der Begriff des Friedens unscharf geblieben sei: sowohl mit Blick auf seine zeitliche Dimension (Friede = Waffenstillstand zwischen zwei Kriegen?), als auch mit Blick auf seinen Gehalt (Friede = Abwesenheit nicht nur direkter, militärischer, sondern auch indirekter, struktureller Gewalt?), schließlich auch mit Blick auf seinen Kontext (Friede: teilbar, d.h. regional, oder nur als Weltfriede zu verwirklichen?) (*Brock* 1990: 71f.).

Diese Beobachtungen lassen es ratsam erscheinen, Krieg und Frieden nicht als absolute Größen an sich, sondern als Eckpunkte eines Kontinuums von Phänomenen zu betrachten, deren Grenzen in der Realität fließend, deren Übergänge ineinander schattierend-changierend sind:

Abb. 1: Begriffskontinuum Krieg — Frieden

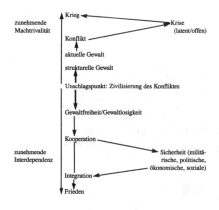

Der Hinweis auf die fließenden Grenzen der Phänomene gilt im übrigen auch für den idealtypisierend-dichotomisierenden Versuch, der Debatte über Krieg und Frieden zwei geschichtsphilosophisch-perspektivische Leitstrahlen zu unterlegen (*Münkler* 1992: 21ff.).

Mit *Clausewitz* betont deren einer den *instrumentellen Charakter* des Krieges, begreift ihn als ein dem rationalen politischen Kalkül unterworfenes Mittel zur Durchsetzung angebbarer, in der Regel von der Staatsräson bestimmter Interessen (so neuerdings auch K.J. *Holsti* 1991). Mit *Hegel*, mehr aber noch in der Tradition eines konservativ-fortschrittskritisch gewendeten Rechts-Hegelianismus (Oswald *Spengler*, Ernst *Jünger*, Carl *Schmitt*) betont der zweite den *existentiellen Charakter* des Krieges, hypostasiert ihn unter Rekurs auf die *Heraklit*sche Formel von „Krieg als Vater aller Dinge" zum Metasubjekt der Geschichte, dem Staat, Politik und Existenz des Individuums final nach- und untergeordnet werden; hier erscheint selbst der Frieden noch als „Fortsetzung des Krieges mit anderen Waffen" (*Dilthey*).

Abb. 2: Instrumenteller versus existentieller Charakter des Krieges

	instrumenteller Aspekt	existentieller Aspekt
Legitimation:	ius ad bellum der Staaten (bellum iustum ex utraque parte)	Krieg als Metasubjekt der Geschichte
Kriegstypus:	Duell der Staaten zur Verwirklichung politischer, ökonomischer, territorialer und dynastischer Interessen	Kampf der Weltanschauungen zur Verwirklichung eines Ausschließlichkeitscharakter beanspruchenden (oft totalitären) Ordnungsmodells
Kriegführungsmodelle:	Kabinettskrieg	Totaler Krieg
	Staatenkrieg	Volkskrieg, Guerilla, Partisanenkrieg
	Niederwerfungskrieg	Ermattungskrieg
Friedenstypus:	politischer Frieden Verhandlungsfrieden (Basis: Einigung im Interessenkompromiß)	eschatologischer Frieden Unterwerfungsfrieden (Basis: Bekehrung des Gegners zur eigenen Weltanschauung)
Friedenssicherungsmodell:	Gleichgewicht der Kräfte Friedenssicherung durch Abschreckung und Kriegsvorbereitung	Imperium oder Universalreich Friedenssicherung durch Monopolisierung der Machtausübung und Gewaltanwendung
	↓	
	egalitäre Struktur: Gleichordnung der (Haupt-)Akteure	hierarchische Struktur: Unterordnung der Akteure unter einen Hauptakteur

3. Begrifflich-typologisches: Krieg — Altertum, Mittelalter und Neuzeit gleichermaßen galt der Krieg als Grundtatbestand menschlichen Konfliktverhaltens, als „... Akt der Gewalt, um den Gegner zur Erfüllung unseres Willens zu zwingen...". Carl v. *Clausewitz* (1973: 191ff.) prägte die klassisch-instrumentelle Sicht: „Der Krieg ist nichts als ein erweiterter Zweikampf. Wollen wir uns die Unzahl der einzelnen Zweikämpfe, aus denen er besteht, als Einheit denken, so tun wir besser, uns zwei Ringende vorzustellen. Jeder sucht den anderen durch physische Gewalt zur Erfüllung seines Willens zu zwingen; sein nächster Zweck ist, den Gegner niederzuwerfen und dadurch zu jedem ferneren Widerstand unfähig zu machen. ... Die Gewalt rüstet sich mit den Erfindungen der Künste und Wissenschaften aus, um der Gewalt zu begegnen. ... Gewalt, d.h. die physische Gewalt (denn eine moralische gibt es außer dem Begriff des Staates und Gesetzes nicht), ist also das Mittel, dem Feinde unseren Willen aufzudringen, der Zweck. Um diesen Zweck sicher zu erreichen, müssen wir den Feind wehrlos machen, und dies ist dem Begriff nach das eigentliche Ziel der kriegerischen Handlung..." In seiner vollen Ausformung seit der Entstehung gesellschaftlicher Großorganisationen, d.h. seit der Bildung der ersten Hochkulturen der Frühgeschichte bekannt, läßt sich der Krieg als der Versuch von Staaten, staatsähnlichen Machtgebilden oder gesellschaftlichen Großgruppen begreifen, ihre machtpolitischen, wirtschaftlichen oder weltanschaulichen Ziele mittels organisierter bewaffneter Gewalt durchzusetzen. Allerdings war in der Geschichte auch immer wieder umstritten, wann eine bewaffnete Auseinandersetzung als Krieg zu bezeichnen sei.

Im Laufe der Entwicklung läßt sich eine Einengung des vorzugsweise auf die gewaltsame Auseinandersetzung (bis hin zum Duell zwischen Individuen) abhebenden Begriffs konstatieren. Mit der Ausbildung des souveränen Territorialstaates und in seiner Folge des als Gemeinschaft souveräner Nationen (→ Souveränität) begriffenen internationalen Staatensystems seit dem 17. Jh. galt eine gewaltsame Auseinandersetzung nur dann als Krieg,

— wenn daran geschlossene Gruppen bewaffneter Streitkräfte beteiligt waren und es sich zumindest bei einer dieser Gruppen um eine reguläre Armee oder sonstige Regierungstruppen handelte,
— wenn die Tätigkeit dieser Gruppen sich in organisierter, zentral gelenkter Form entfaltete, und
— wenn diese Tätigkeit nicht aus gelegentlichen, spontanen Zusammenstößen bestand, sondern über einen längeren Zeitraum unter regelmäßiger, strategischer Leitung anhielt.

Der neuzeitliche Kriegsbegriff stellt darüber hinaus darauf ab, daß die am Krieg beteiligten Gruppen in aller Regel als souveräne Körperschaften gleichen Ranges sind und untereinander ihre Individualität vermittels ihrer

Feindschaft gegenüber anderen derartigen Gruppen ausweisen. Indem dieser Kriegsbegriff einen (völkerrechtlichen) Rechtszustand (→ Völkerrecht) bezeichnet, der zwei oder mehreren Gruppen einen Konflikt mit Waffengewalt auszutragen erlaubt, schließt er Aufstände, Überfälle oder andere Formen gewaltsamer Auseinandersetzung zwischen rechtlich Ungleichen aus, vermag damit aber solche Tatbestände wie Bürgerkrieg, Befreiungskrieg und Akte des Terrorismus nicht oder nur ungenügend abzudecken. Da die Abgrenzung des Krieges gegen andere gewaltsame Aktionen (bewaffnete Intervention, militärische Repressalie, Blockade) in der Praxis der Staaten oft verhüllt wurde, war der Kriegsbegriff im Völkerrecht lange umstritten. Erst die Genfer Fünf-Mächte-Vereinbarung vom 12.12.1932 ersetzte den ursprünglichen Ausdruck „Krieg" durch den eindeutigeren der „Anwendung bewaffneter Gewalt" (Art. III). Die Charta der → Vereinten Nationen folgte dieser Tendenz, indem sie die Anwendung von oder Drohung mit Gewalt in internationalen Beziehungen grundsätzlich verbot (Art. 2, Ziff. 4) und nur als vom Sicherheitsrat beschlossene Sanktionsmaßnahme (Art. 42) oder als Akt individueller oder kollektiver Selbstverteidigung (Art. 51) erlaubte.

Trotz aller völkerrechtlichen Klärungsversuche: in politischer Hinsicht bleibt die Ungewißheit darüber, was das Wesen des Krieges ausmacht und wo er seine Grenzen findet, bestehen. Zwar hat *Clausewitz* die lange Zeit gültige Auffassung vom Kriege als eines funktionalen Mittels der Politik entwickelt, als einer spezifischen Form des Verkehrs der Staaten untereinander, die zwar ihre eigene Logik hat, grundsätzlich aber den Primat der Politik gelten läßt: Der Krieg hat keinen Eigenwert, sondern gewinnt seine Berechtigung allein in einem von der Politik geprägten, der Durchsetzung der Interessen der Staaten nach außen dienenden Ziel-Mittel-Verhältnis. Aber: was diese Auffassung nicht erfaßt, ist die Wandlung des Krieges von einer — für die Zeit Clausewitz' noch typischen — Auseinandersetzung zwischen Souveränen und ihren Armeen — wie sie am deutlichsten in der Form der mit begrenzter Zielsetzung und unter weitgehender Schonung von Non-Kombattanten und produktiven Sachwerten geführten *Kabinettskriege* des 18. Jh.s aufscheint — zu einer Auseinandersetzung zwischen hochindustrialisierten Massengesellschaften, die als *Totaler Krieg* bezeichnet wird. Ausgehend von der *levée en masse* der französischen Revolutionskriege, erstmals deutlich manifest im Amerikanischen Bürgerkrieg 1861-1865, erreicht sie im Ersten und im Zweiten Weltkrieg ihre Höhepunkte. Mobilmachung aller militärischen, wirtschaftlichen und geistig-weltanschaulichen Ressourcen für die Kriegführung; Mißachtung der völkerrechtlichen Unterscheidung zwischen kriegführenden Streitkräften (Kombattanten) und nichtkämpfender Zivilbevölkerung; Zerstörung kriegs- und lebenswichtiger Anlagen im Hinterland des Gegners; Mobilisierung gewaltiger Propagandamittel, um die eigene Wehrbereitschaft zu steigern und die des Gegners zu zersetzen — all diese Elemente haben nur ein Ziel: die völlige Vernichtung des zum absoluten

Feind erklärten Gegners. Der Totale Krieg kehrt das *Clausewitz*'sche Zweck-Mittel-Verhältnis von Politik und Krieg nachgeradezu um, setzt — im Sinne der These *Ludendorffs* vom Krieg als der höchsten Äußerung völkischen Lebenswillens — die äußerste militärische Anstrengung absolut. Damit aber wird der Krieg der politischen Operationalisierbarkeit beraubt, werden Staat und Politik zum Mittel des Krieges erklärt, wird der Krieg stilisiert zum Medium der Selbststeigerung und Überhöhung: des Kriegers sowohl als auch der kriegführenden Nation.

Mit der Entwicklung nuklearer Massenvernichtungswaffen (→ Militärstrategie) stellt sich die Frage nach der politischen Instrumentalität des Krieges vor dem Hintergrund des thermonuklearen Holocausts erneut. Der *Clausewitz*'schen Lehre von der politischen Zweckrationalität des Krieges ist im Zeitalter der auf gesicherte Zweitschlagspotentiale der Supermächte gestützten gegenseitigen Totalzerstörungsoption („mutual assured destruction" — MAD) der Grundsatz entgegenzuhalten, daß Krieg kein Mittel der Politik mehr sein darf. Denn: sein Charakter hat einen qualitativen, irreparablen Bruch erfahren: das Katastrophale, Eigendynamische organisierter militärischer Gewaltanwendung ist auf in der Geschichte bis zum Jahre 1945 nie dagewesene Weise gesteigert worden. Es gilt die treffende Bemerkung des Psychologen Alexander *Mitscherlich* (1970: 16): Die Atombombe verändere den Charakter des Krieges „... von einer Streitgemeinschaft zu einer vom Menschen ausgelösten Naturkatastrophe...". Oder anders: wo das Mittel den Zweck, dem es dienen soll, im Falle seines Einsatzes obsolet macht, führt es sich selber *ad absurdum*. Damit aber wäre auch die hergebrachte Unterscheidung von Krieg und Frieden fragwürdig. Ihre Grenzen verschwimmen spätestens da, wo in der Politik der Abschreckung die Vorbereitung auf den Krieg zur Dauermaxime politischen Handelns wird. Die spezifischen Konturen von Krieg und Frieden als trennbare gesellschaftliche Größen gehen verloren: „Mit der Entwicklung des Kalten Krieges nach dem Zweiten Weltkrieg und der Tendenz zur Totalisierung politischer Ziele und technologischer Zerstörungspotentiale wurde überkommenen begrifflichen Differenzierungen endgültig der Boden entzogen. Dem Begriff des Krieges und dem Begriff des Friedens entsprechen in Politik und Gesellschaft heute keine eindeutigen Sachverhalte mehr" (*Senghaas* 1969: 5).

4. Begrifflich-typologisches: Frieden — „Frieden ist mehr als kein Krieg" so lautet eine griffige Kurzformel (*Rittberger* 1985: 1139), die uns sogleich mit etlichen Fragen konfrontiert. Offensichtlich ist die Bestimmung von „Frieden" komplexer und schwieriger, als es die eingangs zitierte Kurzformel vermuten läßt.

Nun hat *Johan Galtung* (1975: 32-36) anknüpfend an die Unterscheidung von personaler, direkter und struktureller, indirekter Gewalt (Näheres *Meyers* 1991: 27ff.) nicht nur den Doppelaspekt von Gewalt, sondern auch den Doppelaspekt von Frieden verdeutlicht. Begreifen wir Frieden als Abwesenheit von Gewalt, führt die Erweiterung des Gewaltbegriffs auch zu einem „... erweiterten Begriff von Frieden: Frieden definiert als Abwesenheit von personaler Gewalt und Abwesenheit von struktureller Gewalt. Wir bezeichnen diese beiden Formen als negativen Frieden bzw. positiven Frieden." Damit haben wir zwei Zentralbegriffe gewonnen, die die Diskussion um den Frieden seit Mitte der 60er Jahre nachhaltig geprägt haben.

Die Kontrastierung von negativem und positivem Frieden gewinnt ihre Bedeutung für die Gegenwart zunächst in und aus der Zeit des Kalten Krieges. Angesichts der möglichen Eskalation der Auseinandersetzung zwischen den Supermächten zu einem nuklearen Weltkonflikt faßt die in den späten fünfziger Jahren aufkommende Friedensforschung Frieden in einer Minimaldefinition als Abwesenheit von Krieg — als Abwesenheit eines durch bestimmte völkerrechtliche Bedingungen definierten Zustandes, der zwei oder mehreren staatlich verfaßten gesellschaftlichen Großgruppen erlaubt, ihre Konflikte mittels Waffengewalt auszutragen. Nun liegt es nahe, in diese Definition auch jene Fälle aufzunehmen, in denen die völkerrechtlichen Bedingungen des Krieges — formale Kriegserklärung, Beachtung bestimmter Vorschriften bei der Kriegführung — nicht erfüllt waren. Unter Frieden wird somit verstanden die Abwesenheit von Feindseligkeiten oder von Gewaltanwendung, gleichgültig, ob ein legaler Kriegsstatus zwischen den betroffenen Staaten und / oder Parteien besteht oder nicht. Selbst diese Ausweitung der Definition ändert aber nichts an ihrer logischen Struktur: Analog dem Begriff der Gesundheit in der Medizin wird Frieden definiert ex negatione, als Abwesenheit bestimmter Störfaktoren.

Rückblickend läßt sich feststellen, daß der Begriff des negativen Friedens recht bald auch eine ungünstige — eben negative — politisch-ethische Besetzung erfahren hat, die in der ursprünglichen Prägung des Begriffes so nicht intendiert war. Diese Begriffsdeutung wird eigentlich nur verständlich vor dem Hintergrund jenes grundsätzlich-qualitativen Wandels, den die Kriegführung seit 1945 mit der Entwicklung und Dislozierung thermonuklearer Massenvernichtungswaffen erfahren hat. Das Überleben der Menschheit hängt von der Verhinderung des nuklearen Holocausts ab. Und die Chance einer solchen Verhinderung stieg in dem Maße, in dem das politisch-militärische Konfliktverhältnis zwischen den Supermächten stabilisiert wurde. Die Bedingung einer solchen Stabilisierung ist die Regulierung der Gewaltanwendung im bestehenden internationalen System. Eine Regulierung, die durch Maßnahmen der Rüstungskontrolle (→ konventionelle Rüstungskontrolle in Europa), der Vertrauensbildung und der Schaffung eines beiderseitigen Zustandes struktureller Angriffsunfähigkeit die Eskalation an sich nachrangiger Konflikte zur direkten Konfrontation zwischen den Blöcken verhinderte.

Nun bot gerade diese Ausrichtung des negativen Friedensbegriffes auf die

Konfrontation der Supermächte und ihrer jeweiligen Blockklientel den Ansatzpunkt weiterführender Kritik: Denn das Konzept des negativen Friedens basiert auf dem Gedanken einer klaren, potentiell gewaltsamen Subjekt-Objekt-Beziehung: einer Beziehung zwischen potentiellem Täter und potentiellem Opfer. In der Sicherheitspolitik (→ internationale Sicherheit) spiegelt sich dieser Gedanke im Prinzip der *kollektiven Verteidigung* — der Garantie der Möglichkeit eigengesellschaftlicher Selbstbestimmung durch ein Bündnis, das gegen einen in der Kalkulation von vornherein feststehenden Gegner gerichtet ist und mittels einer Politik der *Abschreckung* diesen vom Einsatz militärischer Gewaltmittel abhalten will. Was das Konzept des negativen Friedens aber nicht erfaßt, ist der Aspekt der strukturellen, akteurslosen Gewalt. Es erweist sich als ein Begriff, hinter dem eine für europäische oder angloamerikanische Verhältnisse typische Vorstellung von Harmonie und Kompromiß, Ruhe und Ordnung steht. Ein Begriff aber, der sich auf die Verhältnisse der Dritten Welt nicht anwenden läßt, weil dort die Voraussetzungen für Harmonie und Kompromiß — nämlich die Überwindung wirtschaftlicher Ausbeutung und die Verwirklichung sozialer Chancengleichheit — (noch?) nicht gegeben sind (→ Nord-Süd-Konflikt). Es eröffnet keinen Ausblick auf weiterreichende, den Zustand des Nicht-Krieges überwindende Ziele. Vermutlich sind hier höchst ambivalente Gefühle mit im Spiel: man wünscht zwar den Frieden bewußt herbei, als Weltordnung aber — und das heißt zunächst einmal mit *Mitscherlich* (1970: 126) als „permanenter Verzicht auf Aggressionsäußerungen zum Selbstschutz" scheint man ihn auch zu fürchten. „Das Gefühl, der Möglichkeit kollektiver aggressiver Äußerungen beraubt zu sein, wird unbewußt als äußerst bedrohlicher, schutzloser Zustand aufgefaßt; das reflektiert sich auch in der vagen Unlust, mehr als deklamatorisch sich mit dem Frieden zu befassen...". Und: es reflektiert sich auch im Unvermögen, im Unwillen, die Existenzbedingungen einer friedlichen Welt als Maßstab künftigen politischen Handelns zu entwerfen.

Ein solcher Unwillen läßt sich den Vertretern eines positiven Friedensbegriffs nicht nachsagen. Versuchen sie doch, über die bloße Auffassung des Friedens als Abwesenheit organisierter Gewaltanwendung hinauszugehen und ihn als Muster der Kooperation und → Integration größerer menschlicher Gruppen zu begreifen. Sie verknüpfen mit ihm das Fehlen von Ausbeutung, wirtschaftliche und soziale Entwicklung, Pluralismus, Gerechtigkeit und Freiheit, die Verwirklichung der → Menschenrechte und die jedem Individuum einzuräumende Möglichkeit, sich gemäß seinen Anlagen und Fähigkeiten selbst zu entfalten.

Gerade hinter dieser letzten Teil-Bestimmung aber scheint der *Galtung*'sche Gewaltbegriff wieder auf: positiver Friede gleich Aufhebung von (struktureller) Gewalt; Aufhebung von Gewalt gleich Annäherung der potentiellen und aktuellen Verwirklichungsmöglichkeiten des Individuums bis zu derer beider völliger Deckung. Dies wäre allenfalls in einer *Robinson-Crusoe-*

artigen Existenzsituation erreichbar. In wie auch immer beschaffenen gesellschaftlichen Zusammenschlüssen aber findet meine Verwirklichung ihre
Grenzen spätestens da, wo sie die Verwirklichungsmöglichkeit des anderen
negativ beeinträchtigt. Und: wer definiert eigentlich, was in einer Epoche
als das Potential möglicher somatischer und geistiger Verwirklichung zu gelten hat? Nach welchen Maßstäben? Etwa denen des exzessiven materiellen
Konsums der Ersten Welt? Oder denen der Grundbedürfnisbefriedigung der
Dritten Welt?

Diesem Dilemma einer Fixierung des politisch-ontologischen Gehaltes des
Friedensbegriffs sucht die neuere Friedensforschung dadurch zu entgehen,
daß sie den Frieden weniger als einen (idealistischen End-?)*Zustand*, sondern als einen historischen *Prozeß* begreift, als dessen Ziel freilich die Eliminierung des Krieges — als Austragungsmodus inner- und zwischenstaatlicher Konflikte — der Verwirklichung durch schrittweise Annäherung aufgegeben bleibt (*Brock* 1990: 73ff.). Dabei geht es — entgegen manch land-
läufiger Ansicht — nicht um die Abschaffung des Konflikts als eines sozialen Verhaltenstypus an sich. Vielmehr soll seine Austragungsweise durch
zunehmende Verrechtlichung zivilisiert werden (Näheres *Meyers* 1991:
32ff.) — und damit eine Chance zur Reduzierung, zur Transformation seines
gewalthaltigen Charakters in Richtung auf zunehmende Gewaltfreiheit
bieten.

5. Historisch-genetische Formenlehre von Krieg und Frieden — Trotz aller
ernsthaften und gründlichen Versuche, den Begriff des positiven Friedens zu
bestimmen (*Huber / Reuter* 1990) — sehr viel mehr als Formelkompromisse
hat die Diskussion bislang nicht gezeitigt. In der Natur des Formelkompro-
misses liegt es allerdings, daß er den möglichen Dissens über den genauen
empirischen Gehalt jener Phänomene und Begriffe, auf die er sich bezieht,
eher verdeckt denn auf den Punkt zuspitzt. Was genau bedeutet Gerechtigkeit, was genau verstehen wir unter Freiheit von Ausbeutung, unter sozio-
ökonomischer Entwicklung? Es scheint, daß der Begriff des positiven Friedens als eine Leerformel fungiert, die jeweils von dem, der diese Formel ge-
braucht, mit seinen eigenen, spezifischen politischen, ökonomischen und
sozialen Wertvorstellungen aufgefüllt wird. Diese Einsicht verweist uns zurück auf die Kontextabhängigkeit sozialwissenschaftlicher Großbegriffe.
Und sie läßt eigentlich nur den Schluß zu, daß die Bestimmung jenes Mehr,
das den Friedensbegriff über den Nicht-Krieg hinaustreibt, vollzogen werden kann nur im Blick auf den historisch-gesellschaftlichen Kontext einer je
konkreten historischen Epoche. Der Diskurs über „den" Frieden bleibt notwendigerweise formal: inhaltliche Klarheit gewinnen wir erst dann, wenn
wir den Friedensbegriff zurückholen in ein jeweils ganz bestimmtes Koordinatensystem von Raum, Zeit und gesellschaftlich-politischer Verortung.
Diese Aufgabe wäre einer historisch-genetischen Formenlehre des Krieges

und des Friedens zuzuweisen, die vom epochenspezifischen historischen Befund ausgehen und die Entwicklung der Formen von Krieg und Frieden durch die Geschichte hindurch beständig verfolgen, aufeinander beziehen und auf ihre politischen, ökonomischen und gesellschaftlichen Randbedingungen rückkoppeln müßte. Für die Entwicklungsgeschichte des Krieges ist diese Forderung teilweise erfüllt — sowohl was die Verschränkung seiner politischen, ökonomischen und sozialen Randbedingungen und Triebkräfte (*McNeill* 1984; *Addington* 1984; *Luard* 1986) als auch was die gleichsam schon dialektische Abhängigkeit zwischen waffentechnologischer und Kriegsformen-Entwicklung (*O'Connell* 1989; *van Crefeld* 1991) angeht. Für die genetische Bestimmung des Verhältnisses der Formen von Krieg *und* Frieden steht die Erfüllung dieser Forderung allerdings noch weitgehend aus; wir geben erste formale Hinweise (s. S. 248/9).

6. Kriegsursachen und Friedensstrategien — Das sozialwissenschaftliche Bemühen um die Formulierung allgemeingültiger Aussagen über Ursachen, Ablauf und Lösung bzw. Beendigung von Konflikten und Kriegen sieht sich mit einer grundsätzlichen Schwierigkeit konfrontiert: die genannten Prozesse finden unter je individuell verschiedenen Strukturbedingungen des internationalen Systems statt und nehmen ganz unterschiedliche Verlaufsformen an. Deshalb gibt es nicht nur eine fast schon unübersehbare Anzahl von Erklärungsansätzen in diesem Bereich, ist der Forschungsstand „... atomistisch, nicht kumulativ ..." (*Gantzel* 1988: 54). Wir müssen auch konzedieren, daß die „... Kriegsursachenforschung nur recht dürftige Ergebnisse vorweisen kann, nach wie vor gravierende Lücken ausweist, keinen Konsens über theoretische Grundannahmen erzielen konnte und keinen einigermaßen zusammenhängenden und allgemein anerkannten Wissensbestand hervorgebracht hat ..." (*Mendler / Schwegler-Rohmeis* 1988: 271f.). Der tiefere Grund für dieses Dilemma scheint darin zu liegen, daß vor allem die quantifizierende Kriegsursachenforschung oft versäumt, den Krieg als einen genuin politischen Akt zu begreifen.
In ihrer fortschrittsoptimistisch dem Frieden als rationale Verhaltensmaxime verpflichteten Sicht wertet sie den Krieg als Normabweichung, die durch je bestimmbare Konfigurationen spezifischer Kausal- und Randbedingungen hervorgebracht und durch Rückführung auf das meßbar gehäufte Auftreten solcher Bedingungen in bestimmten Kontexten erklärt wird. Ihre Fragestellung ist die analytische des „Warum?" — während im *Clausewitz*'schen Sinn die teleologische des „Wozu?" — nicht die des „Weshalb wird gekämpft?" , sondern des „Um was wird gekämpft" — mindestens genauso berechtigt wäre (K.J. *Holsti* 1991: 12ff.). Allerdings: würde man die Frage nach den Ursachen und Bedingungen des Krieges und des Friedens *so* stellen, müßte man die Antwort an politische und ethisch-moralische Grundstandorte zurückbinden. Dann aber käme man zu der Erkenntnis, daß im

Abb. 3

Epoche	Kriegsform	Charakteristik	Politische Organisation	Ökonomische Struktur	Friedensideen
Mittelalter	Individualisiert	Fehde, ritterlicher Zweikampf	Lehnswesen, Feudalsystem: Herrschaft im Personenverband	Grundherrschaft, Fernhandel, Zunft- und Verlagswesen	Gottesfrieden, Landfrieden (als personale, temporale, regionale Exemptionen)
Renaissance	Kommerzialisiert	Söldnerheere, Schußwaffen	Radifizierung von Herrschaft im Prozeß der Territoriumsbildung	Frühkapitalismus, Mittelmeer- und Orienthandel	Ausbildung eines verbindlichen Rechtssystems im Innern u. Einschränkung des ius ad bellum im Außenverhältnis
Neuzeit	Etatisiert, systematisiert	Übergang zu stehenden Heeren, Einheitlichkeit von Uniformierung und Ausbildung	Territorialstaat, Ständestaat	Manufaktur, Entdeckungen, Überseehandel, Kolonialismus	Zivilisierung des Krieges durch Kodifizierung und Einhegung des ius in bello
Absolutismus	Bürokratisiert	Staatsheere und (dynastische) Kabinettskriege	Anstaltlich bürokratisch verfaßter Flächenstaat	Steigerung der staatlichen Wirtschafts- (und Militär-)Potenz durch Merkantilismus	Rechtsstaat als Überwindung despotischer Regierungsformen; Freihandel

Französische Revolution	(Radikal-)Demokratisiert	Levée en Masse, Völkerkriege	Republik	Kriegswirtschaft, Kontinentalsperre, merkantilistische Autarkie	Demokratisierung von Herrschaft als Teilhabe der Bürger an Entscheidungen über Krieg und Frieden
19. Jahrhundert	Industrialisiert	Wehrpflichtsarmee; generalstabsmäßig geplante Massenmobilisierung; Intensivierung der Mobilität (Eisenbahn) und der Kontrolle (Telegraph)	Konstitutionalismus	industriewirtschaftlich geprägter liberaler Kapitalismus	Förderung der internationalen Arbeitsteilung; Freihandel
20. Jahrhundert	Totalisiert	Volkskrieg unter Einschluß der Zivilbevölkerung	Parlamentarismus und Demokratie	Finanzkapitalismus mit sozialstaatlichen Momenten	Individueller Widerstand gegen den Krieg als Pazifismus
nach 1945	Nuklearisiert	Bedrohung der gesamten Schöpfung	*	Sozial- oder Daseinsvorsorgestaat	gesellschaftlicher Widerstand gegen den Krieg: Anti-Atomtod/Friedensbewegungen

Abb. 4:

| | Großtheorie | | | | | |
	(klassische) Völkerrechtslehre	klassischer Liberalismus	Demokratischer Liberalismus	Marxismus	Idealismus	Realismus
Akteur	Souveräne Staaten	(wirtschaftende) Individuen	(Staats-)Bürger und Völker	sozioökonomisch definierte Klassen	Individuen	(National-)Staaten
Konfliktnatur	(quasi-)objektiv	subjektiv	subjektiv	objektiv	subjektiv	(quasi-)objektik
entscheidende Konfliktgründe	jus ad bellum der Souveräne, Erwägungen der Staatsraison	irrationale Verhaltensweise der Regierungen, insbes. Eingriffe in das freie Spiel der Marktkräfte und Förderung partikularer Interessen	despotisch-undemokratische Verfassung der Staaten	private Verfügung über Produktionsmittel; Klassenkampf	Unvernunft, Vorurteil mangelnde Kenntnis der Absichten anderer	Machttrieb, Sicherheitsdilemma, Sicht der internationalen Politik als Nullsummenspiel um Macht, Ressourcen, Einfluß
Beziehung der Akteure	(positiv-) völkerrechtliche Gleichordnung	naturrechtlich verbürgte Gleichheit bei objektiver Interessenharmonie	vernunftrechtlich legitimierte Gleichheit im jus cosmopoliticum	Abhängigkeit, Ausbeutung, Asymmetrie	Gleichheit, assoziative Symmetrie	völkerrechtliche Gleichheit, dissoziative machtpolitische Schichtung

Friedensziel	rechtliche Einhegung des Krieges als legitimer Form des Verkehrs der Souveräne untereinander	(freie) Welt-(handels-)Gesellschaft	rechtlich verfaßte internationale Staatengesellschaft mit genossenschaftlicher Organisationsstruktur	klassenlose Gesellschaft	Weltgesellschaft als kosmopolitische Gemeinschaft aller Individuen	negativer Friede: Abwesenheit militärischer Gewaltanwendung zwischen Staaten
Mittel zum Frieden	Diplomatie, Interessenausgleich, friedlicher Wandel, Weiterentwicklung des Kriegsvölkerrechts durch Konsens und Usus	freie Marktwirtschaft, Freihandel, Internationale Arbeitsteilung, Kooperation	rechtsstaatliche und gewaltenteilige Verfassung der Staaten, Teilhabe der Staatsbürger an Entscheidungen über Krieg und Frieden	Aufhebung der Ausbeutung und der privaten Verfügung über Produktionsmittel; mit dem Klassengegensatz in den Nationen fällt die Feindschaft der Nationen gegeneinander	Aufklärung, Konfliktschlichtung, Streitbeilegung, internationale Organisation, kollektive Sicherheit, Integration	Abschreckung, Gleichgewicht der Macht, kollektive Verteidigung
Grundeinstellung hinsichtlich der Verwirklichung des Friedens	(gemäßigt) optimistisch	(deterministisch-) optimistisch	(gemäßigt) optimistisch	(deterministisch-) optimistisch	optimistisch	pessimistisch

Prinzip so viele je in sich geschlossene, aber voneinander gänzlich unterschiedliche Auffassungen über die Ursachen des Krieges (und damit ex negatione auch über die Prämissen und Randbedingungen des Friedens) bestehen, wie es politische Großtheorien gibt. Wir belegen diese Aussage exem-
plarisch und knapp-schematisch (s. S. 250/1).

Literatur

Addington, Larry W.: The Patterns of War Since The Eighteenth Century,
London 1984.

Brock, Lothar: „Frieden". Überlegungen zur Theoriebildung, in: Politische
Vierteljahresschrift, Sonderheft 21 (1990), S. 71-89.

Clausewitz, Carl von: Hinterlassenes Werk vom Kriege, 18. Aufl., Hrsg.
Werner Hahlweg, Bonn 1973.

Czempiel, Ernst-Otto: Der Friede — sein Begriff, seine Strategien, in: Beiträge zur Konfliktforschung 18 (1988), S. 5-16.

Czempiel, Ernst-Otto: Internationale Beziehungen: Begriff, Gegenstand und
Forschungsabsicht, in: *Knapp*, Manfred / *Krell*, Gert (Hrsg.): Einführung in die Internationale Politik. Studienbuch, München 1990, S. 2-25.

Domke, William K.: War and the Changing Global System, New Haven,
Conn. 1988.

Galtung, Johan: Strukturelle Gewalt. Beiträge zur Friedens- und Konfliktforschung, Reinbek b. Hamburg 1975.

Gantzel, Klaus Jürgen (Hrsg.): Krieg in der Dritten Welt. Theoretische und
methodische Probleme der Kriegsursachenforschung — Fallstudien,
Baden-Baden 1988.

Goldstein, Erik: Wars and Peace Treaties 1816-1991, London 1992.

Holsti, Kalevi J.: Peace and war: armed conflicts and international order
1648-1989, Cambridge 1991.

Huber, Wolfgang / *Reuter*, Hans-Richard: Friedensethik, Stuttgart 1990.

Krippendorff, Ekkehart: Staat und Krieg. Die historische Logik politischer
Unvernunft, Frankfurt / Main 1985.

Luard, Evan: War in International Society. A Study in International Socio-
logy, London 1986.

Luard, Evan: The Blunted Sword. The Erosion of Military Power in Modern
World Politics, London 1988.

McNeill, William N.: Krieg und Macht. Militär, Wirtschaft und Gesellschaft
vom Altertum bis heute, München 1984.

Mendler, Martin / *Schwegler-Rohmeis*, Wolfgang: Auf dem Weg zu einer allgemeinen Theorie der Kriegsursachen? Ein Literaturbericht zum Stand
der Forschung, in: *Gantzel*, Klaus Jürgen (Hrsg.): Krieg in der Dritten
Welt, Baden-Baden 1988, S. 199-289.

Meyers, Reinhard: Begriff und Probleme des Friedens: Beiträge der Politikwissenschaft, Hagen (Fernuniversität) 1991.

Meyers, Reinhard: Die Signatur der Neuzeit: Machiavelli, Hobbes und die
legitimatorische Begründung des modernen Staates als Ordnungsmacht,
in: *Konegen*, Norbert (Hrsg.): Politikwissenschaft IV. Politische Philosophie und Erkenntnistheorie, München 1992, S. 77-118.

Mitscherlich, Alexander: Die Idee des Friedens und die menschliche Ag-
gressivität, Frankfurt / Main 1970.

Münkler, Herfried: Gewalt und Ordnung. Das Bild des Krieges im politischen Denken, Frankfurt / Main 1992.

O'Connell, Robert L.: Of Arms And Men. A History of War, Weapons, and
Aggression, New York 1989.

Pfetsch, Frank R. (Hrsg.): Konflikte seit 1945. Daten — Fakten — Hintergründe, 5 Bde., Freiburg 1991.

Repgen, Konrad: Von der Reformation zur Gegenwart. Beiträge zu Grundfragen der neuzeitlichen Geschichte, Paderborn 1988.

Rittberger, Volker: Ist Frieden möglich?, in: Universitas 40 (1985), S.
1139-1149.

Senghaas, Dieter: Abschreckung und Frieden. Studien zur Kritik organisierter Friedlosigkeit, Frankfurt / Main 1969.

van Crefeld, Martin: Technology and War. From 2000 B.C. to the Present,
London 1991.

Vogt, Wolfgang R. (Hrsg.): Angst vorm Frieden. Über die Schwierigkeiten
der Friedensentwicklung für das Jahr 2000, Darmstadt 1989.

Reinhard Meyers

KSZE (Konferenz über Sicherheit und Zusammenarbeit in Europa)

1. Die bisherige Geschichte der KSZE läßt sich in zwei Hauptphasen einteilen. Mit unterschiedlichen Motiven geschaffen diente sie den Konfliktparteien während der ersten Phase des → Ost-West-Konflikts dazu, Spannungen
einzuhegen und abzubauen. Durch zwar nicht rechtlich verbindliche, aber
politisch-moralisch verpflichtende Regeln für den Verkehr zwischen Staaten
sowie zwischen ihnen und ihren Bürgern wurden trotz fortbestehender Sy-
stemunterschiede das gegenseitige Vertrauen gestärkt und die Zusammenarbeit zum allseitigen Vorteil gefördert.

Als Managementagentur des Ost-West-Konflikts hat die KSZE ihre Aufgabe
nicht nur erfüllt, sondern aus der Sicht früherer kommunistischer Regierungen wahrscheinlich sogar übererfüllt. Denn nicht nur trug der KSZE-Prozeß

über mehr als zwei Jahrzehnte hinweg maßgeblich zur zwischenstaatlichen Entspannung und Kooperation bei; das KSZE-Regime eröffnete dem Westen Einwirkungsmöglichkeiten in die kommunistischen Gesellschaften und stärkte in ihnen die Opposition. Die KSZE war zwar nicht der Totengräber des Kommunismus, aber sie hat seinen Untergang besonders in der zweiten Hälfte der 80er Jahre beschleunigt.

In der zweiten Hauptphase nach dem Ende des Kalten Krieges bestand die stabilisierende Funktion der KSZE zum einen darin, als Auffangbecken für den sich auflösenden Warschauer Pakt zu dienen und der sowjetischen Reformführung unter *Gorbatschow* zu helfen, die → deutsche Wiedervereinigung innenpolitisch durchzusetzen. Zum anderen steht die KSZE vor der Herausforderung, in Zusammenarbeit mit und Abgrenzung zu anderen Organisationen Instrumente und Mechanismen für die Neuordnung Europas nach dem Ende der Ost-West-Konfrontation zu entwickeln.

2. *Erste Hauptphase (1975-89)* — Die Sowjetunion hatte schon in den 50er Jahren auf die Einberufung einer Konferenz europäischer Staaten gedrungen, die ein kollektives Sicherheitssystem in Europa schaffen sollte. Den Vorschlägen lag ihr Bestreben zugrunde, ihr sicherheitspolitisches Vorfeld in Europa zu stabilisieren, den Zusammenhalt zwischen den USA und Westeuropa zu schwächen und die Eingliederung der Bundesrepublik Deutschland in die → NATO zu verhindern. Nach dem Scheitern dieser Bemühungen nahm die UdSSR das Thema einer europäischen Sicherheitskonferenz ab Mitte der 60er Jahre wieder auf. Nach wie vor ging es ihr zwar auch darum, westeuropäisch-amerikanische Differenzen zu fördern (Frankreich war 1966 aus der militärischen Organisation der NATO ausgetreten); zunehmend rückten jedoch andere Ziele wie die Anerkennung des politisch-territorialen Nachkriegs-Status quo, die Ausweitung der wirtschaftlich-technischen Beziehungen zum Westen und die Sicherstellung einer gleichgerichteten Westpolitik aller Warschauer-Pakt-Staaten in den Vordergrund (hinzu kam 1969 das Motiv, der Belastung des Ost-West-Verhältnisses durch die CSSR-Intervention entgegenzutreten). Der Westen nahm die östlichen Vorschläge zunächst reserviert auf, da man alles vermeiden wollte, was der sowjetischen Absicht, die transatlantischen Bindungen zu lockern, zuträglich sein konnte. Die USA konzentrierten sich auf die Rüstungskontrolldiplomatie (→ nukleare Rüstung und Rüstungskontrolle) mit der UdSSR, und die Bundesregierung setzte zur Zeit der Großen Koalition (1966-1969) vorrangig auf bilaterale → Entspannungspolitik, weil sie fürchtete, regionale Sicherheitsvereinbarungen könnten die Teilung Deutschlands verfestigen oder die Bundesrepublik in eine Sonderrolle innerhalb der NATO bringen. Die skeptische Haltung des Westens wich jedoch im Zuge des sich intensivierenden Entspannungsprozesses einer aufgeschlosseneren Haltung. Maßgeblichen Anteil daran hatte die neue → Ostpolitik der 1969 gewählten Re-

gierung *Brandt/Scheel*. Durch den Moskauer und Warschauer Vertrag von 1970 und den Grundlagenvertrag mit der DDR, der 14 Tage vor Beginn der KSZE-Vorgespräche am 22.11.1972 paraphiert wurde, konnten eine Belastung der KSZE durch die „deutsche Frage" und ein möglicher sowjetischer Versuch verhindert werden, ein KSZE-Ergebnis in einen „Ersatzfriedensvertrag" umzudeuten. Zugleich konnte das sowjetische Interesse an einer KSZE vom Westen genutzt werden, die UdSSR zu Zugeständnissen in der Deutschlandfrage und beim Berlin-Problem zu bewegen.

Die KSZE wurde am 3.7.1973 mit einem Außenministertreffen eröffnet und führte am 1.8.1975 zur Unterzeichnung der Schlußakte durch die Staats- und Regierungschefs der 35 teilnehmenden Staaten in Helsinki.

Das Dokument besteht aus drei Teilen oder „Körben". Korb I (Fragen der Sicherheit in Europa) gliedert sich in einen Katalog von zehn „Prinzipien, die die Beziehungen der Teilnehmerstaaten leiten", und in ein „Dokument über vertrauensbildende Maßnahmen und bestimmte Aspekte der Sicherheit und Abrüstung". Ihrem Ziel entsprechend, durch die KSZE eine formelle Bestätigung der politisch-territorialen Lage in Europa zu erreichen, legte die UdSSR besonderen Nachdruck auf die Prinzipienerklärung, innerhalb dieser auf die Unverletzlichkeit der Grenzen (Prinzip III) und die Nichteinmischung in innere Angelegenheiten (Prinzip VI). Der Westen und die neutralen und nicht gebundenen Staaten (sogenannte N+N-Staaten) widersetzten sich dem sowjetischen Ansinnen, dem Prinzipienkatalog innerhalb der Schlußakte eine herausgehobene Stellung zu geben und erreichten eine Festlegung der Gleichrangigkeit aller Prinzipien. Ebenso legten sie großen Wert auf eine uneingeschränkte Gewährleistung der souveränen Gleichheit, der territorialen Integrität (Prinzip IV) und des Rechts der Völker, „ihren inneren und äußeren politischen Status quo ohne äußere Einmischung" (Prinzip VIII) selbst bestimmen zu können. Militärische → Interventionen à la CSSR, die die UdSSR mit der *Breschnew-Doktrin* der begrenzten → Souveränität sozialistischer Länder rechtfertigte, würden damit gegen die Schlußakte verstoßen. Hinsichtlich Prinzip VII (Achtung der → Menschenrechte und Grundfreiheiten) wollte die Sowjetunion zunächst nur Religionsfreiheit garantieren, stimmte aber schließlich der Verpflichtung zu, auch Gedanken-, Gewissens- und Überzeugungsfreiheit zu achten.

Der zweite Teil von Korb I betrifft militärische Fragen. Dabei geht es nicht um direkte Eingriffe in Struktur und Umfang der konventionellen Streitkräfte (→ konventionelle Rüstungskontrolle in Europa), sondern um vertrauensbildende Maßnahmen (VBM), die eine größere Transparenz der militärischen Aktivitäten und damit der Absichten der anderen Seite herbeiführen sollen (Ankündigung und Beobachtung von Manövern).

Im Korb II werden Richtlinien für die Zusammenarbeit in den Bereichen Wirtschaft, Wissenschaft, Technik und Umwelt aufgestellt.

Im lange Zeit umstrittenen Korb III geht es um menschliche Kontakte, Kultur- und Informationsaustausch. Während der Westen eine größere Freizügigkeit für Menschen, Informationen und Ideen forderte, befürchteten die WP-Regierungen eine Destabilisierung ihrer Regime durch eine zu weitgehende Öffnung. Gleichwohl kam man überein, für konkrete Verbesserungen (Familienbesuche und -zusammenführungen, Arbeitsbedingungen für Journalisten) zu sorgen.

Bezüglich der „Folgen der Konferenz" wurden weitere Zusammenkünfte vereinbart, um die Durchführung der Schlußakte und die Fortentwicklung ihrer Bestimmungen zu beraten. Das erste Folgetreffen dieser Art wurde für 1977 nach Belgrad einberufen. Schließlich verpflichteten sich die Teilnehmerstaaten, den Text der Schlußakte zu veröffentlichen.

Bewertung: Die Schlußakte war ein Produkt der Ende der 60er Jahre auf bilateraler Ebene eingeleiteten Ost-West-Entspannung. Der Versuch, diesem Prozeß durch ein auf Europa bezogenes Regelwerk Kontinuität und Impulse zu verleihen, war abhängig von der übergeordneten Entwicklung der Ost-West-Beziehungen. Allerdings wirkte der KSZE-Prozeß seinerseits auf diese Entwicklung zurück, da die eingegangenen Verpflichtungen alle Beteiligten zu kooperativem Umgang miteinander anhielten.

Diese Zusammenhänge wurden schon bald deutlich. Im Zuge der sich in der zweiten Hälfte der 70er Jahre wieder verschärfenden Ost-West-Beziehungen kam es auf dem ersten KSZE-Folgetreffen in Belgrad (4.10.1977 — 9.3.1978) zu einer heftigen Kontroverse über die Durchführung der Schlußakte, wobei die Carter-Regierung der UdSSR vor allem Menschenrechtsverstöße vorhielt. Das Treffen endete mit einem kurzen Dokument, in dem festgehalten wurde, daß sowohl über den „bisher erreichten Grad der Durchführung" als auch über die Fortschreibung der Schlußakte kein Konsens bestand. Immerhin wurde jedoch beschlossen, drei Expertentreffen abzuhalten und das zweite Folgetreffen für November 1980 nach Madrid einzuberufen.

Das Madrider Folgetreffen stand angesichts sich weiter verschlechternder Ost-West-Beziehungen (Nichtratifizierung von *SALT II* durch die USA, Afghanistan-Invasion der UdSSR) unter einem ungünstigen Stern. Die neugewählte Reagan-Administration zeigte im Unterschied zu den westeuropäischen und N+N- (N+N = neutrale und nichtgebundene) Staaten zunächst wenig Interesse an einer Erörterung weitergehender Vorschläge. Dennoch wurden 1981 dank der Vermittlung durch die N+N-Staaten wichtige Fortschritte in den Körben II und III erreicht.

Am schwierigsten war die Aushandlung des Mandats für eine europäische Abrüstungskonferenz (KAE). Relativ rasch verständigte man sich auf die westliche Forderung, daß eine KAE an den KSZE-Prozeß angebunden bleiben müsse, daß ein konkretes Mandat vereinbart werden sollte und daß die jetzt VSBM (vertrauens- und sicherheitsbildende Maßnahmen) genannten Verhaltensregeln militärisch bedeutsam, politisch verbindlich und überprüfbar sein müßten. Heftig umstritten war dagegen die Frage des geographischen Anwendungsbereichs von VSBM. Die NATO wollte über die 250 km der Schlußakte hinaus auch den gesamten europäischen Teil der UdSSR einbeziehen, während die Sowjetunion dafür eine „entsprechende" Erweiterung des Geltungsbereichs auf westlicher Seite verlangte. Nach der Verhängung des Kriegsrechts in Polen am 13.12.1981 drohte die Konferenz zu scheitern. Schließlich vertagten sich die Teilnehmer am 12.3.1982 auf den 9.11.1982. Trotz der festgefahrenen START- und INF-Verhandlungen und des Abschusses eines koreanischen Verkehrsflugzeuges durch die UdSSR am 1.9.1983 wurde aber am 7.9.1983 ein Schlußdokument verabschiedet.

Das bedeutendste Ergebnis war die Einberufung einer „Konferenz über Vertrauens- und Sicherheitsbildende Maßnahmen und Abrüstung in Europa" (KVAE). Die Unterzeichner verpflichteten sich, die Zusammenarbeit in den Bereichen Wirtschaft, Wissenschaft, Technik und Umwelt zu fördern und verabredeten dazu eine Reihe von Einzelmaßnahmen. In humanitären Fragen und beim Kultur- und Informationsaustausch gab es Erleichterungen bei Eheschließungen und Familienzusammenführungen, beim Zugang zu diplomatischen Missionen und hinsichtlich der Arbeitsbedingungen für Journalisten.

Bewertung: Auf dem Folgetreffen konnte trotz eines ungünstigen internationalen Umfelds eine Einigung erzielt werden. Dabei hat vor allem auf westeuropäischer Seite das Motiv eine Rolle gespielt, den innen- und außenpolitischen Schaden des absehbaren Mißerfolgs der INF-Verhandlungen zu begrenzen; letztlich wagten es jedoch weder die USA noch die UdSSR, einen offenen Bruch zu provozieren. Insofern förderte der institutionalisierte KSZE-Prozeß Dialog und Kompromiß zwischen Ost und West.

Das dritte Folgetreffen in Wien vom 4.11.1986 bis 15.1.1989 brachte Fortschritte in allen Bereichen, von denen folgende besonders bemerkenswert sind: Korb I / Prinzipien: Verpflichtung der Staaten, die wirksame Ausübung der Menschenrechte und Grundfreiheiten zu garantieren (u.a. Recht eines jeden auf Freizügigkeit innerhalb der Landesgrenzen und auf Ausreise sowie Rückkehr in sein Land); Korb I / Militärische Aspekte der Sicherheit: Verabschiedung von Mandaten für VKSE- und VSBM-Verhandlungen; Korb II / Wirtschaftliche, Wissenschaftliche, Technische und Ökologische Zusammenarbeit: Ausbau bestehender und Aufbau neuer Kooperationswege und -mittel, insbesondere im Bereich des Umweltschutzes; Korb III / Menschliche Kontakte, Information, Kultur, Bildung: u.a. Vereinfachung und Beschleunigung der Antragsverfahren für Familienzusammenführungen.

Bewertung: Die in Wien erzielten Fortschritte reflektierten bereits den abklingenden Ost-West-Konflikt. Wichtigster Impulsgeber dafür war die von *Gorbatschow* betriebene Politik des „Neuen Denkens", an deren Ende mit der Entmachtung der kommunistischen Parteien auch die ursprüngliche Rolle der KSZE als Managementagentur der Ost-West-Konfrontation überflüssig geworden war.

3. *Zweite Hauptphase (ab 1989)* — Zum weitgehend friedlichen Verlauf der antikommunistischen Revolution hat die KSZE auf zweifache Weise beigetragen. Während des Kalten Krieges hat sie durch systemübergreifende Zusammenarbeit entspannungsfördernd gewirkt und einen Gewalt und Unterdrückung delegitimierenden Verhaltenskodex geschaffen. An seinem Ende hat sie den Reformkräften den Rücken gestärkt. Das galt mit Blick auf die deutsche Vereinigung und eine nach dem Zusammenbruch des Warschauer Pakts drohende Isolierung der UdSSR vor allem für die innersowjetische Position *Gorbatschows*. Um die UdSSR einzubinden und ihre Mitsprache in europäischen Angelegenheiten abzusichern, setzte sich deshalb besonders die Bundesregierung für eine Aufwertung der KSZE durch ihre Institutionalisierung und Verrechtlichung ein. In den kleineren Reformländern, die durch die von ihnen herbeigeführte Auflösung des Warschauer Pakts sicherheitspolitisch heimatlos geworden waren, wurden Hoffnungen in einen raschen Ausbau der KSZE zu einer gesamteuropäischen Sicherheitsagentur gesetzt. Sie erfuhren zwar bald eine Ernüchterung und Richtungsänderung auf die NATO hin, aber die Existenz einer Organisation, in der man Partner des Westens war, dürfte gleichwohl politisch-psychologisch stabilisierend gewirkt haben.

Potentiell bedeutsamer als diese eher transitorischen Funktionen ist jedoch die Rolle, die die KSZE in der Neuordnung Europas spielen kann. Hier steht die KSZE vor dem Kardinalproblem, die Kluft zwischen Ansprüchen und Möglichkeiten zu verringern. Einerseits hat sich in Europa nach der Überwindung des politisch-ideologischen Antagonismus der Wertekonsens verbreitert und damit die Bereitschaft zur Zusammenarbeit erheblich vergrößert; andererseits jedoch haben objektiv die Dringlichkeit und Intensität der Herausforderungen noch schneller zugenommen und sind subjektiv die Erwartungen an ihre internationale Bewältigung gestiegen.

Zu diesen Herausforderungen, die der gescheiterte Kommunismus hinterlassen hat, gehören im wesentlichen fünf: die Eindämmung von gewaltträchtigen inner- und zwischenstaatlichen Konflikten, die nach der Eiszeit der kommunistischen Zwangssolidarität aufbrechen; die gewaltfreie und künftige Kooperation begünstigende Desintegration ehemaliger kommunistischer Staatsgebilde; die Transformation der Planwirtschaften in funktionierende, umweltverträgliche Marktwirtschaften; der Aufbau stabiler demokratischer Systeme, einschließlich eines wirksamen Minderheitenschutzes; die gemeinsame Organisation von Sicherheit (→ internationale Sicherheit). Die KSZE kann nur eine unter mehreren Organisationen sein, die sich dieser Probleme annehmen. Als eine zwischenstaatliche Einrichtung hängt ihr Beitrag zudem davon ab, in welchen Bereichen und inwieweit die Mitgliedsstaaten bereit sind, ihr die erforderlichen Kompetenzen zu verschaffen.

Nach der Wende im Osten Europas sind die Kompetenzen der KSZE schrittweise gestärkt worden. Die wichtigsten Etappen dieses Prozesses waren:

- die Bonner Konferenz über wirtschaftliche Zusammenarbeit in Europa vom 19.3. — 11.4.1990, in dessen Schlußdokument sich zum ersten Mal alle Teilnehmerländer für Marktwirtschaft und Privateigentum aussprechen;
- das Kopenhagener Treffen über die menschliche Dimension vom 5. — 29.6.1990, in dessen Schlußdokument Demokratie und Rechtstaatlichkeit als Vorbedingung für Frieden und Sicherheit sowie Grundsätze wie freie Parteienbildung, allgemeine, geheime, freie und regelmäßige Wahlen, die Trennung von Staat und Parteien und ein unabhängiges Justizwesen anerkannt werden;
- das Pariser Treffen der Staats- und Regierungschefs vom 19. — 21.11.1990, auf dem die 22 Mitgliedsstaaten von NATO und Warschauer Pakt den KSE-Vertrag unterzeichneten und in einer gemeinsamen Erklärung ihren Konflikt für beendet erklärten; darüber hinaus billigten alle 34 KSZE-Staaten das Wiener VSBM-Dokument vom 17.11.1990 und verabschiedeten die „Charta von Paris für ein neues Europa", in der Leitlinien für „ein neues Zeitalter der Demokratie, des Friedens und der Einheit" aufgestellt werden und die Institutionalisierung des KSZE-Prozesses eingeleitet wurde;
- das erste Treffen des mindestens einmal jährlich tagenden Rates der Außenminister in Berlin am 19. und 20.6.1991, auf dem ein „Mechanismus für Konsultation und Zusammenarbeit in dringlichen Situationen" beschlossen wurde, der zum ersten Mal das Konsensprinzip einschränkte, und auf dem ebenfalls erstmals eine Erklärung zur inneren Lage in einem KSZE Mitgliedsland (Jugoslawien) (→ Balkankonflikt) verabschiedet wurde;
- das Genfer Expertentreffen über nationale Minderheiten vom 1. — 19.7.1991, auf dem derartige Fragen als eine nicht ausschließlich innere Angelegenheit des jeweiligen Staates bezeichnet wurden;
- die Moskauer Konferenz über die Menschliche Dimension vom 10.9. — 4.10.1991, auf der die Bildung von Expertenkommissionen beschlossen wurde, die bei vermuteten Verstößen gegen die Menschenrechte ihre Untersuchungen auch ohne Einwilligung des betreffenden Staates führen dürfen;
- das zweite Treffen des Außenministerrats in Prag am 30. und 31.1.1992, auf dem die KSZE durch die Aufnahme von zehn GUS-Republiken nach Asien ausgedehnt und beschlossen wurde, daß die KSZE bei groben Verletzungen von KSZE-Verpflichtungen angemessene Maßnahmen auch ohne Zustimmung des betroffenen Staates ergreifen kann;
- das vierte Folgetreffen in Helsinki vom 24.3. — 8.7.1992, das mit dem dritten Gipfeltreffen der Staats- und Regierungschefs am 9. und 10.7.1992 und der Verabschiedung des Helsinki-Dokuments 1992 („Herausforderung des Wandels") endete. Wichtigste Beschlüsse: Rest-Jugoslawien

wird für 100 Tage ausgeschlossen; Einsetzung eines Hohen Kommissars
für nationale Minderheiten; Friedenserhaltung im Rahmen von Kapital
VIII der Charta der → Vereinten Nationen, d.h. die Entsendung von
„Blauhelm-Truppen" (wozu die KSZE Organisationen wie die NATO und
WEU (→ Militärbündnisse) um Unterstützung ersuchen kann), wenn die
direkt betroffenen Parteien zustimmen und einen Waffenstillstand einhal-
ten; Einrichtung eines Sicherheitsforums, das sich als Verhandlungs- und
Konsultationsgremium allen Fragen der Abrüstung, Rüstungskontrolle,
Vertrauens- und Sicherheitsbildung und der Verminderung von Konfliktri-
siken annehmen soll; Stärkung der Institutionen und Strukturen (neue Zuständigkeiten für den Ausschuß Hoher Beamter und das Büro für Demokratische Institutionen und Menschenrechte, Troika, Ad-hoc-Lenkungs-
gruppen, persönliche Vertreter).

Im Zuge dieses KSZE-Prozesses sind KSZE-Strukturen mit folgenden tragenden Elementen entstanden:

— Gipfeltreffen der Staats- und Regierungschefs: anläßlich der Folgetreffen
  (seit Helsinki '92 „Überprüfungskonferenzen" genannt), in der Regel alle
  zwei Jahre;
— Überprüfungskonferenzen: gehen den Gipfeltreffen voran und dienen der
  Bestandsaufnahme sowie Stärkung des KSZE-Prozesses;
— Rat der Außenminister: zentrales Beschluß- und Leitungsgremium; tagt
  mindestens einmal jährlich; Vorsitz durch Vertreter des Gastlandes, der
  durch seinen Vorgänger und Nachfolger („Troika"), durch Ad-hoc-Len-
  kungsgruppen aus einer begrenzten Zahl von Teilnehmerstaaten und durch
  persönliche Vertreter unterstützt werden kann;
— Ausschuß Hoher Beamter (AHB): Vorsitz führt Vertreter des Gastgeber-
  landes der letzten Ratssitzung; oberstes Arbeitsgremium der KSZE; berei-
  tet Ratstreffen vor und führt seine Beschlüsse durch;
— Hoher Kommissar für nationale Minderheiten, der für „Frühwarnung"
  und „Frühmaßnahmen" sorgen soll;
— Sekretariat in Prag;
— Büro für Demokratische Institutionen und Menschenrechte (BDIMR) in
  Warschau: dient der Überwachung der Einhaltung der Verpflichtungen im
  Bereich der menschlichen Dimension und dem Aufbau demokratischer Institutionen;
— Konfliktverhütungszentrum (KVZ) in Wien: unterstützt die Durchführung
  vertrauens- und sicherheitsbildender Maßnahmen; Forum für Konsultationen zu Sicherheitsfragen mit politisch-militärischen Implikationen; Instrument zur Krisenbewältigung und friedlichen Streitbeilegung;
— Mechanismus für Konsultationen und Zusammenarbeit in bezug auf ungewöhnliche militärische Aktivitäten: etabliert eine Auskunfts- und Konsulta-
  tionspflicht;

— Mechanismus der menschlichen Dimension: kann zur Untersuchung von Menschenrechtsverstößen durch Berichterstattermissionen von sechs oder zehn Staaten in Gang gesetzt werden;
— Mechanismus für friedliche Streitbeilegung: kann auf Antrag einer Streitpartei eingesetzt werden, aber starkes Vetorecht der anderen;
— Mechanismus für dringliche Situationen: kann auf Antrag von mindestens zwölf Staaten zu einer Dringlichkeitssitzung des AHB führen, auf der Empfehlungen zur Entschärfung der Lage vereinbart werden können.

Bewertung: Die KSZE hat durch ihre Vertiefung (Institutionalisierung und Einrichtung der genannten Mechanismen) und Verbreiterung (umfassende Mitgliedschaft, Wertekonsens, Ausdehnung ihrer Zuständigkeit vor allem in den Bereichen Menschenrechte und konventionelle Rüstungskontrolle) versucht, mit den neuartigen Herausforderungen nach dem Kalten Krieg Schritt zu halten. Auch wenn dies nur zum Teil gelungen ist: die zentrale Bestimmung der KSZE bleibt es, Staaten zur Einhaltung von selbstgesetzten Regeln für zwischen- und innerstaatliche Beziehungen anzuhalten und zur Vertrauensbildung, Krisenbewältigung und Kooperation beizutragen. Keine andere Organisation kann auf gesamteuropäischer Ebene diese Aufgabe wahrnehmen.

Obgleich sich dafür die Voraussetzungen durch die antikommunistische Revolution erheblich verbessert haben, bleibt die Handlungskompetenz der KSZE eingeschränkt. Das gilt vor allem für die Verhütung und Beilegung gewaltsamer Konflikte, wie die Außenseiterrolle der KSZE bezüglich Jugoslawien und anderer derartiger Konflikte gezeigt hat. Fünf Problemkomplexe machen der KSZE in diesem Zusammenhang zu schaffen:

a) Von ursprünglich 35 ist die KSZE in zwei Jahren auf derzeit 52 Mitgliedsstaaten angewachsen. Im Kalten Krieg standen sich in Form von Ost und West zwei im wesentlichen geschlossen auftretende Akteure gegenüber; heute ist nicht nur die Interessenvielfalt, sondern durch den Wegfall der disziplinierenden „Blöcke" auch der individuelle Handlungsspielraum größer geworden.

b) Die KSZE ist eine unter mehreren Organisationen, die sich der Probleme des nachrevolutionären Europas annehmen. Vor allem im engeren sicherheitspolitischen Bereich muß noch eine sinnvolle Abstimmung und Abgrenzung zwischen KSZE, UNO, NATO, WEU und → EG gefunden werden.

c) Die KSZE ist zu groß und heterogen geworden, um alle mit allem zu befassen. Analog zur EG muß unter dem KSZE-Dach eine Regionalisierung im Sinne des Subsidiaritätsprinzips gefördert werden.

d) Zwischen Konsens- und Mehrheitsprinzip muß eine befriedigende Balance hergestellt werden. Einerseits erhöht das Konsensprinzip zwar den

Einfluß eines jeden Staates und damit seine Mitwirkungsbereitschaft;
andererseits jedoch kann es die KSZE lähmen, wenn es um die konsequente Durchsetzung von KSZE-Verpflichtungen geht.

e) Deshalb wird es für die Zukunft der KSZE entscheidend sein, in welchem Maße die Mitgliedsstaaten bereit sind, ihre inneren Angelegenheiten zu solchen der KSZE zu machen und sich ihren Beschlüssen zu unterwerfen. Grundsätzlich ist inzwischen unstrittig, daß Vorgänge innerhalb
von Staaten auch andere angehen. Dementsprechend konnten im Rahmen der aufgeführten Mechanismen begrenzte Einwirkungsrechte geschaffen werden. Auch unter westlichen Teilnehmerländern gibt es jedoch Widerstände gegen eine Erweiterung dieser Rechte, die notwendig
sind, wenn die KSZE eine handlungsfähige Organisation werden soll.

Literatur

Helsinki-Dokument 1992 „Herausforderung des Wandels", in: Europa-
    Archiv, 18 / 1992.
Meyer, Berthold / *Schlotter,* Peter: Die KSZE vor neuen Herausforderungen,
    in: *Mutz,* Reinhard / *Krell,* Gert / *Wismann*, Heinz: Friedensgutachten
    1992, Münster / Hamburg 1992.
Rotfeld, Adam Daniel: European security structures in transition, in: Stock-
    holm International Peace Research Institute, Yearbook 1992, Oxford
    1992.
Staack, Michael (Hrsg.): Aufbruch nach Gesamteuropa. Die KSZE nach der
    Wende im Osten, Münster 1992.
Volle, Herman / *Wagner,* Wolfgang (Hrsg.): Konferenz über Sicherheit und
    Zusammenarbeit in Europa, Bonn 1976.

Eckhard Lübkemeier

Kuwait-Krieg

1. Ursprünge und Entwicklung des Konfliktes — Am 2.8.1990 marschierten
irakische Truppen in K. ein und besetzten das gesamte Emirat innerhalb weniger Stunden. Dieser Invasion eines arabisch-islamischen Bruderlandes lagen rein machtpolitische Zielsetzungen des irakischen Präsidenten zugrunde, vor allem sein Streben nach einer regionalen Vormachtstellung. Die
Position *Saddam Husseins* war durch den Ausgang des iranisch-irakischen
Krieges national wie regional gestärkt worden. International profitierte er

von der Tatsache, daß der Iran allgemein — insbesondere von den USA — als Hauptbedrohung für den Frieden im Mittleren Osten betrachtet wurde. Über den autoritären, repressiven Charakter des Regimes in Bagdad bestanden im Westen keine Zweifel, doch glaubte vor allem die Regierung der USA, durch die Pflege bilateraler Beziehungen *Saddam Hussein* unter Kontrolle halten zu können.

Den Zielen des irakischen Rüstungsaufbaus wurde bis Anfang 1990 kaum Beachtung geschenkt; er konnte sogar mit wesentlicher Unterstützung des Auslandes vorgenommen werden. Das Hauptgewicht lag auf der Entwicklung von Raketen mittlerer Reichweite, deren Sprengköpfe mit chemischen und bakteriologischen Kampfstoffen ausrüstbar gemacht werden sollten. Daß der Irak an der Weiterentwicklung von B- und C-Waffen arbeitete, war bekannt. Solche Waffen waren bereits im Krieg gegen Iran und gegen die Kurden eingesetzt worden. Israel mußte angesichts dieser Erkenntnisse stark beunruhigt sein (→ Nahostkonflikt). Zur Abschreckung eines israelischen Präventivschlags gegen seine Rüstungsinstallationen erklärte der irakische Präsident: „Wir werden halb Israel mit Feuer überziehen, wenn es gegen den Irak vorgeht." Solche Drohungen lösten nunmehr auch international Befürchtungen über die Politik Saddams aus.

Nach dem iranisch-irakischen Krieg hegte *Saddam Hussein* neben dem Wiederaufbau seines Landes weiterreichende Pläne: den forcierten Ausbau der Infrastruktur, der Ölinstallation, der Häfen am Golf, zugleich die Entwicklung der Landwirtschaft und noch stärker der Industrie mit Schwerpunkt Rüstungsindustrie. Dies alles sollte den Irak innerhalb kürzester Zeit zu einem wirtschaftlich autarken Land machen und die Basis für eine erweiterte Machtposition bilden.

Doch stießen solche Pläne schnell an finanzielle Grenzen. Als Folge der Diskrepanz zwischen politischem Anspruch und wirtschaftlicher Leistungsfähigkeit wurde der Irak zu einem schlechten Schuldner. Mangelnder Realitätssinn und ein rücksichtsloses Finanzgebaren machten es Bagdad immer schwerer, neue Kredite zu bekommen.

In dieser Lage bot sich die Einverleibung des ölreichen, bevölkerungsarmen Emirats Kuwait unter Hinweis auf „historische Ansprüche" an. Solche Ansprüche waren zwar objektiv nicht haltbar, doch baute *Saddam Hussein* auf ihre machtpolitische Durchsetzbarkeit, gestützt auf starke Propaganda. Sie stieß in der Folgezeit vor allem in der arabischen Welt auf Resonanz. Konkret erhoffte der irakische Präsident die Übernahme kuwaitischer Finanzguthaben und Investitionen sowie der Ölvorkommen. Mit letzteren hätte der Irak seine Position innerhalb der OPEC deutlich stärken und gegenüber Saudi Arabien größeren Einfluß auf die Preisgestaltung des Kartells nehmen können. Ferner hätte eine erfolgreiche Annexion den maritimen Zugang zum Golf wesentlich verbessert und alle Vorteile eines Tiefseehafens nutzbar werden lassen. Mit erfolgreicher Inbesitznahme K.'s hätte der Irak zudem seine strategische Position

am Golf erheblich verbessern können. Sein militärisches Gewicht hätte dann
ohne weitere Expansion genügt, um die übrigen arabischen Golfstaaten zu
Wohlverhalten zu veranlassen.

Neben dem „historischen Anspruch" erhob der Irak in Vorbereitung der Invasion heftige Beschuldigungen gegen K., in erster Linie gegen dessen Erd-
ölpolitik (Überproduktion zum Schaden des Irak, „Diebstahl" aus einem
grenzübergreifenden Erdölfeld). K. zeigte sich in anschließenden Verhandlungen unter arabischer Vermittlung (Saudi Arabien, Ägypten) zwar zu Teilzuge-
ständnissen bereit, doch gingen diese Bagdad nicht weit genug. Der Einmarsch fand statt noch während die Verhandlungen liefen.

Das Scheitern der irakischen Pläne und sein Rückzug waren eine Folge vieler
zusammenwirkender Faktoren. In erster Linie aber trug dazu die Entschlos-
senheit der internationalen Staatengemeinschaft bei, die nach dem Ende des
→ Ost-West-Konflikts mobilisiert werden konnte.

2. *Internationale Reaktionen — Saddam Hussein* visierte über den regionalen
Vormachtanspruch die Position eines gesamtarabischen Führers an. Er hatte in
diesem Umfeld wichtige bilaterale Bindungen aufgebaut, die sich in den Abstimmungen der Arabischen Liga als nützlich erweisen sollten. So hatte er die
Palästinenser in den Monaten zuvor an sich zu binden vermocht, sie schenkten
z.T. auch der irakischen Propaganda Glauben, wonach Palästina mit neuen
Waffensystemen zurückerobert werden konnte.

Irakische Propagandaformeln wie die Wiederherstellung arabischer Würde
gegenüber Israel, der Kampf gegen die „zionistisch-US-amerikanische Verschwörung" fanden in der Bevölkerung der arabischen Staaten überwiegend
ein positives Echo. Auch der irakische „Vorschlag", zwei Tage nach der erklärten Annexion K.'s am 10.8.1990, das Emirat wieder herauszugeben, wenn Israel die besetzten Gebiete räume, war propagandistisch richtig berechnet. Bei
der Einsetzung K.'s als Faustpfand konnte Saddam auf breite Zustimmung bei
der Bevölkerung in den armen, überbevölkerten arabischen Staaten rechnen,
die den reichen Ölmonarchien außerordentlich kritisch gegenüberstanden.

Doch verlor der irakische Präsident auch an Sympathien in der arabischen
Welt, vor allem in Ägypten. *Saddam Hussein* hatte den ägyptischen Präsi-
denten bei dessen Vermittlungsversuchen in eklatanter Weise getäuscht.
Während Präsident *Mubarak* bekanntgegeben hatte, der irakische Präsident
habe ihm zugesichert, daß er nicht in K. einmarschieren werde, waren die
Vorbereitungen zur Invasion fortgeführt worden.

Die irakische Aktion stürzte die Arabische Liga in eine tiefe Krise. Nach
dem Einmarsch benötigte sie zwei Tage, um sich auf eine Resolution zur Verurteilung des irakischen Vorgehens zu einigen. Darin wurde zwar gefordert,
der Irak solle sich unverzüglich und bedingungslos zurückziehen, doch
stimmten vier Staaten gegen die Resolution. Mehrere Mitglieder der Liga
nahmen später an der Militäraktion zur Befreiung K.'s teil. Der Golf-Ko-

operationsrat, dem Saudi Arabien, K., die VAR, Katar, Bahrein und Oman angehörten, hätte gemäß seiner Satzung K. militärisch zu Hilfe eilen müssen. Der Rat erwies sich einmal mehr als schwach und handlungsunfähig. An der iranischen Flanke hatte *Saddam Hussein* im Hinblick auf die geplante Invasion, die Irans regionale Position und seine strategischen Interessen in hohem Maße betreffen würden, frühzeitig eine Absicherung begonnen. Schon im April 1990 hatte er dem Iran weitgehendes Entgegenkommen in Friedensverhandlungen zugesagt, z.B. die Anerkennung der Talweggrenze im Schatt al-Arab. Der Protest der internationalen Staatengemeinschaft gegen die Invasion und der Aufbau einer anti-irakischen Militärallianz zwangen *Saddam Hussein* später zu weiteren Konzessionen gegenüber Iran. Eine energische iranische Reaktion auf die Aggression gegen K. blieb daher aus. Erst der Aufmarsch raumfremder Streitkräfte am Golf alamierte Teheran: Präsident *Rafsanjani* warf dem Irak vor, diese Aktion provoziert zu haben.

Noch am Tage der Invasion erfolgte deren Verurteilung durch den Sicherheitsrat (SR) der UN (→ Vereinte Nationen). Weltweit wurden die kuwaitischen und irakischen Guthaben eingefroren. Diese prompte Reaktion wurde durch die neue Qualität der Beziehungen zwischen den beiden Supermächten ermöglicht und löste in Bagdad Überraschung aus. Die vorausgegangenen Veränderungen des globalen politischen Klimas waren vom irakischen Präsidenten offenbar nicht richtig eingeschätzt worden.

Als *Saddam Hussein* den Rückzug verweigerte, folgten zügig Sanktionsbeschlüsse des SR, ein weltweites Wirtschafts-, Waffen- und Erdölembargo wurde verhängt, schließlich eine Wirtschaftsblockade. Iraks formelle Annexion K.'s wurde von der Völkergemeinschaft für null und nichtig erklärt. Zur Durchsetzung der Blockade wurden Länder, die zum Schutz vor weiteren irakischen Übergriffen Marineeinheiten in die Golfregion entsandt hatten, von den UN zu aktiver Überwachung aufgerufen. Ziel der Staatengemeinschaft war gemäß UN-Statuten die Sicherung der internationalen Rechtsordnung (→ Völkerrecht) und der Schutz der Mitgliedstaaten vor Aggression; dahinter stand jedoch zugleich das Interesse der westlichen Industriestaaten, die kontinuierliche Ölversorgung aus der Golfregion zu angemessenen Preisen zu gewährleisten.

3. Diplomatie und Truppenaufmarsch — Am 8.8.1990 kündigte der amerikanische Präsident die Entsendung von Flugzeugen und mehreren tausend Soldaten nach Saudi Arabien auf dessen Ersuchen an. Diese Maßnahme erfolgte in enger Verbindung mit den UN sowie unter multinationaler Beteiligung. Im SR arbeiteten die USA und Großbritannien eng zusammen, um eine Resolution zu erlangen, die im Zweifelsfall auch einen militärischen Einsatz zur Befreiung K.'s erlauben würde. Während Frankreich und die Sowjetunion eine militärische Lösung fast um jeden Preis zu vermeiden trachteten, versuchte Washington eine militärische Option durch einen Truppenaufbau glaubwürdig zu machen. Die USA stellten folgerichtig auch das weitaus größte Truppenkontingent, insgesamt beteiligten sich schließlich 28 Staaten mit Kontingenten sehr unterschiedlicher Größe an der Anti-Irak-Allianz.

Das Bemühen Frankreichs und der UdSSR sowie der arabischen Staaten (Jemen war zu dieser Zeit Mitglied des SR) um eine politische Lösung wurde durch die Unnachgiebigkeit *Saddam Husseins* erheblich erschwert. Das Festhalten westlicher Geiseln über mehrere Monate hinweg nahm die Welt weiter gegen den Irak ein.

Im November 1990 beschlossen die USA einseitig eine Verdoppelung ihrer Truppen in Saudi Arabien. Die Anti-Irak-Front erlangte eine Offensivkapazität. Dieser Schritt rief nicht nur innerhalb der Vereinigten Staaten, sondern weltweit heftige Proteste hervor. Der Irak selbst drohte mit Terroranschlägen in den Staaten der Anti-Irak-Allianz.

Die UN-Diplomatie entwickelte inzwischen eine eigene Dynamik. Am 29.11. 1990 wurde in der Resolution 678 ein bedingungsloser Rückzug sowie die Befolgung aller vorausgegangenen Resolutionen bis zum 15.1.1991 gefordert. Diese Resolution stellte das entscheidende Ultimatum dar. Es hätte für den Irak anschließend Möglichkeiten gegeben — und sei es durch den Beginn eines Rückzugs — einen Angriff zu vermeiden, *Saddam Hussein* ließ sie in offenbarer Fehleinschätzung der Situation außer Acht.

4. „Wüstensturm" und „Wüstenschwert" — 18 Stunden nach Ablauf des Ultimatums begann der Luftangriff der Alliierten. Massive und präzise Bombardierungen der irakischen Positionen in K., militärischer Anlagen und Einrichtungen der Infrastruktur im Irak dauerten viereinhalb Wochen an. Die irakische Luftabwehr war rasch ausgeschaltet, ein Teil der irakischen Flugzeuge wurde nach Iran in vermeintliche Sicherheit gebracht.

Zu Kriegszielen erklärte Präsident *Bush* die Befreiung K.'s und die Wiedereinsetzung der dortigen Regierung. Eine Besetzung des Irak war nicht vorgesehen, sein Potential an ABC-Waffen und Raketen sollte jedoch zerstört werden. Dieses Vorgehen war durch das UN-Mandat abgesichert.

Iraks folgenreichste Militäraktion während des Krieges waren Raketenangriffe auf Israel und Saudi Arabien. Israel konnte durch die Stationierung von US-Luftabwehrraketen („Patriot") und politischen Druck Washingtons von einem Eingreifen in den Krieg abgehalten werden. Es zog aus der Entwicklung erheblichen moralischen Gewinn. Der Irak setzte entgegen weltweiten Befürchtungen keine C-Waffen ein, vermutlich um einer amerikanischen Antwort mit „allen Mitteln" zu entgehen.

Am 22.2.1991 drohte Präsident *Bush* eine Bodenoffensive für den Fall an, daß der Irak nicht umgehend einlenkte. Der Irak ließ zwar durch sowjetische Vermittler im SR seine Bereitschaft zum Truppenabzug erklären, jedoch nicht zur Aufgabe seines Anspruchs auf K.

Am 24.2.1991 begann der Einsatz von Bodentruppen der Allianz, er konnte nach nur 100 Stunden mit einem sorgfältig geplanten Umzingelungsangriff beendet werden. Auf Seiten des Irak kam es zu hohen Verlusten. Am 26.2 räumte *Saddam Hussein* seine Niederlage vor dem irakischen Volk — propagandistisch verbrämt — ein. Einen Tag später wurden die Kampfhandlungen eingestellt. Es folgte die Annahme der UN-Resolutionen durch den Irak. Sie schlossen den ausdrücklichen Verzicht auf K. ein. Damit waren die militärischen Ziele der Allianz erreicht. Resolution 686 legte am 2.3.1991 die Voraussetzungen für Verhandlungen über einen Waffenstillstand fest. Vier Wochen später lag das Resultat vor (Res. 687). Hierin wurde gefordert: Bestätigung der 1963 von der irakischen und der kuwaitischen Regierung in einem bei den UN registrierten Protokoll festgelegten Grenze, Zustimmung zur Zerstörung von B- und C-Waffen, Verzicht auf die Entwicklung und den Erwerb von Kernwaffen, gemäß vorgegebener Zeit und Verifikationsmechanismen. Der Irak akzeptierte rasch, der Waffenstillstand trat am 11.4.1991 in Kraft. Der Krieg um K. war beendet.

5. Die Nachkriegsphase — Trotz großer Verluste blieben *Saddam Hussein* genügend Truppen und Waffen, um im eigenen Land ausbrechende Aufstände niederzuschlagen. Er hatte bereits vor der Bodenoffensive Eliteeinheiten aus K. abgezogen und im Raum Bagdad stationiert. Sie sollten seine Machtposition in den folgenden Monaten sichern.

Der Armee gelang die Niederschlagung von Aufständen gegen die Zentralregierung im Norden des Irak (Kurden) und im Süden (Schiiten). Dies führte zu Flüchtlingsströmen in die Grenzgebiete der Türkei und Irans. Erneut trat der SR in Aktion und forderte Bagdad zur Beendigung der Unterdrückung der Zivilbevölkerung auf. Es folgte die Schaffung von Schutzzonen für die Kurden, die seither von den westlichen Staaten militärisch gesichert und von den UN verwaltet werden.

Unmittelbar nach dem Krieg in seiner Position erheblich geschwächt, vermochte *Saddam Hussein* dennoch vor Ablauf eines Jahres, seine innenpolitische Machtstellung mit den im Irak der Baath-Partei üblichen Methoden zu konsolidieren. Der Anspruch auf K. wurde erneut erhoben, die Tätigkeit von UN-Personal im Lande behindert. Als Folge der Obstruktionspolitik gegenüber den UN bei Durchführung ihrer Resolutionen bleibt das irakische Volk den Auswirkungen des fortdauernden Wirtschaftsembargos ausgesetzt.

6. Bewertung — Der alliierte Einsatz zur Befreiung K.'s sollte über die Abwehr von Aggression und von Gebietseroberung durch Gewalt hinaus einer dauerhaften Sicherung des Friedens in der Region dienen. Dies schloß die Frage nach einer Friedenssicherung am Golf ein. Hierzu wurden ein regionales Kooperationssytem sowie Rüstungsbegrenzungen erwogen. Beides zeichnet sich jedoch nicht ab. Garantien zur Durchführung der Waffenstillstandsresolutionen sowie militärischer Schutz durch westliche Länder, vor allem durch die USA und in begrenztem Maße durch Großbritannien und Frankreich, erscheinen vorerst unentbehrlich. Gleichermaßen bedarf es humanitärer Hilfe und Schutzmaßnahmen für die bedrohten Bevölkerungsgruppen innerhalb des Irak.

Nach dem Waffenstillstand wurde häufig die Frage diskutiert, warum die Alliierten nach der Befreiung K.'s nicht nach Bagdad vorgestoßen waren, um einen Machtwechsel zu erzwingen. Für dieses Vorgehen gibt es vor allem drei Gründe:

— eine Einnahme Bagdads wäre durch die UN-Resolutionen nicht gedeckt gewesen;
— die öffentliche Meinung in den westlichen Ländern wie auch die arabischen Regierungen hätten ein Vorrücken bis Bagdad nicht unterstützt;
— es herrschte allgemein die Annahme vor, daß *Saddam Hussein* sich nach der vernichtenden Niederlage (die Aufstände gegen ihn boten ein Indiz) nicht würde an der Macht halten können.

Nach Beendigung des K.-Krieges setzte sich die amerikanische Regierung mit Nachdruck für den Beginn substantieller Verhandlungen über eine Beendigung des israelisch-arabischen Konfliktes ein. Fakten und Umstände des Krieges am Golf hatten die politischen und strategischen Gewichte im Mittleren Osten und in der arabischen Welt so weit verändert, daß ein solcher Prozeß zumindest begonnen werden konnte.

Ob der Irak daran gehindert werden kann, in absehbarer Zeit ein neues Bedrohungspotential aufzubauen, muß abgewartet werden. Die internationale Konstellation von 1990/91, aufgrund derer *Saddam Hussein* in die Schranken verwiesen werden konnte, erscheint heute nicht mehr wiederholbar.

Literatur

Arnold, Hans: Die Golfkrise und die Vereinten Nationen, in: Außenpolitik; 1/1991, S. 69-78.

Braun, Ursula: Epizentrum Kuwait: Die weltpolitische Dimension eines Regionalkonfliktes; ibid., S. 59-68.

Dannreuther, Roland: The Gulf Conflict: a political and strategic analysis. Adelphi Paper No. 264, Winter 1991/91, The International Institute of Strategic Studies, London 1992.

Greenwood, Christopher: Iraq's Invasion of Kuwait: some legal issues, in: The World Today, March 1991, S. 39-44.

Hubel, Helmut: Der zweite Golfkrieg in der internationalen Politik, Arbeitspapiere zur Internationalen Politik Nr. 62, Forschungsinstitut der Deutschen Gesellschaft für Auswärtige Politik, Bonn 1991.

Schofield, Richard: Kuwait and Iraq: Historical Claims and Territorial Disputes, The Royal Institute of International Affairs, London 1991.

Ursula Braun

Menschenrechte

1. Begriff und historische Entwicklung — Der Begriff „Menschenrechte" bezeichnet im politischen Sprachgebrauch im allgemeinen den Inbegriff derjenigen Freiheitsansprüche, die der einzelne allein aufgrund seines Menschseins erheben kann und die von einer Gesellschaft aus ethischen Gründen rechtlich gesichert werden müssen. In diesem Sinne ist von „natürlichen", „vorstaatlichen", „angeborenen" oder „unveräußerlichen" Rechten die Rede, in deren Achtung und Sicherung sich ein politisches Gemeinwesen legitimiert. In einem spezielleren juristischen Sinne bezeichnen Menschenrechte erstens im Unterschied zu Grundrechten solche Rechte des einzelnen, zu deren Wahrung der Staat auf der Grundlage völkerrechtlicher Normen (→ Völkerrecht) verpflichtet ist und zweitens im Unterschied zu Bürgerrechten solche verfassungsmäßigen Rechte, die nicht auf Staatsangehörige beschränkt sind, sondern allen auf einem Territorium lebenden Menschen von Verfassungsrechts wegen zukommen.

Die ideengeschichtliche Grundlage der Menschenrechte ist — trotz einiger Vorläufer in Antike und Mittelalter — der mit Beginn der Neuzeit einsetzende Wandel „von vorgegebener zu aufgegebener Normativität" (*Ryffel* in: *Schwartländer* 1978: 56ff.), der in *Luthers* Abheben auf das religiöse Gewissen und in *Kants* Bestimmung der Autonomie als Prinzip jeder Ethik seine Höhepunkte erfährt. Die Verantwortung des einzelnen begründet in der neuzeitlich-modernen Ethik eine unabhängig von ständischen Würdigkeiten (*dignitates*) bestehende Würde des einzelnen, welche die gleiche Freiheit jedes Menschen zur Grundforderung an die politische Verfassung des Staates erhebt. Danach ist ein Staat nur dann legitim, wenn er die Freiheit, Gleichheit und verantwortliche Mitwirkung jedes einzelnen in allen dem Menschen wesentlichen Daseinsbereichen nicht lädiert bzw. für die faktischen Bedingungen ihrer Wahrnehmung Sorge trägt (*Schwartländer* 1981: 201ff.).

Dieser menschenrechtliche Legitimationsgedanke findet verfassungsrechtliche Ausgestaltung erstmals in den klassischen Erklärungen der Menschenrechte, der „Virginia Bill of Rights" (1776) und der „déclaration des droits de

l'homme et du citoyen" (1789), die zugleich die ersten Kataloge einzelner
Menschenrechte auflisten. Hier wie auch in den nach 1830 im europäischen
Konstitutionalismus entstandenen Verfassungen stehen die „klassischen"
Rechte: individuelle Freiheitsrechte (u.a. Leben, Sicherheit, Religion, Ei-
gentum, rechtsstaatliche Gerichtsverfahren) und politische Rechte (Wahl,
Meinungs- und Pressefreiheit) im Vordergrund; sie werden im Laufe des 19.
Jh.s durch Forderungen sozialer Menschenrechte (Arbeit, soziale Sicher-
heit, Bildung u.a.) ergänzt, deren Verrechtlichung erst im Sozialstaat des 20.
Jh.s einsetzt.

Nach ersten vertragsrechtlichen Positivierungen in der Völkerbundszeit
setzt eine systematische internationale Verrechtlichung erst unter dem Eindruck der totalitären Diktatur des Nationalsozialismus ein. Neben der universalen Verrechtlichung, die bis heute zu über 60 Konventionen des universalen Menschenrechtsschutzes geführt hat, werden auf regionaler Ebene in
Europa, in Amerika und Afrika Instrumente des regionalen Menschenrechtsschutzes entwickelt. Im Zuge dieser Entwicklungen treten Menschenrechte immer deutlicher in den Vordergrund auch internationaler Ordnungspolitik. Hierbei kommt es zu einer weitgehenden Ausdehnung des Men-
schenrechtsbegriffs.

2. *Der universale Menschenrechtsschutz seit 1945* — Die mit Gründung der
→ Vereinten Nationen einsetzende Entwicklung des universalen Menschenrechtsschutzes läßt sich in drei Aufgaben gliedern (vgl. *Partsch* in: *Wolfrum*
1991: 546ff.): Formulierung eines Programms, Definition und Kodifizierung verbindlicher Rechte und Durchsetzung der Menschenrechte.

Die Charta der UN enthält nicht — wie u.a. von den USA angestrebt — einen
eigenen Menschenrechtskatalog. Statt dessen enthalten Art. 1 Ziff. 3 sowie
Art. 55 (c) die Kompetenz der Organisation, „eine internationale Zusammenarbeit herbeizuführen .., um die Achtung vor den Menschenrechten und
Grundfreiheiten für alle ohne Unterschied der Rasse, des Geschlechts, der
Sprache oder der Religion zu fördern und zu festigen"; die Staaten verpflichten
sich, zu diesem Zweck zusammenzuarbeiten (Art. 56); der Wirtschafts- und
Sozialrat (ECOSOC) wird verpflichtet, eine eigene, mit der oben beschriebenen Aufgabe betraute Kommission einzusetzen (Art. 68). Mit diesen Bestimmungen ist die Behandlung von Menschenrechtsfragen aus dem Kreis der „inneren Angelegenheiten" der Staaten herausgenommen; es besteht seither eine
von den UN wahrzunehmende Kompetenz der Staatengemeinschaft in Menschenrechtsfragen. Zweitens sind mit den Kriterien „Sprache, Geschlecht,
Rasse, Religion" vier Kriterien benannt, die unmittelbar anwendbare völkerrechtliche Diskriminierungsverbote benennen. Was bei diesem allgemeinen
Problem der UN-Menschenrechtsarbeit jedoch fehlte, war eine weitergehende
Definition internationaler Menschenrechte im einzelnen sowie eine verfah-
rensrechtliche Grundlage für die Menschenrechtspolitik der Organisation.

Die Definition wurde vorgenommen durch die „International Bill of Rights"
sowie zahlreiche Spezialkonventionen zum Menschenrechtsschutz. Unter der
„International Bill of Rights" versteht man die Allgemeine Erklärung der
Menschenrechte vom 10.12.1948, eine völkerrechtlich nicht verbindliche Resolution der Generalversammlung, sowie die beiden 1966 verabschiedeten und
1976 in Kraft getretenen Pakte über wirtschaftliche, soziale und kulturelle sowie über bürgerliche und politische Rechte, die heute von 106 bzw. 103 Staaten
ratifiziert sind. Die „International Bill of Rights" formuliert einen internationalen Konsens darüber, welche Rechte im einzelnen die Staaten zu achten verpflichtet sind. Ihre politisch wichtigste Bedeutung liegt zunächst in der internationalen Publizität, welche sie dem Menschenrechtsgedanken verleihen.
Darüber hinaus fand die Kompetenz der UN, die Achtung der Menschenrechte zu fördern, eine weitergehende Definition in Abkommen, die entweder der Bekämpfung besonders massiver Syndrome von Menschenrechtsverletzungen (Genozidabkommen 1948; Sklaverei und Sklavenhandel 1953,
1956; Zwangsarbeit 1957; Apartheid 1973) oder aber dem besonderen Schutz
von Diskriminierungen ausgesetzten Gruppen dienten (Rassendiskriminierung 1966; Frauen 1953, 1973; Rechte des Kindes 1989; Wanderarbeitnehmer 1991 u.a., alle in: *Tomuschat* 1992). Zudem trug im Bereich der sozialen
Menschenrechte die Internationale Arbeitsorganisation (ILO) durch zahlreiche Konventionen zur Definition solcher Rechte bei.
Materiell beinhalten diese Konventionen Verpflichtungen der Staaten, die
z.T. weit in straf- und privatrechtliche Bereiche hineingehende Rechte des
einzelnen zu achten und dies in der innerstaatlichen Rechtsetzung umzusetzen. Dies umfaßt Abwehrrechte ebenso wie Leistungsrechte. Gleichzeitig
werden völkerrechtliche Rechte des Individuums formuliert, welche ihm
eine ggf. auch gegen den eigenen Staat durchsetzbare Völkerrechtssubjektivität verleihen. Die Durchsetzungsinstrumente des internationalen Menschenrechtsschutzes divergieren in beiden Hinsichten jedoch erheblich.
Das wichtigste durch die genannten Verträge etablierte Durchsetzungsverfahren besteht in einem internationalen Berichtssystem. Danach sind die
Staaten verpflichtet, in regelmäßigen Abständen über die innerstaatliche
Durchführung der in den Menschenrechts-Verträgen (Pakte von 1966, Rassendiskriminierungskonvention, Frauenrechte, Rechte des Kindes, Folter-
konvention, Wanderarbeitnehmer, generell: ILO) übernommenen Verpflichtungen zu berichten. Diese Berichte werden jeweils von einem internationalen Expertengremium geprüft und mit Vertretern der Staaten beraten. In
diesem auf die Kooperationsbereitschaft der Staaten angewiesenen Verfahren ist letztlich wiederum die Publizität das entscheidende Sanktionsinstru-
ment. Doch ist darauf hinzuweisen, daß die entsprechenden Expertengremien u.a. auch eine wichtige Beraterfunktion für die Staaten erfüllen.
Deutlich unterentwickelt sind demgegenüber Verfahren einer unmittelbaren
Durchsetzung der Rechte des einzelnen gegen seinen Staat. Die vertragli-

chen Individualbeschwerdeverfahren etwa gemäß des Pakts über bürgerliche und politische Rechte oder der Rassendiskriminierungskonvention setzen eine zusätzliche Unterwerfungserklärung des betr. Staates voraus, die bislang von nur ca. 63 Staaten abgegeben wurde. In diesen Fällen kommen dem Menschenrechtsausschuß bzw. anderen Expertengremien quasi-gerichtliche Kompetenzen zu. Wenig Bedeutung haben bislang auch die in einigen Konventionen vorgesehenen Instrumente der Staatenbeschwerde gehabt. Es bleibt abzuwarten, ob sich dies angesichts der in den letzten Jahren wachsenden Bedeutung der Menschenrechte als internationale ordnungspolitische Normen ändern wird.

Mit diesen vertragsrechtlich begründeten Verfahren sind allerdings die Möglichkeiten der Staatengemeinschaft zur Durchsetzung von Menschenrechten keineswegs erschöpft. Vielmehr haben die UN gegen den z.T massiven Widerstand von Staaten, die darin eine nach Art. 2 Ziff. 7 der Charta untersagte Einmischung in die inneren Angelegenheiten sahen, weitere Verfahren der Menschenrechtsdurchsetzung geschaffen. Grundlage hierfür ist die UN-Charta und der erga-omnes Charakter der gewohnheitsrechtlich geltenden Menschenrechtsverbürgungen, jeweils in Verbindung mit bestimmten Verfahrensordnungen. In Abkehr von seiner früheren Rechtsauffassung hat der ECOSOC in den sechziger Jahren drei Verfahren entwickelt. Hintergrund war die Tatsache, daß der Menschenrechtskommission von Anfang an eine Flut individueller Mitteilungen über Menschenrechtsverletzungen unterbreitet wurden. Im nach der entsprechenden Resolution des ECOSOC benannten „1503-Verfahren" nimmt die Menschenrechtskommission in solchen Fällen, in denen ihr „a consistent pattern of gross and reliably attested violations of human rights" glaubhaft gemacht wurde, Verhandlungen mit dem betr. Staat auf, zunächst mit dem Ziel einer friedlichen Beilegung. Trotz der Vertraulichkeit dieses Verfahrens wird die Liste derjenigen Staaten, die ihm unterworfen werden, jährlich veröffentlicht. Scheitert dieses Verfahren oder scheint der Menschenrechtskommission dies sinnvoll, kann sie ein zweites Verfahren einschlagen: sie kann auf Grundlage von Res. 1235 des ECOSOC ohne Zustimmung des betreffenden Staates eine gründliche Untersuchung der Menschenrechtssituation in dem Staat, zumeist durch einen Sonderberichterstatter, in Auftrag geben. Auf dieses öffentliche Verfahren reagieren die betr. Staaten in der Regel sehr sensibel; eine Kooperation mit den Sonderberichterstattern wird in aller Regel zumindest nicht offen verweigert. Erst in den 80er Jahren verstärkt entwickelt wurde ein sog. Themenverfahren, in dem die Kommission Untersuchungen über länderübergreifende Verletzungssyndrome (z.B. unfreiwilliges Verschwinden von Personen, Rechte der Urbevölkerung u.a.) veranlaßt. Die beiden letztgenannten Verfahren sind öffentlich; über sie berichtet die Menschenrechtskommission über den ECOSOC der Generalversammlung. Die Generalversammlung kann sich auf dieser Grundlage mit der Angelegenheit befassen und z.B. eine die Politik des Staates verurteilende Resolution erlassen (so etwa jüngst GA Res. 46/132 vom 17.12.1991 zu Myanmar).

3. Der regionale Menschenrechtsschutz und seine Verfahren — Eine vergleichsweise stärkere Schutzwirkung für den einzelnen haben — zumindest in Europa und Amerika — regionale Instrumente entwickelt. Sowohl die Europäische Konvention zum Schutze der Menschenrechte und Grundfreiheiten vom 4.11.1950 als auch die in Verbindung mit der OAS-Satzung anwendbare Amerikanische Menschenrechtskonvention vom 22.11.1969 sehen ein judiziäres Verfahren vor. Danach kann sich jeder einzelne unter der Voraussetzung, daß der innerstaatliche Rechtsweg erschöpft ist, mit der Beschwerde an die betr. Organe wenden, er fühle sich in einem der in der Konvention festgeschriebenen Rechte verletzt. Daneben sind die Konventionsorgane mit Streitschlichtungs- und — im Falle der Interamerikanischen Menschenrechtskonvention — mit Untersuchungsaufgaben betraut.
Als dritter Kontinent hat Afrika mit der Banjul-Charta der Menschenrechte und Rechte der Völker vom 26.6.1981 ein regionales Instrument des Menschenrechtsschutzes geschaffen. Die eine starke gruppenrechtliche Komponente aufweisende Charta setzt eine Kommission ein, die zwar Beratungs-, Untersuchungs- und Vermittlungsaufgaben hat, jedoch keine Individualbeschwerden entgegennehmen kann.

4. Aktuelle Entwicklungen der UN-Menschenrechtspolitik — Schon die Tatsache, daß es seit 1945 zu über 60 Konventionen des Menschenrechtschutzes kam, weist auf die große Dynamik der internationalen Menschenrechtspolitik im Rahmen der UN hin. Sie verläuft indessen keineswegs linear und ist von folgenden Faktoren geprägt:

a) Schon seit den Beratungen der Allgemeinen Erklärung der Menschenrechte ist eine Divergenz zwischen dem universalen Anspruch der Menschenrechte und unterschiedlichen Menschenrechtskonzeptionen sichtbar. Unter diesem Aspekt stand bis vor wenigen Jahren das Gegeneinander einer westlich-liberalen und einer sozialistischen Menschenrechtskonzeption im Vordergrund. Dieses Gegeneinander ist durch den maßgeblichen Einfluß des → KSZE-Prozesses, in dem die ehemaligen sozialistischen Staaten nach 1989 ausdrücklich anerkannten, daß eine internationale Behandlung von Menschenrechten keine unzulässige Internvention darstellt, inzwischen überwunden. Nach wie vor vertreten jedoch China, Myanmar, Kuba und einige andere Staaten die Auffassung, es handele sich bei der Menschenrechtspolitik der UN insofern um eine innere Einmischung, als jedem Kulturkreis die Entwicklung eigener Menschenrechtskonzeptionen zugestanden und jedem Staat die innere Umsetzung der Menschenrechte überlassen bleiben müsse. Besonders offensiv wird dies durch eine Reihe islamischer Staaten vertreten. Der Universalitätsanspruch der geltenden Menschenrechtsnormen wird dabei oft aufgrund ihrer europäisch-atlantischen Herkunft als „neo-kolonialistische" Beeinflussung gewertet. Diese Argumentation hält freilich der Tatsache nicht stand, daß zumindest die „International Bill of Rights" ihre völkerrechtliche Verbindlichkeit auch der Zustimmung der o.g. Staatengruppen verdankt. Es bleibt indessen das völkerrechtspolitische Erfordernis festzuhalten, daß die Universalität der Menschenrechte wirkliche Anerkennung nur in einem durch interkulturellen Dialog herbeizuführenden Vermittlungsprozeß erlangen kann. Ein pluralistisches Verständnis von kulturspezifischen Deutungen der Würde des Menschen oder einzelner Freiheitsrechte erfordert in diesem Zusammenhang noch weitere, auch politikwissenschaftliche Anstrengungen.

b) Seit Beginn der → *Entkolonialisierung* ist in den UN das Bestreben festzustellen, das auf „klassische" Freiheitsrechte und soziale Rechte beschränkte Konzept individueller Menschenrechte um Kollektivrechte zu erweitern. Völkerrechtliche Verankerung hat das Recht von Völkern auf Selbstbestimmung (Art. 1 der beiden Pakte von 1966) gefunden. In zahlreichen Deklarationen insbesondere der achtziger Jahre werden das Recht auf Entwicklung, das Recht auf menschenwürdige Umwelt, das Recht auf Frieden u.a. (oft unglücklich „Menschenrechte der dritten Generation" genannt) als Menschenrechte bezeichnet und in einzelne Vorschriften ausdifferenziert. Wenn diese Tendenz auch die völkerrechtspolitische Konsequenz zeitigt, Entwicklungsländerinteressen mit dem Menschenrechtskonzept insgesamt zu verbinden (→ Nord-Süd-Konflikt), so wird ihr doch insbesondere von westlichen Staaten und Völkerrechtlern entgegengehalten, daß sie im Ergebnis den Charakter von Menschenrechten als subjektive Rechte verwässere und u.a. zu einer Schwächung der judiziären Durchsetzung von Menschenrechten führe.

c) Nach dem Ende des → Ost-West-Konflikts zeigt sich in den UN durchaus eine größere Bereitschaft, von den bestehenden Instrumenten zur Durchsetzung von Menschenrechten Gebrauch zu machen und diese Instrumente auszuweiten. Die Speerspitze bildet dabei die Bereitschaft des Sicherheitsrates, massive Menschenrechtsverletzungen als Kriterium für eine Gefährdung des Weltfriedens nach Art. 39 der Charta anzusehen und ggf. Maßnahmen nach Kap. VII einzuleiten. Zu erwähnen sind ferner die durch den Jugoslawien-Konflikt (→ Balkankonflikt) beschleunigten Arbeiten an einem internationalen Strafgerichtshof, der u.a. auch massive Menschenrechtsverletzungen als Verbrechen gegen die Menschheit individuell ahnden können soll. Insgesamt ist sicher eine stärkere Konzentration auf den Ausbau von Durchsetzungsverfahren erforderlich. Treibende Kräfte sind hier nicht zuletzt Nicht-Regierungsorganisationen (INGOs → internationale Organisationen) wie amnesty international, die zu einem unverzichtbaren Element moderner Menschenrechtspolitik geworden sind.

5. *Internationale Menschenrechtspolitik* — Seit Mitte der 70er Jahre haben einzelne Staaten wie auch internationale Organisationen die Bereitschaft erkennen lassen bzw. Maßnahmen ergriffen, die Kooperation mit anderen Staaten an deren Beachtung grundlegender Menschenrechte zu binden. Eine Vorreiterrolle spielte die amerikanische Menschenrechtspolitik unter der *Carter*-Administration einerseits sowie die schrittweise erfolgte Aufnahme von Menschenrechtsbestimmungen in die AKP-Abkommen der EG (→ EG als internationaler Akteur) andererseits. In jüngster Vergangenheit haben westliche Industriestaaten — Deutschland etwa 1991 — die Vergabe von → Entwicklungshilfe an die Achtung grundlegender Menschenrechte durch den Empfängerstaat gebunden und in Einzelfällen entsprechende Kürzungen vorgenommen. Das Entwicklungsprogramm der UN (UNDP) hat 1991 einen „Human Freedom Index" entwickelt, um die Bindung von Entwicklungsprojekten an die Beachtung von Menschenrechten zu operationalisieren.

Menschenrechtspolitik in diesem Sinne ist nicht unproblematisch. Wird sie bilateral betrieben, steht sie in starker Gefahr, einen „doppelten Standard" insofern einzuführen, als eine konsequente Anwendung dieser Politik in der Regel an vielfältigen Interessenbindungen scheitert. Zudem ist zumindest der Verdacht nicht abzuweisen, daß generelle Kürzungen staatlicher Entwicklungshilfe menschenrechtlich legitimiert werden sollen. Problematisch ist schließlich der Maßstab, an welchem der Menschenrechtsstandard in betroffenen Empfängerstaaten gemessen werden soll. Insofern kann das völkerrechtspolitisch durchaus sinnvolle Bemühen, Menschenrechte stärker ins Zentrum auch internationaler Kooperationsbeziehungen zu stellen, legitim wohl nur im Rahmen völkerrechtlich geltender Standards und einer die Empfängerstaaten einbeziehenden Willensbildung betrieben werden.

Literatur

amnesty international: Jahresbericht 1992, Frankfurt 1992.

Bernhardt, Rudolf / *Jolowicz*, John Anthony (eds.): International Enforcement of Human Rights, Berlin / Heidelberg / New York 1987.

Delbrück, Jost: Human Rights and International Constitutional Cooperation, in: *Starck*, Christian (ed.): New Challanges to the New German Basic Law, Baden-Baden 1991, S. 191-214.

Dicke, Klaus: Menschenrechte und europäische Integration, Kehl / Straßburg 1986.

Dicke, Klaus: „Die der Person innewohnende Würde" und die Universalität der Menschenrechte, in: *Bielefeldt*, Heiner u.a. (Hrsg.): Würde und Rechte des Menschen. Fs. Johannes Schwartländer, Würzburg 1992, S. 161-182.

Hilpert, Konrad: Die Menschenrechte. Geschichte, Theologie, Aktualität, Düsseldorf 1991.

Kimminich, Otto: Die Vereinten Nationen und die Menschenrechte, in: Aus Politik und Zeitgeschichte B 36/91, S. 25-33.

Kühnhardt, Ludger: Die Universalität der Menschenrechte. Studie zur ideengeschichtlichen Bestimmung eines politischen Schlüsselbegriffes, München 1987.

Oestreich, Gerhard: Geschichte der Menschenrechte und Grundfreiheiten im Umriß, Berlin 1968.

Pflüger, Friedbert: Die Menschenrechtspolitik der USA, München/Wien 1983.

Riedel, Eibe H.: Theorie des Menschenrechtsstandards, Berlin 1986.

Schwartländer, Johannes (Hrsg.): Menschenrechte — Aspekte ihrer Begründung und Verwirklichung, Tübingen 1978.

Schwartländer, Johannes (Hrsg.): Menschenrechte und Demokratie, Kehl/Straßburg 1981.

Simma, Bruno/*Fastenrath*, Ulrich: Menschenrechte. Ihr internationaler Schutz, München ³1992.

Tomuschat, Christian (Hrsg.): Menschenrechte. Eine Sammlung internationaler Dokumente zum Menschenrechtsschutz, Bonn 1992.

Wolfrum, Rüdiger (Hrsg.): Handbuch Vereinte Nationen, München ²1991.

Klaus Dicke

Migration/Weltflüchtlingsproblematik

Mit Beginn der 80er Jahre wurde ein neues Weltproblem sichtbar, das sich schnell verschärfte und internationale Brisanz gewann: weltweit anschwellende Flüchtlings- und Migrationsbewegungen. Die Debatten über dieses Phänomen litten zunächst darunter, daß die Analysen der den Wanderbewegungen zugrundeliegenden Ursachen zumeist zu kurz ansetzten. Die Folge war, daß sowohl über die Dimensionen und das Potential der Migranten wie auch über mögliche Lösungsansätze falsche Vorstellungen entstanden: Das Migrationspotential wurde in der Regel als viel zu gering eingeschätzt und die Lösungen als zu einfach und zu eindimensional. Angesichts der Vielfalt der Ursachen versprechen aber nur unverzüglich eingeleitete und umfassende, international koordinierte und die verschiedenen Problemebenen integrierende Strategien eine gewisse Entschärfung des Problems; von einer Lösung selbst kann keine Rede sein.

Die Grundursache für Flucht und Migration ist eine zunehmende *Entwurzelung* der Menschen in vielen Regionen der Welt. Diese Entwurzelung hat ver-

wirtlichkeit dieser Regionen. Und diese Unwirtlichkeit ist wiederum das Ergebnis verschiedener Prozesse säkularer Dimension, die in zunehmendem Maße konvergieren und sich damit in ihrer Wirkung gegenseitig verschärfen. Von besonderer Bedeutung sind vor allem fünf Prozesse:

— Der Zerfall jener multikulturellen und -nationalen Imperien, die seit dem 16. Jh. die zentralen Elemente des internationalen Systems bildeten sowie die Entstehung zahlreicher neuer Nationalstaaten auf ihren Territorien im Gefolge mehrerer aufeinanderfolgender Entkolonialisierungsprozesse (→ Entkolonialisierung). Dabei handelte es sich zunächst um das Osmanische Reich und die Habsburger Donaumonarchie; später um die Kolonialreiche der Staaten Westeuropas und in jüngster Zeit um den Zerfall der Sowjetunion, der Erbin des Russischen Kolonialreiches;
— die Entstehung eines — ebenfalls seit dem 16. Jh. sich entwickelnden — modernen → Weltwirtschaftssystems auf der Grundlage der wissenschaftlich-technischen Revolution und einer sich aus ihr entwickelnden industriellen Produktionsweise;
— eine zunehmende Zerstörung großer Teile der Umwelt als Folge dieses Wirtschaftssystems (→ globale Umweltprobleme). Besondere Bedeutung kommt dabei den folgenden Faktoren zu: der Überforderung der natürlichen, nicht erneuerbaren Ressourcen durch ressourcenintensive Technologien; dem steigenden Lebensstandard in den entwickelten Ländern; hohen Rüstungsausgaben; einer hohen Umweltbelastung durch die Emission von Schadstoffen, die die labilen ökologischen Systeme stören oder sogar zerstören;
— eine rapide Zunahme der Weltbevölkerung (→ Bevölkerungsentwicklung) als Folge verbesserter hygienischer und medizinischer Rahmenbedingungen, die zu einer signifikanten Absenkung der Sterberate bei nur langsam sich verändernden Reproduktionsgewohnheiten führen. Nach Berechnungen der UN-Bevölkerungskommission wird die derzeitige Weltbevölkerung in Höhe von 5,4 Mrd. Menschen bis zum Jahre 2025 auf 8,5 Mrd. Menschen anwachsen, von denen nur 1,4 Mrd. in den wohlhabenden Regionen der Welt, dagegen 7,1 Mrd. Menschen in ihren krisenanfälligen, armen Regionen leben werden;
— die Erosion traditioneller Weltanschauungen, Werthaltungen und Lebensstile sowohl aufgrund der politischen und wirtschaftlichen Zerstörung der alten Lebensbedingungen, wie auch infolge neuer emanzipations- und konsumorientierter Lebensstile und -standards, wie sie sich in den westlichen Industriestaaten entwickelten und über moderne Kommunikationsmittel global vermittelt wurden. In gewissem Sinne entspricht der „Unwirtlichkeit" großer Regionen der Welt der hohe Wohlstand anderer — vor allem in Nordamerika, Westeuropa und Japan —, die damit sozusagen kontrapunktisch zu Fluchtpunkten wurden.

Alle fünf Prozesse, die sich durch einige weitere ergänzen ließen, stehen in enger ursächlicher Verknüpfung; dies gilt insbesondere für die beiden letztgenannten, deren Verursachung durch die Entwicklung des modernen Weltwirtschaftssystems unübersehbar ist.

Vor allem den ersten drei Prozessen läßt sich eine Reihe von Folgen zuweisen, die in ihrem Zusammenwirken jene anfangs erwähnte *Unwirtlichkeit* einzelner Regionen der Welt und die *Entwurzelung* der in ihnen wohnenden Menschen herbeiführten:

— Der Zerfall der Imperien und der Kampf der auf ihren Territorien sich bildenden neuen Staaten um die innere und äußere Abgrenzung führte zu einer Vielzahl zwischen- und innerstaatlicher Kriege, die von Vertreibungen, ethnischen „Säuberungen", religiösen Homogenisierungen und der Verletzung von Menschen- und Minderheitenrechten (→ Menschenrechte) begleitet waren. Ihnen lassen sich jene Gruppen von Migranten zuordnen, die in einem weiteren Sinne als „politisch" Verfolgte anzusehen sind; zu ihnen zählen allerdings nicht nur jene Menschen, die gemäß der Genfer Konvention (1951) und des New Yorker Protokolls als „Flüchtlinge" gelten, sondern auch die sog. „Binnenflüchtlinge" und die Opfer von Bürgerkriegen und zwischenstaatlichen Konflikten. Ihre Gesamtzahl bewegt sich nach den Statistiken des UNHCR und des US-Commitee for Refugees seit Mitte der 80er Jahre auf dem Niveau von ca. 30 Mio. Menschen.

— Die Entwicklung des modernen → Weltwirtschaftssystems führte in einem Jahrhunderte langen Prozess zu einer teils gewaltsamen, teils freiwilligen Einbindung großer Teile der Welt in ein stark arbeitsteilig strukturiertes System. Zu den negativen Folgen dieses Prozesses gehörten in vielen Regionen die Zerstörung sich selbst tragender Subsistenzsysteme; die Entstehung exportorientierter Ökonomien, die unter ungerechten und protektionistisch erschwerten Produktions- und Austauschbedingungen leiden, mit der Folge einer wirtschaftlichen Marginalisierung weiterer Regionen der Welt. (→ Nord-Süd-Konflikt)

Eine Folge dieser wirtschaftlichen Marginalisierung und Verelendung zahlreicher Staaten ist, daß ihre Regierungen nicht mehr in der Lage sind, ihren fundamentalen Aufgaben nachzukommen und ihre Bevölkerungen mit den wichtigsten öffentlichen Gütern (Arbeit, Nahrung, Wasser, medizinische Betreuung) zu versorgen. Aufgrund der signifikanten Verschlechterung der Lebensbedingungen für inzwischen weit über eine Milliarde Menschen, haben sich Millionen von ihnen auf die Suche nach neuen Lebensräumen aufgemacht. Ein großer Teil dieser Migrationsströme bewegt sich als Landflucht innerhalb der betroffenen Länder und führt zu einer rapiden Verstädterung vieler Entwicklungsländer; Schätzungen zufolge beläuft sich die Höhe der Landflucht auf jährlich 40 Mio.

Menschen. Andere Teile differenzieren sich zu regionalen und kontinentalen Wanderungsbewegungen. Nur ein relativ kleiner Anteil von ihnen erreicht auf interkontinentalen Wanderungen die wohlhabenderen Regionen des „Nordens". Insgesamt hat sich für diesen Typus der Migration der Ausdruck „Armutsflüchtlinge" eingebürgert.

Ein zweiter migrationsrelevanter Aspekt des modernen Weltwirtschaftssystems ergibt sich aus der Entstehung neuer wirtschaftlicher Wachstumspole in verschiedenen Teilen der Welt, die von sich aus Arbeitskräfte anziehen, die ihrerseits aber keineswegs alle unter die Kategorie der „Armutsflüchtlinge" fallen, sondern von denen es vielen um eine relative Verbesserung ihrer Lebens- und Arbeitsbedingungen geht (*brain drain*).

Da es sich bei ihnen nicht selten um qualifizierte Arbeitskräfte handelt, schwächt ihre Abwanderung aus den Armuts- und Krisenregionen in der Regel die Entwicklungspotentiale ihrer Heimatländer, beeinträchtigt damit ihre Entwicklungsprozesse und trägt damit zu neuen Migrationsbewegungen bei.

Beide Gruppen — „Armutsflüchtlinge" und „brain drain" — lassen sich unter den Oberbegriff „Wirtschaftsflüchtlinge" subsummieren. Über ihre Gesamtzahl fehlen zuverlässige Statistiken. Da sich, nach Berechnungen der ILO aber allein die Zahl der illegalen Wanderarbeiter auf ca. 100 Mio. beläuft, dürfte diese Gesamtzahl erheblich darüber liegen.

— Die Überforderung der Umwelt führte zu einer massiven Degradierung und Abnahme wirtschaftlich nutzbarer Flächen sowie zu einer Destabilisierung labiler ökonomischer Systeme und damit zur Gefährdung von Lebensräumen von Millionen von Menschen. Neben der regionalen und lokalen Zerstörung wurde in den vergangenen Jahren als eine globale Gefährdung die Aufheizung der Erdatmosphäre durch Treibhausgase sichtbar, die — sollten sich die Prognosen bewahrheiten — riesige Wanderbewegungen aus den gefährdeten Gebieten auslösen würden; gewalttätige Konflikte größten Ausmaßes wären die zwangsläufige Folge. Galten die „Umweltflüchtlinge" zu Beginn der 80er Jahre noch als eine eher seltene Spezies, so belaufen sich ein Jahrzehnt später die Schätzungen auf Hunderte von Millionen Menschen, bei steigender Tendenz.

Ein quantitativer Vergleich der von den einzelnen Prozessen ausgelösten Wanderbewegungen zeigt, daß die Zahl der „Wirtschaftsflüchtlinge", die der „politischen Flüchtlinge" inzwischen bei weitem übersteigt, während die Zahlen der sog. „Umweltflüchtlinge" bald diejenigen der „Wirtschaftsflüchtlinge" übertreffen wird. Generell bleibt allerdings zu berücksichtigen, daß aufgrund der Überlappung der obigen Prozesse eine methodisch saubere Abgrenzung der drei Grundkategorien von Migranten in der Praxis kaum möglich ist. So sind z.B. die fast 2 Mio. Flüchtlinge in und aus Mozambique Anfang der 90er Jahre Opfer von zugleich Dürre, Armut und Bürgerkrieg.

In keinem der drei Bereiche zeichnen sich derzeit günstige Perspektiven ab:

— Obwohl das Ende des → Ost-West-Konflikts die internationalen Konfliktpotentiale wesentlich verringert hat und eine Reihe flüchtlingsinten-
siver Regionalkonflikte eingedämmt werden konnte, sind die Zahlen der
politischen Flüchtlinge kaum gesunken. Grund dafür ist die Fortdauer
alter Konflikte — insbesondere die Bürgerkriege in Afghanistan, Sudan
und Kambodscha — sowie das Aufbrechen neuer Konflikte in Somalia,
Liberia und Jugoslawien. Ein weiteres Gefahrenpotential bildet neben
dem Balkan die Situation auf dem Territorium der ehemaligen Sowjetunion, wo eine Reihe offener und latenter Konflikte schwelen; besonders
gefährdet sind dabei die Kaukasus-Region, die baltischen Staaten sowie
Tadschikistan.
— Langfristige strukturelle Trends der Weltwirtschaft und Tendenzen der
Bevölkerungsentwicklung weisen weder auf eine nachhaltige Sanierung
der Ökonomien in vielen Regionen des „Südens" und „Ostens", noch
auf eine Verringerung des Einkommensgefälles zwischen „Nord",
„Süd" und „Ost" hin. Mit dem Wachsen der Armut werden somit auch
die Zahlen der „Wirtschaftsmigranten" weiter zunehmen, und bei anhal-
tendem Gefälle wird auch der Druck auf die reicheren Staaten der Welt
wachsen.
— Verlauf und Ergebnisse der Rio-Konferenz im Juni 1992 zeigten auch in
diesem Bereich düstere Perspektiven. Trotz diverser „Erklärungen" und
„Aktionsprogramme" signalisierten die wichtigsten Industriestaaten —
auf die ca. 80 % der weltweit genutzten kommerziellen Energie und 3 / 4
der weltweiten CO_2-Emissionen entfallen — weder Bereitschaft zu einer
kurzfristigen Wende in ihrer Struktur- und Umweltpolitik, noch zu einem größeren finanziellen und technologischen Transfer an die Entwicklungsländer zwecks flankierender Unterstützung ökologisch verträg-
licher Entwicklungsprozesse. Ebenso eingeschränkt blieben die Verpflichtungen der Entwicklungsländer. Unverändert bedrohlich verläuft
zudem das demographische Wachstum — ein Aspekt, der in Rio nur am
Rande gestreift wurde. Mit einer weiteren Beschleunigung der Zunahme
von „Umweltflüchtlingen" ist damit zu rechnen.

Angesichts sinkender Informations- und Transportkosten erhöht sich damit
die Wahrscheinlichkeit, daß der Migrationsdruck aus den ärmeren Regionen
der Welt auf die wohlhabenden Regionen mittelfristig weiter wachsen
wird, wo die Armen und Verfolgten der Welt beides zu finden hoffen: Schutz
vor Verfolgung und eine gesicherte wirtschaftliche Existenz.

Lösungsstrategien — Bei den Lösungsstrategien ist als ein Ergebnis der vor-
angehenden Analyse zu berücksichtigen, daß es sich bei den Flüchtlings-

und Migrationsbewegungen unserer Zeit um Oberflächenphänomene tiefgreifender historischer Prozesse handelt, die nicht von heute auf morgen gestoppt, sondern bestenfalls mittel- und langfristig verlangsamt und umgelenkt werden können. Schnelle Lösungen sind deshalb nicht zu erwarten — aber auch langsame Lösungen werden nicht von selbst eintreten, sondern bedürfen geeigneter Strategien und sie implementierender Organisationen. Dabei müssen die Gegenmaßnahmen auf zwei Ebenen ansetzen: Auf der Ebene der Ursachen von Flüchtlings- und Migrationsbewegungen und auf der Ebene der Folgen, d.h. bei den aktuell vorhandenen Migranten. Die ungleich größere Bedeutung kommt dabei der Beseitigung der Ursachen zu; von eher marginaler Bedeutung — im Hinblick auf die Gesamtproblematik — ist dagegen die Neugestaltung der Einwanderungs- und Asylpolitik in reicheren Ländern, da diese — prozentual gesehen — nur einem Bruchteil der Migranten zugute kommt und häufig nicht einmal den am meisten schutzbedürftigen und Armen.

Auf der Ebene der Ursachenbekämpfung stehen im wesentlichen drei große Aufgaben an: 1. Maßnahmen zur Beendigung der regionalen und globalen Umweltzerstörung; 2. Strategien zum Aufbau trag- und entwicklungsfähiger Wirtschafts- und Sozialsysteme in den armen Regionen des „Südens" und „Ostens", wobei einer wirksamen Politik zur Begrenzung des Bevölkerungswachstums, zur Verbesserung der internationalen Handelsbeziehungen (→ internationale Handelspolitik) und zur Verstärkung der Investitionen von besonderer Dringlichkeit ist; 3. Maßnahmen zur Schaffung effizienter regionaler und internationaler Mechanismen und Systeme zum Schutz der Menschen- und Minderheitenrechte sowie zur friedlichen Austragung zwischenstaatlicher Konflikte. Ihre erfolgreiche Etablierung — die unter anderem eine grundlegende Überprüfung des Souveränitätsprinzips und des Selbstbestimmungsrechts zur Voraussetzung hat — ist selbst wiederum Voraussetzung für eine signifikante Verringerung der internationalen Ausgaben für Verteidigung sowie für eine dringend erforderliche Umleitung knapper Ressourcen aus militärischen in zivile Bereiche (→ Abrüstungspolitik).

Angesichts der Globalität und Größe der Probleme haben nur international konzipierte und implementierte Strategien Aussicht auf Erfolg, die die nicht minder notwendigen Maßnahmen der Einzelstaaten in ein umfassendes Konzept integrieren. Solche Strategien können nur im Rahmen der → Vereinten Nationen entworfen, umgesetzt und überwacht werden, und auch dies erst nach einer grundlegenden Reform der Weltorganisation, die derzeitig noch erhebliche Strukturdefizite nicht nur in den Problembereichen Ökonomie und Ökologie aufweist, sondern auch im Bereich → internationaler Sicherheit. Reformbedürftig sind hier sowohl die Kapitel VI und VII über die friedliche und gewaltsame Konfliktregelung. Eine grundlegende Umgestaltung sollten aber auch die Kap. XII und XIII, die sich mit dem Internationalen Treuhandsystem befassen, erfahren. Angesichts des drohenden wirtschaftli-

chen, sozialen und politischen Zerfalls einer Reihe von Staaten, gewinnt dieses für den Entkolonisierungsprozeß konzipierte System eine neue Aktualität; das Engagement der UNO in Kambodscha und das hier erprobte Konzept
des *peace-building* weist in die neue Richtung.

Auf der Ebene der Folgenbekämpfung, d.h. im Bereich der Maßnahmen zur
Linderung der derzeit existierenden Flüchtlings- und Migrationsbewegungen müssen sich die Maßnahmen ebenfalls auf zwei große Problemkomplexe
konzentrieren:

Zum einen auf die von Flüchtlings- und Migrationsbewegungen betroffenen
Länder des „Südens", die nicht nur 90 % aller politischen Flüchtlinge be-
herbergen, sondern auch das Ziel des Gros der Armuts- und Umweltflüchtlinge sind. Von besonderer Dringlichkeit sind hier Maßnahmen zu einer
verbesserten finanziellen und personellen Ausstattung des UNHCR; zu
einer Entlastung der Flüchtlings-Erstaufnahmeländer durch ein gerechteres
burden-sharing; zur Repatriierung und Reintegration rückkehrwilliger
Flüchtlinge in ihre Heimatländer; und zu einer dauerhaften Um- und An-
siedlung nicht-rückkehrwilliger oder -fähiger Flüchtlinge in dazu bereiten
Staaten der betreffenden Region. Den zweiten Bereich bilden die Industriestaaten, die inzwischen ebenfalls unter wachsendem Zuwanderungsdruck
stehen und sich zu Neuregelungen ihrer Einwanderungs- und Asylgesetz-
gebungen veranlaßt sehen. Hier stellen sich als vordringliche Aufgaben eine
internationale Harmonisierung der Asylgesetzgebung auf der Basis einer li-
beral ausgelegten Genfer-Konvention; die Schaffung großzügiger und be-
rechenbarer Einwanderungsgesetze und eines internationalen Rechtsschutzes für Wanderarbeiter. Bei aller Bedeutung des Bereichs der Folgenbekämpfung für eine kurz- und mittelfristige Entschärfung der Flüchtlings-
und Migrationsproblematik kommt allerdings der Beseitigung der strukturellen Ursachen der Gesamtproblematik eine ungleich größere Bedeutung
zu.

Literatur

Bade, K.J. (Hrsg.): Deutsche im Ausland — Fremde in Deutschland. Migration in Geschichte und Gegenwart, München 1992.

Kälin, W. / *Moser,* R. (Hrsg.): Migrationen aus der Dritten Welt, Publikationen der Akademischen Kommission der Universität Bern, Bern — Stuttgart [2]1991.

Loescher, G. / *Monaham,* A. (eds.): Refugees and International Relations,
Oxford 1989.

Loescher, G.: Refugee Movements and International Security, IISS-Adelphi
Papers 268, London 1992.

Opitz, P.J. (Hrsg.): Das Weltflüchtlingsproblem. Ursachen und Folgen, München 1988.

Opitz, P.J. (Hrsg.): Grundprobleme der Entwicklungsländer, München 1992.

Wöhlcke, M.: Umweltflüchtlinge. Ursachen und Folgen. München 1992.

Zolberg, A. / *Suhrke*, A. / *Aguayo*, S.: Escape from Violence: Conflict and the Refugee Crisis in the Developing World, New York / Oxford 1989.

Peter J. Opitz

Militärbündnisse

1. Zur Theorie von Militärbündnissen — Völkerrechtliche Aspekte — Militärbündnisse, auch Regionalpakte genannt, heben sich durch ihren Zweck von anderen → internationalen Organisationen ab, da sie primär zur Sicherheit ihrer Mitglieder vor kriegerischen Angriffen auf ihre Unabhängigkeit geschlossen werden. Militärbündnisse bestehen seit Menschengedenken, da seit den ältesten Zeiten Menschen sich miteinander verbinden und Gruppen von Menschen sich zusammenschließen. Bündnisse sind völkerrechtliche, zeitlich begrenzte oder unbegrenzte, kündbare, organisierte oder nicht-organisierte Zusammenschlüsse zweier oder mehrerer Staaten zur Erreichung eines bestimmten Ziels. Staaten schließen sich zu Bündnissen zusammen,

„— weil ihre Gesellschaftsordnungen auf gemeinsamen Wertvorstellungen oder Ideologien basieren,
— weil sie das Gleichgewicht der Kräfte erhalten wollen oder
— weil sie Bedrohungen ausbalancieren wollen" (*Wolf* 1992:4).

Gemäß Friedrich *Berber* ist das Bündnis ein spezifisch politisches Mittel, das zugleich ein potentiell militärisches Mittel darstellt, „da alle Bündnisse für den Fall des Krieges gedacht sind". Gemäß der juristisch-völkerrechtlichen Vertragstheorie steht zu Beginn eines jeden Bündnisses der politische Wille zweier oder mehrerer Staaten, eine engere Verbindung einzugehen, die unter Umständen zu einer rechtlichen Kodifizierung, zu einem Vertrag zwischen den Bündnispartnern führen kann. Der Wortlaut dieses Bündnisvertrages sollte alle wesentlichen Bestimmungen enthalten und eine klare Aussage über Ziel und Zweck des Bündnisses formulieren. Die Unterschrift ist der erste verpflichtende Schritt zum Bündnis, für dessen Rechtsgültigkeit darüber hinaus meist noch die Ratifizierung des Vertrages in den Bündnis-Mitgliedstaaten erforderlich ist.

Ein Bündnis ist gekennzeichnet durch seine Organisation, durch seine Gültigkeitsdauer und durch seine geographische Ausdehnung, meist auch durch eine Rangordnung seiner Mitglieder. Bezüglich des Aufbaus des Bündnisses gibt es keine allgemeinen völkerrechtlichen Regelungen, so daß jedes Bündnis seine eigene Satzung entwerfen kann, die wiederum die wichtigste Rechtsquelle für das Bündnis darstellt.

1.1 Organisation — In der Bündnissatzung wird eine Aussage darüber getroffen, wie das Bündnis aufgebaut ist; ob es über ein gemeinsames Organ verfügt, sowohl im politischen als auch im militärischen Bereich; wie sich die Organe zusammensetzen; wie das Verhältnis zwischen den Organen, den Mitgliedern und dem Bündnis geregelt ist. Zu fragen ist vor allem, ob die Organe des Bündnisses auf die Bündnismitglieder direkt einwirken können, d.h. ob das Bündnis supranationalen Charakter besitzt oder ob ein gemeinsames intergouvernementales Organ die → Souveränität bei den einzelnen Bündnismitgliedern beläßt. Die gemeinsamen Organe des Bündnisses können den Zweck haben, die einheitliche Aktion der Mitglieder auf das Ziel des Bündnisses zu lenken. Unterschiedliche Möglichkeiten bieten sich hier an, wie Beobachtung und Berichte, also moralische Einwirkung; gemeinsame Beratung von Maßnahmen und Richtlinien, schließlich verbindliche Beschlüsse, die bei supranationalen Bündnissen mit der Mehrheit der Mitglieder verabschiedet werden können.

1.2 Rangstellung der Mitglieder — Ein zweites wesentliches Merkmal eines Bündnisses ist die Rangstellung seiner Mitglieder. Wenngleich formal, von den Vertragstexten her gesehen, ein Bündnis sich in der Regel auch durch die völkerrechtliche Gleichheit der Mitglieder auszeichnet, gibt es in der politischen Praxis durchaus das Problem der Rangabstufung der Mitglieder eines Bündnisses, insbesondere, wenn sich Staaten unterschiedlicher politischer und militärischer Potenz zu einem Bündnis zusammenschließen. So ist z.B. der Sicherheitsrat der → Vereinten Nationen, der auch als Instrument kollektiver Sicherheit verstanden werden kann, durch die unterschiedliche Kompetenz seiner Mitglieder gekennzeichnet.

1.3 Dauer des Bündnisses — Neben der Organisation ist die Frage der Dauer ein weiteres Charakteristikum von Bündnissen. Besonders in der Vergangenheit waren Bündnisse durch ihre begrenzte Dauer charakterisiert, während in der Zeit nach dem 2. Weltkrieg die großen Bündnisse durch ihren permanenten Charakter bestimmt waren. Entweder wird ihre Auflösung durch die Kündigung ihrer Mitglieder bewirkt oder dadurch, daß Entwicklungen in der internationalen Politik eintreten, die ihre Auflösung als politisch notwendig oder durch Vertragsaussage zwingend erforderlich erscheinen lassen.

1.4 Geltungsbereich — Schließlich ist als viertes völkerrechtliches Kriterium für ein Militärbündnis sein territorialer Geltungsbereich zu nennen. Entweder gibt es keine territorialen Schranken und bleibt es der politischen Intention der Vertragspartner überlassen, ob ein Bündnis für einen bestimmten, nicht in unmittelbaren, d.h. durch Bündnismitglieder abgedeckten Raum, Zuständigkeit beansprucht, oder es wird aufgrund bestehender unterschiedlicher Interessen der Mitgliedsländer schon bei Vertragsgründung eine territoriale Begrenzung des Bündnisses vorgenommen. Wie auch immer Militärbündnisse geschlossen werden, sie sind völkerrechtliche oder partiell völkerrechtliche Subjekte, die für die internationale Politik große Bedeutung erreichen können.

2. Militärbündnisse nach dem 2. Weltkrieg — Bei der Diskussion um die Friedensordnung nach dem 2. Weltkrieg (→ Internationale Sicherheit) hat auch die Idee von Militärbündnissen ihren Niederschlag gefunden. Zwar fußte grundsätzlich die Idee der Vereinten Nationen wie auch die Idee des Völkerbundes auf den Prinzipien der kollektiven Sicherheit, jedoch haben die negativen Erfahrungen mit der kollektiven Sicherheit in der Zwischenkriegszeit dazu geführt, daß Regionalpakte eine zusätzliche Säule zur Gewährleistung der internationalen Sicherheit bilden sollten. In den Artikeln 51 bis 54 der UN-Charta wird das rechtliche Rahmenwerk für die Gründung bi- und multilateraler Militärbündnisse geliefert. Gemäß der UN-Charta erhalten regionale Militärbündnisse eine Doppelfunktion; einmal sollen sie dazu berufen sein, eine friedliche Regelung der Beziehungen geographisch benachbarter Staaten, nicht zuletzt auf ökonomischem und kulturellem Gebiet, zu erleichtern und bei der friedlichen Schlichtung eventuell aufkommender Konflikte mitwirken; zum anderen sollen sie als Vollzugsorgane der UN, genauer des Sicherheitsrats, auf dessen Anweisung und unter dessen Kontrolle Sanktionen gegen einen Aggressor einleiten, wenn der Sicherheitsrat die dafür in der UN-Charta vorgesehenen Maßnahmen festgestellt hat. Angesichts der Herausbildung einer ideologischen und später strategischen Bipolarität zwischen den beiden Supermächten USA und UdSSR (→ Ost-West-Konflikt) bildete sich ein System von Militärallianzen, das auf westlicher Seite besonders durch die → NATO und auf östlicher Seite vor allem durch den Warschauer Pakt gekennzeichnet war.

2.1 Ausgewählte Militärbündnisse
2.1.1 Der *Warschauer Pakt* (WVO) wurde am 14.5.1955 von der UdSSR, Albanien, Bulgarien, Polen, CSSR, DDR, Rumänien und Ungarn geschlossen und am 1.4.1991 aufgelöst. (→ Frühere Sowjetunion und internationale Politik) Die Unterzeichnerstaaten verstanden dieses zunächst auf 20 Jahre angelegte M. als Antwort auf den am 9.5.1955 erfolgten Beitritt der Bundesrepublik Deutschland zur NATO. Ziele des von der UdSSR angeregten Pakts waren

die Gewährleistung militärischer Sicherheit und verbesserte politische Zusammenarbeit und Kontrolle. Außerdem verfolgte die UdSSR mit der Gründung der WVO noch das Ziel, eine neue Rechtsgrundlage für die Stationierung ihrer Truppen in Ungarn und Rumänien zu schaffen, da der österreichische Staatsvertrag (15.5.1955) diese Rechtsgrundlage entzog. Der territoriale Geltungsbereich der WVO beschränkte sich auf Osteuropa bis hin zum Ural. Auch die WVO verstand sich als ein politisches Bündnis mit gemeinsamen Werten. Artikel 3 des Vertrages sah die Koordination der → Außenpolitik der Mitgliedstaaten vor. Einen besonderen Stellenwert nahm die kollektive Verantwortung der WVO-Staaten für die Bewahrung des Sozialismus im territorialen Geltungsbereich des Vertrages ein. War in einem Vertragsland der Sozialismus bedroht, so waren die anderen WVO-Staaten nicht nur berechtigt, sondern geradezu verpflichtet, den Sozialismus durch „brüderliche Hilfe" aufrechtzuerhalten. Die Hilfe schloß als äußerstes Mittel die Anwendung militärischer Gewalt ein. 1956 wurden sowjetische Truppen eingesetzt, um in Ungarn die Reformprojekte in Richtung auf ein Mehrparteiensystem zu unterdrücken, 1968 intervenierten die Streitkräfte der UdSSR, Polens, Bulgariens, Ungarns und der DDR in der Tschechoslowakei, um dem „Prager Frühling" ein gewaltsames Ende zu bereiten. Für das sozialistische Interventionsrecht wurde der Begriff „*Breshnew*-Doktrin" gebräuchlich. Die WVO gliederte sich wie auch die NATO in eine politische und eine militärische Ebene. Oberstes Organ der politischen Ebene war der *Politisch Beratende Ausschuß* (PBA), der aus den Regierungschefs bzw. ihren Vertretern der Mitgliedsländer gebildet wurde. Im PBA wurde die gesamte Leitung der WVO koordiniert. Auf militärischer Ebene bildete das Vereinte Oberkommando das höchste Organ. An seiner Spitze stand immer ein sowjetischer General, dem in Friedenszeiten die sowjetischen Truppen in der DDR, Polen, der CSSR und Ungarn sowie die DDR-Truppen einschließlich der Grenztruppen ständig unterstellt waren. Nachdem 1975 kein Mitgliedsstaat die Kündigung ausgesprochen hatte — Albanien war 1968 nach der CSSR-Intervention durch die WVO-Staaten ausgetreten —, galt die WVO für weitere 10 Jahre und wurde 1985 erneut um 20 Jahre verlängert. Mit der Reformpolitik von Michail *Gorbatschow* setzte auch ein Wandel in den sowjetisch-osteuropäischen Beziehungen ein, die für den Warschauer Pakt zwei Folgen hatte: Zum einen eine Verringerung der Bedrohung für Westeuropa durch Betonung des Verteidigungscharakters des Bündnisses, zum anderen die sowjetische Abstinenz in den osteuropäischen Ländern zu intervenieren bzw. die Aufgabe der *Breshnew*-Doktrin. Im Zuge der Systemwechsel in den osteuropäischen Ländern wurde die Militärstruktur der WVO noch vor der Schaffung eines „Systems kollektiver Sicherheit" in Europa zum 1. Juli 1991 aufgelöst.

2.1.2 Die *Westeuropäische Union* (WEU) entstand 1954 durch die Erweiterung des Brüsseler Vertrags von 1948 mit dem Beitritt der Bundesrepublik

Deutschland und Italiens. Weitere Gründungsmitglieder sind die Benelux-Staaten, Frankreich und Großbritannien. 1988 traten ihr Spanien und Portugal und 1992 Griechenland als 10. Mitglied bei. Ziele der WEU sind die Aufrechterhaltung des Friedens in Europa sowie die Förderung der wirtschaftlichen, kulturellen und politischen Zusammenarbeit aller Mitgliedsländer. Die auf 50 Jahre geschlossene WEU wird durch eine automatische militärische Beistandspflicht gekennzeichnet. Die WEU verfügt über keine eigene Militärorganisation, da sie ihre militärische Aufgabe der NATO übertragen hat.

Zu Beginn der 80er Jahre, vor allem seit der Zunahme der Interessendivergenzen zwischen Westeuropa und der Reagan-Administration, erfuhr die WEU eine Aufwertung. In der Erklärung von Rom bekräftigten die WEU-Partner im Herbst 1984 „die fortbestehende Notwendigkeit, die westeuropäische Sicherheit zu stärken" sowie „die WEU besser zu nutzen, um die Zusammenarbeit der Mitgliederstaaten in der Sicherheitspolitik zu verstärken und einen Konsens zu fördern". Die letzten sicherheitspolitischen Einschränkungen für Deutschland wurden 1984 aufgehoben, um es besser in die westlichen Gemeinschaften integrieren zu können. Angesichts der problematischen Haltung vieler politischer Kräfte zum NATO-Doppelbeschluß zu Beginn der 80er Jahre galt die Bundesrepublik als unsicherer Kantonist des Westens. Die Haager Plattform von 1987 präzisiert die Ziele der WEU, nämlich die Ergänzung des Prozesses der europäischen Integration um eine eigene Sicherheitsdimension und Nutzung dieser Sicherheitsdimension zur Vertiefung der atlantischen Solidarität. Im Vertrag von Maastricht ist eine Gemeinsame Außen- und Sicherheitspolitik (GASP) für die EG-Staaten innerhalb der zu schaffenden Europäischen Union vorgesehen. Die Ausarbeitung und Durchführung der verteidigungspolitischen Entscheidungen soll durch die WEU auf Ersuchen des Europäischen Rats erfolgen. Somit wird die WEU, wenn der Maastrichter Vertrag in Kraft tritt, integraler Bestandteil des Prozesses der Entwicklung der Europäischen Union werden. (→ EG als internationaler Akteur)

2.1.3 *Südostasiatische Paktsysteme* — Die multilateralen Verteidigungsbündnisse im südostasiatischen Raum entstanden Anfang der 50er Jahre gegen eine mögliche neue japanische Aggression bzw. zur Eindämmung der damals unter Moskauer Führung stehenden kommunistischen Weltbewegung. Der Pazifik-Pakt ANZUS — Mitglieder sind Australien, Neuseeland und die USA — wurde 1951 gegründet. Seine politischen Ziele sind die gegenseitige Sicherheits- und Beistandsgarantie für den Fall einer territorialen, äußeren Bedrohung. Das ursprüngliche Ziel von ANZUS, Sicherheit gegen Japan zu erreichen (jedenfalls im australischen Sicherheitsverständnis), wurde durch die Einbeziehung Japans in das US-amerikanische Sicherheitssystem hinfällig. Die ungenau formulierte Beistandsverpflichtung und der ebenfalls nicht klar definierte territoriale Geltungsbereich beeinträchtigen die Wirksamkeit dieses Bündnisses im Konfliktfall.

Ähnliche Ziele wie der ANZUS-Pakt verfolgt der 1971 gegründete ANZUK-Pakt. Dieser von Australien, Neuseeland, Großbritannien, Malaysia und Singapur gegründete Pakt dient der gemeinsamen Verteidigung der Mitgliedstaaten. Seine internationale Bedeutung ist jedoch gering.

Im Rahmen der Ausformung des US-Sicherheitssystems wurde 1954 die Südostasiatische Verteidigungsgemeinschaft SEATO von Australien, Frankreich, Großbritannien, Neuseeland, den Philippinen und den USA gegründet. Ihr Ziel war die Eindämmung des unter Moskauer Führung als bedrohlich perzipierten Weltkommunismus. Die SEATO sah eine Beistandspflicht für die sogenannte Vertragszone vor wie auch für die von den Vertragsstaaten einstimmig benannten Gebiete. Aufgrund der zu stark differierenden geographischen, politischen und wirtschaftlichen Gegebenheiten scheiterte jedoch die SEATO und wurde 1977 offiziell aufgelöst.

2.1.4 Der *RIO-Pakt* wurde 1947 von 21 amerikanischen Staaten, einschließlich den USA, unterzeichnet. Er sieht eine unmittelbare automatische Beistandspflicht im Falle von Angriffen vor, die von außen auf das Vertragsgebiet geführt werden. Das gemeinsame Vertragsgebiet umfaßt die gesamte westliche Hemisphäre vom Süd- bis zum Nordpol einschließlich der Nichtmitglieder Kanada und Grönland. Im Konfliktfall zwischen amerikanischen Staaten ist ein Streitschlichtungsverfahren vorgesehen.

2.1.5 Die *Arabische Liga* wurde 1945 gegründet mit dem Ziel, die Beziehungen zwischen den Mitgliedstaaten zu fördern. 1950 wurde ein Zusatzabkommen über die kollektive Verteidigung und wirtschaftliche Zusammenarbeit geschlossen. In diesem Abkommen wird für den Fall eines Angriffs auf einen Vertragspartner individuelle oder gemeinsame Hilfe, einschließlich militärischer Hilfe, zugesagt. Die Anwendung des kollektiven Verteidigungspakts blieb jedoch bisher ohne Wirkung.

2.1.6 Die *CONDECA* (Zentralamerikanische Verteidigungsrat) wurde 1965 gegründet von El Salvador, Guatemala, Honduras und Nicaragua. Der Vertrag zielt auf engere militärpolitische Zusammenarbeit, richtet sich jedoch hauptsächlich gegen kommunistische Aggressionen. Aufgrund wachsender Spannungen zwischen den Mitgliedsländern — 1969 ,,Fußballkrieg" zwischen Honduras und El Salvador, Konflikte zwischen Costa-Rica und Nicaragua in den 70er Jahren — sank der Pakt zur Bedeutungslosigkeit herab. Nach der nicaraguanischen Revolution von 1970 erfolgte eine Belebung der Organisation mit der Forderung nach Ausschluß Nicaraguas.

3. Zur Fortentwicklung der Theorie von Bündnissen — Vor dem Hintergrund der Bündnisgründung nach dem 2. Weltkrieg entwickelte sich auch die Theorie der Bündnisse fort. Gemäß der „realistischen Schule" (→ Theorien der internationalen Beziehungen) wurden Militärbündnisse früher hauptsächlich aus folgenden Gründen geschlossen: 1. um einen Zuwachs an Macht, insbesondere militärischer Macht, zu erreichen. Je mehr Partner ein Bündnis umfaßte, desto stärker war seine potentielle Macht; 2. um keinen Zweifel an einem bestimmten Kräftezusammenschluß aufkommen zu lassen; und um 3. ein stillschweigend bestehendes Interesse an wechselseitigem Beistand in eine förmliche Verpflichtung umzuwandeln. Die Ziele, zu denen sich Bündnispartner bekennen, können aufgrund der weltweiten Akzeptanz der UN-Charta nur noch defensiver Natur sein, wenngleich der Bündnisgegner im Vertragstext durchaus genannt sein kann. Der Beistand für den Kriegsfall kann automatischer Art sein, oder er kann der souveränen Entscheidung eines Mitglieds überlassen bleiben, wobei Art und Ausmaß des Beistands wiederum unterschiedlich gehandhabt werden können. Die Ziele, die mit einem Bündnis von den Vertragsparteien verfolgt werden, sind nicht immer konvergent, sollten allerdings komplementär sein. Sie lassen sich in militärische und politische Ziele unterteilen. Während die militärischen Ziele für die Bündnispartner in erster Linie den Zweck verfolgen, Sicherheit für die Bündnispartner zu implementieren, wobei gleichzeitig eventuell damit verbundene politische Kosten in Kauf genommen werden, können politische Ziele eines Bündnisses die diplomatische Unterstützung für eine besondere Politik beinhalten, z.B. die Verteidigung des Status quo gegen eine friedliche Revision. Ein Bündnis kann also für einen Partner seine Sicherheit gewährleisten helfen, während es für einen anderen Partner durch die Einbindung des Partners die Gewähr bietet, unerwünschte sicherheitspolitische Konstellationen zu vermeiden. Ein Bündnis ist damit nicht nur ein Instrument zur Abschreckung, zur Bewältigung einer plötzlichen Krise, sondern auch ein Teil einer größeren politischen Strategie, um gefährliche potentielle Machtkonstellationen zu kontrollieren. Somit eröffnet ein Militärbündnis jedem Partner die Aussicht, die Politik seiner Verbündeten in eine für ihn günstige Richtung zu beeinflussen. Ein formaler Bündnisvertrag gibt ihm das Recht, konsultiert zu werden, mitzubestimmen und entsprechend seiner Involvierung in ein bündnispolitisches Problem am Bündnisentscheidungsprozeß beteiligt zu werden. Ein Bündnis bringt somit allen Mitgliedern gemeinsame Vorteile durch das „Poolen der nationalen Ressourcen". Es erfolgt eine Nutzbarmachung von Ressourcen der Partner für eigene außenpolitische Interessen, die allerdings mit dem Verlust von Autonomie und Gefahr des „entrapments" (Risiko, durch Bündnispartner in Konflikte hineingezogen zu werden, ohne daß eine akute Bedrohung der eigenen Interessen vorliegt) erworben werden muß.

4. Zur Problematik von Militärbündnissen im Atomzeitalter — War bereits die
Verläßlichkeit, also die Glaubwürdigkeit des Beistandsversprechens, zu allen
Zeiten der neuralgische Aspekt aller Militärbündnisse, so gilt dies erst recht
für das Kernwaffenzeitalter. In einem Bündnis, das unterschiedliche Mitglieder hat, nämlich kernwaffenbesitzende Staaten und atomare Habenichtse, stellt
sich die Frage der Glaubwürdigkeit des Kernwaffeneinsatzes zugunsten eines
Nichtkernwaffenstaates, wenn der Kernwaffenstaat damit seine eigene Vernichtung riskiert. Bündnisse, die auf notfalls auch atomaren Schutzverspre-
chen beruhen, sind mit einer größeren Unsicherheitskomponente als traditionelle Bündnisse behaftet. Solange die vitalen Interessen eines Kernwaffenstaa-
tes nicht berührt werden — und diese Frage stellt sich immer bei einem
äußeren Angriff auf einen nichtnuklearen Bündnispartner auch für die nukleare Garantiemacht —, wird auch der nukleare Beistand nicht erfolgen.

Ein weiteres Problem heutiger multilateraler Bündnisse besteht in der Wirksamkeit der Handlungs- und Entschlußfähigkeit von Bündnissen. Die Sum-
mierung einer größeren Anzahl Verbündeter bedeutet nicht automatisch größere Stärke, sondern kann ebenso zur Entscheidungsunfähigkeit eines Bündnisses beitragen.

Ein weiteres neues Element im Atomzeitalter wurde durch die technologische Entwicklung eingeführt. Waren zu früheren Zeiten Bündnispartner
noch in der Lage, die Waffensysteme, die zur Anwendung kommen sollten,
durch ihre souveräne Entscheidung zu bestimmen, d.h. sie blieben auf ihrem
Territorium unter ihrer Kontrolle, so haben neue Waffenentwicklungen dazu
geführt, daß mit Hilfe von Raketen das territoriale Gebiet eines Bündnispartners durch die Waffen eines anderen Bündnispartners überwunden oder in
Mitleidenschaft gezogen werden und somit das Ziel der Schadensminimie-
rung nicht länger gewährleistet werden kann. (→ Militärstrategie)

Nach der Überwindung des Ost-West-Konflikts, d.h. der Abnahme der Perzeption der Bedrohung, können auch die allgemeinen Vorteile eines Militär-
bündnisses (z.B. NATO) sinken und partikulare Vorteile stärker ins Gewicht
fallen. Der Verlust von Autonomie durch Militärbündnisse wird im Falle einer Abnahme der Bedrohung als problematisch begriffen. Auch werden die
direkten und indirekten Kosten für ein Bündnis stärker perzipiert.

Angesichts gewaltiger internationaler Herausforderungen wie z.B. der Problematik der internationalen Umweltzerstörung — Auswirkungen von Kern-
kraftunfällen, Zerstörung der Ozonschicht, Verschmutzung von internationalen Gewässern, Abholzung von tropischen Regenwäldern usw.— (→
globale Umweltprobleme), des Weltbevölkerungsproblems, der Unterernährung und des Nahrungsmangels bei großen Teilen der Bevölkerung (→ Welternährungsproblem) verlieren Militärbündnisse an Bedeutung. Globale, die
gesamte Gattung Mensch bedrohende Probleme, erfordern systemübergreifende Maßnahmen und lassen den Faktor Militär, insbesondere im System
der Abschreckung, als immer weniger bedeutsam erscheinen.

Literatur

Andersen, Uwe / *Woyke*, Wichard (Hrsg.): Handwörterbuch Internationale Organisationen, Opladen 1988.

Baratta, Mario von / *Clauss*, Jan Ulrich: Internationale Organisationen. Ein Handbuch, Frankfurt / M. 1991.

Berber, Friedrich: Lehrbuch des Völkerrechts, Bd. 3, München — Berlin ²1977.

Buchbender, Ortwin u.a.: Sicherheit und Frieden. Handbuch der weltweiten sicherheitspolitischen Verflechtungen: Militärbündnisse, Rüstungen, Strategien — Analysen zu den globalen und regionalen Bedingungen unserer Sicherheit, Herford ²1985.

Frei, Daniel: Sicherheit. Grundfragen der Weltpolitik, Stuttgart u.a. 1977.

Seidelmann, Reimund (Hrsg.): Auf dem Weg zu einer europäischen Sicherheitspolitik, Baden-Baden 1989.

Wolf, Reinhard: Opfer des eigenen Erfolgs? Perspektiven der NATO nach dem Kalten Krieg, in: Aus Politik und Zeitgeschichte, B 13 / 1992.

Wichard Woyke

Militärpolitik / Sicherheitspolitik

1. Gegenwärtige Problematik — Sicher zu sein, ist für jede Gesellschaft ein legitimes Ziel, dem in der Rangfolge politischer Prioritäten in der Regel große Bedeutung zugemessen wird. Die Mittel, die in jeder einzelnen Gesellschaft zur Gewährleistung der Sicherheit aufgewendet werden, machen einen erheblichen Anteil an den Staatsausgaben und am Bruttosozialprodukt aus. Im Rahmen der → Außenpolitik eines Staates orientiert sich Sicherheitspolitik mehr oder weniger am Zustand der Unverwundbarkeit der jeweiligen Gesellschaft. Nur wenige Gesellschaften sind jedoch heute in der Lage, ihre Sicherheit autonom zu gewährleisten. Absolute Sicherheit im Sinne von Unverwundbarkeit ist angesichts nahezu beliebig vieler Möglichkeiten der Verletzung durch militärische und / oder wirtschaftliche Mittel oder durch Terror, Erpressung, Druck und Drohung eine Illusion. Die Sicherheit einer Gesellschaft kann auf sehr verschiedene Weise verloren gehen: militärisch, wirtschaftlich, auf dem Wege ideologischer Beherrschung oder durch inneren Zerfall. Die Mittel, die sich in dieser Situation zur Reduzierung von Verwundbarkeit finden und einsetzen lassen, können also nicht nur auf militärischen Schutz abgestellt sein. Sie müssen auch auf die Schaffung friedlicher Außenbeziehungen gerichtet sein und / oder die Kosten einer Verwundung zu erhöhen trachten. Im militärischen Verhältnis zwischen den USA und der UdSSR stellte gegenseitige Verwundbarkeit im Zeitalter der nuklearen *Abschreckung* ein stabilisierendes Element der Sicherheit dar. Versuche, die eigene Verwundbarkeit zu reduzieren, wie zum Beispiel die amerikanische *Strategic Defense Initiative* (SDI), wären demzufolge ein Faktor der Instabilität. Für diejenigen, die den → Ost-West-Konflikt vor allem als Ausdruck einer natürlichen geopolitischen und geostrategischen Machtkonkurrenz gedeutet haben, hat sich an diesem Zustand auch nach dem Zusammenbruch des Kommunismus und der Auflösung der Sowjetunion wenig geändert. Der Wegfall der Systemkonkurrenz zwischen Kommunismus und Kapitalismus nach dem Zusammenbruch des Kommunismus in der Sowjetunion und Osteuropa — selbst die verbleibenden kommunistischen Systeme in China, Kuba, Vietnam und Nordkorea sind erheblichem demokratischen und marktwirtschaftlichen Reformdruck ausgesetzt — hat jedoch eindeutige Vorteile für die Aufrechterhaltung der → internationalen Sicherheit. Auch die neue Weltordnung wird keinesfalls konfliktfrei sein, aber die Gefahr eines Dritten Weltkrieges oder gar die Gefahr einer nuklearen Katastrophe ist erheblich reduziert. Die Überlebenschancen der internationalen Gemeinschaft — so wie wir sie kennen — sind besser geworden. Nukleare Abschreckung hat angesichts radikal veränderter internationaler Beziehungen viel von der alten Zentralität sicherheitspolitischer und militärischer Planung verloren; aber auch in der neuen Weltordnung kann sie nicht vollständig aufgegeben werden. Nukleare Erpressung durch terroristische Gruppen oder unberechenbare Regime bleibt auch in Zukunft ein Sicherheitsproblem.

Sicherheit könnte angesichts der faktischen regionalen und weltweiten Interdependenz zahlreicher Lebensbereiche und der damit verbundenen größeren Verwundbarkeit jeder Einzelgesellschaft prinzipiell auch durch bewußtes Akzeptieren gegenseitiger Verwundbarkeit gewährleistet werden. Aber die Unterschiede und Disparitäten von Macht-, Herrschafts- und sonstigen Verfügungschancen lassen ein solches Sicherheitskonzept kaum weniger illusorisch erscheinen als eine am Zustand der Unverwundbarkeit orientierte Sicherheitskonzeption, mag sie auch heute längst ebenso unerreichbar sein wie wirtschaftliche Autarkie. Was im Einzelfall in jeder Gesellschaft als schutzwürdiges, unabdingbares Wertsystem gelten soll, kann darüber hinaus innenpolitisch durchaus umstritten sein. Es kann sein, daß ein Teil der Gesellschaft lieber das zu schützende Wertsystem untergehen sähe, als für seinen Erhalt militärische Gewalt nach außen anzuwenden. Sicherheit als legitimes Ziel einer Gesellschaft steht auch in Konkurrenz zu anderen legitimen Zielen und muß mit diesen sowie mit den vorhandenen Ressourcen kompatibel sein. Sicherheit ist also als ein Ausschnitt aus dem Spektrum notwendiger Bedürfnisbefriedigung einer Gesellschaft anzusehen. Das heißt, daß die Auffassungen darüber, was an Sicherheits- und Verteidigungsleistungen jeweils zu erbringen ist, innenpolitischen Veränderungen unterworfen sind und nicht automatisch als außenpolitische Priorität vorgegeben oder gar dem innenpolitischen Machtkampf und der öffentlichen Auseinandersetzung entzogen sind. Weder für den Begriff der Sicherheit im objektiven Sinne — definiert als Abwesenheit einer Bedrohung gegenüber einem Gesellschaftssystem und seinen zentralen Werten — noch im subjektiven Sinne — definiert als Abwesenheit von der Furcht, daß ein Gesellschaftssystem und seine zentralen Werte bedroht werden (Arnold *Wolfers*) — kann im Einzelfall Übereinstimmung vorausgesetzt werden. Die wissenschaftliche Forschung über Sicherheits- und Militärpolitik schenkt diesem letzten demokratietheoretischen Aspekt neuerdings vermehrt Aufmerksamkeit. Die Frage der Schutzwürdigkeit und -möglichkeit im allgemeinen und der Bereitschaft zu materiellen und ideellen Opfern für Sicherheitszwecke im besonderen stellt sich angesichts der Existenz von Massenvernichtungswaffen ohnehin anders. Einige Autoren sehen Verteidigung unter Einbeziehung von Nuklearwaffen als eine unlösbare Aufgabe an, weil der Einsatz von Nuklearwaffen im Zustand gegenseitiger Verwundbarkeit die Vernichtung der eigenen Existenz nach sich ziehen kann. Nur eine wirksame Möglichkeit zur Raketenabwehr könnte diesen Zustand eines Tages verändern und damit auch das System der nuklearen Abschreckung überwinden. Ob entsprechende Forschungsprogramme, die im Frühjahr 1984 in den Vereinigten Staaten lanciert wurden, jemals die gewünschte Effizienz erreichen können ist offen.

Sicherheits- und Militärpolitik ist angesichts der Existenz von Massenvernichtungsmitteln ferner als ein Problem der Dialektik zwischen dem Zwang zur Stabilisierung des internationalen Systems gegenüber militärischen Störungen und der Existenz von konkurrierenden besitz- und ordnungspolitischen Zielen, die die erwünschte Stabilität ständig infrage stellen, anzusehen. Diese Tatsache macht es notwendig, die *Proliferation* von Waffen und Massenvernichtungsmitteln durch Verträge einzudämmen und *Nichtweiterverbreitung* durch Überwachungsmaßnahmen zu gewährleisten. Ein Beispiel für eine zumindest zeitweilig erfolgreiche Nichtweiterverbreitungspolitik ist der Vertrag über die *Nichtweiterverbreitung von Kernwaffen* aus dem Jahr 1968, auch *Non-Proliferationsvertrag* (NPT) oder Atomwaffensperrvertrag genannt. Im Jahre 1995 wird entsprechend Artikel X des Vertrages zu entscheiden sein, ob das System der Nichtweiterverbreitung auch in Zukunft zeitlich begrenzt oder ohne zeitliche Begrenzung fortgesetzt wird. Im Falle der Nichteinigung über die Fortsetzung dieses Herzstücks der Nichtweiterverbreitung würde ein wichtiger Stabilitätsfaktor im System der internationalen Sicherheit verlorengehen.

2. Begriff — Begrifflich wird im allgemeinen zwischen *innerer* und *äußerer Sicherheit* unterschieden. Von äußerer Sicherheit spricht man im Zusammenhang mit dem Schutz eines Staates vor äußerer Beherrschung oder Existenzgefährdung, wobei in erster Linie an militärische Gewalt, Druck, Drohung, Erpressung oder Boykott und Embargo zu denken ist. Der Begriff Sicherheit taucht hier vor allem in drei Varianten auf.

a) Nationale Sicherheit — Der Begriff nationale Sicherheit wird im sozialwissenschaftlichen Sprachgebrauch definiert als „die Fähigkeit einer Nation, ihre inneren Werte vor äußerer Bedrohung zu schützen." (*Berkowitz / Bock*). Richard *Löwenthal* hat in diesem Zusammenhang die Bewahrung der Freiheit der gesellschaftlichen Eigenentwicklung eines Volkes vor einem direkten militärischen Angriff, äußerem Druck oder der Drohung mit einem Angriff als das oberste Interesse eines Staates bezeichnet. Danach kommt es nicht nur darauf an, unter allen Umständen einen militärischen Konflikt zu vermeiden — dies könnte ja auch die Kapitulation vor den Forderungen anderer einschließen —, sondern unter Umständen auch unter Einsatz militärischer Machtmittel, die durch den Staat geschützte „gesellschaftliche Substanz" zu bewahren. Ein Staat ist — wie Walter *Lippmann* es ausdrückte — in dem Maße sicher, wie er nicht in der Gefahr ist, existentielle Werte (core values) zu opfern, wenn er einen Krieg zu vermeiden wünscht und in der Lage ist, falls er herausgefordert wird, sie durch einen Sieg in einem solchen Krieg aufrechtzuerhalten. In diesem Sinne ist der Begriff nationale Sicherheit eine Funktion der Fähigkeit eines Staates, einen Angriff siegreich zu überstehen und Druck, Drohung und Erpressung erfolgreich zu widerstehen.

b) Kollektive Sicherheit — Im Gegensatz zum Begriff der nationalen Sicherheit stellt das Prinzip der kollektiven Sicherheit auf ein Verfahren ab, in dem die Verletzung des Gewaltverbotes durch einen Staat alle übrigen Staaten zu gemeinsamer Aktion gegen den Angreifer zusammenführt. Jeder Staat ist in einem kollektiven Sicherheitssystem berechtigt und verpflichtet, seine Machtmittel gegen den Rechtsbrecher einzusetzen.

c) Internationale Sicherheit — Der Begriff internationale Sicherheit umschließt alle zwischenstaatlichen Ansätze zur Gewährleistung der äußeren Sicherheit der Mitglieder des internationalen Systems, also Bündnispolitik und → Militärbündnisse ebenso wie → internationale Organisationen, wobei sich drei Lösungsansätze zur Herbeiführung oder Verbesserung der internationalen Sicherheit unterscheiden lassen, nämlich Machtabbau, Machtkontrolle und Machtgleichgewicht.

3. *Verhältnis von Sicherheits- und Militärpolitik* — Sicherheits- und Militärpolitik stehen in einem wechselseitigen Verhältnis zueinander, das dem außenpolitischen *Ziel-Mittel-Komplex* eines Staates zuzuordnen ist. Handelt es

sich in der *Sicherheitspolitik* in erster Linie um eine Zieldiskussion darüber, wie möglichen von außen kommenden Gefahren, Existenzgefährdungen und Beherrschungsversuchen zum Beispiel durch militärischen Angriff, Druck, Drohung und / oder Erpressung begegnet werden kann, so geht es in der *Militärpolitik* vor allem um die verteidigungspolitischen Mittel, Aufwendungen und Aktivitäten, die eine Gesellschaft bereitzustellen und zu entfalten in der Lage ist, um ihre Sicherheit zu gewährleisten. *Militärpolitik* kann insoweit nicht vom Begriff der *Verteidigungspolitik* abgegrenzt werden. Manche Autoren wollen jedoch den Begriff *Verteidigungspolitik* ausschließlich auf die Maßnahmen beschränken, die notwendig sind, um einen Angriff zu begegnen. Was im Einzelfall dazugehört, ist umstritten. Wer nach dem Grundsatz verfährt „Si vis pacem para bellum", wird *Verteidigungspolitik* umfassend als Vorbereitung einer Gesellschaft auf alle Eventualitäten äußerer Gefährdung ansehen. *Militärpolitik* und *Verteidigungspolitik* sind dann identisch und würden alle Maßnahmen und Aktivitäten, die im Zusammenhang mit den Streitkräften eines Staates stehen, umfassen, also auch die Rüstungspolitik und den *Export von Rüstungsgütern und Waffen*. *Sicherheitspolitik* würde alle diese Aspekte einschließen und gleichzeitig auch Bereiche wie die → *Abrüstungspolitik* umfassen, die der Begriff *Militärpolitik* oder *Verteidigungspolitik* nicht abdecken würde. In der Praxis lassen sich Ziele und Mittel nicht scharf voneinander trennen. Ebenso wie die sicherheitspolitische Zieldiskussion Rückwirkungen auf die *Militärpolitik* hat, beeinflussen militärpolitische Instrumente und Maßnahmen die sicherheitspolitischen Ziele und das Verhalten der Außenwelt zu der zu schützenden Gesellschaft. Sicherheitspolitische Ziele und militärpolitische Instrumente sind eng aufeinander bezogen und miteinander verkoppelt. Sie beeinflussen sich gegenseitig und erzeugen Rückwirkungen auf die Umwelt. Wenn das Verhältnis von *Sicherheits-* und *Militärpolitik* als Ziel-Mittel-Komplex beschrieben wird, muß auch das Spannungsverhältnis zwischen Zielen und Mitteln gesehen werden, das auf diesem Gebiet besteht. Es läßt sich extrem formuliert dahingehend beschreiben, daß unter den Bedingungen des Nuklearzeitalters der Einsatz bestimmter Waffen effektiv die Zerstörung der Gesellschaft und ihrer Werte zur Folge haben kann, die es zu schützen gilt. So gesehen wird *Sicherheitspolitik* im Nuklearzeitalter theoretisch zu einem unlösbaren Problem. Für die politische Praxis ergeben sich daraus zahlreiche Dilemmata.

Eine begriffliche Unterscheidung, die *Sicherheitspolitik* primär Außenwirkung zubilligen und die *Militärpolitik* primär als innenwirksam betrachten würde, könnte nicht greifen. *Sicherheits-* und *Militärpolitik* sind zwar unterschiedlich, aber auf vielfältige Weise sowohl innen- als auch außenwirksam. Dies gilt zum Beispiel für das Problem der *Rüstungspolitik,* wo sich eine sehr enge Verschränkung innen- und außenpolitischer Faktoren zeigt. Als Hauptproblem wird in diesem Zusammenhang vor allem in hochindustrialisierten Gesellschaften der sogenannte *militärisch-industrielle Komplex* angesehen.

4. Sicherheits- und militärpolitische Konzeptionen — Fast ein halbes Jahrhundert lang war der Ost-West-Konflikt die entscheidende Determinante sicherheits- und militärpolitischer Planung. Ideologie- und Systemkonkurrenz, Bipolarität und die permanente Möglichkeit oder — je nach Betrachtungsweise — auch Drohung einer nuklearen Konfrontation mit unkalkulierbaren Folgen waren die zentralen Denkfiguren sicherheits- und militärpolitischer Konzeptionen in Ost und West.

Nach dem Ende des Ost-West-Konfliktes alter Prägung, der Auflösung des Warschauer Paktes und dem Zerfall der Sowjetunion ist die Gefahr eines sogenannten „größeren Krieges" (major war) unter Einfluß von Nuklearwaffen, so wie er zwischen → NATO und Warschauer Pakt einmal befürchtet wurde, nicht mehr gegeben. Zwar ist Rußland auch heute noch eine starke Militärmacht, aber die militärischen Instrumente, die das Land in die Lage versetzen würden, einen erfolgreichen militärischen Überraschungsschlag gegen Westeuropa zu führen, sind heute — wenn sie überhaupt jemals wirklich vorhanden waren — aufgegeben worden. Für den rein theoretischen Fall, daß ein solcher Angriff versucht würde, stünde dem Westen heute eine Warnzeit zur Verfügung, die ein solches Unternehmen von vornherein aussichtslos machte. Die neuen sicherheits- und militärpolitischen Probleme in Europa sind anderer Natur.

Wie der → *Balkankonflikt* zeigt, ist die Lage in Europa auch nach dem Ende des Kalten Krieges nicht konfliktfrei. Das Ende der sowjetischen Herrschaft in Osteuropa hat im Gegenteil alte und neue ethnische Nationalitäten- und Minderheitenkonflikte freigesetzt. Langfristig können sich daraus erhöhte Anforderungen an *conflict-management* auf dem Gebiet der Sicherheitspolitik ergeben, aber die entscheidenden Gründe für die Aufrechterhaltung eines extrem hohen militärischen Niveaus mit hohem Bereitschaftsgrad und modernster Bewaffnung sind weggefallen.

Anders als vielfach erwartet ist die NATO, obwohl von ihrer Entstehungsgeschichte her auf das engste mit dem *Kalten Krieg* verbunden, im Gegensatz zum Warschauer Pakt *nicht* vom Auflösungssyndrom des Kalten Krieges erfaßt worden. Diese Tatsache hängt in erster Linie mit der genuin freiwilligen Natur des NATO-Bündnisses zusammen. Aber auch in der NATO ist ein Prozeß der *Entmilitarisierung* und der *Politisierung* erkennbar, der sich als Folge der tiefgreifenden Veränderungen im Ost-West-Verhältnis zwangsläufig ergeben hat. Teilweise ist der Fortbestand der NATO trotz der Auflösung des Warschauer Paktes aber auch eine Folge der deutschen Einheit bzw. der Tatsache, daß sich die Machtungleichgewichte in Europa besser im Rahmen eines atlantischen Bündnisses als allein auf europäischer Ebene stabilisieren lassen. Die bisherige → *Militärstrategie* der NATO, bekannt insbesondere unter dem Namen des zuletzt gültigen militärstrategischen Konzepts der *flexiblen Erwiderung* (flexible response) ist heute obsolet. Abgestützt auf die „Triade", wonach die Verteidigung des Bündnisses im Falle eines Angriffs auf den vorhandenen *konventionellen, taktisch-nuklearen* und *strategisch-nuklearen* Potentialen beruhte, unterschied die Doktrin der *flexiblen Erwiderung* zwischen drei militärischen Reaktionsarten, die im Eventualfall gleichzeitig, nacheinander oder in beliebiger Reihenfolge angewandt werden konnten: direkte Verteidigung, vorbedachte Eskalation und umfassende nukleare Erwiderung. Mit dieser Doktrin sollte das nukleare Risiko der NATO, das insbesondere in der Doktrin der *massiven Vergeltung* zum Ausdruck kam, verringert werden. Auf der Grundlage der Strategie der *massiven Vergeltung* drohte der militärische Handlungsspielraum sich auf die Alternative Selbstvernichtung oder Kapitulation zu verengen. Die grundlegende Antinomie der Abschreckung ließ sich jedoch auch auf der Grundlage der flexiblen Erwiderung und der ihr zur Verfügung stehenden Mittel nicht aufheben. Sie ist darin zu sehen, daß die Fähigkeit zur flexiblen Erwiderung zwar die Verteidigungsfähigkeit glaubwürdiger, das Risiko der Gegenseite aber gleichzeitig kalkulierbarer machte, wodurch die nukleare Abschreckung wiederum geschwächt wurde. Die Unfähigkeit zur flexiblen Erwiderung machte zwar das Risiko für die Gegenseite unkalkulierbar, wegen des eigenen Risikos aber gleichzeitig auch die erwünschte Abschreckungswirkung unglaubwürdig.

Die militärische Diskussion hat diese Dilemmata der Abschreckung nicht ausräumen können. Immer stärker entwickelte sich deshalb schon in den siebziger und achtziger Jahren für beide Seiten der Zwang zur Koexistenz und zur militärischen Kooperation, insbesondere auf dem Gebiet der *Rüstungskontrolle,* trotz politischer und ideologischer Gegensätze.

Ende 1992 hat sich die NATO auch formell auf ein neues gesamtstrategisches Konzept geeinigt, deren Einzelheiten in bisher noch vertraulichen Dokumenten des Militärausschusses niedergelegt sind. Die neue NATO-Strategie will, wie es im Kommunique des NATO-Rates vom Juni 1990 heißt „der Sowjetunion und allen anderen europäischen Staaten die Hand der Freundschaft und Zusammenarbeit reichen". Im Dezember 1991 wurde der Nordatlantische Kooperationsrat (NACC) geschaffen, dem alle osteuropäischen Staaten, einschließlich der GUS sowie der baltischen Staaten, Georgien und Albanien angehören. Finnland nimmt als Beobachter teil. Auf dem Londoner NATO-Gipfel 1990 wurde eine umfassende *Denuklearisierung* der NATO-Strategie beschlossen. Die NATO verpflichtete sich de facto zu einer *no-first-use-Politik.* In Zukunft wird die NATO auf alle landgestützten Nuklearwaffen in Europa verzichten. Auch der Umfang der luftgestützten Nuklearwaffen wird drastisch reduziert. Insgesamt wird der Nuklearwaffenbestand der NATO in Europa um 80 % reduziert.

Für die sicherheits- und militärpolitische Planung der Zukunft wird es entscheidend darauf ankommen, über die klassischen Ansätze militärischer

Planung hinauszugehen und in den Kategorien einer *kooperativen Sicherheitspolitik* zu denken, zu planen und zu handeln. Das Konzept der *kooperativen
Sicherheitspolitik*, das von John *Steinbruner* und anderen entwickelt wurde,
setzt unmittelbar an den Ursachen der Bedrohung an, um bereits die Entstehung einer Bedrohung zu verhindern, und nicht einer bereits vorhandenen Bedrohung durch militärische Mittel entgegenzuwirken. Das Konzept will statt
auf militärische Abschreckung mehr Gewicht auf die Unterbringung von Entwicklungen legen, die zur Aggression führen und so das Element der Zerstörung in der bisherigen militärischen Planung reduzieren.

Eine offene Frage ist, wie sich in Zukunft das Verhältnis zwischen *NATO,* →
EG, WEU, → *KSZE* und der neuen und verstärkten sicherheitspolitischen
Rolle der → *Vereinten Nationen* entwickelt. Von allen genannten Institutionen
hat die *NATO* die besten militärischen Instrumente für eine aktive sicherheitspolitische Rolle, auch für den militärischen Einsatz im Rahmen der *Vereinten
Nationen* oder der *KSZE,* insbesondere auch die Erfahrungen mit *multinationalen Verbänden* sowie mit den kürzlich ins Leben gerufenen *Rapid Reaction
Forces* (RRF). Die *EG* wird jedoch schon aus dem Interesse heraus, sich für
die Zukunft keine Option zu verschließen, die Möglichkeit einer *Europäischen
Militärischen Union* einschließlich des entsprechenden militärischen Unterbaus offenhalten. Die Gründung eines deutsch-französischen Korps als Kern
einer zukünftigen Europäischen Armee im Herbst 1991 ist ein Versuch, die
Option einer Europäischen Militärischen Union offenzuhalten.

6. Ausblick — Sicherheitspolitik ist ein dynamischer Prozeß und bleibt auch
in der neuen Weltordnung nach Beendigung des Ost-West-Konfliktes mit der
Sorge um die Aufrechterhaltung der Stabilität verbunden.

Mehr als vierzig Jahre hatte sich in Europa auf Grundlage einer bipolaren
Weltordnung ein prekärer Friede gehalten. Außerhalb Europas hat sich in
verschiedenen Fällen gezeigt, daß militärische Gewaltanwendung durchaus
auch dem Angreifer Vorteile bringen kann. (Indien im Krieg mit Pakistan;
Ägypten und Syrien im Krieg mit Israel; Türkei im Krieg mit Zypern). Wie
der Balkankonflikt zeigt, ist die neue Weltordnung aber auch in Europa keineswegs konfliktfrei.

Die neue Weltordnung wird jedoch in stärkerem Maße von politischen Kräften
bestimmt, die aus *Demokratie, Religion und Nationalismus* gespeist werden.
Während die Gefahr eines *globalen Nuklearkrieges* sehr viel geringer geworden ist, nimmt die Gefahr der *Proliferation* von Waffen und Vernichtungs-
mitteln zu. Trotz des *Atomwaffensperrvertrages* hat das Problem nuklearer
Proliferation nicht eindeutig im Sinne tatsächlicher Nichtverbreitung gelöst
werden können. Auch die Ausweitung der friedlichen Nutzung der Kernenergie erhöht die *Proliferationsgefahr.* Die Entwicklung der *Rüstungstech-
nologie,* die Ausweitung der *Waffenproduktion* und des *Waffenhandels* sind
weitere Elemente möglicher Destabilisierung des internationalen Systems.

Rüstungstransfer und *Waffenhandel* werden dabei auch nach Beendigung des Ost-West-Konfliktes durch die Doppelwirkung von *Exportdruck* in den Industrieländern und *Machterwerbsstreben* in den Entwicklungsländern begünstigt. Zum Teil sucht auch die erhebliche Überrüstung in Europa, insbesondere Osteuropas, nach Exportmärkten in der Dritten Welt. Die sicherheitspolitische Forschung wird sich deshalb unter den gegenwärtigen Bedingungen auch um Fragen der *Demobilisierung* und der *Konversion* kümmern müssen und damit in verstärktem Maße Probleme der *Verteidigungsökonomie* aufgreifen müssen.

Nicht zu unterschätzen ist darüber hinaus die Bedrohung durch *nuklearen Terrorismus*. Eine solche Risiko-Kategorie ist durch *Abschreckung* nicht einzudämmen. Es handelt sich um *unabschreckbare Risiken*. Sie stellen eine neue Herausforderung für sicherheitspolitisches *Krisenmanagement* auf internationaler Ebene dar. Der → *Kuwait-Krieg* des Jahres 1991 ist demgegenüber ein Beispiel *militärischer* → *Intervention* auf der Grundlage des Prinzips der kollektiven Sicherheit. Zwar lag die Durchführung der militärischen Intervention im Irak in diesem Krieg in der Verantwortung einer Mächtekoalition unter Führung der Vereinigten Staaten, aber die Vereinten Nationen unterstützten die Intervention in vollem Umfang. Der UN-Sicherheitsrat — ihm obliegt auf der Grundlage der UN-Charta die Hauptverantwortung für den Weltfrieden — war das entscheidende Gremium multilateraler Diplomatie in diesem Konflikt und ermächtigte die Mitgliedsstaaten zum militärischen Eingreifen. Die UN-Generalversammlung trug mit ihrer Unterstützung des militärischen Vorgehens entscheidend zur politischen Legitimation der militärischen Intervention im *Irak* bei.

Das Eingreifen der Vereinigten Staaten in *Somalia* Ende 1992 auf Bitten des Generalsekretärs der Vereinten Nationen ist als Beispiel eines neuen Typs militärischer Intervention anzusehen. Es handelt sich im Kern um eine *humanitäre Intervention* zur Eindämmung einer Hungersnot, d.h., sie ist ihrem Charakter nach eher eine *Polizeiaktion* als eine militärische Maßnahme zur Sicherung des Weltfriedens. Ein anderes Beispiel für eine *humanitäre Intervention* war die Einrichtung einer Schutzzone für Kurden im Irak unmittelbar nach dem Kuwait-Krieg. Das Instrument der *humanitären Intervention* ist völkerrechtlich umstritten.

Im Falle der Intervention in *Somalia* verband der Sicherheitsrat der Vereinten Nationen die militärische Intervention der Vereinigten Staaten und mehrerer anderer Staaten, zu der er ermächtigt hatte, gleichzeitig mit einem Folgeeinsatz von UN-Friedenstruppen im Anschluß an die Intervention. Ebenso wie die humanitäre Intervention ist auch der Einsatz von UN-Friedenstruppen in der UN-Charta nicht ausdrücklich niedergelegt. Vielmehr handelt es sich bei den sogenannten *Blauhelmen* eigentlich um einen Notbehelf, um die Vereinten Nationen angesichts der gegenseitigen Blockierung der Supermächte im Sicherheitsrat während des Kalten Krieges zumin-

dest ohne Kampfauftrag im Sinne der Friedenserhaltung tätig werden zu lassen. Die Rolle der Vereinten Nationen zur Aufrechterhaltung der internationalen Sicherheit nimmt nach Beendigung des Ost-West-Konfliktes in ganz erheblichem Umfang zu, und nach dem Wegfall der gegenseitigen Blockade der Supermächte im UN-Sicherheitsrat sind die Vereinten Nationen auch heute sehr viel effektiver bei der Sicherung des Weltfriedens.

Literatur

Carter, Ashton B. / *Perry,* William J. / *Steinbruner,* John D.: A New Concept of Cooperative Security — Brookings Occasional Papers, The Brookings Institution, Washington D.C. 1992.

New Dimensions in International Security, Part II, Adelphi Papers 266, Winter 1991 / 92, The Internationale Institute for Strategic Studies, London 1992.

Nerlich, Uwe (Hrsg.): Krieg und Frieden im industriellen Zeitalter, Gütersloh 1966.

Schwarz, Klaus-Dieter (Hrsg.): Sicherheitspolitik — Analysen zur politischen und militärischen Sicherheit, Bad Honnef ³1978.

von Schubert, Klaus: Von der Abschreckung zur gemeinsamen Sicherheit — herausgegeben von Friedhelm *Solms,* Baden-Baden, 1992.

Dieter Dettke

Militärstrategie

1. Begriff — Basil *Liddell Hart* (1968: 334) hat M. definiert als „the art of distributing and applying military means to fulfil ends of policy". Diese Definition besitzt den Vorteil, auch für das Nuklearzeitalter brauchbar zu sein, da sie die direkte Verbindung zwischen M. und Krieg, (→ Krieg und Frieden) aufgibt und auf den Bereich des Politischen als Quelle militärstrategischer Entwürfe abhebt. M. befaßt sich in diesem Sinne ganz allgemein mit den Beziehungen zwischen militärischen Mitteln und politischen Zielen. *Clausewitz'* klassischer Definition gemäß war M. die effiziente *Anwendung* militärischer Gewalt zur Erreichung eines Zieles, sie war „die Lehre vom Gebrauch der Gefechte zum Zweck des Krieges." Die das Nuklearzeitalter kennzeichnende Strategie der *Abschreckung* versucht durch die politische Verwendung, nicht durch den militärischen Einsatz, allein durch *Drohung* und „geschickte Nichtbenutzung" (Thomas *Schelling)* der Nuklearwaffen unerwünschtes Verhalten (auch nicht-militärisches) zu verhindern. Diejenigen, die ein solches Verhalten erwägen, sollen überzeugt werden, daß ihre Kosten den erwarteten Nutzen übersteigen. Abschreckung verlangt, daß der „Verteidiger" das unakzeptable Verhalten definiert, die Absicht, Zuwiderhandelnde zu bestrafen oder in die Schranken zu weisen öffentlich kundtut sowie die Fähigkeit besitzt, Drohungen tatsächlich auszuführen (*Lebow / Stein* 1990: 336).

In den Vereinigten Staaten existiert kein einheitlicher Sprachgebrauch, überwiegend aber umfaßt dort der Begriff der *Doktrin* allein den rein militärischen Aspekt von Strategie. *Posen* (1984: 13) definiert Militärdoktrin als „subcomponent of grand strategy that deals explicitly with military means. Two questions are important: *What* means shall be employed? and *How* shall they be employed?" Die *Grand Strategy* bezeichnet die „Ordnung der nationalen Prioritäten auf der Weltbühne" (*Cimbala* 1988: 11), sie verbindet die M. mit politischen, ökonomischen, psychologischen, rechtlichen und moralischen Erwägungen — in der Regel über einen langen Zeitraum hinweg (*Gaddis* 1987/88: 28). Die Idee des *Containment* war nach 1945 in diesem Sinne die zentrale sicherheitspolitische Zielvorstellung der USA. Das physische Überleben der Nation sollte sichergestellt und *gleichzeitig* ein internationales Umfeld geschaffen werden, das die Erhaltung ihres Gestaltungsprivilegs hinsichtlich der weltpolitischen und weltwirtschaftlichen Ordnung gewährleistete (→ Ost-West-Konflikt). In die M. gehen mithin die durch die *Grand Strategy* festgelegten außen- und sicherheitspolitischen Vorgaben auf der einen und die Einsatzregeln der Doktrin auf der anderen Seite ein (→ Militärpolitik / Sicherheitspolitik).

In der Sowjetunion wurde deutlich zwischen Abschreckung und Militärdoktrin getrennt. Abschreckung stellte nur einen Teil einer umfassenden Politik der Kriegsvermeidung dar, wurde als wirksam nur unter eng begrenzten Bedingungen und mit einer Reihe von Unsicherheiten und Nachteilen behaftet gesehen. Während in den USA das Problem der Kriegsvermeidung hauptsächlich unter dem Blickwinkel militärisch-technischer Erfordernisse gesehen wurde, faßte man es in der UdSSR in Begriffen politischer Motive und Intentionen. Die Militärdoktrin beinhaltete einen *politisch-militärischen* Aspekt, der die politische Natur, die politischen Ursachen und die Ziele des Krieges zum Gegenstand hatte sowie die Evaluierung der politischen, ökonomischen, moralischen und anderen Faktoren, die die Fähigkeit eines Staates in der Vorbereitung auf einen Krieg und dessen Führung mitbestimmten. Der *militärisch-technische* Aspekt umfaßte die militärwissenschaftlichen Erkenntnisse über die Gesetze des Krieges und die Kriegskunst (Strategie, Operation, Taktik). Während die sowjetische Doktrin unter dem politischen Aspekt stets als nicht-aggressiv und defensiv beschrieben wurde, war sie auf der militärisch-technischen Ebene bis Mitte der 80er Jahre unmißverständlich offensiv orientiert. Wenn die Abschreckung versagte, war

der Krieg mit dem Ziel eines militärischen Sieges zu führen. Im konventionellen Bereich hieß dies: raumgreifende Offensiven auf das Gebiet der →
NATO und Zerstörung ihrer Armeen, Herausdrängung der USA aus Europa.

2. *Amerikanische und sowjetische Militärstrategie nach 1945* — In der Praxis haben sowohl die USA als auch die UdSSR trotz konzeptioneller Unterschiede Sinn und Zweck der Abschreckung anerkannt und gleichzeitig Kapazitäten aufgebaut, die die Zerstörung ausgewählter (vorrangig militärisch relevanter) Ziele auf dem Territorium des Gegners erlaubten für den Fall, daß die Abschreckung versagte. Der in der amerikanischen wie in der sowjetischen M. nachweisbare Doppelaspekt aus Kriegsverhinderung durch und Kriegführung mit Nuklearwaffen sowie damit verbundene Widersprüche resultierten aus einem der Abschreckung inhärenten Dilemma, das einfache „logische" Ziel-Mittel-Entscheidungen nicht ohne weiteres zuläßt: *Ex ante* ist die Abschreckungswirkung dann am größten, wenn dem Gegner angedroht wird, daß er (auch im Falle eines begrenzten Angriffs) einen vernichtenden Gegenschlag (auf seine Städte) zu gewärtigen hat. *Ex post*, im Falle eines tatsächlichen begrenzten Angriffs, ist die Ausführung eines massiven Gegenschlags jedoch irrational, da durch ihn kein rationales (politisches) Ziel mehr erreicht werden und ein weiterer Schlag auf die eigene Bevölkerung provoziert würde. Die Asymmetrie von Aktion und Reaktion hat Auswirkungen auf die Glaubwürdigkeit der ursprünglichen Drohung. Der Versuch, Glaubwürdigkeit dadurch zu erhöhen, daß dem Gegner auf einen begrenzten Angriff hin lediglich mit begrenzten Mitteln geantwortet wird, verringert die allgemeine Abschreckungswirkung, da ein Nuklearkrieg als rational führbar angesehen werden könnte.

2.1. 1945-1949: Einseitige amerikanische Abschreckung — Obwohl die Atombombenabwürfe auf Hiroshima und Nagasaki die enorme Zerstörungskraft dieser Waffen aufgezeigt hatten, beherrschten zunächst konventionelle Denkgewohnheiten die militärischen Planungen der USA. Insbesondere in Militärkreisen ging man davon aus, daß sich ein zukünftiger Krieg kaum vom Zweiten Weltkrieg unterscheiden würde. Da die USA aus innenpolitischen Gründen gezwungen waren, ihre Truppen nach Kriegsende rasch zu demobilisieren, ging man zu einer M. in der Tradition des „strategischen Bombardements" gegen die gegnerischen Städte — diesmal jedoch mit Atomwaffen — über. Es handelte sich um eine reine Vergeltungsstrategie, die zwar Abschreckungscharakter besaß, im Kern aber weniger auf Kriegsverhinderung abzielte als auf effektive Kriegführung.

Die UdSSR, deren Streitkräfte bis 1954 über keine operablen Atomwaffen verfügten, sah in ihrer konventionellen Überlegenheit und der Drohung, Westeuropa in einem Krieg militärisch einzunehmen möglicherweise eine gewisse Versicherung gegen amerikanische Einwirkungsversuche. Erst

Mitte der 50er Jahre wurde (in der Theorie) begonnen, Atomwaffen in die Militärdoktrin zu integrieren.

2.2. 1950-1960: Massive Vergeltung und Präemption — Im Sommer 1949 brachte die UdSSR ihre erste Atomwaffe zur Explosion. Amerikanische Kriegsplanungen sahen bereits 1950 in Ergänzung zur Vernichtung von Städten die Zerstörung sowjetischer Anlagen vor, die zur Produktion von Atomwaffen benötigt wurden. Durch NSC-68 vom April 1950, das einer offensiven Rüstungspolitik das Wort redete, wurde aber ein unprovozierter Erstschlag gegen die UdSSR abgelehnt. Der *präemptive* Einsatz von Nuklearwaffen im Falle eindeutiger Warnung eines bevorstehenden Angriffs wurde jedoch nicht ausgeschlossen.

Nach Meinung der Regierung *Eisenhower* konnten es sich die USA nicht leisten, auf dem gesamten Erdball Truppen zu stationieren, die ausreichten, jede Bedrohung ihrer Interessen abzuwehren. Im Janaur 1954 gab Außenminister *Dulles* bekannt, daß die USA in Zukunft beabsichtigten, sowjetische Aggressionen abzuschrecken durch „a great capacity to retaliate, instantly, by means and at places of our own choosing". Die Richtlinien der Eisenhowerschen Sicherheitspolitik (NSC 162/2 vom Oktober 1953) hatten den Joint Chiefs of Staff (JCS) bereits erlaubt, ihre Planungen auf den raschen Einsatz taktischer (TNF) und strategischer (interkontinentaler) Waffen zu basieren. Sie sollten zwar nicht bei geringsten Anlässen, aber doch dann eingesetzt werden dürfen, wann immer es militärisch vorteilhaft schien. Die NATO übernahm diese M. der *massive Retaliation* im Dezember 1954; das grundlegende Dokument für den Einsatz von Kernwaffen in Europa, MC 14/2 vom März 1957, sah einen raschen Rückgriff auf Nuklearwaffen bei nahezu jeder Art militärischer Auseinandersetzung mit der UdSSR vor.

Gleich nach Bekanntgabe der Strategie der *massive Retaliation* meldeten sich zahlreiche Kritiker zu Wort und betonten, daß massive nukleare Drohungen angesichts des Verlustes des amerikanischen Kernwaffenmonopols zur Abschreckung *begrenzter* Aggressionen unglaubwürdig waren: ein amerikanischer Angriff würde eine nukleare Gegenreaktion der UdSSR auflösen. Begrenzte Bedrohungen könnten nur verhindert werden, wenn es gelänge, „to fit the punishment to the crime" (William *Kaufmann*).

Seit Mitte der 50er Jahre wurden vom sowjetischen Militär Überlegungen angestellt, im Falle der Entdeckung eines unmittelbar bevorstehenden Angriffs durch die USA Nuklearwaffen präemptiv (*nicht* präventiv) einzusetzen. Diese M. wurde von der Führung der UdSSR nicht als Erstschlags- oder Entwaffnungsstrategie angesehen. Sie war bemüht deutlich zu machen, daß ihr die verheerenden Folgen eines Nuklearkriegs bewußt waren und sie ihn nicht als Instrument der Politik betrachtete. Es wurde aber ebenso unmißverständlich (und widersprüchlich) betont, daß im Falle eines Angriffs „entscheidende Aktionen" zu erwarten waren, die die vollständige Zerstörung des kapitali-

stischen Systems (Nordamerika) zum Ziel hatten und einen *Sieg* der sozialistischen Staaten.

2.3. 1961-1969: Flexible response und Eskalationsvermeidung — Zu den Kritikern der *massive Retaliation* hatte auch Senator John F. *Kennedy* gehört.
Da die Erlangung einer gesicherten Zweitschlagskapazität durch die UdSSR
diese M. in seinen Augen unglaubwürdig hatte werden lassen, sollten begrenzte Aggressionen durch die Fähigkeit zu selektiven und flexiblen Reaktionen (*flexible response*) auf allen denkbaren Konfliktebenen abgeschreckt,
mithin die Politik des *Containment* den Bedingungen der Möglichkeit gegenseitiger Vernichtung angepaßt werden. In Europa sahen *Kennedy* und
Verteidigungsminister *McNamara* erhebliche Gefahren in einer *frühzeitigen*
Eskalation über die konventionelle Stufe hinaus. Sie wollten konventionelle
Streitkräfte in so ausreichendem Maße bereitstellen, daß ein nicht-nuklea-
rer Angriff der UdSSR ohne Rückgriff auf nukleare Waffen abgeschreckt
und mit einiger Wahrscheinlichkeit zunächst abgewehrt werden konnte. Eine
solche Verteidigungspolitik stieß in Westeuropa auf wenig Wohlwollen.
Man war insbesondere besorgt, daß eine glaubhafte konventionelle Verteidigungsfähigkeit das *Commitment* der USA abschwäche, zur Verteidigung
Europas Nuklearwaffen einzusetzen. Erst Ende 1967, nachdem das gegenüber der *Flexible response* besonders kritische Frankreich aus der Militärorganisation der NATO ausgeschieden war, konnte ein Kompromiß gefunden
werden. *Flexible response* wurde konzipiert als begrenzende Strategie einerseits — konventionelle Angriffe sollten zunächst mit konventionellen Mitteln abgewehrt werden — andererseits sollte sie von der Bereitschaft begleitet sein, den Konflikt nuklear zu eskalieren, für den Fall, daß eine Niederlage auf der gegebenen Ebene der Auseinandersetzung nicht vermieden
werden konnte. Vor allem die operativen Implikationen aber blieben mehrdeutig: Während es europäische — und hier vor allem deutsche — Absicht
war, mittels TNF Ziele allein in Osteuropa oder der Sowjetunion frühzeitig
durch Demonstrationsschläge anzugreifen, um auf diese Weise das Risiko
einer Eskalation zu verdeutlichen, präferierten die USA massivere, militärisch relevante Einsätze von Kernwaffen auf dem unmittelbaren Gefechtsfeld
zu einem möglichst späten Zeitpunkt, einerseits, um operative Vorteile zu
erlangen, andererseits, um eine frühzeitige Eskalation und ein Übergreifen
auf die strategische Ebene zu vermeiden. Die Übernahme der *flexible response* (MC 14/3) bewegte die europäischen NATO-Mitglieder nicht, ihre
konventionellen Streitkräfte signifikant zu erhöhen, die Amerikaner konzentrierten ihre Kräfte in der Folgezeit auf Vietnam. Die amerikanischen Nuklearwaffen blieben so Substitute für eine europäische Abschreckungsstreitmacht.
Nach Auffassung der Regierung *Kennedy* mußte neben die *flexible response*
eine „flexibility in response" im Bereich der strategischen Nuklearwaffen

treten, da eine Eskalationsstrategie nicht glaubhaft schien, wenn die Abschreckungsdrohung am Ende doch wieder auf dem massiven Einsatz strategischer Nuklearwaffen basierte. Die strategischen Streitkräfte mußten zahlreich, überlebensfähig und treffgenau genug sein, um sie kontrolliert gegen militärische Ziele (*no-cities / counterforce*) einsetzen zu können und so den kriegführenden Parteien Bedenk- und Verhandlungszeit zu lassen, bevor ein allgemeiner Krieg auch gegen die Bevölkerungszentren begonnen würde. In den seit 1960 bestehenden zentralen Einsatzplan, den *Single Integrated Operational Plan* (SIOP), wurden 1962 eine Reihe unterschiedlicher Zieltypen und Optionen eingefügt. Die amerikanischen Nuklearstreitkräfte sollten im Kriegsfall *sukzessiv* eingesetzt werden gegen: (1) sowjetische strategische Trägersysteme; (2) andere Elemente der sowjetischen Streitkräfte und militärische Einrichtungen; (3) Streitkräfte und Einrichtungen in der Nähe von Städten; (4) militärische Kommando- und Kontrolleinrichtungen sowie politische Führungszentren; (5) städtisch-industrielle Gebiete.

McNamara nahm von dieser 1962 öffentlich dargelegten M. bereits 1963 Abstand und rückte die Kriterien einer vergeltungsorientierten *Assured Destruction* in den Vordergrund. Die optionenorientierte Einsatzpolitik mit ihrer gegen Militäreinrichtungen gerichteten Zielauswahl blieb jedoch unverändert. Ein Grund für *McNamaras* rhetorischen Rückzug war die Absicht, extensiven Forderungen der Air Force und der JCS entgegenzutreten, die ihre „wish lists" mit den Forderungen der *no-cities / counterforce*-Strategie rechtfertigten. Zudem hatte die Air Force „counterforce" assoziiert mit der Fähigkeit, einen entwaffnenden Erstschlag führen zu können. Tatsächlich bestanden nach *Kennedys* und *McNamaras* 1961 begonnenem Raketen-Aufrüstungsprogramm asymmetrische Potentiale: die USA konnten der UdSSR einen massiven *counterforce*-Schlag androhen, ohne daß diese zu einer vergleichbaren Reaktion fähig gewesen wäre. Dies war zunächst von den USA als abschreckungsstärkend legitimiert worden, hatte aber erhebliche Destabilisierungstendenzen, die durch die Rüstungsverlagerung auf schnellfliegende Raketen zusätzlich verstärkt wurden. Die sowjetischen Nuklearwaffen waren zu verwundbar, um nach Beginn eines Nuklearkrieges in Reserve gehalten zu werden. In ihren öffentlichen Verlautbarungen verneinte die sowjetische Führung immer wieder die Möglichkeit einer kontrollierten *counterforce*-Kriegführung; sie war der Ansicht, daß jeder Konflikt zwischen den Supermächten den Einsatz nuklearer Waffen einschließen würde und verfolgte eine gleichzeitig gegen militärische und zivile Ziele gerichtete Präemptionspolitik. Gegenüber einer solchen „all-out"-Option mußte eine amerikanische *no-cities / counterforce*-Strategie widersprüchlich, wenn nicht sinnlos, erscheinen. Erst in der zweiten Hälfte der 60er Jahre gelangte die UdSSR angesichts einer eigenen gesicherten Zweitschlagskapazität zu der Auffassung, daß ein Krieg zwischen den USA und der UdSSR nicht in jedem Falle zu einem Nuklearschlag gegen die UdSSR führen mußte. Das

prinzipielle Ziel war nun, einen Krieg in Europa auf der konventionellen
Ebene zu halten (und zu gewinnen). Um eine Eskalation zu erschweren, sollten TNF der NATO durch konventionelle Waffen ausgeschaltet werden. Auf
der nuklearstrategischen Ebene änderte sich der Einsatzmodus von der Präemption hin zum *Launch Under Attack* (LUA). Ziel war nicht mehr die Zerstörung Nordamerikas, sondern die Abschreckung eines Einsatzes der amerikanischen strategischen Nuklearwaffen, etwa bei einer drohenden Niederlage der NATO in Europa.

2.4.1969-1981: Selektive nukleare Optionen — Angesichts des zur numerischen Parität angewachsenen sowjetischen Kernwaffenarsenals und der Belastung durch den Krieg in Vietnam versuchte die Regierung *Nixon* mit ihrer
Konzeption der *Détente*, die Politik des *Containment* gegenüber der UdSSR
unter Aufbringung weniger aufwendiger Mittel fortzusetzen (→ Entspannungspolitik). Détente enthielt bedeutende kooperative Elemente, militärische Stärke behielt dennoch ihre herausragende Stellung als sicherheitspolitisches Instrument. Eine generelle amerikanische Überlegenheitspolitik
wurde aber für immer weniger durchführbar gehalten. Es ging nun darum,
relative Überlegenheit in verschiedenen begrenzbaren Szenarios sicherzustellen. Im Falle eines Scheiterns der Abschreckung war das primäre Ziel,
durch die *Kontrolle des Eskalationsprozesses selbst* die Auseinandersetzung
zu akzeptablen Bedingungen auf einer möglichst niedrigen Ebene der Gewalt zu beenden. Noch im Jahr 1969 wurden Kriterien für eine solche „strategic sufficiency" entwickelt. Das resultierende *National Security Decision
Memorandum* (NSDM)-242 enthielt drei prinzipielle Komponenten: (1) die
Hervorhebung der Notwendigkeit der Bezielung einer großen Zahl sowjetischer Streitkräfte und militärischer Anlagen, (2) die Betonung des Erforder-
nisses selektiver Optionen, die den Präsidenten in die Lage setzen sollten, einen strategischen Schlagabtausch auf vorbedachte und kontrollierte Art und
Weise auszuführen, (3) das Konzept von „withholds", die Vermeidung der
Zerstörung bestimmter Ziele (politische Führungszentren und Städte) zu
Verhandlungszwecken und zur Abschreckung weiterer Eskalationsschritte
des Gegners. Als Basiskriterium für die Abschreckung betonte NSDM-242
das Erfordernis, 70 % der sowjetischen Industrieanlagen, die zum ökonomischen Wiederaufbau nach einem Krieg benötigt würden, zu zerstören („economic recovery targeting").
Die auf NSDM-242 beruhende, von Verteidigungsminister James *Schlesin-
ger* 1974 verkündete Strategie der *Limited Nuclear Options* sollte nicht —
wie die *no-cities*-Strategie — durch massive *counterforce*-Schläge die militärischen Fähigkeiten des Gegners entscheidend reduzieren, sondern durch
selektive (zum Teil demonstrative) Schläge gegen ausgewählte Ziele partielle
Eskalationsdominanz herbeiführen und die Intention des Gegners ändern.
Auf diese Weise sollte auch unter den Bedingungen nuklearer Parität ermög-

licht werden, begrenzte Angriffe auf die Sowjetunion zu initiieren (als Antwort auf einen konventionellen Angriff gegen Westeuropa). In den Augen *Schlesingers* war durch die *strategischen* flexiblen Optionen die Glaubwürdigkeit eines Einsatzes amerikanischer Nuklearwaffen in Europa wiederhergestellt und die eskalatorische Rolle, die die europäischen NATO-Mitglieder den TNF zumaßen, geringer geworden. Mit einer Modernisierung des veralteten TNF-Arsenals befürwortete er gleichzeitig dessen partielle Verminderung, insbesondere von TNF mit größerer Reichweite, da ein TNF-Einsatz deutlich begrenzt, defensiven Charakters sein und sich hauptsächlich auf Waffen kurzer Reichweite beschränken sollte. Aufgrund der unterschiedlichen Interessen von Amerikanern und Europäern enthielten die bis 1975 verfeinerten Einsatzleitlinien für TNF aber weiterhin Optionen für einen frühen und späten, begrenzten und massiven, geographisch weiten und engen Einsatz. Das Interesse amerikanischer Verteidigungsexperten wandte sich immer mehr modernen Waffentechnologien zu, die eingesetzt werden konnten, ohne größere Kollateralschäden und Eskalationsgefahren hervorzurufen. Zu ihnen gehörte auch die Neutronenwaffe, deren Stationierung in Europa aber an Streitigkeiten zwischen der Regierung *Carter* und den europäischen Alliierten scheiterte.

Präsident *Carter* hatte versucht, das großmachtorientierte Konzept *Nixons* und *Kissingers* zu verlassen und sich einer mehr multilateralen Diplomatie zuzuwenden, die der Rolle der „erwachenden" Nationen als Akteure auf internationaler Ebene gerecht wurde. Bereits 1978 aber begann *Carter* größere Betonung auf die sowjetische Bedrohung zu legen und wechselte auch in seinen öffentlichen Stellungnahmen vom Friedens- zum Eindämmungsthema. Im August 1977 hatte er eine *Presidential Directive* (PD)-18 erlassen, die NSDM-242 grundsätzlich bestätigte. Verteidigungsminister Harold *Brown* war besonders daran gelegen, daß die amerikanischen Nuklearstreitkräfte gegenüber denen der UdSSR nicht als unterlegen perzipiert wurden, weder numerisch noch in ihrer Fähigkeit, bestimmte Optionen auszuführen. *Brown*, der der Möglichkeit einer Begrenzung von Nuklearkriegen skeptisch gegenüberstand, versuchte dennoch durch die Hervorhebung der den USA zu Verfügung stehenden begrenzten Optionen die Glaubwürdigkeit einer Antwort auf begrenzte Aggressionen zu erhöhen und auch von diesen abzuschrecken (*Countervailing Strategy*).

PD-59 vom 25. Juli 1980 modifizierte die Einsatzpolitik weiter in Richtung auf eine Kriegführungsstrategie und verfügte eine quantitative Verlagerung der Zielwahl vom „economic recovery targeting" vor allem auf die Bezielung der politischen Führungsschicht, der Kommando- und Kontrolleinrichtungen, der sowjetischen strategischen Streitkräfte und anderer militärischer Ziele. Sie legte Nachdruck darauf, daß die vorgeplanten, *weiter verfeinerten* „target packages" im SIOP durch die Fähigkeit ergänzt wurden, neue (bewegliche) Ziele während eines Schlagabtausches auszumachen und zu zerstören. Ferner forderte PD-59 die Verbesserung der Kommando-, Kontroll-, Kommunikations- und Informationseinrichtungen (C^3I) für einen länger andauernden Krieg. Aus dem SIOP sollten begrenzte Optionen herausgelöst werden können (*Non-SIOP Options*), um im Falle einer großangelegten konventionellen Aggression in Europa über eine strategisch-nukleare Reaktionsmöglichkeit zu verfügen. Diese Optionen waren nicht zuletzt eine Reaktion auf Abkopplungsbefürchtungen der europäischen NATO-Mitglieder. Neue Kampfbomber und Artilleriegeschosse, insbesondere aber die SS-20-Rakete der UdSSR, stellten in den Augen der NATO-Alliierten eine wachsende Bedrohung dar.

Nach erheblichen Auseinandersetzungen zwischen Vertretern der amerikanischen und europäischen Regierungen einigte sich die *High Level Group* (HLG) der NATO im September 1978 auf Richtlinien für eine Modernisierung auch der Mittelstreckenwaffen (LRTNF) der NATO. Sie sollte lediglich ein „evolutionary upward adjustment" reflektieren und keine Änderung der Funktion und der Anzahl der Kernwaffen in Europa. Die Ausarbeitung einer gemeinsamen, präzisen Begründung für die Aufstellung der LRTNF konnte aufgrund unterschiedlicher Zielvorstellungen aber nicht vorgenommen werden. Von amerikanischer Seite sollte durch die Verfügung über flexibel und zielgenau einsetzbare Waffen der sowjetischen Perzeption entgegengewirkt werden, sie könne durch selektive *counterforce*-Schläge mit LRTNF (SS-20) gegen Westeuropa einen Vorteil (Eskalationsdominanz) erlangen, weil die NATO über eine solche Option nicht verfügte. Dies schloß einen Ersteinsatz nicht aus, er sollte aber spät und militärisch signifikant erfolgen. Den Vorstellungen des amerikanischen Militärs gemäß sollten durch *Pershing II* Raketen und *Tomahawk* Cruise Missiles nicht die LRTNF der Sowjetunion, sondern militärische Einrichtungen und nachrückende Truppeneinheiten in Osteuropa und den westlichen Militärbezirken der UdSSR bezielt werden, um eine Verbesserung der konventionellen Verteidigungsfähigkeit zu erreichen. Aus europäischer Sicht sollten frühzeitige, gleichzeitig ein klares Signal der Zurückhaltung setzende, präzise Schläge auf das Territorium der UdSSR (insbesondere durch *Pershing II*) das Risiko eines unkontrollierbaren Schlagabtausches vor Augen führen und den WP zur Einstellung der Kampfhandlungen bewegen. Die Sowjetunion interpretierte die Aufstellung der *Pershing II* als Versuch der USA, einen auf Europa begrenzten, selektiven *counterforce*-Krieg führen zu können, der ihr eigenes Territorium aussparte. Ein Ersteinsatz von TNF in Europa widersprach ihrem Vorhaben, einen Krieg auf der konventionellen Ebene zu begrenzen (und zu gewinnen). Die UdSSR entwickelte seit Beginn der 70er Jahre verstärkt *counterforce*-fähige Waffen, Interkontinentalraketen (ICBM) mit Mehrfachsprengköpfen (MIRVs), auch sie rechtfertigte dies mit der Notwendigkeit, die Abschreckung zu stärken. Bereits 1969 hatten die USA begonnen, ihre Raketen mit MIRVs auszustatten. Ein „Sieg" des Sozialismus in einem Nuklearkrieg, obwohl theoretisch bisweilen noch vertreten, wurde von der sowjetischen Führung in den 70er Jahren praktisch für nicht erreichbar gehalten. Eine ausgearbeitete Doktrin für einen begrenzten interkontinentalen Nuklearkrieg war weder im offenen noch im klassifizierten Militärschrifttum zu finden (*Garthoff* 1990: 158; *McGwire* 1991: 38). Ein sowjetischer Schlag im Falle eines strategischen Krieges (im *Launch Under Attack*-Modus) hätte *tausende* von Sprengköpfen gegen die strategischen Streitkräfte der USA, die politische Führung und C³I-Einrichtungen umfaßt. Bei einem Gegenschlag, d.h. *nach* einem bereits erfolgten Angriff differierten die Bezielungsprioritäten: politische und ökonomische Zentren wären vorrangige Ziele gewesen, militärische Anlagen nur soweit zerstört worden, wie es die überlebenden Streitkräfte außerdem noch erlaubt hätten. In taktisch-nuklearen Auseinandersetzungen waren Schläge bis hinunter zu nur einer Waffe möglich.

2. 5. 1981 - 1990: Szenarien globaler Kriegführung und ‚vernünftige Hinlänglichkeit‘ — Nach Auffassung *Reagans* war der Machtverlust der USA seit den 70er Jahren nicht strukturell bedingt, sondern das Ergebnis individueller Fehler seiner Amtsvorgänger. Die Rolle der USA als Weltführungsmacht konnte somit durch einen unilateralen Willensakt wiederhergestellt werden. Nach Meinung der Regierung *Reagan* betrachtete die Sowjetunion die militärische Balance als ausschlaggebend für die Möglichkeit der Verfolgung *politischer* Ziele. Unkorrigierte Ungleichgewichte bargen demnach die Gefahr, die nach Weltherrschaft strebende UdSSR in den (möglicherweise falschen) Glauben zu versetzen, daß sie ihre Streitkräfte zur politischen Erpressung einsetzen konnte. Der Wille, dieser Bedrohung offensiv entgegenzutreten, war erst dann glaubwürdig und vom Gegner wahrnehmbar, wenn Pläne und Streitkräfte vorhanden waren, die genügend Optionen zur Verfügung stellten, jede Aggression auf jeder Gewaltstufe entschieden und effektiv zu bekämpfen, wenn möglich gar zu gewinnen: *National Security Decision Document* (NSDD)-13 vom Oktober 1981 forderte das sich Durchsetzen („prevailing") in einem länger andauernden Nuklearkrieg.

Der offensive Charakter der amerikanischen M. unter *Reagan* fand in Konzepten zur konventionellen Kriegführung eine Entsprechung. Im Juni 1981 gab Verteidigungsminister *Weinberger* in den ersten von ihm verantworteten Verteidigungsrichtlinien die Anweisung aus, daß die Streitkräfte die Fähigkeit erreichen sollten, auf einen konventionellen sowjetischen Angriff nicht unbedingt gleichartig zu antworten, sondern einen Gegenschlag dort auszuführen, wo es den USA zum Vorteil gereichen könnte. Hauptsächlich für die Golf-Region, in der die amerikanische Regierung westliche Interessen durch eine nach Hegemonie strebende UdSSR am vitalsten bedroht sah, hielt sie eine solche Strategie der *Horizontalen Eskalation* (gegen entlegene und verwundbare Außenposten der UdSSR, auch ein Gegenangriff in Europa wurde nicht ausgeschlossen) für erforderlich. Die Fähigkeit horizontal zu eskalieren war notwendig, wenn ohne eindeutige Prioritäten zu setzen und für bestimmte Eventualitäten zu planen global agiert und Macht projiziert werden sollte, aber nicht überall eine regionale Überlegenheit vorhanden war. *Weinberger* sprach von einer „globalen militärischen Situation"; er wies das „Eineinhalb-Kriege"-Konzept vorhergehender Administrationen zurück und versuchte es durch eine umfassende „Eine-Kriegs"-Strategie zu ersetzen.

Man ging von einem langanhaltenden konventionellen Krieg auch in Westeuropa aus (im Gegensatz zum Eskalationscharakter der *Flexible Response*, wie sie von den Europäern vertreten wurde). Er würde von den USA ausgefochten unter Ausnutzung des westlichen Technologievorsprungs, d.h. mit starken konventionellen Waffen, die qualitativ erheblich verbessert waren (*FOFA*-Konzept, *Competitive Strategy, Discriminate Deterrence*). Im Rahmen der *Maritimen Strategie* wurde das Konzept entwickelt, bei einem konventionellen Angriff auf die Seeverbindungen oder auf Westeuropa durch amerikanische Angriffs-U-Boote sowjetische *strategische* Unterseeboote bereits in einer Frühphase des Krieges zu zerstören. Bereits *vor* einer vertikalen atomaren Eskalation sollte so die nukleare Balance zugunsten der USA verändert, bzw. dies zur Einstellung von Kampfhandlungen angedroht werden können.

Im Juli 1982 erließ *Weinberger* eine neue *Nuclear Weapons Employment Policy* (NUWEP-82). Auf Basis dieses Dokuments wurde ein neuer SIOP ausgearbeitet, der auf den Einsatz von nuklearen Waffen in einem länger andauernden Konflikt abgestimmt war. SIOP-6 trat im Oktober 1983 in Kraft und enthielt wiederum eine erweiterte Anzahl von selektiven Optionen gegen militärische, ökonomische, industrielle und politische Ziele. Die „counterrecovery mission" wurde, da man sie für unpraktikabel hielt, bis 1987 ganz fallen gelassen zugunsten der Bezielung direkt kriegsunterstützender Industrien (Munitionsfabriken, Fabriken zur Herstellung von Panzern, Raffinerien). NUWEP-87 wies die JCS an, eine „prompt counter-leadership"-Option zu entwickeln, verbunden mit einer „prompt counter-C^3I"Option: die sowjetische Führung und C^3I-Einrichtungen sollten keine „withholds" zur Kontrolle einer Eskalation mehr bilden. Als Abschreckungskriterium galt nun die Drohung, das zu zerstören, was die sowjetische Führung am meisten werthielt: Einrichtungen, auf die sich die Ausübung militärischer und politischer Macht und Kontrolle stützte sowie die kriegsunterstützenden Industrien.

Die Einsatzplanung wurde zu keinem Zeitpunkt koordiniert mit dem im März 1983 von *Reagan* überraschend bekanntgegebenen Forschungsprogramm für ein umfassendes weltraumgestütztes Raketenabwehrsystem (SDI). Seit den 70er Jahren hatte *Reagan* seine Feindschaft gegenüber einer Strategie der „Gegenseitigen Zerstörung" kundgetan, nicht nur aus militärischen Gründen, sondern ebenso aus ethischen und politischen. SDI stellte den Versuch dar, die der Abschreckungspolitik impliziten machtpolitischen

Beschränkungen aufzuheben und militärischer Macht ihre „klassische" Bedeutung wiederzugeben. Es hatte sich zudem immer mehr die Erkenntnis breit gemacht, daß die USA mit der UdSSR im Bereich des auf ICBM beruhenden *counterforce*-Potentials zur prompten Zerstörung gehärteter Ziele nicht gleichziehen konnten. Eine Rüstungsverlagerung auf defensive Technologien, bei denen die USA einen Vorteil besaßen, erschien auf lange Sicht aussichtsreicher. Weder die Kosten, noch die technologischen Probleme, noch die strategischen Implikationen, noch die Auswirkungen auf bestehende Rüstungskontrollverträge waren vor der „Star-Wars"-Rede *Reagans* reflektiert worden. Innerhalb der Regierung herrschte zudem Unklarheit über die Ziele der Initiative — ob ein lückenloses Abwehrsystem oder eine Mischung aus Defensiv- und Offensivwaffen oder eine Punktzielverteidigung verfolgt werden sollte. Bis zum Ende der Regierungszeit *Reagans* fand aufgrund dieser konzeptionellen Mängel sowie innen- und außenpolitischer Widerstände eine Abkehr von der Vision eines „gesicherten Überlebens" statt. Im Juni 1992 schließlich gaben hochrangige Mitarbeiter im Pentagon bekannt, daß sich die Aufstellung auch der ersten Phase des Abwehrsystems (100 bodengestützte Abfangraketen) aus technischen und finanziellen Gründen auf das nächste Jahrtausend verzögern würde. Das weltraumgestützte Element des Verteidigungsschirms war damit in kaum erreichbare Ferne gerückt.

Auch im Bereich der TNF versuchte die *Reagan*-Regierung zunächst die Strukturierung des Arsenals gemäß den Erfordernissen einer „warfighting"-Strategie vorzunehmen. Sie forderte eine rundum-Modernisierung des gesamten Arsenals unter Zugrundelegung von Kriterien wie Treffgenauigkeit, Selektivität und Vermeidung von Kollateralschäden. Der Einsatz von TNF sollte durch die Einführung einer einheitlichen Einsatzdoktrin mit dem der strategischen Waffen vollständig koordiniert werden. Im Oktober 1986 nahm die Nukleare Planungsgruppe (NPG) der NATO neue Richtlinien für den Einsatz von TNF an. Zum Verhältnis zwischen der militärischen Effizienz eines Nukleareinsatzes und seinem Signalcharakter wurde ausgesagt, daß ein militärisch signifikanter Einsatz die Aussicht darauf verstärke, daß das Zeichen seinen intendierten Zweck erfüllen konnte. Es wurde aber gleichermaßen hervorgehoben, daß die politische Signalwirkung eines solchen Einsatzes durch Angriffe in die Tiefe, möglicherweise bis in die UdSSR hinein, erhöht würde. Auch die neuen Richtlinien beinhalteten also einen Kompromiß zwischen den verschiedenen Sichtweisen der Amerikaner und Europäer. Die Richtlinien wurden 10 Tage nach der Übereinkunft von Reykjavik angenommen, derzufolge die LRTNF beider Seiten abgerüstet werden sollten, also auch dasjenige Waffensystem, welches militärisch relevante Ziele in einem ausgeweiteten Gefechtsfeld bedrohen konnte (*Pershing II*). Dies zeigte den Vorrang politischer Überlegungen („neue Entspannung") in der amerikanischen Regierung vor militärischen aber auch die Ratlosigkeit der NATO-

Planer, die bis dahin die „Null-Lösung" als Verhandlungsoption nicht ernst genommen hatten. Die Frage der vollständigen Abrüstung und / oder Modernisierung von Mittel- und Kurzstreckenwaffen sorgte (mit wechselnden Teilnehmern und Argumentationsverläufen) bis 1990 für tiefgehende Verstimmungen zwischen den USA und einigen europäischen Alliierten (→ Nukleare Rüstung und Rüstungskontrolle).

Seit Mitte der 80er Jahre betonte die UdSSR unter Führung ihres Generalsekretärs Michail *Gorbatschow* die Notwendigkeit, über die Politik der militärischen Abschreckung hinauszukommen und zu einer umfassenden Politik der Kriegsverhinderung überzugehen. Er schlug hierzu die schrittweise Eliminierung aller Nuklearwaffen vor. Auf dem Treffen in Reykjavik erklärte sich auch *Reagan* zu einem solchen Schritt bereit, allerdings nur unter der Bedingung der Fortführung des SDI-Projekts. 1989 versuchte *Gorbatschow* die Verhandlungen über den Abbau der strategischen Waffen durch den Vorschlag zu einer *Minimum Deterrence* überzugehen, neu zu beleben. TNF in Europa sollten ganz abgeschafft werden. Ab 1986 postulierte *Gorbatschow* als Kriterium zur Festlegung des konventionellen Militärarsenals eine „vernünftige Hinlänglichkeit"; er war bereit, die Überlegenheit der UdSSR abzubauen und zu einer rein defensiven Ausrichtung der sowjetischen Militärmacht überzugehen. Die über Jahrzehnte in der Militärdoktrin enthaltene und kaum diskutierte Spannung zwischen der defensiv ausgerichteten politisch-militärischen und der die Offensive (und einen „Sieg") akzentuierenden militärisch-technischen Ebene erfuhr im militärischen Schrifttum eine kritische Würdigung. 1987 wurde die militärisch-technische Ebene der Militärdoktrin revidiert, ihr offensiver Charakter weitgehend eliminiert, statt dessen vorrangig auf die Defensive zur Abwehr einer Aggression vertraut. Zu diesem Zeitpunkt fanden sich unter hohen Militärs aber noch immer Stimmen, die eine Gegenoffensive auf das Gebiet des Gegners befürworteten. Seit 1987 setzte sich die Erkenntnis durch, daß auch in einem Nuklearkrieg nicht die vollständige Zerstörung der gegnerischen Streitkräfte anzustreben war, sondern lediglich die Verhinderung eines gegnerischen Angriffserfolges. Es wurde die Notwendigkeit einer Eskalationskontrolle (wenn nicht einer Deeskalation) und einer frühzeitigen Beendigung der Kampfhandlungen auf Basis des Status quo ante betont.

2. 6. Seit 1990: Nuklearwaffen als „oberste Garantie" — Nachdem die NATO auf die revolutionären Veränderungen in Osteuropa zunächst abwartend reagiert hatte, brachte die zweite Hälfte des Jahres 1990 bahnbrechende Veränderungen in der M. mit sich. Auf dem NATO-Gipfel im Juli wurde zunächst durch die „Londoner Erklärung" der Einsatz von Nuklearwaffen in Europa nur noch im „letzten Rückgriff" vorgesehen und eine Abänderung der Vorneverteidigung in eine „verringerte Präsenz", basierend auf kleinen mobilen, im Kern multinationalen Einheiten. Dieses Konzept war eine Konsequenz der neuen militärischen Situation in Europa angesichts des Zusam-

menbrechens des WP und des bevorstehenden Abschlusses des KSE-Vertrags (→ Konventionelle Rüstungskontrolle in Europa), es war aber nicht zuletzt gedacht, die Mitgliedschaft des vereinten Deutschland (→ Deutsche Wiedervereinigung) in der NATO für die UdSSR akzeptabel zu machen. Zwar beinhaltete die Londoner Erklärung keinen Verzicht auf die Option des atomaren Ersteinsatzes, dem WP wurde aber eine allgemeine Gewaltverzichts-Erklärung und Zusammenarbeit angeboten. Die *flexible response* wurde schließlich auf dem NATO-Gipfel in Rom im November 1991 für nicht länger gültig erklärt. In dem Strategiedokument von Rom wurde selbst ein Einsatz von Nuklearwaffen als „last resort" nicht mehr erwähnt, sie wurden nun als „oberste Garantie" für die Sicherheit der NATO-Staaten bezeichnet. Ihnen sollte aber weiterhin Bedeutung zukommen, insofern durch sie die Risiken einer Aggression unkalkulierbar bleiben würden. Politisch und militärisch sollten die in Europa verbleibenden Nuklearwaffen als Bindeglied zu den USA fungieren, ihre Zahl jedoch drastisch (auf 700 luftgestützte mittlerer Reichtweite) verringert werden. Nukleare Kurzstreckenwaffen in Europa sollten ganz abgeschafft werden. Im Ernstfall wären sie allein auf dem Boden der Bundesrepublik oder ehemals dem WP angehöriger, nun befreundeter Staaten, einsetzbar gewesen.

Auch eine konventionelle Präsenz der Amerikaner in Europa sollte weiter bestehen bleiben. Die USA zeigten Interesse an einer Beteiligung an allen multinationalen Streitkräften, um die Kontinuität ihres Engagements und ihrer Mitwirkungsrechte deutlich zu machen. Konventionelle Angriffe sollten noch immer „möglichst weit vorne" aufgehalten werden, die territoriale Unversehrtheit des Bündnisses auf diese Weise gewahrt bleiben. „Vorne" wurde dabei nicht mehr an der östlichen Bündnisgrenze definiert, sondern „multidirektional". Die detaillierte Ausarbeitung dieses Einsatzkonzepts wird bis Mitte der 90er Jahre andauern. Auf dem Verteidigungsministertreffen der NATO in Gleneagles im Oktober 1992 wurde unterdessen beschlossen, an der Politik des Ersteinsatzes von Kernwaffen weiterhin festzuhalten, die Richtlinien für den Einsatz wurden aber außer Kraft gesetzt.

Um den politischen Umwälzungen des Winters 1989/90 gerecht zu werden, wurde auch der SIOP bis zum Sommer 1991 erneut modifiziert. Die Zahl der nuklearen Ziele, die in einem Krieg in der UdSSR angegriffen werden sollten, wurde um etwa 3 000 reduziert, in Osteuropa um ca. 1 000. Damit sollte das Zerbrechen des WP berücksichtigt werden, der Rückzug sowjetischer Truppen aus dem ehemaligen Paktgebiet und der westlichen Sowjetunion, die Entfernung von Kernwaffen aus den Baltischen Staaten, die Verminderung der konventionellen Waffen nach Abschluß des KSE-Vertrags und der strategischen Nuklearwaffen nach der Unterzeichnung des *START I*-Vertrags. Die Bezielung der politischen Führung der UdSSR stellte nun keine Priorität mehr dar, der schwindende Einfluß der KPdSU wurde berücksichtigt. Die amerikanischen Kernsprengköpfe blieben auf 7 000-9 000 hauptsächlich militärische Ziele gerichtet, pro Angriffsoption wurde die Zahl der einzusetzenden Sprengköpfe (bis hinunter zu „Dutzenden") vermindert. Eine strategische Reservestreitmacht, bestehend aus 1200 Sprengköpfen, sollte in jedem Fall zurückbehalten werden, um eine militärische Überlegenheit der USA nach einem Krieg sicherstellen zu können. Weitere Strategieänderungen sind im Gange. Eine im Oktober 1991 fertiggestellte Studie des *Advisory Panel* des *Joint Strategic Targeting Plannig Staff* (JSTPS) erarbeitete unter anderem eine Option, die den Einsatz allein von hochpräzisen, nicht-nuklearen Waffen in einem „strategischen" Angriff vorsah. Option „Echo" sollte dem Präsidenten darüber hinaus eine „nuclear expeditionary force" für Angriffe gegen China oder Staaten der Dritten Welt an die Hand geben.

3. Resumee und Aussicht — Die Entwicklung immer weiter abgestufter, verfeinerter, selektiv einsetzbarer Nuklearpotentiale sollte das Grunddilemma nuklearer Massenvernichtungsmittel überwinden, den von ihnen ausgehenden Selbstabschreckungseffekt. Mit dem Ende des Ost-West-Konflikts verloren aber die hochdifferenzierten nuklearen „Duellkalküle" an Bedeutung. Dies machte den Weg frei für eine Reihe von Abrüstungsschritten auch im Bereich der besonders destabilisierenden und „rüstungskontrollresistenten" *counterforce*-Waffen. Eine am 18. Juni 1992 zwischen Präsident *Bush* und dem russischen Präsidenten *Jelzin* getroffene Übereinkunft — sie wurde am 3. Januar 1993 in ihren wesentlichen Punkten als „*START II*" in einen formellen Vertrag übernommen — stellte eine drastische Reduzierung der strategischen Sprengköpfe um rund zwei Drittel auf 3000/3500 bis spätestens zum Jahr 2003 in Aussicht. Aber nicht diese Festlegung macht den Kern der neuen Übereinkunft aus, sondern die Vereinbarung, alle landgestützten ICBM mit MIRVs abzubauen. Solche als besonders destabilisierend geltenden Waffen machten den überwiegenden Teil der östlichen Abschreckungsstreitmacht aus. Aufgrund ihrer kurzen Flugzeiten und hohen Treffgenauigkeit waren sie zu Überraschungsangriffen geeignet, durch ihre Stationierungsart aber selbst verwundbar. Da jede einzelne von ihnen theoretisch in der Lage war, mehrere Raketen des Gegners zu vernichten, hätte in Krisenzeiten eine Seite versuchen können, der anderen durch einen Angriff zuvorzukommen. Nach Umsetzung der Reduzierungsvereinbarung werden beide Seiten im wesentlichen nur noch über solche strategischen Waffen verfügen, die aufgrund ihrer geringen Fluggeschwindigkeit (Bomber, Cruise Missiles), ihrer sicheren Stationierungsart (Unterseeboot-Raketen) oder ihrer Sprengkopfanzahl (ICBM ohne MIRVs) als nicht destabilisierend eingestuft werden können. Diese Maßnahmen stellen einen bedeutsamen Schritt hin zu einer weniger nuklear bedrohten Welt dar. Die künftige Ausrichtung der M. wird wesentlich von der weiteren Entwicklung in den ehemaligen Sowjetrepubliken abhängen (→ Frühere Sowjetunion und internationale Politik).

Sollte sich hier die Tendenz zu Demokratisierung und Marktwirtschaft fortsetzen, das Bedrohungspotential weiter abnehmen, so wird die Entschärfung
der nuklearen Waffenarsenale und Strategien fortgesetzt werden können.
Eine Rüstungsverlagerung auf präzise einsetzbare konventionelle Waffen zur
Beibehaltung, wenn nicht Erhöhung, selektiver Kriegführungsfähigkeit ist
aber wahrscheinlich.

Literatur

Ball, Desmond / *Richelson*, Jeffrey (eds.): Strategic Nuclear Targeting, It-
   haca / London 1986.
Ball, Desmond / *Toth*, Robert C.: Revising the SIOP, in: International Secu-
   rity, Frühjahr 1990, S. 65-92.
Cimbala, Stephen J.: Nuclear Strategizing. Deterrence and Reality, New
   York 1988.
Daalder, Ivo H.: The Nature and Practice of Flexible Response, New York
   1991.
Freedman, Lawrence: The Evolution of Nuclear Strategy, New York 1981.
Gaddis, John L.: Containment and the Logic of Strategy, in: The National
   Interest, Winter 1987 / 88, S. 27-38.
Garthoff, Raymond L.: Deterrence and the Revolution in Soviet Military
   Doctrine, Washington D.C. 1990.
Kaplan, Fred M.: The Wizards of Armageddon, New York 1983.
Lebow, Richard N. / *Gross Stein*, Janice: Deterrence: The Elusive Depen-
   dent Variable, in: World Politics, April 1990, S. 336-369.
Levine, Robert A.: Still the Arms Debate, Brookfield 1990.
Liddell Hart, Basil H.: Strategy: The Indirect Approach, London 1968.
MccGwire, Michael: Military Objectives in Soviet Foreign Policy, Washing-
   ton D.C. 1987.
MccGwire, Michael: Perestroika and Soviet National Security, Washington
   D.C. 1991.
Osgood, Robert E.: Das nukleare Dilemma im amerikanischen strategischen
   Denken: Drei Denkweisen, in: *Nerlich*, Uwe / *Rendtorff*, Trutz (Hrsg.):
   Nukleare Abschreckung — Politische und ethische Interpretationen ei-
   ner neuen Realität, Baden-Baden 1989, S. 103-172.
Paret, Peter (ed.): Makers of Modern Strategy, Oxford ²1990.
Posen, Barry R.: The Sources of Military Doctrine, Ithaca / London 1984.

Martin Kahl

Nahostkonflikt (NOstK.)

1. Begriff — Der zentrale Konflikt, von dem der Nahe Osten überschattet wird, ist der israelisch-arabische Konflikt. Er wird als NOstK. bezeichnet.

2. Entstehung — Die Wurzeln des Konflikts liegen in der Entstehungsgeschichte des Staates Israel. Ende des 19. Jh.s kommt es in Europa zur Herausbildung einer national-jüdischen Bewegung — des Zionismus. Dieser muß als Reaktion auf zunehmende Judenverfolgungen in Osteuropa — vor allem Rußland und Polen —, aber auch als Reaktion auf wachsende Assimilationsschwierigkeiten westeuropäischer Juden verstanden werden. Zum primären Ziel des Zionismus wird die Errichtung eines eigenständigen jüdischen Staates in Palästina, einem Gebiet, das 1919 von etwa 515000 Moslems, 65000 Juden und 62000 Christen bewohnt wird, in seinen Grenzen aber noch nicht eindeutig bestimmt ist.

Bis zum Ende des Ersten Weltkriegs steht Palästina unter türkischer Oberhoheit. 1922 fällt es als Völkerbundsmandat an Großbritannien. Dieses verpflichtet sich in der Mandatsakte wie bereits zuvor in der *Balfour-Deklaration* von 1917, die Errichtung einer *jüdischen nationalen Heimstätte* zu fördern und zu diesem Zweck auch die Einwanderung von Juden nach Palästina zu erleichtern. In den 20er und 30er Jahren gelingt es der zionistischen Bewegung, unter dem Schutz Großbritanniens in Palästina einen weitgehend eigenständigen Staat im Staate zu errichten. Er stellt zunehmend nicht nur die semi-feudalistische Struktur, sondern auch den arabischen Charakter des Landes in Frage. Ausschlaggebend für den zionistischen Erfolg sind die überlegene jüdische Finanzkraft, hohes technologisches Wissen, systematische Bodenaufkäufe sowie eine die Juden einseitig bevorzugende Arbeitsmarktpolitik. Nicht zuletzt trägt die durch den Hitler-Faschismus emporschnellende Zahl von Immigranten zur Festigung des jüdischen Gemeinwesens in Palästina bei.

Der arabische Widerstand gegen den *zionistischen Siedlungskolonialismus* formiert sich mit dem Erwachen des arabischen Nationalismus. Er lehnt die historischen, rechtlichen, moralischen und machtpolitischen Ansprüche der Juden auf das *Land ihrer Väter* ab und fordert die Schaffung eines unabhängigen, der arabischen Mehrheit des Landes Rechnung tragenden Staates Palästina. Großbritannien reagiert auf Streiks und Aufstände der Araber mit der Abspaltung Transjordaniens, der Anwendung von Repressalien, der Einsetzung von Sachverständigenkommissionen und am Vorabend des 2. Weltkrieges mit der Reduzierung der *Nationalheimpolitik*.

Als es der britischen Administration auch nach 1945 nicht gelingt, in dem Anspruch zwischen Juden und Arabern auf Palästina zu vermitteln und der judeo-arabische Konflikt zu einem anglo-zionistischen zu werden droht, kündigt Großbritannien die Rückgabe des Mandats an die → Vereinten Na-

tionen als Nachfolger des Völkerbundes an. Am 29.11.1947 beschließen die
UN die Teilung Palästinas in einen jüdischen und einen arabischen Staat sowie eine internationale Zone von Jerusalem. Der Teilungsplan scheitert an
mangelnder Durchsetzbarkeit. Daraufhin konstituiert sich der Staat Israel
am 14.5.1948 aus eigener Machtvollkommenheit. Im Gegenzug besetzt Jordanien die sog. Westbank, Jerusalem wird geteilt. Der Gaza-Streifen gerät
unter ägyptische Verwaltung. Mehr als 750 000 Palästinenser werden heimatlos.

3. Ebenen des Konflikts — Der NOstK. wird auf drei Ebenen ausgetragen.
Auf der ersten Ebene stehen sich der Staat Israel und die arabischen Palästinenser gegenüber.
Obwohl mit einer Fläche von 20 770 qkm lediglich ein Kleinstaat verfügt Israel über ein erhebliches Kräftepotential. Die Bevölkerung betrug Ende 1991
5,05 Mio., davon 4,1 Mio. Juden und 900 000 Araber. Die Geburtenrate des
arabischen Teils der israelischen Bevölkerung ist mit 4,7 % weitaus höher als
die des jüdischen Teils mit 2,7 %. Demgegenüber wirkt sich die seit 1989 anhaltende Einwanderungswelle aus der ehemaligen Sowjetunion — bis Mitte
1992 etwa 470 000 Immigranten — zugunsten des jüdischen Bevölkerungsan-
teils aus. Das BIP Israels beläuft sich 1988 auf 44,96 Mrd. US-$, die reale
Zuwachsrate beträgt 1989 1,0 %, 1990 und 1991 jeweils 5,1 %. An der Er-
wirtschaftung des BIP sind 1988 die Landwirtschaft mit 5 %, die Industrie
mit 32 % und der Dienstleistungsbereich mit 63 % beteiligt. U.a. auf Grund
seines hohen Standes von Wissenschaft und Technik gehört Israel zur industrialisierten Welt. Die politische Stabilität des jüdischen Staates beruht auf
der Existenz eines funktionsfähigen parlamentarischen Systems. Das
schließt tiefe Brüche und heftige Konflikte im Inneren nicht aus. Entschei-
dendes machtpolitisches Instrument zur Durchsetzung israelischer Interessen im Nahen Osten war in der Vergangenheit eine schlagkräftige, vermutlich auch mit Atomwaffen ausgestattete Armee. Außen- und militärpolitisch
kann sich der jüdische Staat auf ein privilegiertes Verhältnis zu den USA
stützen. Intensive wirtschaftliche Beziehungen bestehen sowohl zu den Vereinigten Staaten als auch zur → Europäischen Gemeinschaft.
Im Unterschied zu den Juden fehlt den weltweit rund 6 Mio. Palästinensern —
davon sind etwa 2,6 Mio. als Flüchtlinge registriert — ein eigener Staat. Weder
die palästinensische Unabhängigkeitserklärung vom 15.11.1988 noch die Bildung einer Übergangsregierung — beides erfolgte unter dem Eindruck des
seit dem 9.12.1987 anhaltenden Volksaufstands in den von Israel besetzten
Gebieten (Intifadah) — vermögen über dieses erhebliche machtpolitische
Defizit hinwegzutäuschen. Dementsprechend begrenzt sind auch die den Palästinensern zur Verfügung stehenden wirtschaftlichen und militärischen
Ressourcen. Ihre stärkste Waffe ist der Wille der rund 1,7 Mio. Einwohner
der Westbank und des Gaza-Streifens zum Widerstand gegen die israelische

Besatzung. Die Position der PLO-Führung innerhalb des palästinensischen Lagers hat in den vergangenen Jahren eine deutliche Schwächung erfahren. Die 1964 als Befreiungsbewegung gegründete Organisation ist zwar 1974 von den arabischen Staaten als alleinige legitime Interessenvertreterin des palästinensischen Volkes anerkannt und von den UN als Quasi-Mitglied aufgenommen worden. Auch haben zwischenzeitlich rund 60 Staaten die palästinensische Übergangsregierung mit Yassir *Arafat* als Präsidenten anerkannt. Die zwiespältige Haltung der PLO gegenüber dem Existenzrecht Israels — Anerkennung durch *Arafat* am 13. / 14.12.1988 — sowie gegenüber der Anwendung von Gewalt und terroristischen Aktionen zur Durchsetzung ihrer Ziele, ferner die offene Parteinahme für den Irak im → Kuwait-Krieg haben ihrer Stellung im Nahen Osten aber merklich geschadet. Als Probleme erweisen sich auch die mangelnde innere Geschlossenheit der PLO und das Aufkommen rivalisierender palästinensischer Organisationen in den besetzten Gebieten mit zum Teil islamisch-fundamentalistischer Prägung (→ Islam und internationale Politik). Die mit Hauptsitz in Tunis angesiedelte PLO sieht sich deshalb zunehmendem Druck ausgesetzt, ihrem Führungsanspruch innerhalb des palästinensischen Lagers gerecht zu werden.

Auf der zweiten, der regionalen Ebene des NOstK. stehen sich Israel und die arabischen Staaten gegenüber. Während Israel nach den vorgezogenen Wahlen vom 24.6.1992 erstmals seit 15 Jahren wieder von einer Koalition unter Führung der Arbeitspartei regiert wird, in der die maßgeblichen Kräfte unter Ministerpräsident Yitzhak *Rabin* einen *historischen Kompromiß* anstreben, ohne allerdings vollständig auf die besetzten Gebiete und schon gar nicht auf Ost-Jerusalem verzichten zu wollen, zeichnet sich auf der Seite der arabischen Staaten wachsende Bereitschaft ab, den NOstK. nach der Formel *Land gegen Frieden* beizulegen. Erklärtes Ziel ist in diesem Zusammenhang die Wiederherstellung der nationalen Rechte des palästinensischen Volkes. Verstanden wird darunter eine Zweistaatenlösung der Palästina-Frage, d.h. das Recht auf Errichtung eines palästinensischen Staates nicht in, sondern neben Israel, und zwar in allen durch den jüdischen Staat seit 1967 besetzten Gebieten unter Einschluß Ost-Jerusalems. Darüber hinaus gehört das Recht der Palästinenser auf Rückkehr in ihre Heimat zum Forderungskatalog der arabischen Seite im NOstK.

Die gestiegene Bereitschaft zu einem Kompromißfrieden ist nicht gleichbedeutend mit einem uneingeschränkten Konsens im arabischen Lager. Während Ägypten seit seinem Friedensschluß mit Israel und der Rückgewinnung des Sinai auf eine Politik der Verhandlungen und des langen Atems im NOstK. setzt, steht für Jordanien der Kampf um die Erhaltung seiner staatlichen Existenz — gegebenenfalls in Konföderation mit einem palästinensischen Staatswesen — im Vordergrund des Interesses. Saudi-Arabien wiederum sucht im NOstK. vor allem seine Position als Hüter der Heiligen Stätten des Islams zu festigen. Andere, deutlich radikalere Auffassungen in der

Auseinandersetzung mit Israel vertreten Syrien, der Irak, Libyen und — außerhalb des arabischen Raums — Iran. Für Syrien, das nach dem Zusammenbruch des Sowjetimperiums zunächst um seine strategische Position gegenüber Israel fürchten mußte, geht es nach der Teilnahme an der anti-irakischen Koalition im Kuwait-Krieg vor allem um die Verwirklichung seines Strebens nach einer Vormachtstellung in der arabischen Welt. Dazu gehören die Eingliederung des Libanon in ein großsyrisches Staatengebilde und die Rückgabe der Golanhöhen, nicht unbedingt jedoch die Errichtung eines eigenständigen Staates Palästina. Für Libyen und Iran ist jeder Verständigungsfrieden mit Israel ausgeschlossen, der Kampf gegen den zionistischen Feind ein Kampf um das Dasein und nicht um Grenzen. Letztlich sind die Fronten zwischen Befürwortern und Gegnern eines Kompromißfriedens im Nahen Osten aber nicht unverrückbar. Der Wechsel des Irak in das Lager der gemäßigten Opponenten Israels während des iranisch-irakischen Kriegs und der Rückfall in eine rigide anti-israelische Position während des Kuwait-Konflikts zeigen vielmehr, daß die Haltung der Gegner des jüdischen Staates im NOstK. häufig von anderen als bloßen Grundsatzerwägungen bestimmt ist, deshalb über Raum und Zeit auch merklichen Änderungen unterliegt.

Auf der dritten Ebene des israelisch-arabischen Konflikts agieren die Groß- bzw. die Supermächte. An die Stelle Großbritanniens und Frankreichs sind seit Mitte der 50er Jahre die USA und die UdSSR getreten. Spätestens seit dem Zusammenbruch der UdSSR und dem Kuwait-Krieg (1990/91) sind die USA jedoch zur stärksten Macht im Nahen Osten geworden.

Während die Vereinigten Staaten stets fundamentale Sympathie für die jüdisch-israelische Sache gezeigt haben, hat die Sowjetunion im Kontext mit der Herausbildung des Kalten Krieges (→ Ost-West-Konflikt) dem Standpunkt der arabischen Staaten und der Palästinenser zugeneigt. Beide Supermächte haben aber stets in der Anerkennung des Existenzrechts des Staates Israel übereingestimmt. Im übrigen haben sie im Nahen Osten globale Interessen verfolgt. Diese betrafen vor allem Fragen der Beherrschung des östlichen Mittelmeers, des Persisch/Arabischen Golfs und des Zugangs zum Indischen Ozean (Suez-Kanal). Von besonderer Brisanz war und ist die Frage der Sicherung der Erdölvorräte am Persisch/Arabischen Golf. Das ist im Zusammenhang mit der sowjetischen Intervention in Afghanistan (→ Prägende Konflikte nach dem Zweiten Weltkrieg), aber auch mit der Destabilisierung der Golfregion im Gefolge der schiitisch-islamischen Revolution im Iran deutlich geworden.

Im Ringen um Macht und Einfluß im Nahen Osten haben die USA und die UdSSR wechselhafte Erfolge erzielt. Bis Anfang der 70er Jahre hat die Sowjetunion ihre Stellung in der Region systematisch ausbauen können. Als Folge des Oktoberkrieges von 1973 sind die sowjetischen Positionsgewinne jedoch weitgehend wieder verloren gegangen. Wichtigster Partner der UdSSR im Nahen Osten war in den 80er Jahren Syrien. Der Zerfall des Ostblocks und die Auflösung der Sowjetunion haben Rußland an die Stelle der ehemaligen östlichen Supermacht treten lassen. Trotz Wiederaufnahme der diplomatischen Beziehungen zu Israel im Jahre 1991 und Teilnahme an der anti-irakischen Koalition im Kuwait-Krieg hat Rußland wegen seiner schlechten inneren wirtschaftlichen und politischen Lage auf absehbare Zeit kaum die Möglichkeit, eine bedeutende Rolle bei der Lösung des NOstK. zu spielen. Sein Hauptaugenmerk im Nahen Osten gilt gegenwärtig auch nicht dem israelisch-arabischen Konflikt, sondern dem muslimischen Einfluß in den südlichen Republiken der GUS.

Die USA haben bereits nach dem Yom-Kippur-Krieg 1973 für nahezu ein knappes Jahrzehnt die Rolle des alleinigen Vermittlers zwischen Israel und den Arabern innegehabt. Den hohen Erwartungen — vor allem der gemäßigten arabischen Staaten — haben sie seinerzeit nur in begrenztem Umfang entsprechen können. Der Sturz des Schah-Regimes in Iran, der sowjetische Einmarsch in Afghanistan, die Intransigenz der israelischen Außen- und Besatzungspolitik und das Scheitern der Bemühungen um eine Friedensregelung im Libanon haben im Gegenteil einen erheblichen Vertrauensverlust für die USA in der Region bewirkt. Erst die energische Parteinahme für die arabischen Golfstaaten in der Endphase des iranisch-irakischen Krieges und ihre Führungsrolle bei der militärischen Beendigung des kuwaitisch-irakischen Konflikts haben die USA wieder in eine Position gebracht, die es ihnen ermöglichen, im NOstK. die Rolle eines *ehrlichen Maklers* zwischen den Konfliktparteien zu übernehmen. Zentrale Elemente der amerikanischen Nahostpolitik sind dabei die Bereitschaft zu militärischer Präsenz am Persisch / Arabischen Golf, das Streben nach einer Nichtweiterverbreitung von Massenvernichtungswaffen (→ internationale Nuklearpolitik) in der Region sowie die Unterstützung der Formel *Land für Frieden* im israelisch-arabischen Konflikt. Flankierend kommen der Wille der USA zu einem Interessenausgleich mit Syrien und die Bereitschaft zu einer behutsamen Öffnung gegenüber der PLO hinzu (Aufnahme eines offiziellen Dialogs im Dezember 1988, Abbruch im Juni 1990). Innenpolitisch wird den USA eine Nahostpolitik der Verständigung dadurch erleichtert, daß sich die pro-israelische Lobby im Lande zunehmend in einem Dilemma zwischen dem Eintreten für die Sicherheit des jüdischen Staates einerseits und dem Eintreten für Demokratie und → Menschenrechte auch gegenüber den Palästinensern in den besetzten Gebieten befindet.

4. Formen der Konfliktaustragung — Ausgetragen wird der NOstK. mit politischen, wirtschaftlichen und militärischen Mitteln.

Zu den bevorzugten politischen Mitteln gehören die Inanspruchnahme der → Diplomatie und der Einsatz von Propaganda und Massenmedien zur Beeinflussung der Weltöffentlichkeit. Letzteres geschieht in USA und Westeuropa in starkem Maß zugunsten Israels, in Osteuropa und den Staaten der

Dritten Welt war dies lange Zeit vornehmlich zugunsten der arabischen Sache der Fall. Auf diplomatischer Bühne ist allgemein ein Abrücken von einseitig pro-israelischen Positionen festzustellen. In verschiedenen Nahosterklärungen — mit besonderem Nachdruck in der Deklaration des Europäischen Rates von Venedig vom 13.6.1980 — haben sich die EG-Mitgliedstaaten sowohl für die Anerkennung des Existenzrechts und der Sicherheitsbedürfnisse Israels als auch für die Anerkennung der *legitimen Rechte des palästinensischen Volkes* ausgesprochen (→ EG als internationaler Akteur). Darüber hinaus haben sie Friedensgespräche unter der Schirmherrschaft der UN mit direkter Beteiligung der PLO gefordert. In den UN selbst sieht sich der jüdische Staat einer massiven Verurteilung seiner (Besatzungs-)Politik bis hin zum Vorwurf des Rassismus ausgesetzt. Eine internationale Nahost-Friedenskonferenz unter dem Dach der UN lehnt Israel deshalb ab.

Wirtschaftlich wird der NOstK. mit Hilfe des Zugangs zu Rohstoffen, Nahrungsmitteln, industriellen — einschließlich militärischen — Produkten, technischem Know-how und Kapitalquellen geführt. Von zunehmender Bedeutung ist der Kampf um die Verteilung knapper Wasservorräte (→ Globale Umweltprobleme). Im Verhältnis zwischen den arabischen Staaten und den Industrieländern besteht eine Lieferabhängigkeit vor allem Japans und Westeuropas vom arabischen Erdöl (→ internationale Energiepolitik). Umgekehrt decken die USA und die Mitgliedsstaaten der Europäischen Gemeinschaft mehr als zwei Drittel des Importbedarfs des Nahen Ostens an industriellen und agrarischen Gütern — 1987 belief sich allein der Wert der Nahrungsmittelimporte auf 25 Mrd. US-$. Zum Erhalt ihrer Machtstellung sind zudem sämtliche Staaten der Region auf Waffenlieferungen aus den Industrieländern angewiesen.

Militärisch wird der NOstK. in Form konventioneller Kriege, in Form des Guerillakrieges einschließlich des Terrorismus und in Form des Volksaufstands ausgetragen. Die von Palästinensern ausgeübte Guerillatätigkeit hat im Vorfeld der internationalen Anerkennung der PLO in den 70er Jahren für politischen Druck gesorgt. Die Intifadah ist seit 1987 das sichtbarste — vielfach auch als legitim angesehene — Zeichen des palästinensischen Widerstands gegen die israelische Besatzungsmacht. Terroristische Aktionen waren immer wieder geeignet, auf das ungelöste Problem des NOstK. aufmerksam zu machen (z.B. München 1972, Entebbe 1976, Entführung der Achille Lauro 1985, aber auch Angriffe auf wehrlose Zivilisten in Israel). Sie haben jedoch eine Verständigung im israelisch-arabischen Konflikt maßgeblich erschwert. Als konventionelle Kriege im Zusammenhang mit dem NOstK. sind folgende Vorgänge zu nennen:

— 1947/49 setzt Israel seine staatliche Existenz und eine beachtliche Ausdehnung seines Territoriums gegenüber dem UN-Teilungsbeschluß durch.

— 1956 bringt der jüdische Staat Ägypten eine schwere militärische Niederlage bei, diskreditiert sich aber zugleich durch sein Zusammenwirken mit Großbritannien und Frankreich als *imperialistischer Aggressor.*

— 1967 besetzt Israel ganz Palästina bis zum Jordan, erobert die Sinai-
  Halbinsel, den Gaza-Streifen und die Golanhöhen.

— 1973 — im Oktoberkrieg — gelingt es den arabischen Staaten erstmals,
  militärische, vor allem aber politisch-psychologische Erfolge gegen den
  jüdischen Staat zu erringen.

— 1982 marschiert Israel in den Libanon ein, dringt bis nach Beirut vor und
  vertreibt die PLO vorübergehend aus weiten Teilen des Landes.

— 1980 — 1988 ist der jüdische Staat *stiller Teilhaber* im iranisch-
  irakischen Konflikt. Durch Zerstörung der irakischen Atomanlagen bei
  Bagdad im Juni 1981 und durch Waffenlieferungen an Iran trägt er zur
  Schwächung des Irak bei.

— 1990/91 nimmt Israel an einer multinationalen Anti-Irak-Koalition unter
  Führung der USA zur Befreiung Kuwaits teil. Die Bedrohung durch den
  Irak überlagert dabei den sich aus dem israelisch-arabischen Konflikt er-
  gebenden Gegensatz.

5. Friedensbemühungen — Die Bemühungen um eine Friedensregelung im
Nahen Osten haben seit 1967 merklich zugenommen. Ausgangspunkt sind
die Resolutionen des UN-Sicherheitsrats Nr. 242 vom 22.11.1967 und Nr.
338 vom 22.10.1973. Resolution 242 fordert zur Herstellung *eines gerechten
und dauerhaften Friedens* u.a.

— den *Abzug der israelischen Streitkräfte aus (den) Gebieten,* die während
  des Juni-Krieges 1967 besetzt worden sind,

— die *Achtung und Anerkennung der* → Souveränität, territorialen Integrität und politischen Unabhängigkeit aller Staaten des Nahen Ostens sowie
  ihres Rechts, in Frieden zu leben.

Die *legitimen Rechte des palästinensischen Volkes* werden in der Resolution
nur in Form einer *gerechten Regelung des Flüchtlingsproblems* (→ Migration) angesprochen. Versuche des UN-Sonderbeauftragten *Jarring* und des
amerikanischen Außenministers *Rogers*, den NOstK. 1967 bis 1971 auf der
Basis der Resolution 242 beizulegen, sind gescheitert. Nach dem Oktoberkrieg 1973 ist es US-Außenminister *Kissinger* gelungen, ein militärisches
Disengagement zwischen Israel und Ägypten (Abkommen vom 18.1.1974
und 4.9.1975) sowie zwischen Israel und Syrien (Abkommen vom 31.5.1974)
herbeizuführen. Bemühungen des amerikanischen Präsidenten *Carter,* die
Genfer Nahostkonferenz von 1973 wiedereinzuberufen und Vertretern des
palästinensischen Volkes eine Teilnahme an dieser Konferenz zu ermöglichen, sind 1977 fehlgeschlagen. In einer *kühnen Aktion* hat daraufhin der

ägyptische Präsident *Sadat* in der Zeit vom 19. — 21.11.1977 Jerusalem besucht. Der israelische Ministerpräsident *Begin* hat mit einem Gegenbesuch in Ismailia am 25./26.12.1977 reagiert. In Camp David haben sich beide Staaten nach langwierigen Verhandlungen unter amerikanischer Vermittlung am 17.9.1978 über einen *Rahmen für den Abschluß eines Friedensvertrages zwischen Ägypten und Israel* und einen *Rahmen für den Frieden im Nahen Osten* verständigt.

Während der israelisch-ägyptische Friedensvertrag am 26.3.1979 zustandekam, ist das Kernproblem des NOstK., die Palästinenserfrage, ungelöst geblieben. Nicht einmal die angestrebte Autonomie für die Palästinenser in der Westbank und im Gaza-Streifen ist verwirklicht worden. Dementsprechend negativ war die Reaktion in der arabischen Welt auf den israelisch-ägyptischen *Separatfrieden*. Die Mitgliedschaft Ägyptens in der Arabischen Liga ist deshalb 1979 vorübergehend suspendiert worden. Zugleich sind die Bemühungen um eine dauerhafte und umfassende Friedensregelung im Nahen Osten jedoch weitergegangen. Sie sind erheblich erschwert worden durch die Rivalität der Supermächte im Vorderen Orient, den iranisch-irakischen Krieg, den Zerfall des libanesischen Staatswesens, die Uneinigkeit im arabischen Lager und die israelische Siedlungs- und Besatzungspolitik. Am 30.7.1980 hat Israel Ost-Jerusalem, am 14.12.1981 die Golan-Höhen annektiert.

Saudi-Arabien hat am 7.8.1981 acht Grundsätze für einen Frieden im Nahen Osten genannt. Sie enthalten die Forderung nach Errichtung eines palästinensischen Staates in der Westbank, im Gaza-Streifen und in Jerusalem bei gleichzeitiger indirekter Anerkennung des Existenzrechts Israels. Diesen sog. Fahd-Plan hat sich die 12. Arabische Gipfelkonferenz am 9.9.1982 in leicht veränderter Fassung als Charta von Fes zu eigen gemacht. Damit war erstmals ein weitgehend gemeinsamer arabischer Standpunkt in der Nahostfrage gefunden. Unterstützung für ihre Forderungen hat die Arabische Liga am 15.9.1982 durch die UdSSR erhalten, die allerdings die Notwendigkeit einer Friedensgarantie für Israel stärker als die arabische Seite betont hat. Von US-Präsident *Reagan* ist am 1.9.1982 als Reaktion auf den Krieg im Libanon ein eigener Plan zur Lösung des NOstK. vorgelegt worden. Darin hat er sowohl Israelis als auch Palästinenser zu gegenseitiger Anerkennung aufgerufen. Für die Westbank und den Gaza-Streifen hat *Reagan* volle Autonomie in Assoziierung mit Jordanien sowie den militärischen Rückzug Israels aus diesen Gebieten gefordert. Ein unabhängiger Palästinenserstaat ist von *Reagan* abgelehnt worden. Als Voraussetzung für eine ernsthafte Prüfung der Charta von Fes und des Reagan-Plans galt seinerzeit die Bereinigung der Libanon-Frage. Das nach mühsamen Verhandlungen am 17.5.1983 unterzeichnete israelisch-libanesische Friedensabkommen ist indes am Widerstand Syriens gescheitert. Ebenfalls ohne Erfolg verlaufen sind die Anstrengungen des jordanischen Königs *Hussein* und *Arafats* 1985/86 um eine gemeinsame Friedensinitiative im Nahen Osten. Vergeblich waren auch die Bemühungen des amerikanischen Außenministers *Shultz* im Frühjahr 1988, mit einem Zwei-Stufen-Plan zu einer Beendigung des NOstK. zu gelangen. Der Plan sah direkte Verhandlungen zwischen Israel und einer gemischt jordanisch / palästinensischen Delegation sowie begleitend eine internationale Nahost-Friedenskonferenz vor. Unter dem Eindruck der Intifadah hat Jordanien stattdessen am 31.7.1988 offiziell auf eine künftige Rolle in *Palästina* verzichtet und eine vollständige politische und administrative Trennung von seinen Gebieten westlich des Jordan vollzogen.

Die irakische Invasion Kuwaits am 2.9.1990 und der anschließende Sieg einer internationalen Koalition über den Irak waren gleichbedeutend mit grundlegenden Veränderungen der politischen Landschaft im Nahen Osten. Das betrifft nicht zuletzt ein gewandeltes israelisches Sicherheitsbedürfnis. Hinzu kommt, daß die USA nach dem Niedergang der UdSSR in eine singuläre Vermittlerposition im Nahen Osten geraten sind. Die Aufnahme von Friedensgesprächen zur Beilegung des NOstK., deren erste Runde am 30.10.1991 in Madrid eröffnet worden ist, war im wesentlichen ein Verdienst des US-Außenministers *James A. Baker*. Teilnehmer der Friedenskonferenz sind neben Israel, Jordanien, Libanon, Syrien, Ägypten und Vertretern der Palästinenser aus den besetzten Gebieten die USA und die UdSSR bzw. Rußland, ferner als Beobachter die UN, die Europäische Gemeinschaft, die Maghreb-Union und der Golfkooperationsrat. Zusätzlich zu bilateralen Verhandlungen sind multilaterale Gespräche auf Expertenebene zu den Themen Abrüstung (in Washington), wirtschaftliche Entwicklung (in Brüssel), Flüchtlingsfragen (in Ottawa), Wasserprobleme (in Wien) und Umweltschutz (in Tokio) ins Auge gefaßt bzw. in Gang gesetzt worden. Das hat im September 1993 überraschend zum Gaza-Jericho-Autonomie-Abkommen zwischen Israel und der PLO geführt. Ein großer Teil der Probleme des israelisch-arabischen Konflikts ist damit jedoch bestenfalls angesprochen, aber nicht gelöst. Das gilt insbesondere für folgende Probleme:

— die Anerkennung des Rechts Israels, in Frieden und Sicherheit in der Region zu leben,
— die Frage eines teilweisen oder vollständigen Rückzugs aus den 1967 besetzten Gebieten,
— das Schicksal der rund 115000 jüdischen Siedler in Judäa und Samaria sowie der rund 11000 jüdischen Siedler auf den Golanhöhen,
— die Zugehörigkeit Ost-Jerusalems zu Israel,
— die Beibehaltung einer israelischen Sicherheitszone im Süden des Libanon,
— die Gründung eines eigenständigen Palästinenserstaates im Westjordanland, im Gaza-Streifen und gegebenenfalls in Ost-Jerusalem,

— bzw. die Gewährung von Autonomie für die Palästinenser in den besetzten Gebieten,
— die Zukunft der palästinensischen Flüchtlinge,
— das Verhältnis eines evtl. Palästinenserstaates zu Israel und Jordanien, aber auch zu den anderen arabischen Staaten wie Syrien und Saudi-Arabien,
— die Verteilung der knappen Ressource Wasser,
— die Bewältigung des Extremismus auf allen Seiten der am israelisch-arabischen Konflikt beteiligten Parteien,
— die Einleitung vertrauensbildender Maßnahmen unter Einbeziehung von Rüstungskontroll- und Abrüstungsschritten sowie
— die Beteiligung dritter Staaten an der Überwachung und Garantie einer Friedensregelung im Nahen Osten.

Literatur

Beling, Willard A. (ed.): Middle East Peace Plans, London / Sydney 1986.

Flores, Alexander: Intifada. Aufstand der Palästinenser, Berlin 1988.

Hoch, Martin: Der Palästinakonflikt und der Friedensprozeß im Nahen Osten. Positionen — Optionen — Perspektiven, Konrad-Adenauer-Stiftung: Interne Studien Nr. 38, Sankt Augustin 1992.

Hollstein, Walter: Kein Friede um Israel — Zur Sozialgeschichte des Palästinakonflikts, Bonn 1977.

Robert, Rüdiger: Israels Nuklearpolitik: Verdeckte oder offene Abschreckung? in: Orient 29 (1988) 4, S. 539-560.

Schreiber, Friedrich / Wolffsohn, Michael: Nahost. Geschichte und Struktur eines Konflikts, Opladen ²1989.

Wagner, Heinz: Der Arabisch-Israelische Konflikt im Völkerrecht, Berlin 1971.

Rüdiger Robert

NATO

1. Entstehung — Nachdem verschiedene Versuche zur Aufrechterhaltung der internationalen Ordnung allein im 20. Jh. gescheitert waren, z.B. Kollektive Sicherheit, Völkerbund und UNO (→ Vereinte Nationen), bildeten sich nach dem Zweiten Weltkrieg Regionalpakte, die gemäß Art. 51 der UN-Charta das Recht zur kollektiven Selbstverteidigung besitzen. Stell-

vertretend für die UNO haben solche Pakte in ihrer jeweiligen Region die
Funktion der Friedenserhaltung übernommen. Der Nordatlantikpakt (bzw.
Nordatlantische Verteidigungsgemeinschaft, auch: Atlantische Allianz;
North Atlantic Treaty Organization, NATO) ist insbesondere nach dem Zusammenbruch des Warschauer Pakts — nicht zuletzt aufgrund seines politischen, ökonomischen und militärischen Potentials — der bedeutendste Pakt.
Nach dem Ende des Zweiten Weltkrieges brach die Anti-Hitler-Koalition,
d.h. das Zusammengehen der Anglo-Amerikaner mit den Sowjets, offen auseinander, und es entwickelte sich der Kalte Krieg, der schließlich zur Übertragung der jeweils eigenen Gesellschaftsform der Siegermächte auf ihre Besatzungszonen führte (→ Ost-West-Konflikt). Die kommunistische Machtergreifung in Osteuropa, der sowjetische Druck auf Persien und die Türkei
sowie die Berliner Blockade 1948/49 führten zu einem Bedrohtheitsgefühl
bei den politischen Führungen Westeuropas. Durch die Annahme US-ame-
rikanischer Hilfe und den gleichzeitigen Verlust noch vorhandener Restbestände von Eigenständigkeit mußte die Unabhängigkeit aufgegeben werden.
Mit der Verkündung der *Truman-Doktrin* am 12.3.1947 war spätestens die
weitere Entwicklung endgültig vorherbestimmt. Die USA wurden vom Besatzer zum Beschützer, nicht ohne aber eigene Vorteile aus den Augen zu
verlieren. Die Gründung der NATO wurde die Legalisierung dieses Zustandes. Nachdem bereits die BENELUX-Staaten, Frankreich und Großbritannien im März 1948 den Brüsseler Vertrag geschlossen hatten, unterzeichneten am 4.4.1949 in Washington folgende Staaten den NATO-Vertrag: Großbritannien, Frankreich, BENELUX-Staaten, Norwegen, Dänemark, Island,
Portugal, Italien sowie USA und Kanada. 1952 traten Griechenland und die
Türkei der NATO bei, und schließlich wurde im Mai 1955 die Bundesrepu- ·
blik Deutschland NATO-Mitglied und erhielt damit gleichzeitig die lang ersehnte → Souveränität. Spanien trat 1982 dem politischen Bündnis der
NATO bei.

2. *Vertragsanalyse* — Die Analyse des NATO-Vertrages ergibt als wichtigste
Aufgabe den Schutz sämtlicher NATO-Partner gegen eine mögliche Aggression. Ein bewaffneter Angriff gegen einen oder mehrere von ihnen in Europa
oder Nordamerika wird als Angriff gegen alle Mitglieder gesehen. Allerdings enthält der Vertrag *keine automatische militärische Beistandspflicht*,
da es jedem Mitgliedstaat überlassen bleibt, unverzüglich und im Zusammenwirken mit den anderen Partnern die Maßnahmen zu treffen, einschließlich der Anwendung von Waffengewalt, die er für notwendig hält. Somit
wird durch die NATO die Möglichkeit unterschiedlicher Unterstützung in einem Konfliktfall gegeben. Damit geht die Beistandsverpflichtung hinter die
Regelung des Brüsseler Paktes zurück, in dem die automatische militärische
Unterstützung niedergelegt wurde. In der deutschen Öffentlichkeit herrscht
verstärkt die falsche Vorstellung eines automatischen militärischen Schutzes

durch die NATO, insbesondere seitens der USA, vor, der aber durch den
NATO-Vertrag keineswegs gegeben ist.
Ein in der Geschichte der Bündnissysteme neues Phänomen ist die Tatsache,
daß der NATO-Vertrag neben der militärischen auch die politische, soziale,
ökonomische und kulturelle Zusammenarbeit vorsieht und sich somit die
Verteidigung einer Lebensform zum Ziel setzt. Alle zwölf Gründungsmitglieder anerkannten das Prinzip der „westlichen Demokratie", wenngleich
sie in einigen Mitgliedsländern wie Griechenland und Portugal lange Zeit
nicht praktiziert wurde in in der Türkei seit 1981 nicht praktiziert wird. In allen Allianz-Staaten sollten zwar trotz unterschiedlicher politischer Ord-
nungsformen grundsätzliche Gemeinsamkeiten existieren wie Anerkennung
des kapitalistischen Wirtschaftssystems mit der Garantie des Privateigen-
tums an Produktionsmitteln; Anerkennung der Herrschaft des Rechts und
des → Völkerrechts; Anerkennung des Prinzips der Vereinten Nationen. Es
wurde somit bereits in der Gründungsphase der NATO deutlich, daß ein Ziel
die Konsolidierung der bürgerlich-liberalen Gesellschaftsordnung ist.

3. Integrationsstand und politische Struktur — Die NATO ist eine → internationale Organisation, die auf dem Prinzip der intergouvernementalen Zusammenarbeit beruht, d.h., daß die dem Bündnis angehörenden Staaten
keine Souveränitätsrechte an das Bündnis abgegeben haben. Die NATO gliedert sich in eine politische und eine militärische Organisation. Mitglied der
politischen Organisation sind alle 16 Mitgliedsländer, während der militärischen Organisation Frankreich, Spanien und Island nicht angeschlossen
sind. Frankreich verließ 1966 unter *de Gaulle* die militärische Organisation
des Bündnisses, da es seine Verteidigung seit dieser Zeit national ausgerichtet hat. Island verfügt über keine Streitkräfte, trägt aber durch Bereitstellung
des Stützpunktes Keflavik zur Atlantischen Allianz bei.
Oberstes Entscheidungsorgan ist gemäß Art. 9 des NATO-Vertrages der
NATO-Rat, dessen Hauptaufgabe darin besteht, die Mitgliedstaaten bei der
Durchführung des Vertrages zu unterstützen. Der Rat, der sowohl auf der
Ebene der Regierungschefs, der Außen- oder Verteidigungsminister als auch
der der Ständigen Vertreter tagen kann, faßt seine Beschlüsse durch Kon-
sensverfahren, d.h. einstimmig. Dieses Beschlußverfahren bedeutet, daß gerade die kleineren Staaten ein erhebliches Mitbestimmungspotential im Entscheidungsprozeß der NATO über die grundlegende Politik der Allianz besitzen. Auf der Ebene der Außen- und Verteidigungsminister tritt der
NATO-Rat im Frühjahr und im Herbst zu regelmäßigen Sitzungen zusammen. Auf der Ebene der Stellvertreter, das sind in der Regel die 16 bei der
NATO akkreditierten Botschafter der Mitgliedsländer, tagt der NATO-Rat
wöchentlich. Jede Ratstagung entspricht mehr als 120 bilateralen Kontakten
und kann somit zu einer leichteren Harmonisierung der nationalen Politiken
führen. Fragen der Verteidigung werden im Verteidigungsplanungsausschuß

Defense Planning Committee (DPC) beraten, dem die ständigen Vertreter derjenigen Mitgliedstaaten angehören, die sich auch an der integrierten Verteidigungsstruktur der NATO beteiligen (13 Mitgliedsländer ohne Frankreich, Island und Spanien). Seit 1967 werden Fragen und Probleme, die die nukleare Komponente betreffen, im Ausschuß für Nukleare Verteidigungsfragen und der Nuklearen Planungsgruppe (*Nuclear Planning Group*, NPG) behandelt. Die NPG tagt jährlich zweimal regelmäßig auf Ministerebene und führt Detailarbeiten durch, die als Grundlage für die Nuklearpolitik der NATO gelten. Zunächst bestand die NPG aus den vier ständigen Mitgliedern USA, Großbritannien, Italien und Bundesrepublik Deutschland sowie aus weiteren vier nichtständigen Mitgliedern. Seit 1979 können alle interessierten Staaten an den Tagungen der NPG teilnehmen.

Exekutivorgan der NATO ist das Generalsekretariat, dem der Generalsekretär vorsteht. Es ist international zusammengesetzt und weist innerhalb der zivilen NATO-Organe den höchsten Integrationsstand auf, da die Beamten internationale Beamte und dem Generalsekretär unterstellt sind.

4. Die militärische Organisationsstruktur der NATO — Wie im zivilen Bereich, so wurden auch im militärischen Sektor nach dem Ausscheiden Frankreichs aus der NATO-Organisation Veränderungen vorgenommen. Seit 1966 bildet der Militärausschuß (*Military Committee*, MC) die höchste militärische Instanz des Bündnisses. Er besteht aus den Stabschefs aller Bündnispartner. Island kann einen zivilen Beamten in den Militärausschuß entsenden. Frankreich läßt sich durch den Leiter seiner Militärmission beim Militärausschuß vertreten. Der zweimal im Jahr tagende Militärausschuß hat die Aufgabe, die Maßnahmen zu erarbeiten und zu empfehlen, die für die gemeinsame Verteidigung des NATO-Gebiets für erforderlich gehalten werden. Außerdem berät er den NATO-Rat in militärischen Fragen. Zwischen den Tagungen des Militärausschusses werden dessen Funktion vom Ständigen Militärausschuß (hier handelt es sich um die militärischen Vertreter der Mitgliedsländer im Rang von Dreisternegeneralen) wahrgenommen. Zur Durchführung der Politik und der Beschlüsse des Militärausschusses wurde der „internationale Militärstab" geschaffen, ein aus ca. 150 Offizieren, 150 Unteroffizieren und Mannschaften und 100 Zivilisten bestehendes Gremium. Um die Funktionsfähigkeit der militärischen Organisation zu gewährleisten, wurden vier regionale unterschiedliche Kommandobehörden der NATO gebildet: *Supreme Allied Commander Atlantic* = SACLANT (Atlantik), *Supreme Allied Commander Europe* = SACEUR (Europa), *Commander-in-Chief Channel Command* = CINCHAN (Ärmelkanal), *Canadian-U.S. Regional Planning Group* = CUSRPG (Regionale Planungsgruppe Kanada / USA). Aufgabe der obersten Befehlshaber in den Kommandobereichen ist die Ausarbeitung der Verteidigungspläne, Feststellung des Streitkräftebedarfs und Vorbereitung und Durchführung von Stabsrahmen- und Truppenübungen.

5. *Informelle Organe des Bündnisses* — Neben den offiziellen NATO-Organen gibt es seit 1968 die *Euro-Group*, die aus den Verteidigungsministern der europäischen NATO-Staaten besteht und zweimal jährlich zusammentritt. Ihre wichtigste Aufgabe besteht in der Koordinierung des westeuropäischen Verteidigungsbeitrages innerhalb der Atlantischen Allianz. Im Okt. 1977 wurde die *High-Level Group* (HLG) von der NPG eingerichtet. Ihr gehörten Vertreter aus zwölf NATO-Staaten an. Die HLG erarbeitete die Grundlagen für den NATO-Doppelbeschluß.

Zur Vorbereitung der in dem Doppelbeschluß angebotenen Verhandlungen erteilte der Nordatlantikrat Anfang Mai 1981 der HLG den Auftrag, die Bedrohungsanalyse der NATO auf den neusten Stand zu bringen und die Verhandlungen über die Mittelstreckensysteme (*Intermediate Range Nuclear Forces*) in Genf vorzubereiten. 1979 wurden die *Special Consultive Group* und die *Special Group* (SCG / SG) eingerichtet. Diese Gruppen setzen sich aus leitenden Beamten der Außenministerien der NATO-Länder (außer Frankreich) zusammen, die insbesondere Fragen und Probleme der Rüstungskontrollverhandlungen behandeln (→ Nukleare Rüstung und Rüstungskontrolle).

6. *Entwicklung* — Die bisherige Geschichte der NATO ist durch oftmalige Krisen gekennzeichnet, die das Bündnis in seinem Bestand mehrfach gefährdeten. Dennoch ist es der Allianz immer wieder gelungen, ihre inneren Krisen erfolgreich zu überwinden. Sechs Entwicklungsabschnitte kennzeichnen die Geschichte der NATO. Der 1949 begonnenen Aufbau- und Ausbauphase, die 1955 mit dem Beitritt der Bundesrepublik Deutschland endete, schloß sich die Konsolidierungsphase der NATO an, die während der Berlin-Krise von 1961 und der Kuba-Krise von 1962 ihren Höhepunkt erfuhr. Zwar kam es auch in dieser Zeit zu schweren Intraallianzkonflikten, als Großbritannien und Frankreich 1956 im Suez-Konflikt versuchten, ihre „kolonialen Restbestände" aufrechtzuerhalten, und die USA die beiden Staaten zur Beendigung ihres Vorgehens in Nahost zwangen. Die Konsolidierungsphase endete mit dem Auszug Frankreichs aus der Militärorganisation (1966), der eine militärische und politische Strukturreform der Allianz folgte. Die dritte Phase der NATO wurde durch die internationale → Entspannungspolitik gekennzeichnet. 1967 erhielt die NATO in dem vom NATO-Rat verabschiedeten *Harmel*-Bericht den Auftrag, neben der militärischen Verteidigung auch mit Hilfe politischer Maßnahmen die Sicherheit in Europa zu gewährleisten. Ihr höchstes politisches Ziel wurde nun die Suche nach „einer gerechten und dauerhaften Friedensordnung in Europa mit geeigneten Sicherheitsgarantien", so daß das neue NATO-Selbstverständnis von nun an in der Kurzformel „Sicherheit = Verteidigung plus Entspannung" zum Ausdruck kam. Die vierte Phase der NATO setzte Mitte der 70er Jahre ein und kann als Phase der verstärkten intraatlantischen Konfrontation, besonders zwischen Westeuropa

und den USA, bezeichnet werden. Nicht zuletzt wurde die NATO durch den
aktiven sowjetisch-amerikanischen Bilateralismus zu Beginn der 70er Jahre,
die US-Politik in Südost-Asien und die zunehmenden Differenzen zwischen
Westeuropa und den USA schwer belastet. Besonders konfliktreich wurden
aber die Auseinandersetzungen im Gefolge des NATO-Doppelbeschlusses,
als einzelne europäische Regierungen und Politiker sowie große Teile der
westeuropäischen Bevölkerung den Doppelbeschluß der NATO nicht unterstützten. Der 1979 vom NATO-Rat verabschiedete Doppelbeschluß sah als
Antwort auf die sowjetische Mittelstreckenraketenaufrüstung zum einen ein
Verhandlungsangebot an die UdSSR, zum anderen — falls es bis Ende 1983
zu keinem befriedigenden Verhandlungsergebnis käme — die Aufstellung
von 108 Pershing-II-Raketen und 464 Marschflugkörpern in Westeuropa vor.
Jedoch wurde — trotz heftiger Proteste in einzelnen westeuropäischen Ländern, vor allem der Bundesrepublik Deutschland, den Niederlanden, Belgien
und Dänemark — der Stationierungsplan eingehalten, da die amerikanisch-
sowjetischen Verhandlungen über die Mittelstreckenraketen 1983 scheiterten. Trotz der verstärkten intraatlantischen Konfrontation war die NATO at-
traktiv genug, um Spanien 1982 als 16. Mitglied aufzunehmen.
Die fünfte Phase bildet eine kurze Übergangszeit von 1985 bis 1989. Sie wird
vor allem durch den von KPdSU-Generalsekretär *Gorbatschow* eingeleiteten
Wandel der sowjetischen Außenpolitik gekennzeichnet. Für die NATO
stellte die neue sowjetische Außenpolitik eine ungewohnte Herausforderung
dar, da zwischen den NATO-Partnern keine Einigkeit über die Reaktion auf
diese neue Politik zu erzielen war. So wurde das NATO-Kommuniqué vom
Mai 1989 ein Kompromißpapier, das eine Modernisierung der nuklearen
Kurzstreckenraketen von der weiteren Entwicklung in der Sowjetunion und
Osteuropa sowie dem Verlauf der Verhandlungen über vertrauens- und sicherheitsbildende Maßnahmen in Europa abhängig machte.
Die sechste Phase der NATO beginnt mit den Umwälzungen und Revolutionen in Osteuropa sowie dem Zusammenbruch des „real existierenden Sozialismus". Dadurch wurde dem Warschauer Pakt seine Grundlage entzogen,
sein Zusammenbruch vorprogrammiert und die NATO vor eine vollkommen
neue internationale Konstellation gestellt. Der tiefgreifende Wandel in und
der Zusammenbruch der Sowjetunion, die bedeutsamen Fortschritte bei den
Verhandlungen über die konventionelle Rüstungskontrolle (→ Konventionelle Rüstungskontrolle in Europa), die fortschreitende Demokratisierung in
Mitteleuropa sowie die → deutsche Wiedervereinigung mit der daraus folgenden Mitgliedschaft des vereinten Deutschland in der NATO haben die sicherheitspolitischen Rahmendaten vollkommen zugunsten der NATO verändert.

7. Die Strategie — In der ersten Zeit ihres Bestehens praktizierte die Allianz
die Strategie der „massiven Vergeltung", die vom Vorhandensein eines stra-

tegisch unverwundbaren (amerikanischen) NATO-Nuklearpotentials aus-
ging, das den potentiellen Gegner, die UdSSR, abschrecken sollte. Nachdem
die UdSSR in der strategischen Waffenentwicklung einen annähernden
Gleichstand erreicht hatte, änderten die Amerikaner 1962 offiziell ihre Strategie in die Strategie der „flexible response", die 1967 von der NATO übernommen wurde. Die neue Strategie wurde durch die sogenannte Triade gekennzeichnet. Danach stützte sich die Verteidigung des Bündnisses auf die
vorhandenen konventionellen, taktisch-nuklearen und strategisch-nuklearen
Potentiale, die allein oder in unterschiedlicher Kombination angewandt werden konnten. Die Strategie der „flexible response" versuchte, nukleare Risiken zu vermeiden, ohne sie allerdings ausschließen zu können.

Die NATO-Strategie befand sich seit Beginn der 80er Jahre in einer zunehmenden Glaubwürdigkeitskrise, da es eine sinkende Akzeptanz der Nuklearwaffen in den Gesellschaften der westlichen Industriestaaten gab und die
Konsensfähigkeit der NATO-Strategie in immer mehr Mitgliedsländern einem Erosionsprozeß unterlag. Die Abrüstungsvorschläge des sowjetischen
KPdSU-Parteichefs, die auf eine Abschaffung der Nuklearwaffen zielten,
unterstützten diesen Erosionsprozeß in den westlichen Gesellschaften. Die
Diskussion um Veränderungen innerhalb der NATO-Strategie — u.a. *Ro-
gersplan*, Verzicht auf Ersteinsatz von Kernwaffen, fortschreitende Denuklearisierung usw. — zeigten, daß auch bei den politisch Verantwortlichen in
der Atlantischen Allianz ein Umdenkungsprozeß in bezug auf die Strategie
der „flexiblen Reaktion" eingesetzt hatte.

Die Umwälzungen in Mittel- und Osteuropa, der strategische Rückzug der
Sowjetunion aus diesem Gebiet sowie ihre Auflösung im Dezember 1991, die
Erfolge im Abrüstungsprozeß (→ Abrüstungspolitik) sowie der Beginn eines
„neuen Zeitalters der Demokratie, des Friedens und der Einheit" in Europa
(→ KSZE) haben die bis 1990 gültige Strategie der NATO obsolet werden
lassen und zu einer Veränderung geführt. Die NATO geht nicht länger von einer allumfassenden Bedrohung aus. Es wird eine Abkehr vom bipolaren Be-
drohungsdenken vorgenommen. Die Allianz sieht das Territorium von
Bündnispartnern eher an der Peripherie gefährdet. Zwar ist die neue Militärstrategie noch nicht hinreichend ausformuliert, doch gelten als ihre „grundlegenden Prinzipien" eine rein defensive Ausrüstung sowie die Hinlänglichkeit des Militärpotentials, die strategische Einheit des Bündnisgebietes und
die Solidarität der Bündnismitglieder, Kollektivität der Verteidigung und integrierte Militärstrukturen sowie das Zusammenwirken von nuklearen und
konventionellen Streitkräften. Es erfolgt eine Abkehr von der umfassenden,
präsenten und linearen Verteidigungsstruktur insbesondere in Mitteleuropa.
Sehr allgemein sprechen die NATO-Kommuniqués von einem verringerten
Gesamtumfang und Bereitschaftsgrad der Streitkräfte, besserer Flexibilität,
Mobilität und Aufwuchsfähigkeit von Streitkräften. Einen zentralen Stellenwert wird den Schnell- und Soforteingreifverbänden zugewiesen. Auch ist

ein Teil der neuen — nur schemenhaft erkennbaren — Strategie die wachsende Bedeutung integrierter Militärstrukturen und multinationaler Verbände. So wird die NATO ihre Streitkräfte um 300 000 Mann auf 1,05 Mio.
Mann verringern, und anstatt der bisherigen acht Korps mit insgesamt 32 Divisionen werden nur noch sechs multinationale Korps mit mit 14 Divisionen
stationiert sein. Die NATO behält sich allerdings den Ersteinsatz von Nuklearwaffen weiterhin vor, wenngleich die nuklearen Kurzstreckenwaffen ihre
Funktion durch die neue strategische und politische Lage in Europa einge-
büßt haben. So haben die NATO-Verteidigungsminister in Gleneagles im Dezember 1992 die überholte Planung für den Einsatz von Atomwaffen außer
Kraft gesetzt, was vor allem für Deutschland von außerordentlicher Bedeutung ist, da der größte Teil der Zielplanung auf deutsches Terrtorium ausgerichtet war. Nach dem Abbau von rund 80 Prozent ihrer atomaren Kurzstreckenwaffen behält die NATO in Europa noch etwa 700 luftgestützte Nuklearwaffen. (→ Militärstrategie)

8. *Künftige Aufgaben und Herausforderungen der NATO* — Mit der Überwindung des Ost-West-Konflikts, der Niederlage des Sozialismus als Theorie und Praxis zur Organisation von Großgesellschaften sowie dem Zusammenbruch der Sowjetunion war nicht nur eine vollkommen neue internationale Ordnung in Europa geschaffen, sondern der NATO war darüberhinaus
ihre eigentliche Funktion, nämlich die Abwehr eines Angriffs des Warschauer Pakts, durch seine Auflösung und den Zusammenbruch der sozialistischen Staaten abhanden gekommen. Es stellte sich nun die Frage nach der
Funktion des Bündnisses in einem total veränderten internationalen System.
Die Bündnispartner gerieten unter erheblichen Anpassungsdruck. Sie waren
einmütig der Auffassung, daß eine direkte Bedrohung — wie sie vier Jahrzehnte perzipiert wurde — nun nicht mehr vorhanden, daß aber nach wie vor
die Existenz der NATO erforderlich sei. Das Bündnis ist danach erforderlich
1. als Stabilitätsanker einer euro-atlantischen Sicherheitsordnung; 2. als
transatlantisches Bindeglied; 3. als Versicherungsgemeinschaft gegen ver-
bleibende militärische Risiken. Darüberhinaus kommen auf die NATO nach
der Auflösung des Warschauer Pakts neue Aufgaben zu 1. als Instrument des
Krisenmanagements; 2. als Verifikations- und Durchsetzungsinstrument der
Rüstungskontrolle und 3. als intaktes Militärbündnis, das für „peace-
keeping"-Aktionen der Vereinten Nationen sowie der → KSZE Gerät, Soldaten und notfalls auch Waffen zur Verfügung stellt, wenn „peace-keeping"
in „peace-enforcement" übergeht.
Die bedeutsamste Maßnahme zur Aufrechterhatlung der Stabilität ist die
Schaffung des NATO-Kooperationsrats, der sich im Dezember 1991 konsti-
tuierte. Er besteht inzwischen aus insgesamt 35 Staaten; den 16 NATO-
Staaten sowie den ehemaligen WP-Staaten sowie — nach Auflösung der
UdSSR — aus den 11 GUS-Staaten. Er sieht jährliche Treffen auf Minister-

mit nachgeordneten NATO-Ausschüssen. Schwerpunkte der Zusammenarbeit sind Verteidigungsplanung, Rüstungskontrolle, demokratische Konzepte zwischen Militär und Gesellschaft, zivilmilitärische Koordinierung der Luftverkehrsregelungen und Konversion. Im Januar 1994 bot die NATO den NATO-Kooperationsrat-Staaten eine „Partnerschaft für den Frieden" an. Diese sieht u.a. gemeinsame militärische Übungen, die Entsendung ständiger Vertreter zum politischen und militärischen Hauptquartier der NATO in Europa ebenso vor wie Konsultation bei Bedrohung. Während die ost-mitteleuropäischen Staaten den NACC als Vorstufe für die NATO-Mitgliedschaft verstehen, sieht die NATO darin auch ein Kontrollinstrument der instabilen Sicherheitszone Mittel-/ Osteuropa. Neben dem NATO-Kooperationsrat stellt die Bereitschaft der NATO, den Vereinten Nationen bzw. der KSZE Einheiten für „peace-keeping"-Maßnahmen zur Verfügung zu stellen, eine weitere Kompetenzausweitung des Bündnisses dar.

9. NATO im Interessengeflecht zwischen UNO, KSZE, WEU und EG — Die NATO ist nach wie vor die für die Sicherheit in Europa entscheidende internationale Organisation. Doch mit der Überwindung des Ost-West-Konflikts und dem Fortfall seiner Disziplinierungsfunktion sind Kriege in Europa wieder führbar geworden und stellen die für Sicherheit zuständigen Organisationen vor neue Aufgaben. Mit der KSZE hat sich Europa zu Beginn der 90er Jahre eine internationale Organisation gegeben, die, wenn überhaupt, erst mittel- bis langfristig in der Lage sein dürfte, Sicherheit zu gewährleisten. Da die KSZE ursprünglich als internationales Regime zur Konfliktregelung zwischen Ost und West geschaffen wurde, war der Zeitraum nach der Überwindung des Ost-West-Konflikts zu kurz, um die KSZE bereits jetzt schon zu einem bedeutsamen friedensgestaltenden Instrument in Europa werden zu lassen.
Die → Europäische Gemeinschaft hat sich mit den Verträgen von Maastricht die Möglichkeit einer Europäischen Militärischen Union einschließlich des entsprechenden militärischen Unterbaus offengehalten. Die Gründung eines Euro-Korps, das zunächst nur aus deutschen und französischen Truppen als Kern einer zukünftigen europäischen Armee besteht, ist der Versuch, sich eine dezidiert europäische Option für den Fall des Versagens des atlantischen Sicherheitssystems offenzuhalten. So bestehen auch erhebliche Meinungsverschiedenheiten zwischen einigen westeuropäischen Regierungen und der US-Regierung in bezug auf die sicherheitspolitischen Maßnahmen in Europa, da die US-Regierung zu recht einen Einflußverlust in Europa befürchtet. Die Bereitschaft der NATO, den Vereinten Nationen bzw. der KSZE Einheiten für „peace-keeping"-Maßnahmen zur Verfügung zu stellen, bedeutet eine weitere Kompetenzausweitung des Bündnisses. So haben sich die NATO-Staaten auf ihrer Wintersitzung im Dezember 1992 in Brüssel bereit erklärt, im Auftrag der Vereinten Nationen das Verbot zum Überfliegen des bosnischen Luftraums militärisch zu überwachen.

Trotz neuer, mehr politischer Aufgaben, befindet sich die NATO in einem Dilemma. Der Außendruck, vier Jahrzehnte das Bindeglied zwischen den Mitgliedstaaten, ist entfallen. Dies könnte zu Konsequenzen seitens der Mitgliedstaaten gegenüber der multinationalen Organisation führen, nämlich dann,
wenn eine weitere absolute Notwendigkeit der Mitgliedschaft nicht mehr unbedingt als erforderlich angesehen wird. Die Kosten des Bündnisses könnten höher als der Nutzen eingeschätzt werden. Die Ausbildung einer europäischen
Verteidigungsidentität wird zwar in offiziellen NATO-Kommuniqués begrüßt.
Sie beinhaltet aber einen Sprengsatz. Entweder gibt es eine vollkommen europäische Identität — dann stellt sich nicht mehr die Frage der militärischen Kooperation mit den Amerikanern — oder es gibt eine verstärkte europäische Identität. In diesem Fall käme es zu einem europäischen Block innerhalb der NATO
und ebenfalls einer Minderung des US-Einflusses. Die NATO ist damit gewissermaßen zu einem Opfer ihres eigenen Erfolges geworden. Auch die ihr neu zu-
gewiesenen politischen Aufgaben werden die Kohärenz der Organisation nicht
in dem Maße gewährleisten, wie es die über vier Jahrzehnte perzipierte Bedrohung durch die Sowjetunion getan hat. Allenfalls ein erneuter Außendruck, der
die noch nicht mit einem ausreichenden Sicherheitsdispositiv versehenen Europäer träfe, könnte zu einer Revitalisierung der Atlantischen Allianz führen.

Literatur

Bayerische Landeszentrale für politische Bildung (Hrsg.): Nordatlantikpakt —
    Warschauer Pakt. Ein Vergleich zweier Bündnisse, München ²1984
Buteux, Paul: The Politics of Nuclear Consultation in NATO 1965-1980, New
    York 1983.
Clesse, Armand / *Ruehl,* Lothar (eds.): Beyond East-West-Confrontation. Sear-
    ching for a New Security in Europe, Baden-Baden 1990.
Daalder, Ivo H.: The Nature and Practice of Flexible Response, New York 1991.
Hahn, Walter F. / *Pfaltzgraff,* Robert L. (Hrsg.): Die atlantische Gemeinschaft
    in der Krise. Eine Neudefinition der transatlantischen Beziehungen, Stutt-
    gart 1982.
Myers, Kenneth (Hrsg.): NATO. The next thirty years, Boulder 1981.
NATO-Informationsabteilung (Hrsg.): Tatsachen und Dokumente, Brüssel,
    ⁷1990.
Schwartz, David N.: NATO's Nuclear Dilemmas, Washington 1983.
Sloan, Stanley R.: NATO in the 1990s, Oxford 1989.
Stratmann, Karl-Peter: Die NATO-Strategie in der Krise, Baden-Baden 1981.
Stromseth, Jane E.: The Origins of Flexible Response, London 1988.
Walt, Stephen M.: The Origins of Alliances, Ithaca N.Y., 1987.

Wichard Woyke

Neutralität (N.)

1. Neutralitätsbegriff — N. bedeutet die Nichtbeteiligung eines Staates an einem Krieg anderer Staaten. Von *gewöhnlicher,* gelegentlicher oder einfacher N. spricht man, wenn sich ein Staat an einem bestimmten Krieg nicht beteiligt, von *dauernder,* ständiger oder immerwährender N. dagegen, wenn ein Staat bereits im Frieden erklärt, prinzipiell weder einen Krieg zu beginnen noch sich in irgendeinen zwischenstaatlichen Krieg einzumischen, solange er nicht selbst angegriffen wird (→ Krieg und Frieden). In bezug auf die Entstehung ist zu unterscheiden, ob ein Staat freiwillig oder gezwungenermaßen neutral ist; im zweiten Fall einer von außen aufgezwungenen N. wird zum Teil der Ausdruck *Neutralisierung* verwendet. Die freigewählte dauernde N. kommt mit oder ohne rechtliche Verankerung vor; im ersten Fall ist die Rechtsgrundlage landesrechtlicher oder völkerrechtlicher Art (→ Internationales Recht / Völkerrecht). Die völkerrechtliche Verankerung beruht entweder auf einer einseitigen Willenserklärung des Neutralen oder auf einem Vertrag. Die freigewählte N. kann ebenso wie die aufgezwungene *garantiert* oder nicht garantiert sein. Normalerweise hat ein neutraler Staat das Ns.recht vollumfänglich anzuwenden (*integrale,* absolute N.). Unter der *differentiellen,* relativen oder qualifizierten N. versteht man demgegenüber die Beteiligung eines neutralen Staates an wirtschaftlichen, jedoch nicht militärischen Sanktionen im Rahmen einer kollektiven Sicherheitsorganisation (Völkerbund, → Vereinte Nationen).

Drei Phänomene sind von der N. abzugrenzen: Nichtkriegführung, neutralisierte Gebiete und Neutralismus. *Nichtkriegführung* bedeutet die indirekte Unterstützung einer Kriegspartei mit diplomatischen, wirtschaftlichen oder sogar militärischen Mitteln (Waffenlieferungen, militärische Berater, Nachrichten- und Übermittlungsdienste usw), ohne formell in den Krieg einzutreten oder mit eigenen Streitkräften am Krieg teilzunehmen (z.B. USA und Sowjetunion in den Nahostkriegen 1967 / 73). *Neutralisierte Gebiete* sind nicht Staaten, sondern Gebietsteile von Staaten oder staatsgewaltfreie Räume, die entweder befriedet, d.h. in denen keine Kriegshandlungen getätigt werden dürfen (neutralisierte Zone von Savoyen nach 1815) oder entmilitarisiert (Rheinland nach 1919) oder beides sind (Antarktis, z.T. Weltraum und Meeresboden). Unter *Neutralismus* (Non-alignment, Blockfreiheit, Blockfreienbewegung, positive N.) verstand man in der Regel eine besondere Form der Bündnisfreiheit, insbesondere von Entwicklungsländern in bezug auf den → Ost-West-Konflikt und den damit verbundenen Kalten Krieg. Im Gegensatz zu den Neutralen betrachten sich die Neutralisten nicht an das klassische Ns.recht gebunden. Im Fall eines Krieges stehen ihnen alle Optionen offen.

2. Neutralitätsrecht — Jeder Staat hat nach allgemeinem Völkerrecht — Verpflichtungen des partikulären Völkerrechts vorbehalten — das Recht, sich neutral zu erklären (*ius ad neutralitatem*). Dieses Recht zur N. ist in der Schlußakte der → KSZE 1975 ausdrücklich bestätigt worden. Dagegen besteht nach allgemeinem Völkerrecht keine *Pflicht zur N.*, wohl aber unter Umständen für den dauernd Neutralen oder Neutralisierten gemäß partikulärem Völkerrecht.

Das allgemeine Ns.recht als *ius in neutralitate* umfaßt die Gesamtheit der wechselseitigen Rechte und Pflichten von Neutralen und Kriegführenden. Die wichtigsten *Rechtsquellen* sind das V. Haager Abkommen betreffend die Rechte und Pflichten neutraler Mächte und Personen im Falle eines Landkrieges und das XIII. Haager Abkommen betreffend die Rechte und Pflichten neutraler Mächte im Falle eines Seekrieges (1907). Sie werden ergänzt durch Normen des völkerrechtlichen Gewohnheitsrechts (z.B. in bezug auf den Luftkrieg und den Wirtschaftskrieg) sowie, in bezug auf humanitäre Belange, durch die Genfer Abkommen zum Schutze der Kriegsopfer.

Der Neutrale ist gemäß allgemeinem Ns.recht *verpflichtet*, weder direkt noch indirekt am Krieg teilzunehmen. Insbesondere muß er sich 1. jeder staatlichen Unterstützung und Begünstigung von Kriegführenden enthalten, sei es in der Form der Zuverfügungstellung von Truppen oder der Überlassung eigenen Staatsgebietes für Stützpunkte, Operationsbasen, Durchmarsch und Überfliegung, sei es in Form der Lieferung von Waffen und Kriegsmaterial durch den Staat und der Gewährung von Staatskrediten für Kriegszwecke oder sei es in Form der Übermittlung militärischer Nachrichten (*Enthaltungspflichten*). Der Neutrale ist 2. verpflichtet, neutralitätswidrige Handlungen von Kriegführenden auf seinem Gebiet mit den ihm zur Verfügung stehenden Mitteln abzuwehren (*Verteidigungspflichten*); aus dieser Vorschrift des allgemeinen Ns.rechts wird die Pflicht zur *bewaffneten Neutralität* abgeleitet. 3. ist der Neutrale verpflichtet, bestimmte Handlungen von Kriegführenden zu dulden, wie z.B. die Kontrolle neutraler Schiffe auf Hoher See (*Duldungspflichten*). 4. muß der Neutrale die Kriegführenden in bezug auf allfällige staatliche Beschränkungen der privaten Aus- und Durchfuhr von Kriegsmaterial gleich behandeln (*Pflicht zur Unparteilichkeit*).

Der Neutrale ist *berechtigt*, Ns.verletzungen abzuwehren, notfalls mit militärischen Mitteln. Er hat das Recht, Flüchtlingen Asyl zu gewähren, auf neutrales Gebiet entwichene Gefangene freizulassen sowie verwundete und kranke Militärpersonen zu pflegen und ihnen den Durchgang zu gestatten. Der Neutrale ist nicht verpflichtet, die *private* Ausfuhr oder Durchfuhr von Kriegsmaterial zu unterbinden, noch für eine gleichmäßige Streuung seiner diplomatischen Beziehungen oder des *privaten* Waren-, Dienstleistungs-, Personen- und Kapitalverkehrs auf die Kriegsparteien zu sorgen (*keine wirtschaftliche N.*). Das Ns.recht beinhaltet zwar ein allgemeines Interventionsverbot, aber eben kein umfassendes Gleichbehandlungsgebot. Ebensowenig ist er verpflichtet, die Pressefreiheit und überhaupt die freie Meinungsäußerung seiner Bürger aus Rücksicht auf eine Kriegspartei einzuschränken; auch offizielle kritische Stellungnahmen zu Ereignissen im Ausland sind ihm nicht verwehrt (*keine Gesinnungsn.*). Die Kriegführenden sind verpflichtet, die N. zu achten, insbesondere sich jeder Verletzung neutralen Staatsgebiets zu enthalten. Über die Pflichten des gewöhnlich Neutralen hinaus hat der dauernd Neutrale bereits im Frieden eine → Außen- und Sicherheitspolitik zu führen, die ihm im Kriegsfall die Einhaltung der Ns.pflichten ermöglicht. Daraus werden insbesondere vier konkrete Rechtspflichten abgeleitet: das Aggressionsverbot, das Bündnisverbot, das Stützpunktverbot und das Rüstungsverbot (*Vorwirkungen der N. im Frieden*).

3. Neutralitätspolitik — Im Unterschied zum Ns.recht bedeutet Ns.politik den Inbegriff aller Maßnahmen, die ein Neutraler im Krieg oder ein dauernd Neutraler bereits im Frieden außerhalb seiner neutralitätsrechtlichen Verpflichtungen nach eigenem, freiem Ermessen trifft, um die Wirksamkeit und Glaubwürdigkeit seiner N. zu sichern. Es gibt kein einheitliches Muster der Ns.politik. Vielmehr sind in der politischen Wirklichkeit ebenso viele Spielarten der Ns.politik zu beobachten, wie es neutrale Staaten gibt. Selbst Österreich, das sich zu einer N. nach Schweizer Muster verpflichtet hat, fühlt sich in seiner Ns.politik nicht an das Beispiel der Schweiz gebunden. Unterschiede bestehen insbesondere in bezug auf die UN-Mitgliedschaft, die Teilnahme an friedenserhaltenden Operationen der UN, die Beteiligung an Abrüstungs- und Rüstungsbegrenzungsverhandlungen, das moralisch-politische Engagement in Form offizieller Stellungnahmen zu Ereignissen im Ausland, das sicherheitspolitische Konzept, das Dissuasionspotential, die Bewaffnung, die außenpolitische Aktivität und Solidarität.

4. Neutralitätsgeschichte — Im Zeichen der mittelalterlichen Reichsidee und der Lehre vom gerechten Krieg war kein Raum für die N. Mit dem Zerfall des Sacrum Imperium und der Entstehung souveräner Staaten am Ausgang des Mittelalters entfiel das erste Hindernis zur Ausbildung der N. Der Durchbruch war indessen erst möglich, als ab dem 17. Jh. auch die Doktrin des bellum iustum „... durch ein nurmehr beschränktes Recht des souveränen Staates zum Kriege (ius ad bellum) abgelöst wurde." Das klassische Zeitalter der N. liegt zwischen 1815 und 1914. Auf der Haager Friedenskonferenz von 1907 wurden die bisher überwiegend gewohnheitsrechtlichen Normen des Ns.rechts kodifiziert. Die Verletzung der N. Belgiens durch das Deutsche Reich 1914, die Friedensverträge von 1919, die Gründung des Völkerbundes 1919 und die Aberkennung des ius ad bellum im *Briand-Kellogg-Pakt* 1928 verdrängten die integrale N. aus der politischen Wirklichkeit. Als aber in den 30er Jahren das kollektive Sicherheitssystem des Völkerbundes versagte, kam es unmittelbar vor und zu Beginn des Zweiten Weltkrieges zu einem Wiederaufleben der dauernden und der gewöhnlichen integralen N.

Eine ähnliche Entwicklung ist nach dem Zweiten Weltkrieg zu verzeichnen. 1945 erreichte das Ansehen der N. den Tiefpunkt. Zur Konferenz von San Francisco wurden die Neutralen nicht eingeladen. Auch die europäischen Integrationsbestrebungen in West und Ost bewirkten zunächst eine Abwertung der N. Aufgrund ihrer schlechten Erfahrungen suchten diejenigen Staaten Westeuropas, deren N. im Zweiten Weltkrieg verletzt worden war, mit dem Beginn des Kalten Krieges den Schutz ihrer Unabhängigkeit in der → NATO (Belgien, Luxemburg, Niederlande, Dänemark, Norwegen). Ns.tendenzen in osteuropäischen Kleinstaaten wurden von der Sowjetunion im Keime erstickt. Im Westen hingegen wurde die N. allmählich wieder aufgewertet. Schon die Genfer Abkommen von 1949 setzten die Existenz neutraler Staaten voraus. Zur Überwachung des Waffenstillstandes in Korea (1953) wurden die Dienste neutraler Staaten in Anspruch genommen. Österreich erlangte seine Unabhängigkeit unter gleichzeitiger Selbstverpflichtung zur dauernden N. (1955). Auch außereuropäische Staaten wie Kambodscha (1957, 1991), Laos (1962) und Costa Rica (1983) erklärten sich neutral. Im südostasiatischen Raum wird seit 1971 ein Projekt einer 'Zone of Peace, Freedom and Neutrality' (ZOPFAN) diskutiert. In diesem Projekt geht es um die Neutralisierung einer zehn souveräne Staaten umfassenden Region. Durch die Duldung neutraler Staaten in den UN und die Aufnahme neutraler Staaten in die UN, ja sogar in den Sicherheitsrat, haben die Großmächte und die Organe der UN den Status der N. anerkannt. Die bevorzugte Inanspruchnahme neutraler Staaten für „peace keeping operations" der UN, die Hinwendung zahlreicher ehemaliger Kolonien unter den Entwicklungsländern zum Neutralismus, die → Entspannungspolitik in Europa und die aktive Rolle der Neutralen im Rahmen der KSZE und KVAE bewirkten zusammen eine neuerliche Stärkung der N. Nach dem Ende des Ost-West-Konflikts ist die N. im globalen Rahmen stark in Bedrängnis geraten. Das kollektive Sicherheitssystem der UNO läßt bei seiner weltweiten Anwendung die integrale N. nicht zu. Bei Sanktionen wie gegen den Irak während der Golfkrise (→ Kuwait-Krieg) konnte auch ein Land wie die Schweiz nicht abseits stehen. In den zahlreichen regionalen Konfliktherden kann dagegen die N., zumal eine auf den militärischen Kerngehalt reduzierte, nicht von vornherein ausgeschlossen werden.

5. Neutralitätsfälle — Die wichtigsten historischen und zeitgenössischen Fälle dauernd neutraler Staaten sind die folgenden:

— *Schweiz* (seit dem 16. Jh.): Die Schweiz ist seit dem 16. Jh. de facto, seit 1815 de jure neutral. Grundlage der dauernden, bewaffneten, selbst gewählten, völkerrechtlich garantierten, integralen N. der Schweiz sind Art. 84 der Schlußakte des Wiener Kongresses und die „Acte portant reconnaissance et garantie de la neutralité perpétuelle de la Suisse et de l'inviolabilité de son territoire" der Pariser Friedenskonferenz vom 2.11.1815. In Art. 435 des Versailler Friedensvertrages (1919) wurde die schweizerische N. erneut bestätigt. Nach dem Beitritt zum Völkerbund 1919 und der Befreiung von der Teilnahme an militärischen Sanktionen durch die Londoner Erklärung des Völkerbundrates vom 13.2.1920 verfolgte die Schweiz eine Politik der differentiellen N. Am 14.5.1938 wurde die Schweiz durch den Völkerbundrat von der Verpflichtung zur Teilnahme an wirtschaftlichen Sanktionen befreit; sie kehrte damit zur integralen N. zurück, die sie bis zum Kuwait-Krieg 1991 praktiziert hat. Entgegen dem Antrag von Regierung und Parlament haben Volk und Stände in der Abstimmung vom 16.3.1986 den Beitritt zu den UN u.a. wegen der N. mit überwältigender Mehrheit abgelehnt. Selbst dem Europarat ist die Schweiz aus Ns.gründen erst 1963 beigetreten. Nach dem Ende des → Ost-West-Konflikts und dem Fortschreiten der Europäischen Integration überlegt sich die Schweiz eine Neudefinition ihrer N. Entsprechend dem Verhalten im Kuwait-Krieg 1991 wird eine Rückkehr zur differentiellen N. mit einer Reduktion auf den militärisch-völkerrechtlichen Kerngehalt in Erwägung gezogen. Das Gesuch um die Aufnahme von Beitrittsverhandlungen mit der → EG vom 18. Mai 1992 wurde ohne Ns.vorbehalt gestellt. Die Bereitstellung von Blauhelmtruppen steht bevor.

— *Schweden* (seit 1815): Die schwedische N. beruht lediglich auf einer Staatsmaxime ohne völkerrechtliche oder landesrechtliche Verpflichtung. Sie ist bewaffnet und frei gewählt. Im Ersten Weltkrieg gelang es Schweden, neutral zu bleiben. Im Zweiten Weltkrieg mußte es Deutschland nach der Besetzung Dänemarks und Norwegens neutralitätswidrige Konzessionen machen (Transport von Kriegsmaterial durch Schweden, einmalige Durchfahrt deutscher Truppen von Norwegen nach Finnland, Durchfahrt deutscher Urlauberzüge aus Norwegen nach Deutschland). Im finnisch-sowjetischen Winterkrieg 1939/40 verfolgte Schweden eine Finnland begünstigende Politik der Nichtkriegführung. Während des Kalten Kriegs lautete die Formel der schwedischen Außenpolitik: Bündnisfreiheit im Frieden, N. im Krieg. Dem Völkerbund und den UN (1946) hat sich Schweden ohne Vorbehalte angeschlossen. 1957/58 und 1975/76 war es sogar Mitglied des Sicherheitsrates. Im Gegensatz zur Schweiz gehört Schweden zu den Gründungsmitgliedern des Europarates, nimmt mit eigens dafür ausgebildeten Truppen an friedenserhaltenden Operationen der UN teil und exponiert sich stärker durch weltpolitische Stellungnahmen. Der EG ist Schweden Anfang der 70er Jahre u.a. wegen der N. nicht beigetreten und hat mit ihr 1972 ein Freihandelsabkommen abgeschlossen. Die Beendigung des Ost-West-Konflikts ließ Schweden seine Ns.vorbehalte neu überdenken. Nachdem Schweden am 1.7.1991 sein offizielles Beitrittsgesuch zur EG eingereicht hat, stimmte eine Mehrheit des schwedischen Parlaments am 26.5.1992 einer Grundsatzerklärung zu, wonach Schweden seine seit dem Zweiten Weltkrieg betriebene

Ns.politik aufgibt. Schweden behält sich allerdings vor, sich ausschließlich
selbst zu verteidigen und im Falle eines regionalen militärischen Konflikts
neutral zu bleiben.

— *Belgien* (1831 — 1914): Unmittelbar nach seiner Loslösung von den Niederlanden wurde Belgien durch die Londoner Verträge von 1831 und 1839
neutralisiert. Nachdem das Deutsche Reich 1914 die belgische N. verletzt
hatte, wurde die Ns.pflicht Belgiens im Versailler Friedensvertrag (Art. 31)
aufgehoben. 1936 löste Belgien alle militärischen Bindungen mit Frankreich
und England und erklärte sich bei Ausbruch des Zweiten Weltkrieges wiederum als neutral. 1940 marschierte Deutschland in Belgien unter dem Vor-
wand ein, die belgische N. zu sichern.

— *Liechtenstein* befolgt seit 1866 eine unbewaffnete, faktische N.

— *Luxemburg* (1867 — 1914) : Durch den Londoner Vertrag von 1867 wurde
das Großherzogtum Luxemburg von den Großmächten neutralisiert. Nach
der deutschen Besetzung (1914 — 1918) wurde die Neutralisierung Luxem-
burgs im Versailler Friedensvertrag (Art. 40) formell aufgehoben.

— Der *Vatikanstaat* ist seit 1929 gemäß Art. 24 des Lateranvertrages neutral.

— *Irland* ist seit 1938 neutral. Es ist das einzige neutrale Land in der EG. Obwohl die N. in Irland zunehmend Wurzeln schlägt, wurde und wird sie von
allen Regierungen Irlands als eine vorläufige verstanden, sei es bis zur Wiedervereinigung mit Nordirland oder bis zur Vollendung der Europäischen
Union.

— *Finnland* (seit 1948): Die finnische N. entsprach bis zum Zerfall der Sowjetunion eher dem vorklassischen als dem klassischen Muster, denn Finnland verband seine Ns.politik mit einer Art Defensivallianz. Im 1948 abgeschlossenen, mehrmals verlängerten und am 20.1.92 formell für ungültig erklärten „Vertrag über Freundschaft, Zusammenarbeit und gegenseitigen
Beistand" wurden gegenseitige militärische Verpflichtungen im Falle einer
Aggression Deutschlands geregelt. An seine Stelle trat ein Handels- und
Grenzvertrag sowie ein politischer Vertrag mit Rußland, der weder Finn-
lands N. noch Ns.politik tangiert. Den UN ist Finnland 1955 beigetreten.
Für friedenserhaltende Operationen stellt Finnland den UN Truppen zur
Verfügung. Bis zum Ende des Kalten Krieges bemühte es sich um möglichst
strikte Ausgewogenheit seiner Beziehungen nach Ost und West. Mit Rück-
sicht auf die Sowjetunion trat Finnland zunächst der EFTA nicht bei, sondern wählte die Form des Sonderabkommens (FIN-EFTA 1961). Der EFTA-
Beitritt erfolgte erst 1986. 1989 ist Finnland dem Europarat beigetreten. Pa-

rallel zum Freihandelsvertrag mit der EG, der im Gegensatz zu den anderen Neutralen keine Entwicklungsklausel enthält, schloß Finnland einen Zusammenarbeitsvertrag mit dem RGW (1973). Am 18.3.1992 reichte Finnland sein Gesuch um den Beitritt zur EG ohne Ns.vorbehalt ein.

— *Österreich* (seit 1955): Im Moskauer Memorandum vom 15.4.1955 erklärte sich die österreichische Delegation der Sowjetunion gegenüber bereit, „im Zusammenhang mit dem Abschluß des österreichischen Staatsvertrages" eine Deklaration in der Form abzugeben, „die Österreich international dazu verpflichtet, immerwährend eine Neutralität der Art zu üben, wie sie von der Schweiz gehandhabt wird". Der Staatsvertrag vom 15.5.1955 enthält keinen Hinweis auf die N. Aber im Bundesverfassungsgesetz vom 26.10.1955 erklärte Österreich „aus freien Stücken seine immerwährende N. Österreich wird diese mit allen ihm zu Gebote stehenden Mitteln aufrechterhalten und verteidigen." Dieses Gesetz wurde allen Staaten, mit denen Österreich diplomatische Beziehungen unterhält, notifiziert und von diesen ausdrücklich anerkannt oder stillschweigend zur Kenntnis genommen. Eine Garantie der österreichischen N. ist indessen von keiner Seite erfolgt. Den UN ist Österreich ohne Ns.vorbehalte beigetreten (1955). Es beteiligt sich mit Truppenkontingenten an friedenserhaltenden Operationen der UN, war 1973 / 74 Mitglied des Sicherheitsrates und übernahm 1992 sogar den Vorsitz dieses Gremiums. Mit der EG ging Österreich entsprechend den anderen europäischen Neutralen einen Freihandelsvertrag ein (1972). Die österreichische Regierung hat 1989 ein Beitrittsgesuch an die EG unter Wahrung der N. gestellt.

— *Kambodscha* proklamierte am 6.11.1957 in einem Verfassungsgesetz seine N. Dieses Verfassungsgesetz wurde den meisten Staaten notifiziert. In der Folge anerkannten verschiedene Staaten die N. Kambodschas. Der Bürgerkrieg und die Einmischung fremder Mächte machten die N. obsolet. Auf der Internationalen Friedenskonferenz von 1991 wurde die N. Kambodschas wiederbelebt.

— *Laos* bekannte sich bereits 1956 zu einer N. nach Schweizer Vorbild. Am 9.7.1962 erklärte sich Laos anläßlich der Genfer Indochina-Konferenz als neutral. Daraufhin gaben die 13 an der Konferenz teilnehmenden Staaten am 23.7.1962 eine „Declaration on the Neutrality of Laos" ab, in der sie formell von der laotischen Ns.erklärung Kenntnis nahmen und deren Respektierung zusicherten. Die laotische N. war jedoch von Anbeginn durch innen- und außenpolitische Gegebenheiten in Frage gestellt und ist heute obsolet.

— *Malta* vereinbarte 1980 mit Italien eine N. sui generis, „strictly founding on the principles of non-alignment". Inzwischen haben die Sowjetunion, Tunesien, Argentinien, Algerien, China, Bulgarien und Frankreich die malte-

sische N. anerkannt, während Griechenland, Libyen und die USA eine wohlwollende Haltung einnehmen.

— *Costa Rica* kennzeichnet seine 1983 proklamierte N. sui generis als eine
aktive, dauernde und nichtbewaffnete.

6. Neutralitätsproblematik — Die N. wird heute mehr denn je von verschiedenen erodierenden Tendenzen bedrängt. Der internationale Bezugsrahmen
hat sich mit dem Ende des Kalten Krieges und dem Zerfall der Weltmacht Sowjetunion grundlegend gewandelt. Hinzu kommt die in den 80er und 90er
Jahren stark beschleunigte Integrationsbewegung der EG, welche den europäischen Neutralen eine Neuausrichtung der N. aufdrängt.
Das 19. Jh. mit seinem multipolaren Gleichgewichtssystem galt als klassisches Zeitalter der N. Das europäische Mächtegleichgewicht mit seinen im
Vergleich zum 20. Jh. eher homogenen Machtstrukturen erlaubte es kleineren Staaten, die N. als wirksames Mittel ihrer Außen- und Sicherheitspolitik
einzusetzen. Nach dem Zweiten Weltkrieg setzte sich wiederum ein Mächtegleichgewicht durch, das sich jedoch in vielem von seinem Vorgänger unterschied. Die Multipolarität wich einer Bipolarität, in der das Machtgefälle
zwischen Großmächten und Kleinstaaten viel größer geworden war. Nukleare Waffensysteme standen nur einer kleinen Zahl von Ländern zur Verfügung, so daß Kleinstaaten es vorzogen, die Ns.option zu verwerfen und sich
unter den Schutzschirm einer Großmacht zu stellen. Beschränkte sich das
Mächtegleichgewicht des 19. Jh. lediglich auf Europa, so umspannte das bi-
polare Gleichgewicht während des Kalten Krieges die ganze Welt. Das Defizit an Multipolariät und Homogenität bewirkte eine geringere Flexibilität innerhalb des internationalen Machtgefüges. Ein Staat hatte die Wahl, dauernd
neutral oder nicht neutral zu sein. Die gesteigerte Beziehungsintensität zwischen den einzelnen Nationen relativierte eine der Voraussetzungen der N.,
die staatliche Unabhängigkeit. Zusätzlich in Frage gestellt wurde die N.
durch die Vermischung staatlicher und privater Wirtschaftsaktivitäten. Eine
scharfe Trennung, wie sie im klassischen Ns.recht vorgesehen ist, ist heute
problematisch geworden. Die Rahmenbedingungen des internationalen Um-
feldes während des Ost-West-Konflikts boten der N. eine schwächere Basis,
als dies noch im 19. Jh. der Fall war. Die westeuropäischen Neutralen orientierten sich im Ost-West-Konflikt vorwiegend am Westen, im → Nord-Süd-
Konflikt am Norden, so daß die Glaubwürdigkeit ihrer N. aus der Sicht des
Warschauer Pakts und der Entwicklungsländer litt.
Mit dem Ende des Kalten Krieges hat sich die Situation noch einmal grundlegend geändert. Das System des bipolaren Mächtegleichgewichts existiert
mit der Auflösung des kommunistischen Blocks nicht mehr. Waren die → internationalen Organisationen mit der UNO an ihrer Spitze während Jahrzehnten vom Ost-West-Konflikt gelähmt, so zeichnet sich seit seinem Ende der

Beginn eines neuen, universellen Bezugsrahmens des internationalen Systems ab. Kollektive Maßnahmen gegen Staaten, welche Völkerrecht brechen, sind nun auch praktisch vorstellbar. Das Vorgehen der Staatengemeinschaft in der Golf-Krise von 1991 entspricht zwar noch nicht den Satzungen der UNO, weist aber für die Zukunft in diese Richtung. Im neuen Umfeld scheint die Position der N. noch mehr in Frage gestellt oder sogar obsolet zu sein. Viele der klassischen Funktionen der N. haben ihre Bedeutung ganz oder teilweise verloren. Die geostrategische Funktion europäischer Neutraler ist weggefallen, die Schutzfunktion durch die enormen Unterschiede in der militärischen Ausrüstung weiterhin stark eingeschränkt. Die wirtschaftliche Verknüpfung hat sowohl im europäischen als auch im globalen Bereich weiter zugenommen und erhält durch ihre institutionelle Verankerung in inter- und supranationalen Organisationen zusätzliches Gewicht. Dieser globalen Entspannung stehen zahlreiche regionale Konfliktherde gegenüber. So wird die dauernde N. bei Maßnahmen der ganzen Völkergemeinschaft nur noch eine untergeordnete Rolle spielen; ist aber die unmittelbare Nachbarschaft eines Landes in einem Konflikt betroffen, so scheint eine neue Form differentieller N. nicht ausgeschlossen. Neben den globalen Veränderungen stellt auch die beschleunigte europäische Integrationsbewegung die N. in Frage. Die Mitgliedstaaten der EG sind im Begriff, Kompetenzen in den Bereichen Sicherheits-, Verteidigungs- und Außenpolitik an die Gemeinschaft abzutreten. Die europäischen Neutralen, von denen alle Beitrittsverhandlungen mit der EG aufnehmen möchten, sind gezwungen, in diesem Umfeld ihre Ns.position neu zu definieren. Ein allfälliger Beitritt zur EG, so wie sie sich 1992 präsentiert, ist zwar vereinbar mit der N., entwickelt sie sich aber weiter und entscheidet sich für eine gemeinsame Verteidigungs- und Sicherheitspolitik, dann ist die N. in ihr schwer vorstellbar. Immerhin sind Sonderregelungen für Neutrale nicht von vornherein auszuschließen, nachdem der Maastrichter Vertrag abgestufte Mitgliedschaften vorgesehen hat.

Während die Lage für Westeuropa als gefestigt bezeichnet werden kann, ist die Situation in Osteuropa und auf dem Territorium der ehemaligen Sowjetunion weit ungewisser (→ Frühere Sowjetunion und internationale Politik). Weder die EG noch die WEU (→ Militärbündnisse) noch die NATO sind im Augenblick bereit, diese Staaten in ihre Organisationen aufzunehmen. So scheint der bündnisfreie Staat vorerst zum europäischen Normalfall zu werden.

Mangels funktionierender kollektiver Sicherheitssysteme im weltweiten und regionalen Rahmen hat eine auf den militärisch-völkerrechtlichen Kerngehalt redimensionierte N. nicht ausgedient, sofern sie das neutralitätsbedingte Abseitsstehen durch andere Solidaritätsleistungen wettmacht.

Literatur

Bonjour, Edgar: Geschichte der schweizerischen Neutralität, 9 Bde., Basel 1970ff.

Gabriel, Jürg M.: The American Conception of Neutrality after 1941, London 1988.

Hänggi, Heiner: Neutralität in Südostasien, Bern / Stuttgart 1992.

Luif, Paul: Neutrale in die EG? Die westeuropäische Integration und die neutralen Staaten, Wien 1988.

Riklin, Alois: Die dauernde Neutralität der Schweiz, in: Jahrbuch des öffentlichen Rechts der Gegenwart, Tübingen 1991 / 92, S. 1-44.

Schindler, Dietrich: Aspects contemporains de la neutralité, in: Recueil des Cours de l'Académie de Droit international, Vol. II / 1967, S. 225-319.

Woker, Daniel: Die skandinavischen Neutralen, Bern / Stuttgart 1978.

Alois Riklin

Nord-Süd-Konflikt

1. Begriff — Der Begriff Nord-Süd-Konflikt bezeichnet das strukturelle Konfliktverhältnis zwischen Entwicklungs- und Industrieländern, das sich aus den unterschiedlichen wirtschaftlichen, sozialen und politischen Entwicklungschancen von Entwicklungsgesellschaften einerseits und Industriegesellschaften andererseits ergibt und ein zentrales Problemfeld der Internationalen Beziehungen darstellt. Es handelt sich dabei zunächst und ursprünglich um einen außenwirtschaftlichen und verteilungspolitischen Interessenkonflikt. Zunehmend ins Blickfeld gerückt sind in den letzten Jahren auch ökologische, demographische und sicherheitspolitische Aspekte der Nord-Süd-Beziehungen.

Die geographische Bezeichnung der Konfliktparteien ist zweifellos ungenau: Weder zählen alle Südländer zu den Entwicklungsländern noch liegen alle Entwicklungsländer auf der Südhalbkugel der Erde. Das unterstellte Konfliktverhältnis besteht eigentlich zwischen den kapitalistischen Industriegesellschaften (OECD-Länder) und den Entwicklungsländern Afrikas, Asiens und Lateinamerikas. Die aus dem ehemaligen Ostblock hervorgehenden Staaten werden sich in dieses Beziehungsschema in sozioökonomischer und v.a. in politisch-organisatorischer Hinsicht in unterschiedlicher Weise einordnen.

Die Charakterisierung des Nord-Süd-Verhältnisses als Konflikt beruht nicht auf der Vorstellung einer antagonistischen Konfrontation eindeutig abgrenzbarer Akteure, sondern auf der Bestimmung von Interessengegensätzen zwischen Industrie- und Entwicklungsländern, die für die Dynamik des internationalen Systems von Bedeutung sind. Ob es sich um ein latentes oder um ein manifestes Konfliktverhältnis handelt, worin die Interessengegensätze konkret bestehen, und welche Formen der Konfliktbearbeitung vorherrschen, sind Fragen, die erst eine empirisch-historische Betrachtung beantworten kann.

2. *Die Herausbildung der Dritten Welt und der ökonomische Verteilungskonflikt im Nord-Süd-Verhältnis* — Im Zusammenhang mit den Entkolonialisierungsprozessen der Nachkriegszeit (→ Entkolonialisierung), aus denen bis Mitte der 60er Jahre die Staaten Asiens, des Nahen Ostens und Afrikas hervorgingen, bürgerte sich der Begriff „Dritte Welt" als Sammelbezeichnung für die Entwicklungsländer Afrikas, Lateinamerikas und Asiens ein. Der zunächst als bloße Abgrenzung gegenüber kapitalistischen und den sozialistischen Industrieländern verstandene Begriff entwickelte sowohl auf entwicklungsstrategischer als auch auf organisatorisch-politischer Ebene rasch ein Profil, das diese von Anbeginn an sehr heterogene Ländergruppe als Einheit bzw. „kollektives Handlungssubjekt in der Weltpolitik" erscheinen ließ (*Nuscheler* 1991:57).

Auf entwicklungsstrategischer Ebene stellten v.a. lateinamerikanische Ökonomen durch ihre strukturalistischen Analysen der außenwirtschaftlichen Beziehungen zwischen Entwicklungs- und Industrieländern jene bis *dato* vorherrschende Vorstellung in Frage, welche Unterentwicklung als ein Durchgangsstadium im universalen Prozeß der Modernisierung begriff und die zu überwindenden Hemmnisse v.a. in internen wirtschaftlichen und kulturellen Merkmalen der „traditionalen" Gesellschaften des Südens erblickte. Der *Dependencia*-Ansatz, der Unterentwicklung demgegenüber mit einer historisch gewachsenen, v.a. weltmarktvermittelten Abhängigkeit der Entwicklungs- von den Industriegesellschaften erklärte, erhielt sein entwicklungsstrategisches Pendant im Konzept der *self-reliance*, das die verstärkte wirtschaftliche, technologische und politische Zusammenarbeit der Länder des Südens als Ansatz zur Überwindung von Abhängigkeit und Unterentwicklung begriff bzw. — in einer radikalen Variante — die Abkopplung der Entwicklungsgesellschaften vom Weltmarkt propagierte.

Auf politischer Ebene formierten sich mit der Blockfreienbewegung (1961) und der Gruppe der 77 (1964) → internationale Organisationen, von denen sich die Entwicklungsländer eine Steigerung der Durchsetzungskraft ihrer Forderungen gegenüber den Industrieländern versprachen. Die → Blockfreienbewegung stellte zunächst eine Reaktion auf die Ost-West-Konfrontation im Kalten Krieg dar (→ Ost-West-Konflikt), in deren ideologisch-militärisches und ordnungspolitisches Schema sich die beteiligten Staaten nicht hineinziehen lassen wollten, wurde jedoch bald auch zum Artikulationsforum der

Interessen- und Verteilungskonflikte im Nord-Süd-Verhältnis. Die Gruppe der 77 verstand sich von vornherein als eine Art Gewerkschaft der Dritten Welt mit dem Ziel, die Interessen der Entwicklungsländer zu bündeln und gemeinsame Forderungen gegenüber den Industrieländern zu formulieren. Der Zusammenschluß beruhte auch auf den neuen Mehrheitsverhältnissen innerhalb der → Vereinten Nationen, deren Konferenzen und Organisationen (z.B. UNCTAD, UNESCO) die Länder des Südens nun zunehmend ihren Stempel aufdrücken konnten, freilich ohne damit einen Hebel zur strukturellen Veränderung des Nord-Süd-Verhältnisses in der Hand zu halten.

Dieser Hebel schien Anfang der 70er Jahre mit dem Preiskartell der erdölexportierenden Länder (OPEC) gefunden zu sein. Die „Ölkrise" 1973/74 führte den Industrieländern ihre Rohstoffabhängigkeit drastisch vor Augen und wurde von vielen Ländern der Dritten Welt als Beispiel für die Erfolgsträchtigkeit einer auf der Solidarität der Rohstofflieferanten beruhenden Drohstrategie wahrgenommen. In der „Ölkrise" manifestierte sich der konfliktive Charakter der Nord-Süd-Beziehungen; die Dritte Welt avancierte zum Machtfaktor der internationalen Politik. Damit drang auch die Forderung der Entwicklungsländer nach einer Neuen Weltwirtschaftsordnung (NWWO) ins öffentliche Bewußtsein der Industrieländer. (→ Weltwirtschaftssystem) Im Konzept der NWWO kulminierten zahlreiche Einzelforderungen der Drittweltstaaten u.a. nach Handelsvergünstigungen, stabileren und gerechteren Rohstoffpreisen, einem verstärkten finanziellen und technologischen Ressourcentransfer sowie nach einer Reform jener Organisationen (IWF, Weltbank), die Steuerungsfunktionen in den internationalen Wirtschafts- und Finanzbeziehungen wahrnehmen (→ Intern. Währungspolitik). Auch auf anderen Ebenen strebte die Dritte Welt Reformen der Nord-Süd-Beziehungen an, etwa in bezug auf die internationale Regelung der Meeresnutzung und die Nord-Süd-Informationsströme (Neue Weltinformationsordnung).

1974 verabschiedete die UN-Vollversammlung eine Erklärung und ein Aktionsprogramm zur Errichtung einer NWWO (9.5.1974) sowie die Charta über die wirtschaftlichen Rechte und Pflichten der Staaten (12.12.1974). Ausdruck der gestiegenen Verhandlungsmacht der Dritten Welt war auch die Einrichtung eines „Nord-Süd-Dialogs" in der zweiten Hälfte der 70er Jahre. Ungeachtet kleiner Fortschritte in Teilbereichen scheiterten in der Folgezeit jedoch die Versuche, die Weltwirtschaft zugunsten der Dritten Welt neu zu ordnen, und auch auf den anderen Ebenen des Nord-Süd-Konfliktes erreichten die Entwicklungsländer ihre Reformziele nicht oder nur sehr unvollständig.

3. Die Wiederherstellung der Dominanz des Nordens in den 80er Jahren —
In den 70er Jahren zeigte sich zwar, daß die Industrieländer im Nord-Süd-Verhältnis wirtschaftlich nicht unverwundbar sind, doch wurde rasch deut-

lich, daß ihre Handlungs- und Anpassungsspielräume im Rahmen einer „asymmetrischen Interdependenz" weitaus größer sind als die der Entwicklungsländer. Die weltwirtschaftlichen und politischen Entwicklungen der 80er Jahre stellten im Nord-Süd-Verhältnis die Dominanz der Industrieländer wieder her. Unter den zahlreichen Gründen für diese Trendwende ragen die → internationale Verschuldungs- und Entwicklungskrise der 80er Jahre sowie die sozio-ökonomische Differenzierung und politisch-organisatorische Schwächung der Dritten Welt heraus.

Die sozioökonomische Differenzierung der Dritten Welt gehört seit den 60er Jahren zu den Grundtendenzen der weltwirtschaftlichen Entwicklung. Für den Nord-Süd-Konflikt bedeutsam wurde dieser Differenzierungsprozeß in den 80er Jahren insofern, als er die Dritte Welt in Wachstums- und Krisenregionen trennte und die Aktionseinheit der Entwicklungsländer zunehmend auflöste. Während die große Mehrheit der Drittweltländer, insbesondere in Afrika und Lateinamerika, in den 80er Jahren eine schwere Rezession erlebte, konnten v.a. die südostasiatischen Länder weitere Wachstumserfolge verbuchen und ihren Status als Schwellenländer ausbauen. Es war aber wohl eher die Verschärfung der Entwicklungsprobleme in der übrigen Dritten Welt, die anstelle des Mythos einer durchsetzungsstarken Solidargemeinschaft der Entwicklungsländer die nationale, allenfalls subregionale Interessenwahrnehmung setzte. Der dramatische Verfall der Rohstoffpreise und die Verschuldungskrise führten einerseits zu einer unfreiwilligen Abkopplung zahlreicher Entwicklungsländer vom Weltmarkt und andererseits dazu, daß die individuelle Anpassung an die Bedingungen dieses Weltmarkts als einzige entwicklungsstrategische Option übrig blieb. (→ Weltwirtschaftssystem)

Die Verschuldungskrise nahm den Entwicklungsländern nicht nur den machtpolitischen Hebel aus der Hand, die internationalen Wirtschaftsorganisationen im Sinne ihrer politischen und ökonomischen Interessen zu reformieren, sondern steigerte umgekehrt den Einfluß dieser Organisationen auf die Wirtschaftspolitik der Drittweltländer. „Strukturanpassung" wurde in den 80er Jahren zu einem Schlüsselbegriff der Nord-Süd-Beziehungen, die *via* Umschuldungsverhandlungen einseitig auf die Ebene der einzelnen Schuldnerländer desaggregiert wurden. Konträr zur Grundidee des NWWO-Konzepts mußten diese sich nun darauf verpflichten, ihre Volkswirtschaften entsprechend der von Weltbank und IWF vorgegebenen Richtlinien den Weltmarktbedingungen anzupassen (vgl. *Tetzlaff* in: *Nohlen/Nuscheler* 1992). Der Versuch einiger lateinamerikanischer Staaten, ein Schuldnerkartell zu bilden und durch Verweigerung des Schuldendienstes das internationale Finanzsystem ins Wanken zu bringen, scheiterte an den wirtschaftlichen Überlebensinteressen der einzelnen Länder, die schwerer wogen als die äußerst prekären Chancen einer solchen Konfliktstrategie. Die markante Schwächung der Konfliktfähigkeit des Südens zeigte sich auch auf

der Ebene der Vereinten Nationen, wo Nord-Süd-Verhandlungsforen wie die
UNCTAD oder die UNESCO an Bedeutung verloren oder von wichtigen Industrieländern gar boykottiert wurden.

Das Profil des Nord-Süd-Konflikts hat sich im Zuge dieser Entwicklungen
deutlich abgeschwächt, nicht jedoch seine Bedeutung für die internationalen
Beziehungen. Die Verschärfung der Entwicklungsprobleme in weiten Teilen
der Dritten Welt sowie das Ende des Ost-West-Konflikts haben den Themen-
katalog der Nord-Süd-Beziehungen im Gegenteil erweitert. Die immer kras-
sere Asymmetrie der Lebensverhältnisse in Industrie- und Entwicklungsländern zeitigt zunehmend globale Folgen, denen sich der Norden auf die
Dauer kaum entziehen kann.

4. Neue Problembereiche des Nord-Süd-Verhältnisses — Es sind im wesentlichen drei Problemkomplexe, die in den letzten Jahren als „Risiken" bzw.
„neue Gefahren aus dem Süden" diskutiert werden: die drohende Zerstörung regionaler und globaler Ökosysteme, die wachsenden internationalen
Migrationsbewegungen und die Proliferation von Massenvernichtungswaffen in der Dritten Welt (*Wöhlcke* 1991; *Brock* in: *Nohlen / Nuscheler* 1992;
Matthies 1992).

Daß aus dem Zusammenspiel und Wechselverhältnis von Wohlstand und
Massenkonsum im Norden sowie Armut und Massenelend im Süden globale
Gefährdungen erwachsen, ist in den letzten Jahren v.a. auf der Ebene ökologischer Problemlagen deutlich geworden. Es sind die Industrieländer, deren
Wohlstandsmodell die Hauptverantwortung für die Bedrohung globaler
Ökosysteme (Klima, Ozonschicht) zuzuschreiben ist. Eine Verallgemeine-
rung der heutigen industriegesellschaftlichen Lebensweise im Sinne einer
nachholenden Entwicklung in der Dritten Welt würde die ökologische Bela-
stungsfähigkeit der Erde schlicht überfordern. Die Möglichkeiten, ökologische Folgekosten des Entwicklungsprozesses zu externalisieren, sprich: anderen Ländern bzw. Regionen aufzubürden, verknappen zusehends. Die aus
dieser Erkenntnis resultierenden Versuche der Industrieländer, internationale Umweltstandards durchzusetzen, werden von den Ländern der Dritten
Welt als Einschränkung ihrer eigenen Entwicklungsoptionen begriffen (z.B.
FCKW-Produktion). Dementsprechend weisen Vertreter der Dritten Welt
den Industrieländern die Hauptverantwortung für den globalen Umweltschutz zu und fordern eine umfassende finanzielle und technologische Unterstützung entsprechender Maßnahmen in den Entwicklungsländern ein (→
globale Umweltprobleme). Bei der Umweltzerstörung in vielen Regionen
der Dritten Welt handelt es sich sowohl um armutsbedingte Umweltzerstörung (z.B. Erosionsschäden infolge des Holzeinschlags zur Brennstoffge-
winnung) als auch um Schäden, an deren Entstehung die Industrieländer (als
Kapitalgeber, als Konsumenten im Raubbau gewonnener Produkte, als Liefe-
ranten von Giftmüll usw.) häufig direkt beteiligt sind. Der Raubbau natür-

licher Ressourcen wird in einigen Entwicklungsländern auch durch die Art der Weltmarkteinbindung und den verschuldungsbedingten Zwang zur Steigerung der Exporterlöse verstärkt. Wenngleich die jeweils nationalen Verantwortlichkeiten für Umweltzerstörung in der internationalen Debatte allzu häufig unterschlagen werden (*Wöhlcke* 1992:11), läßt sich die enge Verbindung globaler wie regionaler ökologischer Probleme mit den wirtschaftlichen Ungleichgewichten im Nord-Süd-Verhältnis nicht leugnen. Daß diese Probleme die Abkehr von den bislang maßgeblichen Entwicklungskonzepten und -leitbildern sowohl im Norden als auch im Süden erzwingen, wird grundsätzlich zwar kaum noch bestritten. Eine Umsetzung dieser Erkenntnis im Sinne des ebenso vieldeutigen wie vielbeschworenen Konzeptes *sustainable development* (z.B. *Mármora* 1992) steht freilich dahin.

Migrations- und Flüchtlingsbewegungen haben in den 80er Jahren v.a. in Regionen der Dritten Welt enorm zugenommen. Unter den zahlreichen Ursachen dieser Migrationsbewegungen (→ Migration) verweisen koloniale Hinterlassenschaften wie willkürlich gezogene Staatsgrenzen und die daraus resultierenden inner- und zwischenstaatlichen Konflikte sowie Bevölkerungswachstum (→ Bevölkerungsentwicklung / -politik) und Massenarmut auf historisch-politische und ökonomische Probleme im Nord-Süd-Verhältnis zurück (*Opitz* in: *Nohlen / Nuscheler* 1992). Die Flüchtlingsströme bewegen sich bislang zu über 90 % innerhalb des Südens, die damit verbundenen gesellschaftlichen Belastungen werden also v.a. von Entwicklungsländern getragen. Gleichwohl wird der Migrationsdruck auf die Industrieländer v.a. in Europa mittelfristig deutlich zunehmen, nicht nur aus der Dritten Welt, sondern auch aus dem ehemaligen Ostblock. Die Bekämpfung der Migrations- und Fluchtursachen in den Ursprungsländern und -regionen avanciert damit im Prinzip zum genuinen Interesse der Industrieländer und gehört dort mittlerweise auch zum allgemeinen Kanon politisch-programmatischer Pflichtbekenntnisse. Bislang besteht die vorherrschende Reaktion des Nordens auf die demographische „Bedrohung" aus dem Süden allerdings darin, die Zuwanderungsmöglichkeiten zu beschränken.

Auf sicherheitspolitischer Ebene wird das Nord-Süd-Verhältnis in den letzten Jahren v.a. von Befürchtungen der Industrieländer bezüglich der (weiteren) Verbreitung von Massenvernichtungswaffen und modernen Trägersystemen in der Dritten Welt bestimmt (→ Internationale Nuklearpolitik). Teilweise im Schatten des Ost-West-Konflikts sind eine ganze Reihe von Entwicklungsländern zu gewichtigen Militärmächten herangewachsen (*Broszka* in: *Matthies* 1992). Dem nicht zuletzt auf ökonomisch-strategischen Interessen (z.B. im Nahen Osten) beruhenden Verlangen der westlichen Industrienationen nach einer strikten Kontrolle von Rüstungsprozessen stehen die Souveränitäts- und Machtansprüche dieser Entwicklungsländer entgegen (→ Souveränität). Gleichzeitig sind die Industrieländer an den auch unter entwicklungspolitischen Gesichtspunkten beklagten Hochrüstun-

gen in der Dritten Welt als Waffenexporteure in erheblichem Umfang selbst
beteiligt. Mit der Auflösung der Sowjetunion hat sich die Problematik der
Kontrolle von Exporten und des Technologietransfers v.a. in bezug auf Nuklearwaffen erheblich verschärft.

Die Behandlung der neuen Themenfelder im Nord-Süd-Verhältnis hat bislang
nicht die Form manifester Konflikte angenommen. Dafür lassen sich mehrere
Gründe ausmachen. Die aus den neuen globalen Problemen resultierende
„Chaos-Macht" des Südens gegenüber dem Norden (*Senghaas* 1988:170) bedeutet kaum eine Steigerung der Konfliktfähigkeit der Dritten Welt. Weder Bevölkerungswachstum und Migration noch ökologische Gefahren sind gezielt
einsetzbare Druckmittel, zumal die direkten Folgen von Problemverschärfun-
gen in beiden Bereichen international ungleich, und zwar zu Lasten der Entwicklungsländer verteilt sind. Die Rüstungstendenzen laufen eher auf verstärkte Regionalkonflikte innerhalb des Südens hinaus als auf eine militärische
Machtverschiebung im Nord-Süd-Verhältnis. Hinzu kommt die anhaltende organisatorische und programmatische Schwäche der Aktionseinheit der Entwicklungsländer, ungeachtet neuer Forderungen nach einer verstärkten Süd-
Süd-Kooperation (*South Commission* 1990). Andererseits kann sich der Norden den „neuen Risiken aus dem Süden" durch Einsatz wirtschaftlicher oder
gar militärischer Machtmittel auf die Dauer nicht entziehen. Eine am Prinzip
der fairen Kooperation und des Interessenausgleichs orientierte Neuordnung
der wirtschaftlichen und politischen Beziehungen zwischen Industrie- und Entwicklungsländern erscheint zur Bewältigung der globalen Probleme ebenso
dringend wie eine entwicklungspolitische Neuorientierung in Nord und Süd.

*5. Perspektiven der Nord-Süd-Beziehungen nach dem Ende des Ost-West-
Konflikts* — Der Ost-West-Konflikt hat als dominantes Strukturverhältnis der
Weltpolitik über Jahrzehnte hinweg die Nord-Süd-Beziehungen entscheidend mitgeprägt. Aus seinem Ende ergeben sich für das Nord-Süd-Verhältnis
stark ambivalente Perspektiven.

Zunächst hat die Dritte Welt ihre Bedeutung als Austragungsort des System-
wettkampfes verloren. Damit entfallen auf politisch-militärischer Ebene sowohl konfliktschürende Potentiale als auch konfliktverdeckende Zwangsord-
nungen in und zwischen zahlreichen Entwicklungsländern. Eine wichtige
ökonomische Konsequenz dieses Wandels besteht darin, daß viele Drittweltländer auf ihre wirtschaftliche Funktion innerhalb des von den westlichen
Industrienationen dominierten Weltmarktes zurückgeworfen werden und
keine Möglichkeit mehr haben, ihre geostrategische Lage in wirtschaftliche
Vorteile umzumünzen. Zudem haben die Länder des Südens erhebliche
Konkurrenz im Verteilungskampf um internationales Kapital zur Bewältigung der Entwicklungskrise erhalten. Zumindest für die westeuropäischen
Länder wird der Aufbau in Osteuropa auf absehbare Zeit wohl höhere Priorität haben als die Hilfe für die Dritte Welt. (→ Entwicklungspolitik)

Gleichzeitig gibt das Ende des Ost-West-Konflikts den seit geraumer Zeit wirksamen wirtschaftlichen Differenzierungsprozessen im Lager der Industrieländer ein neues Gewicht. Vieles spricht dafür, daß sich in der Weltwirtschaft der Trend zur Regionalisierung (→ Regionalismus) verstärken wird (*Czempiel* 1992). Damit verbindet sich auch die Erwartung wachsender Interessenkonflikte zwischen den neuen Wirtschafts- bzw. Handelsblöcken, wie sie in den GATT-Verhandlungen Anfang der 90er Jahre zutage traten. Manche Entwicklungsländer werden davon profitieren können, während für bestimmte Regionen (v.a. Afrika) allenthalben eine weitere Marginalisierung prognostiziert wird.

Insgesamt laufen diese Tendenzen auf eine fortschreitende Differenzierung der Entwicklungschancen und ökonomischen Interessenlagen im internationalen System hinaus. Die Aussichten auf eine Lösung der alten und neuen Nord-Süd-Probleme im Rahmen einer „Weltinnenpolitik" oder „Erdpolitik" sind vor diesem Hintergrund eher skeptisch zu beurteilen. Unabhängig davon aber werden diese Probleme und die damit verbundenen Konflikte die neue Weltordnung weitaus stärker prägen als dies bisher der Fall war.

Literatur

Braun, Gerald: Nord-Süd-Konflikt und Entwicklungspolitik, Opladen 1985.

Czempiel, Ernst-Otto: Weltpolitik im Umbruch, München [2]1992.

Elsenhans, Hartmut: Nord-Süd-Beziehungen, Stuttgart [2]1987.

Mármora, Leopoldo: Sustainable Development im Nord-Süd-Konflikt: Vom Konzept der Umverteilung des Reichtums zu den Erfordernissen einer globalen Gerechtigkeit, in: PROKLA, 86 (März 1992), S. 34-46.

Matthies, Volker (Hg.): Kreuzzug oder Dialog. Die Zukunft der Nord-Süd-Beziehungen, Bonn 1992.

Nohlen, Dieter / *Nuscheler*, Franz (Hg.): Handbuch der Dritten Welt, Bd. 1 (Grundprobleme, Strategien, Theorien), Bonn [3]1992.

Nuscheler, Franz: Lern- und Arbeitsbuch Entwicklungspolitik, Bonn [3]1991.

Senghaas, Dieter: Konfliktformationen im internationalen System, Frankfurt/M. 1988.

South Commission: The Challenge to the South, Oxford 1990.

Wöhlcke, Manfred: Risiken aus dem „Süden", Ebenhausen 1991.

Wöhlcke, Manfred: Der ökologische Nord-Süd-Konflikt, Ebenhausen 1992.

Dieter Nohlen / Bernhard Thibaut

Nukleare Rüstung und Rüstungskontrolle

1. Einleitung — Die Einführung der Nuklearwaffen hat wie kaum ein anderer einzelner Faktor die internationale Politik nach dem Zweiten Weltkrieg geprägt. Sie symbolisierte den bipolaren Charakter des internationalen Systems (→ Ost-West-Konflikt), und sie hat ihn mitbegründet, da der Weltmachtstatus der UdSSR mit ihrer Rolle als nuklearer Supermacht engstens verknüpft war und die USA und die Sowjetunion bestrebt waren, ihr nukleares Duopol zu bewahren. Ihr Einfluß auf die Entwicklung der Ost-West-Beziehungen war ambivalent und paradox: Einerseits bedrohte das nukleare Damoklesschwert nicht nur seine Besitzer mit Vernichtung, sondern die Menschheit insgesamt; andererseits zwang diese Gefahr zur zumindest begrenzten Kooperation und wirkte dadurch konfliktdämpfend. Möglicherweise hätte es auch ohne Nuklearwaffen keinen dritten Weltkrieg gegeben; die Wahrscheinlichkeit seines Ausbruchs wäre jedoch ohne sie vermutlich größer gewesen (→ Militärstrategie).

Auf dem Weg zu einer verregelten nuklearen Koexistenz sind die USA und die UdSSR durch einen zuweilen riskanten Lernprozeß gegangen, der 1962 in der Kuba-Krise (→ Prägende Konflikte nach dem Zweiten Weltkrieg) kulminierte. Wie sehr beide Seiten gewillt waren, dem Imperativ der gegenseitig gesicherten Vernichtung und damit Abhängigkeit zu folgen, hing auch danach in erster Linie vom Stand ihrer allgemeinen politischen Beziehungen ab. Nukleare Rüstungskontrolle war somit kein Eisbrecher, aber sie war eine Voraussetzung und Begleiterscheinung jeglicher Entspannungsbemühungen (→ Entspannungspolitik).

Im Bereich derjenigen Nuklearwaffen, die die beiden Supermächte als strategisch einstuften, sind drei herausragende Rüstungskontrollabkommen entstanden:

2. — SALT I (Strategic Arms Limitation Talks / Gespräche über die Begrenzung strategischer Rüstung)
Im November 1969 nahmen die USA und die Sowjetunion Verhandlungen über die Begrenzung strategischer Nuklearwaffen auf, die im Mai 1972 zur Unterzeichnung eines Vertrages über Raketenabwehrsysteme (ABM = Anti-Ballistic Missile) und eines Interims-Abkommens über strategische Offensivwaffen führten. Das auf eine Dauer von fünf Jahren begrenzte Interims-Abkommen und der unbefristet gültige ABM-Vertrag bilden die beiden Teile der *SALT I*-Vereinbarung.

a) Der ABM-Vertrag — Der Vertrag verbietet es den beiden Parteien, mehr als zwei ABM-Stellungen zu je 100 Abschußvorrichtungen zu bauen (in einem 1974 geschlossenen Zusatzabkommen wird die Zahl der erlaubten ABM-Basen auf je eine pro Land reduziert). Diese Bestimmungen und weitere Restriktionen bei der Entwicklung und Dislozierung von ABM-Radargeräten sollen den Aufbau eines landesweit wirksamen ABM-Komplexes verhindern. Zusätzlich verpflichten sich die Vertragsparteien, keine see-, luft- oder weltraumgestützten und landbeweglichen ABM-Systeme sowie Nachladevorrichtungen zu entwickeln, zu erproben oder zu dislozieren.

Bewertung: Die wichtigste Leistung des ABM-Vertrages liegt in seinem Beitrag zur Sicherung einer gegenseitigen Vergeltungsfähigkeit. Zwar wurde sein Abschluß durch die Erkenntnis beider Seiten begünstigt, daß eine zuverlässige Abwehr ballistischer Flugkörper auf absehbare Zeit jenseits technologischer Möglichkeiten liegen würde, aber neben dem politisch bedeutsamen Sachverhalt, daß die USA und die UdSSR damit ein bereits vorhandenes strategisches Gleichgewicht festschrieben, konnte durch das Abkommen ein drohendes ABM-Wettrüsten eingedämmt werden.

Der Vertrag und das Zusatzprotokoll aus dem Jahre 1974 gestatten beiden Seiten jedoch nicht nur die Dislozierung je einer ABM-Stellung, sondern auch die weitere Forschung, Modernisierung und den Ersatz alter Systeme. Diese Bestimmungen ließen der technologischen Weiterentwicklung breiten Spielraum. Da jede Seite deshalb einen Durchbruch der anderen befürchten mußte, führten beide ihre ABM-Forschungsarbeiten weiter.

b) *Das Interims-Abkommen* — Das Abkommen selbst besteht im wesentlichen aus einem Bauverbot für neue ICBM- und SLBM-Abschußvorrichtungen (ICBM = landgestützte Interkontinentalraketen; SLBM = U-Boot-gestützte Raketen); Modernisierung und Ersatz von ICBM und SLBM werden aber zugelassen. Die einzlgen Zahlen sind im Protokoll zum Abkommen genannt. Danach dürfen die USA höchstens 710 SLBM-Startgeräte auf maximal 44 modernen U-Booten, die UdSSR höchstens 950 SLBM-Startgeräte bzw. maximal 62 U-Boote besitzen. Dies bedeutete, daß sich die USA mit einem Zahlenverhältnis von ca. 2350 sowjetischen ICBM- und SLBM-Trägern zu ca. 1700 amerikanischen Trägern einverstanden erklärten (tatsächlich hatte die UdSSR bei Vertragsabschluß ca. 1600 ICBM und 600 SLBM, die USA 1054 ICBM und 656 SLBM).

Bewertung: Das Interims-Abkommen war in Kombination mit dem ABM-Vertrag ein politischer Durchbruch, ohne den die Ost-West-Entspannung wahrscheinlich schon in den Ansätzen steckengeblieben wäre. Andererseits aber stellte sich bald heraus, daß die strategische Rüstungskonkurrenz von SALT I nur unzulänglich gebremst werden konnte. Eine besondere Rolle spielte dabei die Beschränkung des Interims-Abkommens auf im wesentlichen quantitative Parameter. So ließ die Festsetzung von numerischen Höchstgrenzen für Abschußvorrichtungen der Ausstattung von ICBM und SLBM mit Mehrfachsprengköpfen, die unabhängig voneinander verschiedene Ziele zerstören können (MIRV), freien Lauf und führte dazu, daß sich die Zahl der ICBM- und SLBM-Sprengköpfe zwischen 1970 und 1983 auf amerikanischer wie auf sowjetischer Seite mehr als vervierfachte.

3. SALT II — Bereits im November 1972 begannen die Verhandlungen über ein zweites strategisches Rüstungskontrollabkommen. Schon bald stellte sich jedoch heraus, daß die amerikanischen Hauptziele einer Kodifizierung des Paritätskonzepts und einer Begrenzung des sowjetischen ICBM-Potentials mit den sowjetischen Absichten, dieses Potential auszubauen und mit MIRV auszurüsten sowie amerikanische Bomber und die in der Entwicklung befindlichen Marschflugkörper (CM = Cruise Missile) rüstungskontrollpolitisch zu erfassen, nicht so schnell auf einen Nenner gebracht werden konnten.

Es dauerte fast sieben Jahre, ehe *Carter* und *Breshnew* in Wien am 18.6.1979 den *SALT II*-Vertrag unterzeichneten. Er sieht eine Obergrenze von je 2400 ICBM, SLBM und Bombern vor, die bis Ende 1981 auf 2250 abgesenkt werden sollte. Innerhalb dieses Gesamtrahmens werden mehrere Untergrenzen gezogen: höchstens 1320 mit MIRV ausgerüstete ICBM plus SLBM und nicht mehr als 820 ICBM mit MIRV. Ferner dürfen keine zusätzlichen ICBM-Silos errichtet werden. Zu den qualitativen Restriktionen gehören die Fraktionierungsbegrenzungen, d.h. existierende ICBM dürfen nicht mit mehr MIRV ausgerüstet werden als der Höchstzahl, die auf dem einzelnen Typ getestet wurde, und neue ICBM bzw. SLBM dürfen mit maximal 10 bis 14 MIRV bestückt werden; die Bestimmung, daß jede Seite nur eine neue ICBM erproben und dislozieren darf; die Verpflichtung, keine mobilen schweren ICBM und luftgestützten Marschflugkörper (ALCM) mit Mehrfachsprengköpfen zu entwickeln.

Eine besonders umstrittene Frage war die Verifikation. Während die USA auf möglichst weitgehende Regelungen drängten, hielt die UdSSR lange Zeit an ihrer restriktiven Haltung fest. Der schließlich gefundene Kompromiß erlaubte beiden Seiten die Verwendung nationaler technischer Kontrollmittel (z.B. Satelliten und Radareinrichtungen), allerdings mit der über SALT I hinausgehenden Klarstellung, daß jede Verschlüsselung von Testdaten für Raketen und Flugzeuge verboten ist, „wenn dies die Nachprüfung der Einhaltung des Vertrags behindert".

Bewertung: *SALT II* brachte gegenüber *SALT I* einige wesentliche Fortschritte. Die Obergrenze von 2400 wurde auf 2250 gesenkt, was für die UdSSR eine Reduzierung um etwa 300 Systeme bedeutet hätte (die USA hätten allerdings noch ca. 170 Systeme zusätzlich stationieren können). MIRV-Träger wurden auf 1200 mit höchstens 820 MIRV-ICBM begrenzt. Die Fraktionierungsbegrenzungen und die Bestimmung, nicht mehr als eine neue ICBM zu entwickeln, bedeuteten einen Einstieg in die qualitative Rüstungskontrolle, da sie die weitere Vermehrung von Sprengköpfen bremsten.

Mißt man hingegen den SALT II-Vertrag nicht an der Elle des politisch Machbaren, sondern des rüstungskontrollpolitisch Wünschbaren und Erforderlichen, überwiegen seine Defizite. Der bescheidenen Abrüstung bei Trägersystemen standen hohe Spielräume für eine Vermehrung der Sprengköpfe gegenüber, und die weitere Verbesserung der Treffgenauigkeit von ICBM und SLBM unterlag keinen Beschränkungen (etwa durch Testverbote bzw. -begrenzungen). Diese Mängel sind um so gravierender, als der Vertrag drei Bereiche überhaupt nicht berührte, die für die Zweitschlagfähigkeit von großer Bedeutung sind. Dabei handelte es sich um die U-Boot-Abwehraktivitäten, die Aushöhlung des ABM-Vertrages durch technologische Weiterentwicklung wie Strahlenwaffen und die Entwicklung von Anti-Satelliten-(ASAT)Waffen.

SALT II ließ amerikanische Rüstungsvorhaben nahezu unangetastet. Trotzdem war schon vor Vertragsunterzeichnung deutlich erkennbar geworden, daß es die *Carter*-Regierung schwer haben würde, *SALT II* durch den amerikanischen Senat zu bringen. Die inneramerikanische Kritik konzentrierte sich auf das angeblich nicht gelöste Problem der Gefährdung des landgestützten Teils der strategischen Triade durch die an Wurfgewicht und Sprengköpfen überlegenen sowjetischen ICBM („Fenster der Verwundbarkeit"), auf vermeintlich unzureichende Verifikationsregelungen und auf die hohen numerischen Obergrenzen. Wahrscheinlich hätten diese Einwände allein jedoch nicht ausgereicht, den Vertrag zu Fall zu bringen. Als *SALT II* im Juni 1979 unterzeichnet wurde, hatte die amerikanisch-sowjetische Entspannung längst ihren Höhepunkt überschritten. Aus amerikanischer Sicht hatte die UdSSR durch die von ihr unterstützten kubanischen Interventionen in Afrika (Angola, Äthiopien) sowie durch ihre nukleare und konventionelle Rüstung nicht der mit *SALT I* verbundenen Erwartung entsprochen, sich außen- und rüstungspolitisch zurückzuhalten. *Carter* versuchte zwar, durch eine schärfere Rhetorik und eine Aufstockung der Rüstungsausgaben *SALT II* über die Senatshürde zu helfen, aber die sowjetische Invasion in Afghanistan machte diese Bemühungen endgültig zunichte.

4. START (Strategic Arms Reduction Talks / Gespräche über die Verminderung strategischer Waffen) — Die im Januar 1981 ins Amt gekommene *Reagan*-Regierung wollte der UdSSR von einer Position der Stärke aus entgegentreten. Dementsprechend wurden die Rüstungsausgaben drastisch angehoben und Waffenprogramme wie der von *Carter* eingestellte B-1-Bomber reaktiviert, während zugleich *SALT II* wegen „irreparabler Mängel" abgelehnt wurde (allerdings sollten seine Bestimmungen solange eingehalten werden, wie dies auch die UdSSR tat). Es dauerte deshalb bis zum Juni 1982, ehe die USA und die UdSSR erneut Gespräche über strategische Rüstungskontrolle aufnahmen. Die USA strebten nunmehr vor allem „bedeutsame Verringerungen" bei den aus ihrer Sicht „am meisten destabilisierenden Nuklearsystemen", den ballistischen Raketen (besonders den ICBM), an. Um diesen Ansatz sichtbar zu dokumentieren, tauften sie *SALT* in *START* um.

Die Verhandlungen wurden am 12.3.1985 wieder aufgenommen, nachdem
die UdSSR im Dezember 1983 nach dem Beginn der Stationierung amerikanischer INF-Flugkörper in Europa den Verhandlungstisch verlassen hatte
(→ konventionelle Rüstungskontrolle in Europa). *START* war jetzt Teil eines
größeren Forums, das neben strategischen Offensivwaffen auch Raketenabwehrsysteme umfaßte. Diese Erweiterung ging im wesentlichen auf das amerikanische SDI-Programm zurück, das von der *Reagan*-Regierung im März
1983 verkündet worden war. Sein erklärtes Ziel, die Umrüstung der Abschreckung von offensiver Vergeltung zu defensiver Verteidigung, stellte die
zukünftige Gültigkeit des ABM-Vertrages und damit einen Eckstein des
amerikanisch-sowjetischen Verhältnisses in Frage. Es war daher notwendig
geworden, Offensiv- und Defensivsysteme wie zu Anfang des SALT-
Prozesses wieder zusammen zu behandeln. Die Sowjetunion widersetzte
sich den amerikanischen Umrüstungsvorstellungen, weil sie militärische
Nachteile befürchtete und entsprechend der von *Gorbatschow* verfolgten Politik des „Neuen Denkens" militärische Stabilität vorrangig durch Abrüstung und Rüstungskontrolle erreichen wollte. Ungeachtet dieses Wissens
verständigte man sich jedoch bereits im Oktober 1986 auf einige Grundzüge
eines *START*-Abkommens. Weitere Fortschritte folgten im Zuge des abklingenden Ost-West-Konflikts.

Es dauerte dann trotzdem noch bis zum 31.7.1991, als *Bush* und *Gorbatschow* das *START-I*-Vertragswerk unterschrieben. Seine Kernelemente sind:

— Abbau auf 1600 Trägersysteme mit maximal 6000 anrechenbaren
  Sprengköpfen;
— Halbierung der schweren sowjetischen SS-18 ICBM;
— Untergrenze von 4900 Sprengköpfen auf ICBM und SLBM (entspricht
  einer Reduzierung von ca. 40 % für die USA und 48 % für die UdSSR);
— ein neuer Raketentyp muß sich erheblich von einem existierenden unterscheiden, um zu verhindern, daß bereits dislozierte Raketen durch geringfügige Modifikationen schnell aufgerüstet werden, indem sie zu einem nach START erlaubten neuen Raketentyp erklärt werden;
— „downloading"-Optionen, die eine Reduzierung der Sprengköpfe auf
  Raketen ermöglichen, um sie zur Erhöhung ihrer Überlebensfähigkeit
  auf mehr ICBM und SLBM verteilen zu können;
— bei Testflügen von Raketen dürfen die übermittelten Daten (Telemetrie)
  nicht mehr verschlüsselt werden;
— einschneidende Verifikationsmaßnahmen (u.a. zwölf Arten von Vor-Ort-
  Inspektionen).

Bewertung: Der *START-I*-Vertrag ist das erste strategische Rüstungskontrollabkommen, das beide Seiten zu beträchtlicher Abrüstung (→ Abrüstungspolitik) verpflichtet. Es begünstigt die Umrüstung von Raketen- auf stabilere

Bombersysteme, beschränkt die Entwicklung neuer Waffen und errichtete ein Verifikationsregime, das in beispielloser Weise geeignet ist, Transparenz und damit Berechenbarkeit zu fördern.

Der *START*-Prozeß wurde in der Zeit der Ost-West-Konfrontation aufgenommen und beendet, als sie bereits vorüber war. Was unter den früheren Umständen ein rüstungskontrollpolitischer Meilenstein gewesen wäre, erscheint deshalb aus heutiger Sicht als Relikt. Die bleibende Bedeutung des Vertrages besteht gleichwohl darin, daß er ein vorbildliches Verifikationsregime und rechtliche Verpflichtungen zur Abrüstung für die nuklearen Nachfolgerepubliken der UdSSR schafft (in einem *START*-Protokoll werden Rußland, Weißrußland, Kasachstan und die Ukraine Vertragsparteien, und die drei letzteren verpflichten sich, dem Nuklearwaffensperrvertrag als Nicht-Nuklearmächte beizutreten).

Bereits kurz nach Unterzeichnung des *START*-Abkommens zeigte sich jedoch, daß sich der strategische Abrüstungsprozeß unter den neuen Bedingungen einer amerikanisch-russischen Partnerschaft erheblich beschleunigen ließ. Unter dem Eindruck des Moskauer Putschversuchs im August 1991 und der möglichen Gefahren einer unkontrollierten Desintegration der nuklearen Supermacht UdSSR, auf deren Territorium mehr als 27000 Nuklearwaffen vermutet werden, legte Präsident *Bush* am 27.9.1991 ein Paket aus Vorschlägen und einseitigen Schritten vor, auf das Präsident *Gorbatschow* mit einer z.T. noch weitergehenden Initiative am 5.10.1991 antwortete. Am 28.1.1992 kündigte *Bush* weitere Vorschläge und einseitige Abrüstungsschritte an, die vom russischen Präsidenten *Jelzin* als nuklearem Erben der aufgelösten UdSSR nur einen Tag später z.T. noch überboten wurden. Zusammengefaßt bedeuteten diese amerikanisch-sowjetischen / russischen Maßnahmen die Einstellung bzw. drastische Beschneidung laufender und geplanter Modernisierungsprogramme. Schließlich einigten sich *Bush* und *Jelzin* auf ihrem Treffen am 17.6.1992 auf eine weit über *START-I* hinausgehende Verringerung strategischer Offensivwaffen. Daraus wurde dann der am 3.1.1993 unterzeichnete *START-II*-Vertrag.

START-II baut auf *START-I* auf, dessen Bestimmungen weitergelten, insofern sie nicht ausdrücklich durch *START-II* ersetzt werden. Die wesentlichen Unterschiede zu *START-I* sind:

— Abbau der strategischen Sprengköpfe bis spätestens zum Jahr 2003 auf maximal 3000-3500 pro Seite, d.h. Kürzung um zwei Drittel gegenüber 20-35 % in *START-I*;
— völlige Beseitigung aller ICBM mit MIRV, so daß beide Seiten am Ende nur noch über ICBM mit einem Sprengkopf verfügen werden;
— damit auch Beseitigung aller russischen SS-18 ICBM, wobei nicht nur wie bei den anderen Raketen ihre Abschußvorrichtungen unbrauchbar gemacht werden müssen, sondern die Raketen selbst zu vernichten sind;

— durch eine Änderung der Zählregeln fallen mehr Nuklearwaffen auf
Bombern unter die Reduzierungsverpflichtungen;
— de facto dürfte Rußland am Ende weniger Sprengköpfe als die USA
haben.

Bewertung: START-II bringt tiefe Einschnitte auf ein quantitatives Niveau,
das beiden Seiten eine gesicherte Abschreckungsfähigkeit im bilateralen
Verhältnis und gegenüber Dritten beläßt. Der Vertrag führt zu einer Annäherung der Streitkräftestrukturen insb. dadurch, daß er Rußland zu einer Verlagerung seiner strategischen Streitkräfte von Land auf See veranlaßt. Zusammen mit dem Verzicht auf MIRV-ICBM liegt darin ein Gewinn an Krisensta-
bilität. Indem er die Bereitschaft der nuklearen Supermächte zu
einschneidender Abrüstung dokumentiert, schafft er eine günstige Voraussetzung für die 1995 bevorstehende Verlängerung des atomaren Nichtverbreitungsvertrages.
Die Zukunft des Vertrages ist allerdings ungewiß. Wegen seines Zusammenhangs mit *START-I* kann er erst in Kraft treten, wenn *START-I* von allen Vertragsparteien ratifiziert worden ist. Das ist bisher in den USA, Rußland,
Weißrußland und Kasachstan geschehen, nicht aber in der Ukraine. Hintergrund sind ukrainisch-russische Spannungen und Forderungen der Ukraine
nach westlichen „Sicherheitsgarantien" sowie finanzieller und technischer
Hilfe. Derartige Unterstützung zur Abrüstung wird in massiver Form auch
Rußland benötigen, was allerdings eine noch zu schaffende politische Stabilität erfordert. Unklar ist darüber hinaus, wie Zehntausende von nuklearen
Sprengköpfen sicher und umweltverträglich gelagert und entsorgt werden
können.

5. — Parallel zum strategischen beschleunigte sich auch der Abrüstungsprozeß im nicht — oder *substrategischen Bereich*. Dabei handelt es sich um Nuklearwaffen, die von den beiden Supermächten als solche eingestuft werden,
weil sie sich (vor allem wegen ihrer geringeren Reichweiten) durch sie nicht
oder nicht so stark wie durch strategische Systeme bedroht fühlen.
Substrategische Sprengköpfe machten ca. 40 bis 45 %der amerikanisch-
sowjetischen Nukleararsenale aus. Im Rahmen der NATO-Strategie der flexiblen Antwort dienten in Europa stationierte US-Waffen der Abschreckung
eines östlichen Angriffs, indem sie als Bindeglied zwischen konventionellen
und strategischen US-Streitkräften die Sicherheit Westeuropas an diejenige
der USA ankoppeln und zugleich nukleare Einsatzoptionen unterhalb der
strategischen Schwelle eröffnen sollten. Politisch sollten sie ihr nukleares
Beistandsversprechen zugunsten Westeuropas für die USA erträglich halten;
die Vertrauenswürdigkeit dieses Versprechens festigen und damit der doppelten Sorge der Westeuropäer entgegenwirken, die USA könnten aus vor-
rangigem Überlebens- oder Machtinteresse ihr Versprechen nicht oder so

einlösen, daß ein Krieg auf Europa begrenzt bliebe; die Position der USA in
Verhandlungen mit der UdSSR stärken.

Spannungen zwischen diesen Funktionen sind offensichtlich. Militärisch
sollten substrategische Waffen einerseits Westeuropa an die strategische Ab-
schreckungsmacht der USA ankoppeln, andererseits Konfliktbegrenzungs-
optionen liefern und damit potentiell abkoppelnd wirken. Politisch trugen sie
wegen dieser Abkoppelungsmöglichkeit dazu bei, das Risiko ihres Nuklear-
versprechens für die USA erträglicher zu machen, beeinträchtigten dadurch
jedoch ihre Vertrauenswürdigkeit aus westeuropäischer Sicht.

Dieser Hintergrund erklärt die politischen Auseinandersetzungen, die sich
an dieser Waffenkategorie innerhalb der → NATO und ihren Mitgliedsländern entzündet haben. Ein prominentes Beispiel ist der NATO-Doppelbeschluß vom 12.12.1979, der aus einer Stationierungsdrohung mit gleichzeitigem Verhandlungsangebot bestand. Er führte sowohl zur Stationierung als
auch — mit zwischenzeitlicher Unterbrechung der Verhandlungen — zu einem durch *Gorbatschows* Wendepolitik ermöglichten Vertrag. Dieser INF-
Vertrag, der am 1.6.1988 in Kraft trat, verpflichtete die USA und die UdSSR
zur Zerstörung ihrer bodengestützten Flugkörper zwischen 500 und 5500
km Reichweite. Das waren auf amerikanischer Seite 846, auf sowjetischer
Seite 1846 Flugkörper. Rüstungskontrollpolitisch war der Vertrag aus drei
Gründen ein Novum: a) zum ersten Mal wurden moderne Nuklearwaffen
zerstört und neue Waffen dieser Kategorie verboten; b) der Grundsatz der
asymmetrischen Abrüstung wurde etabliert, d.h. die zahlenmäßig überlegene Seite rüstet mehr ab; und c) es wurden weitreichende Verifikationsre-
geln eingeführt.

Die Abschaffung dieser Waffen richtete den Blick auf die verbleibenden
SNF-Flugkörper mit Reichweiten bis 500 km und die im INF-Vertrag nicht
erfaßten Bomben. In den Jahren 1988 und 1989 entbrannte in und zwischen
NATO-Ländern ein Streit über die rüstungskontrollpolitische Behandlung
bzw. die Modernisierung dieser Systeme, der erst auf einem NATO-Gipfel
Ende Mai 1989 zu einem Kompromiß führte. Ein Jahr später erklärte *Bush*
den Verzicht auf die Entwicklung eines Nachfolgemodells für die *Lance*-
SNF-Rakete und auf die Modernisierung der nuklearen Artillerie.

Zu der geplanten Aufnahme von SNF-Verhandlungen mit der UdSSR kam es
jedoch nicht mehr, weil beide Seiten im Zuge ihrer politischen Annäherung zu
abgestimmter, aber informeller Abrüstung übergingen. *Bush* kündigte am
27.9.1991 die Beseitigung aller bodengestützten SNF und den Abzug aller taktischen Nuklearwaffen von US-Schiffen an. *Gorbatschow* schloß sich diesen
Schritten am 5.10.1991 an. Nach einer Entscheidung der NATO-Verteidigungsminister am 17.10.1991 sollen in Europa nur noch 700 Nuklearbomben verbleiben. Am 22.12.1991 beschlossen die GUS-Staaten, alle außerhalb Rußlands
stationierten substrategischen Nuklearwaffen dorthin zur Zerlegung zu ver-
bringen. Dies soll nach russischen Angaben inzwischen geschehen sein.

Perspektiven: Die nukleare Rüstungskonkurrenz der Supermächte scheint gebannt. Nukleare Rüstungskontrolle, die im Kalten Krieg vornehmlich der stabilisierenden Steuerung dieser Konkurrenz gedient hat, ist damit jedoch noch nicht überflüssig geworden. Folgende Aufgaben stellen sich: die Ratifizierung und Umsetzung der *START*-Verträge und der weitergehenden Reduzierungsvereinbarungen, einschließlich der viele Jahre in Anspruch nehmenden kontrollierten und umweltverträglichen Entsorgung des nuklearen Materials; die Komplementierung der Abrüstung von Offensivwaffen durch eine Begrenzung von Abwehrwaffen; die kooperative Steuerung von Modernisierungsvorhaben; die Einbeziehung von Drittstaatenpotentialen (China, Frankreich, Großbritannien) in den Rüstungskontrollprozeß; die Entwicklung von Streitkräften und Doktrinen, die eine Minimalabschreckung zum eigenen und zum Schutz anderer auf geringstmöglichem Niveau gewährleisten; die Verhinderung und Kontrolle der Weiterverbreitung (→ internationale Nuklearpolitik), einschließlich der Denuklearisierung von Staaten mit nuklearen Fähigkeiten (zu denen außer Rußland auch die anderen nuklearen Nachfolgerepubliken der UdSSR gehören).

Gemeinsamer Nenner dieser Aufgaben sollte das Leitziel sein, nach dem Ende des Kalten Krieges den Einfluß von Nuklearwaffen auf die internationale Politik zu marginalisieren. Eine nuklearwaffenfreie Welt wird allerdings auch auf längere Sicht unerreichbar bleiben. Denn nicht Abrüstung schafft Frieden, sondern Frieden ermöglicht Abrüstung: Da sich Nuklearwaffen nicht ent-erfinden lassen, können sie nur politisch entschärft werden, d.h. durch den dauerhaften und glaubwürdigen Verzicht auf die Anwendung und Androhung von Gewalt zur Regelung zwischenstaatlicher Konflikte. Von einem solchen echten Frieden ist die Welt jedoch noch weit entfernt (→ Krieg und Frieden).

Literatur

The International Institute for Strategic Studies: Strategic Survey 1991-1992, London (jährlich).

Lübkemeier, Eckhard: Building Peace under the Nuclear Sword of Damocles, in: *Garrity,* Patrick J. / *Maaranen,* Steven A. (eds.), Nuclear Weapons in the Changing World, New York 1992.

Mutz, Reinhard / *Krell,* Gert / *Wismann,* Heinz: Friedensgutachten 1992, Münster / Hamburg 1992 (jährlich).

Presse- und Informationsamt der Bundesregierung: Bericht zur Rüstungskontrolle und Abrüstung 1990 / 91, Bonn (jährlich).

Smith, Gerard: Doubletalk. The Story of SALT I, New York 1980.

Stockholm International Peace Research Institute: SIPRI Yearbook 1992, Oxford (jährlich).

Talbott, Strobe, Endgame. The Inside Story of SALT II, New York 1980.
Talbott, Strobe: Raketenschach, München 1984.

Eckhard Lübkemeier

Ostpolitik

1. Begriff — Der Begriff der Ostpolitik im engeren Sinne wird im wesentlichen auf die neue Außenpolitik einer Normalisierung gegenüber den Ostblockstaaten angewandt, wie sie insbesondere von der Regierung *Brandt /Scheel* in der Zeit von 1969 bis 1973 praktiziert wurde.

2. Außen- und innenpolitische Rahmenbedingungen — Zwar gab es auch zuvor Ansätze zu einer eigenständigen, aktiven deutschen Außenpolitik, zu einer Verständigung mit dem Osten, die mehr als ein bloßer Teil des westlichen Bündnisses und mehr als eine Reaktion auf sowjetische Vorgaben war: Bereits unter *Adenauer,* der den kommunistischen Osten durch die militärische Stärke eines einigen, westlichen Bündnisses zu Konzessionen zwingen wollte (und daher den Schwerpunkt seiner außenpolitischen Aktivitäten im Westen sah), nahm die Bundesrepublik Deutschland 1955 diplomatische Beziehungen mit der UdSSR auf und schloß mit ihr 1958 ein Wirtschafts- und Repatriierungsabkommen. Außenminister *Schröder* leitete, als der Politik der Ost-West-Konfrontation (→ Ost-West-Konflikt) mit der Berlin-Krise seit 1958, mit dem Mauerbau von 1961 und der Kuba-Krise von 1962 (→ Prägende Konflikte nach dem 2. Weltkrieg) angesichts des atomaren Patts zwischen den Supermächten die Erfolglosigkeit und Gefährlichkeit bescheinigt wurde, seit 1962 eine vorsichtige Politik der Kontaktaufnahme mit den osteuropäischen Staaten (Rumänien, Bulgarien, Ungarn, Polen) ein. Sie strebte die Förderung der Unabhängigkeit gegenüber der UdSSR an und sollte zur Auflockerung der Ost-West-Spannung und damit langfristig zur Annäherung an das Ziel der deutschen Wiedervereinigung beitragen. Das Instrument der Ostpolitik *Schröders* bestand in der Errichtung bundesdeutscher Handelsmissionen in Osteuropa. Die bewußt bevorzugte Ansprache dieser Zwischenstaaten, unter Ausklammerung der DDR (was den Unwillen der UdSSR erregte), wie auch die Tatsache, daß die Kontakte mit Rücksicht auf die Hallstein-Doktrin und starke Kräfte in der CDU / CSU (*Adenauer /Brentano*) unterhalb der Ebene diplomatischer Beziehungen blieben, bewirkten aber eine Abwehrreaktion des gesamten Ostblocks, wodurch diese Initiative bereits im Ansatz scheiterte. Das gleiche Schicksal widerfuhr der „Friedensnote" der Regierung *Erhard* vom 25.3.1966 und den Gewaltverzichts-

verhandlungen der Großen Koalition aus CDU / CSU und SPD. Auch sie enthielten Angebote zum Gewaltverzicht, zur Nichtweiterverbreitung von
Atomwaffen (→ Internationale Nuklearpolitik), zum Einfrieren des nuklearen Potentials und zur Errichtung einer europäischen Friedensordnung, versagten aber die vom Osten verlangte Anerkennung des europäischen Status
quo seitens der Bundesrepublik Deutschland (d.h. Anerkennung der DDR
und der Oder-Neiße-Grenze) auf Druck der CDU / CSU. Die Große Koalition konnte nur einen Anfangserfolg in der Aufnahme diplomatischer Beziehungen zu Rumänien (1967) verzeichnen, nachdem bereits Außenminister
Brandts deutschlandpolitische Bemühungen noch als Regierender Bürgermeister von Berlin (Berliner Passierscheinregelung 1963 / 64) nur im Ansatz
erfolgreich waren, weil keine analogen Initiativen auf seiten der CDUgeführten Bundesregierung unternommen wurden, aber auch, weil es an
Kooperationsbereitschaft des Ostens fehlte. Der ostpolitische Immobilismus
drohte die Bundesrepublik Deutschland Ende der 60er Jahre zunehmend von
ihren Verbündeten zu isolieren, die schon unter Präsident *Kennedy* eine →
Entspannungspolitik gegenüber dem Ostblock einzuleiten begannen (1963:
Vertrag zwischen den USA, der UdSSR und Großbritannien über das Verbot
von Kernwaffenversuchen in der Atmosphäre, im Weltraum und unter Wasser; 1967 / 68: Atomwaffensperrvertrag). Diese Politik — nur zeitweilig unterbrochen durch den Vietnamkrieg — wurde von *Nixon* und *Kissinger* seit
1969 modifiziert fortgesetzt. Sie zielte darauf — unter Anerkennung ihres
osteuropäischen Besitzstandes —, die UdSSR in ein weltweites Gleichgewichtssystem zwischen den USA, Westeuropa, Japan und China einzubinden, in dem den beiden Supermächten eine paritätische Dominanz zugedacht war. Dieses Konzept fand seinen Ausdruck im amerikanischsowjetischen *SALT-I*-Vertrag von 1972 über die Begrenzung der strategischen
und Defensivwaffen und insbesondere in den „Grundsätzen für die Beziehungen zwischen der UdSSR und den USA" von 1972 (→ Nukleare Rüstung
und Rüstungskontrolle). Um gerade solch ein amerkanisch-sowjetisches
Kondominium über den Rest der Welt zu verhindern und um sich von der
amerikanischen Dominanz in Westeuropa zu befreien, hatte *de Gaulle* schon
seit 1964 eine Annäherung an die UdSSR betrieben, die dies um so bereitwilliger annahm, als sich *de Gaulle* immer mehr von der → NATO distanzierte. *De Gaulle* hoffte insbesondere durch enge Beziehungen zum alten
französischen Einflußgebiet in Ost- und Südeuropa, die Fronten in Europa
auflockern und ein kontinentaleuropäisches, von den beiden Atommächten
Frankreich und UdSSR dominiertes Gleichgewicht errichten zu können.

3. Ostpolitik Ende der 60er Jahre / Anfang der 70er Jahre — Diesem weltpolitischen Trend fügte sich die Ostpolitik der seit 1969 regierenden sozialliberalen
ralen Koalition ein. Begünstigt wurde die Ostpolitik durch analoge, entspannungspolitische Interessen der UdSSR Ende der 60er Jahre, die u.a. bedingt

waren durch die 1968 mit dem Einmarsch in die CSSR erfolgte Stabilisierung des eigenen Blocks, durch den chinesisch-sowjetischen Konflikt und durch den sowjetischen Bedarf an westlicher Technologie zur Modernisierung der eigenen Volkswirtschaft. Das Entspannungskonzept Bundeskanzler *Brandts* und seines ostpolitischen Unterhändlers *Bahr* sah — in Wiederaufnahme der Politik von *Kennedy* und dessen Berater *Rostow* — vor, langfristig eine Annäherung, wenn nicht gar Konvergenz der Gesellschaftssysteme von Ost und West und eine Überwindung der Ost-West-Spannung zu bewirken, indem beide Seiten zunächst einmal zur aktuellen Friedenssicherung, zur Risikominderung, zur Erreichung humanitärer Erleicherungen, aber auch zur Erweiterung des bundesdeutschen außenpolitischen Handlungsspielraums den territorialen und machtpolitischen Status quo von Jalta als modus vivendi, als Faktum, wenn auch nicht unbedingt als legitimes Faktum, anerkennen (das war das Neue der Konzeption). Darauf aufbauend sollte durch zahlreiche Maßnahmen, wie insbesondere intensive politische, ökonomische, soziale Kommunikation, Kontakte und Verbindungen zwischen Ost und West eine Überwindung der europäischen und deutschen Spaltung erreicht und eine gesamteuropäische Friedensordnung angestrebt werden. Dieses Konzept konkretisierte sich noch Ende 1969 dahingehend, daß die Bundesrepublik Deutschland 1. die DDR staatsrechtlich als einen der beiden Staaten im Rahmen der deutschen Nation anerkannte (was keine völkerrechtliche Anerkennung implizierte, da das innerdeutsche Verhältnis als Beziehung besonderer, nicht außenpolitischer Art deklariert wurde); daß sie infolgedessen 2. den vormaligen, westdeutschen Alleinvertretungsanspruch für alle Deutschen (inklusive der DDR) aufgab; daß sie 3. überhaupt die DDR in den Entspannungsprozeß einschloß; 4. die vom Ostblock seit langem geforderte, gesamteuropäische Sicherheitskonferenz (→ KSZE) positiv beurteilte; und 5. den Atomwaffensperrvertrag (→ Abrüstungspolitik) unterzeichnete. Für diese Vorleistungen erhoffte die Bundesregierung Zugeständnisse des Ostens in der Sicherung des Vier-Mächte-Status sowie der westlichen Bindungen von Berlin, Erleichterungen für die Menschen im geteilten Deutschland, sowie vor allem ein Offenhalten der deutschen Frage dahingehend, daß eine mögliche Wiedervereinigung im Rahmen einer europäischen Friedensordnung nicht ausgeschlossen werde. Zur Realisierung dieser Ziele hatte *Bahr* noch in der Zeit der Großen Koalition eine in sich verschachtelte Strategie entworfen, die den Verhandlungen mit der UdSSR den Vorrang gab (die Intervention der UdSSR in der → CSSR 1968 hatte ihn dazu veranlaßt) und über die Sowjetunion auf die anderen Ostblockstaaten Druck auszuüben trachtete in Richtung auf Konzessionen gegenüber der Bundesrepublik Deutschland und der UdSSR. Beide waren interessiert an einer Aufrechterhaltung der von der Potsdamer Konferenz stammenden, alliierten Rechte über Deutschland als Ganzes (die z.B. im Falle einer Wiedervereinigung zum Tragen kommen würden): die UdSSR vor allem deshalb,

um sich weiterhin Mitsprache- und evtl. Vetorechte zu sichern (auch gegenüber der DDR); die Bundesrepublik Deutschland vor allem deshalb, weil
nur über dieses völkerrechtliche Konstrukt ihr Streben nach Wiedervereinigung (→ Deutsche Wiedervereinigung) gewahrt werden konnte. Aus diesem
Grund gelang es der bundesdeutschen Regierung mit dem Abschluß des
deutsch-sowjetischen Vertrages vom 12.8.1970, daß die UdSSR mit der wi-
derspruchslosen Entgegennahme des vertragsbegleitenden „Briefes zur
deutschen Einheit" das Wiedervereinigungsstreben respektierte (ganz gegen
den Willen der DDR-Führung), im Gegenzug erklärte die Bundesrepublik
Deutschland dafür die bestehenden Grenzen aller Staaten in Europa für unverletzlich (wenn auch nicht für endgültig), „einschließlich der Oder-Neiße-
Linie, die die Westgrenze der Volksrepublik Polen bildet, und der Grenze
zwischen der Bundesrepublik Deutschland und der Deutschen Demokratischen Republik" (Art. 3 Moskauer Vertrag). Damit wurden auch für die
Ende 1970 abgeschlossenen deutsch-polnischen Verhandlungen entscheidende Weichen gestellt, denn die Grenzformel des Moskauer Vertrages, die
im Warschauer Vertrag vom 7. 12.1970 übernommen wurde, bedeutete (gemäß der alliierten Vorbehaltsrechte für Deutschland als Ganzes und des
deutschen Wiedervereinigungsvorbehalts), daß nur die Bundesrepublik
Deutschland „heute und künftig" die Oder-Neiße-Grenze anerkenne, nicht
aber ein evtl. wiedervereinigtes Deutschland. Ein, wie auch immer konstru-
iertes, wiedervereinigtes Deutschland wäre völkerrechtlich in seinem Handeln nicht präjudiziert. Die Polen konnten bei Vertragsabschluß allerdings
davon ausgehen, daß durch die sowjetischen Mitspracherechte bei einem
Friedensvertrag auch ein wiedervereinigtes Deutschland die Gebiete jenseits
von Oder und Neiße nicht erhalten würde.
Die deutsch-polnischen Verhandlungen hatten zusätzlich das Problem der
Aussiedlung Deutschstämmiger aus den früheren deutschen Ost-Gebieten
zu lösen. Erst 1975 wurde ein Übereinkommen erzielt, in dem rd. 125 000
Personen die Ausreiseerlaubnis erhielten und die Volksrepublik Polen von
der Bundesrepublik einen Kredit von 1 Mrd. DM erhielt. Die Ratifizierung
des Moskauer und des Warschauer Vertrages hatte die Bundesregierung
durch ein Junktim an eine befriedigende Regelung des Status von Berlin und
des Zugangs zur Stadt (womit auch das innerdeutsche Verhältnis angesprochen war) gekoppelt. Nach den erfolglosen Treffen von Bundeskanzler
Brandt und Ministerpräsident *Stoph* in Erfurt und Kassel (1970), in denen
sich die DDR entspannungspolitisch kooperationsunwillig zeigte, fanden ab
März 1970 Verhandlungen zwischen den vier alliierten Großmächten über
Berlin statt. Am 3.9.1971 — nach dem Sturz *Ulbrichts* — wurde das Vier-
Mächte-Abkommen über Berlin abgeschlossen. In ihm garantierten die
Sowjets (und nicht nur die DDR) erstmals seit 1945 den ungehinderten Tran-
sitverkehr bundesdeutscher Bürger auf Straße, Schiene und Wasserweg nach
Berlin sowie die bestehenden (Ver-)Bindungen zwischen der Stadt und der

Bundesrepublik Deutschland. Allerdings durfte Berlin nicht als konstitutiver Bestandteil der Bundesrepublik Deutschland bezeichnet werden. Die östliche Zielvorstellung, West-Berlin als eine „selbständige politische Einheit" anzusehen, wurde damit aber nicht realisiert. Im Gefolge der alliierten Berlinpolitik wurden zahlreiche innerdeutsche Übereinkommen abgeschlossen (Ende 1971: Transitabkommen; Mai 1972: Verkehrsvertrag; Ende 1972: Grundlagenvertrag), die die Ergebnisse des Moskauer und Warschauer Vertrages sowie des Berlin-Abkommens übernahmen und für die innerdeutschen Beziehungen konkretisierten. Sie betrafen insbesondere die Erweiterung des Besucherverkehrs in die DDR, die Wahrung des Wiedervereinigungsvorbehalts seitens der Bundesrepublik Deutschland, die Arbeitsbedingungen für Journalisten in der DDR, die Familienzusammenführung, den nichtkommerziellen Warenverkehr u.ä. Die erste bilaterale Phase der deutschen Ostpolitik wurde durch einen deutsch-sowjetischen Handelsvertrag (1972), der den intersystemaren Handel stark forcierte und die Entspannungspolitik ökonomisch fundieren sollte, durch den Eintritt beider deutscher Staaten in die → Vereinten Nationen und schließlich durch den deutsch-tschechoslowakischen Vertrag vom 11.12.1973 beendet. In diesem zeitlich zuletzt abgeschlossenen Ostvertrag wurde die zentral strittige Frage der zeitlichen Gültigkeit des *Münchner Abkommens* von 1938 mit der in ihm vollzogenen Angliederung tschechoslowakischen Territoriums an das Deutsche Reich (ob von Anfang an ungültig oder nicht) dahingehend geregelt, daß dieses Abkommen als unter Androhung von Gewalt aufgezwungen bezeichnet wurde. Es ging hier nicht um die Legitimität der Angliederung, die von keiner Seite behauptet wurde, sondern um völkerrechtliche Folgeprobleme (z.B. Rechtsansprüche von ehemaligen Bewohnern der in Frage kommenden Gebiete). Die bilaterale Phase ging über in die multilaterale Phase, die sich u.a. in den MBFR-Verhandlungen sowie in der Konferenz für Sicherheit und Zusammenarbeit in Europa manifestierte.

4. Der Wechsel von *Brandt / Scheel* zu *Schmidt / Genscher* und von *Nixon* zu *Carter* kennzeichnete auch das Ende der euphorischen Phase der Ostpolitik. Sie war nun zu einer außenpolitischen Selbstverständlichkeit geworden, die zunehmend auch die CDU / CSU-Opposition zu akzeptieren begann, da durch den Abbau der vormaligen Konflikte der Bundesrepublik Deutschland mit Osteuropa der außenpolitische Handlungsspielraum Deutschlands erweitert wurde. Sie mußte sich nun aber auch in der Normalität des Alltags bewähren, was ihr, angesichts einiger Rückschläge (Differenzen über den Berlin-Status, Erschwerungen der innerdeutschen Kontakte) den anfänglichen Glanz nahm. Dazu kam, daß eine Schwerpunktverlagerung der deutschen Außenpolitik zur Steuerung der Weltwirtschaftskrise eher in den atlantischen Bereich (*Schmidt*) und in die Dritte Welt (*Genscher*) erfolgte. Dem entsprach die geänderte Schwerpunktsetzung der Administration

Carter (hinsichtlich deren primärer, „trilateraler" Koordination zwischen den USA, Japan und Westeuropa) und Frankreichs (hinsichtlich der Revitalisierung der atlantischen Beziehungen). Vor allem durch die militärischen Disparitäten zwischen Ost und West (SS 20) sowie durch den sowjetischen Expansionismus in der Dritten Welt (Afghanistan, südliches Afrika usw.), aber auch durch das Aufkommen einer ideologischen Konfrontationspolitik gegenüber dem Kommunismus im manichäischen Stil der 50er Jahre (Administration *Reagan*) wurde Ostpolitik im Sinne einer Entspannungspolitik zunehmend schwieriger. Erstaunlich war jedoch, daß sich trotzdem eine entspannungspolitische deutsch-sowjetische und vor allem deutsch-deutsche Eigendynamik entwickelt hatte, durch die die bestehenden Beziehungen der Bundesrepublik zum Osten sogar z.T. noch ausgebaut werden konnten. Bundeskanzler *Schmidt* suchte der Gefahr des Abgleitens in einen erneuten Kalten Krieg durch Vermittlungen zwischen den Supermächten, durch Bemühungen um den Wiederbeginn und die Forcierung von Abrüstungsverhandlungen sowie durch die Intensivierung der Wirtschaftsbeziehungen zum Ostblock (*Breshnew*-Besuch 1978; 20jähriges deutsch-sowjetisches Kooperationsabkommen) zu begegnen.

5. Ostpolitik unter der Regierung Kohl / Genscher — Auch die CDU / CSU-Koalition unter Bundeskanzler *Kohl* stellte sich weitgehend auf den Boden der Ostpolitik der vormaligen SPD-FDP-Regierungen. Die internationale Situation sowie die erneute Übernahme des Außenministeriums durch *Genscher* sorgten für Kontinuität. Nur das Recht der Deutschen auf Wiedervereinigung sowie der absolute Vorrang des deutsch-amerikanischen Verhältnisses wurden nun wieder vermehrt öffentlich proklamiert. Insbesondere wurde seitens der CDU / CSU das *Schmidtsche* Konzept einer „Sicherheitspartnerschaft" mit der UdSSR kritisiert. Dies sowie der Beschluß der Regierung *Kohl / Genscher* zur Stationierung amerikanischer Pershing-Raketen als Reaktion auf die sowjetischen SS 20 vermochten das deutsch-sowjetische Verhältnis jedoch nicht langfristig zu trüben. Die ostpolitische Kontinuität zeigte sich während des UdSSR-Besuches von *Kohl* im Juli 1983, in dessen Rahmen er sich u.a. trotz amerikanischer Embargo-Pläne zur Fortführung des Osthandels bekannte, und manifestierte sich spektakulär in einem von *Strauß* „eingefädelten" Kreditvertrag in Höhe von 2 Mrd. DM zwischen einem bundesdeutschen Bankenkonsortium und der DDR-Außenhandelsbank vom 1.7.1983. Die Bundesregierung hatte den Kredit verbürgt, ohne daß vorher Gegenleistungen der DDR auf politischem Gebiet erreicht worden wären. (Deren Fehlen war vordem an der SPD-FDP-Ostpolitik stets beanstandet worden.)
Zeitweilig schien es, als könnte der „rechte Flügel" der CDU / CSU, insbesondere die Vertriebenenvertreter, die Ostpolitik der christlich-liberalen Koalition ernsthaft gefährden. Die Bestätigung der Regierung *Kohl / Genscher*

bei der Bundestagswahl 1987, die neue sowjetische Außenpolitik unter *Gorbatschow* sowie die Annäherung der Supermächte ab Mitte der 80er Jahre ließen jedoch eine grundlegende Änderung der in den 70er Jahren begonnenen Ostpolitik nicht zu. Erfolge in der bipolaren Entspannungspolitik sowie auf mulitlateraler Ebene wurden begleitet von einer Verbesserung des deutsch-sowjetischen Verhältnisses, als Bundespräsident *von Weizsäcker* im Sommer 1987 und *Strauß* Ende 1987 die Sowjetunion besuchten. Auch mit den anderen osteuropäischen Staaten wurden die Beziehungen verbessert, wobei die Aufnahme der diplomatischen Beziehungen mit Albanien im Herbst 1987 besonders hervorragt. Schließlich signalisierte der im September 1987 erfolgte Besuch des SED-Generalsekretärs *Honecker* in der Bundesrepublik Deutschland weitere ostpolitische Normalität. Anfang 1988 wurde das Abkommen über wirtschaftliche Kooperation aus dem Jahre 1978 um fünf Jahre verlängert. Zudem wurden für einige Politikfelder regelmäßige Konsultationen vereinbart. Im Oktober 1988 besuchte Bundeskanzler *Kohl* erneut die UdSSR und schloß eine Reihe von Abkommen ab (zum Umweltschutz, zur Reaktorsicherheit sowie zu einem 3-Mrd.-Kredit deutscher Banken). Die Bundesregierung nahm sogar 1989 einen Konflikt mit den USA in Kauf, um eine „Modernisierung" von Kurz- und Mittelstrecken-Raketen zumindest zeitlich zu verzögern.

Emotionaler Höhepunkt der deutsch-sowjetischen Beziehungen war der Besuch *Gorbatschows* in der Bundesrepublik im Juni 1989, der aufgrund der charismatischen Erscheinung des sowjetischen Partei- und Staatschefs die deutsche Öffentlichkeit (weniger die Eliten) für dessen Reformpolitik derart begeisterte, daß man im westlichen Bündnis bereits wieder „Rapallo-Ängste" zu hegen begann.

Mit dem Zerfall der UdSSR seit Mitte 1991 und der deutschen Wiedervereinigung verschwanden die zentralen Probleme (deutsche Teilung, Ost-West-Konflikt), die der *Brandt/Scheelschen* Ostpolitik zugrunde lagen. Es eröffnet sich ein Raum für neue ostpolitische Konzeptionen, die bisher jedoch nur in Umrissen zu erkennen sind. Von folgenden Tatbeständen werden solche Konzeptionen allerdings auszugehen haben:

1. Die Bundesrepublik Deutschland wird ihre Ostpolitik — wie bisher — nur auf der Basis und im Rahmen eines forcierten europäischen Integrationsprozesses betreiben. Ein „Wettlauf nach Osten" der westeuropäischen Staaten soll so vermieden werden, da sie die Stellung jedes einzelnen westlichen Konkurrenten gegenüber dem Osten schwächen würde. Allerdings ist diese Gefahr gegenwärtig angesichts der ökonomischen und machtpolitischen Schwäche des gesamten mittel- und südosteuropäischen Raumes eher gering. Bedeutender ist daher das Motiv auf deutscher Seite, durch eine gemeinschaftliche Behandlung der EG-Staaten der ostpolitischen Beziehungen das Aufkommen von Ost-West-Bilatera-

lismus wie in den 20er Jahren des Jahrhunderts zu verhindern. Es könnte
z.B. ein französisch-polnischer oder französisch-russischer oder bri-
tisch-russischer Bilateralismus entstehen, um der tatsächlichen oder nur
wahrgenommenen ökonomischen und damit politischen Übermacht des
wiedervereinigten Deutschland entgegenzuwirken.

2. Aus den genannten Gründen ist die Bundesrepublik kaum an einer
„Achse Deutschland — Rußland" interessiert; allerdings gibt es hierzu
Tendenzen in Rußland, einerseits, weil wohl die ökonomischen Potenzen
Deutschlands in deren Überschätzung zum Wiederaufbau Rußlands eingesetzt werden sollen, andererseits, weil man in Moskau glaubt, der
deutschen Wiedervereinigung, dem Beitritt Gesamtdeutschlands zur →
NATO und dem Abzug der sowjetischen Truppen aus Ostdeutschland zu-
gestimmt zu haben. Die Bundesrepublik wird dies allerdings nur mit
ökonomischen Hilfen zu entgelten versuchen, nicht mit irgendwie gearteten präferentiellen Beziehungen, die zudem wegen der allgemeinen gegenwärtigen Schwäche Rußlands nichts „einbringen". Über ein deutsches Plädoyer für eine russische Teilnahme am G-7-Weltwirtschafts-
gipfel geht es kaum hinaus. Darüber sollte auch die von weiten Kreisen
der deutschen Bevölkerung emphatisch getragene Winterhilfsaktion für
Rußland (1991 / 92) nicht hinwegtäuschen.

An dieser prinzipiellen deutschen Einstellung änderte auch das Problem
der dann 1992 erfolgten Rückführung des vormaligen SED- und DDR-
Chefs E. *Honecker* aus dem Moskauer Fluchtort in der chilenischen Botschaft nichts. Auch das Problem der Rußland-Deutschen, die zudem nicht
in Rußland, sondern in der GUS-Republik Kasachstan leben, führte zu
keiner Veränderung. Hier scheint Rußland Deutschland dadurch entgegen-
zukommen, daß eine von Deutschland mitfinanzierte erneute Teil-
Republik der Rußland-Deutschen geschaffen werden soll, allein deshalb,
um die Zuwanderung der Rußland-Deutschen in die Bundesrepublik zu
stoppen, weil man sich im drittreichsten Land der Welt angeblich zur Aufnahme weiterer Migranten nicht in der Lage sieht. (→ Migration)

3. Die große Frage der Zukunft wird es sein, wie sich das in Zukunft wahrscheinlich wieder machtpolitisch bedeutende Rußland in die neue Ordnung der Welt einfügen wird. Mitglied der EG kann es wegen seiner
Größe nicht werden. Es wird allerdings im Rahmen des KSZE-Prozesses
— ähnlich wie die USA — eine eigenständige Flügelmacht darstellen, die
in Europa einen Pfeiler des amerikanisch-russischen Gleichgewichts bildet und zudem eine Art Scharnierfunktion zwischen dem Abendland und
Asien wahrnehmen kann. Vielleicht tut sich auch die Möglichkeit eines
mittelasiatischen Wirtschaftsraumes (GUS-Staaten, Türkei und nahöstli-
che Staaten) auf.

Für die Bundesrepublik bleibt also der atlantische Raum weiterhin in der
Außenpolitik vorrangig, allein schon wegen der Wirtschaftsbeziehun-

gen, die zum Osten sehr gering sind und wohl auch bleiben — angesichts der Investitionsunwilligkeit deutscher Unternehmer in diesem politisch und wirtschaftlich unstabilen Raum. Die „neue Ostpolitik" der 90er Jahre wird vor allem dem Zweck dienen, in Osteuropa und Rußland eher defensiv Entwicklungen zu verhindern, die dieser westlichen Orientierung schaden könnten. Deshalb wird der Osten viel Entwicklungshilfe kosten.

4. Anders werden die wahrscheinlichen deutschen Beziehungen zu den nun vom Kommunismus befreiten Staaten Ost-, Mittel- und Südeuropas aussehen. Diese werden in die EG oder zumindest in den Europäischen Wirtschaftsraum (EWR) oder in eine revitalisierte EFTA integrierbar sein. Deutsche Ostpolitik würde damit in diesen Fällen identisch mit EG- und EG-Entwicklungspolitk werden. EG-Assoziierungsverträge mit diesen Staaten sind bereits abgeschlossen worden, durch die u.a. ein Teil der EG-Märkte geöffnet wurden.

Im Kontext dieser prinzipiellen Entwicklungen sind die einzelnen Aktivitäten deutscher Ostpolitik seit 1990 zu sehen.

Vor allem sind hier die Verträge Deutschlands mit den Staaten Osteuropas über gutnachbarschaftliche Beziehungen, Partnerschaft und wirtschaftliche Zusammenarbeit zu erwähnen, die ergänzt werden um den deutsch-russischen Vertrag über den Truppenabzug und den deutsch-polnischen Grenzvertrag vom November 1990, in dem die Oder-Neiße-Grenze seitens Deutschlands endgültig als Westgrenze Polens völkerrechtlich anerkannt wird. In diesen Verträgen werden auch — gemäß und vermittels diesbezüglicher Prinzipien der KSZE — Minderheitenfragen behandelt (z.B. hinsichtlich der deutschen Minderheit in Polen). Weitere Elemente dieser Verträge sind: Bekenntnis zur wechselseitigen Verständigung und Versöhnung; Berufung auf die Menschenrechte; Streitbeilegung nur mit friedlichen Mitteln; Reduzierung der Streitkräfte; regelmäßige Treffen; Schaffung günstiger Rahmenbedingungen für wirtschaftliche Zusammenarbeit; Verbesserung der Transportmöglichkeiten; Schutz für Kriegsgräber und -denkmäler; Zusammenarbeit in der Kriminalitätsbekämpfung; Erleichterung von Grenzformalitäten; usw.

Literatur

Arndt, Claus: Die Verträge von Moskau und Warschau, Bonn 1973.

Brandt, Willy: Begegnungen und Einsichten. Die Jahre 1960-75, Hamburg 1976.

v. Braunmühl, Claudia von: Kalter Krieg und friedliche Koexistenz, Frankfurt / M. 1973.

Hacke, Christian: Weltmacht wider Willen. Die Außenpolitik der Bundesre-
publik Deutschland, Stuttgart 1988.
Haftendorn, Helga: Sicherheit und Stabilität. Außenbeziehungen der Bundes-
republik Deutschland zwischen Ölkrise und NATO-Doppelbeschluß,
München 1986.
Löwenthal, Richard: Vom Kalten Krieg zur Ostpolitik, Stuttgart 1974.
Schmidt, Günther: Die Deutschlandpolitik der Regierung Brandt/Scheel,
München 1975.
Schmidt, Helmut: Menschen und Mächte, Berlin 1987.

Jürgen Bellers

Ost-West-Konflikt

Grundlage des Ost-West-Konflikts waren gegensätzliche Vorstellungen von
der Ordnung menschlichen Zusammenlebens, die im Laufe der Industrialisierung des 19. und frühen 20. Jh.s manifest wurden: Der Gegensatz zwischen dem Pluralismus der prinzipiell eine Vielzahl von Lebensformen und
Machtkonfigurationen zulassenden „westlichen" Zivilisation und dem
zwangsstaatlichen Zentralismus „asiatischer" Prägung, der Gegensatz zwischen kapitalistischer Produktionsweise und sozialistischen Alternativent-
würfen; der Gegensatz zwischen parlamentarischem Rechtsstaat und tendenziell totalitärem Mobilisierungsstaat. Diese Gegensätze kamen keineswegs zur Deckung; sie waren aber spätestens seit dem Sieg der bolschewistischen Oktoberrevolution in Rußland 1917 unlösbar miteinander verknüpft. Darüber hinaus hat die Eroberung der russischen Staatsgewalt durch
die Bolschewisten diese Gegensätze auch zu einem Problem internationaler
Politik werden lassen: Indem die Führung der *Sowjetunion* den Anspruch
erhob, an der Spitze einer historisch notwendigen weltrevolutionären Bewegung zu stehen, hat sie eine bestimmte Kombination sozialistischer und
antiwestlicher Vorstellungen mit der Förderung sowjetischer Staatsinter-
essen verbunden und so einen spezifischen Konflikt zwischen „westlichen"
Industriestaaten und Sowjetstaat in das internationale System eingeführt.
Seine dominierende Rolle in der internationalen Politik erhielt dieser Konflikt im Zuge der Entwicklung des Zweiten Weltkrieges: Zum einen brach
mit diesem Krieg zunächst die traditionelle europäisch dominierte Staatengesellschaft zusammen und es entstand dann nach dem Zusammenbruch des
nationalsozialistischen Imperiums ein Machtvakuum in Europa. Zum anderen brachte dieser Krieg der Sowjetunion neben gewaltigen Verlusten einen
beträchtlichen Machtzuwachs und ließ mit den *USA* gerade diejenige In-

dustrienation zur Weltführungsmacht aufsteigen, die die „westlichen" Prinzipien besonders offensiv vertrat. Damit mündete der Ost-West-Gegensatz nicht nur in einen Antagonismus der beiden Haupt-Siegermächte, von deren Willen die Gestaltung der Nachkriegsordnung vorrangig abhing; er gewann auch dadurch an Gewicht, daß die Sicherheitsimperative der beiden Siegermächte tendenziell unvereinbar waren (→ Internationale Sicherheit). Die sowjetische Diktatur konnte nur überleben, wenn sie sich gegen die von der amerikanischen Öffentlichkeit betriebene Verbreitung liberaler Ordnungsvorstellungen abschirmte und ihren Hegemonialbereich vor einseitiger wirtschaftlicher Durchdringung durch den expandierenden amerikanischen Kapitalismus schützte, das liberal-kapitalistische System der USA aber war zur Vermeidung tiefgreifender Erschütterungen auf zunehmende Erschließung auswärtiger Märkte angewiesen und geriet bei einer weiteren Expansion der UdSSR in Europa auch strategisch in Bedrängnis.

Ausgeweitet und vertieft wurde der zunächst nur latente Konflikt zwischen den USA und der UdSSR dadurch, daß es den beiden neuen Ordnungsmächten nicht gelang, sich auf eine einvernehmliche Regelung der weltpolitischen Ordnungsprobleme zu verständigen, sie vielmehr über die ungelösten Probleme der Nachkriegsordnung in eine Auseinandersetzung gerieten, die von der wechselseitigen Furcht vor dem Übergreifen der Gegenseite auf die eigene Sicherheitssphäre geprägt wurde. Diese Auseinandersetzung, für die sich bald nach Kriegsende die Bezeichnung „Kalter Krieg" eingebürgert hat, führte dazu, daß an die Stelle der zerstörten Staatengesellschaft der Antagonismus zweier vom Ost-West-Gegensatz bestimmter Machtblöcke trat, der Europa spaltete, das weltpolitische Gewicht der Haupt-Siegermächte weiter verstärkte und die Abwehr der befürchteten Dominanz der Gegenseite zum vorherrschenden Imperativ der Sicherheitspolitik beider Seiten werden ließ. Daraus resultierten sowohl ein beständiges Ringen um Einflußsphären und Ressourcen, die immer mehr Regionen der Welt in den Sog der Ost-West-Spannung geraten ließen, als auch das permanente Wettrüsten, das mit der Entwicklung der Nukleartechnik die Gefahr globaler Vernichtung heraufbeschwor (→ Militärstrategie).

Nachdem die Sowjetunion den von der Roten Armee befreiten Ländern 1945 größtenteils sowjetfreundliche Regime aufgezwungen hatte (Polen, Rumänien, Bulgarien, teilweise auch schon Ungarn), ging die amerikanische Regierung 1946 zu einer Politik der „Eindämmung" sowjetischer Expansion über: Die Versuche sowjetischer Machtausweitung im Nahen Osten (Iran, Türkei) wurden gestoppt; westeuropäische Länder wurden zur Abwehr kommunistischer Subversionsversuche finanziell unterstützt; in der Deutschlandpolitik fielen mit dem Stop von Reparationslieferungen und der Gründung der Bizone Vorentscheidungen für die Schaffung eines westdeutschen Staates. Im März 1947 übernahmen die USA die britische Schutzmachtrolle in Griechenland und der Türkei; gleichzeitig gingen sie mit der Verkündung der „*Truman-Doktrin*" zur ideologischen Mobilisierung des Westens gegen kommunistische Subversion über. Wenig später entschloß sich die Truman-Administration mit dem „*Marshall-Plan*" zum beschleunigten Wiederaufbau der westlichen Besatzungszonen Deutschlands, zur Intensivierung der Wirtschaftshilfe für die vermeintlich von kommunistischen Umsturzversuchen bedrohten europäischen Länder und zur Schaffung eines europäischen Integrationsrahmens zur Kontrolle des neuen deutschen Staates.

Die damit erreichte Blockbildung wurde entscheidend vertieft, als die Sowjetführung nach einigem Zögern eine Beteiligung am Marshall-Plan ablehnte und mit der Gründung des *Kominform* im September 1947 zu einer Politik dogmatischer Abriegelung und ideologischer Mobilisierung überging. Im östlichen Europa einschließlich der sowjetischen Besatzungszone in Deutschland trat an die Stelle der bisherigen pragmatischen Vielfalt eine strikte Ausrichtung am sowjetischen Vorbild, dramatisch zugespitzt in der Ausschaltung nichtkommunistischer Kräfte in der Tschechoslowakei im Februar 1948; und im westlichen Europa nutzten die Kommunisten jetzt soziale Unruhen zur Propaganda gegen den „Dollarimperialismus" des Marshall-Plans. Die westlichen Europäer flüchteten unter dem Eindruck dieser Radikalisierung des sowjetischen Kurses erschreckt in die Arme der amerikanischen Schutzmacht, rückten innenpolitisch nach rechts und bestürmten die USA, ihnen militärischen Beistand gegen eine sowjetische Aggression zu gewähren. *Stalin* beschleunigte die westliche Blockbildung noch, indem er im Juni 1948 die Zufahrtswege der Westalliierten nach Berlin blockieren ließ: Er wollte damit die Gründung eines westdeutschen Staates und einer westlichen Militärallianz im letzten Moment verhindern, erreichte aber nur, daß noch verbliebene Widerstände gegen beide Maßnahmen überwunden wurden.

In Erwartung des amerikanischen Engagements schlossen sich Großbritannien, Frankreich, Belgien, die Niederlande und Luxemburg bereits am 17.3.1948 zum „*Brüsseler Pakt*" zusammen. Am 4.4.1949 unterzeichneten die Brüsseler Paktstaaten dann zusammen mit den USA und Kanada den *Nordatlantikpakt* (→ NATO). Als weitere Gründungsmitglieder kamen hinzu: Italien (auf Drängen Frankreichs), Norwegen, Dänemark (mit Grönland), Island (das selbst über keine Armee verfügte) und Portugal (mit den Azoren).

Mit dem *Korea-Krieg* (→ Prägende Konflikte nach dem Zweiten Weltkrieg), den das kommunistische Nordkorea im Juni 1950 in der Hoffnung auf einen schnellen Sieg begann, gewann das westliche Lager weiter an Geschlossenheit und Militanz: Die USA fanden sich, durch die Nachricht von der Explosion der ersten sowjetischen Atombombe (August 1949) zusätzlich aufgeschreckt, zur Beteiligung an einer integrierten NATO-Streitmacht für Europa bereit (19.12.1950); und ihre europäischen Verbündeten akzeptierten die Aufstellung westdeutscher Streitkräfte im Rahmen der westlichen Verteidigungsgemeinschaft. Bis letzteres verwirktlicht werden konnte, verging noch einige Zeit, in der die Westdeutschen hartnäckig für ihre Gleichberechtigung fochten und die Franzosen diese schließlich hinnehmen mußten. Am 18.2.1952 wurden Griechenland und die Türkei in das Bündnis aufgenommen. Ein am 27.5.1952 unterzeichneter Vertrag über die Schaffung einer „Europäischen Verteidigungsgemeinschaft" aus Frankreich, der Bundesrepublik, den Benelux-Staaten und Italien scheiterte am 30.8.1954 in der französischen Nationalversammlung. Daraufhin wurde in den Pariser Verträgen vom 23.10.1954 der Brüsseler Pakt durch Aufnahme der Bundesrepublik in die *Westeuropäische Union* (WEU) (→ Militärbündnisse) umgewandelt; gleichzeitig wurde die Bundesrepublik nach einer Verzichterklärung auf ABC-Waffen als NATO-Mitglied akzeptiert. Am 5.5.1955 traten diese Verträge in Kraft.

Die Sowjetunion hatte den Zusammenhalt ihres Blocks zunächst nur durch bilaterale Verträge abgestützt (mit der Tschechoslowakei 1943, mit Jugoslawien und Polen 1945, mit Ungarn, Rumänien und Bulgarien (1948). Auf die NATO-Integration der Bundesrepublik reagierte sie mit der Gründung des *Warschauer Pakts* am 14.5.1955 (→ Militärbündnisse). Dabei gehörte die DDR mit Polen, der Tschechoslowakei, Ungarn, Rumänien, Bulgarien, Albanien und der Sowjetunion zu den Signatarmächten. Jugoslawien war nicht mehr beteiligt, nachdem es sich 1948 mit der Sowjetunion überworfen hatte. Albanien boykottierte den Pakt von 1961 an im Zuge seiner Opposition gegen die Entstalinisierung; nach der sowjetischen Invasion in der Tschechoslowakei trat es 1968 offiziell aus.

Die Universalisierung der westlichen Eindämmungspolitik ging so weit, daß die ersten sowjetischen Entspannungsinitiativen weitgehend ins Leere liefen. Im Frühjahr 1952 signalisierte *Stalin* mit Noten zur Wiedervereinigung Deutschlands seine Bereitschaft, über eine Preisgabe des SED-Machtmonopols in der DDR mit sich reden zu lassen, wenn dadurch der Aufbau einer starken westlichen Militärmacht unter Einschluß der Bundesrepublik verhindert werden konnte. 1954 und 1955 präsentierten die Nachfolger *Stalins*, durch innenpolitische Schwierigkeiten zusätzlich in Bedrängnis geraten, Vertragsentwürfe für kollektive Sicherheit und Abrüstungspläne (→ Abrüstungspolitik); 1956 bekannte sich *Chruschtschow* zur Doktrin der „friedlichen Koexistenz". Auf der westlichen Seite lösten diese Initiativen zwar Auseinandersetzungen über die richtige Antwort aus; doch blieben dabei die Verfechter eines „harten" Kurses — insbesondere Bundeskanzler *Adenauer* und der amerikanische Außenminister *Dulles* — in der Oberhand. So wurde dem *Neutralisierungsprojekt* (→ Neutralität) für Deutschland die Forderung nach Entlassung der DDR in die westliche Welt entgegengesetzt und blieben die sowjetischen Verhandlungsofferten im übrigen weitgehend ungenutzt. Lediglich über die Rückkehr zum Status quo ante in Korea, die Teilung Indochinas und die Neutralisierung Österreichs konnte man sich verständigen.

Das Bemühen um eine Anerkennung der DDR und der Blockgrenzen, auf die sich die sowjetische Diplomatie nach der Ablehnung ihres Neutralisierungsprojekts konzentrierte, blieb ohne Erfolg; und auch die verschiedenen Disengagement-Pläne scheiterten.

Als sich die Westmächte statt dessen anschickten, Atomwaffen auf westdeutschem Boden zu stationieren, ging *Chruschtschow* 1958 zu einer Politik der offenen Drohnungen über, die das Klima zwischen Ost und West wieder drastisch verschlechterte. Unterdessen verfügte auch die sowjetische Seite über Interkontinentalraketen, die das Territorium der Gegenseite erreichen konnten; das ließ ihn hoffen, den Westen nun durch erneuten Druck auf *Berlin* zur Anerkennung des Status quo und zum Verzicht auf die Raketenstationierung in Mitteleuropa zwingen zu können. So drohte er, die Kontrolle über die alliierten Zufahrtswege nach Westberlin an die DDR zu übertragen, wenn die Westmächte nicht der Neutralisierung zunächst Westberlins und dann Gesamtdeutschlands zustimmen würden. Der Erfolg dieser Drohung blieb jedoch begrenzt: Die Westmächte bewegten sich zwar allmählich auf eine Anerkennung der DDR zu; gleichzeitig begannen die USA aber, ihren Vorsprung in der atomaren Rüstung weiter auszubauen. Am 13.8.1961 signalisierte die Sowjetunion mit dem Bau der Berliner Mauer, daß ihr die Stabilisierung der DDR wichtiger war als eine Vertreibung der Westmächte aus Berlin. Nach der *Kuba-Krise* (→ Prägende Konflikte nach dem 2. Weltkrieg) im September / Oktober 1962, die mit Abzug der sowjetischen Raketenanlagen von der Karibik-Insel endete, hörten die sowjetischen Drohungen ganz auf.

Die jetzt einsetzende Entspannung setzte aber voraus, daß die Sowjetunion die Kontrolle über ihr Imperium in Europa behielt. Nachdem sie schon im Juni 1953 Truppen zur Niederschlagung des Arbeiteraufstands in der DDR eingesetzt hatte und im Oktober 1956 in Ungarn interveniert hatte, beendete sie darum im August 1968 auch den „Prager Frühling" in der Tschechoslowakei mit einer militärischen Invasion. Dessen ungeachtet konzentrierte sich die Bundesrepublik mit dem Übergang zur Regierung *Brandt / Scheel* endgültig auf das Ziel eines friedlichen Nebeneinanders in Europa und wandelte sich damit von einem Hindernis zu einem aktiven Förderer der Entspannung (→ Entspannungspolitik). 1970-72 konnten die deutschen „*Ostverträge*" geschlossen werden, ohne daß die deutsche Teilung und die Oder-Neisse-Grenze völkerrechtlich zementiert wurden. Gleichzeitig verständigten sich die USA und die UdSSR auf eine wechselseitige Garantie ihrer Zweitschlagskapazität und Obergrenzen für die Ausstattung mit Interkontinentalraketen (*SALT-I*-Vertrag) (→ Nukleare Rüstung und Rüstungskonflikte); und wenig später begann man in einer multilateralen „Konferenz über Sicherheit und Zusammenarbeit in Europa" (→ KSZE) über eine Verbesserung der Ost-West-Beziehungen im europäischen Bereich zu verhandeln.

Diese Agreements stellten allerdings nicht, wie von vielen Beteiligten erhofft, den Auftakt zu einem kontinuierlichen Abbau der Ost-West-Konfrontation dar; vielmehr sorgten mangelnde Geduld und mangelnde Disziplin auf beiden Seiten dafür, daß sich die Beziehungen zwischen den beiden Supermächten bald wieder verschlechterten und die Entspannung in Europa demzufolge stagnierte. In den USA wirkten Kritik an der sowjetischen Menschenrechtspraxis (→ Menschenrechte) und am Prinzip der strategischen Parität dem Ausbau der Beziehungen entgegen: Ende 1974 machte der Senat die Gewährung der Meistbegünstigungsklausel an die Sowjetunion von Garantien für die freie Auswanderung sowjetischer Juden abhängig ("Jackson-Vanik-Amendment"); Anfang 1976 lehnte Präsident *Ford* einen von *Kissinger* und *Gromyko* erzielten Kompromiß über die Einbeziehung von Mittelstreckenwaffen in das nächste Rüstungskontrollabkommen (SALT II) ab; 1977 begann Präsident *Carter* seine Amtszeit mit einer lautstarken Kampagne gegen die Verletzung der Menschenrechte im sowjetischen Machtbereich. Die Sowjetführung unter *Breshnew* gab daraufhin ihre Zurückhaltung bei der Unterstützung prosowjetischer Kräfte in Randregionen auf (so in Portugal und in Angola) und nutzte die Modernisierung ihres Mittelstreckenarsenals (SS-20-Raketen) dazu, die Glaubwürdigkeit der atomaren Garantie der USA für Europa nachhaltig zu erschüttern.

Dank der Bemühungen der weiter an Entspannung interessierten Europäer konnte eine Eskalation des Konflikts noch eine Zeitlang verhindert werden. Im Juni 1979 wurde das *SALT-II*-Abkommen unterzeichnet und damit der Rüstungswettlauf noch einmal etwas gedrosselt. Als aber die NATO im Dezember 1979 die *Stationierung neuer Mittelstreckenraketen* in Europa beschloß (wenn auch unter dem Vorbehalt, daß es nicht zu einem Abbau der sowjetischen Mittelstreckenwaffen kommen würde) und die Sowjetarmee wenig später in Afghanistan einmarschierte, brach der Entspannungsdialog nahezu vollständig zusammen. *Carter* setzte die Ratifizierung des SALT-II-Vertrages aus und leitete ein neues, weitreichendes Aufrüstungsprogramm ein; sein Nachfolger *Reagan* lehnte weitere Rüstungskontrollverhandlungen vorerst ganz ab. Die Sowjetunion konzentrierte sich darauf, die Spannungen zwischen Europäern und Amerikanern zu vertiefen, ohne die Bedrohung Europas durch Mittelstreckenwaffen zu reduzieren. Ende 1983 begann die Stationierung amerikanischer Mittelstreckenraketen, die sowjetisches Territorium erreichen konnten. Die Sowjetunion baute ihr SS-20-Potential weiter aus und installierte zudem auch noch präzisere Raketen kürzerer Reichweite.

Die Wiederaufnahme des Ost-West-Dialogs gestaltete sich zunächst mühsam, führte dann aber zu überraschenden Erfolgen. Die *Reagan*-Regierung wurde nicht zuletzt durch innenpolitische Entwicklungen zu einer Mäßigung ihrer Politik gezwungen. Die Zwischenwahlen zum amerikanischen Kongreß im Jahre 1982, in denen insbesondere die ausgeprägt konservativen republikanischen Kandidaten deutliche Niederlagen hinnehmen mußten und die 1982/83 stark angewachsene Freeze-Bewegung hatten der Regierung nachhaltig signalisiert, daß von der Öffentlichkeit eine Modifizierung der

Sowjetunionpolitik gewünscht wurde. Ein nach den Wahlen von 1984 demokratisch dominierter Kongreß bedeutete *Reagan*, daß er seine Zustimmung zu weiteren Zuwächsen des Verteidigungshaushaltes verweigern und die Bewilligung einzelner Waffensysteme von einer flexibleren Haltung der Regierung bei der Formulierung von Rüstungskontrollvorschlägen abhängig machen würde.

Auch der Druck der amerikanischen Verbündeten, die Beziehungen mit Moskau zu verbessern, trug zu einer Änderung der Außenpolitik der Regierung *Reagan* bei. Insbesondere die Bundesrepublik Deutschland war an der Weiterführung der Entspannungspolitik interessiert. Angesichts ihrer exponierten Lage als potentielles Schlachtfeld in einem Krieg und der aus ihrer Teilung erwachsenden Probleme bangte sie um die Früchte der → Ostpolitik. Die Verstimmungen im Zusammenhang mit dem Erdgas-Röhren-Geschäft zeigte den Vereinigten Staaten bald, daß die Europäer gewillt waren, ihre eigenen (auch ökonomischen) Interessen gegen eine zu unilateralen Maßnahmen neigende amerikanische Konfrontationspolitik durchzusetzen. Außenminister *Shultz* konnte durch sein beharrliches Vorgehen zudem einen gemäßigteren Kurs gegenüber Verteidigungsminister *Weinberger* durchsetzen. Die Sowjetunion hatte zudem ein nicht erwartetes Maß an Zurückhaltung gezeigt, sei es aus Mangel an Gelegenheit, aufgrund innerer Beschränkungen oder weil sie angesichts der offensiven Rhetorik *Reagans* Vorsicht für angebracht hielt. Bis 1984 war es jedenfalls zu keinem neuen Fall eines „Dominos" auf internationaler Bühne gekommen.

In der Folgezeit wurde deutlich, daß nicht nur innenpolitische Bestimmungsfaktoren, sondern auch das groß angelegte amerikanische Aufrüstungsprogramm neues nationales Selbstvertrauen bewirkt hatten und den Schritt zu Übereinkünften mit der Sowjetunion erleichterten. Zwar war der tatsächliche Zugewinn an einsetzbarer militärischer Stärke weniger ausgeprägt als weithin angenommen, *Reagans* Rhetorik aber hatte das Image amerikanischer Führungskraft wiederhergestellt. Innerhalb der Administration selbst dürfte auch die *Initiative zur strategischen Verteidigung (SDI)* die Bereitschaft zu Verhandlungen gestärkt haben, allerdings nur solange das Programm selbst nicht zur Disposition stand.

Die sowjetische Führung hatte einsehen müssen, daß es ihr nicht gelingen konnte, Konflikte zwischen den Vereinigten Staaten und Europa zu instrumentieren und durch eine harte Haltung, verbunden mit propagandistischer Einwirkung auf Westeuropa, die Stationierung amerikanischer Mittelstreckenraketen (Pershing II und Cruise Missiles) zu verhindern. Es wurde offenbar, daß sie sich mit ihrer Haltung in eine außenpolitische Isolierung manövriert hatte. Dies galt auch innerhalb des eigenen Lagers; die DDR, Ungarn, Rumänien und Bulgarien hatten erklärt, daß sie keine weitere Verschlechterung der Beziehungen zum Westen wünschten.

Die Sowjetunion stand überdies vor kaum überwindbaren ökonomischen Problemen. Ein erheblicher Teil ihrer Ressourcen wurde für die Rüstung aufgewendet, in wichtigen Bereichen der zivilen Wirtschaft blieben Investitionslücken. Aufgrund fehlender Infrastruktur und Logistik konnte nicht einmal die Versorgung mit Nahrungsmitteln aus eigener Kraft sichergestellt werden. Die zentral gelenkte Verwaltungswirtschaft war offensichtlich immer weniger in der Lage, die grundlegenden Bedürfnisse der sowjetischen Bevölkerung ausreichend zu befriedigen. Die ökonomische Stagnation untergrub nicht nur die Legitimität der sowjetischen Führung im Lande selbst, das sozioökonomische System erwies sich auch für Staaten der Dritten Welt zunehmend als unattraktiv. Insbesondere im Vergleich mit den liberalen, wirtschaftlich erfolgreichen Staaten des Westens trat die mangelnde Leistungsfähigkeit plastisch hervor.

Im Januar 1985 wurden die Rüstungskontrollgespräche wiederaufgenommen; im November des gleichen Jahres traf sich Präsident *Reagan* zu einem ersten Meinungsaustausch mit dem neuen sowjetischen Generalsekretär M. *Gorbatschow*.

Die Reformpolitik *Gorbatschows* war für den Wandel der sowjetischen Außen- und Sicherheitspolitik von entscheidender Bedeutung. Um eine Umgestaltung der zunehmend als fehlentwickelt wahrgenommenen sozioökonomischen Verhältnisse zum Erfolg zu bringen, bedurfte es einer Entlastung von außenpolitischen Bürden, mußte versucht werden, durch Konfliktvermeidung nach außen alle Kräfte auf die Aufgaben im Inneren der Sowjetunion zu konzentrieren.

Militärische Macht war aufgebaut worden, um die politisch-ideologischen Interessen der Sowjetunion zu stärken, die Kosten der militärischen Macht aber untergruben nun ihre Stärke. So konnte es in den 80er Jahren nur noch um eine Konsolidierung der sowjetischen Macht gehen, nicht mehr um deren Ausdehnung. Die hohen Militärausgaben, der Krieg in Afghanistan, aber auch die unsichere Lage in Polen, die teure Unterstützung Kubas und Vietnams stellten eine erhebliche finanzielle und politische Belastung für die Sowjetunion dar.

Weil sich in der sowjetischen Führung jetzt die Einsicht durchsetzte, daß militärische Überrüstung auf Dauer kontraproduktiv war, konnte im Dezember 1987 ein *Vertrag über die Beseitigung aller landgestützten Mittelstreckenwaffen* aus Europa unterzeichnet werden. (INF-Vertrag) Dem durch die Iran-Contra-Affäre angeschlagenen amerikanischen Präsidenten gelang es durch den Vertrag, einen wichtigen außenpolitischen Erfolg für sich zu verbuchen.

Mit der programmatischen Kurswende der *Perestroika* in der Sowjetunion und den osteuropäischen Revolutionen des Jahres 1989 ging der Ost-West-Konflikt ganz zu Ende. Im November 1990 wurde ein Abkommen zur Reduzierung der konventionellen Rüstung in Europa unterzeichnet, das Parität auf niedrigerem Niveau herstellte und insbesondere der östlichen Seite beträchtliche Rüstungseinschnitte abverlangte.

Auch im Bereich der strategisch-nuklearen Bewaffnungen kam es im Sommer 1991 mit der Unterzeichnung des *START*-Vertrages zu erheblichen Rüstungsminderungen. Durch anschließende Initiativen *Bushs*, *Gorbatschows* und *Jelzins* wurden weitere Abrüstungsschritte bei den strategischen und den taktisch-nuklearen Waffen erreicht (→ Nukleare Rüstung und Rüstungskontrolle).

Der russische Präsident *Jelzin* gab mit seiner Zustimmung zu den Vereinbarungen, die seinem Land ungleich mehr Reduzierungen abverlangten als den USA, das bis dahin als unantastbar geltende Paritätsprinzip auf. *Jelzin* setzte offenbar auf einen Tausch von Raketen gegen finanzielle Hilfen aus dem Westen, um seine ins Stocken geratene Reformpolitik fortsetzen zu können. Die Aufgabe des Paritätsprinzips zeigte über diese praktischen Erwägungen hinaus, daß *Jelzin* den Vereinigten Staaten vertraute, er stellte nicht mehr in Rechnung, daß die USA auf Kosten Rußlands aus einer strategischen Überlegenheit politische oder militärische Vorteile ziehen würden. *Jelzin* drückte durch seine Konzessionen zudem sein Bestreben aus, in die Gemeinschaft demokratischer, marktwirtschaftlicher Staaten einbezogen zu werden.

Das Sowjetimperium kapitulierte letztendlich vor der Überlegenheit der westlichen Prinzipien. Der Zerfall der Sowjetunion hinterließ desorientierte Gesellschaften, deren Stabilisierung nun zum vordringlichsten Problem der Friedenssicherung avanciert (→ Frühere Sowjetunion und Internationale Politik).

Literatur

Allison, Graham T. / *Treverton*, Gregory F. (eds.): Rethinking American Security: Beyond Cold War to New World Order, New York 1992.

Benz, Wolfgang / *Graml*, Hermann (Hrsg.): Europa nach dem Zweiten Weltkrieg 1945-1982 (= Fischer Weltgeschichte, Bd. 35), Frankfurt 1983.

Deudney, Daniel / *Ikenberry*, G. John: The International Sources of Soviet Change, in: International Security, Winter 1991 / 92, S. 74-118.

Gaddis, John L.: The United States and the End of the Cold War. Implications, Reconsiderations, Provocations, New York / Oxford 1992.

Link, Werner: Der Ost-West-Konflikt. Die Organisation der internationalen Beziehungen im 20. Jahrhundert, Stuttgart u.a.[2]1988.

Loth, Wilfried: Die Teilung der Welt. Geschichte des Kalten Krieges 1941-1955, München [8]1990.

Loth, Wilfried: Ost-West-Konflikt und Deutsche Frage. Historische Ortsbestimmungen, München 1989.

Niedhart, Gottfried (Hrsg.): Der Westen und die Sowjetunion, Paderborn 1983.

Nolte, Ernst: Deutschland und der Kalte Krieg, Stuttgart [2]1985.

Nye, Joseph S.: What New World Order? In: Foreign Affairs, Frühjahr 1992, S. 83-96.

Wilfried Loth

Parteien und Internationale Politik

1. Grundproblem — Obwohl sich Parteien traditionell mit außenpolitischen wie internationalen Fragen befassen, besitzen sie in der internationalen Politik einen grundsätzlich geringeren Stellenwert als z.B. in der Wirtschafts-, Innen- und Gesellschaftspolitik. Die Ursache liegt in erster Linie darin, daß internationale Politik in erster Linie von gouvernementalen Akteuren (Nationalstaat, multi-, supra- und → internationale Organisationen) bestimmt wird und diese aufgrund der historischen Entwicklung in der Regel mit Erfolg ihre → Außenpolitik dem Einfluß von Parteien, Parlamenten und kritischer Öffentlichkeit entzogen haben (→ Außenpolitischer Entscheidungsprozeß). Hinzu kommt, daß die klassischen Machterwerbs- und Machterhaltstrategien von Parteien in erster Linie auf Klientele innerhalb des eigenen Staates abstellt — Wahlentscheidungen erfolgen in der Regel weniger nach außenpolitischen und internationalen sondern nach „innen"-, wirtschafts- und sozialpolitischen Überlegungen. Das geringe „machtpolitische" Gewicht internationaler Probleme, die hohe Komplexität internationaler Politik und die spezifischen Handlungsanforderungen multinationaler bzw. internationaler → Diplomatie stellen Parteien, die neu in Regierungsverantwortung gelangen, nicht nur vor ein meist erhebliches Kompetenzproblem, sondern führen in der internationalen Arbeit der betreffenden Partei auch häufig zu einer Gouvernementalisierung, d.h. der weitgehenden Identifikation der Partei mit dem „nationalen Interesse", was durch die zunehmende Medienattraktivität symbolischer internationaler Politik (Staatsbesuche) noch verstärkt wird. Trotz der spezifischen Massenintegrations- und -mobilisierungsfunktion klassischer Parteien sind diese, wenn es um außenpolitische wie internationale Probleme geht, eher „nationalstaatstreu", nehmen auf die Formulierung dieser Politik nur in Ausnahmefällen Einfluß und verzichten in der Regel auf aktiven Einbezug von Mitgliedschaft und Wählerpotential. Selbst dort, wo innerhalb einer Partei in diesem Bereich Professionalität und Kompetenz entsteht, spielt dies in der jeweiligen Gesamtstrategie wie auch in der Machthierarchie nur eine marginale Rolle.

2. Parteien in der außenpolitischen Praxis — Trotz dieser allgemein geringen Relevanz hat es spezifische Konstellationen gegeben, die Parteien einen stärkeren Einfluß auf Politik erlaubt haben.

So hatte die internationale Arbeit der KPdSU für die in den Jahren nach der Oktoberrevolution gouvernemental schwache UdSSR einen hohen Stellenwert. Mit Hilfe der Kommunistischen Internationale erlaubte sie eine kosten-nutzen-günstige *Ergänzung* sowjetischer Außenpolitik, die auf dem hohen symbolischen wie praktischen Stellenwert der Forderung nach „internationaler Solidarität" im Klassenkampfkonzept der KP's beruhte. Die „Verstaatlichung" der internationalen Aktivitäten der KPdSU, d.h. deren

Unterordnung unter die spezifischen außenpolitischen Interessen und Strategien der UdSSR führte zwangsläufig zum Ende der internationalen kommunistischen Bewegung als bewußt „über"-staatliche Vertreterin von Grundwerten und Handlungsmaximen (→ Ideologie und Außenpolitik).
In der Geschichte der bundesrepublikanischen → Ostpolitik finden sich zwei
weitere Konstellationen, in der die internationale Arbeit der Partei die staatliche Außenpolitik direkt beeinflußt. SPD und FDP hatten in der Opposition in
den 60er Jahren Grundkonzepte einer neuen Ostpolitik entwickelt. Nach ihrem Machtantritt (1969) gewannen sie aber den Eindruck, daß der Regierungs-
apparat diese Vorstellungen wenn überhaupt nur zögernd übernahm und politisch umsetzte. Um zu raschen Erfolgen zu kommen, umging man mit Hilfe
der Partei (Parteidelegationen, Sonderemissäre) die Administration von Aus-
wärtigem Amt und Kanzleramt. Dieses *Überspielen* staatlicher Außenpolitik
dauerte aber nur solange, bis durch entsprechende organisatorische bzw. per-
sonalpolitische Maßnahmen das Loyalitätsproblem gelöst schien. Da aber die
SPD ihre dann regierungsbegleitende Zusammenarbeit mit der KPdSU und
anderen osteuropäischen Parteien nicht einstellte sondern fortsetzte und aus-
baute, waren damit die Voraussetzungen für die als *„Nebenaußenpolitik"* kritisierten Aktivitäten der SPD-Opposition gegen die Regierung *Kohl-Genscher*
in den 80er Jahren gegeben. Prominente Beispiele dieser Parteipolitik waren
das SPD-SED-Papier zur Schaffung einer chemiewaffenfreien Zone bzw. einem nuklearwaffenfreien Korridor wie auch die Vereinbarung mit der SED
über politische Streitkultur.

*3. Parteistiftungen und ihre Bedeutung für die internationale Arbeit von Par-
teien* — Eine deutsche Besonderheit, die inzwischen in anderen Ländern
(Frankreich, Türkei, Indien) Nachahmung findet, ist die internationale Ar-
beit der politischen Stiftungen (Friedrich-Ebert Stiftung; Konrad-Adenauer-
Stiftung; Hanns-Seidel-Stiftung; Friedrich-Naumann-Stiftung; Heinrich-
Böll-Stiftung), die im Rahmen der jeweiligen Stiftungsarbeit einen hohen
Stellenwert einnimmt. Formal unabhängig von den Parteien aber real eng mit
ihnen kooperierend haben diese Stiftungen — insbesondere FES und KAS —
eine weltweite internationale Tätigkeit entfaltet, die von der Einrichtung von
Repräsentanten, Herausgabe eigener Zeitschriften, Unterhaltung von Bil-
dungseinrichtungen in der Dritten Welt, eigenen Entwicklungshilfsprojekten
bis hin zu konkreter Unterstützung von demokratischen Parteien oder politischen Projekten geht. Dabei sind insbesondere bei Demokratisierungs- und
Regionalisierungsprozessen im Mittelmeerraum (Portugal, Spanien), in
Osteuropa und in der Dritten Welt Erfolge erzielt worden. Trotz aller Nähe
dieser Stiftungen zu den jeweiligen Parteien sind diese Stiftungen jedoch weder formal noch real ein Teil der jeweiligen internationalen Parteiarbeit;
dort, wo aber eine Zusammenarbeit erfolgt, hilft dies der jeweiligen Partei in
materieller wie personeller Hinsicht erheblich.

4. *Internationale und regionale Parteiföderation* — Parteien-„Internationale", d.h. Parteienföderation unter ausdrücklicher Wahrung der Selbständigkeit der Mitgliedsparteien, haben eine Tradition, die bis ins 19. Jahrhundert zurückreicht (Sozialistische Internationale). Heute verfügen alle großen Parteienfamilien über eine Internationale (SI, LI, CDI, IDU). Es ist vor allem die SI, die aufgrund von Mitgliedschaft, know-how und politischem Einfluß in den 70er wie 80er Jahren eine wichtige Rolle spielte (Demokratisierung in Lateinamerika, Nah-Ost-Friedensprozeß, Neue Weltordnung, → Menschenrechte) und gerade dort, wo Mitgliedsparteien Regierungsmacht besaßen, gouvernementale Politik vorkonzipierte, vorab klärte und harmonisierte. Diese Rolle als Wegbereiter darf aber nicht überschätzt werden; mangelnder innerorganisatorischer Konsens bzw. politische Kohäsion schränkten in wichtigen Fragen (Nord-Süd-Kompromiß, Abrüstung) die Handlungsfähigkeit erheblich ein. Dabei wurde die bereits in der Debatte über den Ausbruch des deutsch-französischen Krieges 1870 bzw. des Ersten Weltkrieges 1914 deutlich gewordene Solidarität und Identifikation mit nationalstaatlichen Machtinteressen, immer wieder deutlich.

So wie auch die Internationalen in erster Linie von den europäischen Parteien geprägt sind, sind es bei der regionalen Parteienkooperation, die in loser Form in Lateinamerika (COPPPAL, SICLAC) und in Ansätzen im asiatischen Raum vorliegt, auch die Europäer, die hier am weitesten fortgeschritten sind.

Im Zusammenhang mit dem westeuropäischen Integrationsprozeß sind aus Anlaß der ersten Direktwahlen zum Europäischen Parlament 1979 EG-Parteienkonföderationen gegründet worden. Sozialdemokraten und Sozialisten (BSPEG) zeichneten sich durch breite Mitgliedschaft, Einbindung in die SI und frühzeitigen Einbezug von Parteien aus späteren Beitrittsländern (Österreich, Schweden) aus. Im Mitte-Rechts-Spektrum behinderte lange Zeit die politisch-organisatorische Trennung von Christdemokraten (EVP) und Konservativen (EDU) eine kohärente europaweite Politik. Die Liberalen vereinigten sich 1986 mit anderen kleineren Parteien zur ELDR. Die Kommunisten waren aufgrund tiefgreifender Konflikte in Sachen Eurokommunismus zu einer organisierten Zusammenarbeit nicht in der Lage; die Grünen haben es bislang nur zu einer losen Form der Kooperation gebracht.

5. *Perspektive „Europapartei"* — Obwohl die europäischen Parteiföderationen nach ihrer Gründung dieselben Widersprüche und Dilemmata wie die jeweiligen Internationalen aufweisen, zeigen sie eine Dynamik auf und haben für europäische wie internationale Politik eine strukturelle Bedeutung entwickelt, die nicht nur weit über die der jeweiligen Internationalen hinausgeht, sondern perspektivisch auch die Rolle von Parteien für die Beteiligung an europäischer Politik und darüber hinaus grundlegend ändern kann. Dies liegt erstens daran, daß diese Parteienkonföderation im Europäischen Parla-

ment bzw. der jeweiligen Fraktion einen supra-nationalen Adressaten, Handlungsträger und materielle Unterstützer haben, der zu einer Europäisierung führt. Zweitens setzt sich auch in den traditionell nationalstaatlich orientierten Parteien zunehmend die Erkenntnis durch, daß für weitere Integrationsschritte bzw. zum Aufbau einer Europäischen Union eine Stärkung des Europäischen Parlamentes und damit auch eine Aufwertung der Parteienföderation sinnvoll und notwendig ist. In diesem Zusammenhang ist die Bildung von Europaparteien, wie sie die Liberalen schon vollzogen haben, deshalb von Bedeutung, weil dadurch die für die alten Konföderationen und Internationalen noch bestehende „Souveränität" der Mitgliedsparteien mit den davon ausgehenden Handlungsbeschränkungen (Konsensprinzip, Nichteinmischungsprinzip) aufgehoben wird. Ob und wie sich diese Entwicklungen fortsetzen, bleibt abzuwarten und hängt wesentlich von der Bereitschaft der jeweiligen Parteien ab, nicht nur Programmatik, sondern auch Kandidatenaufstellung, Organisation, Finanzen und politische Entscheidungsmacht zu europäisieren. Diese aus dem allgemeinen Integrationsprozeß bekannte Problematik muß aber auch vor dem Hintergrund gesehen werden, daß im Rahmen von Unionisierung und Vergemeinschaftung der Außenpolitiken nicht nur das Europäische Parlament gestärkt werden kann, sondern daß dabei auch eine strukturelle Reform des außenpolitischen Entscheidungsprozesses der Union erfolgen kann, der die Parteien bzw. die entsprechenden Europaparteien aktiv miteinbezieht.

Literatur

Gresch, Norbert: Transnationale Parteienzusammenarbeit in der EG, Baden-Baden 1978.

Portelli, Hugues (Hrsg.): L'Internationale Socialiste, Paris 1983.

Raschke, Joachim (Hrsg.): Die politischen Parteien in Westeuropa, Reinbek 1978.

Seidelmann, Reimund: Die Sozialistische Internationale als Parteienbewegung und Wegbereiter, in: Europa Archiv, 21 / 1981, S. 659 - 668.

Reimund Seidelmann

Prägende Konflikte nach dem Zweiten Weltkrieg

1. Einleitung — Vierzig Jahre lang war der → Ost-West-Konflikt der das internationale System prägende strukturelle Weltkonflikt. Er bestimmte weitgehend die Gruppierung der Staaten im internationalen System. Es handelte sich um einen antagonistischen ideologischen und ordnungspolitischen Machtkonflikt, der vornehmlich durch die beiden Blöcke → NATO und Warschauer Pakt (→ Militärbündnisse) ausgetragen wurde. In seinem Schatten entstanden zahlreiche internationale Konflikte, Kriege und Krisen, die auch Auswirkungen auf die Entwicklung des internationalen Systems hatten. Im wesentlichen handelte es sich dabei um die Berlin-Krise, den Korea-Krieg, den Ungarn-Aufstand, den Suez-Konflikt, die Kuba-Krise, die CSSR-Intervention, den Vietnamkrieg sowie den Afghanistan-Krieg.

2. Berlin-Krise — Fast drei Jahrzehnte war Berlin der Hauptkrisenpunkt des Ost-West-Konflikts. In den Londoner Protokollen vom 12. 9. 1944 wurde Berlin, getrennt von den drei Besatzungszonen, als besonderes, den Siegermächten gemeinsam unterstelltes Gebiet bezeichnet. Durch die Änderung des Londoner Protokolls vom 26. 7. 1945 erhielt Frankreich eine eigene Besatzungszone und Berlin einen Vier-Mächte-Status, d.h. es wurde in vier Sektoren aufgeteilt, aber gemeinsam von einem Kontrollorgan, dem Kontroll-Rat, verwaltet. Zur Organisation der Verwaltung wurde eine dem Kontrollrat rechenschaftspflichtige Kommandantur errichtet. Nach der Zusammenlegung der britischen und der amerikanischen Besatzungszone zur Bizone 1947 und ihrer Einbeziehung in den Marshallplan sowie der zunehmenden Staatswerdung der Westzonen verließ die Sowjetunion im März 1948 den Kontrollrat. Im Juni folgte der Auszug aus der Kommandantur. Die Einführung der westdeutschen Währungsreform in den Westsektoren Berlins war der Anlaß für die UdSSR, die Sperrung der Land- und Wasserwege am 24. 6. 1948 vorzunehmen. *Stalins* Ziel war es, mit Hilfe der Blockade den Vier-Mächte-Status auszuhebeln und West-Berlin der sowjetischen Besatzungszone zuzuschlagen. Jedoch erfolgte eine kaum für möglich gehaltene Solidarität der Besatzungsmächte mit den Berlinern, als eine Luftbrücke zwischen den westlichen Besatzungszonen und Berlin eingerichtet und die Bevölkerung aus der Luft mit allen Gütern versorgt wurde. Die Besatzer wurden nun zu Beschützern. Nach Geheimverhandlungen mit den drei Westmächten und der Erkenntnis, das angestrebte Ziel verfehlt zu haben, wurde die Blockade durch die UdSSR am 12. 5. 1949 aufgehoben und der Status quo ante wieder hergestellt. Die Auseinandersetzungen über Berlin wurden jedoch auch danach fortgesetzt.

Im November 1958 leitete *Chruschtschow* die zweite Berlin-Krise ein, als er in einer Note an die Westmächte die früheren Abmachungen für Berlin als „außer Kraft gesetzt" erklärte. Der KPdSU-Parteichef forderte in einem

Ultimatum die Umwandlung West-Berlins in eine freie und entmilitarisierte Stadt innerhalb von sechs Monaten. *Chruschtschow* verlieh seinem Ultimatum Nachdruck, indem im Falle einer Nichteinigung mit den Westmächten der Abschluß eines separaten Friedensvertrag mit der DDR innerhalb von sechs Monaten angekündigt wurde. Berlin war inzwischen zum Symbol der deutschen Teilung, gleichzeitig aber auch zum Symbol der Behauptung des westlichen Freiheitswillens geworden und verhinderte die endgültige Konsolidierung der DDR. Mehr als zwei Millionen Bürger waren bereits aus der DDR geflohen, und Berlin bildete das einzige Schlupfloch, um den Arbeiter- und Bauernstaat verlassen zu können. Die Westmächte blieben jedoch standhaft, die UdSSR nahm Abstand von einem separaten Friedensvertrag mit der DDR. US-Präsident *Kennedy* formulierte im Juni 1961 die drei unabdingbaren Grundsätze (essentials) der Alliierten für Berlin: Recht auf Anwesenheit der Alliierten in West-Berlin, „Zugang durch Ostdeutschland" und die Möglichkeit für die Bevölkerung von West-Berlin, ihre eigene Zukunft zu bestimmen und ihre eigene Lebensform zu wählen. Die Krise eskalierte mit dem Bau der Mauer in Berlin am 13. 8. 1961. Damit entstand kurzfristig eine gefährliche Situation, die in militärische Auseinandersetzungen zu eskalieren drohte, längerfristig aber auch eine weltpolitische Beruhigung im Ost-West-Konflikt bewirkte. Der Bau der Mauer legte die Grundlage für eine wirtschaftliche und psychologische Konsolidierung der DDR. Die DDR wie auch die UdSSR suchten den Status von Berlin auch in der Folgezeit zu ihren Gunsten zu ändern.

Erst das im Zuge der → Entspannungspolitik im September 1971 geschlossene Vier-Mächte-Abkommen von Berlin beruhigte die Situation. In diesem Abkommen über „das betreffende Gebiet" — die Westmächte interpretierten diese Formulierung für den Viersektorenbereich, die Sowjetunion für West-Berlin — wurde die Lebensfähigkeit West-Berlins gesichert. Das Abkommen bekräftigte die Vier-Mächte-Verantwortung für Berlin. Zum ersten Mal gab es eine schriftlich formulierte Garantie der UdSSR für den ungehinderten Transitverkehr zwischen West-Berlin und der Bundesrepublik. Darüber hinaus wurde der Reiseverkehr deutlich erleichtert, die Schikanen abgebaut. Die Bindungen zwischen Berlin und der Bundesrepublik wurden aufrecht erhalten, wenngleich Berlin auch weiterhin kein konstitutiver Bestandteil der Bundesrepublik war. Das Vier-Mächte-Abkommen entschärfte das Berlinproblem deutlich. Mit Öffnung der Mauer am 9. 11. 1989, der → deutschen Wiedervereinigung im Oktober 1990 und dem zeitgleich ausgesprochenen Verzicht der vier Mächte auf ihre Rechte und Verantwortlichkeiten für Berlin und Deutschland ist die Berlinfrage endgültig von der internationalen Agenda verschwunden.

3. Korea-Krieg — Nach dem Abzug der amerikanischen und sowjetischen Truppen aus Korea und einer Häufung von Grenzzwischenfällen am 38.

Breitengrad begann am 25. 6. 1950 der Korea-Krieg mit einem Angriff nordkoreanischer Truppen auf Südkorea. Zwei Tage später setzte Unterstützung für Südkorea durch amerikanische Streitkräfte ein. Der UN-Sicherheitsrat verurteilte Nordkorea als Aggressor und beschloß am 27. Juni 1950 — in Abwesenheit des sowjetischen Delegierten — eine militärische Hilfe für Südkoreaner und Amerikaner. Die im Auftrag der → Vereinten Nationen kämpfenden Truppen konnten die Nordkoreaner, die inzwischen von 300000 „Freiwilligen" aus der Volksrepublik China unterstützt wurden, nach anfänglichen Niederlagen über den 38. Breitengrad zurückdrängen. Im Juli 1951 begannen zweijährige Waffenstillstandsverhandlungen, die im Juli 1953 zum Abkommen von Panmunjon führten. Der 38. Breitengrad wurde als Grenze zwischen Nord- und Südkorea festgelegt und um ihn herum eine entmilitarisierte Zone geschaffen. Der Korea-Krieg löste in Westeuropa große Befürchtungen über einen möglichen sowjetischen Angriff auf Westeuropa aus und führte zu einem wachsenden Antikommunismus. Der Schock des massiven Angriffs sowie die hartnäckige und zunächst erfolgreiche kommunistische Kriegsführung führte in den USA zu der Überzeugung, daß im Umgang mit dem kommunistischen Lager immer vom schlimmstmöglichen Fall auszugehen sei. Wenn der Koreakrieg auch ein Produkt des Kalten Krieges war, so wirkte er gleichzeitig als Katalysator des Kalten Krieges. Er beschleunigte die Wiederbewaffnung Deutschlands, beseitigte die Widerstände gegen die Westintegration der Bundesrepublik Deutschland, besonders in Frankreich, und führte zu einer konventionellen Wiederaufrüstung der USA wie auch zu einer Änderung der bis dahin gültigen → Militärstrategie. Nach dem Waffenstillstand von 1953 kam es immer wieder zu Spannungen und gefährlichen Situationen in Korea, jedoch nicht zu erfolgversprechenden Wiedervereinigungsverhandlungen. Letztlich aber trugen auch die Koreaner dem Ende des Ost-West-Konflikts-Rechnung. 1992 schlossen Nord- und Südkorea einen Nichtangriffs- und Versöhnungspakt. Auch erklärten sich beide Länder für atomwaffenfrei. Für Nordkorea wird diese Erklärung aber von der internationalen Staatenwelt in Frage gestellt.

4. Doppelkrise von Suez und Ungarn 1956 — Der XX. Parteitag der KPdSU im Februar 1956 bestätigte *Chrutschtschow* und seine Politik der Entstalinisierung, die zu größerem Freiraum im Denken, Sprechen und Handeln im Ostblock führte. In Polen und Ungarn bewirkte der Entstalinisierungsprozeß mit seinen Enthüllungen über die Verbrechen *Stalins* eine Verstärkung des Unabhängigkeitsstrebens sowie die Auflehnung gegen die Vorherrschaft der KPdSU. In Ungarn strebten politische Führer wie Imre *Nagy* and Pal *Maleter* einen Kommunismus in nationalen Farben an, der aber von sowjetischen Panzern im November 1956 aufgrund der Blockdisziplin von der Sowjetunion blutig niedergeschlagen wurde. Zeitgleich zum Ungarn-Aufstand hatte der ägyptische Präsident *Nasser* den Suezkanal verstaatlicht. In einer koor-

dinierten Militäraktion versuchten die beiden den Suezkanal bis dahin kon-
trollierenden Kolonialmächte England und Frankreich sowie Israel die Verstaatlichung des Suezkanals rückgängig zu machen, um ihre Machtposition
zu festigen. Doch wurden Engländer und Franzosen im wesentlichen von ihrem NATO-Verbündeten USA zum Rückzug aus Ägypten gezwungen. Die
Verurteilung sowohl der Suez-Mission als auch der → Intervention der Sowjetunion in Ungarn durch die Vereinten Nationen führte dazu, daß sich die
Wirkung der Doppelkrise vom Herbst 1956 gegenseitig aufhob. Sowohl der
Westen als auch der Osten hatten ein jeweiliges Desaster erlebt und konnten
aus der Schwäche des Gegners keinerlei Vorteil ziehen.

5. Kuba-Krise — Der Bau der Mauer in Berlin bildete die europäische Ouver-
türe für den weltpolitischen Vorstoß der UdSSR in den Nahen Osten, nach
Asien und Afrika. Am bedeutsamsten aber war die Installierung sowjetischer
Mittelstreckenraketen auf Kuba, unmittelbar vor der amerikanischen Haustür.
Fidel *Castro* hatte nach längeren Guerillakämpfen 1959 die Macht in Havanna
übernommen, Kuba nach sozialistischem Muster umgestaltet und das Land zu
einem Verbündeten der UdSSR gemacht. Ein Konflikt zwischen den beiden
Blockführungsmächten war damit vorprogrammiert. Ein militärischer Zusammenstoß, ein dritter Weltkrieg mit der Gefahr einer nuklearen Eskalation schien
nicht ausgeschlossen. US-Präsident *Kennedy* forderte am 22. 10. 1962 KPdSU-
Generalsekretär *Chruschtschow* ultimativ auf, die auf Kuba installierten Mittelstreckenraketen abzuziehen. Um dieser Forderung Nachdruck zu verleihen,
verfügte *Kennedy* eine Quarantäne für Kuba, die mit Hilfe einer Seeblockade
durchgesetzt werden sollte. Am 28. 10. 1962 lenkte *Chruschtschow* ein und gab
den Abzug der sowjetischen Mittelstreckenraketen aus Kuba bekannt. Die bisher schwerste Krise nach dem Zweiten Weltkrieg war beendet. Die Kuba-Krise
bildet den gefährlichsten Versuch der Sowjetunion, das Verhältnis zwischen
den beiden Blockführungsmächten zu ihren Gunsten zu verändern.

6. CSSR-Intervention — Ab März 1968 unternahm die neue kommunistische
Führung unter dem slowakischen KP-Chef *Dubcek* eine Wende zum Reformkommunismus (Prager Frühling). Unter dem neuen Parteisekretär sollten
Reformen in der Wirtschaft, im Staat sowie der kommunistischen Partei vorgenommen werden. Gleichzeitig beteuerten die Reformer, vor allem Politiker, Intellektuelle und Wirtschaftsexperten, ihre Bündnistreue. Dieser neue
Ansatz beschwor im Verständnis der sowjetischen Führung große Gefahren
für den Warschauer Pakt und das sozialistische Lager herauf. Dessen „sozialistischer Internationalismus" bildete die Basis für die zwischenstaatlichen
Beziehungen der sozialistischen Länder. Er war gekennzeichnet durch

a)   eine „gleichartige" ökonomische Grundlage, d.h. vor allem durch das
     gesellschaftliche Eigentum an Produktionsmitteln;

b) eine „gleichartige" Staatsordnung mit der Arbeiterklasse an der Spitze;
c) eine einheitliche Ideologie des Marxismus-Leninismus;
d) gemeinsame Interessen bei der Verteidigung „revolutionärer Errungenschaften" gegen Anschläge des „imperialistischen Lagers" und
e) das gemeinsame große Ziel der Entwicklung des Kommunismus im Weltmaßstab.

Das Prinzip des sozialistischen Internationalismus diente ebenso wie in Ungarn 1956 auch 1968 zur Rechtfertigung des Einsatzes militärischer Gewalt. Die ČSSR drohte mit ihrem Reformkommunismus von den gemeinsamen Zielen des Sozialismus abzuweichen, und der Sozialismus war nach Auffassung der Sowjetunion und anderer Warschauer-Pakt-Staaten insgesamt gefährdet. Zur Legitimation der im August 1968 erfolgten Intervention der Warschauer-Pakt-Staaten — mit Ausnahme Rumäniens — wurde später die *Breshnew-Doktrin* entwickelt. Ihr zufolge waren die sozialistischen Staaten im Fall der Abweichung eines sozialistischen Staates nicht nur berechtigt, sondern verpflichtet, durch „brüderliche Hilfe", notfalls mit Waffengewalt, den abirrenden Staat auf den Weg zum Sozialismus zurückzuholen. Somit wurde eine begrenzte → Souveränität des einzelnen Landes und eine kollektive Souveränität des sozialistischen Lagers postuliert. Faktisch bedeutete das Prinzip des sozialistischen Internationalismus die Anerkennung der Hegemonialposition der Sowjetunion. Die militärische Intervention demonstrierte die Bereitschaft der Sowjetunion, ihre Vormachtstellung in Osteuropa, notfalls auch mit militärischen Mitteln zu behaupten. Die CSSR-Krise führte zu einer kurzfristigen Verschärfung in den Ost-West Beziehungen, bedeutete sie doch blockpolitisch das Ende der 60er Jahre eingeleiteten Polyzentrismus und eine Konsolidierung der sowjetischen Interessen- und Einflußzonen. Die für die zweite Jahreshälfte 1968 vorgesehenen Gespräche über Abrüstung von Interkontinentalwaffen wurden auf das Jahr 1969 vertagt. Die CSSR-Intervention konnte den Entspannungszug zwar verlangsamen, jedoch nicht aufhalten.

7. Vietnamkrieg — Zwischen 1946 und 1975 fanden in Vietnam zwei Kriege statt. Frankreich unterlag 1954 nach einem längeren Guerillakrieg den Viet-Min. Das Genfer Indochina-Abkommen von 1954 beendete den ersten Vietnamkrieg und teilte Vietnam durch eine Demarkationslinie am 17. Breitengrad. Freie Wahlen sollten 1956 zur Wiedervereinigung des Landes führen. Doch die südkoreanische Führung unter *Diem* widersetzte sich dem Abkommen und verfolgte die Kommunisten. Nordvietnam strebte die Wiedervereinigung unter kommunistischen Vorzeichen an, nachdem unter Präsident *Ho Chi Min* im Nordteil des Landes ein straff organisiertes kommunistisches Regime eingeführt worden war. Bereits unter Präsident *Kennedy* entsandten die USA die ersten Militärberater nach Vietnam. Im Frühjahr 1965 bahnte

sich eine militärische Katastrophe in Südvietnam an, woraufhin die USA
Truppen entsandten, die 1969 mit 540 000 Mann ihren Höchststand erreichten. Den USA ging es um die Bewahrung des nichtkommunistischen Systems, um die Zurückschlagung einer Aggression des Weltkommunismus,
der zu jener Zeit von der US-amerikanischen Führung als monolithisch und
expansiv perzipiert wurde. Die politische Führung in den USA befürchtete,
daß — entsprechend der Dominotheorie — ein Land nach dem anderen in
Südostasien in kommunistische Hände fallen mußte, wenn erste einmal Vietnam aufgegeben würde. Auch glaubten die USA eine Vertrauenslücke in Bezug auf ihre Zuverlässigkeit bei ihren Verbündeten zu erkennen, vor allem in
Westeuropa. Schließlich stand das Prestige der Weltmacht USA auf dem
Spiel. Trotz aller massiven Operationen — Flächenbombardierung in Süd-
vietnam, Einsatz chemischer Kampfstoffe und Entlaubungsmittel, Bombar-
dierung Nordvietnams — konnten die USA, die von ca. 70 000 Soldaten aus
Südkorea, Thailand und Australien unterstützt wurden, den Guerillakrieg
gegen die Vietcong nicht gewinnen. Präsident *Nixon* leitete die Wende des
Vietnamkrieges ein, indem er zunächst eine „Vietnamisierung" des Krieges
anstrebte. „Vietnamisierung" bedeutete in der Praxis Übertragung der
Kampfrollen auf die massiv aufgerüsteten Vietnamesen, Thais und Kambod-
schaner, eine Ausweitung des Krieges nach Kambodscha und Laos sowie
verstärkte amerikanische Luftangriffe auf Nordvietnam in der Endphase der
Verhandlungen. 1973 verließen die letzten US-Soldaten Vietnam. Im gleichen Jahr wurde in Paris ein Waffenstillstandsabkommen unterzeichnet.
1974 wurde Saigon von Nordvietnam besetzt und 1976 — unter Brechung der
geschlossenen Verträge — die Wiedervereinigung Vietnams zur Sozialistischen Republik Vietnam (SRV), einer kommunistischen Volksrepublik,
vollzogen.
Der Vietnamkrieg war der nach dem Zweiten Weltkrieg die internationale
Politik am nachhaltigsten bestimmende Krieg. Er war ein internationaler
Krieg, ein Regionalkrieg wie auch ein Guerillakrieg. Die USA, einst gegen
den Kolonialismus angetreten, wurden zum Hauptträger dieses Kolonial-
krieges und hatten den Verlust von mehr als 55 000 Toten zu beklagen. Die
Kosten des amerikanischen Engagements wurden auf 350 Mrd. $ geschätzt.
Der Vietnamkrieg führte zu scharfen Auseinandersetzungen zwischen den
USA und einigen ihrer Verbündeten sowie zu verheerenden innenpolitischen
Verwerfungen. Die amerikanische Gesellschaft spaltete sich in Kriegsgeg-
ner und Befürworter, ein Vorgang, der auch Jahrzehnte nach Ende des Krie-
ges noch seine Nachwirkungen hat. International bedeutete das Ende des
Vietnamkrieges das Ende der US-Vormachtstellung im asiatisch-pazifischen
Raum.

8. Afghanistan-Konflikt — Afghanistan als Durchgangsland zwischen Ost
und West, an der Nahtstelle zwischen russischem Imperium und früherem

britischen Kaiserreich in Indien gelegen, entwickelte nach dem Zweiten Weltkrieg enge Beziehungen zur Sowjetunion, da der Westen Pakistan im Konflikt mit Afghanistan unterstützt hatte. Als unter der Führung von Ministerpräsident *Daud* seit Mitte der 70er Jahre eine Abwendung von der UdSSR vorgenommen wurde, kam es 1978 zu einem blutigen Umsturz, der die Kommunistische Partei an die Macht brachte. Die UdSSR unterstützte nun die neue Regierung unter *Taraki* und schloß 1978 einen Freundschaftsvertrag mit Afghanistan. Innere Entwicklungen in der afghanischen Kommunistischen Partei sowie ethnische Konflikte stellten bald die sowjetischen Kontrolle in Afghanistan in Frage. Auf ein angebliches afghanisches Hilfeersuchen — sein Absender konnte nicht ermittelt werden — intervenierte die Sowjetunion im Dezember 1979 und ließ 100 000 Mann bis zum Frühjahr 1989 nach Afghanistan marschieren. Die UdSSR intervenierte nicht zuletzt, um ein mögliches Übergreifen fundamentalistischer Ideen auf die südlichen Republiken zu vermeiden, in denen etwa 55 Mio. Muslime leben. Weitere Motive mögen ein territorial näherer Zugang zum Indischen Ozean sowie zu den Erdölregionen des Nahen Ostens, ein machtpolitischer radikaler Opportunismus — die USA waren durch die Watergateaffäre, die Teheraner Geiselaffäre etc. gelähmt —, ermuntert durch ein zunehmendes Desinteresse der UdSSR an der Fortsetzung der Entspannungspolitik und die allgegenwärtige Einkreisungsfurcht der Russen gewesen sein.

Die sowjetische Invasion rief weltweit ein so negatives Echo hervor, wie es die politische Führung in Moskau kaum vorausgesehen hatte. Nahezu alle internationalen Organisationen — die UN, die islamische Konferenz, die NATO, die → EG, die OAU u.a.m. — verurteilten das sowjetische Vorgehen. Die Sowjetunion verstrickte sich jedoch immer mehr in diesen Krieg und mußte einen ähnlich hohen Preis wie die USA in Vietnam zahlen. Auch sie machte die Erfahrung, daß eine militärische Supermacht einen Guerillakrieg nicht gewinnen kann. 1988 kündigte der neue KPdSU-Generalsekretär *Gorbatschow* den sowjetischen Rückzug an. Die UdSSR mußte erkennen, daß das militärische Patt nicht überwunden werden konnte; die finanziellen Kosten sowie der Blutzoll wurden zu hoch. Außerdem suchte *Gorbatschow* mit dem Rückzug aus Afghanistan Vertrauen und Glaubwürdigkeit im Westen für seine neue Außenpolitik zu erhalten. So wurde im April 1988 unter Vermittlung der Vereinten Nationen der Vertrag über Afghanistan unterzeichnet, in dem der Rückzug der sowjetischen Truppen bis zum 15. 2. 1989 vereinbart und schließlich auch durchgeführt wurde. Sowohl die USA als auch die UdSSR verpflichteten sich zur Nichteinmischung in Afghanistan, belieferten gleichwohl ihre Klientel mit Waffen, so daß der Bürgerkrieg erneut aufbrach. Auch der 1991 von der UN ausgearbeitete Plan zur Beendigung des Bürgerkriegs konnte nicht zur Befriedung des Landes führen.

Der Afghanistankonflikt verschärfte den bereits in der zweiten Hälfte der 70er Jahre eingesetzten Niedergang der Entspannungspolitik. Er führte zu einer Verschärfung der amerikanisch-sowjetischen Beziehungen und zur Ausrufung der *Carter*-Doktrin im Januar 1980. Präsident *Carter* erklärte die Nahostregion zur strategischen Schutzzone der USA und drohte, einem weiteren Vorrücken der UdSSR im persisch-arabischen Raum notfalls auch mit Waffengewalt zu begegnen. Der Afghanistankonflikt wies zwar nicht die Gefahrendimension der Kuba-Krise auf, war jedoch ein großes Hindernis für eine positive Gestaltung der Ost-West-Beziehungen.

Literatur

Braun, Dieter u.a.: Afghanistan: Sowjetische Machtpolitik — Islamische Selbstbestimmung, Baden-Baden 1988.

Draguhn, Werner / *Schier*, Peter (Hrsg.): Indochina — der permanente Konflikt? Hamburg 1981.

Horn, Hannelore (Hrsg.): Berlin als Faktor nationaler und internationaler Politik, Berlin 1988.

Langguth, Gerd (Hrsg.): Berlin — Vom Brennpunkt der Teilung zur Brücke der Einheit, Köln 1990.

Loth, Wilfried: Die Teilung der Welt 1941 - 1955, München [8]1990.

Stark, Rainer: Berlin nach dem Vier-Mächte-Abkommen, Bonn 1987.

Tapper, Richard (ed.): The Conflict of Tribe and State in Iran and Afghanistan, London, New York 1983.

Wassmund, Hans: Grundzüge der Weltpolitik. Daten und Tendenzen von 1945 bis zur Gegenwart, München 1982.

Weggel, Oskar: Indochina, München 1987.

Wichard Woyke

Regionalismus / Regionale Kooperation

1. Begriff — Unter dem Begriff Regionalismus (auch Regionalisierung, regionale Integration, Blockbildung) wird entweder ein institutioneller Zusammenschluß geographisch benachbarter Länder auf einem oder mehreren Politikfeldern oder eine besonders hohe Partnerkonzentration bei zwischenstaatlichen Transaktionen (Handel, Finanzströme, Tourismus, → Migration, Postverkehr etc.) ohne besonderen institutionellen Überbau verstanden. Wirkliche Relevanz hat der Begriff vor allem zur Kennzeichnung wirtschaftlicher Regionalisierungsprozesse bekommen, wobei hier wiederum der Warenverkehr und die ihn betreffenden Abkommen und Organisationen im Vordergrund stehen. Bezüglich des Institutionalisierungsgrades der regionalen Integration lassen sich dabei in aufsteigender Reihenfolge die Begriffe Präferenzabkommen, Freihandelszone, Zollunion und Gemeinsamer Markt unterscheiden. Regionalismus steht damit im Gegensatz zu Begriffen wie Nationalismus (auch Renationalisierung) einerseits und Globalismus (auch Globalisierung, Internationalisierung) andererseits, mit denen entgegenwirkende Tendenzen des internationalen Systems erfaßt werden. Nicht gemeint sind an dieser Stelle Regionalisierungsprozesse unterhalb der nationalstaatlichen Ebene, wie sie in den separatistischen Bestrebungen in einzelnen Ländern (Baskenland, Katalonien, Korsika, Lombardei, Quebec etc.) zum Ausdruck kommen.

2. *Aktueller Hintergrund* — Obwohl die diesbezüglichen Prozesse und Begriffe schon älter sind, haben sie ihre aktuelle politische Bedeutung durch die Erosion der USA als weltwirtschaftliche Führungsmacht bekommen. Nach dem Zweiten Weltkrieg waren die USA aufgrund ihres unvergleichlichen Wirtschaftspotentials in der Lage, eine neue Weltwirtschaftsordnung zu konzipieren, die auf den Prinzipien Freihandel, freie Konvertibilität der Währung und Wechselkursstabilität beruhte, die entsprechenden → internationalen Organisationen und Abkommen (IWF, → Weltbank, → GATT) politisch durchzusetzen und auch die Ressourcen aufzubringen (Unterbewertung der wichtigsten Konkurrenzwährungen, feste Dollarparität, Golddeckung des US-$, Kapitalausstattung von IWF und Weltbank, Marshallplangelder, Ölversorgung zu niedrigen Preisen), die zu ihrem Funktionieren notwendig waren. Nicht zuletzt dank dieser weltwirtschaftlichen Rahmenbedingungen vermochten sich Alliierte wie Kriegsgegner zu erholen und bei wachsender internationaler Arbeitsteilung der Welthandel in einem Ausmaß zu expandieren, das über das Wachstum der einzelnen Volkswirtschaften deutlich hinausging.

Infolge des wirtschaftlichen Wiederaufstiegs insbesondere Westeuropas und Ostasiens (Japan, Schwellenländer) relativierte sich die amerikanische Dominanz (meßbar in Indikatoren wie Anteile am Weltsozialprodukt, am Welthandel, an den Weltwährungsreserven, an den weltweiten Direktinvestitionen) und damit auch ihre Fähigkeit, weiterhin als Garant einer nach liberalen Prinzipien organisierten Weltwirtschaft zu fungieren. Deutliche Hinweise für den hegemonialen Verfall waren die Aufhebung der Goldeinlösungspflicht des US-$ und der Übergang von einem System fixer zu einem System flexibler Wechselkurse Anfang der 1970er Jahre, die zweimalige dramatische Erhöhung des Ölpreises 1973 und 1978 / 79, die schleichende Aushöhlung des GATTs durch das Aufkommen sog. nichttarifärer Handelshemmnisse sowie dessen Funktionsverlust durch immer wichtiger werdende internationale Transaktionen (Handel mit Dienstleistungen, Direktinvestitionen, Finanzbewegungen spekulativer Art u.a.), die durch das GATT nicht geregelt sind

(→ internationale Handelspolitik). Der aus diesen Tendenzen entstehende Regelungsbedarf durch neue internationale Regime ist offensichtlich, anders als am Ende des Zweiten Weltkriegs, auf hegemoniale Art nicht mehr zu decken. Wenn aber die hegemoniale Lösung als denkbare Option ausfällt, da auf absehbare Zeit keine vergleichbare neue wirtschaftliche Führungsmacht erkennbar ist, bleiben als Alternativen nur kooperative Lösungen, wie sie z.B. im Rahmen der G-7 angestrebt werden, oder die Weltwirtschaft zerfällt in Regionen oder Blöcke, in denen internationale Regime mit nur noch regionaler Reichweite installiert werden.

Unter dieser Perspektive wird in der gegenwärtigen Diskussion die Frage thematisiert, ob es sich bei den bereits existierenden Regionalisierungsprozessen um eine Vorstufe zur Globalisierung (sog. offene Regionalisierung) oder um eine Wiederauflage der Situation der 1930er Jahre handelt, als die Welt in voneinander abgeschottete Wirtschaftsblöcke zerfiel.

3. Historische Vorläufer — Die weltweite Hochkonjunktur der Jahre 1880 - 1929, die von einer bis dato ungekannten Expansion des Welthandels begleitet war, kam mit der Weltwirtschaftskrise des Jahres 1929 zu einem jähen Ende. Eine Konsequenz war, daß die Regierungen der führenden Industrieländer ihre binnenwirtschaftlichen Probleme auf Kosten ihrer Handelspartner zu lösen suchten. Durch massive Zollerhöhungen und Abwertungen der eigenen Währung sollte die auswärtige Konkurrenz abgewehrt und statt dessen Wirtschaftsblöcke mit regionaler Reichweite installiert werden. Genannt sei nur der hochprotektionistische *Smooth-Hawley*-Tarif der USA aus dem Jahre 1930, das Ottawa-Abkommen von 1933, das besondere Präferenzen zwischen Großbritannien und den Commonwealth-Staaten (Sterlingblock) vorsah, und Ende der 1930er Jahre die deutschen und japanischen Versuche mittels militärischer Expansion autarke Wirtschaftsräume in Mittel- und Osteuropa („Lebensraum im Osten") bzw. Ost- und Südostasien („Gemeinsame Großostasiatische Wohlstandssphäre" oder Yen-Block) zu errichten. Die Folge war nicht nur ein dramatischer Rückgang des Welthandels, sondern auch wachsende wirtschaftliche Konflikte zwischen den führenden Industrieländern, insbesondere zwischen Japan und den USA, die dann schließlich in den Zweiten Weltkrieg mündeten. Eine Facette der aktuellen Diskussion entzündet sich deshalb an der Frage, ob es zur Neuauflage des Yen-Blocks kommt (oder bereits gekommen ist) und ob die amerikanisch-japanischen Beziehungen auf die gleiche Konfliktsituation wie Ende der 1930er Jahre zusteuern.

4. Institutionelle Regionalisierung — Auch wenn es auf der institutionellen Ebene zahlreiche Anläufe zur regionalen Kooperation in politischer, militärischer und wirtschaftlicher Hinsicht gibt, so haben sich bislang doch nur zwei als wirklich substantiell erwiesen. Gemeint ist einmal die → Europäische Gemeinschaft (EG), die mit den Römischen Verträgen des Jahres 1957 ihren Ausgang nahm und mit den Maastricher Verträgen und der Schaffung des europäischen Binnenmarkts 1992 ihren vorläufigen Abschluß gefunden hat. Vermittels eines doppelten Prozesses von Ausweitung der Mitgliedschaft und Vertiefung der → Integration bis hin zur teilweisen Übertragung von → Souveränität auf die Brüsseler Organe der Gemeinschaft konnte hier in wirtschaftlicher Hinsicht ein wirklicher Integrationsprozeß vollzogen werden. Die Folge ist, daß derzeit etwa 70 % des Außenhandels der Mitgliedsländer mit anderen EG-Staaten abgewickelt wird. Diesem Sog konnten sich letztlich auch widerstrebende Länder wie Großbritannien nicht entziehen, die noch in den 1960er Jahren den Schwerpunkt ihrer außenwirtschaftlichen Beziehungen mit Ländern außerhalb Europas hatten. Konkurrierende Organisationen wie die 1959 gegründete EFTA werden in absehbarer Zeit ebenso aufgesogen sein, wie eine Ausdehung der EG nach Osteuropa, zumindestens im Rahmen von Assoziierungsabkommen, zu erwarten ist. Da die EG über ein beträchtliches Wirtschaftspotential verfügt und zudem nach innen integrierend und nach außen separierend wirkt, ist hier ein Handelsregime entstanden, das durchaus als Alternative zum global angelegten GATT verstanden werden kann. Der Versuch, durch die Installierung des europäischen Währungsverbunds (weitgehend fixe Wechselkurse der wichtigsten Mitgliedsländer) mit europäischer Zentralbank und einer europäischen Währung (ECU) eine Alternative zum krisenanfälligen bestehenden internationalen Währungsregime zu schaffen, gestaltet sich demgegenüber als wesentlich schwieriger. Ob die → KSZE sich in politischer Hinsicht zu einer Regionalorganisation fortentwickelt, die die → UN ersetzt oder gar das deutsch-französische Korps zum Nukleus einer militärischen Regionalorganisation wird, die die → NATO ersetzt, ist eine offene Frage.

Eine zweite Tendenz zu institutionalisierter Regionalisierung läßt sich in der westlichen Hemisphäre konstatieren, seitdem die 1989 geschaffene amerikanisch-kanadische Freihandelszone um Mexiko zur NAFTA (North American Free Trade Association) erweitert wurde. Es besteht die Option, die Organisation in Richtung Karibik und Südamerika auszudehnen. Die NAFTA verfügt zwar über ein der EG vergleichbares Wirtschaftspotential, wird aber auf absehbare Zeit nicht deren Integrationsgrad erreichen, da, anders als in Westeuropa, das Entwicklungsgefälle der möglichen Teilnehmer sehr kraß ist und nichts darauf hindeutet, daß es abgebaut wird.

Die Versuche, in der dritten großen Weltwirtschaftsregion, dem asiatisch-pazifischen Raum, eine PAFTA (Pacific Free Trade Area) zu installieren, ist bislang über Lippenbekenntnisse nicht hinausgekommen, weil hier die wirtschaftlichen, kulturellen, politischen und ordnungspolitischen Vorstellungen der möglichen Teilnehmerstaaten (USA, Kanada, Japan, NIC's, ASEAN, Australien, Neuseeland und evtl. VR China) noch ungleich größer sind. Eine faktische Regionalisierung bezüglich der wirtschaftlichen Transaktionsmuster läßt sich aber gleichwohl dort feststellen.

Daneben gibt es zahlreiche regionale Zusammenschlüsse in Südostasien
(Asociación Latinoamericana de Integración — ASEAN 1967 gegründet),
in der Karibik (Association of South-East Asian Nations — CARICOM
1973 gegründet), in Westafrika (Caribbean Community — ECOWAS 1975
gegründet), in Lateinamerika (Economic Community of West African
States — ALADI 1980 gegründet) und in Südasien (South Asian Association
for Regional Cooperation — SAARC gegründet 1985), die alle auf dem
Gedanken von Zollunion und wirtschaftlicher Zusammenarbeit beruhen,
aber keine nennenswerte Regionalisierung in Gang gesetzt haben. Damit
können sie auch kaum in Konkurrenz zum GATT oder den Assoziierungsabkommen, die etwa die EG mit den AKP-Staaten geschlossen hat, treten.

5. *Regionalisierungstendenzen der Weltwirtschaft* — Jenseits der schwer ab-
zuschätzenden Wirkungen des institutionalisierten Regionalismus gibt es
zumindest im Bereich der sichtbaren internationalen Transaktionen, insbesondere im Warenhandel, aber auch im Postverkehr oder im Tourismus und
dem damit einhergehenden Aufbau einer internationalen Infrastruktur deutliche Tendenzen zur faktischen Regionalisierung. Inwieweit davon auch die
unsichtbaren Transfers, also die internationalen Kapitalbewegungen, und damit die regionale Harmonisierung von Zinssätzen, Börsenkursbewegungen
etc. betroffen sind, ist in der Literatur umstritten.
Der empirische Befund ist allerdings abhängig von der Wahl der Indikatoren, dem Untersuchungszeitraum und der Definition möglicher Regionen,
die Interpretation des Befundes wiederum von dem zugrunde gelegten neo-
klassischen, neomerkantilistischen oder neoimperialismustheoretischen Paradigma.
Die nachfolgenden Daten belegen, daß es im Bereich des Warenhandels in
den drei Großregionen Westeuropa, Pazifischer Raum und Westliche Hemisphäre (zur Definition vergleiche die Fußnoten der Tabelle) in den 1960er
und 1980er Jahren deutliche Trends zur Regionalisierung gegeben hat,
wenngleich dieser Trend in den 1970er Jahren infolge der zweimaligen Öl-
preissteigerung unterbrochen aber nicht gebrochen wurde.
Am deutlichsten ist dieser Trend in Westeuropa, wo der intraregionale Export mittlerweile mehr als 70 % (im gewichteten Durchschnitt aller Länder)
des Gesamtexports ausmacht, und zwar unabhängig davon, ob ein Land Mitglied der EG ist oder nicht. Im Pazifischen Raum ist das Ausmaß der regionalen Integration mit 51 % zwar deutlich niedriger, dafür das Integrations-
tempo um so höher. In der Westlichen Hemisphäre ist zwar (noch) ein recht
hohes Maß an Integration aber kein Trend zur Zunahme zu konstatieren. Bezüglich des wirtschaftlichen Gewichts der drei Regionen wird deutlich, daß
die Summe des jeweiligen intraregionalen Handels bereits nahezu 60 % des
gesamten Welthandels ausmacht. Daraus kann geschlossen werden, daß es
neben den drei Großregionen nach dem Zusammenbruch des RGW keine

Tabelle 1: Intraregionaler Export und relative Gewichte der Regionen Pazifik, Westliche Hemisphäre und Westeuropa 1960 - 1988

	1960	1970	1980	1988
in Mrd. US-$				
Export in die Region				
Pazifischer Raum[1]	10,00	33,36	242,52	539,45
Westliche Hemisphäre[2]	16,74	35,48	174,93	253,61
Westeuropa[3]	28,85	91,52	546,33	870,57
Export in die Welt				
Pazifischer Raum	40,12	96,49	583,28	1 049,31
Westliche Hemisphäre	35,99	76,39	387,18	540,45
Westeuropa	51,29	137,51	807,98	1 239,76
Weltexport gesamt	127,70	313,71	1 995,07	2 832,89
in Prozent				
Ausmaß der regionalen Integration (Export)				
Pazifischer Raum	24,93	34,58	41,58	51,41
Westliche Hemisphäre	46,52	46,44	45,18	46,93
Westeuropa	56,25	66,56	67,62	70,22
Anteil des intraregionalen Exports am Weltexport				
Pazifischer Raum	7,83	10,64	12,16	19.04
Westliche Hemisphäre	13,11	11,31	8,77	8,95
Westeuropa	22,59	29,17	27,38	30,73
Summe aus drei Regionen	43,53	51,12	48,31	58,72

1 Australien, Brunei, China, Hongkong, Indonesien, Japan, Kanada, Malaysia, Neuseeland, Papua Neuguinea, Philippinen, Singapur, Süd-Korea, Taiwan, Thailand, USA (ohne bilateralen Handel USA / Kanada)

2 Argentinien, Belize, Bolivien, Brasilien, Chile, Costa Rica, Dominikanische Republik, Ecuador, El Salvador, Franz. Guayana, Guatemala, Guayana, Haiti, Honduras, Jamaica, Kanada, Kolumbien, Kuba, Mexiko, Nied. Antillen, Nicaragua, Panama, Panama (Kanalzone), Paraguay, Peru, Surinam, Trinidad u. Tobago, Uruguay, USA, Venezuela

3 Belgien / Luxemburg, Dänemark, Deutschland, Finnland, Frankreich, Griechenland, Großbritannien, Irland, Island, Italien, Jugoslawien, Niederlande, Norwegen, Österreich, Portugal, Schweden, Schweiz, Spanien

Quelle: Berechnet nach UN, Yearbook of International Trade Statistics, div. Jge.; Taiwan Statistical Data Book, div. Jge.

weiteren nennenswerten Regionalisierungsprozesse gibt, und daß auch die
Beziehungen zwischen den Regionen, abgesehen vom Handel zwischen
Ostasien und Westeuropa, relativ an Bedeutung verlieren.

Als Ursachen für diese faktische Regionalisierung werden in der Literatur
genannt: geographische Nähe, durch die Transaktionskosten minimiert
werden; vergleichbare Pro-Kopf-Einkommen in den beteiligten Ländern, die
zu ähnlichen Nachfrageprofilen und damit zu kompetitiver und nicht kom-
plementärer Arbeitsteilung führen; ähnlich liberale Handelsregime; ein institutioneller Überbau à la EG mit Diskriminierung gegenüber Dritten sowie
die Strukturierungsmacht wichtiger weltwirtschaftlicher Akteure aufgrund
von überlegener Wettbewerbsstärke oder außerordentlicher Marktgröße.
Während die ersten vier Argumente sicherlich in Westeuropa eine wesentliche Erklärung liefern, treffen sie für die pazifische Region nicht zu. Hier
muß vielmehr die Strukturierungsmacht Japans im Verbund mit den ostasiatischen Schwellenländern als entscheidende Ursache angenommen
werden.

Vor dem Hintergrund dieses empirischen Befundes ist es einleuchtend, warum die GATT-Verhandlungen im Rahmen der Uruguay-Runde sich so lange
hingezogen haben und insbesondere von Seiten der EG-Staaten keine besonderen Initiativen ausgegangen sind. Die Erweiterung und Vertiefung der EG
besitzt für die westeuropäischen Länder einen viel höheren Stellenwert.
Kontrovers beurteilt wird allerdings die Frage, ob es sich bei dieser unbe-
streitbaren Regionalisierung um eine Zwischenstufe zu einer Globalisierung
handelt, wie von den USA etwa bei Gründung der EG erhofft, oder ob die
Ära des weltweiten Liberalismus sich ihrem Ende zuneigt und der Neomerkantilismus, wie von den ostasiatischen Ländern schon immer betrieben,
sich jetzt auch in Westeuropa und Nordamerika als herrschende Doktrin
durchsetzt. Das hieße dann, daß an die Stelle globaler Regime wie GATT
und IWF Regime mit regionaler Reichweite treten. An die Stelle des freien
Welthandels und der *internationalen* Arbeitsteilung träten dann ein regionaler Freihandel, regionale Arbeitsteilung und die Installation regionaler Währungsregime mit dem US-$, dem Yen und der DM als jeweiliger Leitwäh-
rung.

6. Entgegenwirkende Tendenzen — Während die Regionalisierung im Bereich des Warenhandels und tendenziell auch der Währungsbeziehungen unbestreitbar ist, ist im Bereich des internationalen Finanzwesens, also der Anleihen, Portfolio- und Direktinvestitionen gleichermaßen wie bei den kurzfristigen Kapitalbewegungen spekulativer Natur an den Aktien-, Devisen-,
Anleihe- und Warenterminbörsen eher eine Tendenz zur *Globalisierung* zu
beobachten. Ursächlich dafür sind die umwälzenden Neuerungen im Bereich der Telekommunikation und die ungeheure Liquidität der an den Spe-
kulationsgeschäften beteiligten Firmen. Diese unsichtbaren Transaktionen

haben im Vergleich zu den sichtbaren erheblich zugenommen. Sie entziehen sich der Regelung durch die herkömmlichen Regime globaler wie regionaler Reichweite und unterhöhlen im wachsenden Maße auch die wirtschafts- und finanzpolitische Souveränität der nationalen Behörden.

Im Bereich der → Migration ist demgegenüber eine Tendenz zur *Renationalisierung* zu beobachten. Innerhalb der EG ist zwar die Freizügigkeit hergestellt, auch ein Aspekt von Regionalismus, die Wanderung aus Ländern außerhalb Westeuropas wird aber, gleichgültig wie sie motiviert ist, immer weiter eingeschränkt. Das gleiche gilt für die Migration über die amerikanische Südgrenze (trotz Zollunion mit Mexiko) oder für die äußerst restriktive japanische Einwanderungspolitik, obwohl Japan den Güteraustausch mit seinen asiatischen Nachbarn immer weiter forciert.

Literatur

Deubner, Christian: Potentiale und Formen eines verstärkten Regionalismus in Ost- und Südostasien und die Rolle Japans, Ebenhausen 1985.

Frankel, Jeffrey A.: Is a Yen Block Forming in Pacific Asia? In: *O'Brien,* Richard (ed.), Finance in the International Economy. Oxford 1991, S. 5-20.

Hessler, Stephan / *Menzel,* Ulrich: Regionalisierung der Weltwirtschaft und Veränderung von Weltmarktanteilen 1960-1988, Bonn, Stiftung Entwicklung und Frieden 1992.

Krause, Lawrence, B.: Regionalism in World Trade. The Limits of Economic Interdependence. In: Harvard International Review, Summer 1991.

Lawrence, Robert Z.: Emerging Arrangements: Building Blocks or Stumbling Blocks? In: *O'Brien* 1991, S. 23-35.

Lorenz, Detlev, Regionale Entwicklungslinien in der Weltwirtschaft — Tendenzen zur Bildung von regionalen Wachstumspolen? In: *Kentzenbach,* Erhard / *Mayer,* Otto G. (Hrsg.): Perspektiven der weltwirtschaftlichen Entwicklung und ihre Konsequenzen für die Bundesrepublik Deutschland, Hamburg 1990, S. 11-31.

Menzel, Ulrich, Japan und der asiatisch-pazifische Wirtschaftsraum. Tendenzen wachsender Regionalisierung und Hierarchisierung. In: *Maull,* Hanns W. (Hrsg.): Japan und Europa nach dem Ende des Kalten Krieges, Frankfurt 1993.

Nicol, Davidson / *Echeverria,* Lui / *Peccei,* Aurelio (eds.), Regionalism and the New International Economic Order, New York 1981.

Rousseau, Mark O. / *Zariski,* Raphael: Regionalism and Regional Devolution in Comparative Perspective, New York 1987.

Sautter, Hermann: Regionalisierung und komparative Vorteile im internationalen Handel, Tübingen 1983.

Schott, Jeffrey J.: Trading Blocs and the World Trading System, In: The World Economy 14, 1991, 1. S. 1 - 18.

Stoeckel, Andrew / *Pearce*, David / *Banks*, Gerry: Western Trade Blocs: Game Set or Match for Asia-Pacific and the World Economy. Canberra,1990.

Ulrich Menzel

Souveränität

1. Begriff, Geschichte — Souveränität (S.) ist das wichtigste Kennzeichen des inneren und äußeren Herrschaftsanspruchs der im modernen Nationalstaat organisierten Gesellschaft. S. ist dabei nicht nur Kennzeichen, sondern auch konstitutives Element. Souveärnitätsverzicht oder -verlust bedeutet formal und real auch den Verlust eigener Staatlichkeit. Jeder Staat ist also sowohl als Völkerrechtssubjekt (→ Völkerrecht) nach außen als auch in seinen politischen Handlungen im Innern per definitionem souverän. Das wichtigste Element von S. ist die Unabhängigkeit bzw. der formale Anspruch auf Unabhängigkeit, der Postulatcharakter besitzt. Unabhängigkeit bedeutet idealtypisch, allein dem eigenen Willen — unabhängig davon wie er zustande kommt — unterworfen zu sein. Allerdings unterscheidet sich die äußere von der inneren Souveränitätsausübung des Nationalstaates. Das im wesentlichen nationalstaatlich strukturierte internationale System setzt dem äußeren Souveränitätsanspruch völkerrechtliche und machtpolitische Grenzen, wo der souveräne Wille des eigenen Staates mit dem des formal gleichwertigen eines anderen Staates konkurriert bzw. konfligiert. Nach innen dagegen gelten sowohl verfassungsrechtliches Politik- und reales Gewaltmonpol, wo staatliche Politik ihre Grenzen lediglich an von ihr selbst gesetzten Grundwerten bzw. am Naturrecht findet. Souveräne Willensausübung ist deshalb aber auch innerhalb einer durch territoriale Grenzen definierten Nation nicht willkürliche Politik, setzt jedoch den Staat als Souverän, als oberste Instanz und Bezugspunkt von Politik.

Bei der Entstehung des modernen Staates bzw. des Staatensystems der Neuzeit spielte der Souveränitätsbegriff eine zentrale Rolle. Mit der Entwicklung des Souveränitätspostulates fand man eine staats- bzw. völkerrechtliche Begründung, „fremden" Herrschaftsansprüchen die Legitimationsgrundlage zu entziehen bzw. auch politisch-inhaltlich ein neues Selbstverständnis zu gewinnen. In der Renaissance-Epoche wurde S. von Fürstentümern und Städten benutzt, um politische, wirtschaftliche und religiöse Ansprüche von Reich und Kirche abzuwehren bzw. als illegitim darzustellen. Während des

Absolutismus setzte sich dieser Prozeß fort, indem unter Berufung auf die S. des Monarchen die politische und wirtschaftliche Kompetenz und Macht des Adels, der Stände und der privilegierten Städte abgebaut wurden. Renaissance und Absolutismus führten also sowohl zur Säkularisierung als auch zur Zentralisierung von Macht und lösten die sich ergänzenden und miteinander konkurrierenden Machthierarchien des Mittelalters ab. Die Konzentration der politischen Macht und Legitimation auf den Monarchen macht bereits hier den Doppelcharakter von S. deutlich. Nach außen wurde der Universalitätsanspruch von Reich und Kirche samt der damit verbundenen globalen Ordnung durch die absolutistische Vorform des modernen Nationalstaates und der miteinander konkurrierenden Staatenordnung ersetzt. Nach innen sorgte S. für unumschränkten Machtanspruch und unumschränkte Machtausübung der Zentralgewalt, die sich sowohl der Einschränkungen der christlichen Staats- und Soziallehre als auch der feudalen mittelalterlichen Ordnung entledigt hatte. Säkularisierung, Zentralisierung und Territorialisierung wurden in der Phase der bürgerlichen Revolution durch das Nationalprinzip ergänzt. In dieser Ausweitung von S. lag nicht nur eine historische Staatsbildungsleistung des Bürgertums, sondern gleichzeitig auch die Entwicklung von Mechanismen, den neu entstandenen Konsens- und Integrationsbedarf zu decken. Dabei ist zu bedenken, daß in den meisten Fällen, wo Nationalität und Partizipation des Bürgertums miteinander konkurrierten (z.B. in Frankreich unter *Napoleon*, in Deutschland während und nach den Befreiungskriegen), das nationale Prinzip die Oberhand behielt. Nationale S., die Erfindung der Staatstheoretiker des Bürgertums, richtete sich immer wieder gegen die Beteiligungsansprüche eben dieses Bürgertums an der Souveränitätsausübung. Selbst der internationalistisch ausgerichteten Arbeiterbewegung gelang es beim Übergang zu republikanisch-demokratischen Staatsordnungen zwar, Zugang zur und Beteiligung an Politik auf alle gesellschaftlichen Gruppen auszudehnen, nicht aber das nationale Organisationsprinzip zu überwinden (z.B. Kriegsausbruch 1914, die Grundprobleme der transnationalen und internationalen Parteienkooperation) (→ Parteien und internationale Politik). Dabei darf aber nicht übersehen werden, daß bürgerliche Revolution und Arbeiterbewergung erreicht haben, den Souveränitätsbegriff nach innen um demokratische Legitimation, Partizipation und inhaltliche Auflagen (z.B. Pflicht zur Sozialstaatlichkeit, Rechtsstaatlichkeit) zu erweitern. Auch wenn in der aktuellen Diskussion über die Rolle des Staates im Arbeitsleben, im Markt, im Privatleben seiner Bürger usw. der Souveränitätsbegriff nicht mehr verwendet wird und in der Auseinandersetzung darüber, wer denn eigentlich staatlicher Souverän sei bzw. wie die Aktivbürgerschaft ihren Souveränitätsansprüchen („Alle Macht geht vom Volke aus") gerecht wird und diese auch möglicherweise gegen die eigene Exekutive oder Legislative durchsetzt (Friedens-, Umweltbewegung), nicht auf die Entwicklung des Souveränitätsbegriffes eingegangen

wird, so handelt es sich hierbei um genuin die S. nach innen berührende Fragen.

So wie der Souveränitätsbegriff nach innen weiterentwickelt wird, so wird er auch nach außen ergänzt. Hierbei sind vor allem zwei Entwicklungen hervorzuheben. Erstens wird in dem Maße, in dem Nationalismus sich absolut setzt und die Existenzberechtigung anderer Nationen direkt oder indirekt in Frage stellt (z.B. im Faschismus) oder weltrevolutionäre Ansprüche (z.B. Kommunismus und islamischer Fundamentalismus) (→ Islam und internationale Politik) und Großmachtpolitik die Eigenständigkeit, Entwicklung und Entfaltung von Nationen bedrohen, S. zur Schutzklausel des Schwächeren gegenüber dem Stärkeren. Dies hat zur völkerrechtlichen Legitimierung von Verteidigungskriegen (s. UNO-Charta), Verstaatlichungen und Indigenisierung geführt, mit denen militärische Aggressionen und wirtschaftliche Durchdringung abgewehrt und damit die staatliche Unabhängigkeit erhalten werden soll. Daneben dienen Allianzbildungen (→ Militärbündnisse), → internationale Organisationen und Konferenzen wie z.B. die → KSZE (s. die vor allem für die Osteuropäer wichtige Schutzklausel vor Eingriffen in ihre Souveränitätsrechte durch die UdSSR) sowohl zur Herausbildung als auch zum Erhalt von S. Trotz völkerrechtlicher Verhaltensregeln, Harmonisierung von Außenpolitiken in internationalen Gremien (z.B. → Vereinte Nationen, OECD, EPZ, → Europäische Gemeinschaft) und diplomatischer Abstimmung sind Machtpositionen und Privilegien von Groß- (USA, UdSSR/Rußland) und Mittelmächten (OECD-Länder) zwar gemindert, aber nicht aufgehoben. Das Gleichheitsprinzip in der internationalen Staatengemeinschaft, wie es dem Souveränitätsbegriff zugrunde liegt, gilt weder in seinem politischen Gehalt noch in seiner außerpolitischen, wirtschaftlichen und militärischen Ausprägung. Die im Rahmen des → Ost-West-Konfliktes erhobenen Forderungen nach stärkerer Eigenständigkeit Europas, die Kritik an militärischen Interventionen und Okkupationen in der Dritten Welt (z.B. Vietnamkrieg, Afghanistan) und der Ruf der Dritten Welt nach einem gerechteren neuen → Weltwirtschaftssystem haben dies deutlich gemacht.

S. ist aber nicht nur Schutzklausel, sondern auch Gestaltungsprinzip im Entscheidungsprozeß internationaler Organisationen. Die UNO-Charta hat aus dem von ihr postulierten Grundsatz der souveränen Gleichheit (Art. 2.1) in Zusammenhang mit der Unabhängigkeitsgarantie den Schluß gezogen, Entscheidungen nicht — wie innerstaatlich — nach dem Mehrheitsprinzip, sondern nach dem Konsensprinzip zu fällen. Dies gilt ebenso für internationale Konferenzen, Organisationen und zur Zeit auch weitgehend für den Europäischen Ministerrat. Konsenspflicht bedeutet nicht nur absoluten Minderheitenschutz, sondern zwingt in der politischen Praxis zur Kompromißbildung. Unabhängigkeit und Gleichheit in internationaler, multinationaler und auch bilateraler Entscheidungsfindung werden aber durch den Einsatz von Machtpolitik, Drohung mit Austritt oder Alleingang und über die Finanzfrage wieder eingeschränkt. Die internationale Staatengemeinschaft betont zwar den formalen Gleichheits- und Unabhängigkeitscharakter nationaler Souveränität und den Grundsatz, sich nicht in die „inneren" Angelegenheiten anderer Länder einzumischen, weist aber Machtstrukturen und Dominanzmuster auf, die weit weniger als die innerstaatlichen Verhältnisse geregelt sind. Wie der → Balkankonflikt 1992/93 zeigt, kann der Anspruch auf S. aber auch pervertiert werden, wenn er zur Rechtfertigung von Vertreibung bzw. Repression von Minderheiten benutzt wird.

2. *Kritik des Souveränitätsbegriffes* — In den Internationalen Beziehungen bzw. bei der außenpolitischen Analyse wird der Souveränitätsbegriff im Gegensatz zum Völkerrecht kaum mehr verwendet. Er gilt als ordnungs- und realpolitisch überholt. S. von Nationalstaaten wird aber nicht nur als nicht vorhanden, sondern auch als nicht wünschenswert bezeichnet. S., d.h. Unabhängigkeit und Gleichheit, besteht im modernen Staatensystem deshalb nicht, weil 1. die außenpolitisch einsetzbaren diplomatischen, wirtschaftlichen und militärischen Machtpotentiale eben extrem ungleich sind und 2. die internationalen Verflechtungen und Abhängigkeiten nationale Lösungsmuster nicht mehr zulassen. Dies gilt für wirtschaftliche Wachstums-, Umwelt-und Sicherheitpsolitik ebenso wie für die Frage, wie der → Nord-Süd- und der Ost-West-Konflikt gelöst werden können. Man wirft dabei dem nationalstaatlich geprägten Souveränitätsbegriff nicht nur vor, daß er anachronistisch sei, sondern auch, daß er grundsätzlich eine Lösung der internationalen Gemeinschaftsprobleme verhindere. Denn einerseits dient S. dem Nationalstaat zur Begründung einer Außenpolitik, die in ihren Handlungen unabhängig, nur sich selbst gegenüber rechenschaftspflichtig und auch berechtigt sein will, ihre Ziele mit militärischer, wirtschaftlicher und politischer Gewalt durchzusetzen. Dies ist aber in der Regel nur auf Kosten der Interessen anderer Nationen möglich und beeinträchtigt daher unmittelbar deren S. Alle Regelungen können diesen Widerspruch zwar mildern, nie aber ihn aus der Welt schaffen. Andererseits sind alle jede Korrekturversuche, wie z.B. die Forderungen der Dritten Welt nach einer neuen Weltwirtschaftsordnung, durch das Souveränitätsprinzip von vornherein erschwert bzw. unmöglich gemacht, weil sich die Industrieländer unter Berufung auf ihre Souveränitätsrechte einem Abbau ihrer Machtpositionen entziehen. Neben diesen Widersprüchen wird aber auch das aus dem Souveränitätsbegriff abgeleitete Verbot der Einmischung in innere Angelegenheiten kritisiert. Die Menschenrechtspolitik der amerikanischen *Carter*-Administration gegenüber lateinamerikanischen Diktaturen, die politischen Klauseln in der Politik der EG gegenüber den Staaten Afrikas, der Karibik und des Pazifiks (AKP-Staaten) (→ EG als internationaler Akteur) und die Praxis z.B. im Europarat bzw. der → NATO, gravierende Abweichungen vom demokratischen Modell nicht hinzunehmen (Griechenland, Türkei) bzw. Demokratisie-

rungsprozesse aktiv zu unterstützen (Portugal, Spanien), sind Beispiele, daß
der Durchsetzung politischer Grundwerte eine höhere Wertigkeit zugewiesen wird als dem Respekt vor dem inneren Gestaltungsmonopol bzw. der inneren S. des Nationalstaates.

Bei der Neugestaltung des europäischen Staatensystems durch den KSZE-
Prozeß ist man noch weiter gegangen. Zwar beruht der KSZE-Entschei-
dungsprozeß (Konsensprinzip) auf der S. der Teilnehmerstaaten — die Forderungen und Effekte in der Menschenrechtsfrage, der zwischenstaatlichen
Öffnung (Informationsfreiheiten usw.) und der verrechtlichten zwischenge-
sellschaftlichen Zusammenarbeit haben aber gerade in Osteuropa die gesell-
schaftspolitische Gestaltungssouveränität weitgehend in Frage gestellt.
Schließlich wird darauf hingewiesen, daß der Souveränitätsbegriff davon
ausgeht, daß das internationale System ein Nationalstaatensystem sei, wie
z.B. nach der bürgerlichen Revolution. Auch wenn der Nationalstaat nach
wie vor eine beherrschende Rolle spielt, darf nicht übersehen werden, daß
neue Akteurstypen entstanden sind und an Einfluß gewonnen haben. Dazu
zählen nicht nur transnationale Konzerne, sondern internationale und nationale Organisationen, auf die das klassische Souveränitätsattribut nicht
zutrifft, die aber zunehmend Souveränitätskompetenzen übernehmen (EG)
oder durchaus machtpolitische Bedeutung gewinnen können.

Verflechtungen, Probleminternationalisierungen und die Entstehung neuer
nichtnationalstaatlicher Akteure haben ordnungspolitisch zu einer Wieder-
belebung universalistischer oder weltbürgerlicher Überlegungen geführt,
die ihrerseits eine lange Tradition haben. Anstelle einer nationalstaatlichen
Souveränitätseinschränkung durch Regeln und Selbstverpflichtung wird
vielmehr eine Strukturreform gefordert, die dem Nationalstaat seine Souve-
ränitätsansprüche überall dort wegnehmen soll, wo dies im Gemeinschafts-
oder Weltgesellschaftsinteresse notwendig sei. Dabei gibt es verschiedene
Modelle wie ein universaler Föderalismus mit einer internationalen Agentur, eine vollständige → Integration in einen Weltstaat, für den der bisherige
innere Souveränitätsbegriff die nationalstaatliche Souveränität ablöst, oder
auch das Suprematiemodell, worin eine Großmacht imperiale Ordnungs-
funktionen übernimmt. Diese Überlegungen setzen im Grunde alte staats-
und gesellschaftstheoretische Überlegungen von *Rousseau*, *Hobbes* und andere fort und übertragen sie auf das internationale System, für das sie einen
neuen Gesellschaftsvertrag fordern, der die Widersprüche des klassischen
Souveränitätsbegriffes aufhebt, dafür aber seine Vorstellungen von einer unabhängigen und gerechten Entwicklung verwirklicht.

Neben dieser primär ordnungspolitischen Debatte sind die Internationalen Beziehungen bei der Analyse von Außenpolitik bzw. Internationaler Politik dazu
übergangen, den Souveränitätsbegriff nach Handlungsbereichen und Unab-
hängigkeitsmustern aufzulösen. Dazu werden Begriffe wie Handlungsspielraum, Abhängigkeitsbilanzen und Verflechtungshierarchien eingesetzt, mit

denen Art und Ausmaß, Genese und Internationalisierungsgrad nationaler Politik untersucht werden.

Das neue völkerrechtliche wie politische Verständnis von → Menschenrechten und Frieden zusammen mit der vergrößerten Handlungsfähigkeit der UNO nach Ende des Ost-West-Konfliktes haben auf Grundlage des Begriffes „limited sovereignty" den zwangsweisen Eingriff in die S. eingeführt (→ Kuwait-Krieg) und damit in der Praxis das traditionelle S.-Verständnis weiter entleert.

Literatur

Behrens, Henning / *Noack*, Paul: Theorien der internationalen Politik, München 1984.

Bodin, Jean: Six livres de la République, Paris 1576.

Czempiel, Ernst-Otto (Hrsg.): Die anachronistische Souveränität. Politische Vierteljahresschrift, Sonderheft Nr. 1 / 1969.

Haftendorn, Helga: Verwaltete Außenpolitik, Köln 1978.

Heller, Hermann: Die Souveränität, Berlin 1927.

Hofmann, Hanns Hubert (Hrsg.): Die Entstehung des modernen souveränen Staates, Köln 1967.

Simon, Werner: Die Souveränität im rechtlichen Verständnis der Gegenwart, Berlin 1965.

Quaritsch, Helmut: Souveränität — Entstehung und Entwicklung des Begriffs in Frankreich und Deutschland vom 13. Jahrhundert bis 1806, Berlin 1986.

Reimund Seidelmann

Theorien der internationalen Beziehungen

1. Proliferation im Zeichen der Postmoderne: Zum Stand der Theoriedebatte in den Internationalen Beziehungen — Einer bis in die 80er Jahre im Fach noch konsensfähigen Minimaldefinition zufolge mochte als *Theorie* gelten ein System beschreibender und erklärender Aussagen über Regelmäßigkeiten, Verhaltensmuster und Wandel des internationalen Systems und seiner Handlungseinheiten, Prozesse und Strukturen (*Holsti* 1991:166). Der *Anspruch*, daß solche Aussagen die Bindung an spezifische Epochen, geographische Handlungsräume, Einzelereignisse und Einzelakteure überschreiten sollten, begründete ihren generalisierenden Charakter. Ihrer *Form* nach stellten sie wenn-dann-Aussagen dar, denen zufolge eine Veränderung der Variable oder Eigenschaft X eine Veränderung der Variable oder des Verhaltensmusters Y notwendigerweise nach sich zog. Ihre *Reichweite* bezog sich auf Klassen von Sachverhalten, Ereignissen und (Kausal-)Beziehungen; nicht das realhistorische Einzel-, sondern das gleichsam idealtypisierte Gattungsphänomen stand im Zentrum ihrer Aufmerksamkeit. Im Idealfall sollte eine solche Theorie in der Vielfalt einzigartiger Erfahrungstatsachen das Einheitliche, Ähnliche und Typische entdecken, die Erfahrungstatsachen fallweise auf Ausprägungen allgemeiner Aussagen oder Sätze zurückführen, und hinter diesen umfassende Gesetze auffinden, denen die Einzelphänomene ihre Existenz verdankten und die ihre Entwicklung bestimmten (*Morgenthau* 1969:68).

Schon ein knapper Blick auf die theoriegeschichtliche Entwicklung des Faches seit den 60er Jahren aber zeigt, daß der Minimalkonsens über den Theoriebegriff zunehmend vordergründiger und brüchiger wurde. Er hatte einmal mit einem Verständnis von „Theorie" zu kämpfen, demzufolge sich im Begriff ideengeschichtliche, sozialphilosophische, wissenschaftsgeschichtliche und wissenschaftstheoretische Elemente neben theorietypisierend — epistemologischen zu einem ganzen *Begriffsfeld* bündeln (vgl. Abb 1). Desweiteren setzten ihm Kontroversen über den *Geltungsanspruch* und die verschiedenen Möglichkeiten der Bewährung wissenschaftlicher Aussagen über internationale Sachverhalte zu, die zumindest im Rückblick eines deutlich zeigten: Nämlich, daß die Forderung nach einer empirisch gehaltvollen, umfassenden, eineindeutigen und ein wissenschaftlich konsensfähiges Bild der internationalen Beziehungen vermittelnden Theorie nur schwerlich zu erfüllen war (Gründe bei *Meyers* 1990a:230ff). Schließlich und endlich geriet er in den Sog einer Debatte über den *Gegenstand* der Internationalen Beziehungen (*Meyers* 1990b:50ff): In dem Maße, in dem dieser sich inhaltlich ausdifferenzierte, Elemente der traditionellen, nach den Formen, Ursachen und Randbedingungen von → Krieg und Frieden fragenden, freilich weitgehend dem machtpolitischen Nullsummenspiel des Kalten Krieges verhafteten Agenda mit Elementen einer neuen, Verhältnisse der erstweltlichen Interdependenz wie erst- und drittweltlichen Dependenz thematisierenden, weltweite ökonomische und ökologische Verteilungs- und Herrschaftskonflikte reflektierenden Agenda vermischte (*Halliday* 1991) — in dem Maße mußte auch der Konsens über „den" Theoriebegriff des Faches ernsthaft ins Wanken geraten. Insoweit sind schon die 70er, mehr aber noch die 80er Jahre durch Proliferation, Koexistenz und Konkurrenz einer Fülle theoretischer Konzepte, Ansätze, Zugangsweisen, Teiltheorien und Theorien internationaler Beziehungen gekennzeichnet; „... contemporary work takes place within a context of serious theoretical fragmentation and competing paradigms..." (*Holsti* 1991:165). *Dougherty* und *Pfaltzgraff* (1990) umschreiben zwölf den Gegenstand je perspektivisch unterschiedlich erschließende Theorie-Gruppen (Umwelttheorien, Macht- und Systemtheorien, verschiedene Spielarten der Konflikttheorien, Integrations- und Allianztheorien, Entscheidungs- und Spieltheorien usw.). *Haftendorn* (1990:480ff) nennt für die 80er Jahre durchgängig 20, *Kubàlkovà* und *Cruickshank* (1980:272) subsummieren gar 24 generalisierende, Wirklichkeit erklärende und interpretierende Aussagen-Gefüge unter dem Begriff „Theorie". Und: bedenkt man, daß im Zuge der Entwicklung der neuen Agenda, vor dem Hintergrund des Verblassens der Kalten-Kriegs-Dominanz der Supermächte, der Teil-Erosion der Rolle des souveränen Nationalstaates als Hauptakteur der internationalen Beziehungen und dem Aufkommen transnationaler, in Ökonomie und Gesellschaft verwurzelter Handlungseinheiten weltwirtschaftliche und weltarbeitsteilige Phänomene und Problemkomplexe derart an Bedeutung gewannen, daß sich in den 80er Jahren mit der Internationalen Politischen Ökonomie ein eigenes Teilfach aus den Internationalen Beziehungen ausgliederte (grundlegend *Gilpin* 1987; zur Entwicklung *Jones* 1988, *Murphy/Tooze* 1991) — ein Teilfach, das uns den gesamten Apparat der ökonomischen Wohlfahrts-, Verteilungs-, Transaktions- und Währungstheorien erschließt — dann liegt es auf der Hand, daß die Theorieproliferation in den Internationalen Beziehungen auch künftig weitergehen wird (*Knutsen* 1992:Kap. 10).

Allerdings: bei aller perspektivischen Differenz im einzelnen läßt sich den bislang genannten Theorie-Ausprägungen doch ein rationalistisch-aufklärerisches Minimalerbe zuschreiben: das Streben nach Zeit, Ort und Einzelakteur übergreifenden allgemeineren Aussagen über Sachverhalte; die Begründung dieser Aussagen in einer methodisch verfahrenden, nachprüfbaren Systematik des (empirischen) Beleges und/oder (deduktiven) Beweises; die Verteidigung des wissenschaftlichen Aussagen im Unterschied zu alltagspraktischen zugesprochenen, durch das Verfahren ihrer Gewinnung und Überprüfung gesicherten besonderen Geltungsanspruchs; schließlich auch das Bemühen um eine interpersonal nachvollziehbare, konsensorientierte Etablierung, Klärung und Vermittlung der Grundbegriffe des Fachs. Gerade diese den neuzeitlich-modernen Wissenschaftsbegriff konstitutiv prägenden epistemologisch-methodischen Minimalia aber werden von einer Reihe neuerer, langsam auch in die Internationalen Beziehungen eindringender Strömungen infrage gestellt, die sich den Ideen der *Postmoderne* verpflichtet wissen: der Insistenz auf der räumlich-zeitlich-sprachlichen Kontextabhängigkeit jeglicher Art von Aussagen, der Ablehnung der Bedeutungs- und inhaltlichen Konstanz wie der überzeitlichen Gültigkeit von Begriffen und Theorien, der Betonung der Bedeutung des Lokalen, (historisch) Kontingenten, des Einzelerlebnisses und Einzelfaktums bei der Genese und Prägung unserer je eigenen Begriffe, Einstellungen und Weltsichten (*Skinner* 1990:12ff; weiterführend *Sarup* 1988).

Teils der Tradition der kritischen Theorie der Frankfurter Schule (*Adorno, Horkheimer,Habermas*) verpflichtet (Näheres *Linklater* 1992), teils von der

Abb. 1: Theorie der internationalen Beziehungen — Begriffsfeld

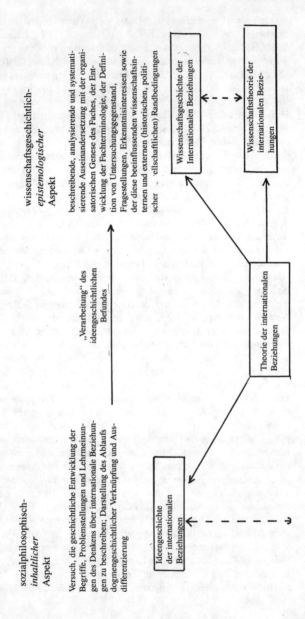

sozialphilosophisch-
inhaltlicher
Aspekt

Versuch, die geschichtliche Entwicklung der Begriffe, Problemstellungen und Lehrmeinungen des Denkens über internationale Beziehungen zu beschreiben; Darstellung des Ablaufs dogmengeschichtlicher Verknüpfung und Ausdifferenzierung

wissenschaftsgeschichtlich-
epistemologischer
Aspekt

beschreibende, analysierende und systematisierende Auseinandersetzung mit der organisatorischen Genese des Faches, der Entwicklung der Fachterminologie, der Definition von Untersuchungsgegenstand, Fragestellungen, Erkenntnisinteressen sowie der diese beeinflussenden wissenschaftsinternen und externen (historischen, politischer ellschaftlichen) Randbedingungen

„Verarbeitung" des
ideengeschichtlichen
Befundes

Wissenschaftsgeschichte der Internationalen Beziehungen

Wissenschaftstheorie der internationalen Beziehungen

Theorie der internationalen Beziehungen

Ideengeschichte der internationalen Beziehungen

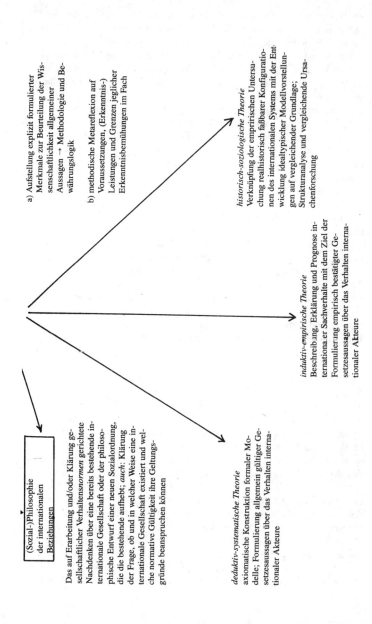

(Sozial-)Philosophie der internationalen Beziehungen

Das auf Erarbeitung und/oder Klärung gesellschaftlicher Verhaltensnormen gerichtete Nachdenken über eine bereits bestehende internationale Gesellschaft oder der philosophische Entwurf einer neuen Sozialordnung, die die bestehende aufhebt; *auch:* Klärung der Frage, ob und in welcher Weise eine internationale Gesellschaft existiert und welche normative Gültigkeit ihre Geltungsgründe beanspruchen können

a) Aufstellung explizit formulierter Merkmale zur Beurteilung der Wissenschaftlichkeit allgemeiner Aussagen → Methodologie und Bewährungslogik

b) methodische Metareflexion auf Voraussetzungen, (Erkenntnis-)Leistungen und Grenzen jeglicher Erkenntnisbemühungen im Fach

historisch-soziologische Theorie
Verknüpfung der empirischen Untersuchung realhistorisch faßbarer Konfigurationen des internationalen Systems mit der Entwicklung idealtypischer Modellvorstellungen auf vergleichender Grundlage; Strukturanalyse und vergleichende Ursachenforschung

induktiv-empirische Theorie
Beschreibung, Erklärung und Prognose internationaler Sachverhalte mit dem Ziel der Formulierung empirisch bestätigter Gesetzesaussagen über das Verhalten internationaler Akteure

deduktiv-systematische Theorie
axiomatische Konstruktion formaler Modelle; Formulierung allgemein gültiger Gesetzesaussagen über das Verhalten internationaler Akteure

dekonstruktivistischen Sprach- und Textanalyse der französischen Post-Strukturalisten (*Baudrillard, Foucault, Derrida*) beeinflußt (Näheres P. *Rosenau* 1990), teils ausgehend vom Post-Behaviorismus verstärkt normativ argumentierend und im Anschluß an *Walzer* (1982) die Möglichkeit des gerechten Krieges, im Anschluß an *Rawls* 1971) die Bedingungen internationaler Verteilungsgerechtigkeit erörternd (Näheres *Brown* 1992), teils endlich auch die feministische Kritik des bisherigen virozentrischen Weltbildes der Internationalen Beziehungen aufnehmend (Näheres *Millennium* 1988; *Peterson* 1992), zeichnen sich die Vertreter / Innen der Postmoderne im wesentlichen dadurch aus, daß sie die bisher gültigen Theorieansätze im Fach wegen ihrer neopositivistischen Faktizität, ihrer Verpflichtung auf Rationalität, gesehen als technische Beherrschung der gesellschaftlichen und natürlichen Umwelt, ihrer Privilegierung im gesellschaftlichen Diskurs, ihrer Hierarchisierung und politisch instrumentalisierten Aufladung von Wissensinhalten und wegen ihrer Einebnung der die Welt kennzeichnenden Widersprüche, Ironien, Paradoxien und unterschiedlichsten Konzepte von Raum, Zeit, Identität, Subjekt und Objekt entschieden ablehnen (Näheres auch *Der Derian / Shapiro* 1989). Instanzen, die über den Wahrheitsgehalt, über die Geltung einer Aussage entscheiden, fallen der Dekonstruktion zum Opfer; Sprache(n), Symbole, alternative Diskurse und Bedeutungen, das Akzidentielle, die Grenze, das Getrennte und Vergessene lösen das historisch determinierte Weltbild der internationalen Beziehungen auf, mögen die traditionellen Theorien durch neue Dimensionen und Alternativen erweitern, ergänzen. „This runs counter to the modernist attempt to narrowly define the field of contestation and thus more readily dominate it; against monological, totalizing theory, postmodernism posits heterological, multipolar grids of knowledge and practice..." (*Der Derian* 1989:6).

Welche neuen theoretischen Einsichten in die internationalen Beziehungen aus dem postmodernistischen Abbruch überkommener Begriffsgebäude erwachsen, bleibt vorerst allerdings noch offen: Eine wohlwollende Beurteilung des Unternehmens mag ihm zwar seine durchaus intendierte stilistische Vieldeutigkeit, seinen fast schon an bewußte Immunisierung gegen Außenkritik grenzenden sprachlichen Obskurantismus vorhalten, jedoch seine in kritisch-kontrapunktischer Absicht eröffneten Wege zu neuen, die eigenen Positionen hinterfragenden Einsichten durchaus anerkennen. Eine kritische Einschätzung freilich würde ihm Theoriefeindlichkeit, Relativismus und Subjektivismus, Antirationalismus und Ablehnung jeglicher, im Sinne Kants auf apriorische Anschauungsformen und Verstandeskategorien rückbezogener, Vernunft und Vernunftkritik vorwerfen (P. *Rosenau* 1990:92ff). Vielleicht würde sie auch darlegen, daß — wenn man die epistemologisch-methodologischen Prämissen des Postmodernismus konsequent bis zum Ende durchhält — er sich als eine glasperlensprachspielhafte wissenschaftliche Hofnarren-, Dissidenten- und Scharlatanen-Komödie entlarvt, die sich

irgendwann im intertextlichen Orkus ihrer Selbst-Ironisierung ad absurdum
führend auflöst!

2. *Klassifikationsmerkmale von Theorien* — In bewußter Opposition zum
Postmodernismus wollen wir hier daran festhalten, daß es Aufgabe von Theorien internationaler Beziehungen ist, die verwirrende Mannigfaltigkeit der
vielschichtigen und komplexen Phänomene, die in ihrer Gesamtheit den Gegenstand des Faches ausmachen, für den wissenschaftlichen Erkenntniszu-
griff zu ordnen und zu erschließen. Dementsprechend impliziert Theoriebildung kein Unternehmen der De-, sondern der einheits- und sinnstiftenden
Re-Konstruktion: je unterschiedliche Theorien erzeugen je unterschiedliche
Vorstellungsbilder des Gegenstandes. Karl R. *Popper* (1976:31) hat einmal
darauf verwiesen, daß die Theorie das Netz sei, das wir auswerfen, um „die
Welt" einzufangen, sie zu rationalisieren und zu erklären. Wenn dies zutrifft, muß aber auch zutreffen, daß unterschiedliche Netze unterschiedliche
„Welten" einfangen und je verschieden erklären. Insbesondere gilt dies für
die Bestimmung von Ursachen und Wirkungen, von Elementen der Konstanz
und von Elementen des Wandels, von Kriterien der Geltung und Nicht-
Geltung von Aussagen. Sie sind keine objektiven Phänomene „an sich".
„Their observation acquires form through conceptual formulation, not from
empirical ,reality' …" (J.N. *Rosenau* 1990:76). Erkenntnis ist grundsätzlich
theoriegeladen (Näheres vgl. *Hollis / Smith* 1990:61ff). Diese Feststellung
begründet, warum es so wichtig ist, sich mit den verschiedenen Theorien der
internationalen Beziehungen auseinanderzusetzen. Und sie erschließt uns
eine Menge funktionaler Kriterien, eine Typologie, derzufolge (formale)
Theorieelemente gemäß ihrer Bedeutung für den Erkenntnisprozeß geordnet
werden können.

Eine besondere Rolle bei der Klassifizierung von Theorien spielen in der Regel ontologische und / oder epistemologische Kriterien. Sie führen zu zwei
Grundfragen: 1) Welche Vorstellungen, welches Weltbild erzeugt eine Theorie von der „Sache", vom Gegenstand der internationalen Beziehungen?
2) Wie begründet und legitimiert eine Theorie ihre Aussagen über den Gegenstand, auf den sie sich bezieht? Wir werden diese Fragen unserer weiteren Erörterung zugrunde legen. Allerdings ist zuvor noch zu bemerken, daß
Theorien neben ihrer ontologischen und epistemologischen Funktion für
den Erkenntnisprozeß vielfach — implizit oder explizit — auf gesellschaftliche *Praxis* zielen, d.h. die Frage beantworten: „Was soll ich tun?" und „Wie
kann ich mein praktisches Handeln rechtfertigen?" Als Reaktion auf das
Streben nach Wertfreiheit wissenschaftlicher Aussagen in der behavioristi-
schen Entwicklungsphase der Internationalen Beziehungen (vgl. unten Ab-
schn. 2.2) gewinnt diese normativ-handlungssinnstiftende Funktion von
Theorie in den 80er Jahren — gefördert auch durch den Einfluß der Herme-
neutik und der kritischen Theorie (Näheres *Brown* 1992) — wieder stärker

Abb. 2: Theorieelemente und Theoriefunktionen

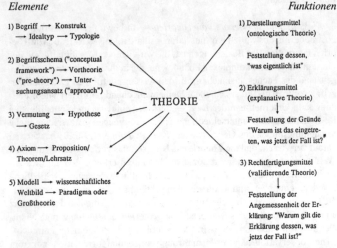

Elemente   *Funktionen*

1) Begriff ⟶ Konstrukt
   ⟶ Idealtyp ⟶ Typologie

2) Begriffsschema ("conceptual
   framework") ⟶ Vortheorie
   ("pre-theory") ⟶ Unter-
   suchungsansatz ("approach")

3) Vermutung ⟶ Hypothese
   ⟶ Gesetz

4) Axiom ⟶ Proposition/
   Theorem/Lehrsatz

5) Modell ⟶ wissenschaftliches
   Weltbild ⟶ Paradigma oder
   Großtheorie

THEORIE

1) Darstellungsmittel
   (ontologische Theorie)
   ↓
   Feststellung dessen,
   "was eigentlich ist"

2) Erklärungsmittel
   (explanative Theorie)
   ↓
   Feststellung der Gründe
   "Warum ist das eingetreten, was jetzt der Fall ist?"

3) Rechtfertigungsmittel
   (validierende Theorie)
   ↓
   Feststellung der
   Angemessenheit der Er-
   klärung: "Warum gilt die
   Erklärung dessen, was
   jetzt der Fall ist?"

an Bedeutung. Mit *Skinner* (1990) bezeichnen wir daher Theorien, die nicht
nur ontologische und epistemologische, sondern auch normative Funktionen erfüllen, als „Großtheorien" und fassen ihre Leistung schematisch wie
folgt:

Abb. 3: Funktionen von Großtheorien

Großtheorie

in epistemologisch-bewährungslogischer Hinsicht Systeme generali-
sierender Aussagen über sprachlich konstituierte, je für real gehaltene Sachverhalte

↓

ontologisch-konstruktivistische, teleologisch-praxisbezogene kog-
nitive Komplexe,

→ *Interpretationsfunktion:*
Strukturierung von Teilbereichen der (erfahrbaren) Realität

→ *Orientierungsfunktion:*
Reduktion komplexer Sachverhalte auf vermeintlich einfache bzw.
idealtypische Einsichten

→ *Zielbeschreibungsfunktion:*
Anleitung zu praktischem Handeln in der „Realität"

> → *Handlungslegitimationsfunktion:*
> Legitimierung praktischen Handelns in der „Realität"

> → *epistemologische Funktionen:*
> Anleitung für die Formulierung wissenschaftlicher Aussagen über den von der Großtheorie konstituierten Realitätsausschnitt sowie Bestimmung von Kriterien für deren Geltung

2.1 Klassifikationsmerkmale von Theorien: ontologische Gestalten und wissenschaftliche Weltbilder — Nicht zuletzt die Existenz einer Vielzahl von Großtheorien internationaler Beziehungen ist der Grund dafür, daß im Fach Internationale Beziehungen der Konsens über den Theoriebegriff immer brüchiger, die Annahmen über das, was denn nun den Erkenntnisgegenstand des Faches ausmacht, immer ausfernder werden. Die wissenschafts- und ideengeschichtliche Durchmusterung unseres Theorie-Universums (*Meyers* 1981; *Olson/Groom* 1991; *Knutsen* 1992) läßt schnell erkennen, daß jede Großtheorie die Phänomene der internationalen Politik mit unterschiedlichem Erkenntnisinteresse und davon abhängiger Fragestellung auf der Grundlage je verschiedener anthropologischer, ethisch-normativer und methodischer Vorverständnisse zu erfassen sucht. D.h. — die Großtheorien differieren im Blick auf ihre ontologischen Grundannahmen (hierzu ausführlich *Mc Kinlay/Little* 1986). Ihre Differenzen betreffen vornehmlich den Charakter des internationalen Milieus und die Qualität der Akteure, die untereinander staatliche Grenzen überschreitende Interaktionsbeziehungen unterhalten; sie erstrecken sich ferner auch auf die von den Akteuren verfolgten Ziele ebenso wie auf die Mittel, die zur Verwirklichung dieser Ziele gemeinhin eingesetzt werden. Deutlich wird in diesem Kontext vor allem, daß — frei nach *Popper* — das Fischen mit unterschiedlichen (großtheoretischen) Netzen in der Tat unterschiedliche (wissenschaftliche) Welten(bilder) ans Ufer der Erkenntnis zieht. Wir verweisen zum Beleg auf die nachfolgende Darstellung vgl. Abb. 4 (nach *Meyers* 1990b):
Die Bedeutung solcher Großtheorien liegt nun nicht nur in ihrer Rolle als gedanklich-sprachliches Konstrukt, mit dessen Hilfe wir die „Fakten" der internationalen Beziehungen auswählen und interpretieren (bzw. auch darüber entscheiden, was denn überhaupt als „Fakt" gelten darf). Sie konstituieren vielmehr auch je ontologisch unterschiedliche *wissenschaftliche Weltbilder*, die der Bildung von Traditionen, Schulen, Forschergemeinschaften als ideeller Kristallisationskern dienen, die Abgrenzung solcher unter einem gemeinsamen Weltbild versammelter Gemeinschaften gegen andere vergleichbare ermöglichen und eine nicht zu verkennende Rolle bei der Aufnahme, d.h. bildungsmäßigen Sozialisation, des Nachwuchses in solche Gemeinschaften spielen (vgl. Abb. 5).

Abb. 4: Großtheorien internationaler Beziehungen

Großtheorie	Akteur	Milieu	Strukturprinzip
Realismus	Nationalstaat	Staatenwelt als internationaler anarchischer Naturzustand	vertikale Segmentierung, unlimitiertes Nullsummenspiel um Macht, Einfluß, Ressourcen
Englische Schule		Staatenwelt als rechtlich verfaßte internationale Staatengesellschaft	vertikale Segmentierung, durch Norm und Übereinkunft geregeltes Nullsummenspiel
Idealismus	Individuum	Weltgesellschaft als internationale Gesellschaft der Individuen	universalistische Verfassung
Interdependenzorientierter Globalismus	individuelle oder gesellschaftliche Akteure	transnationale Gesellschaft	funktionale grenzübergreifende Vernetzung
Imperialismustheorien	individuelle oder gesellschaftliche Akteure, die Klasseninteressen vertreten	internationale Klassengesellschaft	gesellschaftlich: horizontale grenzübergreifende Schichtung; (macht-)politisch: vertikale Segmentierung der imperialistischen Konkurrenten
dependenzorientierter Globalismus (Dependenztheorien und Theorien des kapitalistischen Weltsystems	gesellschaftliche und nationalstaatliche Akteure, die Klasseninteressen vertreten	kapitalistisches Weltsystem als Schichtungssystem von Metropolen und Peripherien	horizontale Schichtung nationaler Akteure im Weltsystem; strukturelle Abhängigkeit der Peripherien von den Metropolen; strukturelle Heterogenität der Peripherien

Dabei soll hier offenbleiben, ob im Sinne des *Kuhn*schen Paradigma-Begriffs (1978) wissenschaftliche Weltbilder inkommensurabel sind, d.h. *zwischen* Vertretern verschiedener Weltbilder eine Diskussion über den Gegenstand internationale Beziehungen nicht mehr möglich ist, oder ob sie eher komplementären Charakter haben (*Link* 1989). Duktus und Emphase mancher Theoriedebatten der Vergangenheit lassen eher die erste Annahme zu.

2.2 Klassifikationsmerkmale von Theorien: epistemologische Strukturen und Geltungsgründe wissenschaftlicher Aussagen — Die oben skizzierten ontologischen Differenzen bieten uns *eine* Menge möglicher Kriterien zur Klassifikation von Theorien internationaler Beziehungen. Eine zweite Kriterienmenge läßt sich aus der Feststellung ableiten, daß Theorien sich nicht nur hinsichtlich des (inhaltlichen) Bildes, das sie vom Gegenstand konstruieren, voneinander unterscheiden, sondern auch hinsichtlich der epistemologischen und methodischen Prämissen jener Fragen, die sie an den Gegenstand richten, und — daraus folgend — hinsichtlich der Kriterien, auf die sie den Geltungsanspruch ihrer Aussagen jeweils zurückführen. Traditioneller-

Abb. 5: Bedeutung wissenschaftlicher Weltbilder

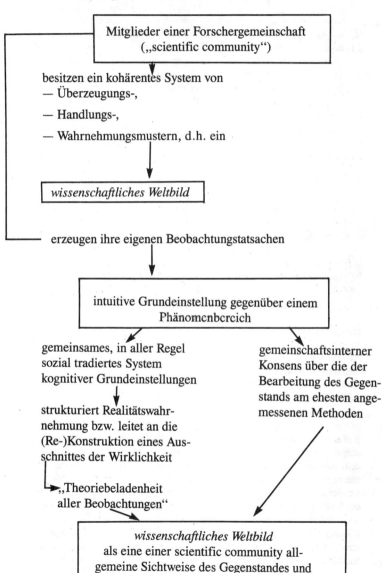

Mitglieder einer Forschergemeinschaft
(„scientific community")

besitzen ein kohärentes System von
— Überzeugungs-,
— Handlungs-,
— Wahrnehmungsmustern, d.h. ein

wissenschaftliches Weltbild

erzeugen ihre eigenen Beobachtungstatsachen

intuitive Grundeinstellung gegenüber einem
Phänomenbereich

gemeinsames, in aller Regel
sozial tradiertes System
kognitiver Grundeinstellungen

strukturiert Realitätswahr-
nehmung bzw. leitet an die
(Re-)Konstruktion eines Aus-
schnittes der Wirklichkeit

„Theoriebeladenheit
aller Beobachtungen"

gemeinschaftsinterner
Konsens über die der
Bearbeitung des Gegen-
stands am ehesten ange-
messenen Methoden

wissenschaftliches Weltbild
als eine einer scientific community allgemeine Sichtweise des Gegenstandes und
der Aufgabe ihrer Wissenschaft

weise werden diese Kriterien als solche zweiter Ordnung, als *metatheoretische*, bezeichnet: Sie liegen *quer* zu den ontologischen Scheidelinien, die die Weltbilder internationaler Beziehungen voneinander trennen.

In recht idealtypisierend-vereinfachender Sicht lassen sich die die Theoriediskussion des Faches kennzeichnenden metatheoretischen Kriterien um den Gegensatz von *Verstehen* und *Erklären* zentrieren. Genauer: wie die Sozialwissenschaften im allgemeinen ist auch die Lehre von den Internationalen Beziehungen im besonderen von zwei epistemologischen Perspektiv-Traditionen durchzogen, deren eine dem Wissenschaftsideal der modernen Naturwissenschaften, deren andere aber dem Wissenschaftsideal einer historisch orientierten Geisteswissenschaft verpflichtet ist. Die Anhänger des naturwissenschaftlichen Erkenntnisideals streben danach, das Verhalten der Akteure, die Genese der Strukturen und den Ablauf der Prozesse internationaler Beziehungen auf der Grundlage (empirisch fundierter) Kausalgesetze zu erklären. Ebenso wie die Naturwissenschaften die natürliche, setzen sie die gesellschaftliche Wirklichkeit als ein in sich eigengesetzliches *Objekt*, nähern sich ihm gleichsam „von außen". Die rationale *Erklärung* beobachteter Tatsachen und / oder von Zusammenhängen zwischen Tatsachen verlangt, daß deren Auftreten von einem (in der Regel statistisch erhärteten) Gesetz abgeleitet, deduziert werden kann. „To explain an event or state of affairs is to find another which caused it." Und: „... science explains particular events by generalizing and by making them cases of laws at work" (*Hollis / Smith* 1990:3). Ferner: läßt sich die Geltung von Gesetzen durch vielfache Tests belegen — oder strenger: lassen sich Gesetze nicht falsifizieren — bieten sie über die Erklärung gegenwärtiger hinaus auch die Möglichkeit zur Prognose künftiger Ereignisse. Schließlich: streng zu trennen sind Tatsachenbehauptungen und Werturteile; wissenschaftliche Aussagen sollen allein auf Tatsachenbehauptungen beschränkt werden, weil die Gültigkeit von Werturteilen nicht durch empirische Tests erweisbar, sondern letztlich von außerwissenschaftlichen Glaubenssätzen abhängig ist.

Der am naturwissenschaftlichen (engl. „science", daher die Bezeichnung „*Scientismus*") Erkenntnisideal orientierten Position bestreiten nun die Anhänger geisteswissenschaftlicher Erkenntnisverfahren („*Traditionalisten*") drei zentrale Prämissen: einmal die, daß gesellschaftliche Tatbestände „von außen" zum Objekt wissenschaftlicher Erkenntnisse gemacht werden können, zum anderen die, daß gesellschaftlichen Entwicklungen eine quasinaturgesetzliche Regelmäßigkeit übergestülpt werden kann, und drittens die, daß Tatsachenbehauptungen und Werturteile voneinander zu trennen sind. In der traditionalistischen Perspekte ist Wissenschaft *Teil* jenes gesellschaftlichen Zusammenhanges, den sie untersucht; was sie leisten kann, ist, das Handeln der Akteure internationaler Beziehungen, ihre Motive, Interessen, Beweggründe, Zielsetzungen vor dem Hintergrund der eigenen lebenspraktischen Erfahrungen des Wissenschaftlers — d.h. gleichsam perspektivisch

„von innen" — *verstehend* nachzuvollziehen. Im strengen Sinne — durch Ableitung ihrer Phänomene von Gesetzen — zu erklären sind die internationalen Beziehungen ferner schon deshalb nicht, weil sie dem Prinzip der historischen Kontingenz unterworfen sind. Was Wissenschaft zweitens leisten kann — gestützt auf „... shrewd political judgement and a philosophical skill in thinking out problems in terms of their basic elements..." (*Bull* 1969:29) — ist die Formulierung idealtypischer Modellvorstellungen, die im Wege des historischen Vergleiches Gleichartigkeiten, Unterschiede und Triebkräfte des Handelns internationaler Akteure aufdecken und die die je realhistorisch bestimmten Konfigurationen dieser Akteure eigenen charakteristischen Grundzüge aufzeigen. Schließlich hält der Traditionalist daran fest, daß wissenschaftliche Aussagen durch eine „... explicit reliance on the exercise of judgment..." (*Bull* 1969:20) — d.h. durch die Abhängigkeit von Werturteilen — gekennzeichnet sind. Das Geltungskriterium solcher Aussagen ist letztlich der Common Sense — der auf Alltagserfahrungen beruhende gesunde Menschenverstand; die durch ihn legitimierten Auffassungen und Annahmen können in der Regel in der je persönlichen Lebenserfahrung und in den methodisch nachprüfbar erworbenen Erkenntnissen des Wissenschaftlers Bestätigung finden.

Im Gewande der Traditionalismus-Scientismus-Debatte hat die Auseinandersetzung der beiden skizzierten metatheoretischen Grundposition die Theorieentwicklung im Fach während der 60er und frühen 70er Jahre entscheidend geprägt. Wir fassen ihre Prämissen und Konsequenzen kontrapunktisch-tabellarisch (vgl. Abb. 6). Allerdings hat sie die Diskussion um die ontologisch-gestaltmäßige Beschaffenheit der Erkenntnisgegenstände des Faches nicht sonderlich weiter gebracht (Näheres *Meyers* 1991: 229ff). Vielmehr soll hier die These vertreten werden, daß diese Diskussion letztendlich immer wieder durch außerwissenschaftliche Entwicklungen neue Anstöße erhält.

3. Genese und Entwicklung von Theorien internationaler Beziehungen —
Ihre Begründung findet diese These in dem Umstand, daß die Geschichte der Lehre von den Internationalen Beziehungen selbst (*Meyers* 1981) angesichts ihrer Entstehung als Folge des Ersten Weltkriegs zu begreifen ist als Geschichte einer „Kriseninterpretations- und Krisenbewältigungswissenschaft" (*Meyers* 1990b), als Antwort der „scientific community" auf *außerwissenschaftliche*, realhistorisch faßbare sozioökonomische und politische Krisenerscheinungen, die mit dem traditionellen analytisch-konzeptionellen Instrumentarium der Diplomatiegeschichte (→ Diplomatie), des → Völkerrechts und der Politischen Philosophie nach 1919 nicht länger befriedigend gedeutet und bewältigt werden konnten. Die wissenschaftsgeschichtliche Entwicklung des Faches — ebenso wie die spezifischen Ausprägungen seiner Theoriediskussion — läßt die enge Verschränkung außerwissenschaft-

Abb. 6: Positionen der Traditionalismus-Scientismus-Debatte

	Traditionalismus	Scientismus
Erkenntnis-interesse	Wissenschaftliche Beratung der Regierenden und politische Bildung der Regierten; wertende Stellungnahmen u. Verfahrensempfehlungen zu anstehenden politischen Entscheidungen auf der Grundlage der jeweiligen Forschungsergebnisse	Erklärung, Beherrschung und Kontrolle politischer Prozesse in einer den Naturwissenschaften analogen methodisch exakten Verfahrensweise; Aufweis rational kalkulierbarer, empirisch abgesicherter Lösungen für außenpolitische und internationale Probleme, um politische Entscheidungsträger in die Lage zu versetzen, ihre Umwelt besser zu beherrschen. Die Auswahl einer Entscheidungsalternative aus der Menge aller möglichen bleibt den Entscheidungsträgern vorbehalten.
Fragestellung	Bemühen um *Verständnis* der Politik auf der Grundlage der Einsicht in und des Wissens um historisch-gesellschaftliche Entwicklungen und Prozesse	Bemühen um systematische Bestimmung und Ordnung der erfahrbaren Erscheinungsweisen des Politischen und *empirisch evidenter* Aufweis von (wiederholbaren) Zusammenhängen einzelner politischer Phänomene
Gegenstandssicht *a) Politik*	Politik ist eine spezifisch gesellschaftliche, sinn- und werthaltige, zielgerichtete Tätigkeit — eine *Kunst* deren Nachvollzug insbesondere an historischen Beispielen erlernt werden kann. Historische und gesellschaftliche Tatbestände sind von denen der Natur klar zu scheiden und daher den naturwissenschaftlichen Erklärungsmustern in Form von Wenn-dann-Aussagen nicht zugänglich	Politik ist eine spezifische *Form des Verhaltens* von Individuen in bestimmten Situationen und daher der (quantifizierend-) analysierenden wissenschaftlichen Beobachtung zugänglich. Gesellschaftliche Wirklichkeit ist in gleicher Weise wie die Wirklichkeit der Natur in sich eigengesetzlich; der Beobachter tritt ihr *gegenüber* und unterwirft sie seinem Untersuchungszugriff

b) Internationale Politik	konkurrenzhaftes Nullsummenspiel um Macht und Einfluß in einer anarchischen internationalen Staatenwelt, gekennzeichnet vom Sicherheitsdilemma und der herausragenden Rolle der Staaten als (fast) alleiniger Akteure	Prozeß(muster-)haftes Verhalten von internationalen Akteuren im internationalen System Internationales System: das Gesamt der zueinander in angebbaren Struktur- und Funktionsbeziehungen stehenden internationalen Akteure
Untersuchungsmethoden	geisteswissenschaftlich-hermeneutisch-ideographische, deskriptive oder normative Verfahren	analytisch-quantifizierende, nomothetische, teils mathematisch-statistische Verfahren Suche nach empirischen Regelmäßigkeiten auf induktivem Wege, Forderung nach formallogischer Konsistenz und Geschlossenheit der Aussagen
Geltungskriterium wissenschaftlicher Sätze	Common Sense — d.h. auf nachvollziehbaren Alltagserfahrungen beruhender gesunder Menschenverstand	Überprüfbarkeit aller aufgestellten theoretischen Aussagen (Propositionen) an der (beobachtungsgestützen) Erfahrung durch Verifikation oder Falsifikation
Wertbezug	Wissenschaftliche Aussagen sind gekennzeichnet durch explizite Abhängigkeit von Werturteilen	Trennung von Tatsachenbehauptungen und Werturteilen; nur empirisch überprüfte Tatsachenbehauptungen genießen den Status wissenschaftlicher Aussagen, während Werturteile, weil erfahrungswissenschaftlich nicht belegbar, in einem Prozeß gegenseitiger Kritik und Gegenkritik aus dem Fundus wissenschaftlicher, d.h. empirisch gehaltvoller, Sätze auszuschließen sind
Theorieverständnis	a) Bildung von Idealtypen auf historisch-vergleichender Grundlage, die beim Verstehen und Klassifizieren konkreter historischer Tatbestände helfen b) Bildung einer allumfassenden (Handlungs-)Theorie der internationalen Politik, die auf der Grundlage regelmäßigen Auftretens historischer Erscheinungsformen der internationalen Politik im Zeitablauf Anweisungen für künftiges Verhalten politischer Entscheidungsträger in vergleichbaren historischen Konstellationen zu formulieren erlaubt	Streben nach einer allgemeinen, allumfassenden, empirisch überprüfbaren, in sich geschlossenen und logisch gültigen Theorie internationaler Beziehungen, die erlaubt, gegenwärtige oder vergangene Konfigurationen und Handlungsabläufe des internationalen Systems zu beschreiben und zu erklären und künftige Konfigurationen und Handlungsabläufe vorherzusagen

GRUNDPOSITIONEN	IDEALISMUS	REALISMUS
Menschenbild	Der Mensch ist von Natur aus vernunftbegabt; er orientiert sein Handeln an vernunftbegründeten und deshalb für ihn einsehbaren Normen und Idealen, die sein Handeln auf den Fortschritt zum Besseren verpflichten	Der Mensch ist eingebunden in die Widersprüche von Norm und Realität, von schöpferischer und zerstörerischer Verwirklichungsmöglichkeiten der Freiheit. Aus diesen Widersprüchen resultiert Angst, aus der Angst der Versuch, durch Machterwerb Sicherheit zu gewinnen
Erkenntnisinteresse	Bewahrung des Weltfriedens durch Überwindung der Staatenkonkurrenz zugunsten einer internationalistisch – kosmopolitischen Weltgesellschaft oder eines Weltstaates	Bewahrung des Weltfriedens durch Einsicht in die Lehren der Vergangenheit und deren Nutzung zur Lösung der Probleme der Gegenwart
Fragestellung	Welche Normen sind zu entwickeln, um politisches Handeln am Ziel der Verwirklichung des Weltfriedens zu orientieren ? Oder: Wie soll internationale Politik beschaffen sein ?	Welche vergleichbaren, typischen Bedingungen, Formen, Triebkräfte bestimmen die Beziehungen zwischen den Staaten ? Oder: Wie ist internationale Politik tatsächlich beschaffen ?
Gegenstand	Weltgesellschaft als (im Entstehen begriffene) Weltgemeinschaft der Individuen und sozialen Gruppen	offenes, multipolares Staatensystem ohne zentrale Entscheidungs- oder Sanktionsinstanz
Hauptakteure der internationalen Politik	Individuen und deren gesellschaftliche Zusammenschlüsse (auch: grenzübergreifende nichtgouvernementale Organisationen – INGOs)	Souveräne Nationalstaaten

Abb. 7: Grundpositionen der Idealismus-Realismus-Debatte

Handlungs-prämisse	Analogie zum Gesellschaftsvertrag und zur Innenpolitik: die den anarchischen Naturzustand im Staatsinnern überwindenden Faktoren lassen sich als ordnungsstiftende Elemente auf der internationalen Ebene reproduzieren und instrumentalisieren	Analogie zum vorgesellschaftsvertraglichen Naturzustand: mangels einer den einzelstaatlichen Souveränen übergeordneten Zwangsgewalt befindet sich die Staatenwelt im Zustand internationaler An-archie
Handlungs-ziele	Herstellung einer internationalen Friedensordnung	Sicherung der staatlichen Eigenentwicklung und Durchsetzung des Nationalinteresses in einer dem Grunde nach feindlichen Umwelt; Stabilisierung des internationalen Staatensystems
typische Mittel zur Verwirklichung der Ziele	-Aufklärung über gemeinsame Interessen -Erziehung zu normgerechtem Handeln -Demokratisierung autokratischer Herrschaftsgebilde -Förderung der kollektiven Sicherheit und der internationalen Zusammenarbeit -spinnwebnetzartige Vermaschung im Weltmaßstab	-Erwerb,Erhalt,Vermehrung,Demonstration von Macht -Sicherheits-, Bündnis- und Gleichgewichtspolitik -notfalls militärische Selbsthilfe oder Gewaltanwendung
Handlungs-milieu	universaler Weltstaat bzw. universales Weltgemeinwesen. Strukturprinzip: horizontale Schichtung	zersplittertes Milieu der Staatenwelt. Strukturprinzip: vertikale Segmentierung
Charakteristikum der internationalen Politik	Nichtnullsummenspiel Der auf Fortentwicklung der Produktivkräfte und sich stetig ausbildende internationaler Arbeitsteilung beruhende Zuwachs an verteilbaren Wirtschaftsgütern im freihändlerisch verfaßten internationalen System erlaubt die Befriedigung steigender Akteursansprüche aus der Zuwachsmasse des Weltsozialprodukts	Nullsummenspiel Die Gesamtmenge der im internationalen Staatensystem verteilbaren Güter (Macht, Ressourcen, Einfluß) bleibt in aller Regel unverändert; in der Staatenkonkurrenz geht der Güterzuwachs eines Akteurs immer zu Lasten anderer

Abb. 8: Grundpositionen der Realismus-Globalismus-Debatte

Realistische Prämisse	Globalistische Gegenposition
Die Staaten sind die einzigen bedeutenden Akteure der internationalen Beziehungen. Zu erforschen sind daher ihre Motive und Verhaltensweisen – oder genauer: die Motive und Verhaltensweisen der sie nach außen vertretenden politischen Entscheidungsträger. Anderen internationalen Akteuren kommt allein in ihrer Funktion als Mittel, Agenten oder Auftragnehmern der Staaten Bedeutung zu.	Staaten sind nicht die einzigen bedeutenden Akteure der internationalen Beziehungen. Manche internationalen Transaktionen und deren Resultate können nur im Hinblick auf die Motive und Verhaltensweisen internationaler gouvernementaler bzw. nichtgouvernementaler Organisationen oder Bürokratien, längerfristig bestehender oder ad hoc gebildeter transnationaler Koalitionen von Entscheidungsträgern und Beamten, multinationalen Konzernen, transnationalen gesellschaftlichen Gruppierungen oder anderen in der staatenzentrischen Sicht für bedeutungslos gehaltenen Akteuren erklärt werden.
Internationale Beziehungen sind das Ergebnis einzelstaatlicher außenpolitischer (Inter-)Aktionen, die das Ziel der Erhaltung der in Kategorien militärischer Macht sowie territorialer und/oder weltanschaulicher Herrschaft definierten nationalen Sicherheit (sog. »high politics«) verfolgen. Andere Ziele werden als »low politics« definiert und belegen im Ziel- und Wertinventar der Staaten einen nachrangigen Stellenwert.	Internationale Beziehungen sind das Ergebnis von grenzüberschreitenden Aktionen internationaler Akteure, die das Ziel der Wahrung oder Verbesserung ihres eigenen, in den Kategorien Pro-Kopf-Einkommen, Beschäftigungsniveau und Lebensqualität definierten Wohlstandes verfolgen. Die Bedeutung, die nationale Regierungen derartigen Zielen zumessen, und die innenpolitischen Vorteile oder Nachteile, die mit der Verwirklichung oder Nichtverwirklichung dieser Ziele verknüpft sind, lassen ihre Verfolgung als »high politics« erscheinen.
Die internationalen Beziehungen sind ein Nullsummenspiel; der (Macht- und Status-)Gewinn eines Akteurs im internationalen System geht zu Lasten eines/mehrerer/aller anderen Mitspieler. Der Austragungsmodus des Spiels ist der Konflikt; (militärische) Gewalt dient latent oder offen als Konfliktentscheidungsmittel.	Die internationalen Beziehungen sind ein Nicht-Nullsummenspiel; Gewinne der Akteure resultieren aus einer kontinuierlich durch technischen Fortschritt und Verbesserung der internationalen Arbeitsteilung vermehrten Gesamtmenge gesellschaftlicher Ressourcen. Austragungsmodus des Spiels ist der der Kooperation. Alle wesentlichen Spielergebnisse nehmen die Form der Verteilung von Belohnungen unter den kooperierenden Akteuren an.
Internationaler Einfluß resultiert aus dem Einsatz von oder der Drohung mit dem Einsatz von Macht, definiert als aktuelle oder potentielle militärische und/oder wirtschaftliche Handlungsbefähigung.	Internationaler Einfluß resultiert aus dem gekonnten Umgang mit den Banden der Interdependenz, die die Akteure des internationalen Systems miteinander verknüpfen. Die Überzeugung anderer dient als Hilfsmittel bei der Erringung von Einfluß.

licher Krisenerscheinungen und innerwissenschaftlicher (Neu-)Formulierung ontologisch begründeter Annahmen über Erkenntnisinteresse, Fragestellung und Erkenntnisgegenstand immer wieder deutlich hervortreten. Dies gilt vor allem für drei *inhaltliche* Kontroversen, in denen es um die Bestimmung des für die Disziplin jeweils charakteristischen wissenschaftlichen Weltbildes ging: 1). Die in den 30er und 40er Jahren geführte Debatte zwischen Idealisten und Realisten (Grundpositionen in Abb. 7): angestoßen durch das Versagen des Völkerbundes und des Gedankens der kollektiven Sicherheit angesichts der aggressiven Expansion Japans, Italiens und NS-Deutschlands (*Carr* 1974). 2). Die vornehmlich in den 60er und 70er Jahren geführte Debatte zwischen Realisten und Globalisten (Grundpositionen in Abb. 8): angestoßen durch Phänomene und Politik der → Integration, befördert durch den quantitativ wie qualitativ erheblichen Aufstieg nichtstaatlicher Akteure internationaler Beziehungen, die die in der → Souveränität wurzelnden Kompetenzen des Nationalstaates teils überwölben, teils unterlaufen — analytisch gefaßt im Idealtyp der Transnationalen Politik, realpolitisch ausgedrückt in der Erosion der Rolle des Staates als *des* Hauptakteurs internationaler Beziehungen (Näheres *Meyers* 1991:292ff). 3). Schließlich die die Ökonomisierung der Politik wie die Politisierung der Ökonomie reflektierende Debatte zwischen Globalisten und Neo-Realisten in den 70er und 80er Jahren. Ferner: angesichts der Entwicklungskrise der Dritten Welt, greifbar in den Phänomenen des Neoimperialismus, der Abhängigkeit, Ausbeutung und Unterentwicklung gilt diese Aussage auch für die Debatte zwischen den Vertretern erstweltlich — metropolitaner und drittweltlich — peripherer Theoriekonzepte (Grundpositionen in Abb. 9).

Dem Ablauf der Theoriedebatte in den Internationalen Beziehungen können verschiedene Deutungsmodelle unterlegt werden. Aus westlicher — präziser: angloamerikanischer (*Hoffmann* 1987:3ff) — Sicht könnte man als ihren Grundduktus den der durch die realhistorischen Zeitumstände jeweils angestoßenen Oszillation zwischen idealistischem und realistischem Weltbild (Abb. 10) begreifen, wobei allerdings dann die kontinentaleuropäisch-imperialismuskritische ebenso wie die drittweltlich-dependenzanalytische Denktradition außer Ansatz bliebe.

In Anlehnung an das wissenschaftsgeschichtliche Verlaufsmodell Thomas S. *Kuhns* wird oft behauptet, daß auch die Lehre von den Internationalen Beziehungen von einer Abfolge von Paradigma-Revolutionen geprägt sei (*Rittberger / Hummel* 1990:18f). Zum Beleg wird auf die sogen. „Großen Debatten" der Disziplin zwischen Idealismus und Realismus, Traditionalismus und Scientismus (Übersicht *Knorr / Rosenau* 1969) und Globalismus und Neorealismus (*Maghroori / Ramberg* 1982) verwiesen. Unseren Ausführungen im 2. Abschnitt zufolge vermengt diese Deutung jedoch in unzulässiger Weise ontologische und epistemologische Differenzkriterien. Denn: das wissenschaftliche *Weltbild* des Scientismus ist weitgehend realistischen — allen-

Abb. 9: Grundpositionen neuerer (ökonomisierter) Theorieansätze

	GLOBALISMUS	NEOREALISMUS	DEPENDENZ-THEORIEN	WELTSYSTEM-THEORIE
Perspektive	metropolitan-akteurspluralistisch	metropolitan-staatenzentrisch	peripherie-orientiert	gesamt-systemar
Untersuchungseinheiten	transnationale Akteure	Nationalstaaten, nationale Volkswirtschaften	Nationen im Weltwirtschaftssystem	(kapitalistisches) Weltsystem
Fragestellung	Bedingungen ökonomischen Wachstums und wirtschaftlicher Wohlfahrt in einer interdependenten Weltwirtschaft	Organisationsprinzipien einer industriellen Weltwirtschaft, die durch Konkurrenz, ökonomische Blockbildung und wirtschaftlichen Konflikt gekennzeichnet ist	Entwicklung der Akteure des Weltwirtschaftssystems; Gestaltungsprinzipien einer neuen Weltwirtschaftsordnung	historische Genese und künftige Entwicklung des (kapitalistischen) Weltsystems
Prämisse	Internationale Beziehungen als positives Summenspiel. Steigende wirtschaftliche Verflechtung der Akteure (Interdependen) sowie Fortschritte in Kommunikationstechnik und Verkehrswesen lassen den Nationalstaat zum Anachronismus werden. Weltwirtschaftlicher Fort-	Internationale Beziehungen als Nullsummenspiel. Unterordnung wirtschaftlicher unter staatlicher Interessen, die auf einem Kontinuum von innenpolitischer Stabilität bis internationaler Sicherheit definiert werden. Als Ziele	Die im Zentrum der Weltwirtschaft angesiedelten Nationen haben historische Beziehungsstrukturen und Tauschmuster geschaffen, die die Nationen in der Peripherie systematisch benachteiligen; sie streben	Spezifische Ereignisse im Weltsystem können nur als Ergebnis gesamtsystemarer Entwicklungen verstanden werden. Das kapitalistische Weltsystem dominiert seine Einzelakteure. Entwicklung bedeutet primär Entwicklung des Weltsystems (Systemdo-

	(Spalte 1)	(Spalte 2)	(Spalte 3)	(Spalte 4)
	schritt resultiert aus Effizienzsteigerung der internationalen Arbeitsteilung und Fortentwicklung der Produktivkräfte. Die Entwicklung unterentwickelter Nationen resultiert aus Kapital-, Technologie-, Know-how-Transfer aus den entwickelten Nationen unter prominenter Beteiligung internationaler Konzerne	staatlichen Handelns gewinnen wirtschaftliche und soziale Sicherheit gleichrangige Bedeutung mit der militärischen Sicherheit	auch weiterhin nach der Aufrechterhaltung des Abhängigkeitsverhältnisses der Peripherie an Nationen. Die Entwicklung des Weltwirtschaftssystems erscheint als Resultante der Nord-Süd-Auseinandersetzung. Die Perspektive der unterentwickelten Nationen umgreift die Entwicklung der Unterentwicklung	minanz)
General-ziel	Friede: Kooperation und Interessenausgleich im Netzwerk inter- und transnationaler Organisationen	Sicherheit: Überleben des Staats und Wahrung der Freiheit ökonomischer und gesellschaftlicher Eigenentwicklung	Gerechtigkeit: Korrektur negativer (Verteilungs-) Folgen von Imperialismus, Ausbeutung und Unterentwicklung	Entwicklung des Weltsystems
ökonomisches Dogma	Liberalismus: Effiziente Ressourcenallokation und Nutzung komparativer Kostenvorteile im marktwirtschaftlich – freihändlerisch verfaßten Weltwirtschaftssystem maximieren Wohlfahrt weltweit	(Neo-)Merkantilismus: Weltmarktwettbewerbsfähigkeit der Akteure gefördert durch Protektionismus und Regierungsintervention	Schadenskompensation durch Neue Weltwirtschaftsordnung: Benachteiligung der Peripherie ist dem kapitalistischen System immanent. Verfolgung kompensatorischer Politiken zum Abbau von Ungleichheit und Abhängigkeit daher gerechtfertigt	Pessimismus: Beschränkter Bewegungsspielraum der Akteure läßt allenfalls eine Kombination von weltwirtschaftlicher Dissoziation, autozentrierter Entwicklung und Sozialismus als Ausweg aus der Abhängigkeit zu

Abb. 10: Das Idealismus-Realismus-Duopol

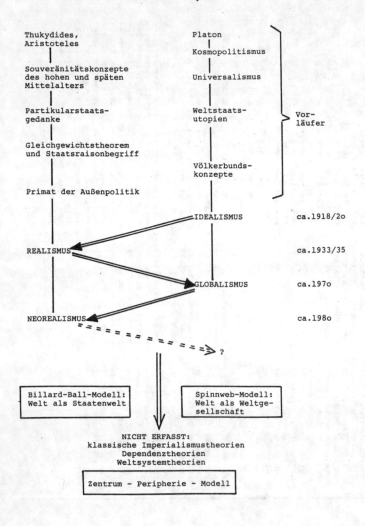

falls methodisch-aussagenlogisch präzisierten — ontologischen Prämissen verpflichtet (*Vasquez* 1983). Von daher erscheint es sinnvoll, die Entstehung von Großtheorien nicht als inner-, sondern außerwissenschaftlich angestoßenen Vorgang zu deuten (Abb. 11), d.h. das Konzept einer paradigmatischen Revolution — oder mit *Stegmüller* (1987:280ff): die Annahme der Verdrängung einer Theorie durch eine Ersatztheorie im Blick auf die Theorieentwicklung der Internationalen Beziehungen aufzugeben zugunsten eines Modells der Theorieverzweigung (*Meyers* 1990b:57ff): die faktische Koexistenz ontologisch verschiedener wissenschaftlicher Weltbilder und Großtheorien (vgl. Abb. 12) im Fach ließe sich dann einleuchtender erklären.

Abb. 11: Entstehung von Großtheorien / wissenschaftlichen Weltbildern

innerwissenschaftlicher Vorgang
etablierte Paradigmen versagen
beim Lösen wissenschaftlicher
Rätsel (Kuhn u.a.)

↓

wissenschaftlichgeschichtliche
Entwicklung als Abfolge paradigmatischer Revolutionen (Kuhn)

oder:

wissenschaftsgeschichtliche Entwicklung als Prozeß der Verdrängung einer Theorie durch eine Ersatztheorie (Stegmüller)

↓

Paradigmatische Revolution

außerwissenschaftlich angestoßene Entwicklung
Antwort der scientific community
auf realhistorisch faßbare sozioökonomische oder soziopolitische Krisenerscheinungen in der eigenen Gesellschaft oder im internationalen System
genauer: Schöpfer einer neuen Großtheorie perzipieren Krisenphänomene als Bedrohung jener wiss. Weltbilder, die ihnen bisher die Konstitution von Wirklichkeit und die inner- wie außerwissenschaftliche handlungspragmatische Orientierung in diesem Konstrukt erlaubt haben

↓

wissenschaftsgeschichtliche Entwicklung als Prozeß der Theorieverzweigung, in dessen Verlauf außerwissenschaftliche Krisen Anlaß zur Bildung neuer Großtheorien geben, die einmal formulierten Großtheorien aber weitgehend im Fundus menschlichen Orientierungswissens verbleiben

↓

Paradigmatische Koexistenz

Abb. 12: Theoriegeschichte der internationalen Beziehungen — Verzweigungsmodell

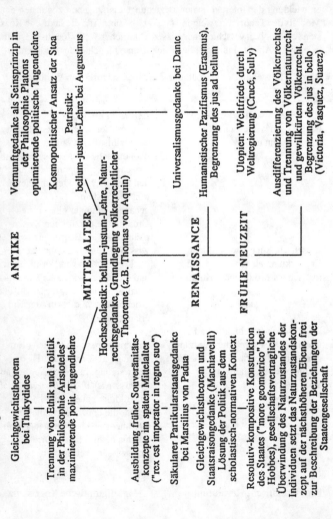

ANTIKE

Gleichgewichtstheorem bei Thukydides

Trennung von Ethik und Politik in der Philosophie Aristoteles' maximierende polit. Tugendlehre

Vernunftgedanke als Seinsprinzip in der Philosophie Platons optimierende politische Tugendlehre

Kosmopolitischer Ansatz der Stoa

Patristik: bellum-justum-Lehre bei Augustinus

MITTELALTER

Hochscholastik: bellum-justum-Lehre, Naturrechtsgedanke, Grundlegung völkerrechtlicher Theoreme (z.B. Thomas von Aquin)

Ausbildung früher Souveränitätskonzepte im späten Mittelalter ("rex est imperator in regno suo")

Säkularer Partikularstaatsgedanke bei Marsilius von Padua

RENAISSANCE

Universalismusgedanke bei Dante

Humanistischer Pazifismus (Erasmus), Begrenzung des jus ad bellum

FRÜHE NEUZEIT

Gleichgewichtstheorem und Staatsraisongedanke (Machiavelli) Lösung der Politik aus dem scholastisch-normativen Kontext

Resolutiv-kompositive Konstruktion des Staates ("more geometrico" bei Hobbes), gesellschaftsvertragliche Überwindung des Naturzustandes der Individuen setzt das Naturzustandskonzept auf der nächsthöheren Ebene frei zur Beschreibung der Beziehungen der Staatengesellschaft

Utopien: Weltfriede durch Weltregierung (Crucé, Sully)

Ausdifferenzierung des Völkerrechts und Trennung von Völkernaturrecht und gewillkürtem Völkerrecht, Begrenzung des jus in bello (Victoria, Vasquez, Suarez)

Konstruktion des Staates als eines autonomen internationalen Akteurs ("persona ficta" bei Pufendorf)

Merkantilismus: internat. (Wirtschafts-) Politik als Nullsummenspiel in naturzuständlicher Staatengesellschaft

ABSOLUTISMUS

Konzept des "Ewigen Friedens" als Produkt eines Völkerbundes (Saint-Pierre)

Aufklärung: Vernunftgedanke und kosmopolitisches Ideal des 18. Jhdts.

19. JAHRHUNDERT

Ausbildung des Konzepts vom Primat der Außenpolitik, internationale Politik als Machtpolitik

Bürgerliche Politische Ökonomie (Hume, Smith, Ricardo): Arbeitsteilige Spezialisierung und Welthandel stärken Weltfrieden (Internat. Wirtschaftsbeziehungen als Nichtnullsummenspiel)

Kritik der bürgerlichen Polit. Ökonomie (Marx/Engels); Internationale Politik als Ausdruck von Klasseninteressen

Imperialismustheorien (Lenin, Hilferding, Luxemburg)

dependenzorientierter Globalismus

Theorien des kapitalistischen Weltsystems

Welt als kapitalistisches Weltsystem: Metropolen-Peripherie-Gegensatz

20. JAHRHUNDERT

Pazifismus/Internationalismus vor dem 1. Weltkrieg

Funktionalismus

Neofunktionalismus und Integrationstheorien als Folge des 2. Weltkriegs

Interdependenz-orient. Globalismus

Welt als Weltgesellschaft Spinnweb von Assoziationen und Individuen

Realismus (ab Mitte der 30er Jahre) als Reaktion auf das Scheitern des Idealismus an der Revisionspolitik Japans, NS-Deutschlands und Italiens

Neorealismus, Neomerkantilismus

Welt als Staatenwelt Billard-Ball-Modell

Literatur

Brown, Chris: Internationale Relations Theory. New Normative Approaches, Hemel Hempstead 1992.

Bull, Hedley: International Theory. The Case for a Classical Appreoch, in: *Knorr*, Klaus / *Rosenau*, James N. (Hrsg.): Contending Approaches to International Politics, Princeton, N.J. 1969, S. 20-38.

Carr, Edward Hallett: The Twenty Year's Crisis 1919-1939, Nachdr. London 1974.

Der Derian, James / *Shapiro*, Michael J. (Hrsg.): International / Intertextual Relations. Postmodern Readings of World politics, Lexington, Mass. 1989.

Dougherty, James E. / *Pfaltzgraff*, Robert L., Jr.: Contending Theories of International Relations. A comprehensive survey, New York 1990.

Ferguson, Yale H. / *Mansbach*, Richard W.: The Elusive Quest: Theory and International Politics, Columbia, South Carolina 1988.

Gilpin, Robert: The Political Economy of International Relations, Princeton, N.J. 1987.

Haftendorn, Helga: Theorie der Internationalen Beziehungen, in: *Woyke*, Wichard (Hrsg.): Handwörterbuch Internationale Politik, Opladen 1990, S. 480-494.

Halliday, Fred: International Relations: Is There A New Agenda?, in: Millennium. Journal of International Studies 20 (1991), S. 57-72.

Hoffmann, Stanley: Janus and Minerva. Essays in the Theory and Practice of International Politics, Boulder, Colorado 1987.

Hollis, Martin / *Smith*, Steve: Explaining and understanding International Relations, Oxford 1990.

Holsti, K.J.: Change in the International System. Essays on the Theory and Practice of International Relations. Aldershot 1991.

Jones, R.J. Barry (Hrsg.): The Worlds of Political Economy. Alternative Approaches to the Study of Contemporary Political Economy, London 1988.

Knorr, Klaus / *Rosenau*, James N. (Hrsg.): Contending Approaches to International Politics, Princeton, N.J. 1969.

Kuhn, Thomas S.: Die Struktur wissenschaftlicher Revolutionen, Frankfurt / Main 1978.

Knutsen, Torbjörn L.: A history of International Relations theory. An introduction, Manchester 1992.

Kubálková, V. / *Cruickshank*, A.A.: Marxism — Leninism and theory of international relations, London 1980.

Link, Werner: Reflections on Paradigmatic Complementarity in the Study of International Relations, in: *Czempiel*, Ernst-Otto / Rosenau, James N. (Hrsg.): Global Changes and Theoretical Challenges. Approaches to World Politics for the 1990s, Lexington / Mass. 1989, S. 98-116.

Linklater, Andrew: The Question of the Next Stage in International Relations

Theory: A Critical-Theoretical Point of View, in: Millennium. Journal of International Studies 21 (1992), S. 77-98.

Little, Richard / *Smith*, Michael (eds.): Perspectives on World Politics. A Reader, London ²1991.

Luard, Evan (ed.): Basic Texts in International Relations. The Evolution of Ideas about International Society, London 1992.

Maghroori, Ray / *Ramberg*, Bennett (eds.): Globalism Versus Realism. International Relation's Third Debate, Boulder, Colorado 1982.

McKinlay, R.D. / *Little*, R.: Global Problems and World Order, London 1986.

Meyers, Reinhard: Die Lehre von den Internationalen Beziehungen. Ein entwicklungsgeschichtlicher Überblick, Königstein / Ts. 1981.

ders.: Die Theorie der Internationalen Beziehungen zwischen Empirismus und paradigmatischer Koexistenz, in: Peter *Haungs* (Hrsg.): Wissenschaft, Theorie und Philosophie der Politik, Baden-Baden 1990, S. 223-256.

ders. Metatheoretische und methodologische Betrachtungen zur Theorie der internationalen Beziehungen, in: Politische Vierteljahresschrift, Sonderheft 21 (1990), s. 48-68.

ders: Grundbegriffe, Strukturen und theoretische Perspektiven der Internationalen Beziehungen, in: Bundeszentrale für politische Bildung (Hrsg.): Grundwissen Politik, Bonn 1991, S. 220-316.

Millennium. Journal of International Studies 17, H.3 (1988). Special Issue: Women and International Relations.

Morgenthau, Hans J.: The Nature and Limits of a Theory of International Relations, in: *Czempiel*, Ernst-Otto (Hrsg.): Die Lehre von den Internationalen Beziehungen, Darmstadt 1969, S. 63-77.

Murphy, Craig N. / *Tooze*, Roger (eds.): The New International Political Economy, Boulder, Colorado 1991.

Olsen William C. / *Groom*, A.J.R.: International Relations Then And Now. Origins and Trends in Interpretation, London 1991.

Peterson, V. Spike (ed.): Gendered States. Feminist (Re)Visions of International Relations Theory, Boulder, Colorado 1992.

Popper, Karl R.: Logik der Forschung, Tübingen ⁶1976.

Rawls, John: A Theory of Justice, Oxford 1971.

Rittberger, Volker / *Hummel*, H.: Die Disziplin „Internationale Beziehungen" im deutschsprachigen Raum auf der Suche nach ihrer Identität: Entwicklung und Perspektiven, in: Politische Vierteljahresschrift, Sonderheft 21 (1990), S. 17-47.

Rosenau, James N.: Turbulence in World Politics. A Theory of Change and Continuity, Hemel Hempstead 1980.

Rosenau, Pauline: Once again into pray: International relations confronts humanitiers, Millenium, Journal of International Studies 1990, S. 83-110.

Sarup, Madan: An Introductory Guide to Post-Structuralism and Postmodernism, Hemel Hempstead 1988.

Skinner, Quentin (ed.): The Return of Grand Theory in the Human Sciences, Cambridge 1990.

Stegmüller, Wolfgang: Hauptströmungen der Gegenwartsphilosophie, Bd. III, Stuttgart 1987.

Vasquez, John A.: The Power of Power Politics. A Critique, London 1983.

Walzer, Michael: Gibt es den gerechten Krieg?, Stuttgart 1982.

Wight, Martin: International Theory. The Three Traditions. Hrsg.

Wight, G. / *Porter*, B. (eds): Leicester 1991.

Reinhard Meyers

Vereinte Nationen

1. Einführung — Die Organisation der Vereinten Nationen (United Nations; UN) hat in ihrem fast 50jährigen Bestehen (als Gründungsdatum gilt der 24. Oktober 1945, an dem die am 26. Juni 1945 in San Franzisko unterzeichnete Charta der UN in Kraft getreten ist) erhebliche Änderungen in ihrer Zusammensetzung und ihren Tätigkeitsfeldern erfahren, ohne daß es bisher zu einer grundlegenden Revision der Charta gekommen ist. Noch nie so deutlich wie heute war das Auseinanderklaffen zwischen Verfassungsanspruch und -wirklichkeit in den UN. Obwohl Einigung darin besteht, daß die Welt von 1945 nicht identisch ist mit der von 1993, daß sich die Rahmenbedingungen für die UN fundamental verändert haben, bestehen Unklarheiten darüber, wie die UN im Jahre 2000 aussehen sollen, welche Aufgaben sie in welcher Form wahrnehmen sollen und können. Der gegenwärtige Zeitpunkt wird einerseits als Chance gesehen, die UN grundlegend zu reformieren, andererseits als Gefahr, die UN mit Ansprüchen zu überfordern, die allenfalls eine Weltregierung, ausgestattet mit entsprechenden rechtlichen Kompetenzen und finanziellen Ressourcen, erfüllen könnte.

2. Zielsetzungen — Noch während des Zweiten Weltkriegs entstand nach dem Scheitern des Völkerbunds ein zweiter Versuch, eine weltweite staatliche Organisation zur Bewahrung von Frieden und Sicherheit zu schaffen. Konkret verbindendes Element der 1942 ,,vereinten Nationen" war die gegenseitige militärische Unterstützung im Kampf gegen den Faschismus. Um ,,künftige Geschlechter vor der Geißel des Krieges zu bewahren", sollten künftig internationale Streitigkeiten und Friedensbrüche entweder zunächst durch friedliche Mittel nach den Grundsätzen des → Völkerrechts beigelegt oder durch wirksame Kollektivmaßnahmen beseitigt werden.

Neben der Hauptfunktion der weltweiten Friedenssicherung haben die UN — wesentlich beeinflußt durch das Erlebnis der Weltwirtschaftskrise — der weltweiten wirtschaftlichen und sozialen Entwicklung als vorbeugende Maßnahme zur Vermeidung von Kriegen eine erhebliche Bedeutung beigemessen (Präambel, Art. 1 und 55 Charta). Darüber hinaus wurde nach der systematischen Verletzung der → Menschenrechte vor allem durch Nazi-Deutschland der Achtung und Verwirklichung der Menschenrechte und Grundfreiheiten für alle eine hohe Priorität eingeräumt (vgl. Präambel, Art. 1, 13, 55, 56, 68, 76 Charta). Der Grundsatz der nationalen → Souveränität (vgl. das — inzwischen faktisch eingeschränkte — Prinzip der Nichteinmischung in innere Angelegenheiten nach Art. 2 Ziff. 7 Charta) setzte von Anfang an die Rahmenbedingungen für die Funktionsfähigkeit der UN, die von der Kooperationsbereitschaft ihrer souveränen Mitgliedstaaten abhängig sein würde.

Für die Nachkriegszeit sollte die integrierende Wirkung darin bestehen, daß die Organisation ein effektives Bündnis aller „friedliebenden Staaten" gegen einen potentiellen „Aggressor" wurde. Jede den Frieden bedrohende Gewaltanwendung wurde durch die Charta untersagt: Nach Art. 2 Charta verpflichten sich alle Mitglieder, auf jede Anwendung oder Androhung von Gewalt in ihren internationalen Beziehungen zu verzichten und die UN bei Sanktionsmaßnahmen nach Kapitel VII, Artikel 39 - 51 Charta (bis hin zur militärischen → Intervention) aktiv zu unterstützen, falls andere Bemühungen zur Beilegung friedensbedrohender Maßnahmen erfolglos bleiben (vgl. hierzu in Kapitel VI, Artikel 33 - 38 Charta, insbesondere Art. 33 Abs. 1, wonach sich die Streitparteien zunächst um eine Beilegung „durch Verhandlung, Untersuchung, Vermittlung, Vergleich, Schiedsspruch, gerichtliche Entscheidung, Inanspruchnahme regionaler Einrichtungen oder Abmachungen oder durch andere friedliche Mittel eigener Wahl" bemühen).

Dabei wird von einem „natürlichen Sicherheitsbedürfnis" eines jeden einzelnen Staates und der Annahme ausgegangen, jeden Friedensstörer so vollkommen isolieren zu können, daß die gemeinsame moralische, staatliche, wirtschaftliche und militärische Macht der UN groß genug ist, um ihn notfalls zum Einlenken zwingen zu können. Dieser Vorstellung, der das rechtliche Konstrukt der souveränen Gleichheit entspricht, stand sowohl im Gründungszeitraum als auch später eine sehr unterschiedliche Verteilung der realen Macht gegenüber, u.a. ausgedrückt durch unterschiedliche militärische Stärke sowie Ungleichheiten in der wirtschaftlichen und sozialen Entwicklung der einzelnen Staaten.

3. Entscheidungsstrukturen — Für die Entscheidungsprozesse sind in der Charta sechs Hauptorgane der UN vorgesehen (vgl. Abbildung 1). Die Generalversammlung (einziges Hauptorgan, das aus Vertretern aller seit 1990 von 159 auf 180 angestiegenen Mitgliedstaaten der Organisation (Stand: 31.1.93) besteht, die je eine Stimme haben: Prinzip des „one state — ohne vote") nimmt eine organisatorisch-institutionelle Zentralstellung im System der UN ein: sie entscheidet über die Zusammensetzung der anderen Hauptorgane, übt Kontrolle über Haushalt (1992 / 93: 2,4 Mrd. US-Dollar) und Administration der UN aus und kann nach Art. 10 Charta alle Fragen und Angelegenheiten erörtern, die in den Rahmen der Charta fallen oder die Befugnisse und Aufgaben jeder anderen Organisation betreffen; sie kann entsprechende Empfehlungen an die Mitglieder der UN oder an den Sicherheitsrat oder an beide richten. Bisher spielte die Generalversammlung in den UN eine sehr wichtige Rolle, was sich teils aus der Aufgabenbestimmung nach der Charta, teils aus der bisherigen Funktionsunfähigkeit anderer Hauptorgane (z.B. des Sicherheitsrats während der Phase des Kalten Krieges bis Ende der 80er Jahre, des Wirtschafts- und Sozialrats bis heute) erklärt; allerdings ist in jüngster Zeit ihre Bedeutung durch die „neue Rolle" des Sicherheitsrats zurückgedrängt worden.

Von besonderer Bedeutung sind die zahlreichen Nebenorgane der Generalversammlung, die von ihr zur Wahrnehmung spezieller Tätigkeiten eingesetzt werden (vgl. Abbildung 1). Größtenteils handelt es sich um Spezialorgane zur Finanzierung, die über freiwillige Beitragsleistungen erfolgt, und Durchführung von entwicklungspolitischen Hilfsprogrammen (z.b. UNDP, UNICEF), von humanitären Programmen (z.B. UNHCR, UNWRA, WFP) sowie von Ausbildungs- und Forschungsaktivitäten (z.b. UNU, UNITAR).

Dem Sicherheitsrat — bestehend aus 15 Mitgliedern, davon fünf ständigen (China, F, GB, Rußland, USA) und seit 1966 zehn, vorher sechs nicht-ständigen — wurde die Hauptverantwortung für die Wahrung des Weltfriedens und der → internationalen Sicherheit übertragen (Art. 24 Abs. 1 Charta).

Die politische Bedeutung der fünf ständigen Mitglieder ist weiterhin verstärkt durch das sog. Veto-Recht: mit Ausnahme von Verfahrensfragen bedürfen Beschlüsse des Sicherheitsrats der Zustimmung von neun Mitgliedern einschließlich sämtlicher ständigen Mitglieder (bis letztmalig am 31. Mai 1990 wurden in 195 Fällen 234 Vetos eingelegt, davon durch die UdSSR 115mal und durch die USA 69mal). Der Sicherheitsrat ist das einzige Organ, das Entscheidungen treffen kann, die für alle UN-Mitglieder bindend sind. Nach dem Ende des → Ost-West-Konflikts ist der Sicherheitsrat inzwischen zum zentralen Instrument von Konfliktverhütung und -lösung geworden.

Der Wirtschafts- und Sozialrat (ECOSOC) besteht seit 1971 aus 54 Mitgliedern (ursprünglich waren es 18 Mitglieder, seit 1965 27 Mitglieder), von denen alljährlich 18 von der Generalversammlung für eine dreijährige Amtszeit gewählt werden, wobei ausscheidende Mitglieder unmittelbar wiedergewählt werden können. Die Aufgaben des Rats (Art. 62 - 66 Charta) sind äußerst vielfältig und umfangreich: er kann international vergleichende Untersuchungen u.a. zu wirtschaftlichen, sozialen, kulturellen, humanitären Fragen durchführen oder anregen sowie Empfehlungen an die Generalversammlung, die UN-Mitglieder oder an zuständige Sonderorganisationen der UN richten. Er stellt das Bindeglied zu diesen derzeit 16 autonomen Sonderorganisationen (vgl. Abbildung 1) mit eigener Mitgliedschaft und eigenem Haushalt (u.a. FAO, UNESCO, ILO, WHO, IWF (→ internationale Währungspolitik, → Weltbank-Gruppe), die — gemeinsam mit den Spezialorganen der UN — das UN-System ausmachen) dar, mit denen Abkommen über die Beziehungen bestehen. Um seine umfangreichen Aufgaben bewältigen zu können, besitzt der Rat eine Vielzahl von Nebenorganen, zu denen u.a. ständige Ausschüsse, fünf regionale Wirtschaftskommissionen, funktionale Kommissionen (z.B. die Menschenrechtskommission) sowie Experten-Gremien gehören. Der Rat, welcher der Generalversammlung fast völlig untergeordnet ist (vgl. Art. 60, 63, 66 Charta), ist mit seinem breit gefächerten Mandat seit langem Gegenstand heftiger Kritik. Gegenwärtige Reformbemühungen reichen bis zur Institutionalisierung eines „Wirtschafts-Sicherheitsrats" mit begrenzter Mitgliedschaft — ein Vorschlag, der jedoch eine Revision der Charta verlangt.

Der Treuhandrat übte nach Art. 87 Charta gemeinsam mit der Generalversammlung und unter deren Verantwortung die Aufsicht über die Treuhandgebiete mit dem Ziel aus, daß diese Gebiete unabhängig werden und sich selbst regieren konnten. Seit Ende 1975 besteht er lediglich aus den USA, die ein Treuhandgebiet verwalten (Palau als letzte der Pazifischen Inseln, nach Art. 83 Charta eine strategische Zone), und den anderen vier ständigen Mitgliedern des Sicherheitsrats, wobei China erst seit Mitte 1989 an den Sitzungen teilnimmt.

Da mit einem neuen Assoziierungsvertrag mit den USA in absehbarer Zeit zu rechnen ist, wäre die Arbeit des Treuhandrats bald abgeschlossen. Nach neueren Vorschlägen soll er sich dann entweder den aktuellen Problemen der Selbstbestimmung, die beim Übergang zu demokratischen Staatsformen in vielen Regionen der Welt konfliktträchtige Dimensionen angenommen haben, oder der Treuhandschaft der Umwelt widmen.

Der Internationale Gerichtshof (IGH) mit Sitz in Den Haag ist zwar den anderen Hauptorganen gleichgestellt (Art. 7 Charta), besitzt aber innerhalb des UN-Systems eine unabhängige Stellung. Der IGH besteht aus 15 unabhängigen Richtern verschiedener Staatsangehörigkeit, die von der Generalversammlung und vom Sicherheitsrat in getrennten Wahlgängen auf neun Jahre gewählt werden, wobei die Vertretung der großen Kulturkreise und der hauptsächlichen Rechtssysteme der Welt zu gewährleisten ist.

Der IGH ist ein Gericht (mit einer Instanz) zur Entscheidung von Rechtsstreitigkeiten zwischen Staaten; er kann nur dann tätig werden, wenn die Staaten seine Gerichtsbarkeit gegenseitig anerkannt haben. Sie können dies allgemein oder für bestimmte Fälle tun (Art. 36 IGH-Statut). Der IGH kann ferner Rechtsgutachten auf Ersuchen des Sicherheitsrats, der Generalversammlung oder von Sonderorganisationen (mit Genehmigung durch die Generalversammlung) erstatten.

Obwohl die Staaten ihre Streitkräfte nur zögernd dem IGH unterbreiten, hat er seit 1946 in rund 50 Fällen entschieden. In seiner „Agenda für den Frieden" (1992) hat der Generalsekretär Boutros *Boutros-Ghali* eine stärkere Inanspruchnahme des IGH gefordert. Darüber hinaus empfiehlt er, daß in Zukunft auch der Generalsekretär ermächtigt werden sollte, Gutachten vom IGH einzuholen, und daß alle UN-Mitgliedstaaten sich bis Ende dieses Jahrzehnts der allgemeinen Gerichtsbarkeit des IGH ohne Vorbehalte unterwerfen sollten.

Das Sekretariat ist das sechste Hauptorgan der UN und steht damit auf der gleichen Stufe wie die anderen Hauptorgane. Der Generalsekretär (Trygve *Lie* (Norwegen), 1946-1953; Dag *Hammarskjöld* (Schweden), 1953-1961; *U-Thant* (Burma), 1961-1971; Kurt *Waldheim* (Österreich), 1972-1981; Javier *Perez de Cuellar* (Peru), 1982-1991; Boutros *Boutros-Ghali*, seit 1992) ist der höchste Verwaltungsbeamte der Organisation (Art. 97 Charta). Darüber hinaus erstattet er der Generalversammlung alljährlich einen Bericht über die Tätigkeit der UN, der ihm die Möglichkeit bietet, die aktuellen Weltprobleme im Rahmen der Organisation zu thematisieren. Ferner kann er nach Art. 99 Charta die Aufmerksamkeit des Sicherheitsrats auf jede Angelegenheit lenken, die seiner Meinung nach die Wahrung des Weltfriedens und der internationalen Sicherheit gefährdet. Das in der Phase des Kalten Krieges entwickelte Instrumentarium der friedenserhaltenden Aktionen („Blauhelme") machte ihn schließlich zum Oberkommandierenden von bis 1987 13, seitdem weiteren 13 Friedensaktionen — u.a. seit 1991 Iran/Kuwait (→ Kuwait-Krieg), Angola, El Salvador, Westsahara, seit 1992 Kroatien/Bosnien (→ Balkankonflikt), Kambodscha, Somalia — unter der Flagge der UN, wobei die Kosten 1992 im Vergleich zu 1991 von 0,7 auf 2,8 Mrd. US-Dollar angestiegen sind.

4. Probleme und neue Zielsetzungen — Mit Recht wird seit Ende der 80er Jahre immer wieder betont, daß zwischen den den UN übertragenen Aufgaben und den ihr zur Verfügung gestellten finanziellen Ressourcen ein krasses Mißverhältnis besteht. Darüber hinaus schuldeten Anfang August 1992 die Mitgliedstaaten den UN etwa 2 Mrd. US-Dollar beim ordentlichen UN-Haushalt und den Kosten für die Friedenssicherung (darunter die USA: rund 0,82 Mrd. US-Dollar), d.h. etwa die Hälfte dieser für 1992 vorgesehenen Ausgaben. Als besonders widersprüchlich erscheint in diesem Zusammenhang, daß die Mitgliedstaaten in der Mehrzahl ihre Pflichtbeträge (die drei wichtigsten Beitragszahler: USA: 25 %; Japan: 12,45 %; Deutschland: 8,93 %) nicht vollständig und rechtzeitig entrichten und damit gegen ihre Verpflichtungen nach der Charta verstoßen. Die vom gegenwärtigen Generalsekretär vorgeschlagenen Maßnahmen zur Beseitigung der Finanzkrise sind umfassend und wurden bereits von seinem Vorgänger den Mitgliedstaaten unterbreitet, ohne daß jedoch Lösungen in Sicht sind (vgl. *Boutros-Ghali* 1992, S. 24-26).

Die in seiner „Agenda für den Frieden" im Auftrag des Sicherheitsrats vorgelegten mittel- und langfristigen Zielvorstellungen sowohl einer vorbeugenden Friedensdiplomatie als auch einer Friedensschaffung, -sicherung und -konsolidierung erfordert ein umfangreiches Instrumentarium für das Zusammenwirken von Sicherheitsrat und Sekretariat, das bisher nicht zur Verfügung steht. Es reicht von vertrauensbildenden Maßnahmen und einem auf Tatsachenermittlung ausgerichteten Frühwarnsystem unter Einschaltung weiterer Regionalorganisationen entsprechend Kapitel VIII Charta sowie eines neu strukturierten Wirtschafts- und Sozialrats bis hin zum in Artikel 42 Charta vorgesehenen Vorgehen mit militärischer Gewalt durch ständig zur Verfügung gestellte Sicherheitskräfte, das vom Sicherheitsrat bisher noch nicht angewandt worden ist.

Die konkreten Vorschläge werden zur Zeit besonders intensiv diskutiert. Dabei wird jedoch allzu schnell übersehen, daß der Generalsekretär auch auf die „weiterhin fortbestehenden Probleme des unkontrollierten Bevölkerungswachstums, der erdrückenden Schuldenlasten, der Handelshemmnisse, der Drogen und der immer größeren Disparität von Arm und Reich" nachdrücklich hingewiesen hat (*Boutros-Ghali* 1992, S. 4).

Vorschläge zur Revision der Charta, die von einer neuen Zusammensetzung des Sicherheitsrats bis zur Neustrukturierung des Wirtschafts- und Sozialrats reichen (eines sehr komplexen Prozesses, für den auch die Ratifizierung durch die fünf ständigen Mitglieder des Sicherheitsrats notwendig ist), lenken eher von der notwendigen Inangriffnahme zahlreicher wirtschaftlicher, sozialer und humanitärer Maßnahmen ab. Die Erwartungen, die heute in die friedens- und sicherheitspolitischen Möglichkeiten der UN gesetzt werden, sind extrem hoch und können sehr schnell enttäuscht werden. Denn bis heute gilt: die Generalversammlung ist kein Weltparlament und der Sicherheitsrat keine Weltregierung. Die von den Mitgliedstaaten den UN übertragenen Kompetenzen bleiben ebenso unzureichend wie ihre gegenwärtige Ausstattung mit finanziellen Mitteln.

Literatur

Boutros-Ghali, Boutros: Agenda für den Frieden. Vorbeugende Diplomatie, Friedensschaffung und Friedenssicherung, Bonn 1992.

Hüfner, Klaus: Die Vereinten Nationen und ihre Sonderorganisationen. Strukturen, Aufgaben, Dokumente. Teil 1: Die Haupt- und Spezialorgane; Teil 2: Die Sonderorganisationen, Bonn 1991 und 1992.

Hüfner, Klaus: The United Nations System — International Bibliography. Das System der Vereinten Nationen — Internationale Bibliographie, Bände 4A und 4B, München 1991.

Hüfner, Klaus / *Naumann*, Jens: The United Nations System — International Bibliography. Das System der Vereinten Nationen — Internationale Bibliographie, 5 Bände, München 1976 - 1979.

New Zealand Ministry of External Relations and Trade: 1992 United Nations Handbook, Wellington 1992.

Simma, Bruno (Hrsg.): Charta der Vereinten Nationen. Kommentar, München 1991.

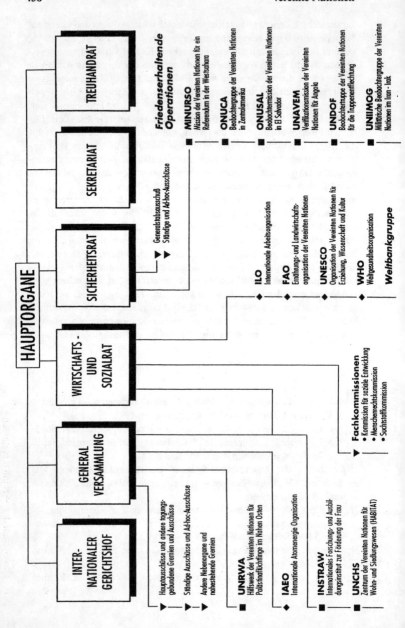

HAUPTORGANE

INTERNATIONALER GERICHTSHOF

GENERAL VERSAMMLUNG

WIRTSCHAFTS- UND SOZIALRAT

SICHERHEITSRAT

SEKRETARIAT

TREUHANDRAT

▶ Hauptausschüsse und andere tagungsgebundene Gremien und Ausschüsse
▶ Ständige Ausschüsse und Ad-hoc-Ausschüsse
▶ Andere Nebenorgane und
nahestehende Gremien

■ UNRWA
Hilfswerk der Vereinten Nationen für
Palästinaflüchtlinge im Nahen Osten

◆ IAEO
Internationale Atomenergie Organisation

■ INSTRAW
Internationales Forschungs- und Ausbil-
dungsinstitut zur Förderung der Frau

■ UNCHS
Zentrum der Vereinten Nationen für
Wohn- und Siedlungswesen (HABITAT)

▶ **Fachkommissionen**
• Kommission für soziale Entwicklung
• Menschenrechtskommission
• Suchtstoffkommission

◆ ILO
Internationale Arbeitsorganisation

◆ FAO
Ernährungs- und Landwirtschaftsorganisation der Vereinten Nationen

◆ UNESCO
Organisation der Vereinten Nationen für
Erziehung, Wissenschaft und Kultur

◆ WHO
Weltgesundheitsorganisation

Weltbankgruppe

▶ Generalstabsausschuß
▶ Ständige und Ad-hoc-Ausschüsse

*Friedenserhaltende
Operationen*

■ MINURSO
Mission der Vereinten Nationen für ein
Referendum in der Westsahara

■ ONUCA
Beobachtergruppe der Vereinten Nationen
in Zentralamerika

■ ONUSAL
Beobachtermission der Vereinten Nationen
in El Salvador

■ UNAVEM
Verifikationsmission der Vereinten
Nationen für Angola

■ UNDOF
Beobachtertruppe der Vereinten Nationen
für die Truppenentflechtung

■ UNIIMOG
Militärische Beobachtergruppe der Vereinten
Nationen im Iran - Irak

UNIKOM
Beobachtkommission der Vereinten Nationen in Irak und in Kuwait

UNFICYP
Friedenssicherungstruppe der Vereinten Nationen auf Zypern

UNIFIL
Interimstruppe der Vereinten Nationen im Libanon

UNMOGIP
Militärische Beobachtergruppe der Vereinten Nationen in Indien und Pakistan

UNOMO
Operation der Vereinten Nationen in Mosambik

UNOSOM
Operation der Vereinten Nationen in Somalia

UNPROFOR
Schutztruppe der Vereinten Nationen

UNTAC
Übergangsbehörde der Vereinten Nationen in Kambodscha

UNTSO
Organisation der Vereinten Nationen zur Überwachung des Waffenstillstandes (in Palästina)

UNOMSA
Beobachtkommission der Vereinten Nationen in Südafrika

IBRD
Internationale Bank für Wiederaufbau und Entwicklung

IDA
Internationale Entwicklungsorganisation

IFC
Internationale Finanzcorporation

IMF
Internationaler Währungsfonds

ICAO
Internationale Zivilluftfahrtorganisation

UPU
Weltpostunion

ITU
Internationaler Fernmeldeunion

WMO
Weltorganisation für Meteorologie

IMO
Internationale Seeschiffahrtsorganisation

WIPO
Weltorganisation für geistiges Eigentum

IFAD
Internationaler Agrarentwicklungsfonds

UNIDO
Organisation der Vereinten Nationen für industrielle Entwicklung

GATT
Allgemeines Zoll- und Handelsabkommen

• Frauenrechtskommission
• Bevölkerungskommission
• Statistische Kommission
• Kommission für Verbrechensverhütung und Strafrechtspflege

Regionalkommissionen
• Wirtschaftskommission für Afrika (ECA)
• Wirtschaftskommission für Europa (EEE)
• Wirtschaftskommission für Lateinamerika und die Karibik (ECLAC)
• Wirtschafts- und Sozialkommission für Asien und den Pazifik (ESCAP)
• Wirtschafts- und Sozialkommission für Westasien (ESCWA)

Tagungsgebundene Gremien und Ausschüsse und ständige Ausschüsse

Sachverständigengremien, Ad-hoc-Ausschüsse und nahestehende Gremien

Legende:
■ Körperschaft und Programme der Vereinten Nationen
◆ Sonderorganisationen und andere autonome Organisationen innerhalb des Systems
▶ Kommissionen, Ad-hoc und andere Ausschüsse und nahestehende Körperschaften

---

UNCTAD
Konferenz der Vereinten Nationen für Handel und Entwicklung

UNDCP
Programm der Vereinten Nationen für die internationale Drogenbekämpfung

UNDP
Entwicklungsprogramm der Vereinten Nationen

UNDRO
Amt des Koordinators der Vereinten Nationen für Katastrophenhilfe

UNEP
Umweltprogramm der Vereinten Nationen

UNFPA
Fonds der Vereinten Nationen für Bevölkerungsfragen

UNHCR
Büro des Flüchtlingshochkommissars der Vereinten Nationen

UNICEF
Kinderhilfswerk der Vereinten Nationen

UNITAR
Ausbildungs- und Forschungsinstitut der Vereinten Nationen

UNU
Universität der Vereinten Nationen

WFC
Welternährungsrat

WFP
Welternährungsprogramm

Abb.: Das System der Vereinten Nationen

Unser, Günther: Die UNO. Aufgaben und Strukturen der Vereinten Nationen, München 1992.
Wolfrum, Rüdiger (Hrsg.): Die Reform der Vereinten Nationen: Möglichkeiten und Grenzen, Berlin 1989.
Wolfrum, Rüdiger (Hrsg.): Handbuch Vereinte Nationen, München 1991.

Klaus Hüfner

Völkerrecht / Internationales Recht

1. Der Begriff des Völkerrechts und seine Quellen — 1958 formulierte *Dahm*:
„Das Völkerrecht ist die Ordnung der internationalen Gemeinschaft, einer
Gemeinschaft, die sich über die Staaten und Völkern erhebt und sie miteinander verbindet. Sie wächst heute in einer immer mehr schrumpfenden Welt
immer enger zusammen und beginnt allmählich Gestalt anzunehmen. Damit
gewinnt auch das VR als die Rechtsordnung dieser Gemeinschaft an Umfang, Gehalt und Bedeutung." (*Dahm* 1958: 1) Für Dahm bestand also bereits
eine Instanz über den Staaten, zumindest in Umrissen. 1975 definierte Friedrich *Berber* schon stark differenzierend und sehr viel vorsichtiger, geprägt
von den Rückschlägen, die der Kalte Krieg dem Heraufkommen einer über
den Staaten stehenden *Rechtsgemeinschaft* versetzt hatte: „Völkerrecht ist
die Gesamtheit der Regeln, die die rechtlichen Beziehungen in erster Linie
und generell zwischen Staaten, aber auch in gewissem Umfang zwischen
Staaten und anderen zum internationalen Rechtsverkehr zugelassenen
Rechtspersonen sowie zwischen diesen Rechtspersonen selbst zum Gegenstand haben." (*Berber* 1975:9) Die sich damit andeutende begriffliche Unsicherheit ist heute nicht beendet, wenn auch wichtige Klärungen erfolgt sind
(*Menzel / Ipsen* 1979:4f; *Kimminich* 1987:40ff, 55ff; *Buergenthal* u.a.
1988:1f; *Verdross / Simma* 1984:1-7; *Müller / Wildhaber* 1982:7ff). Als Ergebnis dieser Klärungen gibt die Definition von *Seidl-Hohenveldern* heute am
ehesten den Fachkonsens wieder: „Das Völkerrecht ist die Summe der *Normen*, die die Verhaltensweisen festlegen, die zu einem geordneten Zusam-
menleben der Menschen dieser Erde notwendig und nicht im innerstaatlichen Recht der einzelnen souveränen Staaten geregelt sind. Als souverän bezeichnet man solche Staaten, die in ihren Beziehungen zu anderen Staaten
keinem fremden Willen und keiner anderen Rechtsordnung als dem Völkerrecht unterworfen sind...
Das Völkerrecht regelt auch heute noch vorwiegend das Verhalten der einzelnen souveränen Staaten untereinander und mit den von ihnen geschaffe-
nen internationalen und supranationalen Organisationen sowie zwischen

solchen Organisationen. Die Aufzählung derjenigen, die unmittelbar Träger völkerrechtlicher Pflichten und Rechte und somit Völkerrechtssubjekte sein können, ist damit aber noch nicht erschöpft..." (*Seidl-H.* 1987: 1). So steht denn am Horizont das Völkerrecht als Ordnung eines vielgliedrigen weltweiten Netzes von interdependenten Teilsystemen, zu denen Menschen, nichtstaatliche Organisationen, Staaten und Staatenorganisationen gehören: „Mehr denn je stehen, im Guten wie im Bösen, die einzelnen Menschen in einer gegenseitigen Abhängigkeit voneinander, die über das Herrschaftsgebiet des einzelnen Staates hinausgreift. Einerseits kommen die Vorteile, die der moderne Welthandel und Weltverkehr bieten, nur dann voll zur Geltung, wenn eine weltweite Zusammenarbeit auf allen unmittelbar und mittelbar einschlägigen Gebieten (Standardisierung, Nachrichtenübermittlung, Personen- und Güterbeförderung usw.) gesichert ist. ... Andererseits könnte mit den modernen Massenvernichtungskampfmitteln alles Leben auf dieser Erde endgültig ausgelöscht werden. Daher ist die Vermeidung zumindest atomarer zwischenstaatlicher Konflikte geradezu eine Existenzfrage der Menschheit geworden. Auch die Erkenntnis der Gefahr, die die Erschöpfung der Rohstoffe und die Verschmutzung der Umwelt für die Menschheit bedeuten, drängt zu weltweiter Zusammenarbeit." (*Seidl-H.* 1987: 1f).

Aus welchen Quellen entsteht das VR? — Für den, der mit dem deutschen Rechtsquellensystem vertraut ist und mit seiner Hierarchie — Verfassung, formelle Gesezte, Verordnungen und andere materielle Gesetze, Urteile und andere Gerichtsentscheidungen, Verträge, — verlangen die Rechtsquellen des VR ein Umdenken, obwohl es auf den ersten Blick über diese Rechtsquellen eine klare Regelung zu geben scheint, Art. 38 des Status des Internationalen Gerichtshofs i.d.F. vom 26. Juni 1945 benennt die folgenden:

„a) internationale Übereinkünfte allgemeiner oder besonderer Natur, in denen von den streitenden Staaten ausdrücklich anerkannte Regeln festgelegt sind;

b) das *internationale Gewohnheitsrecht* als Ausdruck einer allgemeinen, als Recht anerkannten Übung;

c) die von den Kulturvölkern anerkannten allgemeinen Rechtsgrundsätze; ..."

Als Hilfsmittel zur Feststellung von Rechtsnormen wird in Buchstabe d) dieses Artikels auf „richterliche Entscheidungen und die Lehrmeinung der fähigsten Völkerrechtler der verschiedenen Nationen" zusätzlich hingewiesen. Die in den obigen Buchstaben a-c aufgezählten Rechtsquellen nennt man auch die formellen, weil sie die Formen und Verfahren kennzeichnen, in denen VR entsteht. Jene Faktoren, z.B. die strategischen Interessen eines Staates, die zu den Inhalten bestimmter Verträge beitragen, nennt man die materiellen Rechtsquellen des VR (*Verdross-Simma* 1984: § 515).

Die wichtigste Quelle unter den formellen ist das Gewohnheitsrecht. Zwei Merkmale müssen erfüllt sein, wenn eine Staatspraxis Gewohnheitsrecht sein soll: „ein objektives, das der wiederholten (regelmäßigen), einheitlichen, allgemeinen Übung, und ein subjektives, nämlich das der Übung, die mit der Überzeugung vorgenommen wird, rechtlich zu solchem Verhalten verpflichtet zu sein." (*Berber* 1975: 42, I. Band).

Die zweite wichtige Völkerrechtsquelle sind Verträge, oder, was gleichbedeutend ist, „Übereinkünfte". Dies sind schriftlich, mündlich oder durch schlüssige Handlungen zustande kommende Willenseinigungen zwischen Parteien, die das VR mit Vertragskompetenz ausstattet, vor allem zwischen Staaten.

Die allgemeinen Rechtsgrundsätze sind die dritte Rechtsquelle. In der Regel entstammen sie dem innerstaatlichen Recht, das sie jeweils mit allgemeiner Bedeutung aufstellt, wie z.B. das Prinzip von Treu und Glauben, oder das Verbot, eine Rechtsposition zu mißbrauchen.

Für Deutschland haben die zu b) und c) in Art. 38 genannten Rechtsquellen eine besondere Bedeutung, soweit sie universell, d.h. nicht nur unter bestimmten Staaten oder Staatengemeinschaften, oder nicht nur in bestimmten Kulturkreisen, z.B. dem chinesischen oder islamischen, gelten. Das ergibt sich aus Art. 25 GG, welcher lautet: „Die allgemeinen Regeln des Völkerrechts sind Bestandteil des Bundesrechtes. Sie gehen den Gesetzen vor und erzeugen Rechte und Pflichten unmittelbar für die Bewohner des Bundesgebietes." Dazu entschied das Bundesverfassungsgericht: „Art. 25 GG bewirkt, daß die allgemeinen Völkerrechtsregeln ohne ein Transformationsgesetz, also unmittelbar, Eingang in die deutsche Rechtsordnung finden und dem deutschen innerstaatlichen Recht — nicht dem Verfassungsrecht — im Range vorgehen. Diese Rechtssätze brechen insoweit jede Norm aus deutscher Rechtsquelle, die hinter ihnen zurückbleibt oder ihnen widerspricht." (E 6, 309 (363) II) Ferner: „Der Sinn der unmittelbaren Geltung der allgemeinen Regeln des Völkerrechts liegt darin, kollidierendes innerstaatliches Recht zu verdrängen oder seine völkerrechtskonforme Anwendung zu bewirken." (E 23, 288 (316) II) Dies bedeutet zum Beispiel unter anderem, daß die Bundesregierungen und Landesregierungen in ihrem gesamten außenpolitischen Handeln an diese allgemeinen Regeln des VR gebunden sind.

2. Völkerrecht und sogenanntes Internationales Recht (= IR) — Vielfach werden die Begriffe VR und IR verwechselt. Der Begriff des IR ist mehrdeutig. *Einmal* werden darunter Rechtsnormen verstanden, die nach ihrem räumlichen Geltungsbereich unter allen Staaten dieser Welt oder unter allen Staaten einer bestimmten Region eingeführt sind, etwa die UN-Konvention (→ Vereinte Nationen) zur Verhütung des Völkermordes vom 9.12.1948 oder die Europäische Konvention zum Schutze der → Menschenrechte vom 4.11.1950. Hier handelt es sich zweifelsfrei um universelles oder regionales

VR. Zum anderen werden darunter die Normen des Rechtsanwendungsrechts verstanden, das heißt, die Normen des Rechts, welches bestimmt, was gelten soll, wenn eine Rechtsbeziehung oder ein Rechtsverhältnis über das Gebiet eines Staates und seine Gebietshoheit hinaus wirkt, etwa: Ein exilrussischer Messebesucher aus der Türkei will in München eine englische Sekretärin heiraten, die ihren dauernden Wohnsitz wegen Beschäftigung bei einem transnationalen Unternehmen in Mailand hat. In diesem Fall bestimmt das internationale Eherecht, welches Eherecht auf die Eheschließung Anwendung findet, und das internationale Verwaltungsrecht, in welchem Verwaltungsverfahren, falls überhaupt, eine solche Eheschließung erfolgen kann; ferner bestimmt wiederum das internationale Familienrecht, Teil Ehegüterrecht, welches Güterrecht in dieser Ehe gelten wird. In diesem *zweiten* Sinne bedeutet also IR die Gesamtheit der Normen, und zwar der Normen von Staaten, die in Fällen rivalisierender Rechtsordnungen bestimmen, welches Recht nach dem Willen des Staates gelten soll. Vor allem *neun Gebiete des IR sind außerhalb* des VR von großer praktischer Bedeutung:

Privatrecht (IPR) — „ist die Gesamtheit der Rechtssätze, die sagen, welchen Staates Privatrecht anzuwenden ist. IPR bestimmt z.B., ob eine Ehe nach deutschem, französischem oder englischem Recht geschieden wird oder ob ein uneheliches Kind nach dänischem, schwedischem oder norwegischem Recht legitimiert wird." (*Kegel*).

Gerichtsverfassungs- und *Prozeßrecht* — Es befaßt sich mit den Fragen, welches Gericht für einen Fall, der Parteien außerhalb der Hoheit eines Staates betrifft, zuständig ist, und welches Prozeßrecht für den Fall anzuwenden ist.

Strafrecht — Die staatliche Strafgewalt muß sich auch mit Sachverhalten befassen, die wegen des Tatorts oder der Staatsangehörigkeit des Täters Beziehungen zu einer ausländischen Strafrechtsordnung aufweisen. Dabei geht es fast immer um die Frage, ob und wie das innerstaatliche Strafrecht auf einen solchen Sachverhalt und / oder Täter anzuwenden ist.

Allgemeines Verwaltungsrecht — Grundsätzlich gelten für Ausländer im jeweiligen Aufenthaltsstaat die verwaltungsrechtlichen Normen des Gebiets, in dem sie sich aufhalten (Territorialitätsprinzip), abgesehen von den sinngemäß nur auf Staatsbürger anwendbaren Rechtsnormen (Wahlrecht, Wehrpflicht) (Personalitätsprinzip). In einem engeren Sinne bezeichnet man als iAVR das Recht des Verwaltungshandelns, welches im Ausland befindliche Personen, Sachen oder Rechtsbeziehungen betrifft (exterritoriale Hoheitsakte). Dieses Handeln betrifft meist das besondere Verwaltungsrecht — z.B. wettbewerbsrechtliche Verfügungen mit Außenwirkung —; in jedem Fall bedürfen exterritoriale Hoheitsakte zu ihrer Wirksamkeit der Anerkennung durch den betroffenen Staat.

Wirtschaftsrecht und Umweltrecht — Der heutige Verflechtungsgrad der Weltwirtschaft ist nicht fungibel ohne Regelung der internationalen Wirtschaft durch Normen, die das Verhalten der am grenzüberschreitenden Wirtschaftsverkehr Beteiligten bestimmen (→ Weltwirtschaftssystem). Freilich nehmen heute bei der Regelung des internationalen Verkehrs der Handelsströme und Dienstleistungen, des Zahlungsverkehrs und des Wettbewerbs gerade auch im Hinblick auf das Nebeneinander von Staats-, Gemischt- und Privathandelsländern sowie auf die transnationalen Unternehmen supranationale Einrichtungen, wie die Europäischen Gemeinschaft und internationale Einrichtungen wie OECD und UNCTAD einen immer bedeutenderen Platz ein (→ Internationale Organisationen). Auch durch sie gewinnt ein Teilgebiet des IR, das zwischen Verwaltungs- und Wirtschaftsrecht steht, immer größere Bedeutung: das internationale Umweltrecht.

Verkehrsrecht — Die heutigen Verkehrsmittel haben sich nacheinander und ohne Rücksicht aufeinander entwickelt, und so stellt sich das iVR zwar bezogen auf die einzelnen Verkehrsmittel als relativ einheitlich dar, d.h. bei Seeschiffahrtsrecht, Binnenschiffahrsrecht, Eisenbahnrecht, Kraftfahrzeugrecht, Luftrecht, Post- und Fernmelderecht, aber nicht für die Verflechtungsproblematik der einzelnen Verkehrsmittel, die z.B. auftritt, wenn gefährliche Stoffe durch mehrere Verkehrsmittel befördert werden.

Finanz- und Steuerrecht — Im heutigen Wirtschaftsverkehr treten zahlreiche Finanz- und Steuerfälle auf, die über die Grenzen eines Staates hinausweisen, z.B. Doppelbesteuerung, Zollprobleme. Die Normen des staatlichen Rechts für Gegenstände mit internationalem Bezug (Außensteuer- und Außenfinanzrecht) sowie die Normen des Völkerrechts aus internationalen Verträgen, zweiseitigen Verträgen und anderen Rechtsquellen versuchen, diese Probleme zu lösen.

Arbeitsrecht — Es umfaßt sowohl die nationalen Normen der Bundesrepublik Deutschland für Arbeitsrechtsbeziehungen mit internationaler Berührung als auch das aus supranationalen und internationalen Rechtsquellen entstehende iAR. Zu den letzteren gehören z.B. die Verfassung der Internationalen Arbeitsorganisation von 1919 in der Fassung von 1974 sowie das EG-Arbeitsrecht.

Sozialrecht — Die internationalen Verflechtungen, insbesondere die Tatsache, daß Millionen von Menschen in einem fremden Lande arbeiten, und der internationale Tourismus erfordern den immer weiteren Ausbau der sozialrechtlichen Beziehungen der Staaten untereinander durch Sozialversicherungsabkommen, Kriegsopferabkommen, Krankenversicherungsabkommen, Kindergeldabkommen, um nur diese zu nennen. Neben den Normen des Sozialrechts der Bundesrepublik Deutschland, die sich mit Tatbeständen mit internationaler Berührung befassen, sind das Sozialrecht der EG-Verträge und die grundlegende „VO (EWG) Nr. 1408 / 71 zur Anwendung der Systeme der sozialen Sicherheit auf Arbeitnehmer und deren Familien, die innerhalb der Gemeinschaft zu- und abwandern", mit Zusatzverordnungen zu nennen.

3. Die Teilgebiete des Völkerrechts — Neben den Grundlagen des VR wie Begriff, Quellen und Interpretationsregeln kann man das VR in vier große Teilgebiete (*Berber* 1975, 1969, 1977) einteilen:

Allgemeines Friedensrecht — Das Friedensrecht gilt immer dann, wenn kein (heißer) Kriegszustand besteht. Es regelt die Rechte und Pflichten der völkerrechtlichen Akteure, ihre Organe, ihre räumlichen, sachlichen und personellen Kompetenzen sowie die internationalen Rechtsgeschäfte.

Kriegsrecht — Es befaßt sich mit Begriffen und Arten des Krieges (→ Krieg und Frieden), den Problemen seiner Legalität, den verschiedenen Geltungsfällen und Kriegsverträgen, den rechtlichen, personellen, räumlichen und zeitlichen Grenzen des Kriegsrechts, dem Wirtschaftskrieg, dem Recht der → Neutralität und den Garantien, die das Kriegsrecht enthält, sowie ihrer Durchsetzung.

Streitbeilegung — In dem Maße, wie die Waffentechnologie bestimmte Kriege zu einer möglichen Quelle des Endes der Menschheit hat werden lassen, gewinnen die großen Völkerrechtsgebiete *„friedliche Beilegung internationaler Streitigkeiten und der Kriegsverhütung"* immer mehr an Bedeutung. Zu ihnen gehört auch der gesamte Rechtsschutz für die Akteure im Völkerrecht, vor allem auch der Menschenrechtsschutz.

Recht der Internationalen Organisationen — Das *Recht der universellen Staatenorganisationen*, Beispiel UNO, und das *Recht der regionalen Zusammenschlüsse*, Beispiel EWG, EGKS und EAG, bildet das vierte große Arbeitsgebiet des VR.

4. Internationale Politik / Internationale Beziehungen und Völkerrecht / Völkerrechtssubjekte — Die Arbeitsgebiete Internationale Politik / Internationale Beziehungen haben mit dem VR gemeinsam, daß sie Grundelemente der Weltpolitik behandeln (*Kindermann* 1977). Die Strukturelemente und Gegenstände dieser Arbeitsgebiete sind in ständiger Veränderung (*Woyke* 1988: 7ff). Entsprechendes gilt für die Methoden (*Bellers / Woyke* 1989). Und für das Völkerrecht gilt ähnlich, was *Czempiel* für das internationale

System so formuliert: „Umfang und Komplexität des internationalen Systems und seiner Teilsysteme lassen sich gar nicht überschätzen. Sie stellen den Politiker wie den Politikwissenschaftler vor große, gegenwärtig angemessen nicht zu bewältigende Aufgaben. Die Besprechung der Weltlage durch die Diplomaten wie die Einzelstudien der Wissenschaftler bleiben weit unterhalb des Erfassungs- und Auflösungsvermögens, das für die Analyse des internationalen Systems eigentlich erforderlich wäre." (*Czempiel* 1987:3, ähnlich *Czempiel* schon 1969, *Gantzel* 1973). Diese Schwierigkeiten verstärken sich noch, wenn man die ethischen Dimensionen in die Betrachtung mit einbezieht (*Weiler* 1989). Die normative Dimension internationaler Politik führt das VR und die Arbeitsgebiete Internationaler Politik / Internationale Beziehungen der Politikwissenschaft immer wieder zusammen.

Die so verstandenen Arbeitsgebiete begegnen sich mit dem VR in allen drei Politikdimensionen: *Polity, Politics, Policy* (*Robert* 1988:6ff): „Der Begriff *polity* kennzeichnet die formale Dimension von Politik. ... Der Begriff *politics* umfaßt die prozessurale Dimension von Politik... *policy* bezeichnet die inhaltliche Dimension von Politik, die Frage nach ihrem Output..."

Das VR hat also folgende Relation zu den internationalen Beziehungen: Das VR liefert zum einen den internationalen Beziehungen die normative Dimension (= *normative Funktion*), soweit diese nicht durch andere Teile des IR (vgl. oben 2.) und / oder das Recht der einzelnen Akteure abschließend geregelt ist. Zum anderen weist es in seiner Entwicklung den internationalen Beziehungen Bereiche zu, in *Polity, Politics* oder *Policy*, in denen die Akteure der internationalen Beziehungen tätig werden müssen, um die Völkerrechtsordnung weiter zu entwickeln (= *Entwicklungsfunktion*).

In einem wichtigen Punkt unterscheiden sich die Lehren von den internationalen Beziehungen und das VR sehr deutlich. Die Akteure, denen die Lehre von den internationalen Beziehungen Aufmerksamkeit schenkt, genießen nur zu einem Teil Völkerrechtssubjektivität. Aus den vielen Akteuren, die sich international betätigen, sind nur die Völkerrechtssubjekte mögliche Träger völkerrechtlicher Rechte und Pflichten, nur sie können mit völkerrechtlicher Wirkung handeln.

Die wichtigsten *Völkerrechtssubjekte* sind

— die Staaten,
— die Staatenverbindungen, wie z. B. der Bundesstaat (Föderation) oder der Staatenbund (Konföderation);
— die von den vorgenannten Völkerrechtssubjekten gebildeten internationalen Organisationen, seien sie nun mit Hoheitsgewalt ausgestattet (supranationale Organisation, wie z.B. die EWG) oder nationale Organisation (wie z.B. die OECD);
— der Heilige Stuhl, der Souveräne Malteser-Ritterorden und das Internationale Komitee vom Roten Kreuz.

Daneben gibt es eine Reihe von Sonderfällen sog. partieller Völkerrechts-subjektivität. In ihnen werden Akteure, wie z.B. Einzelpersonen natürlicher oder juristischer Art, in einzelnen Beziehungen mit Völkerrechtssubjektivität ausgestattet. (*Verdross/Simma* 1984: 221-271).

Literatur

Bellers, J./*Woyke*, W. (Hrsg.): Analyse internationaler Beziehungen, Opladen 1989.

Berber, F.: Lehrbuch des Völkerrechts, München ²1975 (1. Band), ²1969 (2. Band), ²1977 (3. Band).

Buergenthal, Th. u.a.: Grundzüge des Völkerrechts, Heidelberg 1988.

Czempiel, E.O.: Das Internationale System, in: von *Beyme*, K. u.a.: Politikwissenschaft. Eine Grundlegung. Band III: Außenpolitik und Internationale Politik, Stuttgart 1987, S. 3-37.

Czempiel, E.O. (Hrsg.): Die anachronistische Souveränität, Politische Vierteljahresschrift 10, Sonderheft 1, 1969.

Dahm, G.: Völkerrecht, Stuttgart 1958 (1. Band), 1961 (2. und 3. Band).

Kindermann, Karl-Gottfried (Hrsg.): Grundelemente der Weltpolitik, München/Zürich 1977

Menzel, E./*Ipsen*, K.: Völkerrecht, München ²1979.

Müller, J.P./*Wildhaber*, L.: Praxis des Völkerrechts, Bern ²1982.

Robert, R.: Politikwissenschaft und Politikbegriffe, in: *Bellers*, J./*Robert*, R. (Hrsg.): Politikwissenschaft I. Grundkurs, Münster 1988, S. 1-29.

Seidl-Hohenveldern, I.: Völkerrecht, Köln u.a. ⁶1987.

Verdross, A./*Simma*, B.: Universelles Völkerrecht, Theorie und Praxis, Berlin ³1984.

Weiler, R.: Internationale Ethik. Eine Einführung, Berlin 1986 (Band 1), 1989 (Band 2).

Gerhard W. Wittkämper

Weltbank(gruppe)

1. Entstehung und Aufgaben — Zur Weltbankgruppe zählen die Weltbank — „Internationale Bank für Wiederaufbau und Entwicklung" (IBRD) — sowie die später gegründeten, rechtlich selbständigen Tochterorganisationen Internationale Entwicklungsorganisation (IDA), Internationale Finanz-Corporation (IFC), Multilaterale Investitions-Garantie-Agentur (MIGA) und das Internationale Zentrum für die Beilegung von Investitionsstreitigkeiten (ICSID). Die Weltbank wurde zusammen mit der Zwillingsinstitution

Internationaler Währungsfonds (IWF) (— → Internationale Währungspolitik) — 1944 auf der Konferenz von Bretton Woods (USA) mit Sitz in Washington, D.C. ins Leben gerufen. Sie geht zurück auf amerikanische Pläne (insbesondere des leitenden Beamten im Finanzministerium *White*), die auf eine Neuordnung der internationalen Wirtschaftsbeziehungen in der Nachkriegszeit mit dem Ziel größtmöglicher Kooperation und teilweiser Integration gerichtet waren. Nachdem *White* ursprünglich eine gemeinsame Institution für die kurz- bis mittelfristige Währungshilfe und langfristige Investitionen erwogen hatte, konzipierte er für die beiden unterschiedlichen Aufgaben später auch getrennte Institutionen. Angesichts späterer Auseinandersetzungen erscheint erwähnenswert, daß die ursprünglichen Vorstellungen von *White* erheblich über das in Bretton Woods beschlossene Weltbankkonzept hinausgingen, die Weltbank u.a. eine internationale Rohstoffentwicklungsgesellschaft und eine Institution zur Förderung der Preisstabilität bei bestimmten grundlegenden Gütern finanzieren sollte.

In Bretton Woods wurden die Aufgaben der Weltbank, wie schon in der offiziellen Bezeichnung angedeutet, als Kredithilfe beim Wiederaufbau und bei der wirtschaftlichen Entwicklung bestimmt. Nachdem die USA aber im Kontext des — → Ost-West-Konfliktes die Finanzierungshilfe beim wirtschaftlichen Wiederaufbau Europas über den *Marshall*-Plan leisteten, blieb die Aufgabe der Weltbank im wesentlichen die Kredithilfe für langfristige Projekte in den Entwicklungsländern (EL). Die enge Verbindung der Struktur der Weltbank mit der des IWF kommt schon darin zum Ausdruck, daß der Beitritt zum IWF Voraussetzung für die Mitgliedschaft in der Weltbank ist. Auch die Organisations- und Entscheidungsstruktur der Weltbank entspricht im wesentlichen der des IWF. Grundentscheidungen werden von der einmal jährlich tagenden Gouverneursversammlung getroffen, in der jedes Mitgliedsland in der Regel durch den Finanzminister (D durch Minister für wirtschaftliche Zusammenarbeit) vertreten ist. Das inzwischen aus 24 Mitgliedern bestehende Exekutivdirektorium — von den fünf stimmstärksten Mitgliedern wird je ein Exekutivdirektor ernannt, weitere werden von primär nach regionalen Gesichtspunkten zusammengestellten Ländergruppen gewählt — ist für wichtige laufende Entscheidungen zuständig. An der Spitze des international zusammengesetzten Stabes (1992 3 900 Mitarbeiter im höheren Dienst) steht ein auf fünf Jahre gewählter Präsident mit traditionell starker Stellung, der gleichzeitig den Vorsitz im Exekutivdirektorium führt. In der Weltbank gilt ein gewichtetes Stimmrecht, das sich neben geringen Sockelstimmen für jedes Land nach der Höhe des Kapitalanteils der Mitglieder richtet und dazu führt, daß die westlichen Industrieländer (IL) stimmenmäßig dominieren (bei Ausschöpfung der autorisierten Kapitalerhöhungen von 1988 und 1990 Rangfolge: USA 18,2 %, Japan 6,4 %, D 5 %, Frankreich und Großbritannien jeweils 4,8 %). Der Beitritt der früheren Ostblockstaaten hat die Weltbank zu einer wirklich globalen Organisation werden lassen (1993

172 Mitglieder), zugleich aber auch die personelle und finanzielle Beanspruchung sowie die damit verbundene Konkurrenz unter den Mitgliedern stark erhöht. Wie der IWF ist auch die Weltbank den → UN vertraglich als Sonderorganisation angegliedert, jedoch verfügen die UN über keine Weisungsrechte. Die Finanzstruktur der Weltbank beruht auf den Kapitalzeichnungen der Mitglieder (genehmigtes Grundkapital 1944 10 Mrd. US-Dollar, nach den letzten Kapitalerhöhungen 1988 und 1990 175 Mrd. US-Dollar). Nach den Statuten müssen nur 20 % eingezahlt werden, davon 2 % in Gold oder US-Dollar und 18 % in eigener Währung, die nur mit Zustimmung der betreffenden Mitglieder für Darlehen zur Verfügung stehen. Inzwischen ist die tatsächliche Einzahlungsquote noch weiter gesenkt worden, so daß über 90 % der Kapitalzeichnungen reines Haftungskapital sind, das der Sicherung von Ansprüchen gegen die Weltbank dient. Diese Konstruktion macht deutlich, daß die Weltbank primär als Brücke gedacht ist, über die privates Kapital in die EL geleitet werden soll. Die Weltbank nimmt zu diesem Zweck Anleihen an den privaten Kapitalmärkten auf. Die Mittel zur Finanzierung der Weltbankaktivitäten stammen also primär aus Anleihen, die auf den privaten Kapitalmärkten, teilweise auch an staatliche Institutionen verkauft werden. Als Kreditgeber soll die Weltbank sich nur dort engagieren, wo Kredite für sinnvolle, produktive Projekte zu erträglichen Bedingungen sonst nicht erhältlich sind. Die Weltbank darf Kredite nur an Regierungsinstitutionen oder private Unternehmen und Organisationen in ihren Mitgliedsländern gewähren und nur unter der Bedingung, daß der betreffende Staat für den Kredit bürgt. Die maximalen Verpflichtungen der Weltbank sind durch die Kapitalzeichnungen und Rücklagen sowie einbehaltene Gewinne begrenzt.

2. Entwicklung der Weltbanktätigkeit — Die Weltbank vergibt ihre Kredite zu relativ harten Konditionen, die zwar etwas unter den Marktkonditionen liegen, aber sich dennoch am Markt orientieren. Sie staffelt ihre Zinssätze also nicht etwa nach Bedürftigkeit, sondern setzt diese anhand der eigenen Finanzierungskosten fest. Diese fallen dennoch niedriger aus, als wenn die Kreditnehmer der Weltbank versuchen würden, sich Mittel direkt an den Kapitalmärkten zu beschaffen. Das große Ansehen, das die Weltbank wegen ihrer auf Sicherheit für die Gläubiger ausgerichteten Struktur und ihrer Geschäftspolitik genießt, schlägt sich in relativ günstigen Finanzierungsbedingungen für sie nieder. Da die Weltbank zur Finanzierung ihrer Operationen sehr stark auf privates Kapital angewiesen ist, hat sie in ihrer gesamten Politik ihr „standing" an den Kapitalmärkten immer im Auge behalten. Für die erste Nachkriegszeit war die fast ausschließliche Finanzierungsquelle der amerikanische Kapitalmarkt, und dies war ein wichtiger Faktor für die Entscheidung, einen US-Amerikaner zum Präsidenten der Weltbank zu wählen, inzwischen eine Tradition. Seit den 60er Jahren hat die Weltbank für ihre Finanzierung zunehmend auch außeramerikanische Kapitalmärkte und Währungen genutzt. Sie hat ihre Finanzierungsquellen auch dadurch erweitert, daß sie sich Mittel verstärkt direkt bei Regierungsinstitutionen und Zentralbanken verschafft hat (u.a. deutsche und japanische Zentralbank, Regierungsinstitutionen von ölexportierenden Ländern). Die veränderte wirtschaftliche und finanzielle Gewichtsverteilung ist auch durch größere Anteile der betreffenden Länder am Kapital der Weltbank teilweise berücksichtigt worden. Zur Erhöhung des Finanztransfers hat die Weltbank auch Kofinanzierungen mit anderen bi- und multilateralen Kreditgebern ausgebaut.

Die Weltbank finanziert überwiegend einzelne Projekte (specific investment loans), die vor der Finanzierungszusage sehr gründlich untersucht und auch während der Abwicklung ständig beobachtet werden. Daneben vergibt sie in wachsendem Umfang auch umfassender angelegte Kredite, die teilweise auf einzelne Wirtschaftssektoren (sector operations), teilweise auf die Gesamtwirtschaft zielen. Mit den 1980 eingeführten konditionalen Strukturanpassungsdarlehen wird eine zahlungsbilanzorientierte gesamtwirtschaftliche Anpassung unter möglichster Schonung der entwicklungspolitischen Ziele angestrebt. Anders als normale Geschäftsbanken analysiert die Weltbank detailliert die gesamtwirtschaftliche Situation der kreditnehmenden Länder, den volkswirtschaftlichen Stellenwert der zu finanzierenden Projekte und insbesondere die Möglichkeit der Kreditrückzahlung. Die sehr strenge Prüfung, die Bürgschaft des betreffenden Landes und die Folgewirkungen für seine finanzielle Einschätzung dürften dafür verantwortlich sein, daß die Weltbank bisher noch keinen Kredit abschreiben mußte, auch wenn Rückstände bei Schuldendienstleistungen vorkommen. Bei der Entscheidung über Kreditanträge ist die Weltbank nach ihrer Satzung gehalten, allein ökonomische Kriterien zu berücksichtigen. Dennoch ist die Weltbank in einer Reihe von Fällen mit dem Vorwurf konfrontiert worden, ihre Entscheidungen seien politisch motiviert gewesen und hätten das Stimmenübergewicht der westlichen Industrieländer widergespiegelt, auch wenn sie ökonomisch begründet worden seien. Zum Beispiel ist der Weltbank vorgeworfen worden, ihre Entscheidung gegen die von Ägypten gewünschte Finanzierungsbeteiligung beim Bau des Assuan-Staudammes sei mit politischer Rücksicht auf die USA getroffen worden, eine Entscheidung, die einen wichtigen Faktor in der Vorgeschichte des Suez-Konfliktes 1956 bildete. Die Möglichkeit politisch motivierter, aber ökonomisch eingekleideter Einzelfallkreditentscheidungen ist ohne Zweifel gegeben und dürfte bei gesamtwirtschaftlich orientierten Krediten zunehmen. Darüber hinaus beruhen die Grundlinien der Weltbankpolitik und ihrer Entwicklungsstrategie selbstverständlich auf „politischen" Entscheidungen.

Während der 50er Jahre konzentrierte sich die Weltbank in ihrer Kreditpolitik auf Infrastrukturmaßnahmen, in der Folgezeit hat sie aber ihre Aktivitäten zunehmend verbreitert und aufeinander abgestimmt. Seit Anfang der

70er Jahre hat die Weltbank auch verstärkt versucht, in ihrer Strategie die Folgen des Wachstums für die Einkommensverteilung in den EL zu berücksichtigen und die ärmsten Bevölkerungsgruppen besonders zu fördern. So sind unter der Präsidentschaft *McNamaras* integrierte Schwerpunktprogramme zur Förderung der ärmsten Bevölkerungsteile auf dem Lande (1973) und auch in den Städten (1975) entwickelt worden. In den letzten Jahren hat die Weltbank neben Armutslinderung und tragfähigem Wachstum zunehmend die Mitwirkung bei der Lösung von Umweltproblemen als ihre Aufgabe betont. Die 1990 geschaffene Umweltschutzfazilität (GEF) wird gemeinsam von ihr, dem UN-Entwicklungsprogramm und dem UN-Umweltprogramm verwaltet. Schon in den ersten Jahren der Weltbanktätigkeit stellte sich heraus, daß die relativ harten Kreditkonditionen dazu führten, daß gerade die hilfsbedürftigsten Länder am wenigsten für Weltbankkredite in Frage kamen. Eine Teilantwort wurde 1960 mit der auf amerikanische Initiative gegründeten IDA gefunden, die Kredite zu weichen Konditionen vergibt. Ein weiterer Versuch wurde 1975 mit einem „Dritten Schalter" der Weltbank gemacht, indem zeitweilig Kreditfazilitäten zu Konditionen zwischen den Normalkonditionen und den Konditionen der IDA bereitgestellt wurden, deren Zinsermäßigung durch freiwillige Beiträge einiger Mitglieder finanziert wurde.

Die Weltbank hat auch durch verstärkte technische Hilfe versucht, gerade die ärmsten Länder mit ihren in der Regel unzureichenden administrativen Ressourcen bei der Vorbereitung und Durchführung von Projekten und Programmen zu unterstützen und steht im Hinblick auf die wirtschaftliche Transformation der früheren Ostblockstaaten vor einer neuen Herausforderung. Generell hat die Weltbank ihre Analyse- und Beratungstätigkeit sehr stark ausgeweitet und genießt gerade in ihrer Experteneigenschaft international hohes Ansehen (u.a. aufgrund ihrer Publikationen wie dem seit 1978 jährlich vorgelegten „Weltentwicklungsbericht"). Ein Reflex dieses Ansehens dürfte sein, daß die Weltbank in den Koordinierungsgruppen für Entwicklungshilfe, die für bestimmte Länder bestehen, auf Wunsch aller Beteiligten den Vorsitz führt. Als ranghohe institutionelle Neuerung existiert seit 1974 das von der Weltbank und dem IWF gemeinsam gebildete Entwicklungskomitee, in dem auf Ministerebene alle mit dem Ressourcentransfer in EL verbundenen Fragen behandelt werden. Bei den bisherigen Ansätzen zum Umgang mit der → Internationalen Verschuldungskrise in der Dritten Welt wie auch bei der Diskussion weitergehender Lösungsansätze spielt die Weltbank neben dem IWF eine wichtige Rolle. Die stärkere Befassung der Weltbank mit gesamtwirtschaftlichen Aspekten der EL (konditionale, weniger langfristige Strukturanpassungsdarlehen) bei gegenläufigen Tendenzen in der IWF-Politik hat zu einer starken Überschneidung in der Tätigkeit der beiden Bretton-Woods-Zwillinge und vermehrt auch zu Konflikten geführt. In Reaktion darauf ist die traditionell enge Zusammenarbeit zwischen beiden Organisationen noch ausgebaut und in einem von den Geschäftsleitungen ausgearbeiteten Abkommen versucht worden, die jeweiligen Funktionen eindeutiger abzugrenzen und bei Konflikten institutionelle Lösungswege vorzugeben.

Gemessen an der Zahl ihrer Mitglieder und der Kreditsumme (Geschäftsjahr 1992 15,2 Mrd. US-Dollar für 112 Projekte und Programme in 43 Ländern) ist die Weltbank zusammen mit ihren Tochterorganisationen IDA und IFC die bei weitem wichtigste internationale Organisation für Kapitalhilfe in die EL und dominiert auch bei der technischen Hilfe. Sie bildet auch das Modell für die regionalen Entwicklungsbanken, mit denen sie eng kooperiert. Sie hat ihren Tätigkeitsbereich qualitativ und quantitativ erheblich ausgeweitet, ist ein wichtiger „Trendsetter" in der → Entwicklungspolitik, damit zugleich aber auch Objekt der Kritik. Forderungen der EL richten sich vor allem auf eine noch stärkere Kreditexpansion zu möglichst günstigen Bedingungen und damit auf Kapitalerhöhungen und stärkere Zuschüsse der finanzstarken Länder bei größerem Stimmengewicht der EL.

3. *IDA* — Die 1960 gegründete IDA ist eine spezielle Organisation für Kredithilfe an die EL, die die normalen Weltbankkonditionen nicht tragen können. Voraussetzung für den Beitritt ist die Mitgliedschaft in der Weltbank, deren Leitung und Stab die gleichen Funktionen für die IDA wahrnehmen. Die meisten Mitglieder der Weltbank sind auch der IDA beigetreten. Trotz der engen Verflechtung ist die IDA juristisch selbständig. Um das Risiko streng zu trennen, darf die Weltbank der IDA z.B. auch keine Kredite gewähren. Dagegen hat sie ihr den Teil ihrer Gewinne überlassen, der sonst an die Mitgliedsländer ausgeschüttet worden wäre.

Die wichtigste Finanzquelle der IDA sind aber die Kapitalzeichnungen und weitere freiwillige Beiträge ihrer Mitglieder, deren regelmäßige Wiederauffüllung in wachsendem Maße mit schwierigen Verhandlungen (vor allem über Umfang und Lastenverteilung, Verzögerungsfaktor USA) verbunden war. Unter den Mitgliedern werden die wirtschaftlich fortgeschrittenen — Gruppe I — und die EL — Gruppe II — unterschieden, wobei die Länder der Gruppe I ihre Zeichnungen in konvertibler Währung voll für Kredite bereitstellen müssen, während die Länder der Gruppe II 90 % in Landeswährung zahlen können, die nur mit Genehmigung dieser Länder für Kredite verwendet werden dürfen.

Die Kredite der IDA (Zusagen 1991 6,3 Mrd. US-Dollar für 103 Projekte und Programme in 40 EL, kumulativ bisher 64,5 Mrd. US-Dollar an 90 Länder) werden zu außerordentlich günstigen Bedingungen vergeben — 35 - 40 (bis 1987 50) Jahre Laufzeit, 10 tilgungsfreie Jahre, 0,75 % Bearbeitungsgebühr pro Jahr — und sind dementsprechend sehr begehrt. Der größte Teil der Mittel entfällt auf die einkommensschwächsten EL v.a. in Afrika und Asien.

4. IFC, MIGA und ICSID — Die 1956 gegründete IFC ist eine Tochterorganisation der Weltbank mit dem Ziel, Privatinvestitionen in EL zu fördern. Im Gegensatz zur Weltbank kann die IFC Darlehen gewähren und sich am Aktienkapital in EL beteiligen, und zwar auch ohne Bürgschaft der Regierung. Im Hinblick auf ihre Initiativfunktion sucht die IFC aber keine langfristigen Anlagen, sondern versucht, ihre Beteiligungen später weiterzuverkaufen und dabei auch eine breitere Eigentumsverteilung zu fördern. Die IFC hat eine Multiplikatorwirkung insbesondere dadurch erreicht, daß ihre Investitionsbeteiligungen mit einer mehrfachen Investition von anderer Seite verbunden waren. Die IFC finanziert sich vor allem aus den Kapitaleinlagen ihrer Mitglieder, Anleihen am Kapitalmarkt und Darlehen der Weltbank, die anders als im Fall der IDA innerhalb bestimmter Grenzen zulässig sind. Vor dem Hintergrund eines wachsenden Stellenwertes marktwirtschaftlicher Positionen auch in den EL und der damit verbundenen Betonung privatwirtschaftlicher Initiative sowie der gezielten Förderung durch die wichtigsten westlichen IL hat die IFC ihre Geschäftstätigkeit stark ausgeweitet (1991 Beteiligung an 152 Investitionsvorhaben mit 10,7 Mrd. US-Dollar Investitionssumme durch 1,5 Mrd. US-Dollar an Eigenmitteln sowie 1,3 Mrd. US-Dollar für Konsorten).

Organisatorisch verfügt die IFC zwar über einen eigenen Stab, aber die Verwaltungs- und Entscheidungsstruktur ist im wesentlichen mit der Weltbank identisch. Die Mitgliedschaft in der Weltbank ist auch Voraussetzung für den Beitritt zur IFC, der die meisten Weltbankmitglieder angehören.

Die jüngsten, rechtlich selbständigen Mitglieder der Weltbankgruppe, die insbesondere der Förderung privatwirtschaftlicher Investitionen in den EL dienen und der die Mehrheit der Weltbankmitglieder angehören, sind die MIGA und die ICSID. Die 1989 gegründete MIGA (Grundkapital 1 Mrd. SZR) ermöglicht Versicherungen gegen nicht-kommerzielle Risiken (z.B. politische Unruhen) und berät EL z.B. im Hinblick auf Investitionsförderungsmaßnahmen. Bei Investitionsstreitigkeiten kann als eine Art Schiedsgericht die 1966 vertraglich institutionalisierte ICSID angerufen werden, die zunehmend in internationale Investitionsschutzabkommen einbezogen worden ist.

Literatur

Arbeitsgruppe der Weltbank: IDA im Rückblick. Die ersten zwei Jahrzehnte der Internationalen Entwicklungsorganisation, Washington D.C. 1982.

Deutsche Bundesbank: Internationale Organisationen und Gremien im Bereich von Währung und Wirtschaft (Sonderdrucke der Deutschen Bundesbank Nr. 3), Frankfurt/M. [4]1992.

Hürni, Bettina: Die Weltbank. Funktion und Kreditvergabepolitik nach 1970, Diessenhofen 1980.

Koll, Th.U. (Hrsg.): Die Weltbank. Struktur, Aufgaben und Bedeutung, Berlin 1988.

Mason, Edward S. / *Asher*, Robert E.: The World Bank since Bretton Woods, Washington D.C. 1973.

Tetzlaff, Rainer: Die Weltbank: Machtinstrument der USA oder Hilfe für Entwicklungsländer? Zur Geschichte und Struktur der modernen Weltgesellschaft, München u.a. 1980.

Weltbank: Jahresberichte, Washington D.C.

Weltbank: Weltentwicklungsbericht, Washington D.C. (jährlich seit 1978).

Weltbank (Hrsg.): Die Weltbankgruppe. Zielsetzung und Arbeitsweise, Washington D.C. 1988.

Uwe Andersen

Welternährungsproblem

1. Einleitung — Nach Schätzungen der FAO waren im Zeitraum von 1988 bis 1990 rund 786 Mio. Menschen in Entwicklungsländern (mit mehr als einer Mio. Einwohnern) unterernährt. Für etwa 20 % der Weltbevölkerung ist dieser Zustand chronisch. Obwohl in den vergangenen 20 Jahren Erfolge im Kampf gegen den Hunger gemeldet wurden — für die Zeitspanne 1969-71 liegen die entsprechenden FAO-Angaben bei 941 Mio. bzw. 36 % —, ist das Welternährungsproblem noch immer äußerst akut. Die meisten unterernährten Menschen leben im bevölkerungsreichen Asien; ihre geschätzte Zahl sank jedoch von 751 Mio. (1969-71) auf 528 Mio. (1988-90). In Lateinamerika und dem Nahen Osten nahm die Zahl der Mangelernährten in den 70er Jahren ab, in den 80ern wieder zu und liegt heute bei etwa 59 bzw. 31 Millionen. Hauptproblemregion ist Afrika, wo binnen zwanzig Jahren die Zahl unterernährter Menschen von ungefähr 101 Mio. auf 168 Mio. anstieg und sich Hungerkatastrophen häuften. Über das Ausmaß von Unterernährung im ehemaligen Ostblock liegen keine Schätzungen vor. Hunger und Mangelernährung sind aber auch dort nicht fremd. Selbst in den westlichen Industrieländern finden sich Bevölkerungsgruppen ohne ausreichende Nahrungsmittelversorgung.

Die öffentliche Diskussion um das Welternährungsproblem flammte vor allem im Zuge der Rohstoff- und Nahrungsmittelkrise zu Beginn der 70er Jahre auf und wurde seither durch die regelmäßig wiederkehrenden Hungerkatastrophen in der Dritten Welt genährt. Lange Zeit wurde das Problem vorrangig von der Angebotsseite her betrachtet. Erst durch das Offenlegen der entsprechenden Nachfragestrukturen schälte sich jedoch der eigentliche Problemkern heraus: die Armut.

2. *Produktion und weltweite Verteilung von Nahrungsmitteln* — Zu Beginn der 70er Jahre häuften sich Stimmen, die über kurz oder lang eine globale Ernährungskatastrophe vorhersagten. Vor allem der erste Bericht des *Club of Rome* fand breite Resonanz; die Studie befürchtete, daß die weltweite Nahrungsmittelproduktion (vor allem wegen der Knappheit geeigneten Ackerlandes) schon bis zur Jahrhundertwende mit dem Weltbevölkerungswachstum nicht mehr Schritt halten werde. Auch der Tenor späterer Berichte — wie etwa „*Global 2000*" — war hinsichtlich der weltweiten Entwicklungsperspektiven im Bereich der Nahrungsmittelsicherung pessimistisch. Demgegenüber standen Ansichten, welche die Verknappungsthese verwarfen und die — prinzipiell überwindbaren — sozioökonomischen und politischen Machtverhältnisse für Ernährungskrisen verantwortlich machten (so beispielsweise das „*Bariloche*-Modell"). Fortschrittsoptimistische Positionen (etwa innerhalb der FAO) vertrauten dagegen auf ein rasches Produktionswachstum im Rahmen der „Grünen Revolution", die durch die Kombination von Hochleistungssaatgut, Agrochemikalien und moderner Technik kapital- und betriebskostenintensive Ertragssteigerungen versprach.

De facto ist im globalen Maßstab noch keine Nahrungsmittelknappheit eingetreten und kurzfristig auch nicht zu befürchten. Die weltweite Pro-Kopf-Produktion nahm in den vergangenen Jahrzehnten sogar zu. Aufgrund des starken Weltbevölkerungswachstums (→ Bevölkerungswachstum) wird jedoch der Bedarf an Nahrungsmitteln schnell steigen. Erhebliche wissenschaftliche, wirtschaftliche und politische Anstrengungen werden nötig sein, um auch mittel- und langfristig die Nahrungsmittelproduktion entsprechend dem Bevölkerungswachstum auszuweiten — zumal wenn dies in einer ökologisch und sozial vertretbaren Weise erfolgen soll. Chancen und Risiken einer „biologischen Revolution" sind noch nicht in Gänze abzusehen. Skeptiker meldeten sich jedoch bereits hinreichend zu Wort. Abzuwarten bleibt ferner, ob sich die Ernährungsmuster (gerade in den Industrieländern) ändern. Die damit zusammenhängende „Veredlungsproduktion" (Getreide als Futtermittel zu Rinder- bzw. Schweinefleisch) stellt zumindest im globalen Maßstab eine Verschwendung von Nährstoffen dar.

Die derzeit noch ausreichende Weltproduktion von Grundnahrungsmitteln gibt noch keinen Aufschluß über regionale, nationale und lokale Produktionsunterschiede. In den meisten Entwicklungsländern werden, gemessen am Bedarf, zu wenig Nahrungsmittel erzeugt. Selbst innerhalb einzelner Länder bestehen oft große Produktionsgefälle. Auf regionaler Ebene ist insbesondere die Entwicklung in Afrika besorgniserregend. Dort sank in den 80er Jahren die Nahrungsmittelproduktion pro Kopf mitunter drastisch. Die afrikanische Ernährungsnot, die durch Dürre und Bürgerkriege verschärft wurde, ist Teil einer umfassenden wirtschaftlichen und politischen Krise des Kontinents. In asiatischen Entwicklungsländern stieg dagegen die Produktion erheblich an. Dies beruhte in den Marktwirtschaften Süd- und Ostasiens auf einer tiefgreifenden Modernisierung der Landwirtschaft, in den asiatischen Planwirtschaften vor allem auf institutionellen Reformen. In Lateinamerika waren die Modernisierungserfolge nicht zuletzt aufgrund der Marginalisierung des Grundnahrungsmittelsektors bescheiden. Beachtliche Produktionsanstiege verbuchten die Industriestaaten Nordamerikas und Westeuropas, die gewaltige Überschüsse erzeugen (*Hein* 1988). Mittels Nahrungsmittelausfuhren und -hilfen werden diese — mit sehr ambivalenten Folgen (s.u.) — in die Dritte Welt umgelenkt. Erst in jüngster Zeit werden in Industrieländern Maßnahmen zur Produktionsminderung *per* Subventionsabbau und Anreizen zu Flächenstillegungen eingeleitet.

Das niedrige Produktionsniveau in den meisten Entwicklungsländern beruht nur zum geringen Teil auf ungünstigen natürlichen Bedingungen (Klima, Bodenqualität etc.). Meist ist das Produktionspotential noch lange nicht ausgeschöpft: Zwar sind einer Ausweitung landwirtschaftlicher Nutzflächen im allgemeinen enge Grenzen gesetzt, doch lassen sich die Erträge bereits kultivierter Flächen — auch unter Berücksichtigung ökologischer und sozialer Aspekte — erheblich steigern. In vielen Staaten der Dritten Welt wurde jedoch lange Zeit der ländlichen Entwicklung wenig Bedeutung beigemessen. Staatliche Ressourcen und (Agrar-)Exporterlöse flossen in die Industrie und in die staatliche Bürokratie, mitunter sogar in Rüstungsprojekte oder ins Ausland ab. Mittels direkter und indirekter Steuern wurde die Landwirtschaft oft spezifisch belastet. Innerhalb des Agrarsektors wurde die überwiegend von Kleinbauern betriebene Grundnahrungsmittelproduktion meist vernachlässigt. In einzelnen Ländern ließ sich hierbei ein massiver, direkter Verdrängungswettbewerb durch den Anbau von Exportkulturen nachweisen; verallgemeinern läßt sich dieser Befund indes nicht (*von Blanckenburg* 1986). Sicherlich jedoch boten eine staatliche Preispolitik, welche die Grundnahrungsmittel für städtische Verbraucher niedrig hielt, hohe Kredithürden und / oder unsichere Besitz- und Pachtverhältnisse vielerorts Kleinbauern kaum Anreize, über ihren Eigenbedarf hinaus zu produzieren oder ihre Anbauweise zu modernisieren. Unzulängliche Lagerungs-, Transportund Vermarktungsmöglichkeiten sowie unzureichende Beratungskapazitäten taten ihr übriges.

Freilich ist die nationale Nahrungsmittelproduktion nicht das einzige Instrument der Nahrungsmittelversorgung. Ein gewisses Niveau an Exporteinkünften ermöglicht auch Nahrungsmittelimporte. Nun herrscht über die Notwendigkeit, die Eigenproduktion in den meisten Entwicklungsländern anzukurbeln, weitgehend Konsens. Die Frage jedoch, ob die Strategie einer reinen Selbstversorgung oder aber eine Kombination von Eigenproduktion und Nahrungsmittelimport (*per* Steigerung der Exporterlöse) der bessere Weg sei, die Ernährung der nationalen Bevölkerung sicherzustellen, ist umstritten und nicht für alle Länder gleich zu beantworten. Vor Pauschalurteilen sei gewarnt. Vor- und Nachteile sind Fall für Fall auszuleuchten. Eine diesbezügliche Schlüsselfrage ist, ob es die außenwirtschaftlichen Rahmenbedingungen (Preisentwicklung auf dem Weltmarkt, Handelshemmnisse usw.) dem jeweiligen Land tatsächlich ermöglichen, Nahrungsmittel über komparative Kostenvorteile günstig einzuführen. Selbst vordergründige Vorteile für Nahrungsmittel-Importstaaten durch niedrige Getreidepreise auf dem Weltmarkt — so wie sie seit den 80er Jahren aufgrund von *Dumping*-Ausfuhren seitens der Industrieländer bestehen — werden vielfach durch den Preisverfall für Exportprodukte aus Entwicklungsländern und den Protektionismus der Industrieländer in (für viele Drittweltstaaten) wichtigen Exportbereichen ausgeglichen; gleichzeitig wird durch die Billigeinfuhren — ähnlich wie im Falle von Nahrungsmittelhilfen (s.u.) — die Eigenproduktion von Nahrungsmitteln unterminiert. Weiterhin ist zu fragen, ob die Exporterlöse wirklich zur Verbesserung der Ernährungslage mittels Nahrungsmitteleinfuhren verwandt werden — oder ob sie in den Schuldendienst oder in andere Wirtschaftsbereiche abfließen. Mit Blick auf die Nachfragestrukturen (s.u.) sind darüber hinaus die Beschäftigungs- und Einkommenseffekte der jeweiligen Ernährungsstrategie hochbedeutsam. Insgesamt ist jedoch zu beachten, daß die Politik auch im Bereich der Nahrungsmittelsicherung nicht auf reinem Kosten-Nutzen-Kalkül beruht; sie unterliegt erheblichen Handlungszwängen (Versorgungsengpässen, Zahlungsbilanzproblemen, Schuldendienst etc.) und ist hochgradig abhängig von den gegebenen politischen wie sozioökonomischen Machtverhältnissen, welche wiederum die konkrete Ausgestaltung der Ernährungsstrategie mitbestimmen.

Neben dem kommerziellen Handel stellt die Nahrungsmittelhilfe ein besonderes Instrument der weltweiten Umverteilung von Nahrungsmitteln dar. Sie wird in drei verschiedenen Formen vergeben: a) zum kleinen Teil als kostenlose Nahrungsnothilfe bei Hungersnöten und anderen Katastrophen; b) zu einem größeren Teil als Projekthilfe im Rahmen etwa von Speisungsprogrammen oder *Food-for-Work*-Projekten; c) zum überwiegenden Teil als Programmhilfe in Form regelmäßiger, vergünstigter oder geschenkter Massenlieferungen (*bulk supplies*), die in den Nahrungsmittelhandel eingeschleust werden. Alle drei Hilfsformen bergen Probleme: Nahrungsnothilfen erweisen sich zwar in Katastrophenfällen aus humanitären Gesichtspunkten als unverzichtbar, doch sind die Transport- und Verteilungskosten sehr hoch, und die auf kurze Dauer angelegten Maßnahmen zeitigen ungewollte Verstetigungstendenzen. Projekthilfen können, sofern sie richtig eingesetzt werden, zwar Entwicklungsprojekte sinnvoll flankieren, führen aber in der Praxis aufgrund ungünstiger Projektvoraussetzungen (Management, Transport- und Lagerkapazitäten etc.) meist nicht zu dauerhaften, produktiven Effekten. *Discentive*-Wirkungen lassen sich bei Projekthilfen nicht ausschließen, werden jedoch vor allem bei Programmhilfen befürchtet: *Bulk supplies* schließen zwar kurzfristig Versorgungslücken und entlasten indirekt die Zahlungsbilanzen der Empfängerländer, längerfristig bergen sie jedoch ernste Gefahren: a) Lokale Nahrungsmittelproduzenten werden vom Markt verdrängt; b) unpopuläre Regierungsmaßnahmen mit dem Ziel, die Eigenproduktion anzukurbeln, werden aufgeschoben; c) die Konsumgewohnheiten vor Ort verändern sich; die Nachfrage nach einheimischen, an die lokalen Bedingungen angepaßten Nahrungsmitteln sinkt.

Trotz aller Kritik werden Nahrungsmittelhilfen aller Vergabeformen gewiß auch künftig vergeben. Daher ist es vonnöten, sie konsequent in umfassende Programme zur langfristigen Ernährungssicherung einzubinden. Sinnvoll ist ferner, daß Industrieländer Überschüsse, die in der jeweiligen Region selbst erwirtschaftet wurden, aufkaufen und direkt an die Mangelländer weiterleiten. Im Unterschied zu Nahrungsmittelhilfen aus den Industrieländern schafft dies Produktionsanreize vor Ort, spart Transportkosten und läßt Ernährungsmuster weitgehend unberührt. Da jedoch Industrieländer ihre Überschüsse mittels Nahrungsmittelhilfen absetzen wollen, ist und bleibt dieser Ansatz in der Praxis wenig bedeutsam.

3. Nahrungsmittelnachfrage — In der öffentlichen Diskussion wurde lange Zeit das Welternährungsproblem hauptsächlich auf die unzureichende Nahrungsmittelproduktion in großen Teilen der Erde und die weltweit ungleiche Verteilung von Nahrungsmitteln zurückgeführt. Doch ist eine global, regional oder auch national ausreichende Verfügbarkeit von Grundnahrungsmitteln kein Garant für die Ernährungssicherung der Bevölkerung. Selbst in Entwicklungsländern, die ausreichend Grundnahrungsmittel erzeugen oder sogar exportieren, ist Mangelernährung weit verbreitet. Indien ist hierfür ein beredtes Beispiel. Von immenser Bedeutung für die Ernährungssicherung ist die Struktur der Nahrungsmittelnachfrage. Diesbezügliche Schlüsselgrößen sind das Niveau und die Verteilung der Kaufkraft innerhalb der Bevölkerung. Im allgemeinen ist das Kaufkraftniveau in Entwicklungsländern zu niedrig und extrem ungleich verteilt. Das Gros unzureichend ernährter Menschen besitzt weder Land noch Produktionsmittel, um Nahrungsmittel zu erzeugen, und auch keine Kaufkraft, um diese zu erstehen. Das Hungerproblem hängt damit unmittelbar mit den Besitzverhältnissen sowie mit der hohen Arbeitslosigkeit und Unterbeschäftigung in der Dritten Welt zusammen. Selbst eine signifikante Steigerung der Nahrungsmittelproduktion würde für sich genommen in vielen Entwicklungsländern lediglich einen Teilaspekt des Ernährungsproblems lösen. Effektive Ernährungsstrategien müssen darüber hinausgehen und umfassend auf die Entwicklung in den Staaten der Dritten Welt einwirken. Eine Stärkung der allgemeinen Wirtschaftskraft, verbunden mit einer konsequenten Politik der Armutsbekämpfung, ist vonnöten. Für die Bekämpfung von Hunger und Unterernährung nehmen insbesondere die Schaffung produktiver Arbeitsplätze und Einkommensumverteilungen zugunsten armer Bevölkerungsschichten eine zentrale Bedeutung ein. Verteilungsstrategien stoßen jedoch, selbst wenn sie mit Wachstumsstrategien verknüpft werden, vielerorts auf wirtschaftliche Hindernisse und vor allem auf massive politische Widerstände, nicht zuletzt der etablierten nationalen Eliten.

4. Katalysatoren von Hungersnöten: Naturkatastrophen und Kriege — Seit jeher ziehen Naturkatastrophen Versorgungsengpässe oder gar Hungersnöte nach sich. Deren Ausmaß und Dauer hängt jedoch wesentlich von den spezifischen Bedingungen vor Ort ab. Kommt es in Regionen mit einer ausgeprägten strukturellen Heterogenität und chronischer Armut zu Naturkatastrophen, sind ihre Folgen meist fatal. Weite Bevölkerungsteile büßen in kürzester Zeit ihre schmale Existenzgrundlage ein. Schwere Hungersnöte in Folge etwa von mehrjährigen Dürreperioden oder von Überschwemmungen verweisen daher auf tieferliegende Strukturen der Armut und Unterentwicklung.

Entschieden begünstigt wird die Entstehung von Hungersnöten durch Kriege (→ Krieg und Frieden). Sie entziehen der Landwirtschaft wichtige finanzielle Ressourcen und kaum ersetzbare Arbeitskräfte, vernichten Ernten, zerstören landwirtschaftliche Produktionsanlagen und -mittel, beschädigen ländliche Infrastrukturen und berauben zahllose Menschen ihrer Überlebensbasis. Wo Kriege flächendeckend ausgetragen werden, führen sie zur weitgehenden Desintegration wirtschaftlicher Kreisläufe. Bezeichnend ist, daß in afrikanischen Bürgerkriegsländern wie Angola, Äthiopien, Liberia, Mozambique, Somalia und dem Sudan Ernährungsnotstände entstanden bzw. Hungersnöte ausbrachen. Das zeitliche Zusammenfallen von Bürgerkriegen und Dürre in Afrika, wo Armut und Unterernährung strukturell verankert sind, brachte unzähligen Menschen den Hungertod. Umso gravierender ist es, wenn Kriegsparteien Hunger als Waffe einsetzen — mittels „Hungerblockaden" und „Aushungerungsstrategien" oder auch nur durch die Behinderung von Nahrungsmitteltransporten in Landesteile, die vom Gegner kontrolliert werden (vgl. *Matthies* 1988).

5. Fazit — Ein Patentrezept zur Lösung der Ernährungsprobleme gibt es nicht. Pauschalempfehlungen — wie sie auch hierzulande in der entwicklungspolitischen Diskussion zu finden sind — gehen allzu oft an nationalen Realitäten vorbei und überschätzen regelmäßig wirtschaftliche und politische Handlungsspielräume. Ernährungsstrategien sind Land für Land zu erstellen, müssen den spezifischen Gegebenheiten vor Ort ebenso Rechnung tragen wie den außenwirtschaftlichen Rahmenbedingungen und dürfen nicht von der Frage ihrer Durchführbarkeit abgekoppelt werden. Wichtig ist es, daß Ernährungsstrategien mit weiteren entwicklungspolitischen Maßnahmen auf nationaler wie internationaler Ebene abgestimmt werden. Denn chronische Unterernährung ist aufs Engste gekoppelt mit Unterentwicklung und Armut.

Literatur

von Blanckenburg, Peter: Welternährung, München 1986.

Deutsche Welthungerhilfe (Hrsg.): Hunger. Ein Report, Bonn 1993.

Hein, Wolfgang: Das Welternährungsproblem zwischen Überproduktion und Hungersnöten, in: Nord-Süd-Aktuell, 2/1988, S. 209-219.

Hein, Wolfgang: Agrarentwicklung in der Dritten Welt, in: Jahrbuch Dritte Welt 1992, München 1991, S. 102-112.

Matzke, Otto: Ernährung, in: *Nohlen*, Dieter/*Waldmann*, Peter: Dritte Welt (Pipers Wörterbuch zur Politik, Bd. 6), München/Zürich 1987, S. 170-178.

Matthies, Volker: Kriegsschauplatz Dritte Welt, München 1988.

Meyns, Peter: Hunger und Ernährung, in: *Nohlen*, Dieter/*Nuscheler*, Franz (Hrsg.): Handbuch der Dritten Welt, Bd. 1: Grundprobleme, Theorien, Strategien, Bonn 1992, S. 197-212.

Michler, Walter: Weißbuch Afrika, Bonn [2]1991.

Nuscheler, Franz: Lern- und Arbeitsbuch Entwicklungspolitik, Bonn [3]1991.

Dieter Nohlen/Michael Krennerich

Weltraumpolitik

1. Gegenstand —Das von Astronauten vermittelte Bild des eigenen Planeten als schönes und verletzliches Ganzes, in dem politische Grenzen verschwinden, hat in vielen, wenn auch nicht allen Staaten einen allmählichen Prozeß der Transformation des Wirklichkeitsverständnisses sowie kulturellen und politischen Bewußtseins ausgelöst. Die technischen Innovationen der weltumspannenden Satellitenkommunikation haben die Menschheit der Verwirklichung des Gedankens einer „Weltinnenpolitik" mit einem einheitlichen Weltmarkt für Wirtschaftsgüter, Kapital und Ideen ein erhebliches Stück nähergebracht. Die Weltraumnutzung trägt dazu bei, daß die Grenzen zwischen souveränen Staaten immer mehr an Bedeutung verlieren. Völkermord, Katastrophen und Revolutionen in der ganzen Welt finden heute durch die Nutzung von Kommunikationssatelliten live und in aller Eindringlichkeit im Wohnzimmer statt, wenn auch stets selektiv. Der von Regierungen nicht mehr kontrollier-, wohl aber instrumentierbare „CNN-Faktor" ist eine der wesentlichen Neuerungen der internationalen Politik der 90er Jahre. Am Verhalten von Regierungen läßt sich bereits ablesen, wie stark dadurch die Handlungsbedingungen, Prioritäten und Öffentlichkeitsorientierung internationaler Politik in → Krieg und Frieden verändert werden. Die Art und Weise der Weltraumnutzung und ihre Folgen können in der internationalen Gemeinschaft gewichtige politische Steuerungsprobleme aufwerfen. Die politischen und rechtlichen Strukturen auf nationaler und internationaler Ebene müssen den neuen Gegebenheiten im Zeitalter globaler Vernetzung z.T. erst noch angepaßt werden. Die Fähigkeit zur Weltraumnutzung wird dabei für die recht kleine Zahl aktiver Raumfahrtnationen zu einem neuen, wichtigen Machtfaktor zur Durchsetzung eigener Interessen und Ordnungsvorstellungen in der internationalen Politik.

Der Begriff Weltraumpolitik umfaßt die Festlegung der rechtlichen, politischen und wirtschaftlichen Rahmenbedingungen in der erst im 20. Jh. eroberten dritten Dimension menschlicher Aktivität oberhalb von etwa 100 km Höhe über der Erdoberfläche sowie ihre praktische Ausfüllung durch staatliche und private Akteure nach Maßgabe der jeweils bestehenden technischen Möglichkeiten. Das Studium der Weltraumpolitik ist ein Teilbereich der praxisorientierten Politikwissenschaft und Lehre von den internationalen Beziehungen. Dabei bestehen Ähnlichkeiten zu anderen technologiebezogenen Politikfeldern, wie z.B. Energiepolitik (→ internationale Energiepolitik). Auch für die Weltraumpolitik gilt, daß im gegenwärtigen internationalen System Maßnahmen mit globalen Implikationen weitgehend von nationalen Entscheidungen in einzelnen Staaten abhängen. Je mehr die Weltraumnutzung aus den Kinderschuhen herauswächst und zum alltäglichen Aspekt unterschiedlicher anderer Lebens- und Politikbereiche wird, desto weniger dürfte in Zukunft „Weltraumpolitik" auf nationaler und internationaler Ebene noch als ein separater Sektor der Politik begriffen werden. Solange jedoch Raumfahrt und Weltraumnutzung überwiegend mit öffentlichen Mitteln betrieben werden, werden Regierungen und Parlamente angehalten sein, ihre Entscheidungskriterien für eine mehr oder weniger intensiv betriebene Nutzung des Weltraums kohärent zu begründen.

Weltraumpolitik ist in besonderem Maß eine Querschnittsaufgabe, die in zahlreiche andere Aufgabenbereiche und Zuständigkeiten staatlicher Politik hineinreicht. So gehören z.B. dem in D im Zuge der Neuordnung des deutschen Raumfahrtmanagements seit 1990 bestehenden Kabinettsausschuß Raumfahrt als dem maßgeblichen interministeriellen Koordinationsgremium derzeit neben dem in der Regel federführenden Bundesminister für Forschung und Technologie sowie dem Finanzminister auch folgende Minister an: Post und Telekommunikation (für das Fernmelde- und Rundfunkwesen), Verkehr (für die Meterologie), Umwelt und Reaktorsicherheit (für Forschung und Überwachung im Umwelt- und Klimabereich), Verteidigung (für mögliche sicherheitspolitische Anwendungen), Wirtschaft (für die wirtschaftliche Koordination der Luft- und Raumfahrtpolitik), der Außenminister und der Chef des Bundeskanzleramts (u.a. auch für den Bundesnachrichtendienst). Das praktische Management derartiger Querschnittsaufgaben ist, zumal bei einem hohen Anteil internationaler Interaktion, mit

traditionellen Methoden der Ministerialverwaltung nicht immer befriedigend zu bewältigen. Die meisten Raumfahrtnationen bedienen sich (zumindest für die nichtmilitärischen Aspekte der Raumfahrt) einer separaten, oft
mit eigenem Haushaltsplan ausgestatteten Agentur außerhalb des traditionellen Regierungsapparats (z.B. die NASA in den USA). In mehreren Staaten wurde darüber hinaus ein eigenes Ministerium für Raumfahrt eingerichtet. In D nimmt seit 1989 die privatrechtlich verfaßte Deutsche Agentur für
Raumfahrtangelegenheiten (DARA) eine Funktion als ressortübergreifende
Stelle für Planung, Management und Außenvertretung wahr.

2. *Geschichte* — Während des Zweiten Weltkriegs erreichten deutsche Mittelstreckenraketen, deren Einsatz gegen GB und Belgien Tausende von Opfern forderte, erstmals die Grenze zum Weltraum. Nach 1945 wurde die Ra-
ketentechnik v.a. in den USA und in der Sowjetunion weiterentwickelt. Im
Oktober 1957 schoß die Sowjetunion erstmals einen künstlichen Satelliten in
eine Erdumlaufbahn (Sputnik - 1). Im Juli 1969 gelang es den USA, erstmals
Menschen auf dem Mond zu landen und zur Erde zurückzuholen (Apollo - 11).
Die Meilensteine der Raumfahrt in der Nachkriegsgeschichte standen in mehrfacher Hinsicht offen im Zusammenhang mit dem weltweiten machtpolitischen und militärischen Antagonismus von Ost und West nach 1945. (→ Ost-
West-Konflikt) Einerseits nutzten beide Seiten Prestigeerfolge in der Raumfahrt als Beleg für die Überlegenheit des eigenen Herrschaftssystems, zur Un-
termauerung ihrer internationalen Führungsrolle und zur Legitimation der gesellschaftlichen Lasten des militärischen und technologischen Wettstreits. Andererseits schuf die Erschließung des Weltraums durch die beiden
Supermächte den Rahmen für das übergreifende System nuklearer Abschreckung, das seit den 60er Jahren überwiegend stabilisierend und friedens-
sichernd wirkte: Die ersten zivilen Trägerraketen richteten zugleich als Interkontinentalraketen eine direkte Vernichtungsdrohung gegen das Territorium
des Gegners, und die ersten Satelliten erschlossen nicht nur für die Wissenschaft und andere zivile Zwecke neue Ufer, sondern machten vor allem auch
militärische Beobachtung und Frühwarnung sowie die Verifikation von Rü-
stungskontrollmaßnahmen möglich. Im Unterschied zu den Nuklearmächten
betrieben bis in die 80er Jahre die meisten anderen weltraumpolitisch tätigen
Staaten Raumfahrt vorwiegend unter dem Aspekt der Grundlagenforschung.
Von den etwa 3 300 Starts in den Weltraum 1957 - 90 entfielen fast alle auf die
Sowjetunion (68 %) und die USA (28 %). In den 80er Jahren gelang es daneben der Europäischen Weltraumagentur ESA, mit selbstentwickelten Trägerraketen durchschnittlich etwa alle vier Monate einen Start durchzuführen
und so vorübergehend weltweit mehr als 50 % Marktanteil beim Start kommerzieller Satelliten zu erobern. Zu Beginn der 90er Jahre befand sich die
Weltraumpolitik der drei Hauptakteure im Umbruch. Die Sowjetunion zerfiel, und Rußland kann zwar die militärischen Weltraumaktivitäten mit

leichten Einschränkungen fortführen, aber kaum noch aus eigener Kraft und ohne ausländische Kooperationspartner auch die zivilen. Die amerikanische Weltraumpolitik ist nach einer langen Phase konzeptioneller Stagnation und im Gefolge des mehrjährigen Stillstands amerikanischer Raumfahrt nach der Explosion der Raumfähre *Challenger* im Januar 1986 noch immer in der Neudefinition, zumindest in dem von der NASA verwalteten zivilen Sektor. Die westeuropäische Raumfahrt schließlich muß sich nach dem Ende der Teilung Europas und angesichts der Haushaltsmittelknappheit und veränderter politischer Prioritäten neu orientieren.

Neben den Staaten mit Raumfahrtkompetenz werden zunehmend auch private Akteure weltraumpolitisch relevant. So hat z.B. die luxemburgische Firma SES durch ihre in den USA von der Stange gekauften Direktsende-Rundfunksatelliten Astra-1A / 1B für den Empfang durch jedermann seit Ende der 80er Jahre die Mediensituation in Europa über die Staatsgrenzen hinweg erheblich verändert. Die Zuteilung von knappen Orbitalplätzen und Frequenzen für öffentliche und private Satellitenbetreiber im Rundfunk- und Telekommunikationssektor ist zu einem wichtigen und wirtschaftlich bedeutsamen Thema internationaler Politik geworden (vgl. Funkverwaltungskonferenzen WARC der Internationalen Fernmeldeunion ITU).

3. Internationale Institutionen — Völkerrechtlich gilt der Weltraum mit allen natürlichen Himmelskörpern als herrschaftsfreier Raum (wie z.B. auch die Hohe See und die Antarktis) und als gemeinsames Erbe der Menschheit. Seine Erforschung und Nutzung steht allen Staaten frei. Die Nutzung des Weltraums soll zu friedlichen Zwecken in internationaler Zusammenarbeit zum Vorteil und Interesse aller Länder erfolgen. Die Entwicklung der rechtlichen Rahmenbedingungen der Weltraumnutzung erfolgte zunächst in der → UN, wo eine Folge multilateraler Konventionen mit breiter Mitgliedschaft geschaffen werden konnte: Weltraumvertrag (1967), Weltraumrettungsabkommen (1968), Weltraumhaftungsabkommen (1972) und Weltraumregistrierungsabkommen (1975). Weltraumrechtlich bedeutsam sind auch das Partielle Teststoppabkommen von 1963, das u.a. Nukleartests im Weltraum verbietet, sowie diverse andere amerikanisch-sowjetische Rüstungskontroll- und Abrüstungsabkommen über Trägerraketen für Nuklearwaffen, ihre Abschußanlagen und Produktionsstätten.

Im Weltraumvertrag verbieten die Vertragsstaaten die Verbringung von Massenvernichtungswaffen (ABC-Waffen) in den Weltraum, nicht aber andere Formen seiner Nutzung zur Verteidigung und Friedenssicherung. Der bilaterale amerikanisch-sowjetische ABM-Vertrag von 1972 verbietet darüber hinaus u.a. die Nutzung raumgestützter Komponenten für die Verteidigung gegen Interkontinentalraketen. Im Rahmen der Abrüstungsverhandlungen zwischen den USA und Rußland sind derzeit Sondierungen über eine einvernehmliche Revision dieses Vertrages im Rahmen des Übergangs zu einem

z.T. international betriebenen zukünftigen Globalen Raketenabwehrsystem
(GPALS, GPS) im Gang. Zahlreiche andere Staaten legen hingegen Wert auf
die Weitergeltung des ABM-Vertrages und fordern darüber hinaus die
Durchsetzung eines dauerhaften völkerrechtlichen Verbots von Anti-
Satellitenwaffen (ASAT).
Die UN-Generalversammlung verfügt seit 1958 über den Ausschuß für die
friedliche Nutzung des Weltraums (COPUOS). 1968 und 1982 veranstaltete
die UN außerdem eigene Konferenzen über die Erforschung und friedliche
Nutzung des Weltraums (UNISPACE 1/2). Wichtige Beratungsgegenstände
im COPUOS sind bzw. waren: Rechtsgrundsätze für das Satelliten-Direkt-
fernsehen, die Nutzung des geostationären Orbits, die Satelliten-Ferner-
kundung und Datenpolitik, die Nutzung nuklearer Energiequellen im Weltraum, die juristische Abgrenzung zwischen (hoheitlichem) Luftraum und
(hoheitsfreiem) Weltraum, die Verhinderung eines Wettrüstens im Weltraum, die Weltraumschrottproblematik. Seit 20 Jahren hat die Arbeit im
COPUOS jedoch kaum noch allgemein anerkannte völkerrechtsbildende Ergebnisse gebracht. Das Ende der Ost-West-Konfrontation kann sicherlich
dazu beitragen, bestimmte ideologische Verzerrungen zu beseitigen. Ob die
UN angesichts des Interesses der Raumfahrtmächte an der Bewahrung ihrer
technologischen Sonderstellung wieder zu einem entscheidenden Forum der
Weltraumpolitik werden kann, muß sich aber erst erweisen.

3.1 Während die sicherheitspolitische Weltraumnutzung bislang weitgehend
auf nationaler Basis stattfand, ist die Mehrzahl der zivilen Forschungs- und
Wissenschaftsprojekte in verschiedene Formen internationaler Zusammenarbeit eingebettet. Ein entscheidender Grund hierfür liegt in den relativ hohen Einstiegskosten der Raumfahrt, die von einzelnen Staaten in der Regel
nicht aufgebracht werden können. Kennzeichnend für die internationale
Raumfahrtkooperation ist, daß sie weitgehend nicht in → internationalen
Organisationen erfolgt, sondern auf bi- und multilateralen Ad-hoc-Verein-
barungen zwischen Regierungen bzw. Raumfahrtagenturen unterhalb der
Schwelle völkerrechtlicher Verträge beruht. Üblicherweise wird dabei vorgesehen, daß die Aufwendungen jeder Partei der eigenen Volkswirtschaft zufließen („juste retour"). Ein Finanztransfer zwischen den Staaten wird häufig ausgeschlossen. Insbesondere die USA binden Kooperationsvorhaben
zudem regelmäßig an den Vorbehalt der alljährlichen Haushaltsbewilligung
durch das nationale Parlament. Auch das derzeit größte internationale Ko-
operationsprojekt, die von der NASA für Ende der 90er Jahre geplante
Raumstation mit europäischen, japanischen und kanadischen Komponenten
stützt sich auf solche, wenig verläßliche Grundlagen.
Im Vorfeld und bei der Durchführung des Internationalen Weltraumjahrs
(ISY) 1992, mit dem an die Erfolge des Internationalen Geophysikalischen
Jahrs 1957/58 angeknüpft wurde, haben sich vertiefte Kooperationsformen

zwischen Raumfahrtagenturen bei der Planung und Koordination von Missionen v.a. im Bereich der Erderkundung herausgebildet. Einerseits kann so zur verbesserten Nutzung knapper Finanzressourcen die Doppelung von Experimenten und Instrumenten vermieden werden, andererseits kann auf den schrittweisen gemeinsamen Aufbau eines zur Optimierung der weltweiten wissenschaftlichen und praktischen Nutzung international verknüpften Erdbeobachtungssystems hingearbeitet werden, das mit seinen Raum- und Bodensegmenten einen neuen Schwerpunkt der Weltraumpolitik im Rahmen der internationalen Initiative „Mission zum Planeten Erde" darstellt. Aus dieser Zusammenarbeit könnten sich u.U. neue, dauerhafte Institutionalisierungsansätze bis hin zu einer Internationalen Weltraumagentur entwickeln.

3.2 Europäische Weltraumpolitik — Die Raumfahrt ist wie Kohle / Stahl und Kernforschung ein Feld, in dem D und F zusammen mit anderen Partnern im Rahmen der politischen Einigung Europas nach 1945 als Lehre aus den Kriegen der Vergangenheit ihre verteidigungsrelevanten Potentiale zusammengefaßt und gemeinsam entwickelt haben. Nach ersten Anfängen in den Organisationen ELDO (für die Entwicklung von Trägerraketen) und ESRO (für die Weltraumforschung), wurde in den 70er Jahren die Europäische Weltraumagentur ESA geschaffen zur Bündelung der Ressourcen von mittlerweile 13 Mitgliedstaaten (die EG-Staaten ohne Luxemburg, Griechenland und Portugal; die Schweiz, Österreich, Schweden und Norwegen; außerdem sind Kanada und Finnland über Kooperations- bzw. Assoziationsabkommen angebunden). Daneben wächst auch der EG im Rahmen der Technologie- und Wettbewerbspolitik sowie angesichts der Schaffung der Europäischen Union verstärkt in der Außen-, Sicherheits- und Industriepolitik eine weltraumpolitische Rolle zu. Das Verhältnis zur ESA muß daher voraussichtlich neu festgelegt werden.

Der Gesamtumfang der ESA-Programme liegt nach den Beschlüssen der Ministerkonferenz in Granada 1992 in den 90er Jahren bei etwa 5 Mrd. DM pro Jahr. Dieser Betrag umfaßt einerseits das aus eigenem Haushalt bestrittene sog. Pflichtprogramm (ESA-Verwaltung, Wissenschaftsprogramm), andererseits mit Haushaltsmitteln der beteiligten Staaten verfolgte fakultative Programme. Bei letzteren haben einzelne Mitgliedstaaten die Wahl, ob sie durch Zeichnung eines selbstbestimmten Kostenanteils zur Finanzierung beitragen bzw. sich gar nicht oder nicht an allen Phasen beteiligen. Auch in der ESA erwarten die Mitgliedstaaten einen Rückfluß an Aufträgen an die Industrie im eigenen Land entsprechend dem geleisteten Beitrag.

Der 1987 in Den Haag von der Ministerkonferenz der ESA-Staaten gebilligte Langfristige Europäische Weltraumplan 1988 - 2000 sah für die 90er Jahre eine erhebliche Expansion der aufzuwendenden Mittel vor, v.a. um gleichzeitig die Großprojekte Ariane - 5 (stärkere Trägerrakete), Columbus (Raumstationsmodul APM, freifliegendes Labor MTFF und polare Instrumentenplattform PPF) und Hermes (bemannter Raumgleiter) zu verwirklichen. Dieser Plan erwies sich in einer Zeit stark angespannter Haushaltslage in allen wichtigen ESA-Staaten als nicht durchführbar und wurde 1991/92 einvernehmlich revidiert, indem die Verwirklichung einer autonomen europäischen bemannten Raumfahrt bis auf weiteres aufgeschoben wurde. Bemannte Raumfahrt findet weiterhin in Kooperation mit den USA und Rußland statt. Die Mitflugmöglichkeiten im amerikanischen Space Shuttle sind allerdings begrenzt und die russischen Perspektiven ungewiß. Die Neudefinition der europäischen Haltung zur bemannten Raumfahrt auf lange Sicht steht noch aus.

An die Stelle des Strebens nach Autonomie in der Raumfahrt tritt in Europa das Bemühen, in der Kooperation mit Partnern, darunter nun auch Rußland, Felder eigener wissenschaftlicher, industrieller und technologischer Kompetenz zu bewahren und auszubauen. Das neue, bis zum Jahr 2005 geltende strategische Rahmenprogramm der ESA setzt den Schwerpunkt nunmehr auf die Erdbeobachtung und den Umweltschutz. Dabei kann die ESA auf den 1991 gestarteten, sehr erfolgreichen Europäischen Erdbeobachtungssatelliten ERS-1, die seit Jahren gemeinsam und von einzelnen Mitgliedstaaten betriebene Entwicklung von Beobachtungs- und Meßinstrumenten für den Betrieb auf Raumplattformen, sowie eine gut entwickelte Infrastruktur am Boden aufbauen.

3.3 Neben der ESA gibt es eine Reihe von regionalen bzw. globalen Internationalen Organisationen, deren Aufgabenfeld vorwiegend im Bereich der grenzüberschreitenden Kommunikation liegt, v.a. die Internationale Fernmeldesatellitenorganisation INTELSAT, die weltweit fast 20 geostationäre Fernmeldesatelliten betreibt, die Internationale Seefunksatellitenorganisation INMARSAT für Mobilkommunikationsdienste v.a. für den See- und Luftverkehr, die Europäische Fernmeldesatellitenorganisation EUTELSAT insbesondere zum Betrieb der im Rahmen der ESA entwickelten Fernmeldesatelliten) und die Europäische Wettersatellitenorganisation EUMETSAT (Sitz Darmstadt).

4. Wirtschaftliche Bedeutung — Der amerikanische Bundeshaushalt wies 1990 Raumfahrtaufwendungen von ca. 46 Mrd. DM auf (etwa 3 % des Gesamthaushalts); davon entfielen 60 % auf das Verteidigungsministerium und 38 % auf die NASA. Der französische Weltraumetat, der drittgrößte nach dem amerikanischen und sowjetischen, betrug ca. 4 Mrd. DM; davon entfielen ca. 25 % auf militärische Satelliten, 30 % auf Beiträge zur ESA und 45 % auf andere nationale und bilaterale Programme. Die deutschen Raumfahrtaufwendungen lagen bei 1,8 Mrd. DM, wovon 22 % auf das BMFT, 2 % auf das Verkehrsministerium, 45 % auf Beiträge zu ESA-Programmen und 31 % auf nationale und bilaterale BMFT-Programme entfielen.

Insbesondere im amerikanischen Apollo-Programm zeigte sich deutlich, daß die Raumfahrt als Technologietreiber und Auslöser von Spinoff-Effekten wirken kann (z.B. Mikroelektronik, Materialien). Öffentliche Investitionen im Raumfahrtsektor gelten als ein besonders wirksamer Beitrag zur Stärkung der Wettbewerbsfähigkeit im Hochtechnologiebereich, zur Demonstration der Fähigkeiten als Technologie- und Handelsmacht sowie zur Wahrung der Kooperationsfähigkeit in internationalen Technologiepartnerschaften durch attraktive eigene Leistungen. Der Luft- und Raumfahrtsektor ist zudem mit der Rüstungsindustrie wirtschaftlich eng verknüpft. Vor dem Hintergrund schwindender Verteidigungsetats nach dem Ende des Ost-West-Konflikts kann die Weltraumnutzung einen Beitrag zur Erhaltung leistungsfähiger industrieller Strukturen sowie hochqualifizierter Arbeitsplätze im Forschungs- und Entwicklungsbereich (F+E) leisten. Insbesondere in den USA wird die Bemühung deutlich, die öffentliche Auftragsvergabe durch die NASA mit der sicherheitspolitischen Vorgabe zu koordinieren, eine hinreichende technologische und industrielle Basis für den möglichen künftigen Verteidigungsbedarf aufrechtzuerhalten. Der Raumfahrtsektor trug 1990 22 % (ca. 44 Mrd. DM) zum Umsatz der amerikanischen Luft- und Raumfahrtindustrie bei.

Die Raumfahrtwirtschaft ist weitgehend vom Nachfragemonopol des Staates geprägt. Von einer Kommerzialisierung kann z.B. bei der Vermarktung von Raketenstarts und Satellitenbildern nur mit Vorbehalt gesprochen werden, sofern die öffentlich finanzierten Entwicklungskosten sich durch den Ertrag nicht amortisieren. Nur bei Kommunikations- und Rundfunksatelliten hat sich in den 80er Jahren infolge der Expansion und Deregulierung ein Markt herausbilden können. Wegen der Knappheit von Orbitalplätzen im geostationären Orbit bleibt die Stückzahl jedoch begrenzt. Eine Wachstumsperspektive ergibt sich aus den Plänen mehrerer Unternehmen, neuartige Fernmeldesatelliten-Konstellationen mit bis zu 77 Transmitterplattformen (Satelliten) in niedrigen Umlaufbahnen zu stationieren, um weltweit flächendeckende Mobilfunkdienste zur Ergänzung terrestrischer Regionalnetze anbieten zu können. Diese Entwicklung, für die seit 1992 bestimmte Frequenzbereiche reserviert worden sind, würde erstmals die kostengünstige Serienfertigung von Satelliten ermöglichen.

5. Sicherheitspolitische Bedeutung — Generell läßt sich vermuten, daß das relative Gewicht sicherheitspolitischer Kriterien in der Weltraumpolitik insgesamt eher noch zunehmen wird. Raumfahrtnationen werden voraussichtlich ihre Raumfahrtbemühungen verstärkt darauf konzentrieren, raumgestützte Komponenten für die Stärkung ihrer Fähigkeiten zur Konfliktverhütung, Friedenssicherung und Wiederherstellung des Friedens im Interesse der nationalen und internationalen Sicherheit bereitzustellen. Unter sicherheitspolitischen Rahmenbedingungen, die vom Zerfall alter Strukturen und einem hohen Grad an Unsicherheit über die weitere Entwicklung gekennzeichnet sind, und angesichts des steigenden Risikos der → Proliferation von Massenvernichtungswaffen gewinnen z.B. Beobachtungssatelliten für immer mehr Staaten an Bedeutung. Die Nutzung des Weltraums zur Informationsbeschaffung und weltweiten Kommunikation wird zu einem wichtigen Instrument internationaler Sicherheitsvorsorge. Dabei bleibt noch offen, in welchem Umfang diese Funktionen über die nationale Ebene hinaus künftig in internationalen Organisationen (z.B. UN, IAEO) wahrgenommen werden. In Europa ist, nachdem sich zuvor bereits Italien und Spanien an dem frz. Aufklärungssatelliten HELIOS beteiligt hatten, seit 1991 in der Westeuropäischen Union (WEU) der stufenweise Aufbau eines gemeinsamen Beobachtungssatellitensystems mit mehreren Komponenten im Erdorbit und am Boden im Gang. Zahlreiche Staaten nutzen bereits die von französischen, amerikanischen und russischen Firmen kommerziell vertriebenen Satellitenbilder (Landsat, SPOT etc.), z.T. mit eigenen Empfangs- und Bildverarbeitungsanlagen am Boden, auch für sicherheitspolitische Zwecke. Eine besondere Stellung nimmt die Verifikation der Einhaltung von Rüstungskontrollabmachungen und anderen völkerrechtlichen Verpflichtungen ein. Satelliten besitzen im Vergleich zu den meisten bodengestützten Mitteln den Vorteil, daß sie das eigenständige und zuverlässige Gewinnen von Informationen auch unter ungünstigen politischen Rahmenbedingungen und unabhängig von der Kooperationsbereitschaft der betreffenden Staaten bzw. Territorialherrscher liefern können. Vor dem Hintergrund eines erweiterten Sicherheitsbegriffs, der z.B. auch Umweltbedrohungen einbezieht, ist es zunehmend bedeutsam, sich ein möglichst genaues, weltweites Bild von Umweltentwicklungen, Ressourcenverknappung, Desertifikation, wilder Entforstung, Siedlungsstrukturen, Migrationsströmen etc. zu machen, um rechtzeitig helfend und steuernd eingreifen zu können. Globale Klimaveränderungen und Gefahren für den Lebensraum Erde z.B. durch den Abbau der Ozonschicht müssen überwacht werden. Verstöße gegen Umweltabkommen müssen erkannt werden. Vorbeugender Katastrophenschutz bedarf eines Analyse- und Frühwarnsystems (Dürre, Erdbeben etc.). In allen diesen Bereichen leisten weltraumgestützte Instrumente wichtige Beiträge.

6. Nichtverbreitung — Außer den USA und der Sowjetunion bzw. Rußland haben bislang nur Frankreich (dessen Fähigkeiten seit den 70er Jahren zur Grundlage der im Rahmen der ESA entwickelten europäischen Ariane-Raketen wurden), Japan, China, Großbritannien, Indien und Israel eigene Satelliten mit eigenen Raketen gestartet. Von Staaten wie Irak, Brasilien, Taiwan, Nord- und Südkorea wird angenommen, daß sie diese Fähigkeit vor allem aus militärischen Gründen anstreben. Die USA und andere Staaten bemühen sich mit russischer Unterstützung im Rahmen des Missile Technology Control Regimes (MTCR), des COCOM und bilateraler Vereinbarungen um die Verhinderung dieser Entwicklung im Rahmen der Eindämmung der Proliferation von Massenvernichtungswaffen und anderer gefährlicher Waffentechnologie. Der autonome Zugang zum Weltraum bleibt in der gegenwärtigen internationalen Ordnung wenigen Staaten vorbehalten. Anderen Staaten wird die friedliche Nutzung des Weltraums im Rahmen internationaler Zusammenarbeit ermöglicht. Als Teil des → Nord-Süd-Konflikts wird sich die Tragfähigkeit dieser asymmetrischen Ordnung in der Zukunft im Zeichen zunehmender technologischer Fähigkeiten außerhalb der traditionellen Industriestaaten und neuer sicherheitspolitischer Herausforderungen erweisen müssen. Technologieverweigerung kann nicht auf Dauer wirken, wohl aber Zeit gewinnen für die politische, wirtschaftliche und militärische Stabilisierung gefährlicher Konfliktregionen. Auch in der Weltraumpolitik gilt, daß die Durchsetzung eines Nichtverbreitungsregimes zugleich glaubwürdige und verläßliche Bemühungen zur Stärkung regionaler Sicherheit, Abrüstung und Vertrauensbildung, sowie greifbare kollektive Sicherheitsgarantien voraussetzt, z.B. durch eine verstärkte Rolle der UN bei der Friedenssicherung und Verteidigung.

7. Perspektiven — Aufgrund des erreichten technischen Stands geht die Raumfahrt von der Pionierphase zur Normalität klarer Nutzenorientierung über. Im Vordergrund stehen dabei Anwendungen wie Erderkundung, Wetterbeobachtung, Klimaforschung, Umweltüberwachung, Verifikation und Krisenmanagement, weltweite Telekommunikation, präzise Ortung, Navigation und Vermessung, Erforschung des planetaren Umfelds der Erde und der Wechselwirkungen zwischen Erde, Sonne und Weltraum, Forschung unter Weltraumbedingungen (Mikrogravitation). Auch die Kosten bemannter Raumfahrt können auf Dauer über den wissenschaftlichen Ertrag und die politische Symbolwirkung menschlicher Präsenz im Weltraum hinaus wohl nur nutzenorientiert begründet werden. Für Laborarbeit, Wartung, Reparatur, Bergung, Versorgung, Inspektion / Verifikation etc. wird menschliche Präsenz im Erdorbit auch im Zeichen zunehmender Automatisierung grundsätzlich erforderlich bleiben. Im Zeitalter praktischer Weltraumnutzungen kann die Raumfahrt mittel- und langfristig nicht mehr als ein „verzichtbarer Luxus" angesehen werden. In mancher Hinsicht dürfte sie für viele Regierungen zum Gebot der Wahrnehmung traditioneller staatlicher Aufgaben werden. Manche öffentlichen Aufgaben können nur noch unter Einbeziehung raumgestützter technischer Mittel zufriedenstellend gelöst werden (z.B. weltweite Mobilkommunikation, Präzisionsortung, Klima- und Atmosphärenforschung). Die Einbeziehung der Weltraumdimension erlaubt zudem bei einer breiten Palette anderer Aufgaben bessere und auf lange Sicht kostengünstigere Lösungen (u.a. Wettervorhersage, Kartographie, Landwirtschaftsbeobachtung, nachrichtendienstliche Informationsgewinnung). Satelliten werden zu notwendigen und selbstverständlichen Werkzeugen staatlichen Handelns. Dies gilt, wie die Erfahrung der Irak-Krise 1990/91 belegt (→ Kuwait-Krieg), auch für die sicherheitspolitische Risikoabwendung mit militärischen Mitteln. Für die Verteidigungsplanung stellt sich verstärkt die Frage, ob wirksame Friedenssicherung und Verteidigung ohne die effektive Nutzung von Weltraumkomponenten in Zukunft noch möglich ist. Staaten und Staatengruppen, die auf die Beherrschung dieser Dimension verzichten, werden die internationale Friedenssicherung künftig voraussichtlich nur marginal beeinflussen können.

Nach dem Zerfall der Sowjetunion stellt sich in der internationalen Weltraum- und Technologiepolitik die Frage, ob und wie durch gezielte Einbeziehung ehemals sowjetischer Potentiale in bi- und multilaterale Projekte ein Beitrag zur friedlichen Konversion des Luft- und Raumfahrtsektors der ex-sowjetischen Rüstungsforschung und -industrie geleistet werden kann. Es geht dabei auch darum, durch die kontrollierte Überleitung von Experten in neue Aufgaben die Weiterverbreitung militärisch nutzbarer, hochentwickelter Fähigkeiten durch „Technologiesöldner" zu vermeiden, die sich in den Dienst aggressiver Regime stellen könnten. Neben dem sicherheitspolitischen sowie wirtschafts- und sozialpolitischen Stabilisierungseffekt, der von der Stützung ehemals sowjetischer Raumfahrtpotentiale ausgehen kann, ist auch die Nutzung von Fähigkeiten, Produkten und Anlagen der früheren Sowjetunion wirtschaftlich und technologisch von Interesse. Angesichts der ungewissen und möglicherweise zum Teil chaotisch und gewaltsam verlaufenden weiteren Entwicklungen in den Nachfolgestaaten der Sowjetunion wäre es jedoch riskant, der Kooperation mit Partnern in diesen Staaten eine tragende Funktion für praktisch dringliche eigene Raumfahrtprojekte zu geben. Für langfristig wegweisende Projekte wie zukünftige Mond-/Mars-Missionen oder auch eine neudefinierte internationale Raumstation wird jedoch in Westeuropa und den USA die demonstrative Einbeziehung Rußlands als technologisch und finanziell sinnvoll und von der politischen Symbolik her ratsam gewertet. Im Rahmen multilateraler Partnerschaft mit den Reformstaaten der GUS wird gezielt der Versuch unternommen, durch westliche Aufträge Raumfahrteinrichtungen des militärisch-industriellen Komplexes der ehemaligen Sowjetunion vor dem Zerfall zu bewahren. Zu Dumpingpreisen angebotene russische Startkapazitäten wären jedoch geeignet, die privaten Anbieter kommerzieller Raumtransportleistungen in den USA und Europa vom Markt zu verdrängen. Da dieses Problem nach dem Ende des Ost-West-Konflikts nicht auf Dauer durch einseitige Exportrestriktionen für Satelliten gelöst werden kann, wurde im Juni 1992 von den USA und Rußland u.a. die Aufnahme von Verhandlungen über internationale Wettbewerbsrichtlinien für den Start kommerzieller Satelliten vereinbart.

Hingewiesen sei auf ein weiteres Zukunftsproblem: Nach mehreren Jahrzehnten der Weltraumnutzung nach dem Wegwerfprinzip haben sich im niedrigen Erdorbit Zehntausende nicht mehr kontrollier- und steuerbarer

Schrottpartikel angesammelt. Von dieser Weltraumschrott-Problematik gehen zunehmend Gefahren für die Raumflugsicherheit aus. Der amerikanische Space Shuttle mußte bereits mehrmals durch kurzfristige Bahnmanöver Schrottpartikeln im Orbit ausweichen. Maßnahmen zur langfristigen Sicherung des Zugangs zu bestimmten wichtigen Klassen von Orbitalbahnen durch Eindämmung der Weltraumschrott-Belastung dürften zu einem Kernproblem internationaler Weltraumpolitik werden. Die Entwicklung neuer flugzeugartiger, vollständig rückführ- und wiederverwendbarer Raumtransportsysteme im 21. Jh. könnte hierzu einen Beitrag leisten.

Literatur

Beobachtungssatelliten für Europa. Bericht einer Expertengruppe. Bonn 1990

Böckstiegel, Karl-Heinz (Hrsg.): Handbuch des Weltraumrechts. Köln 1991

Gibson, Roy: Space. Oxford 1992.

Interavia Space Directory 1992/93. Ed. Andrew Wilson. Coulsdon, Surrey 1992 (jährl.).

Kaiser, Karl / *von Welck*, Stephan (Hrsg.): Weltraum und internationale Politik. München 1987

Johnson-Freese, Joan: Changing Patterns of International Cooperation in Space. Melbourne, FL 1990.

McDougall, Walter A.: The Heavens and the Earth. A Political History of the Space Age. New York 1985.

Murray, Bruce: Journey into Space. The First Thirty Years of Space Exploration. New York 1990.

Space Policy. Bd. 1 (1985) ff. London (viertelj.)

Spillmann, Kurt R. (Hrsg.): Der Weltraum seit 1945. Basel 1988.

Klaus Becher

Weltwirtschaftssystem

1. Begriff und Entstehung — Unter Weltwirtschaftssystem wird hier die Gesamtheit der wirtschaftlichen Beziehungen zwischen Staaten und ihre Regelungsmechanismen verstanden. Damit bleiben die weltwirtschaftlich bedeutsamen Regionalbeziehungen z.B. innerhalb der Großräume USA und Sowjetunion ausgeklammert. Der Bezug auf Staaten als politische Einheiten macht auch deutlich, daß Weltwirtschaftsfragen nicht als „rein ökonomische" Probleme behandelt werden können, sondern Fragen der „politischen Ökonomie" sind.

Ein ausgebildetes Weltwirtschaftssystem, das fast den gesamten Wirtschaftsraum Erde, wenn auch in unterschiedlicher Intensität, erfaßt, mit einem beträchtlichen Maß an Arbeitsteilung und entsprechend mit gegenseitiger, wenn auch nicht unbedingt symmetrischer Abhängigkeit ist erst im Gefolge der industriellen Revolution entstanden. Wesentliche technisch-ökonomische Bestimmungsfaktoren für die Entstehung globaler Wirtschaftskreisläufe waren das mit der industriellen Revolution stark vergrößerte Leistungsgefälle, die zunehmende Intensität der Wissensbeziehungen und die sinkenden Transportkosten aufgrund der Transportrevolution im 19. Jh. (Schiffahrt und Eisenbahn). Großbritannien hat als erstes Land einen industriellen Magnetkern ausgebildet, der die weltwirtschaftlichen Kraftlinien auf sich ausgerichtet hat. Ungeachtet der nachfolgenden europäischen und nordamerikanischen Industrialisierung hat Großbritannien seine Stellung als Zentrum des weltwirtschaftlichen Systems das gesamte 19. Jh. hindurch etwa bis zum 1. Weltkrieg behauptet. London war der eindeutige Mittelpunkt des Welthandels und -kapitalverkehrs. Nicht zu übersehen sind allerdings auch die politischen Komponenten, das koloniale Imperium Großbritanniens und die lange geltende Pax Britannica. Die Strukturierung des weltwirtschaftlichen Systems und die Expansion des weltwirtschaftlichen Austausches vollzog sich trotz notwendiger Differenzierungen insgesamt in einem Klima, in dem klassisch-liberale Wirtschaftsgrundsätze dominierten.

Der freie Handel wurde durch Zölle und andere staatliche Eingriffe nur relativ wenig beeinträchtigt, und auch das Währungssystem des internationalen Goldstandards mit der Bank von England als informellem Zentrum war dem Handels- und Kapitalverkehr förderlich. Dieses System war andererseits zerbrechlich, da es vertraglich und institutionell nicht abgesichert war. Der „Systemgehorsam" im Sinne einer Einhaltung der Spielregeln war zudem mit dem Vorrang der Wechselkursstabilität gegenüber den anderen wirtschaftspolitischen Zielen, wie Vollbeschäftigung, verbunden. Das Ausmaß der weltwirtschaftlichen Verflechtung zeigte sich nicht zuletzt in ausgeprägten weltwirtschaftlichen Konjunkturzyklen, die die wirtschaftliche Entwicklung in den einzelnen Ländern zunehmend beeinflußten.

2. Der Einschnitt der Weltwirtschaftskrise 1929 — Der 1. Weltkrieg hatte das alte Weltwirtschaftssystem bereits auf Zeit außer Kraft gesetzt, aber nach dem Krieg bemühte man sich, den alten Zustand wiederherzustellen. Dieser Versuch scheiterte endgültig in der 1929 beginnenden Weltwirtschaftskrise. Die Ursachen dieser Krise sind mannigfaltig. Dazu zählen die Folgewirkungen des 1. Weltkrieges, die die wirtschaftlichen Ströme verzerrenden Kriegsreparationen und die politisch bedingten Fluchtgelder, die wachsenden Zollmauern — insbesondere der USA — und zunehmender, durch die innenpolitische Machtverstärkung der organisierten Arbeiterschaft mitbedingter Widerstand gegen eine Einhaltung der Spielregeln des Goldstandards. Weiter trugen die starken Monopolisierungstendenzen dazu bei, daß die „Selbstheilungskräfte" des Marktes, die die Ausschläge im Konjunkturzyklus begrenzt hatten, immer weniger wirksam waren.

Die Weltwirtschaftskrise begann 1929 mit einem Kurssturz an der New Yorker Börse als Folge einer übersteigerten Spekulation. Von den USA aus griff die Krise auf Europa über und erfaßte immer mehr Länder. Sie mündete in eine jahrelange Depression mit Massenarbeitslosigkeit. Der Katastrophendimension dieser Krise hinsichtlich der räumlichen Reichweite, der Dauer und des Ausmaßes des wirtschaftlichen Schrumpfungsprozesses waren die alten Strukturen nicht mehr gewachsen. Der Goldstandard brach 1931 endgültig zusammen, und die meisten Staaten versuchten, mit autonomen staatlichen Eingriffen teilweise auf Kosten anderer Staaten (→ Internationale Währungspolitik) der Krise Herr zu werden. Handels- und Devisenbeschränkungen sowie Wechselkursmanipulationen waren an der Tagesordnung. Der sich im Gefolge der Weltwirtschaftskrise durchsetzende absolute Vorrang binnenwirtschaftlicher Ziele, insbesondere Vollbeschäftigung, und der Versuch einer autonomen Konjunkturpolitik führten einerseits zu starken staatlichen Eingriffen in die Wirtschaft, andererseits international gerade wegen dieser unabgestimmten und einander häufig entgegenlaufenden einzelstaatlichen Maßnahmen zu nahezu anarchischen Wirtschaftsbeziehungen und einer starken Beeinträchtigung der weltwirtschaftlichen Verflechtung. Auch wenn diese Übersteigerung nationaler Autonomieansprüche zu weltwirtschaftlich eindeutig negativen Konsequenzen führte, so hat die Weltwirtschaftskrise andererseits deutlich gemacht, daß ein System, das solche Krisen zuläßt, aus wirtschaftlichen, politischen und humanitären Gründen nicht toleriert werden kann. Insbesondere die Erfahrung in Deutschland — die Massenarbeitslosigkeit war ein entscheidender Faktor für den Aufstieg des Nationalsozialismus — zeigte, daß verbreitete Arbeitslosigkeit die Existenz demokratischer politischer Systeme gefährdet und demokratische Staaten schon aus Selbsterhaltungsgründen gezwungen sind, für die Erreichung wirtschaftspolitischer Mindestziele zu sorgen.

3. Der Versuch eines Neuanfanges nach dem 2. Weltkrieg — Bereits während des 2. Weltkrieges wurde auf alliierter Seite auf Initiative der USA und Großbritanniens intensiv über eine Neustrukturierung des Weltwirtschaftssystems verhandelt, wobei mitspielte, daß der Weltwirtschaftskrise und der folgenden Phase autonomer nationaler Wirtschaftspolitiken eine erhebliche Mitschuld an der zum Kriege führenden Entwicklung gegeben wurde und eine ähnliche Entwicklung für die Zukunft ausgeschlossen werden sollte. Es wurde versucht, einen Kompromiß zu finden zwischen möglichst intensiven weltweiten Wirtschaftsbeziehungen und dem Wunsch nach möglichst weit-

gehender nationaler Handlungsfreiheit und Schutz vor weltwirtschaftlich in-
duzierten Störungen.

Das Integrationskonzept sah die Rückkehr zu einem relativ liberalen, markt-
orientierten Weltwirtschaftssystem vor, das aber anders als in der Vergangenheit vertraglich abgesichert und durch neue internationale Institutionen
zumindest ansatzweise international gesteuert werden sollte. Die einzelnen
Staaten sollten andererseits nur soweit wie unbedingt nötig international gebunden werden, ansonsten über ihr nationales Wirtschaftssystem und ihre
-politik autonom entscheiden. Organisatorisch setzten sich gegenüber regionalen Vorschlägen globale Ansätze durch und statt in einer umfassenden internationalen Wirtschaftsorganisation wurde die Lösung in getrennten sachlichen und institutionellen Regelungen für Teilbereiche gesucht. 1944 wurden in Bretton Woods Abkommen über das internationale Währungssystem
und die langfristige Kapitalhilfe für Wiederaufbau und Entwicklung geschlossen und dabei der Internationale Währungsfonds (IWF) und die →
Weltbank gegründet. Amerikanische „Vorschläge für die Ausdehnung des
Welthandels und der Beschäftigung" führten 1948 auf der Konferenz von
Havanna zu einem Vertragsentwurf, der die Bildung einer International
Trade Organisation (ITO) einschloß. Dieser Entwurf sah vor, die verschiedenen Handelsbeschränkungen aufzuheben, war aber mit einer Fülle von Ausnahmeklauseln zugunsten einer nationalen Vollbeschäftigungspolitik durchsetzt. Der Vertrag scheiterte, da der amerikanische Kongreß ihn nicht ratifi-
zierte. Allerdings kam es dennoch zu einer wenn auch sehr bescheidenen
Regelung der Handelsbeziehungen, da in Form des General Agreement on
Tariffs and Trade (GATT) (→ Internationale Handelspolitik) eine Auffang-
position geschaffen wurde.

Obwohl sich die Sowjetunion zeitweilig an den Verhandlungen beteiligt
hatte, trat sie den neuen Regelungen nicht bei, wobei der heraufziehende →
Ost-West-Konflikt eine wichtige Rolle gespielt haben dürfte. Mit dem Ostblock, der sich unter Führung der Sowjetunion im Rat für gegenseitige Wirtschaftshilfe (RGW) einen eigenen, allerdings sehr beschränkten Integra-
tionsrahmen schuf, und der Volksrepublik China, die sich wie vorher die Sowjetunion auf einen weitgehend autonomen Weg der wirtschaftlichen
Entwicklung begab, blieben wichtige Teile der Welt außerhalb des neuen Systems. Demgegenüber traten die ehemaligen Kriegsgegner ebenso wie die
meisten Entwicklungsländer (EL) bei. Die EL, die Ende des 2. Weltkrieges
noch überwiegend den Status von Kolonien hatten, spielten bei den Verhandlungen über das neue System nur eine marginale Rolle. Ihr geringer Einfluß
in dieser Phase war sicherlich ein mitentscheidender Faktor, daß die besonderen Interessen der EL, z.B. in der Rohstoff-Frage, kaum berücksichtigt
wurden, obwohl z.B. das Problem der Rohstoffpreisstabilisierung bereits
diskutiert wurde. Das mit dem Konzept funktionaler Teilregelungen verbundene Problem der Koordination wurde höchst unzulänglich gelöst. Zwar exi-

stierte mit dem Wirtschafts- und Sozialrat (ECOSOC) der → Vereinten Nationen (UN) eine mögliche Koordinationsinstanz, aber insbesondere der Ost-West-Konflikt und unterschiedliche Stimmrechtsregelungen und damit Machtstrukturen verhinderten, daß der Wirtschafts- und Sozialrat die für eine wirksame Koordination erforderlichen Rechte erhielt. Obwohl die Übergangsphase des Wiederaufbaus, für die in den Abkommen zahlreiche Ausnahmeregelungen vorgesehen waren, erheblich länger dauerte als vorgesehen, entwickelte sich der Welthandel bis Mitte der 70er Jahre außerordentlich stark. Die höchsten Wachstumsraten sowohl für den Handel wie für den Kapitalverkehr ergaben sich aber im Austausch zwischen den industriellen Zentren Nordamerika, Westeuropa und Japan, während die Peripherie, die EL, zwar unterschiedlich, insgesamt aber weniger profitierte. Die starke weltwirtschaftliche Verflechtung ging einher mit regionalen Integrationsversuchen, als deren wichtigste die → Europäische Gemeinschaft (EG) und der RGW anzusehen sind. Institutionell haben für die westlichen Industrieländer (IL) die Organisation für wirtschaftliche Zusammenarbeit und Entwicklung (OECD) und für die um die Sowjetunion gruppierten kommunistischen Planwirtschaften der RGW gewisse Koordinierungsaufgaben übernommen, u.a. hinsichtlich der finanziellen Leistungen an die EL. Diese haben ihre Unzufriedenheit mit den bestehenden Strukturen und Institutionen vor allem im Rahmen der UN artikuliert, in der sie über die eindeutige Mehrheit verfügen. Sie haben insbesondere die United Nations Conference on Trade and Development (UNCTAD) zu einer von ihnen dominierten Plattform für ihre wirtschaftlichen Forderungen an West und Ost ausgebaut.

4. Reformdiskussion — die neue Weltwirtschaftsordnung (NWWO) — Forderungen nach einer Reform des Weltwirtschaftssystems sind spätestens aktuell, seit sich Ende der 60er, Anfang der 70er Jahre krisenhafte Entwicklungen verschärften. Zu nennen sind insbesondere der Zusammenbruch des in Bretton Woods begründeten internationalen Währungssystems, die Erdölkrise, die von beiden Faktoren geförderte weltweite Inflationsentwicklung und der folgende Absturz in die Rezession, die die sehr weitgehende Synchronisierung der nationalen Konjunkturentwicklungen verdeutlichte.
Zu den wichtigsten Kritikern des bestehenden Weltwirtschaftssystems entwickelten sich die EL, die in ihm die Hauptursache für ihre unzureichenden Entwicklungsfortschritte sahen. Anfang der 70er Jahre setzten die EL ihre Kritik in einen Forderungskatalog unter dem Titel NWWO um. Dabei handelte es sich nicht um ein in sich stimmiges Konzept, sondern einen ungleichgewichtigen und zumindest mehrdeutigen Katalog von Einzelforderungen unterschiedlicher Reichweite. Neben vielfältigen Sachforderungen in unterschiedlichen Themenfeldern wurden ein größerer Einfluß der UN bei der Gestaltung des Weltwirtschaftssystems und eine stärkere Berücksichtigung des die Teilbereiche übergreifenden Entwicklungsaspektes sowie eine „De-

mokratisierung" der internationalen Steuerorganisationen (d.h. größere
Mitbestimmungsrechte der EL im Entscheidungsprozeß) verlangt. In der
wissenschaftlichen Kritik dominierten zwei Grundpositionen. Den einen
ging die weiterhin auf Integration in den Weltmarkt angelegte NWWO nicht
weit genug. Sie forderten eine „Abkoppelung" der EL vom kapitalistisch bestimmten Weltmarkt und eine „autozentrierte Entwicklung" (→ Entwicklungspolitik). Die anderen marktwirtschaftlich orientierten Kritiker bemän-
gelten die dirigistischen Tendenzen der NWWO, eine nunmehr einseitige
Orientierung an den Interessen der EL und generell eine unzureichende Berücksichtigung der Effizienz. Bei der Durchsetzung gelang es den EL unter
dem Eindruck der ersten Ölkrise, die die Abhängigkeit auch der IL von den
ölexportierenden EL zu beweisen schien, und unter Nutzung ihrer Gruppen-
solidarität die NWWO in einem ersten Schritt 1974 in einschlägigen UN-
Dokumenten programmatisch zu verankern. Sie scheiterten aber beim zweiten Schritt, der realen Umsetzung, am hinhaltenden und sich verstärkenden
Widerstand der westlichen IL. Ungeachtet bescheidener Zugeständnisse
auch bei dem von den EL als Katalysator eingeschätzten Integrierten Rohstoffprogramm — wurden die Verhandlungen über die Realisierung der
NWWO Anfang der 80er Jahre de facto eingestellt. Gründe für das Scheitern
sind insbesondere schwindendes Druckpotential (Abstumpfen der „Ölwaffe", wachsende Auseinanderentwicklung und Interessendifferenzierung
der EL) und krisenhafte weltwirtschaftliche Veränderungen, die die Haltung
der IL weiter verhärteten und zu einer Verlagerung der Diskussion von konzeptionellen Veränderungen des Weltwirtschaftssystems zu bescheidenen,
aber direkt wirksamen Maßnahmen beitrugen.

5. *Entwicklungstendenzen und Perspektiven* — In den 80er Jahren haben sich
einerseits Krisentendenzen verstärkt → internationale Verschuldungskrise,
neue Formen des Protektionismus —, andererseits sind mit dem Ende des
bisherigen Ost-West-Konflikts auch neue politische Rahmenbedingungen für
das Weltwirtschaftssystem entstanden. Erstmals in der Nachkriegszeit ist der
Markt als prinzipielles Koordinierungsinstrument im internationalen Wirt-
schaftsaustausch weltweit akzeptiert. Zugleich hat der Stellenwert der internationalen Wirtschaftsprobleme mit dem Schwinden der militärischen Ost-
West-Bedrohung deutlich zugenommen. Höhe und Verteilung der ökonomischen „Friedensdividende" bleiben umstritten. So führt die extreme Herausforderung der politischen und ökonomischen Systemtransformation in
den früheren Ostblockstaaten u.a. dazu, daß sich die Konkurrenz um internationale Finanztransfers (vor allem der westlichen IL) verschärft, potentiell
zu Lasten des Südens. Die Polarisierung der Entwicklung der EL in wenige
Schwellenländer mit wachsendem wirtschaftlichen Gewicht und eine margi-
nalisierte „Vierte Welt" hat zugenommen, und große Teile des Südens haben
eine „Abkoppelung wider Willen" erlebt. Vor diesem Hintergrund dürften

Hoffnungen auf eine „collective self-reliance" des Südens als konzeptionelle Alternative wenig Realitätsgehalt haben, auch wenn ein verstärkter Ausbau der Wirtschaftsbeziehungen zwischen den EL wünschenswert ist. Dem ökonomischen Machtverlust des Südens steht allerdings ein Gewinn an „Chaosmacht" gegenüber, d.h. ein unabweisbarer Handlungsbedarf, der nicht ohne seine Beteiligung gedeckt werden kann. Die beiden herausragenden Beispiele sind die sich zuspitzende Gefährdung des Ökosystems Erde und die starke Bevölkerungszunahme in den EL verbunden mit wachsender Armutsmigration in den reichen Westen (→ Migration). Sie belegen nachdrücklich die Kernthese der Nord-Süd-Kommission („Brandt-Kommission"), die in dem Titel ihres 1979 vorgelegten Berichtes zum Ausdruck kommt: „Das Überleben sichern. Gemeinsame Interessen der Industrie- und Entwicklungsländer". Das bedeutet z.B., daß das wohlverstandene Eigeninteresse der IL sie veranlassen müßte, beim globalen Umweltschutz das Verursacherprinzip (einschl. Überprüfung des eigenen Lebensstils) sowie eine Lastenverteilung nach Tragfähigkeit verstärkt zu akzeptieren und bei wirtschaftlichem Nutzungsverzicht der EL zugunsten globaler ökologischer Interessen (u.a. Erhaltung tropischer Regenwälder) einen Finanzausgleich zu leisten. Konzeptionell hieße das, den Ordnungsrahmen einer sozialen, ökologisch verträglichen Marktwirtschaft auch auf der internationalen Ebene zu verankern. Gerade vor dem Hintergrund des internationalen ideologischen Siegeszuges der Marktwirtschaft ist in Erinnerung zu rufen, daß sie keine natürliche Ordnung ist, sondern national wie international eines politisch gesetzten Ordnungsrahmens bedarf. Die weltwirtschaftliche Entwicklung nach dem Zweiten Weltkrieg ist aber gekennzeichnet durch eine extrem gewachsene privatwirtschaftliche Integration, die sich z.B. in der steigenden Bedeutung transnationaler Konzerne oder supranationaler Kapitalmärkte (Xeno-Märkte, insbes. Euro-Markt) zeigt. Sie hat die wirtschaftspolitischen Handlungsmöglichkeiten auf nationaler Ebene zunehmend begrenzt und zu einem faktischen Souveränitätsverlust geführt, ohne daß dies durch einen entsprechenden Ausbau der internationalen Steuerungsmöglichkeiten, z.B. durch Kompetenzübertragung auf internationale Wirtschaftsorganisationen, kompensiert worden ist. Das Resultat ist eine krisenträchtige Steuerungslücke im Weltwirtschaftssystem. Teilweise haben informelle, elitäre Clubs neben den internationalen Wirtschaftsorganisationen versucht, diese Lücke ansatzweise zu schließen. So haben die wichtigsten westlichen IL seit 1975 jährlich einen Weltwirtschaftsgipfel der Staats- bzw. Regierungschefs durchgeführt und damit auf höchster Ebene eine internationale „konzertierte Aktion" versucht. Sie sind zumindest insoweit erfolgreich gewesen, als sie Entwicklungen wie in den 30er Jahren verhindert haben. Sie stoßen allerdings wegen ihrer Exklusivität auf das Mißtrauen der Ausgeschlossenen, und dieses Grundproblem einer fairen Repräsentation aller Betroffenen ist auch bei einer begrenzten Erweiterung um weitere „Schlüsselländer" nicht zu lösen.

Bei der Forderung insbes. der EL nach „Demokratisierung" der internationalen Wirtschaftsorganisationen ist andererseits zu berücksichtigen, daß stärkere Kompetenzen für → internationale Organisationen schwerlich zu erwarten sind, wenn ihre Entscheidungsstruktur nicht die realen Machtverhältnisse näherungsweise widerspiegelt. Ambivalent für die weltwirtschaftliche Integration sind die vielfältigen regionalen Integrationsansätze (insbes. die EG und die USA, Kanada und Mexiko umfassende Nordamerikanische Freihandelszone — NAFTA) einzuschätzen, da sie neben dem Integrationsgewinn nach innen immer mit dem Risiko einer Abschottung nach außen verbunden sind. Im Hinblick auf die z.Z. weltwirtschaftlich dominierenden Kraftfelder EG, Nordamerika und Japan sind die Risiken verstärkter regionaler Wirtschaftskonflikte bei einer instabilen „Tripolarität" nicht zu übersehen, wie sich z.B. bei den laufenden GATT-Verhandlungen zeigt. Bei rationaler Betrachtung können alle Beteiligten bei einer Zuspitzung der Wirtschaftskonflikte nur verlieren. Zumal der Ausbau weltwirtschaftlicher Integration davon abhängig bleibt, daß die Beteiligten darauf vertrauen, keinen Erpressungen ausgesetzt zu werden. Insgesamt gilt, daß der bestehende weltwirtschaftliche Ordnungsrahmen im Hinblick auf das hohe Maß weltwirtschaftlicher Verflechtung äußerst fragil und stärkungsbedürftig ist.

Literatur

Andersen, Uwe / *Langmann*, Andreas: Eine „neue" Neue Weltwirtschaftsordnung? Perspektiven gerechterer Strukturen in der Einen Welt, in: *Matthies*, Volker (Hrsg.): Kreuzzug oder Dialog. Die Zukunft der Nord-Süd-Beziehungen, Bonn 1992.

Deutsche Bundesbank: Internationale Organisationen und Gremien im Bereich von Währung und Wirtschaft (Sonderdrucke der Deutschen Bundesbank Nr. 3), Frankfurt / M. [4]1992.

OECD: World Economic Interdependence and the Evolving North-South Relationship, Paris 1983.

Predöhl, Andreas: Das Ende der Weltwirtschaftskrise. Eine Einführung in die Probleme der Weltwirtschaft, Hamburg 1962.

Sauvant, Karl P.: Changing Priorities on the International Agenda: The New International Economic Order, New York 1981.

Senghaas, Dieter: Weltwirtschaftsordnung und Entwicklungspolitik. Plädoyer für Dissoziation, Frankfurt / M. 1977.

Simonis, Udo E. (Hrsg.): Ordnungspolitische Fragen zum Nord-Süd-Konflikt, Berlin 1983.

Spero, Joan Edelmann: The Politics of International Economic Relations, London [4]1990.

Unabhängige Kommission für Internationale Entwicklungsfragen: Das
    Überleben sichern. Gemeinsame Interessen der Industrie- und Entwick-
    lungsländer. Bericht der Nord-Süd-Kommission, Köln 1980.

van der Wee, Hermann: Der gebremste Wohlstand. Wiederaufbau, Wachs-
    tum und Strukturwandel der Weltwirtschaft 1945 - 1980, München 1981.

Uwe Andersen

Chronik wichtiger Ereignisse
der internationalen Politik seit 1945

1945

Februar	Konferenz von Jalta zwischen Roosevelt, Churchill und Stalin (Aufteilung Deutschlands in Besatzungszonen, Polen-Frage).
April	Tod Roosevelts. Harry S. Truman neuer Präsident der USA.
Mai	Bedingungslose Kapitulation Deutschlands.
Juni	Unterzeichnung der Charta der Vereinten Nationen.
Juli	Zündung der ersten amerikanischen Atombombe.
Juli - August	Potsdamer Konferenz zwischen Stalin, Truman und Churchill (für Churchill ab 29. 7. Clement R. Attlee).
August	Abwurf der ersten amerikanischen Atombombe (Hiroshima).
	Abwurf der zweiten amerikanischen Atombombe (Nagasaki).
	Gründung der Organisation Amerikanischer Staaten (OAS).
August - September	Besetzung Koreas durch USA und UdSSR.
September	Bedingungslose Kapitulation Japans. Ende des 2. Weltkrieges.
Oktober	Charta der Vereinten Nationen tritt in Kraft.

1946

Juli - Oktober	Pariser Friedenskonferenz (Erarbeitung von Verträgen mit ehemaligen Verbündeten Deutschlands).
September	Stuttgarter Rede des amerikanischen Außenministers James F. Byrnes (Neuorientierung der westlichen Besatzungspolitik, Betonung der Vorläufigkeit der Oder-Neiße-Grenze).
November - Dezember	Außenministerkonferenz der USA, Großbritanniens, Frankreichs und der Sowjetunion in New York (Vertagung der Deutschland-Frage bis zur Moskauer Konferenz, Behandlung der auf der Pariser Friedenskonferenz vorbereiteten Verträge).

1947

März	Verkündung der Truman-Doktrin.
Juni	Rede des amerikanischen Außenministers George C. Marshall in der Harvard Universität (Verkündung des Marshall-Plans).
September	Gründung des Kommunistischen Informationsbüros. Schdanow-Rede (Verkündung der „Zwei-Lager-Theorie").
Oktober	Unterzeichnung des GATT-Abkommens in Genf (Herabsetzung der Zolltarife und Abbau anderer Handelsschranken, Beseitigung von Handelsdiskriminierungen).

1948

Februar-Juni	Londoner Sechsmächtekonferenz der USA, Großbritanniens, Frankreichs, Belgiens, Luxemburgs und der Niederlande (Verhandlungen über die Errichtung eines westdeutschen Staates und über die Einbeziehung der Westzonen in die Marshall-Plan-Hilfe).
Februar	Kommunistische Machtübernahme in der Tschechoslowakei.
März	Unterzeichnung des Brüsseler Fünfmächtevertrages zwischen Großbritannien, Frankreich, Belgien, Luxemburg und den Niederlanden (Zusicherung gegenseitigen Beistands für den Fall eines Angriffs).
	Auszug der Sowjetunion aus dem Alliierten Kontrollrat aus Protest gegen die Londoner Sechsmächtekonferenz.
Mai	Gründung Israels.
	Erster arabisch-israelischer Krieg (bis Februar 1949).
Juni	Währungsreform in den drei Westzonen Deutschlands.
	Währungsreform in der Sowjetischen Besatzungszone Deutschlands. Versuch einer Übertragung auf ganz Berlin von Kommandanten der drei Westsektoren Berlins vereitelt.
	Einführung der westdeutschen Währung auch in den drei Westsektoren Berlins. Beginn der Berliner Blockade.
	Ausschluß Jugoslawiens aus dem Kominform.
August	Proklamierung der Republik Korea.
September	Proklamierung der Volksrepublik Korea.

1949

Januar	Gründung des Rates für Gegenseitige Wirtschaftshilfe (RGW)
April	Unterzeichnung des Nordatlantikvertrages (Gründung der NATO).
Mai	Unterzeichnung des Jessup-Malik-Abkommens (Beendigung der Berliner Blockade).

	Gründung des Europa-Rates.
September	Zündung der ersten sowjetischen Atombombe.
	Gründung der Bundesrepublik Deutschland.
	Konrad Adenauer wird erster Bundeskanzler der Bundesrepublik Deutschland.
Oktober	Gründung der Volksrepublik China.
	Gründung der DDR.

1950
Juni	Beginn des Korea-Krieges.
Juli	Bundesrepublik Deutschland wird assoziiertes Mitglied des Europa-Rates.

1951
April	Gründung der Montan-Union.
September	Gründung des ANZUS-Paktes (Australien, Neuseeland, USA).

1952
März	Stalin-Note (sowjetisches Angebot zur Wiedervereinigung und Wiederbewaffnung Deutschlands um den Preis der Neutralisierung).
Mai	Unterzeichnung des Vertrages über die Europäische Verteidigungsgemeinschaft (EVG) in Paris.
November	Zündung der ersten Wasserstoffbombe der USA. Wahl Dwight D. Eisenhowers zum Präsidenten der USA.

1953
März	Tod Stalins. Georgij M. Malenkow wird sowjetischer Ministerpräsident.
Juni	Volksaufstand in der DDR (17. Juni).
Juli	Ende des Korea-Krieges.
August	Zündung der ersten Wasserstoffbombe der UdSSR.
September	Nikita S. Chruschtschow wird Erster Sekretär der KPdSU.

1954
April-Juli	Genfer Konferenz über Korea und Indochina (Scheitern der Korea-Verhandlungen; Schlußerklärung über den Indochina-Konflikt; Beschluß der Teilung Vietnams).
August	Scheitern des EVG-Vertrages in der französischen Nationalversammlung.
September	Gründung der SEATO.
Oktober	Unterzeichnung der Pariser Verträge (Bildung der Westeuro-

päischen Union unter Einbeziehung Italiens und der Bundesrepublik, Übertragung des Oberbefehls und der Kontrollbefugnisse über die kontinentaleuropäischen Streitkräfte an die
NATO, Aufnahme der Bundesrepublik in die NATO).

1955

Februar	Ablösung Malenkows als sowjetischer Ministerpräsident durch Nikolai Bulganin.
	Bagdad-Pakt.
Mai	Inkrafttreten der Pariser Verträge, Bundesrepublik Deutschland wird Mitglied der NATO.
	Unterzeichnung des Warschauer Vertrages über Freundschaft, Zusammenarbeit und gegenseitigen Beistand („Warschauer Pakt").
	Unterzeichnung des österreichischen Staatsvertrages.
Juli	Gipfelkonferenz der USA, Großbritanniens, Frankreichs und der Sowjetunion in Genf über die Deutschland-Frage und die europäische Sicherheit. Zeichen der Ost-West-Entspannung („Geist von Genf").

1956

Februar	XX. Parteitag der KPdSU (Entstalinisierung, Abkehr von der Doktrin der Unvermeidbarkeit von Kriegen, Verkündung der Doktrin der friedlichen Koexistenz).
März	Gromyko-Plan zur Schaffung einer Rüstungsbegrenzungs- und -inspektionszone in Mitteleuropa.
Oktober - November	Ungarn-Aufstand (Niederschlagung durch sowjetische Truppen).
	Suez-Krieg (britisch-französische Aktion gegen Ägypten und Krieg zwischen Israel und seinen arabischen Nachbarn).

1957

März	Unterzeichnung der EWG- und EURATOM-Verträge in Rom (in Kraft getreten am 1. 1. 1958).
Mai	Zündung der ersten Wasserstoffbombe Großbritanniens.
Juli	Gründung der Internationalen Atomenergie Organisation (IAEA) mit Sitz in Wien.
Oktober	Vorschlag des polnischen Außenministers Adam Rapacki zur Errichtung einer atomwaffenfreien Zone in Mitteleuropa (Rapacki-Plan).
	Start des sowjetischen „Sputnik", des ersten künstlichen Erdsatelliten.

| November | Moskauer Konferenz der kommunistischen Parteien (Verurteilung des jugoslawischen „Revisionismus", Anzeichen eines sowjetisch-chinesischen Konflikts). |

1958

April	1. Konferenz afrikanischer Staaten mit 8 Teilnehmerländern in Accra.
Juli	Intervention der USA im Libanon und Intervention Großbritanniens in Jordanien.
November	Berlin-Ultimatum Chruschtschows (Forderung nach Beendigung des Viermächte-Status von Berlin). Kündigung des Londoner Protokolls vom 12. 9. 1944 durch die Sowjetunion, Forderung nach einer „Freien Stadt Westberlin".

1959

Januar	Charles de Gaulle wird erster Präsident der V. Republik in Frankreich.
Februar	Fidel Castro wird nach gewaltsamem Sturz der Regierung Batista Ministerpräsident Kubas.
September	Gipfeltreffen zwischen Chruschtschow und Eisenhower in Camp David.
Dezember	Unterzeichnung des Antarktis-Vertrages (Verbot von Atomversuchen, Raketen- und Militärstützpunkten in der Antarktis, in Kraft getreten am 23. 6. 1961).

1960

Januar	Gründung der EFTA.
Februar	Zündung der ersten französischen Atombombe in der Sahara.
Mai	Gipfelkonferenz der USA, Großbritanniens, Frankreichs und der Sowjetunion in Paris scheitert, da Chruschtschow der Konferenz unter Hinweis auf den Abschuß eines amerikanischen U-2-Aufklärungsflugzeuges über der Sowjetunion fernbleibt.
Juni	Auszug der Ostblock-Delegierten aus der UN-Abrüstungskommission unter Hinweis auf den U-2-Zwischenfall. Unterbrechung der Beratungen für zwei Jahre.
Juni - September	Kongo-Krise.
August	Gründung der OPEC.
November	Wahl John F. Kennedys zum Präsidenten der USA.
Dezember	Gründung der OECD.

1961
Januar   Amtseinführung Kennedys.
April   Gescheiterter Invasionsversuch von Exil-Kubanern mit Un-
                terstützung der USA in der Schweinebucht auf Kuba.
Juni   Gipfeltreffen zwischen Kennedy und Chruschtschow in Wien.
August   Beginn des Berliner Mauerbaus.
September   Gründung der Bewegung der Blockfreien.

1962
März   Wiederaufnahme der Abrüstungsverhandlungen der UN-
                Abrüstungskommission in Genf.
Mai   Die USA verkünden die Strategie der „flexible response".
Oktober   Kuba-Krise.
Dezember   Nassau-Übereinkunft zwischen den USA und Großbritan-
                niens über Nuklearwaffen.

1963
Januar   De Gaulle lehnt EWG-Beitritt Großbritanniens ab.
Februar   USA schlagen Aufstellung einer multilateralen Atomflotte
                der NATO vor (MLF-Projekt).
März   Verschärfung des sowjetisch-chinesischen Konflikts.
                China fordert von der Sowjetunion die Rückgabe der in den
                „ungleichen Verträgen" abgetretenen Gebiete.
Juni   Unterzeichnung einer amerikanisch-sowjetischen Vereinba-
                rung über die Errichtung eines „heißen Drahtes" — einer
                direkten Fernschreibverbindung — zwischen dem Weißen
                Haus und dem Kreml.
August   Unterzeichnung eines Abkommens zwischen den USA,
                Großbritannien und der Sowjetunion über die teilweise
                Beendigung der Kernwaffenversuche in der Atmosphäre, im
                Weltraum und unter Wasser (in Kraft getreten am
                10. 10. 1963).
Oktober   Rücktritt Adenauers. Ludwig Erhard neuer Bundeskanzler.
November   Ermordung Präsident Kennedys. Vizepräsident Lyndon B.
                Johnson wird sein Nachfolger.
Dezember   Unruhen auf Zypern.

1964
Januar   Anerkennung der Volksrepublik China durch Frankreich.
März   Gründung der „Gruppe der 77" auf der 1. UNCTAD-
                Konferenz in Genf.
Oktober   Sturz Chruschtschows. Kollektive Führung (Breshnew,
                Kossygin und ab 9. 12. 1965 Podgorny) tritt an die Spitze

der Sowjetunion.
Zündung der ersten chinesischen Atombombe.

1965

Februar	Beginn von amerikanischen Luftangriffen auf Nord-vietnam.
April	Intervention der USA in der Dominikanischen Republik.
Sommer	Kaschmir-Krieg zwischen Indien und Pakistan.

1966

Juli	Austritt Frankreichs aus der militärischen Integration der NATO. Bukarester Tagung des Politischen Beratenden Ausschusses des Warschauer Paktes (Vorschlag einer europäischen Sicherheitskonferenz).
August	Beginn der „Kulturrevolution" in China.
November	Rücktritt Erhards.
Dezember	Kurt Georg Kiesinger neuer Bundeskanzler.

1967

Januar	Unterzeichnung des Vertrages über die friedliche Erforschung und Nutzung des Weltraums in Washington, London und Moskau (Verbot, Massenvernichtungsmittel und vor allem Kernwaffen in Erdumlauf zu bringen und auf Himmelskörpern oder im Weltraum zu stationieren. In Kraft getreten am 10. 10. 1967).
Februar	Unterzeichnung des Vertrages von Tlatelolco zur Errichtung einer kernwaffenfreien Zone in Lateinamerika.
April	Karlsbader Konferenz der kommunistischen und Arbeiterparteien Europas (Wiederholung des Vorschlages zur Einberufung einer europäischen Sicherheitskonferenz).
Juni	Treffen zwischen Präsident Johnson und dem sowjetischen Ministerpräsidenten Kossygin in Glassboro / USA (Vorbereitung für spätere Rüstungskontrollverhandlungen). 6 - Tage - Krieg zwischen Israel und seinen arabischen Nachbarn. Zündung der ersten Wasserstoffbombe Chinas.
August	Gründung der ASEAN. Zündung der ersten Wasserstoffbombe Frankreichs.
Dezember	Bericht des Nordatlantikrates (Harmel-Bericht) über die künftigen Aufgaben der Allianz (Formulierung der „Zwei-Pfeiler-Doktrin" über militärische Sicherheit und Entspannung).

1968

Juli	Unterzeichnung des Vertrages über die Nichtverbreitung von Kernwaffen in Washington, London und Moskau (in Kraft getreten am 5. 3. 1970).
August	Einmarsch von Truppen des Warschauer Paktes in die Tschechoslowakei (Ende des „Prager Frühlings").
August- September	Konferenz der Nichtkernwaffenstaaten in Genf (Resolution über Gewaltverzicht, Schaffung kernwaffenfreier Zonen, nukleare Abrüstung, Sicherungssystem der IAEA, Zugang zu Material und Information der Kerntechnologie im Rahmen der IAEA).
November	Verkündung der Breshnew-Doktrin über die begrenzte Souveränität sozialistischer Länder.

1969

Januar	Richard M. Nixon als Nachfolger Johnsons neuer Präsident der USA.
März	Gefechte zwischen sowjetischen und chinesischen Grenztruppen am Ussuri. Verabschiedung des „Budapester Appells" als Ergebnis einer Tagung des Politisch Beratenden Ausschusses des Warschauer Paktes in Budapest (Vorschlag einer Konferenz über Sicherheit und Zusammenarbeit in Europa).
April	Rücktritt de Gaulles.
Juni	Georges Pompidou neuer französischer Staatspräsident.
Juli	Erste Mondlandung.
Oktober	Wahl Willy Brandts zum neuen Bundeskanzler.
November	Beginn der SALT-Vorgespräche in Helsinki.

1970

Februar	Verkündung der Nixon-Doktrin (Abbau des außenpolitischen Überengagements der USA).
April	Beginn der SALT-Verhandlungen in Genf.
August	Unterzeichnung des Moskauer Vertrages zwischen der Bundesrepublik und der Sowjetunion in Moskau.
Dezember	Unterzeichnung des Warschauer Vertrages zwischen der Bundesrepublik Deutschland und Polen in Warschau.

1971

Februar	Unterzeichnung des Vertrages über das Verbot der Anbringung von Kernwaffen und anderen Massenvernichtungswaffen auf dem Meeresboden und im Meeresuntergrund in Moskau, London und Washington (in Kraft getreten am 18. 5. 1972).

Mai	Rücktritt Walter Ulbrichts als Erster Sekretär des Zentralkomitees der SED. Sein Nachfolger wird Erich Honecker.
September	Unterzeichnung des Vier-Mächte-Abkommens zwischen den USA, Großbritanniens, Frankreich und der Sowjetunion über Berlin.
	Unterzeichnung eines amerikanisch-sowjetischen Abkommens zur Verbesserung des „Heißen Drahtes".
	Unterzeichnung eines amerikanisch-sowjetischen Abkommens zur Verminderung der Gefahr des Ausbruchs eines Nuklearkrieges infolge eines nuklearen Unfalls.
Oktober	Beitritt Chinas zur UNO.
Dezember	Unterzeichnung des Transitabkommens zwischen der Bundesrepublik Deutschland und der DDR über die Rechtssicherheit und Abfertigung von Reisenden und Gütern zwischen der Bundesrepublik und West-Berlin.

1972

Februar	Besuch Nixons in China.
April	Unterzeichnung einer Konvention über das Verbot der Entwicklung, Herstellung und Lagerung bakteriologischer (biologischer) und Toxin-Waffen sowie über die Vernichtung solcher Waffen (in Kraft getreten am 26. 3. 1975) in Genf.
Mai	Gipfeltreffen zwischen Nixon und Breschnew in Moskau.
	Unterzeichnung eines amerikanisch-sowjetischen Abkommens und eines betreffenden Protokolls zur Vermeidung von Zwischenfällen auf und über dem offenen Meer.
	Unterzeichnung des SALT-Vertrages zwischen den USA und der Sowjetunion über die Begrenzung ballistischer Raketenabwehrsysteme (in Kraft getreten am 3. 10. 1972) in Moskau.
	Unterzeichnung eines SALT-Interimsabkommens zwischen den USA und der Sowjetunion über Maßnahmen zur Begrenzung strategischer Angriffswaffen (in Kraft getreten am 3. 10. 1972) in Moskau.
November	Beginn der KSZE-Vorgespräche in Helsinki.
Dezember	Unterzeichnung des Grundlagenvertrages zwischen der Bundesrepublik Deutschland und der DDR zur Normalisierung der gegenseitigen Beziehungen.

1973

Januar	Beitritt Großbritanniens, Irlands und Dänemarks zur EG.
	Unterzeichnung eines Waffenstillstandsabkommens zwischen den USA, Nordvietnam und der Nationalen Befreiungsfront Südvietnams in Paris.

Beginn der MBFR-Vorgespräche in Wien.

Februar - März Pariser Vietnam-Konferenz

Juni   Abschluß der KSZE-Vorgespräche in Helsinki.
        Abschluß der MBFR-Vorgespräche in Wien.
        Gipfeltreffen zwischen Nixon und Breshnew in Washington
        (Vereinbarung von Verhandlungen über nukleare Rüstungs-
        begrenzung).

Juli   Eröffnungssitzung der KSZE auf der Ebene der Außenmi-
        nister in Helsinki.
        Aufnahme der Bundesrepublik Deutschland und der DDR
        in die UNO.

September Beginn der zweiten Phase der KSZE in Genf.
        Beginn der SALT-II-Verhandlungen in Genf.
        Sturz Allendes in Chile.

Oktober Yom-Kippur-Krieg zwischen Israel und seinen arabischen
        Nachbarn. Ölboykott und infolgedessen Verteuerung des
        Erdöls.
        Beginn der MBFR-Konferenz in Wien.

1974

April   Tod Pompidous.
        Staatsstreich der Armee in Portugal. Sturz der Regierung
        Marcello Caetano.

Mai   Rücktritt Brandts. Helmut Schmidt neuer Bundeskanzler.
        Valery Giscard d'Estaing neuer französischer Staatspräsi-
        dent.
        Zündung der ersten indischen Atombombe.

Juni-Juli Gipfeltreffen zwischen Nixon und Breschnew in Moskau
        und Jalta.

Juli   Staatsstreich der Nationalgarde auf Zypern (von Griechen-
        land gesteuert). Landung türkischer Truppen auf Zypern.

August Rücktritt Nixons als Folge der Watergate-Affäre.
        Vizepräsident Gerald R. Ford wird neuer amerikanischer
        Präsident.
        Austritt Griechenlands aus der militärischen Integration der
        NATO.

Dezember Gipfeltreffen zwischen Ford und Breshnew in Wladiwostok
        zur Vorbereitung eines SALT-II-Abkommens.

1975

Januar Jackson-Amendment (Verknüpfung handelspolitischer Vor-
        teile für die Sowjetunion mit Auswanderungserleichterung für
        jüdische Sowjet-Bürger durch den amerikanischen Kongreß).

Februar	Unterzeichnung des ersten Lomé-Abkommens zwischen der EG und 46 AKP-Staaten (in Kraft getreten am 1.4.1976).
März	Ausbruch von Kämpfen zwischen den Befreiungsbewegungen in Angola um die Macht nach der Unabhängigkeit. Militärische Intervention Kubas zugunsten der marxistischen, moskau-orientierten MPLA.
April	Kapitulation der Regierung Lon Nol in Kambodscha. Sieg der Guerilla-Armee der Roten Khmer. Kapitulation Südvietnams.
Juli	Ende der zweiten Phase der KSZE in Genf.
Juli-August	Gipfeltreffen zum Abschluß der KSZE in Helsinki.
August	Unterzeichnung der KSZE-Schlußakte in Helsinki.
Dezember	Besuch Fords in China.

1976

September	Tod Mao Zedongs. Hua Guofeng wird Maos Nachfolger.
November	Jimmy Carter gewinnt Präsidentschaftswahlen in den USA.

1977

Januar	Amtseinführung Carters.
Oktober	Eröffnung des KSZE-Folgetreffens in Belgrad (Untersuchung des Fortgangs des Entspannungsprozesses in Europa, Versuch einer Zwischenbilanz der KSZE, Meinungsverschiedenheiten in der Frage der Menschenrechte und Freizügigkeit).

1978

März	Beendigung des KSZE-Folgetreffens in Belgrad mit der Verabschiedung eines „Abschließenden Dokuments".
April	Unterzeichnung eines Handelsabkommens zwischen der EG und China.
August	Unterzeichnung des Freundschaftsvertrages zwischen Japan und China.

1979

Januar	Aufnahme diplomatischer Beziehungen zwischen den USA und China. Eröffnung einer erweiterten UN-Abrüstungskonferenz unter Beteiligung Frankreichs und — als Beobachter — Chinas. Sturz Pol Pots in Kambodscha durch vietnamesische Truppen. Sturz des Schahs im Iran durch Ayatollah Ruhollah Khomeini.

Januar- Februar	Besuch des stellvertretenden chinesischen Ministerpräsi- denten Deng Xiaoping in den USA.
Februar-März	Krieg zwischen Vietnam und China.
März	Unterzeichnung des Friedensvertrages zwischen Ägypten und Israel.
Juni	Gipfeltreffen zwischen Carter und Breshnew in Wien. Unterzeichnung des *Salt*-II-Vertrages sowie eines Protokolls und übereinstimmender Erklärungen und Verständigungen betreffend den Vertrag über die Begrenzung strategischer Offensivwaffen zwischen den USA und der Sowjetunion. Das Abkommen wird in den USA später nicht ratifiziert. Unterzeichnung einer gemeinsamen Erklärung der USA und der Sowjetunion über Prinzipien und Grundzüge nach- folgender Verhandlungen über die Begrenzung strategischer Waffen sowie einer Übereinkunft zur Schaffung einer Da- tenbasis über Zahlen strategischer Offensivwaffen. Erste Direktwahlen zum Europäischen Parlament.
Juli	Sturz Somozas in Nicaragua.
September	6. Gipfeltreffen der Blockfreien in Havanna.
Oktober	Unterzeichnung des zweiten Lomé-Abkommens zwischen der EG und 58 AKP-Staaten (in Kraft getreten am 1. 1. 1981).
Dezember	Unterzeichnung des NATO-Doppelbeschlusses. Einmarsch sowjetischer Truppen in Afghanistan.

1980

Mai	Tod Titos.
Juni	Beginn des Golfkrieges zwischen Iran und Irak.
Juli	Boykott der olympischen Sommerspiele von Moskau durch die USA, China u.a.
August	Streiks und Unruhen in Polen. Danach Zulassung freier Gewerkschaften („Solidarnosc").
November	Beginn der KSZE-Nachfolgekonferenz in Madrid. Wahl Ronald Reagans zum neuen amerikanischen Präsidenten.

1981

Januar	Beitritt Griechenlands zur EG. Amtsantritt Ronald Reagans.
Mai	Wahl François Mitterands zum neuen französischen Staats- präsidenten.
Oktober	Ermordung des ägyptischen Präsidenten Anwar al-Sadat. Gipfelkonferenz der Industrie- und Entwicklungsländer in Cancun / Mexiko.

| November | Beginn der Abrüstungsverhandlungen über Mittelstreckenraketen in Genf. |
| Dezember | Verhängung des Kriegsrechts in Polen. |

1982

Februar	Sowjetisch-chinesische Signale für Normalisierungsbemühungen.
April - Juni	Falkland / Malwinen-Krieg zwischen Großbritannien und Argentinien.
Mai	Beitritt Spaniens in die NATO.
Juni	Einmarsch israelischer Truppen im Libanon. Beginn der START-Verhandlungen in Genf.
Oktober	Sturz Schmidts als Bundeskanzler durch konstruktives Mißtrauensvotum. Helmut Kohl neuer Bundeskanzler. Verbot der „Solidarnosc" in Polen.
November	Tod Breshnews. Sein Nachfolger wird Jurij Andropow.

1983

März	7. Gipfelkonferenz der Blockfreien in Neu-Dehli.
Oktober	Invasion der USA auf Grenada. Abbruch der Abrüstungsverhandlungen über Mittelstreckenraketen in Genf.
Dezember	Vertagung der START-Verhandlungen auf unbestimmte Zeit. Ankündigung des Austritts der USA aus der UNESCO.

1984

Januar	Eröffnung der Stockholmer Konferenz über Vertrauensbildung und Abrüstung.
Februar	Tod Andropows. Sein Nachfolger wird Konstantin Tschernenko.
April - Mai	Besuch Reagans in China.
Juni	Zweite Direktwahlen zum Europäischen Parlament.
Juli - August	Boykottierung der olympischen Sommerspiele von Los Angeles durch alle Warschauer Pakt-Staaten außer Rumänien.
Dezember	Unterzeichnung des dritten Lomé-Abkommens zwischen der EG und 65 AKP-Staaten (in Kraft getreten am 1. 5. 1986).

1985

März	Tod Tschernenkos. Sein Nachfolger wird Michail Gorbatschow.
April	Verlängerung des Warschauer Vertrages um 20 Jahre.
November	Gipfeltreffen zwischen Reagan und Gorbatschow in Genf.

1986

Januar   Wechselseitige Neujahrsansprachen im amerikanischen und
                im sowjetischen Fernsehen durch Reagan und Gorbatschow.
                Vorschlag der Sowjetunion über eine Vernichtung aller
                Atomwaffen bis zum Jahr 2000.
                Beitritt Spaniens und Portugals zur EG.

Februar-März   XXVII. Parteikongreß der KPdSU (Neues Parteiprogramm
                und -statut).

April   Amerikanische Luftangriffe auf libysche Städte.

September   Beginn der KSZE-Nachfolgekonferenz in Wien.

Oktober   Gipfeltreffen zwischen Reagan und Gorbatschow in Reyk-
                javik.

1987

Juli   UNO-Sicherheitsrat fordert Iran und Irak auf, den bereits
                seit sieben Jahren währenden Krieg zu beenden. USA gibt
                Handelsschiffen Geleitschutz.

August   Die Präsidenten Mittelamerikas einigen sich auf einen regio-
                nalen Friedensplan, der auf die Initiative des Präsidenten
                von Costa Rica, Oscar Arias Sanchez, zurückgeht.

Dezember   Unterzeichnung des Abkommens über Beseitigung aller Mit-
                telstreckenraketen (INF) beim Gipfeltreffen zwischen Gor-
                batschow und Reagan in Washington. Unterzeichnung eines
                Abkommens der sowjetischen und der amerikanischen Welt-
                raumbehörde über Zusammenarbeit.

1988

Mai   Gipfeltreffen zwischen Reagan und Gorbatschow in Moskau.
                Beginn des sowjetischen Rückzuges aus Afghanistan.

Juni   Aufnahme offizieller Beziehungen zwischen EG und RGW.

August   Waffenstillstand zwischen Iran und Irak sowie zwischen An-
                gola und Namibia.

Oktober   Plebiszit in Chile entscheidet gegen eine weitere Amtspe-
                riode von Präsident Augusto Pinochet.

November   Wahl von George Bush zum amerikanischen Präsidenten.

Dezember   Sowjetische Ankündigung einseitiger Abrüstungsschritte vor
                der UNO.
                Abschiedstreffen Gorbatschows mit Reagan und Antrittsbe-
                such bei Bush in New York.

1989

Januar   Amtsantritt von George Bush.
                Beendigung der KSZE-Nachfolgekonferenz in Wien.

Februar	Abschluß des Truppenabzugs der Sowjetunion aus Afghanistan.
	Besuch von Bush in China.
	Beschluß des ungarischen ZK, das Mehrparteiensystem einzuführen.
März	Aufnahme der Verhandlungen über die Konventionellen Streitkräfte in Europa (VKSE) und des Dialogs über die Vertrauensbildenden Maßnahmen (VBM) im Rahmen der KSZE in Wien.
März - April	Wahl Yassir Arafats zum ersten Präsidenten des „unabhängigen Staates Palästina" durch den palästinensischen Zentralrat.
Mai	Besuch Gorbatschows in China.
Juni	Blutige Niederschlagung friedlicher Studentendemonstrationen in Peking und anderen Städten Chinas für Freiheit und Demokratie und gegen Korruption und Bürokratie durch die Armee. Anschließend Massenverhaftungen und Hinrichtungen von Anhängern der Protestbewegung. In der Hauptstadt herrscht das Kriegsrecht. Ablösung Zhao Ziyangs als Parteichef der KP Chinas durch Jiang Zemin.
	Dritte Direktwahl zum Europäischen Parlament.
	Wiederaufnahme der START-Verhandlungen in Genf.
	Tod Khomeinis. Sein Nachfolger wird Ali Khamenei.
	Abbau der Grenzsperren an der ungarisch-österreichischen Grenze.
August	Erklärung des „totalen Krieges" an die kolumbianische Regierung durch das Drogen-Kartell von Medellin.
	Solidarnosc-Mitglied Tadeusz Mazowiecki wird der erste nicht-kommunistische Ministerpräsident von Polen seit 1947.
	Demonstrationen auf dem Prager Wenzelsplatz anläßlich des 21. Jahrestages des „Prager Frühlings" werden von bewaffneten Polizisten gewaltsam niedergeschlagen.
September	9. Gipfelkonferenz der Blockfreien in Belgrad.
	Verabredung freier Parlamentswahlen in Ungarn für das Frühjahr 1990 bei Gesprächen zwischen Regierung und Opposition. Völlige Freizügigkeit für die Bürger des Landes durch ein neues Paßgesetz.
	Änderung des Namens Volksrepublik Ungarn in Republik Ungarn.
	Ungarn erlaubt Ausreise der im Land befindlichen DDR-Bürger über die geöffnete ungarisch-österreichische Grenze.

Unterzeichnung eines Handelsabkommens zwischen der EG und Polen.

Bush schlägt auf einer Rede vor der UN-Vollversammlung ein Drei-Punkte-Programm zur globalen Beseitigung aller C-Waffen vor.

Abschluß des vietnamesischen Truppenabzugs aus Kambodscha.

September-Oktober	Ausreiseerlaubnis für tausende DDR-Bürger, die in die bundesdeutschen Botschaften in Ost-Berlin, Budapest, Prag und Warschau geflüchtet waren.
Oktober-November	Hunderttausende von DDR-Bürgern demonstrieren friedlich für gesellschaftliche und politische Veränderungen.
Oktober	Ablösung Erich Honeckers als Erster Sekretär der SED durch Egon Krenz.
November	Formierung einer Opposition im bulgarischen Volk für Freiheit und Demokratie und gegen das Machtmonopol der KP.

Öffnung der Berliner Mauer und von innerdeutschen Grenzübergängen für den Besucherverkehr zwischen der DDR und der Bundesrepublik / West-Berlin.

SWAPO-Führer Shafiishuna San Nujoma gewinnt die Wahlen zur verfassunggebenden Versammlung in Namibia, das damit als letztes afrikanisches Land die Unabhängigkeit erlangt.

Dezember	Gipfeltreffen zwischen Bush und Gorbatschow vor Malta.

Rücktritt des ZK und des Politbüros der SED.

Öffnung der Berliner Mauer am Brandenburger Tor.

Sturz und Hinrichtung des rumänischen Diktators Ceauçescu durch einen Volksaufstand.

Ion Iliescu wird neuer Präsident. Änderung des Namens in Sozialistische Republik Rumänien.

Amerikanische Intervention in Panama nach Kriegserklärung General Noriegas an die USA. Flucht Noriegas in die Vatikanische Botschaft. Neuer Präsident wird Endara.

Unterzeichnung eines Handels- und Kooperationsabkommens zwischen der EG und der UdSSR.

Unterzeichnung des vierten Lomé-Abkommens zwischen der EG und 69 AKP-Staaten.

Patricio Aylwin gewinnt die Präsidentschaftswahlen in Chile.

Abbau der Grenzbefestigungen in der Tschechoslowakei.

Erstmaliger Mehrheitsverlust der tschechoslowakischen KP seit 41 Jahren nach einer Regierungsumbildung. Neuer Ministerpräsident für den zurückgetretenen Ademec wird Marian Calfa und neuer Präsident der Bürgerrechtler Vàclav Havel.

1990

Januar	Verhaftung General Noriegas durch Beamte der amerikanischen Drogenbehörde.
Februar	Der südafrikanische Präsident de Klerk erklärt den ANC für legal. Nelson Mandela wird nach 27 Jahren aus der Haft entlassen. Violeta Barrios de Chamorro gewinnt die Wahlen in Nicaragua gegen Daniel Ortega Saavedra.
März	Oberster Sowjet Litauens erklärt Unabhängigkeit. Vitautas Landsbergis wird zum Präsidenten gewählt. Regierungskrise in Israel.
April	42 Industriestaaten stimmen der Einrichtung einer Europäischen Bank für Wiederaufbau und Entwicklung zur Unterstützung der osteuropäischen Wirtschaft zu. Li Peng besucht die UdSSR. Li und Gorbatschow verneinen allgemeingültige Formel für „Sozialismus". Contras, Sandinisten und Regierung Chamorro unterzeichnen Waffenstillstandsabkommen.
Mai	Gipfeltreffen zwischen Bush und Gorbatschow in Washington. Eröffnung der „Zwei-plus-Vier"-Gespräche auf Ministerebene. Sowjetunion erhält Beobachterstatus beim GATT. Lettland erklärt sich (nach Ablauf einer Übergangsphase) für unabhängig. Boris Jelzin wird zum Präsidenten der Russischen Föderation gewählt. Nord- und Südjemen vereinigen sich zur Republik Jemen. ANC und südafrikanische Regierung nehmen Gespräche auf. Regierung von El Salvador und Nationale Befreiungsfront (FMLN) treffen Übereinkunft zur Beendigung des Bürgerkriegs.
Juni	Bundestag und Volkskammer stimmen einheitlichem Wirtschafts- und Währungssystem in Ost- und Westdeutschland zum 1. 7. 1990 zu. Der Oberste Sowjet der UdSSR erläßt Gesetz über Freiheit der Presse und stimmt prinzipiell der Einführung der Marktwirtschaft zu.
Juli	NATO erläßt „Londoner Erklärung" über neue Verteidigungsstrategie. NATO und WP betrachten sich nicht länger als Feinde. Gorbatschow stimmt bei Treffen mit Bundeskanzler Kohl NATO-Mitgliedschaft des vereinten Deutschland zu.

XXVIII. Parteitag der KPdSU. Wiederwahl Gorbatschows zum Generalsekretär. Er erklärt das Parteimonopol der KPdSU für beendet.

Die amerikanische Regierung entzieht „Rebellenkoalition" in Kambodscha die Anerkennung und kündigt Gespräche mit Vietnam zur Beendigung des Bürgerkriegs an.

August   Irakische Truppen besetzen Kuwait. UN-Sicherheitsrat verurteilt die Invasion einstimmig und fordert Saddam Hussein zum Rückzug auf.

Verhängung von Wirtschaftssanktionen gegen Irak.

Präsident Bush gibt Entsendung von Truppen nach Saudi-Arabien bekannt (Operation Desert Shield).

September   Ost- und Westdeutschland und die vier Mächte unterzeichnen in Moskau abschließende Regelung, die die Rechte und Verantwortlichkeiten der vier Mächte in Deutschland beendet. (Zwei-Plus-Vier-Vertrag)

Serbisches Parlament hebt den Autonomiestatus des Kosovo auf.

Oktober   Deutsche Wiedervereinigung.

EG-Gipfel in Rom. Alle Staaten bis auf Großbritannien stimmen der Einrichtung einer europäischen Zentralbank bis 1994 zu.

Gorbatschow unterbreitet Plan zur Gesundung der Wirtschaft der UdSSR.

November   KSZE-Gipfel in Paris. NATO und WP unterzeichnen KSE-Vertrag über Reduzierung konventioneller Rüstungen in Europa. Alle KSZE-Mitgliedsstaaten bekennen sich in der „Charta von Paris" zu Demokratie, Menschenrechten und Marktwirtschaft.

Die britische Premierministerin Margaret Thatcher tritt zurück. Nachfolger wird John Major.

Gorbatschow und Kohl unterzeichnen in Bonn Freundschaftsvertrag und Übereinkunft über den sowjetischen Truppenrückzug aus der ehemaligen DDR.

Gorbatschow schlägt neuen Unionsvertrag für UdSSR vor.

UN-Sicherheitsrat autorisiert die Golf-Allianz, alle erforderlichen Mittel anzuwenden, um sofortigen Abzug des Irak aus Kuwait zu bewirken.

Dezember   Mehrheit der Sitze bei erster Bundestagswahl im vereinten Deutschland für CDU/CSU-FDP-Koalition. Der sowjetische Außenminister Schewardnadse tritt unter Hinweis auf drohende Gefahr durch reaktionäre Kräfte von seinem Amt zurück.

Lech Walesa wird zum Präsidenten Polens gewählt.

In einem Plebiszit stimmen 95 % der Slowenen für Unabhängigkeit.

UNITA und angolanische Regierung geben Übereinkunft
zur Beendigung des Bürgerkriegs bekannt.

1991

Januar   Die Golf-Allianz beginnt unter amerikanischer Führung mit
Luftangriffen gegen Ziele im Irak und in Kuwait (Operation
Desert Storm). Saddam Hussein versucht den Krieg durch
Raketenangriffe auf Israel auszuweiten.

Februar   Wenige Tage nach Beginn der Bodenoffensive erklärt Präsident Bush Kuwait für befreit.

Vor ihrem Rückzug aus Kuwait zünden irakische Soldaten
ca. 700 Ölquellen an.

März   Der Irak akzeptiert die Waffenstillstandsbedingungen der
Golf-Allianz und die Verpflichtungen aus Res. 686 des UN-
Sicherheitsrats.

Irakisches Militär geht gegen aufständische Schiiten im Süden und Kurden im Norden des Irak vor.

April   Der Sicherheitsrat der UN erläßt mit Res. 687 die Bedingungen für einen dauernden Waffenstillstand (Zerstörung
der biologischen und chemischen Waffen und Raketen, Re-
parationen für Kuwait). Im Norden des Irak wird für die
Kurden eine Sicherheitszone eingerichtet.

Irakische Regierung gesteht ein, die IAEA nicht über alles
meldepflichtige Nuklearmaterial unterrichtet zu haben.

Beginn des Rückzugs der Roten Armee aus Polen.

Der äthiopische Präsident Menigstu flieht, als sich Rebel-
lentruppen Addis Abeba nähern.

April - Mai Christliche, drusische und schiitische Milizen geben auf
Anordnung des libanesischen Präsidenten Hrawi ihre Waffen ab.

Mai   Die kroatische Bevölkerung stimmt für eine souveräne Republik Kroatien in einer losen jugoslawischen Konföderation.

USA gewähren China erneut Meistbegünstigung.

Juni   Deutschland und Polen unterzeichnen Freundschaftsvertrag.

Slowenien und Kroatien setzen formelle Unabhängigkeitserklärung aus, um Intervention der jugoslawischen Bundesarmee zu stoppen. Nach Kämpfen zwischen slowenischen
Polizeitruppen und der Bundesarmee beendet die EG öko-

nomische Hilfe und Waffenverkäufe an Jugoslawien.
Kommunistische Regierung Albaniens tritt zurück.
Sowjetische Truppen verlassen Ungarn und die CSFR.
Formelle Auflösung des RGW.
Aufnahme Albaniens in die KSZE.
Frankreich und Südafrika erklären Bereitschaft zur Unterzeichnung des Atomwaffensperrvertrags.

Juli   Weltwirtschaftsgipfel in London. Gorbatschow wird technische und moralische Hilfe angeboten, aber keine direkte ökonomische Unterstützung.
Unterzeichnung des START-Vertrags in Moskau.
Gorbatschow gibt Einigung über Unionsvertrag für 10 Sowjetrepubliken bekannt.
Formelle Auflösung des Warschauer Pakts.

August   Präsident Gorbatschow wird in seinem Ferienhaus auf der Krim festgesetzt, ein Notstandskomitee unter Führung von Vizepräsident Janajew versucht die Macht in Moskau zu übernehmen. Jelzin erklärt das Vorgehen des Komitees für illegal.
Der Putsch scheitert nach zwei Tagen aufgrund mangelnder Unterstützung bei Bevölkerung und Militär. Jelzin zwingt Gorbatschow zu weitreichender Regierungsumbildung.
Unterzeichnung des Unionsvertrags wird ausgesetzt. Gorbatschow tritt als KPdSU-Generalsekretär zurück. Das Zentralkomitee wird aufgelöst. Oberster Sowjet verbietet Parteiaktivitäten der KPdSU für unbestimmte Zeit.
USA und EG erkennen Unabhängigkeit der baltischen Staaten an, einen Tag später auch der sowjetische Staatsrat.
Parlamente der Ukraine, Weißrußlands, Moldawiens, Aserbaidschans, Usbekistans, Kirgisiens und Tadschikistans stimmen für Unabhängigkeit.
Die jugoslawische Bundesarmee unternimmt eine Großoffensive gegen Kroatien zur Unterstützung serbischer Freischärler.
China erklärt Bereitschaft zur Unterzeichnung des Atomwaffensperrvertrags.

September   Präsident Bush gibt weitgehende unilaterale Rüstungsreduzierungen bekannt. Gorbatschow nimmt die Initiative auf und kündigt seinerseits umfassende Reduzierungen an.
Kroatien und Slowenien erklären formell ihre Abspaltung von Jugoslawien. In Mazedonien stimmt eine Mehrheit für die Unabhängigkeit.
Gorbatschow kündigt Truppenabzug aus Kuba und Ände-

rung der Wirtschaftsbeziehungen an.

Haitis Präsident Aristide wird durch Militär gestürzt.

Boutros B. Ghali wird zum UN-Generalsekretär gewählt.

Oktober   Eröffnung der Nahost-Friedenskonferenz in Madrid unter Teilnahme Israels, Syriens, Ägyptens, des Libanon und von Palästinensern aus den besetzten Gebieten.

Israel und die UdSSR nehmen volle diplomatische Beziehungen auf.

Friedensvertrag zwischen der Regierung Kambodschas und drei Rebellengruppen. An die UN ergeht Überwachungsauftrag.

General Aidid erklärt nach Gefechten Sieg über den somalischen Präsidenten Ali Mahdi.

November   NATO nimmt auf Gipfeltreffen in Rom neues strategisches Konzept an. Die „flexible response" wird außer Kraft gesetzt.

Die EG erläßt Wirtschaftssanktionen gegen Jugoslawien.

Kroatien und Serbien schließen Waffenstillstandsabkommen, das von UN-Truppen überwacht werden soll.

Gorbatschow erhält keine Zustimmung für neuen Unionsvertrag.

Dezember   Die Führungen Rußlands, der Ukraine und Weißrußlands erklären Ende der Existenz der Sowjetunion.

Gorbatschow erklärt Auflösung der Regierungsstrukturen der UdSSR zum Jahresende. 11 Sowjetrepubliken schließen sich zur GUS zusammen.

Gorbatschow tritt zurück.

Die EG erkennt Slowenien und Kroatien an.

Die Islamische Heilsfront gewinnt die ersten freien Parlamentswahlen in Algerien.

1992

Januar   Nord- und Südkorea verzichten auf Besitz von Nuklearwaffen.

UN-Sicherheitsrat verhängt Waffenembargo gegen Somalia.

Februar   Unterzeichnung des Vertrags über die Europäische Union in Maastricht.

UN-Sicherheitsrat beschließt Friedenstruppe in das ehemalige Jugoslawien zu entsenden.

Ausnahmezustand in Algerien.

UN-Sicherheitsrat beschließt Entsendung von Blauhelmen nach Kambodscha.

März   KSZE beschließt „Wiener Dokument" über Friedenssicherung und Abrüstung.

Finnland beantragt EG-Mitgliedschaft.

Kämpfe zwischen Sicherheitskräften und Separatisten in der zu Moldawien gehörenden Dnjestr-Republik.

Der ehemalige sowjetische Außenminister Schewardnadse wird Vorsitzender des Staatsrates von Georgien.

In Südafrika spricht sich die weiße Bevölkerung in einem Referendum für die Abschaffung der Apartheid aus.

April Die bosnischen Serben rufen die „Serbische Republik Bosnien" aus. Beginn des Bürgerkriegs zwischen Moslems und Serben.

Serbien und Montenegro gründen die „Bundesrepublik Jugoslawien".

Konservative unter Führung von John Major gewinnen die Unterhauswahlen in Großbritannien.

Gegen Libyen tritt ein vom UN-Sicherheitsrat erlassenes Luftverkehrs- und Waffenembargo in Kraft.

Der peruanische Präsident Fujimori löst das Parlament auf und errichtet eine Notstandsregierung.

Mai Vertreter der EG und der EFTA unterzeichnen Vertrag über die Gründung des Europäischen Wirtschaftsraums.

Schweiz beantragt Aufnahme in die EG.

Serbien beginnt die Belagerung Sarajevos.

Die EG beschließt umfassendes Handelsembargo gegen Rest-Jugoslawien. UN-Sicherheitsrat erläßt Sanktionen.

Juni Bush und Jelzin erreichen Abrüstungsvereinbarung, die eine Reduzierung der strategischen Atomwaffen bis zum Jahr 2003 auf 3 000 - 5 000 vorsieht.

Dänemark spricht sich in einer Volksabstimmung gegen den Vertrag von Maastricht aus.

UN-Umweltgipfel in Rio endet ohne einschneidenden Maßnahmenkatalog.

Sieg der Arbeiterpartei bei Parlamentswahlen in Israel. Izchak Rabin wird Ministerpräsident.

Auf den Philippinen tritt Fidel Ramos nach gewonnener Wahl Präsidentenamt an.

Juli Milan Panic wird zum Ministerpräsidenten von Rest-Jugoslawien gewählt.

Kroatien und Bosnien gehen Militärbündnis ein.

Von der UN wird eine Luftbrücke zur Versorgung Sarajevos eingerichtet.

WEU entsendet Marineverband in die Adria zur Überwachung des UN-Embargos gegen ehemaliges Jugoslawien.

August	Die USA, Frankreich und Großbritannien errichten Flugverbotszone im Süden Iraks zum Schutz der Schiiten.
	Schwere Kämpfe zwischen rivalisierenden Milizen in der afghanischen Hauptstadt Kabul.
	UN-Sicherheitsrat beschließt Nahrungsmittelhilfe für Somalia.
September	Ausschluß Rest-Jugoslawiens aus der UNO durch die Vollversammlung.
	Knappe Zustimmung für den Vertrag von Maastricht bei Referendum in Frankreich.
	Krise im EWS, Großbritannien und Italien scheiden aus dem Währungsverbund aus.
	Die MPLA unter dos Santos gewinnt Wahlen in Angola. UNITA erkennt das Ergebnis nicht an.
	Das brasilianische Parlament stimmt für die Amtsenthebung von Präsident Collor de Mello.
Oktober	UN-Sicherheitsrat verhängt Flugverbot für Militärmaschinen über Bosnien.
	Demokratische Arbeiterpartei unter Führung des ehemaligen KP-Vorsitzenden Brasauskas gewinnt Parlamentswahlen in Litauen.
	China kündigt Weg zu „sozialistischer Marktwirtschaft" an.
November	Bill Clinton gewinnt Präsidentschaftswahlen in den USA.
	UN-Sicherheitsrat erlaubt Zwangsmaßnahmen bei Überwachung des Embargos gegen Rest-Jugoslawien.
	Der Parlament der CSFR stimmt Auflösung der Föderation zu.
	EG und USA erreichen GATT-Kompromiß.
	Norwegen beantragt Aufnahme in die EG.
	Das britische Parlament vertagt Ratifizierung des Vertrags von Maastricht.
	Die Vollversammlung der UN nimmt Konvention über Verbot chemischer Waffen an.
Dezember	US-Marineeinheiten landen in der somalischen Hauptstadt Mogadischu, um die Versorgung der Bevölkerung mit Lebensmitteln sicherzustellen.
	Deutscher Bundestag ratifiziert den Vertrag von Maastricht.
	Auf dem EG-Gipfel von Edinburgh wird Dänemark Sonderstatus eingeräumt.
	Schweiz lehnt in einer Volksabstimmung Beitritt zum EWR ab. Liechtenstein stimmt Beitritt zu.
	Der Volksdeputiertenkongreß Rußlands lehnt die Bestätigung von Ministerpräsident Gajdar ab.

Israel deportiert Mitglieder radikaler Palästinenserorganisation in Grenzgebiet zum Libanon.

Milosevic gewinnt Präsidentschaftswahl in Serbien.

1993

Januar
: Der EG-Binnenmarkt tritt in Kraft. Für Personen, Güter und Dienstleistungen soll es künftig, von Ausnahmen abgesehen, keine Grenzen mehr geben.

  Die CSFR wird in zwei Staaten aufgeteilt — in die Tschechische und die Slowakische Republik.

  US-Präsident Bush und Rußlands Präsident Jelzin unterzeichnen in Moskau das START-II-Abkommen zur Verringerung der strategischen Nuklearwaffen.

  In Paris unterzeichnen 130 Staaten die UNO-Konvention über Verbot und Vernichtung von chemischen Waffen.

  Der Gouverneur von Arkansas, Bill Clinton, wird als 42. US-Präsident vereidigt.

  Der Weltsicherheitsrat verlängert Sanktionen gegen den Irak, die in der Folge des Golfkrieges verhängt worden waren.

Februar
: Die amerikanische Hilfsaktion zur Versorgung der notleidenden Bevölkerung in Ostbosnien beginnt. Über eingeschlossenen Ortschaften werden Lebensmittel abgeworfen. Die Bundesluftwaffe beteiligt sich ab 28. Februar an den Hilfsflügen.

März
: Der chinesische Volkskongreß eröffnet seine Plenarsitzung. In mehr als zweiwöchigen Verhandlungen billigen die Delegierten die Verankerung der „sozialistischen Marktwirtschaft" in der Verfassung.

  Der UNO-Sicherheitsrat beschließt eine Resolution über die militärische Durchsetzung des Flugverbots über Bosnien. Danach können NATO-Piloten künftig Militärmaschinen abschießen, die ohne Erlaubnis der UNO-Truppen das Land überfliegen.

April
: US-Präsident Clinton und der russische Präsident Jelzin treffen in Vancouver (Kanada) zu ihrem ersten Gipfeltreffen zusammen.

  Das Bundeskabinett einigt sich auf die Entsendung deutscher Soldaten nach Somalia zur Unterstützung von UNO-Hilfstruppen.

Mai
: Die USA beenden nach fünf Monaten ihre Operation „Neue Hoffnung" (restore hope) in Somalia und übergeben der UNO das Kommando über die multinationalen Truppen.

Die USA verkünden das offizielle Ende der Strategischen Verteidigungsinitiative (SDI).

Die frühere äthiopische Provinz Eritrea wird unabhängig.

Der Weltsicherheitsrat beruft ein Kriegsverbrechertribunal für das ehemalige Jugoslawien mit Sitz in Den Haag ein. Es nimmt seine Arbeit im November 1993 auf.

Juli   Die Teilnehmer des Weltwirtschaftsgipfels kündigen in Tokio Maßnahmen für ein globales Wirtschaftswachstum und gegen Arbeitslosigkeit an. Rußland und den anderen ehemaligen Ostblockstaaten werden Hilfen zugesagt.

Das erste Hauptkontingent der Bundeswehr fliegt zu einem humanitären Einsatz in Somalia ab. Insgesamt werden 1 700 Soldaten entsandt.

Der belgische König Baudouin I. stirbt. Sein Nachfolger wird sein Bruder, Prinz Albert.

August   US-Präsident Clinton setzt das vom Senat mit knapper Mehrheit verabschiedete Sparprogramm in Kraft. Innerhalb von fünf Jahren soll das Defizit um 50 Mrd. $ verringert werden.

Die Bosnien-Vermittler Owen und Stoltenberg legen bei der Bosnien-Konferenz in Genf einen Plan vor, der die Teilung Bosniens in drei Republiken vorsieht. Die Verhandlungen scheitern am 1. September an der Haltung der Moslems.

September   Bei den folgenschwersten Kämpfen seit Beginn der UNO-Intervention in Somalia werden von US-Kampfhubschraubern 100 Zivilisten getötet, darunter viele Frauen und Kinder.

Israels Außenminister Peres und Mahmud Abbas, Exekutivmitglied der PLO, unterzeichnen in Washington ein Grundsatzabkommen über eine vorübergehende Autonomie der Palästinenser in den von Israel besetzten Gebieten, das Jahrzehnte erbitterter Feindschaft beenden soll.

Oktober   In Moskau wird der national-kommunistische Putsch gegen Jelzin mit der Stürmung des Parlamentsgebäudes durch die Armee beendet. Die Anführer des Putsches, Parlamentspräsident Chasbulatow und „Gegenpräsident" Ruzkoi, werden festgenommen.

Südafrikas Staatspräsident de Klerk und der ANC-Vorsitzende Mandela werden mit dem Friedensnobelpreis ausgezeichnet.

November   Der Maastrichter Vertrag tritt in Kraft. Die zwölf Regierungen der Europäischen Gemeinschaft — künftig die Europäische Union (EU) genannt — verpflichten sich darin zur Schaffung einer politischen und wirtschaftlichen Union.

Die USA stimmen dem Vertrag über die Gründung der nordamerikanischen Freihandelszone NAFTA, der größten Freihandelszone der Welt, zu. Partnerländer sind die USA, Kanada und Mexiko. Der Vertrag soll am 1. Januar 1994 in Kraft treten.

In Südafrika wird der Entwurf einer Verfassung verabschiedet, die nach 350jähriger weißer Herrschaft die Gleichberechtigung der Schwarzen garantieren soll. Die Zulu-Bewegung Inkatha und die weißen Apartheidsbefürworter kündigen massive Proteste an.

Dezember   In Brüssel tritt der Nordatlantische Kooperationsrat zusammen und berät Fragen der politischen und militärischen Zusammenarbeit zwischen Ost und West. Dem Rat gehören die NATO-Staaten und 19 Staaten Mittel- und Osteuropas an. In Südafrika tritt erstmals der von Weißen und Schwarzen gebildete Übergangsrat zusammen, der bis zu den Wahlen am 27. April 1994 eine Übergangsregierung der nationalen Einheit bildet und der de facto das endgültige Ende der bisherigen Apartheid-Politik bedeutet.

Auf der Tagung der NATO-Verteidigungsminister in Brüssel kündigt US-Verteidigungsminister Aspin gemeinsame Manöver mit den früheren Warschauer-Pakt-Staaten für 1994 an.

Die Staats- und Regierungschefs der Europäischen Union und der russische Präsident Jelzin proklamieren in Brüssel eine „Gemeinsame Erklärung über Partnerschaft und Zusammenarbeit" zwischen der EU und Rußland.

Bei den ersten freien Parlamentswahlen in Rußland gehen die radikalen Nationalisten als Sieger hervor, gefolgt von dem Bündnis „Rußlands Wahl", das Präsident Jelzin unterstützt, und von den Kommunisten. Der für die Annahme der neuen Verfassung erforderliche Anteil der Wahlberechtigten an der Wahl von 50 Prozent wird knapp erreicht, womit die Verfassung — die eine große Macht beim Präsidenten vereint — angenommen ist.

1994
Januar   Die NATO bietet den NATO-Kooperationsstaaten die „Partnerschaft für den Frieden" an.

Die Präsidenten der USA, Rußlands und der Ukraine schließen in Moskau einen Vertrag über die Beseitigung der ukrainischen strategischen Atomwaffen ab. Dieser Vertrag bedarf noch der Ratifizierung der Parlamente.

Sachregister

Personenregister

Autorenverzeichnis

Prof. Dr. Uwe Andersen, Ruhr-Universität Bochum: Entwicklungspolitik, -hilfe, Internationale Währungspolitik, Internationale Verschuldungskrise, Weltbank(gruppe), Weltwirtschaftssystem

Professor Dr. Franz Ansprenger, Freie Universität Berlin: Entkolonialisierung

Dr. Hans Arnold, ehemaliger deutscher Botschafter in Rom und bei den Vereinten Nationen, München: Diplomatie

Dr. Klaus Becher, Forschungsinstitut der Deutschen Gesellschaft für Auswärtige Politik, Bonn: Weltraumpolitik

Professor Dr. Jürgen Bellers, Westfälische Wilhelms-Universität Münster: Integration, Ostpolitik

Dr. Ursula Braun, freie Mitarbeiterin am Forschungsinstitut für internationale Politik und Sicherheit, Ebenhausen: Kuwait-Krieg

Dr. Dieter Dettke, Leiter des Büros der Friedrich-Ebert-Stiftung in Washington: Sicherheitspolitik

Privatdozent Dr. Klaus Dicke, Universität Mainz: Menschenrechte

Prof. Dr. Manfred Görtemaker, Universität Potsdam: Abrüstungspolitik

Prof. Dr. Dieter Grosser, Ludwig-Maximilians-Universität München: GATT, Internationale Handelspolitik

Prof. Dr. Erwin Häckel, Deutsche Gesellschaft für Auswärtige Politik, Bonn: Ideologie und Außenpolitik, Internationale Energiepolitik, Internationale Nuklearpolitik

Prof. Dr. Rudolf Hrbek, Eberhard-Karls-Universität Tübingen: Europäische Gemeinschaft

Prof. Dr. Waldemar Hummer, Universität Innsbruck: Balkan-Konflikt

Prof. Dr. Klaus Hüfner, Freie Universität Berlin: Vereinte Nationen

Martin Kahl, M. A., Doktorand am Institut für Politikwissenschaft der Westfälischen Wilhelms-Universität Münster: Militärstrategie

Michael Krennerich, Doktorand am Institut für Politikwissenschaft der Ruprecht-Karls-Universität Heidelberg: Welternährungsproblem

Andreas Langmann, Doktorand an der Fakultät für Sozialwissenschaft der Ruhr-Universität Bochum: Internationale Kommissionen

Prof. Dr. Wilfried Loth, Gesamthochschule/Universität Essen: Ost-West-Konflikt

Dr. Eckhard Lübkemeier, Leiter des Forschungsinstituts der Friedrich-Ebert-Stiftung, Bonn: Konventionelle Rüstungskontrolle in Europa, KSZE, Nukleare Rüstung und Rüstungskontrolle

Priv.-Doz. Dr. Volker Matthies, Führungsakademie der Bundeswehr, Hamburg: Blockfreienbewegung

Priv.-Doz. Dr. Ulrich Menzel, Gesamthochschule/Universität Duisburg: Regionalismus/Regionale Kooperation

Prof. Dr. Reinhard Meyers, Westfälische Wilhelms-Universität Münster: Krieg und Frieden, Theorien der internationalen Beziehungen

Thomas Neuschwander, M.A., Mitarbeiter an der Ludwigs-Maximilians-Universität München: GATT, Internationale Handelspolitik

Prof. Dr. Dieter Nohlen, Ruprecht-Karls-Universität Heidelberg: Nord-Süd-Konflikt, Welternährungsproblem

Prof. Dr. Peter Opitz, Ludwig-Maximilians-Universität München: Migration

Dr. Elfriede Regelsberger, Institut für Europäische Politik, Bonn: EG als internationaler Akteur

Prof. Dr. Alois Riklin, Hochschule St. Gallen: Neutralität

Dr. Rüdiger Robert, Westfälische Wilhelms-Universität Münster: Nahostkonflikt

Prof. Dr. Josef Schmid: Universität Bamberg, Bevölkerungsentwicklung, -politik

Dr. Klaus Segbers, Stiftung Wissenschaft und Politik Ebenhausen: Frühere Sowjetunion und Internationale Politik

Prof. Dr. Reimund Seidelmann, Friedrich-Schiller-Universität Jena: Außenpolitik, Außenpolitischer Entscheidungsprozeß, Parteien und internationale Politik, Souveränität

Prof. Dr. Udo Ernst Simonis, Wissenschaftszentrum Berlin: Globale Umweltpolitik

Prof. Dr. Udo Steinbach: Deutsches Orient-Institut Hamburg: Islam und internationale Politik

Bernhard Thibaut, Mitarbeiter am Institut für Politikwissenschaft der Ruprecht-Karls-Universität Heidelberg: Nord-Süd-Konflikt

Prof. Dr. Dietrich Tränhardt, Westfälische Wilhelms-Universität Münster: Globale Akteure und Weltöffentlichkeit

Prof. Dr. Gerhard W. Wittkämper, Westfälische Wilhelms-Universität Münster: Völkerrecht/Internationales Recht

Prof. Dr. Wichard Woyke, Westfälische Wilhelms-Universität Münster: Deutsche Widervereinigung, Entspannungspolitik, Internationale Organisationen, Internationale Sicherheit, Intervention, Militärbündnisse, NATO, Prägende Konflikte nach dem Zweiten Weltkrieg.